고대중국어 통론

《中华社会科学基金》资助
이 도서는 중화학술번역사업(18WYY006)에 선정돼
중국사회과학기금(Chinese Fund for the Humanities and Social Sciences)의
지원을 받아 번역 출판되었습니다.

고대중국어 통론

古 漢 語 通 論

장리훙 蔣禮鴻 런밍싼 任銘善 지음
김성란 신원철 옮김

역락

역자 서문

　이 책은 중국의 저명한 언어학자이자 돈황(敦煌)학자인 쟝리홍(蔣禮鴻)
교수와 런밍싼(任銘善)교수의 공동 저서인『고대중국어통론(古漢語通論)』을
번역한 것이다. 원서는 2016년에 중국 저장(浙江)대학교 출판사에서 발행
되었다. 이 원서는 쟝리홍 교수의 제자들이 편찬한 총 8권으로 구성된『쟝
리홍전집(蔣禮鴻全集)』중의 한 권으로서 1984년에 출판된『고대중국어통
론(古漢語通論)』을 재출판한 것이다. 이 저서는 총 20장으로 구성되어 있는
데 고대중국어의 기본적이며 상식적인 지식들이 모두 망라되어 있다. 조
금 자세히 보자면 일반론(1장), 문자(2장), 훈고(3, 4장), 문법(5-13장), 음운
(14-17장), 수사(18장), 문헌(19-20장) 등으로 구성되어, 고대중국어와 관련한
전반적인 부분에 대해 이른 바 '통론'의 역할에 충실함을 알 수 있다. 앞에
서 기본적인 '상식'이라 칭하였지만 상식이라고 하기에는 매우 전문적이
며 통찰을 불러일으킬 수 있는 내용으로 구성되었다고 할 수 있다.

　'고대중국어(古漢語)'는 한국에서는 한문(漢文)으로 더 잘 알려져 있다.
그럼에도 이 책에서 '고대중국어'라는 제목을 쓴 이유는 이 책에서도 밝힌
바와 같이 중국어의 발전 선상에 있어 연속성을 내포하고 있는 의미로 쓴
것이기 때문이다. 즉 고대중국어는 현대중국어의 모태가 되면서 동일점과
차이점을 위주로 바라보는 것을 가리킬 때 쓰는 것이다. 이러한 점에 착안
한다면 "현대중국어를 근거로 하여 고대중국어를 유추하여 인식할 수 있

다."고 한 본서에서의 설명은 충분한 타당성을 얻게 된다.

한국에 대한 옛 기록을 살펴보는 데에 있어 고대중국어에 대한 지식은 필수적이다. 근대까지의 기록은 고대중국어를 매개로 하여 지금까지 전해지기 때문이다. 학문은 옛날의 지식 체계를 검토하고 그 바탕 속에서 현재의 새로운 사고 등을 접합하는, 즉 온고지신(溫故知新)의 방법을 통해 나아가는 것이 그 정도(正道)라 할 수 있다. 이러한 정도 속에서 고대중국어에 대한 수요는 여전히 필요하며, 특히 전문적 영역 뿐만 아니라 교양적 차원에서도 이러한 지식의 습득은 필수 불가결하다고 본다.

한국은 중국과 수교한 지 30년이 되었다. 지금까지 경제적인 측면에 집중하여 접근하였다면 이제는 새로운 시대로 나아가면서 문화적인 측면의 교류가 활발해지는 것을 예상할 수 있을 것이다. 이미 한류(韓流)라는 이름 하의 한국 문화에 대한 중국에서의 관심은 상당히 진행되었다고 할 수 있다. 앞으로 중국 문화에 대한 한국에서의 관심이 또 다른 한류(漢流)로 이어진다면 이는 상호간의 교류에 있어 매우 긍정적인 면으로 작용할 것으로 보인다. 이러한 면에서 서로의 문화를 이해하는 데에 있어 고대중국어 등의 언어 도구는 매우 큰 역할을 할 것으로 기대할 수 있을 것이다.

이제 이 책에 대한 특징 등을 밝히고자 한다. 이 책은 내용이 완정한 고대중국어 저서로, 원서 서문에서 저자가 밝힌 이 책의 특징은 다음과 같다.

1. 본 저서는 어휘에 중점을 두었다. 단어는 언어의 건축 재료이며, 고금의 중국어 단어의 형태와 의미의 변화는 고대중국어를 이해해는 데 있어서 특히 중요하기 때문이다.

2. 문법 관련 내용은 기존의 분류 방법인 품사 분류법, 구문법에 대해 전면적으로 서술하지 않고 주로 현대중국어와 다른 문법 관련

문제들을 제기하고, 이에 대해 전면적으로 해석하였다. 이러한 방식은 불필요한 중복을 줄이면서도 중점과 난점을 부각시킴으로써 학습자들로 하여금 주의력을 집중시킨다.

3. 고대 문학 작품의 수사법에 대해 비교적 상세하게 서술하였다. 수사법을 서술함에 있어서 다량의 고대 문학 작품들을 결합시켜 서술하였는데, 이는 다른 고대중국어 교재와는 다른 점이다. 특히 '목록학 상식', '고서의의' 관련 내용은 학습자들이 고대중국어 지식에 대해 폭넓게 이해하는 데 도움이 될 것이다.

4. 이 책은 고대중국어의 연구 경로에 특히 중점을 두었다. 예를 들면 이 책에서는 어휘를 논술함에 있어서 훈고학의 중요 원칙인 '의존어성'과 '성근의통'도 함께 논하였고, 고음운을 논함에 있어서도 이전 학자의 연구방법들을 상세하게 논술하였는데 이는 언어현상들을 분석함에 있어서 모두 지도적 역할을 할 것이다.

상술한 특징은 지금까지 고대중국어를 현대중국어와는 다른 어떤 별도의 것이라고 하는 시각에서 벗어나, 중국어 학습의 일환으로 볼 수 있도록 한다. 실제로 문법은 현대중국어와의 연계 속에서 설명이 되기 때문에 현대중국어 지식도 참고할 수 있을 것이다. 즉 큰 틀의 중국어라는 개념 속에 포함시켜 본다면, 현대중국어 지식의 확장에도 도움이 될 것이다.

본 역서는 김성란·신원철이 공동으로 번역하였다. 2018년 중국의 국가사과기금(國家社科基金) 외역항목(外譯項目)의 지원을 받아 출간을 준비하면서 김성란이 공역을 제안하였고, 내용을 살펴본 후 특히 제3장 내용의 기술이 흥미로워 신원철이 함께 번역하였다. 우선 책의 전반부와 후반부의 초역을 각각 신원철, 김성란이 나누어 진행한 후, 전반적인 번역어와 문체의 통일 등은 김성란, 인용문에 대한 검토와 번역의 생경함의 해소 등은 신원철이 담당하면서 상호 검토 등을 여러 차례 진행하였다. 최고의 조합이었는지는 의심할 수 있을지 모르겠으나 각자의 위치에서 최선을 다했음은 자인할 수 있다. 그럼에도 불구하고 나타나는 여러 오류에 대해서는 역자의 책임임을 부정할 수 없다. 제현(諸賢)의 질정(叱正)을 기대한다.

마지막으로 이 역서의 출간을 흔쾌히 허락해주신 역락 출판사의 이대현 사장님, 그리고 훌륭한 책을 만들기 위해 최선을 다해주신 이태곤 이사님과 최선주 과장님께 고마움을 표하고 싶다.

역자 김성란, 신원철 씀

차 례

제1장

서론

제1절 고대중국어란 무엇인가?

고대중국어는 현대중국어 발전에 기반이 되는 언어이다. 다시 말하면 현대중국어는 고대중국어의 기초에서 발전해 온 것이다. 현대중국어가 고대중국어를 발전의 기초로 삼는다는 점에서 보면 양자는 여러 측면에서 관련성이 있다. 현대중국어가 고대중국어의 기초에서 발전해왔다는 점에서 보면 양자 사이에 차이점 또한 분명히 존재한다. 이러한 상황 속에서 어느 시기의 중국어가 고대중국어이고 현대중국어인지를 명확하게 구분하는 것은 것은 쉽지 않다.

현대중국어의 발육기는 13세기 원나라 때로 거슬러 올라갈 수 있다. 그렇지만 현대중국어의 정식 형성 시기는 5·4 운동(1919년)을 기점으로 삼아야 할 것이다. 따라서 원명(元明) 시기에서 5·4 운동 사이의 중국어는 근대중국어이지만, 문언문(文言文)은 여전히 서면어에서 중요한 지위를 차지하고 있다. 따라서 그 당시의 문언문 작품은 고대중국어를 연구하는 범위로 포함시킬 수 있을 것이다. 5·4 운동 이전의 중국어는 어떠한 상황이었을까? 우리가 반드시 알아야 할 것으로, 긴 기간 동안 언어는 발전하면서 또 끊임없이 변화한다는 것이다. 이러한 변화를 서술하는 것은 중국어사의 임무로 여기에서 일일이 언급할 수는 없고, 단 아래의 다음 두 가지 점에 대해서는 설명할 필요가 있다.

첫째, 춘추(春秋) 후기, 전국(戰國) 시기부터 서한(西漢) 시기까지 중국어의 서면어는 이미 충분히 성숙한 지점까지 도달하였다. 방언(方言) 중 유용한 부분을 흡수, 융합하면서 어휘가 풍부하고 어법이 상당히 엄밀하며, 공동성을 갖춘 서면언어가 되었다. 이것이 일반적으로 말하는 '문언(文言)'이다. 이 때부터 청나라까지 '문언문'(또는 '고문(古文)')은 기본적으로 모두 이 언어로 쓰인 것이다. 일반적으로 말하는 '고문'은 산문(散文)을 가리킨다. 산문에 상대하는 개념은 '변문(騈文)'으로 대우(對偶) 형식이 대다수를 차지하는 문체이다. 비록 고문가(古文家)와 변문가(騈文家)는 서로 비난했지만, 두 문체는 가공 형식이 다를 뿐, 문언문의 두 종류의 분파라 할 수 있다. 문언문은 상층 사회에서 통치 계층을 위해 오랜 시간 동안 사용되었다. 문언문은 사회 발전 과정에서는 기록과 전파, 중국 문화의 업적을 쌓는 일에 종사하였다. 위대한 정치가, 사상가, 문학가는 이 언어와 문체를 사용하여 적지 않은 문화적 유산을 남겼다.

둘째, 문언문은 구어(口語)의 기초에서 만들어진 것이지만, 일단 형성되자 구어와 큰 차이를 보이게 되었다. 그렇다고 해서 문언문이 구어와 완전히 다른 것이라고 말할 수는 없다. 예를 들어 《맹자(孟子)·공손추상(公孫丑上)》: "齊人有言曰：'雖有智慧, 不如乘勢, 雖有鎡基¹, 不如待時.'(제나라 사람들 사이에서 다음과 같은 말이 있다. '지혜가 있어도 때를 잘 타는 것만 못하다. 괭

---

1   '鎡基'는 풀을 베거나 땅을 고르는 데에 사용하는, 호미 머리를 가지고 있는 농기구를 가리킨다. [역주] 한국에서는 '괭이'라고 한다.

이가 있어도 때를 기다리느니만 못하다.')"에서 '鎡基'는 제나라 사람들의 구어이다. 사마천(司馬遷)의 《사기(史記)》에서도 구어를 다량으로 기록하였다. 예를 들어 《진섭세가(陳涉世家)》의 "夥頤, 涉之爲王沈沈者[2]! (대단하네. 진섭이 왕이 되자, 집이 대단하네!)" 《장승상열전(張丞相列傳)》에서 주창(周昌)의 말인 "臣口不能言, 然臣期期知其不可[3].(제 입으로는 말할 수 없습니다만, 그렇지만 저는 아, 아마도 그것이 안 될 것이라고 생각합니다.)" 이러한 것이 바로 이후의 문언문으로, 《진서(晉書)》, 《남사(南史)》, 《북사(北史)》 등에서도 육조(六朝)의 구어가 포함되어 있는 것과 같다. 자칭 "삼대 양한의 책이 아니면 보지 않았다.(非三代兩漢之書不敢觀.)"고 하는 한유(韓愈)의 고문 또한 당시의 구어와 완전히 끊어질 수 없었다.[4] 그렇지만 문언문은 결국 통치 계층을 위해 사용된 것으로, 사대부는 그들이 보았을 때 '비속(鄙俗)'하다고 생각하는 민간 언어를 배척하였다. 따라서 고대 민간의 언어는 문언문 속에 전면적으로 반영될 수 없었고, 민간의 언어 또한 이전에 언어를 연구하던 사람의 주목을 받지 못하였다. 따라서 고대 민간의 작품을 읽을 때, 어느 경우는 문언문에 비해서 더 이해하기 힘들 때가 있다. 당(唐), 오대(五代)의 변문(變文), 송나라 때의 화본(話本), 금(金), 원(元)의 희곡 등도 모두 이와 같다.

2 　사마정(司馬貞)의 《사기색은(史記索隱)》에서는 복건(服虔)의 설명을 인용하였다. "초나라 사람들은 많다를 '夥(과)'라 하였고, 또한 '頤(이)'라는 것은, 발성을 돕는 허사이다. 진섭이 왕이 되어 궁전과 장막 등 그 물건이 많자, (객이) 놀라면서 대단하다고 생각하여서 '夥頤' 라고 한 것이다.(楚人謂多爲'夥'、又言'頤'者、助聲之辭也。謂涉爲王、宮殿帷帳、其物夥多、驚而偉之、故稱'夥頤'也。)" 배인(裴駰)의 《사기집해(史記集解)》에서는 응소(應劭)의 설을 인용하였다. "沈沈은 궁실이 깊숙한 모양을 나타내는 말이다.(沈沈、宮室深邃之貌也。)"

3 　'期期'는 말 더듬는 것을 표현한 소리이다.

4 　《어언연구》제4기, 두중링(杜仲陵)의 《한유의 서면어와 당시 구어의 관계 고찰(略談韓愈的書面語言與當時口語的關係)》을 참조하기 바람.

고대의 구어, 백화(白話)는 민간에서 끊임없이 발전하여, 현대중국어의 주요한 발전에 근원적인 역할을 한다. 과거에는 중시하지 않아 수집, 정리, 연구 등을 소홀히 했다. 따라서 현재는 이러한 결점을 보완해야 할 것이다. 고대중국어는 고대 문언과 백화의 총칭으로, 연구 방면에 있어서 고대 백화의 연구는 매우 절실한 부분이다. 고대중국어 학습에 대해서 말하자면 문언문은 이 두 가지 부분에서 그 중요한 점의 지위를 놓지 않고 있다. 왜냐하면 문언의 규범성은 강하기 때문에 문언문을 이해한 후에 고대 백화를 연구하는 것은 쉽기 때문이다. 고대에는 문언을 사용하여 기록한 것의 범위가 매우 넓고 커서, 정치, 철학 저서뿐만 아니라 역사문헌, 문학 중의 시(詩), 문(文), 사(詞)와 희곡(戲曲), 소설(小說) 등도 일반적으로 문언적 요소가 그 속에서 영향을 주고 있다. 따라서 고대중국어를 학습하는 데에 중점을 둘 부분은 문언문이고, 동시에 적절하게 고대의 백화를 살펴보아야 할 것이다.

제2절 고대중국어와 현대중국어

현대중국어는 고대중국어와 일맥상통하는 것이고, 또한 고대중국어에서 변화 발전해 온 것이다. 따라서 현대중국어의 언어 요소는 고대중국어와 동일한 부분도 있고 다른 부분도 있다. 발음은 언어에서 가장 변화가 많이 일어나는 부분이다. 예를 들어 '天明'이라는 두 글자는 현재의 중국어 독법으로는 tiān míng이다. 그렇지만 고대와 비슷하게 읽는다면 [tʼien miaŋ]이다. 이는 차이가 있다. 그렇지만 이 두 가지 읽는 법은 전혀 연관이 없는 것은 아니다. 앞부분의 t와 m은 동일하다. '文', '問', '無' 등의 글자는 오늘날 시작 부분의 독법은 w(u)이다. 그렇지만 중고(中古) 이전 시작 부분의 독음은 m이고, 중고 이후는 v이다. 이들의 변화는 더욱 복잡하니, m → v → u이다. 또한 사람들이 믿을 수 없을 정도로 변한 것도 있다. 예를 들어 '愉(유)'자의 고음은 '偸(투)'이고, '委蛇(위이)'의 '蛇'자의 고음은 '陀(타)'이다. 그렇지만 자세히 살펴보면, 이러한 변화는 살펴볼 단서가 있고, 변화 또한 하나하나의 음이 각각 무규칙적으로 어지러운 것이 아니라, 한 무더기의 음이 일정한 경로를 통해 변한 것이다. 이러한 변화의 규칙과 과정은 중국어 음운학과 중국어사(中國語史)에서 연구해야 하는 부분이다. 어휘는 언어의 재료이고 인류가 객관적으로 세계를 인식하는 기호로, 인류의 인식이 깊어지고 넓어짐에 따라 어휘 또한 발전과 변화가 이루어졌다. 발전과 변화가 이루어지는 상황은 매우 복잡하다. 대체로 아래와 같은 몇 가지 부분을 들 수 있다.

첫째, 기본 어휘의 생명은 길고, 기본 어휘의 핵심 부분인 어근이 되는 단어는 어휘 발전에서 가장 안정적인 기초가 된다. 예를 들어 '天, 地, 人, 山, 水, 魚, 鳥, 方, 圓, 長, 短, 上, 下, 前, 後, 東, 南, 西, 北, 生, 死, 心, 肝, 脾, 胃……' 등이다. 이들 어휘는 또한 발전해 나가더라도, 가장 오래된 어휘와 동일한 모양이다.

둘째, 고대중국어는 단음절 단어나 단순어(單純語)가 대다수를 차지한다. 현대중국어는 쌍음절 단어나 합성어(合成語)가 대다수를 차지한다. 예를 들어 고대에 '民'이라고 하는 것을 현대에는 '人民'이라고 한다. 고대에 '産'이라고 하는 것을 현대에는 '財産'이라고 한다. 고대에 '雨'라고 하는 것을 현대에는 '下雨'라고 한다. 고대에 '忠'《논어(論語)·학이(學而)》: "爲人

謀而不忠乎？(다른 사람을 위해 일을 꾀할 때 충실하지 않았는가?)")이라고 하는 것을 현대에는 '忠實'이라고 한다. 따라서 이러한 형태상의 다름은 중국어 어휘가 사회 발전의 수요에 따라서 더욱 정밀해지고 있음을 드러내는 것이다.

셋째, 고대중국어에서 한 단어가 여러 의미를 겸하고 있는 현상은 비교적 보편적인 일이지만, 현대중국어에서는 표현상의 정밀함을 요구하고 이러한 정밀함을 표현하는 조건이 있기 때문에 어휘 의미의 분담 또한 고정적이다. 예를 들어 고대의 '産'은 현대의 '出産', '財産' 등 두 가지 의미를 포괄하고 있지만, 현대에는 두 개의 합성사가 분담한다. 여기서 들고 있는 것은 매우 간단한 예로, '産'자는 고대에는 이 두 가지 의미로 한정되지 않지만, 이러한 예를 들면서 일부를 통해 전체를 짐작할 수 있을 것이다.

넷째, 몇몇 단어의 어휘는 고대와 현대가 다르고, 몇몇 단어는 고대에는 있었지만 현대에는 없거나 현대에는 다른 단어로 대체되기도 한다. 전자의 예는 '處分'이라는 단어로, 고대의 의미는 '처리하다[處理], 배치하다[佈置]' 등과 큰 차이가 없지만, 현대에는 '처벌하다'는 의미를 가지게 된 것이다. 후자의 예는 고대의 '乘'이 수레를 세는 양사로 쓰였지만, 현대에는 '乘'이 쓰이지 않고 '輛'을 쓴다는 것이다. 고대에는 없었지만 현대에 추가된 단어는 굳이 언급하지 않겠다.

다섯째, 몇몇 동일한 종류의 사물을 나타내는 단어를 고대에는 하나하나 만들었지만, 현대에는 분석의 방법을 사용하여 종류 명칭을 나타낼 수 있는 단어를 앞 부분에 수식하는 단어로 두고서 단어를 결합하여 나타낸다. 예를 들어 고대에는 숫소를 '牡(모)'라고 하였고 암소를 '牝(빈)'이라고 하였는데, 후대에는 '牛'를 중심 단어로 놓고서 각각 관형어를 더하여 '公

고대중국어 통론

牛', '母牛'로 변하였다. 이와 같이 되자 현대중국어의 어휘 중 명물(名物)과 관련된 옛날 어휘들이 많이 줄어들었다. 이는 사람들이 분류와 개괄의 능력이 발달한 이후의 성과라 할 수 있다.

어휘 의미와 조어에 있어 중국어는 끊임 없이 변화하였지만, 어휘 발전의 기초를 이루는 어근 부분은 안정적이고 쉽게 변하지 않았다. 어법은 단어의 변화와 조어 및 문장 구성의 법칙의 종합으로, 언어에 있어서 가장 안정적인 부분이다. 중국어 어법의 기본 구조 형식과 문장 구성의 각종 성분은 고대와 현대는 거의 다르지 않다. 주의해야 할 만한 것으로는 품사의 활용과 몇몇 성분의 생략과 약간의 어순상의 차이이다. 예를 들어 이공좌(李公佐)의 《사소아전(謝小娥傳)》: "爾後小娥便爲男子服, 傭保於江湖間.(이후에 소아는 남자의 복장을 하고서 강호 일대에서 품팔이하였다.)"에서 '傭保'는 본래 명사이나, 여기에서는 '고용이 되다[作傭保]'라는 뜻으로 동사로 활용되었다. 같은 편에서 "傭保雜處, 不知女人(일꾼 사이에서 섞여 있으면서도, 여자인지 알지 못하였다.)"은 "[小娥][與]傭保雜處, [而][人]不知[其][爲]女人"의 생략이다. 그 중에서 '小娥, 而, 人' 등의 생략은 현대중국어에서도 비슷한 생략이 있다. 그렇지만 '與, 其, 爲'의 생략은 고대중국어에서만 가능한 것이다. 어순의 변화에 대해서는 이후에 서술하도록 하겠다.

앞부분에서 서술한 바와 같이, 현대중국어와 고대중국어는 완전히 다른 두 종류의 언어라고 할 수 없다. 현대중국어는 고대중국어의 계승과 발전을 통해 나타난 것이다. 이와 같기 때문에 고대중국어와 현대중국어는 어음, 어휘, 어법 상에서 크고 작은 변화가 있긴 하지만, 현대중국어를 근거로 하여 고대중국어를 유추하여 인식할 수 있다.

제3절 고대중국어의 학습목적과 필요성

고대중국어를 학습하는 것은 옛날 말을 하거나 옛날 사람이 되고자 하는 것이 아니라 이러한 과목이 현대 사회의 문화에 쓰이도록 하고자 하여서이다. 현대 사회의 문화를 건설하기 위해서는 이전의 문화유산을 살펴보고 흡수하지 않으면 안될 것이다. 고대중국어는 중국을 포함한 동아시아의 문화 업적을 기록, 전파, 적립하는 일을 담당하였다. 그렇다면 고대중국어를 학습하는 목적 중 하나는 고대중국어의 이해를 통하여 고대의 문화유산을 비판적으로 흡수하는 것으로, 특별히 고전문학을 학습하는 데에 사용된다. 구체적인 요구로는 일반적인 문언문을 읽고 이해할 수 있는 것으로, 고전문학 작품의 단어 사용과 문장의 구성, 수사방법 등에 대한 개략적인 이해가 요구된다. 이것이 고대중국어 학습의 주요한 목적과 요구이다.

언어 과학의 구성 부분으로서 고대중국어는 단지 문언문을 이해할 수 있는 정도만은 아니다. 몇몇 사람들은 일반적으로 문언문을 이해할 수 있지만, 그러나 당연히 그러한 줄은 알지만 왜 그러한지는 알지 못한다. 고대중국어 학습의 요구사항은 과학적인 고대중국어 기초 지식을 파악하여, 단지 문장을 이해하는 것뿐만 아니라 고대중국어의 기초적인 규칙을 장악하여 이를 통해 중국어사를 공부하는 데에 있어 기초로 삼는 것이다. 언어를 전공으로 하는 학자에게 있어서 이는 매우 필요한 부분이다.

고대중국어는 학습자들로 하여금 현대중국어가 어떻게 이루어진 것인지를 알게 하고, 또 언어 발전 중의 어떠한 현상들에 대해 더 확실하게 이해하도록 도움이 될 수 있게 한다. 국가의 언어정책은 언어 발전의 구체적인 상황과 발전에 근거하여 제정되는 것이다. 따라서 고대중국어 학습의 또 하나의 목적과 요구는 일정한 정도에서 현대중국어의 이해에 도움을 주고, 국가의 언어정책을 밝혀, 국가의 언어 정책 집행을 위해 노력하는 것이다. 이것은 적절히 현대중국어와 연결할 수 있는 부분이다. 이러한 목적과 임무는 중국어사에서 완성되는 것이지만 고대중국어에서도 적절하게 살펴보아야 할 것이다.

제4절 고대중국어의 학습방법

과거에는 고대중국어를 접할 기회가 적었다. 따라서 고대중국어를 학습하는 것은 당연히 현대중국어에 비해 쉽지 않았다. 그렇지만 고대중국어는 현대중국어와 완전히 동떨어져 있는 두 종류의 언어가 아니기 때문에, 현대중국어를 학습한 기초에서 당연히 고대중국어를 학습할 수 있다. 어떻게 고대중국어를 학습할 것인가? 여기에서 세 가지 의견을 들고자 한다.

첫째, 반드시 학습의 목적을 명확하게 하고, 번잡하고 무비판적인 학습방법에 반대한다. 학습의 목적은 고대 문헌 또는 문학 작품을 이해하는 것과, 고대중국어의 몇몇 규칙을 파악하는 것이지, 많이 안다고 자랑하거나 세상을 깜짝 놀라게 하고자 하는 것이 아니다. 그렇다면 번잡하거나 별 것 아닌데도 대단한 것인양 과장하는 것은 반드시 배척해야 할 것이다. 예를 들면 문장이나 고서(古書)를 읽고 이해하는 데에 있어 주해(注解)를 읽지 않을 수 없다. 그렇지만 이전 사람들의 주해는 잘 선택해야만 한다. 이전 사람들이 자주 보던 《논어(論語)》와 《맹자(孟子)》(현재도 여전히 이 책을 읽고 있다.)를 가지고 이야기하면, 주희(朱熹)의 《논어집주(論語集注)》와 《맹자집주(孟子集注)》가 있고, 청대(淸代) 고증학자인 유보남(劉寶楠)의 《논어정의(論語正義)》와 초순(焦循)의 《맹자정의(孟子正義)》도 있다. 당연히 유보남과 초순 또한 옳게 이야기한 부분이 있긴 하지만, 그러나 단지 간략하게 살펴볼 때에는 유보남과 초순의 책은 여러 부분에서 번잡하기만 하지 쓸모 없다는 생각이 들면서 주희주의 간단명료함만 못하다. 유보남의 《논어정의》 첫 문장에서 단지 '曰'자를 주석하기 위해서 100여 자를 사용하였는데, 유보남의 문자 유희에 낭비할 시간이 어디 있단 말인가? 고대중국어를 학습하는 분야에서 이전의 학습 방식을 따를 필요도 있지만, 이전 사람들을 맹종하여 선택과 비판 없이 전부 받아들여서는 안 될 것이다. 학습하면서 다음 사항을 언제라도 생각해야 할 것이다. 이 부분은 유용하고 우리의 학습 목적에 부합하는 것인가?

둘째, 고대중국어를 학습하는 것은 이론과 실제를 결합해야만 하는데, 구체적인 언어 자료와 언어 규칙을 모두 중시해야 한다. 규칙에 의거하여 언어 자료를 관찰, 분석하고, 또한 언어 자료 중에서 나타나는 규칙에 따라 언어 자료를 사용하여 규칙을 점검하고 수정해야 한다. 이 두 가지 사이에 언어 자료에 친숙해지는 것 또한 기초이다. 구체적인 고대중국어 자료와 떨어져서 고대중국어를 이야기하는 것은 비록 이론이 매우 뛰어나지만, 글자를 보아도 알지 못하고 문장을 보아도 구두점을 찍을 줄 모르며 문맥을 보아도 이어지지 못한다면 이러한 이론은 전혀 쓸모 없다. 반대로 단지 하나하나 글자만 알아내고 하나하나 단어의 의미를 긁어 모으며 한 문장 한 문장 앞뒤 살피지 않고서 추측해낸다면, 이러한 것 또한 언어를 이해하는 목적에 도달할 수 없을 것이다. 이전 사람들이 귀납해 낸 어음, 어휘 의미, 어법 규칙을 파악하여 눈 앞에 있는 언어재료를 검토, 분석해 낼 수 있어야 비로소 전체를 꿰뚫으면서 효율적인 고대중국어 학습이 가능할 것이다.

셋째, 몇몇 지식성 자료, 예를 들어 전고(典故), 상용 단어의 의미 등은 그들을 관통하는 규율이 없기도 하는데, 이러한 것은 반드시 많이 보고 많이 기억해야 장악할 수 있다. 몇몇 계통적이며 짝을 이루는 자료는 비록 그 속에서 말할 수 있는 규칙이 있기도 하지만, 그들은 반드시 예로 드는 것이기에 그럴 때에는 반드시 익숙하게 보고서 암기해야 할 것이다. 현대중국어로 말하자면 여러 사람들이 배웠던 한어병음방안(漢語拼音方案)이 이러한 것이다. 고대중국어로 말하자면 배워야 하는 '36자모(字母)'가 이러한 것이다. 이러한 것은 방심하면서 소홀히 할 수 없는 것이다.

효율적인 학습 방법을 추구하면서 번잡하고 난잡한 것에는 반대한다. 복잡하고 노력이 많이 필요한 것을 겁낼 필요는 없고 언어 규칙과 언어 자료의 결합에 힘을 쏟고, 꾸준히 노력을 가하면서 순서에 맞추어서 나아가면 고대중국어를 잘 학습할 수 있을 것이다.

제2장

문자형의(文字形義)
개술 및 사전

제1절 문자의 형음의(形音義)

문자는 언어를 기록하는 도구로, 언어와 결합하는 기호이다. '음성'에서의 '음(音)'과 일반적인 음이라는 것은 다른 것으로, '음'은 언어에서 나타내고자 하는 내용인 어의(語義)를 갖추어야 한다. 따라서 모든 문자에 대해 말하자면, 문자는 음성, 형태, 의미라는 세가지 요소를 갖추어야 한다. '蜘蛛(거미)', '徘徊(배회하다)'에서의 '蜘', '蛛', '徘', '徊' 등 글자는 의미가 없다고 하지만, 문자에서 이러한 상황은 결국 소수이고, '蜘'와 '蛛', '徘'와 '徊'가 결합하여 단어를 이루면 의미가 있게 된다.

한자의 의미는 그 글자의 음성에 있고, 또한 그 형태에도 있다. 언어의 측면에서 본다면 단어는 발음과 의미의 결합이고, 문자는 단어의 부호일 뿐이다. 발음이 'ren'이면서 노동할 수 있는 두 손이 있고, 두뇌를 사용하여 추리와 판단을 할 수 있으며, 언어를 사용할 줄 아는 동물을 나타내는 단어가 있다면 하나의 규칙을 써서 'ren'으로 읽히는 기호를 사용하게 되는데, 이것이 바로 중국어의 '人'자이다. 이러한 점에서 이야기한다면, 음성은 문자에 대해서 의미적으로 절대적인 결정성이 있다. 이전의 문자학, 훈고학

(訓詁學)[1] 학자가 말한 "글자의 의미는 음성에 있다.(文字之義存乎聲音)"는 말은 따라서 일리가 있다. 예를 들어 고대 언어에서 '단지[只, 只有]'라는 의미를 말할 때에는 '唯'로 말하였는데, 문자로 쓸 때에는 '唯, 惟' 등을 사용하였다. 이 두 글자가 '단지'라는 의미를 나타낼 수 있는 이유는 고대중국어에서 이러한 의미를 '唯'라는 발음으로 나타냈기 때문이다. 그리고 이 두 글자(즉 '唯, 惟')는 마침 이와 동일한 발음으로 읽었을 뿐인 것이다. 따라서 문자를 익힐 때에 음성은 매우 중요한 요소이다.

한자는 또 '형의문자(形意文字)'라고도 한다. 한자는 현재까지 그 의미에 대해서는 형체에서 규정된 부분이 있다. 앞에서 언급한 '唯, 惟'를 예로 들자면, 이 두 글자를 '단지'로 풀이하는 것은 그들의 가차의(假借義, 관련 후속 내용 참고)이고, 그들은 또한 각각의 본의(本義)가 있다. '唯'는 응답이나 동의(同意)를 나타내는 단어이다. 《논어(論語)·이인(里仁)》: "子曰 : '參乎! 吾道一以貫之.' 曾子曰 : '唯.'("공자 왈 : '증참아! 내 도는 하나로 관통한다.' 증자 왈 : '예.')"[2] '惟'는 '생각하다'의 의미이다. 《한서(漢書)·양운전(楊惲傳)》에 실린 양운의 《손회종에게 답하는 글(報孫會宗書)》: "然竊恨足下不深惟其始終[3], 而猥[4]隨俗之毀譽也.(그렇지만 저는 그대가 사건의 전후 사정을 깊게 생각하지 않고, 세속 사람들의 명예를 훼손시키는 말을 마음대로 따른 점을 안타깝

---

1   훈고학은 단어의 의미 풀이를 연구하는 학문이다.

2   [역주] 이 번역서의 원서에는 많은 고전 원문이 나온다. 고전 원문을 번역할 때, 독자에게 강조하려는 점을 분명히 하기 위해 문맥의 상황에 따라, 번역문을 원문의 앞에 놓기도 하고, 뒤에 놓기도 하였음을 밝혀둔다.

3   '深惟其始終'은 사건의 전후사정을 깊게 생각한다는 말이다.

4   '猥'는 마음대로라는 의미이다.

게 생각했습니다.)"에서 '唯'가 응답을 나타내는 단어인 것은 '口'자 편방(偏旁)[5]이 있기 때문이고, '惟'가 '생각하다'를 나타내는 것은 '忄'(즉 '心')자 편방이 있기 때문이다. 그렇다면 한자의 형태는 일정한 범위 내에서 글자의 의미를 이해할 수 있는 기능 또한 부인할 수 없는 것이다. 그렇지만 한자는 처음부터 형태를 사용하여 모든 의미를 나타낼 수 없다는 문제가 있었고, 후대로 갈수록 형체나 의미를 나타내는 기능 또한 제한적으로 받아들이게 되었다. 오늘날 문자를 익힐 때에는 반드시 형태와 음성 두 가지 분야에서 고찰해야만 하고, 어느 한 쪽으로 치우치면 안 될 것이다.

제2절 한자의 구조

한나라 때 사람들은 한자 구조의 분석에 대해 한 가지 원칙을 세웠는데 그 원칙이 바로 '육서(六書)'설이다. '육서(六書)'라는 것은 '상형(象形), 지사(指事), 회의(會意), 형성(形聲), 전주(轉注), 가차(假借)'를 가리킨다. 형체의 잘못된 변화가 매우 심하여 '손을 댈 수 없을 만큼[無以下筆[6]]'인 글자를 제외하고는 이러한 분석의 원칙은 대부분 적용할 만하다. 그 중 앞의 네 가지 항목은 모두 한자를 구성하는 방법으로, 여기에서 하나하나 설명할 것이다. 가차는 한자를 이용하는 방식으로, 여기에서 또한 같이 설명할 것이다.

---

5 [역주] 번역문에서의 용어는 최대한 국어학이나 일반 언어학에서 통용되는 용어를 사용하도록 하되, 단 중국언어학에서만 사용되는 용어는 중국음을 그대로 음차를 하였다. 해당 용어가 처음 등장할 때에는 한자도 함께 병기하였음을 밝혀둔다.

6 문자 구조의 체계로 설명할 수 없음을 가리킨다.

전주에 대해서는[7], 이전의 설명 방식이 분분하여 진정한 의도가 어디에 있는지 알 수 없기 때문에 여기에서는 논의하지 않겠다.

1. 상형과 지사

(1) 구체적인 사물은 그림으로 그려낼 수 있고, 그려낸 것[8]에 발음을 결합시킨 것이 바로 상형자이다. 예를 들어 ⊙ Ɒ ⅏ 🦅 🐟 Ψ 艸 ⽊ ⼮ ☁ ≋ 은 日, 月, 水, 鳥, 魚, Ψ, 艸(草), 木, 竹, 雲, 氣이다. 그 중 'Ψ'는 '艸'로, 하나는 한 가지가 적고, 하나는 한 가지가 많을 뿐이다. 전문(篆文)을 가지고 말하자면, 몇몇 글자는 본뜨고자 하는 사물의 원형을 볼 수 있는 것도 있지만, 몇몇 글자는 이미 볼 수 없어 더 오래된 문자인 갑골문(甲骨文)과 금문

---

7 허신(許愼)의 《설문해자(說文解字)》에서 말하였다. "전주라는 것은 무리를 세우는 데에 머리 하나를 세워서, 동일한 의미를 나타낼 때에는 서로가 받아들이도록 하는 것이니, 考、老 등이 그러한 것이다.(轉注者、建類一首、同意相受、考、老是也。)" 장병린(章炳麟)의 《국고논형(國故論衡)·전주가차설(轉注假借說)》에서 보기로는 한 글자는 하나의 개념을 표시하는데, 언어 사용의 과정 중에서 발음 상에서 약간의 변이가 생기면서 두 가지 의미가 동일한 글자로 분화하는 것을 전주라고 한다고 보았다. 의미가 동일하다는 것은 '同意相受'이다. 발음이 약간 변하지만, 여전히 관계가 있는 것으로, 어느 경우는 쌍성(雙聲), 어느 경우는 첩운(疊韻) 혹은 다른 관계이기도 하는 것은 '建類一首'이다. '類'는 발음의 종류이고, '首'는 발음 상의 대표되는 글자로, 즉 두 개 이상의 전주자는 반드시 동일한 '발음의 종류[聲類]'에서 하나의 '발음 상 대표되는 글자[聲首]'에 속한다. 예를 들어 '考'와 '老' 두 글자는 고대에는 의미적으로 동일하니 모두 나이가 들었음을 나타낸다. 그들은 첩운자로 모두 고운(古韻)의 '幽類'(즉 하흔(夏炘) 《시이십이부고운표(詩二十二部古韻表)》에서의 '幽部'이다.)에 속한다. 그리고 '幽'가 그들의 '발음 상 대표되는 글자'이다. 따라서 두 글자는 전주자이다. 장병린의 관점에서 전주는 글자와 글자 간의 관계로 말한 것이다. 장병린의 이러한 관점은 여러 사람에게서 받아들여졌다. 여기에 간략하게 옮겨 적었지만, 그의 설명이 반드시 옳다고 한 것은 아니다.

8 여기에서는 선을 이용하여 그려낸 것을 가리킨다.

고대중국어 통론

(金文)에서야 비로소 원형을 볼 수 있는 것도 있다. 몇몇 예를 아래에서 들고자 한다.

火는 갑골문에서는 🔥로 되어 있는데, 불꽃의 모습을 본뜬 것이다. 금문에서는 山로 쓸 때도 있는데, 화성(火星)을 나타내기도 한다. 전문의 火는 금문에서 변한 것이다.

豕는 갑골문에서는 🐷로 되어 있다.

犬은 갑골문에서는 🐕으로 되어 있는데, '豕'와는 몸이 마르고 꼬리가 길다는 점에서 다르다.

馬는 갑골문에서는 🐴로 되어 있다.《설문(說文)》에서의 고문 🐎는 바로 갑골문에서 변한 것이다. 전문의 🐴는 말을 옆에서 보았을 때 위의 두 획은 두 다리(두 다리는 감추어져서 안 보인다.)이고, 🐎는 고리로, 후대 사람들은 원형을 알지 못하고서는 네 다리에 꼬리 하나라고 착각하였다.

鹿은 갑골문에서는 🦌으로 되어 있다.

虎는 갑골문에서는 🐯로 되어 있다.

魚는 갑골문에서는 🐟로 되어 있다.

龜는 갑골문에서는 🐢로 되어 있다.

또한 몇몇 사물들은 단순히 그 자체만을 묘사해 그려내기에는 곤란하여, 그 사물이 있었던 환경 또한 묘사하여 표현하였다. 예를 들어 과일의 '果'는 🌰로, 갑골문에서는 🌳로 되어 있어 과일이 나무 위에 붙어 있는 것을 나타냈다. 돌의 '石'은 石으로, 돌이 '厂' 아래에 있는 것을 나타냈다. 厂은 이후의 '厈, 岸'으로 언덕이다. 눈썹의 '眉'는 갑골문에서는 👁로 되어 있고, 금문에서는 👁로 눈썹이 눈 위에 있음을 나타냈다. 전문에서는

로 변하여 어떤 사람들은 '灬'이 이마의 주름이라고 보았는데, 이는 잘못된 것이다. 이러한 상형자에서 한 부분은 이미 글자가 된 것이 있으니, 예를 들어 火 厂 日 등이고, 그 나머지 부분은 단독으로는 글자가 되지 못하는 부분으로, 田 口 등이 있다. 그 중 田을 밭의 田자라고 할 수 없다. 종합하자면 상형자가 대표하는 사물은 모두 구체적인 것이다.

(2) 추상적인 개념으로 본뜰 형태가 없지만, 어쩔 때에는 표시해낼 수도 있다. 또한 구체적인 사물이라 그려낼 수 없지만 표시해낼 수 있기도 하다. 표현의 방법으로는 순수하게 기호식의 도형으로 나타내기도 하고, 실체가 있는 도형으로 표시하기도 한다. 이러한 형체가 나타내는 것은 절대다수가 추상성과 개괄성의 의미나 동작을 갖춘 것이다. 예를 들면 다음과 같다.

一 二 三 亖　一二三四로 사물의 숫자가 쌓이는 것으로 표시하였다. 각각의 한 획은 어떠한 구체적인 사물을 나타내지 않는다.

二 丄, 丄 丅, 凵 △ 呂는 上下로, 가로획 또는 곡선을 표준으로 하고 짧은 획이나 직선 획이 그 위치를 표시한다. 표준선 이상 혹은 이하를 나타내는 것이다. 마지막의 세 개 형체는 갑골문에 있는 것으로, 그 중 마지막에 있는 것은 '上下'를 합쳐서 쓴 '합문(合文)'이다.

△　집합을 나타내는 '集'의 본자로, 《설문》에서는 "세 가지가 합한 것이다.(三合也。)"라 하였다.

幾　현재의 '綴'자로, 연결된 모양을 나타낸다.

乡　현재의 '糾'자 또는 '絞'자로, 밧줄로 함께 묶은 모양을 나타낸다.

이상은 기호식의 형체로 관념을 나타낸 것이다. 또한 실체의 도형을 표시한 것도 있으니 다음과 같다.

鬥　싸움을 나타내는 '鬥'로, 갑골문에서는 **鬥鬥**로 두 사람이 싸우는 것을 나타냈다.

　　尢　이후에 '尪'이라고 쓰는 것으로, 한 사람을 그리면서 한 쪽 다리는 다친 것이다.

　　垂　현재의 '垂'자로, 초목의 꽃과 잎이 매우 무성하여 나무 아래 늘어진 것을 나타낸다.

　　旦　'旦'으로 아침이다. 태양이 땅 위에서 올라오는 것을 나타낸다.

　　甘　'甘'은 본래의 의미는 '머금다'로, **甘**은 '口'이고 입 속에 물건을 머금고 있음을 나타낸다.

　　이러한 글자들은 구체적인 도형으로 표시하였지만, 표시하는 내용은 구체적인 사물이 아니다. 따라서 상형자가 아니다.

　　구체적인 사물이지만 형태로 나타낼 수 없는 것은 어느 경우에는 또 다른 해당 사물과 관련이 있는 사물의 도형 위에 기호를 더하여 나타낸다. 예를 들면 다음과 같다.

　　末本朱　각각 '末', '本', '朱'로, '末'은 나무의 끝부분이고, '本'은 나무의 뿌리이고, '朱'는 '株(그루터기)'의 고자(古字)로, 나무의 몸통이다. 이 세 글자는 하나의 획을 기호로 나무의 세 부분을 가리킨다.

　　刃　'刃'은 칼날로, 칼에서 가장 날카로운 부분을 점 하나로 가리킨다.

　　亦　'亦'은 이후의 '掖、腋'으로, 현대 사람들은 '겨드랑이[腋窩]'라고 한다. 겨드랑이는 그려내기 쉽지 않다. 따라서 사람의 모습을 본뜬 **大**에 두 점으로 겨드랑이가 있는 부분을 가리킨다.

이러한 글자가 나타내는 것은 비록 모두 구체적인 사물이지만 기호를 사용하여 나타내는 방법을 사용하였으니, 또한 지사자 중 한 종류이다.

2. 회의

구체적인 사물은 대부분 상형의 방법으로 글자를 만들 수 있다. 추상적인 개념 중 일부는 지사의 방법으로 글자를 만들 수 있다. 그렇지만 모든 사물과 개념을 이러한 두 가지 방법으로 나타낼 수는 없다. 이 두 가지 방법으로 글자를 만들어낸 이후 더 많은 사물과 개념을 나타낼 방법을 다시 생각해 내었다. 이러한 방법은 상형자 또는 지사자를 합쳐서 의미를 나타내는 것이다.

몇 가지 상형 혹은 지사자를 합쳐, 이러한 글자의 의미를 나란히 연결시켜 새로운 의미를 만들어내는 것을 회의라고 한다. 예를 들면 다음과 같다.

 ‘休’는 두 개의 상형자 ㄇ과 ㅆ을 합친 것이다. 사람이 나무에 기대어 쉬는 것을 나타낸다.

 ‘秉’은 ㅋ과 ㅉ라는 두 상형자를 합쳐서 만든 것이다. ㅋ는 손으로, 손에 벼를 쥐고 있는 것을 ‘秉’이라고 한다. 백거이(白居易)의 《관예맥시(觀刈麥詩)》: “또 가난한 여인네가 아기를 안고 그 옆에 있네. 오른 손은 이삭을 잡고, 왼쪽 팔에는 낡은 광주리를 걸었네.(復有貧婦人、抱子在其旁。左手秉遺穗、右臂懸敝筐。)” 이것이 ‘秉’의 본래 의미이다. 그 외에도 《시(詩)·정풍(鄭風)·진유(溱洧)》에서의 “남녀가 난초를 들고 있네.(士與女、方秉蕳兮)”와 두보(杜甫)《강촌(羌村)》시의 “밤이 깊어 다시 초를 드니(夜闌更秉燭)”에서의 ‘秉’은 벼를 쥔다는 의미에서

고대중국어 통론

확장되어 다른 물건을 잡는 것으로 된 것이다.

🔣 '兼'으로, 한 손으로 하나의 벼를 쥐는 것을 '秉'이라 하고, 한 손으로 두 줄기의 벼를 쥐는 것을 '兼'이라고 한다.

🔣 '隻'은 이후의 '獲'으로, 윗부분의 萑은 해서로는 '崔'로 새이다. 이 글자의 의미는 새를 잡는다는 것이다.

🔣 '盥'은 손을 씻는다는 뜻이다. 상형자 🔣 🔣와 🔣로 구성되었다. 🔣은 물이 그릇 안에 있는 것이고, 🔣은 이후의 '掬'자로, 손을 가지고 움켜쥐는 뜻이다. 손을 써서 그릇 속에 있는 물을 쓰는 것이 바로 '盥'이다.

🔣 '猒'은 이후의 '饜'자로, 배부르게 먹었다는 뜻이다. 甘와 🔣으로 구성되었고, 🔣 또한 🔣 🔣로 구성되었다. 甘는 지사자로 입 안에 음식을 품고서 맛있게 먹는 것을 나타낸다. 🔣는 개고기로 고대에는 맛있는 음식이다. 본래는 회의자로, 음식이 매우 맛있어 배부를 때까지 먹고 그치니, 이것이 바로 '猒'자이다.

🔣 '棄'는 상형자 🔣과 지사자 🔣, 회의자 🔣으로 구성된 것이다. 🔣의 음은 '돌(突)'로 뒤집은 🔣(아이로 위에 머리털이 있다.)는 처음 태어난 아이를 나타낸다. 🔣의 음은 '반(潘)'으로, 긴 손잡이의 삼태기이다. 🔣의 음은 '공(拱)'으로, 두 손으로 잡고 있는 것을 나타낸다. 두 손을 이용해서 키를 잡고 처음 태어난 아이를 버리는 것을 '棄'라고 한다. 아마도 고대에는 아이를 버리는 풍속이 있었는데, 주(周)나라의 조상인 후직(后稷)의 이름이 '기(棄)'였으니 버려진 적이 있었던 것이다. 어떤 사람은 '棄'는 후직에게만 쓰기 위해 만든 글자라고 하였는데, 갑골문에 이미 '棄'자가 🔣로 있었으니, 이러한 설명은 정확하지 않음을 알 수 있다.

🔣 '寒'은 🔣🔣소과 두 개의 艸로 구성되었다. 구성성분은 모두 상형자이다. 🔣은 '면(綿)'자의 발음으로 읽고, 집을 나타낸다. 소은

얼음을 뜻하는 상형자로, 얼음의 무늬를 나타낸다. 땅 위에 얼음이
있고 사람이 집 안에 있으며, 풀 속을 파고들면 바로 추워진다.

회의자와 상형자에서 果 省 , 지사자에서 舆 旦 米 등은 구별된다.
果 省 旦 米 등의 글자는 그 속에서 米 日 日 등으로 나눌 수 있다. 이것과 회
의자는 몇 개 글자로 나뉘어지는 것이 같아 보인다. 그렇지만 알아야 할 것
으로는 米 日 日는 비록 나누어질 수 있지만, 나누어진 이후의 田 峲 一 은
단독으로 존재할 수 없다. '田'는 밭을 뜻하는 '田'이 아니고, '一'는 하나
를 뜻하는 '一'이 아니다. 그들은 米 日 日에 붙어 있어야만이 비로소 역할을
할 수 있다. 회의자에서는 어떠한 하나의 형태도, 나뉜 이후에 여전히 단독
으로 글자가 될 수 있다. 舆 에서는 전문(篆文)과 갑골문을 막론하고 그 속
에 그려져 있는 싸우고 있는 두 사람은 떨어뜨려 놓으면 어떠한 의미를 표
현하는 역할을 하지 못한다. 이러한 점을 통해 회의자와의 구분이 더욱 명
확하다. 종합하자면 회의자는 두 개 이상의 단독 글자로 나눌 수 있지만,
상형자와 지사자는 두 개 이상의 단독 글자로 나눌 수 없다.

상형자가 '본뜨는[象]' 것은 순수하게 묘사할 수 있는 구체적인 '형태
[形]'이고, 지사자가 가리키는 것은 이미 추상적인 의미와 고정적인 형태
가 아닌 '사건[事]'이다. 회의자는 이러한 글자들의 몇 가지 조합으로 만들
어지는 의미를 연결해야 한다는 점에서 보자면, 이는 의미를 완전하게 나
타내고자 하는 단계로 진입했다는 것이다. 지사자는 (소수의 예외가 있지만)
구체적인 사물을 나타내지 않는다는 점에서 보자면 이미 의미를 전달하고
있는 것이긴 하다. 몇몇 지사자가 구체적인 사물의 형태를 빌려서 의미를
전달하고자 하는 부분에서 보자면 지사자 또한 상형의 단계를 완전히 벗

어났다고 할 수는 없을 것이다. 따라서 지사자는 형태[形]와 의미[意]의 사이에 있다고 할 수 있을 것이다.

3. 형성

묘사할 수 있는 사물을 상형자로 표시하는 것 이외에, 지사와 회의자를 만들어 언어 속 하나하나의 단어를 나타내는 것은 결국 수 많은 제한을 겪게 된다. 만들어내는 것 또한 매우 힘든 일이다. 이 때 사람들은 더욱 간편한 방법을 생각하게 되었다. 이미 있는 글자의 독음(讀音)과 나타내고자 하는 글자의 발음을 연결한 것이다. 예를 들어 매화나무의 '梅'를 나타내고자 할 때, 이미 있는 글자 중에서 독음이 같은 '每'라는 글자를 찾아내서, 이 '每'라는 글자를 주체로 삼고 여기에 종류를 구분해주는 '木'을 더하여서 '梅'자가 되는 것이다. '梅'자를 보면 이는 나무의 일종으로 그 발음은 '每' 와 같다는 것을 바로 알게 된다. 이러한 방법으로 글자를 만들면 글자와 언어의 결합은 더욱 가깝게 되며, 조자(造字) 또한 매우 편리하다. 발음만 결합시키는 것으로 글자를 만들기 때문에 글자를 만드는 여러 제한을 타파할 수 있기 때문이다. 따라서 형성자는 과거의 한자를 만드는 방법 중에서 발전에 있어 최고 단계라 할 수 있을 것이다.

형성자는 일반적으로 '일형일성(一形一聲 : 하나의 의미를 나타내는 부분과 하나의 발음을 나타내는 부분을 가리킴.)'으로, 의미를 나타내는 부분, 예를 들면 '梅'자에서 '木'을 '형방(形旁)' 또는 '형부(形符)'라고 하고, 독음을 나타내는 부분, 예를 들면 '每'를 '성방(聲旁)' 또는 '성부(聲符)'라고 한다. 또한 '양형일성(兩形一聲)'도 있으니, 예를 들어 '藻'는 물 속의 풀로, 이 글자는 '艸'와 '水'라는 두 가지 형방을 쓰고, '巢'를 성방으로 사용하고 있다. 성방과 형방의 위치는 일정하지 않다. 당(唐) 나라 때의 가공언(賈公彥) 등 옛사람들은 여섯 가지의 위치의 방식으로 분석하였는데, 번잡하기만 하지 의미가 없어서 여기에서는 자세히 인용하지 않을 것이다. 그렇지만 알아야만 하는 것으로는 어느 경우는 형성의 위치가 다르지만 여전히 동일한 글자로 여기기도 하고, 어느 경우에는 형성의 위치가 다르면 두 가지 글자로 변하는 것도 있다. 예를 들어 '飄'와 '飇'는 동일한 글자이다. 그렇지만 '帕(머리띠 말/파)'과 '帛(비단 백)'은 다른 글자이다. 어째서 이러한 현상이 나타난 것일까? 문자는 언중(言衆)이 집단적으로 만들어내는 것으로, 시간과 지역에 따라서 다르기 때문에 어느 부분은 한 가지로 할 수 없다. 이 또한 형성자의 결점으로 볼 수 있다.

몇몇 형성자는 결합될 때에는 성방이나 형방의 필획이 매우 커서 그 중의 몇 획을 생략하여 결합에 편리하도록 하였다. 예를 들면 다음과 같다.

耆 '耆'는 '늙다'의 의미이다. 본래는 '老'를 구성성분으로 하고 '旨'가 발음성분[從老旨聲]이다.(문자학자가 형성자를 분석할 때에 '從某'라고 하면 '某'가 형방이고, '某聲'이라고 하면 '某'가 성방이다.) 그렇지만 전문(篆文)의 '老'는 耂이고, '旨'는 旨로 겹쳐 놓으면 상당히 길쭉한 형태가 된다. 따라서 耂의 아랫부분을 생략하여, "'老'의 생략된 형태를 구성성분으로 하고, '旨'가 발음성분[從老省、旨聲]"으로 변하였다.

瑩 '瑩'은 옥의 색깔이 좋다는 의미이다. 본래는 '玉'을 구성성분으로 하고 '熒'이 발음성분[從玉熒聲]이다. 또한 필획이 너무 많아지자, 성방인 '熒'의 일부를 생략하여서 "'玉'을 구성성분으로 하고 '熒'

고대중국어 통론

의 생략된 부분이 발음성분이다.[從玉熒省聲]'로 변하였다.

'耆'는 형성자 중에서 형방의 필획을 생략한 것이고, '瑩'은 형성자 중에서 성방의 필획을 생략한 것이다. 후자를 문자학자들은 '생성자(省聲字)'라고 한다.

양형일성도 있고, 형방과 성방에서 생략된 것도 있긴 하지만, 형성자는 기본적으로 일형일성이다.

상형자에서 형성자까지 한자 결합의 방법은 이미 여기에서 다 나왔다. 형성은 회의와 마찬가지로 두 개 이상의 상형자나 지사자를 결합한 것이다. 구조상으로 말하자면, 상형과 지사는 하나의 종류로, 두 개 이상의 단독 글자체로 다시 나눌 수 없는 것으로, 이처럼 다시 나눌 수 없는 형체를 문자학자들은 '독체(獨體)' 또는 '문(文)'이라고 한다. 회의나 형성은 몇 개의 독체가 합쳐진 것으로, 문자학자들은 '합체(合體)' 또는 '자(字)'라고 한다. '문'과 '자'는 문자학에서 엄격하게 구분하는 두 가지 전문용어이다.

4. 가차

허신(許慎)의 《설문해자(說文解字)》에서 말하였다. "가차라는 것은 본래 해당 글자가 없었던 것을 소리에 의지하여 그 일을 맡긴 것으로, '令'과 '長'이 이에 해당한다.(假借者, 本無其字, 依聲托事, 令, 長是也.)" '依聲托事'와 '令長是也'에 대해 말하자면, 가차는 두 종류의 해석이 가능하다.

'依聲托事'는 하나의 새로운 의미를 나타내고자 하지만, 이러한 의미를 나타낼 수 있는 글자를 찾지 못할 때 이미 있는 글자를 이용하여 나타내는 것이다. 이 글자는 본래 나타내고자 하는 의미를 나타내는 것이 아니지만, 단지 나타내고자 하는 의미의 그 글자와 이 글자가 발음이 같은 것이다. '依聲'이라는 것은 원래 있었던 글자와 나타내고자 하는 의미의 글자 발음이 같은 것을 가리키고, '託事'라는 것은 이미 있는 글자로 새로운 의미를 나타내는 것을 가리킨다. 예를 들면 다음과 같다.

而 '而'은 본래의 의미는 수염으로 상형자이다. 그렇지만 언어에서는 접속사로, 그 독음이 '而'이고 접속을 나타내는 글자이다. 글자를 만들어낼 수 없자 발음이 같고 본래는 수염을 나타내는 '而'자로 충당하였다.

北 '北'은 본래 두 사람이 서로 등지고서 나아가는 것으로, 위배를 나타내는 '背'이다. 그렇지만 북쪽을 나타내는 '北'을 만들어내지 못하자 발음이 같고 본래는 위배를 나타내는 '北'자로 충당하였다.

來 '來'는 본의는 보리로 상형자이다. 《시(詩)·주송(周頌)·사문(思文)》: "貽我來牟(나에게 보리를 주었네)"에서 '來牟'가 보리의 명칭이다. '오고 가다[來往]'의 '來' 또한 만들어내지 못하자 발음이 같고 본래는 보리를 나타내는 '來'자로 충당하였다.

亦 '亦'은 본래 겨드랑이이나, 빌려서 부사로 사용한다.

八 '八'은 본래 나누다의 의미이다. 《설문(說文)》에서는 "나뉘어서로 등지고 있는 형태를 본뜬 것(象分別相背之形)"이라고 하였다. 지사자이다. 빌려서 숫자로 사용한다.

其 '其'는 본래 '키[箕]'로, 대나무로 만든 키를 나타낸다. 빌려서 대체사로 사용한다.

甲자를 사용하여 乙의 의미를 대표하는 것은 甲자가 본래 乙의 의미를 갖지 않지만, 乙의 의미를 나타내는 발음이 우연히도 甲자와 같아서 甲자로 충당하는 것이다. 이는 순수하게 동음(同音) 관계이다. 이러한 가차를 '성차(聲借)' 또는 '의미와는 관련이 없는 가차[無意義的假借]'라고 한다. '令長是也'에 대해 말하자면, '令'은 《설문(說文)》의 '호령을 내는 것이다.(發號也.)'에 근거하면 호령의 뜻이다. 현령(縣令)의 '令' 또한 '令'이라고 하는데, 이는 동작을 가지고 동작을 시키는 사람으로 삼아서 말한 것이다. '長'[9]은 오래되다, 나이들다의 의미로, '윗사람[長上]'이라는 의미로 발전하였다. 여기에서 '현장(縣長)'과 같이 우두머리를 나타내는 '長'이 되었다. '현령'과 '호령', '현장'과 '윗사람, 오래되다, 나이들다'는 의미상 관련이 있다. 《설문》의 이 두 가지 예를 근거로 하여 어떤 사람은 가차에 대해 이러한 종류를 정의하길, '파생[引申]' 또는 '의미와 관련이 있는 가차[有意義的假借]'라 하였다.

파생의 예는 매우 많아, 다음과 같다.

  献 '猒'은 앞에서 이미 이야기한 대로, 배부르게 먹는다는 의미이다. 배부르게 먹으면 다시 먹을 수 없기에 싫어하는 마음이 나타나게 된다. 따라서 파생하여 싫어하다가 된다.(현재는 '厭'으로 쓴다.)

  函 '函'은 《설문》에서는 '혀이다. [舌也]'라 하였는데 틀렸다. 금문에서는 ⚇으로, 활을 두는 물건을 본뜬 것이고 감추다는 의미가 있

---

9   '長'의 본의(本義)에 대해 다른 설명이 있다. 주준성(朱駿聲)은 사람의 머리카락이 길다는 의미로 보았다. 다른 사람은 성장이라는 의미로 보았다. 후자가 비교적 확실하다. 오래되다, 나이들다의 의미는 성장하다의 의미에서 파생되어 나온 것으로 최초라는 의미는 아니다.

다. 파생하여 《맹자(孟子)》 "矢人豈不仁於函人(화살 만드는 장인이 갑옷 만드는 장인보다 어찌 어질지 않겠는가?)"의 '函'으로, 矢人은 화살을 만드는 장인이고 函人은 갑옷을 만드는 장인이다. 옛날 사람들은 편지를 나무 판에 담았기 때문에, '函'은 갑옷에서 또한 파생하여 '편지[函件]'의 '函'이 되었다.

　　🔯　'星'은 《시(詩)·용풍(鄘風)·정지방중(定之方中)》 "星言夙駕(날이 개면 아침 일찍 수레를 타고)"에 대해 한시(韓詩)에서 말하였다. "星은 맑다[晴]의 의미이다.[星、晴也]" 비가 그치면 별이 나오기 때문에 따라서 파생하여 '晴'의 의미가 되었다.

　'依聲託事'라는 정의에 따르면, 가차자는 순수하게 동음(同音) 관계의 '성차(聲借)'로만 한정해야 할 것이다. 또한 자의(字義)의 파생은 매우 쉬운 것으로, 대부분 파생될 수 없는 글자는 없으며 한 번 파생하고 나서 또 여러 차례 파생할 수 있다. 만약 파생 또한 가차로 여긴다면 가차의 범위는 매우 넓어지면서 제한할 수 없을 것이다. 따라서 여기에서는 '성차'만을 가차로 여길 것이고, 이후에 가차라고 하는 것은 이러한 점을 기준으로 할 것이다.

　가차자는 본래 "본래 해당 글자가 없었던 것을 소리에 의지하여 그 일을 맡긴 것[本無其字, 依聲托事]"이지만, 이후에는 본래 해당 글자가 있는 것조차도 다른 글자를 빌려 쓰기도 하였다. 예를 들어 "帶月荷鋤歸(달 뜨면 호미 매고 돌아오네.)"와 "雖有荷鋤倦(호미질로 피곤하지만)"[10]에서의 '荷'는 본래 식물을 가리키지만, 여기에서는 '짐을 지다[負荷]'는 의미로 본래

10　[역주] 인용된 두 시는 모두 도잠(陶潛)의 〈귀원전거(歸園田居)〉에서 인용한 것이다. 첫번째 구절은 其三, 두번째 구절은 其六이다. 이는 《도연명집(陶淵明集)》을 근거로 하였다.

'짐을 지다'의 '荷'는 '何'가 본자(本字)이다. 《설문(說文)》: "何는 儋의 의미이다.(何, 儋也.)"('儋'은 곧 '擔[짐 지다]'이다.) 또한 예를 들면 '雲氣[구름]'의 '氣'의 본자는 ≼로, 해서(楷書)로는 '气'이고 상형자이다. 그렇지만 이후에는 '气'가 쓰이지 않고 "饋客之芻米(손님에게 드리는 꼴과 밥)"[11]로 설명되는 '氣'(米를 의미성분으로 하고 气를 발음성분으로 하는 형성자)로 사용한다. 이러한 것은 '何'자가 '어떤 것[何物]'으로 쓰이고, '气'자가 '구걸하다[求乞]'(글자의 형태가 또 변한 것으로, 一 획이 생략된 것이다.)로 쓰이면서, 또한 '荷'와 '氣'를 빌려서 '짐 지다', '구름'의 의미로 사용하였다.

또한 하나의 형태로는 '생형존성(省形存聲, 형태 부분은 생략하지만 그 음성 부분은 남아 있음)'으로, 형성자의 형방은 생략하고 성방만을 이용하여 해당 형성자의 전체를 대체하는 것이다. 예를 들어 《시(詩)·정풍(鄭風)·진유(溱洧)》: "士曰旣且(남성이 말하였다. 이미 가봤습니다.)"에 대해 당나라 때 육덕명(陸德明)의 《경전석문(經典釋文)》에서 말하였다. "'且'의 발음은 저(徂)이고, 가다[往]의 의미이다.[且音徂, 往也.]" 이는 다음과 같은 뜻이다. "'且'는 '徂'에서 형방 '彳'를 생략한 것이다." 《회남자(淮南子)·수무(修務)》: "趹蹄足以破盧陷匈(말의 뒷발차기는 머리와 가슴을 부술 만하다.)"에서 '盧'는 '顱(머리뼈)'자(字)의 '생형존성'자이다.

여기에서 한 가지 문제점이 있다. 결국 '徂'나 '顱' 등의 형성자가 먼저

---

11   손님이 드시게 드리는 고기 종류와 쌀이다. '芻'는 돼지나 양 종류를 가리킨다. [역주] 이
    는 《설문·미부(米部)》의 설명이다. 이에 대한 단옥재(段玉裁)의 주를 참조하면 '芻'는 원주
    에서의 설명과는 달리 식물을 나타내는 것으로 볼 수 있다. '芻'의 본래 의미는 잘라 놓은
    풀을 가리키는 것으로, '芻'를 동물로 설명할 수 있긴 하지만, 이 구절에서는 해당되지 않
    아 그대로 해석하였다.

인가, 아니면 '且'나 '盧' 등의 가차자가 먼저일까? 이 점은 대답하기 쉽지 않다. 아마도 가차자가 먼저이고 형성자가 나중에 나타난 것이 아닌가 한다. 다른 예로 보자면 鬼의 본의는 '夒'로 산속에 사람과 유사한 괴물이다. 이후 귀신의 '鬼'로 가차하였다가, 그 후로 또한 귀신의 귀로 祺라는 글자를 만들었다. '烏'는 새이다. 가차하여 감탄사로 쓰다가 전용의 형성자인 '嗚'를 만들었다. 그렇지만 확실하게 이러한 '鬼'나 '烏'가 '祺', '嗚'의 '생형존성'자(字)라고 말할 수 없다는 것이다. 언어 문자의 발전에서 본다면 어음(語音)이 더 중요하다. 이전 사람들은 단지 자의(字義)에만 착안하여 형방(形旁)이 형성자의 기초로 여겼지만, 실제로 형방은 자형(字形)을 고정시키기 위한 것으로, 글자의 의미를 구별하는 것으로 사용될 뿐이다. 언어를 나타내는 단어로서 말하자면, 성방(聲旁)이 더욱 기초적인 것이다. 이러한 점에서 보면 형성과 가차의 관계는 상당히 밀접한 것으로, 심지어는 어느 경우 가차가 형성의 선구적인 것이라고 할 수 있다.

상형차처럼 형태로 의미를 직접 표시한다면 다양한 이유로 결국은 곤란하게 될 것이다. 문자 발전의 귀착점은 결국 어음으로 의미를 표시하는 것에 있기 때문에, 형성자와 가차자의 출현은 이러한 발전 추세가 드러난 것이다. 고대 문헌 중에 가차자는 광범위하게 사용된다. 《논어(論語)》 첫번째 구절인 "子曰 : '學而時習之, 不亦說乎？'(선생님께서 말씀하셨다. '배우고서 그 때에 맞추어 익힌다면 기쁘지 않은가?')"에서 '而, 之, 不, 亦, 說' 다섯 글자가 가차자이다. 따라서 가차자는 매우 주의해야 한다.

제3절 본자와 본의 및 본의의 추구

앞에서 이야기한 바와 같이, 문자의 의의는 본의(本義)와 가차의(假借義)로 구분된다. 예를 들어 '惟'자는 '생각하다'로 쓰이는 것이 본의이고, '단지[只, 只有]'로 쓰이는 것이 가차의이다. 이러한 점에서 볼 때, 한자 한 글자에는 만들어질 때의 뜻이 있는데 이를 본의라고 하고, 하나의 의미를 빌려서 사용할 때도 있는데 이를 가차의라고 한다. 본의를 나타내는 글자는 '어떠한 의미의 본자(本字)'라고 하고, 가차의를 나타내는 글자는 '어떠한 의미의 가차자(假借字)'라고 한다. 예를 들어 '惟'는 '생각하다'라는 의미의 본자이고, 또한 '단지, 유일한' 등의 가차자이다.

문자 운용의 결과 가차의가 우세하게 되고 본의는 사라져서 사람들이 알 수 없게 되기도 한다. 옛날 문헌을 읽을 때, 어느 경우는 본자와 본의를 알아야 할 때가 있다. 따라서 본자와 본의를 추구하는 것은 문자학자의 임무 중 하나이다. 예를 들어《사소아전(謝小娥傳)》에는 "垂涕而去(눈물을 흘리고 떠나다)"와 "蘭與春, 宗昆弟也(난과 춘은 동족 형제이다.)"가 있다. '垂涕'는 '눈물을 흘리다[垂泪]'로, '눈물[泪]'은 '涕'의 본의로, 여기에서는 '콧물[鼻涕]'로 해석할 수 없다.[12] 옛날 사람들은 콧물에 대해서는 '泗'라고 하였다. '宗昆弟'는 동족 형제로, '昆'이 여기에서는 형이다. 어째서 '昆'이 형이라는 뜻을 갖는가? 원래 '兄'으로 뜻풀이하는 '昆'은 가차자이다. 이 가차자는 본자 '𦋁'이 있다.《설문》: "周人謂兄爲'𦋁'(주나라 사람들은 형을 '𦋁'이라 한다.)" 독음은 古魂切[gun]이다. '昆'은 '𦋁'의 가차자이다. 또한《시(詩)·

---

12   [역주] '涕'가 현대중국어에서는 '눈물'과 '콧물' 둘 다 해석이 가능하기 때문이다.

빈풍(豳風)·칠월(七月)》의 "八月剝棗(팔월에 대추를 쳐서 딴다.)"에서 모형(毛亨)의 《전(傳)》에서 말하였다. "剝은 擊의 뜻이다.(剝, 擊也.)" '剝'과 '擊'은 무슨 관계가 있을까? 본래 '剝'은 '撲打'에서의 '撲'의 가차자이다. 두보(杜甫)의 《又呈吳郞(다시 오랑(吳郞)에게 보내다.)》시 : "堂前撲棗任西鄰, 無食無兒一婦人.(당 앞에서 대추 따는 것은 서쪽 이웃이 맡으니, 먹을 것도 아이도 없는 부인이네.)" '撲'과 '剝'에서 전자는 본자, 후자는 가차자로, 따라서 '剝'은 '擊'의 의미로 풀이할 수 있다. 이처럼 본자와 본의의 추구는 정확하게 어의(語意)를 이해하는 데에 있어서 도움을 줄 수 있다.

그렇다면 어떻게 본자와 본의를 추구할 수 있을까? 대체적으로 말하자면 글자의 형태를 잘 살펴보고, 문헌(文獻)을 꼼꼼히 검토해야 한다. 앞에 들었던 예 중에서 '昆'의 본자가 '𦞤'임을 알았던 것은 《설문》에 근거하여 알 수 있었던 것이다. 이제 몇 가지 예를 다시 들어 설명하도록 하겠다.

止 '止'자는 오늘날에는 정지(停止)로 풀이하지만, 실제로 이 글자는 '趾[발]'의 본자이다. '止'는 갑골문에서는 𝗬 형태이다. 상하좌우의 방향은 크게 중요하지 않고 발바닥을 형상한 것이다. '陟, 降, 步, 走' 등의 글자 내에 모두 하나 또는 몇 개의 𝗬 형태가 있다. 이러한 것에서 '止'가 '趾'의 본자임을 증명할 수 있다. 《예기(禮記)·내칙(內則)》: "父母舅姑……衽, 長者奉席, 請何趾.(부모와 조부모께서 자리에 누울 때, 자식 중에 나이가 많은 사람이 자리를 깔면서 어느 쪽으로 다리를 둘지 묻는다.)"(衽(임)은 눕는 자리를 말한다.) 육덕명(陸德明)의 《경전석문(經典釋文)》에서 근거로 제시한 《예기》본에서는 "請何止"로 되어 있다. 이러한 예가 '趾'와 '止'가 하나의 글자임을 더욱 증명할 수 있는 것이다.

天 '天'자는 오늘날에는 '天地'의 '天[하늘]'으로 풀이하지만,《설문》의 설명에서는 "顚也(머리 꼭대기이다)"라고 하였다. 그리고《역(易)·규(睽)》: "其人天且劓.(그 사람은 이마에 문신을 새기는 형벌과 코를 베는 형벌 흔적이 있다.)",《산해경(山海經)·해외서경(海外西經)》: "形天, 與帝爭神, 帝斷其首, 葬之常羊之山. 乃以乳爲目, 以臍爲口, 操干戚以舞.(형천(形天)이라는 신은 帝[13]와 神[14]의 자리를 두고 다투다가 帝가 그의 목을 자르고 상양(常羊)의 산에 장사를 지냈다. 그러자 젖을 눈으로 하고, 배꼽을 입으로 하고서 창과 방패를 휘두르면서 춤을 췄다.)" 모두 '天地'의 '天[하늘]'이 아니다. 살피건대 '天'자는 금문(金文)에서는 '大'로, 지사자이다. 머리 꼭대기에 동그란 점으로 사람의 머리 또는 머리 꼭대기를 나타냈다. "天且劓"에서 '劓(의)'는 코를 베는 것이고, '天'은 '剠額', 즉 칼로 이마에 문신을 새기는 것으로, 모두 고대의 형벌이다. '天'이 여기에서는 문신을 새기는 곳을 가지고 형벌의 명칭으로 삼은 것이다.《산해경》의 '形天'은 '刑天'으로 머리를 잘랐다는 의미이다. 이러한 점에서 알 수 있듯이, '天'의 본의는 머리 혹은 머리 꼭대기이다. 도잠(陶潛)의《독산해경(讀山海經)》시에서 "形夭無千歲, 猛志固常在.('形夭'는 오랜 세월 없지만, 용맹한 뜻은 굳건히 아직도 남아 있네.)" 이전 사람들은 앞 구절이 "形天無千歲"의 오류라고 보았는데, 매우 이치에 맞다고 할 수 있다.(청(淸) 도수(陶澍) 편(編)《정절선생집(靖節先生集)》, 근대사람 왕요(王瑤) 편《도연명집(陶淵明集)》에서는 이미 고쳤다.)

본자와 본의의 추구는 고대중국어의 이해에 있어 매우 관계가 있는 것

---

13   [역주] 아마도 황제(黃帝)로 파악된다. 정확하지는 않다.

14   [역주] 아마도 천신의 자리가 아닌가 한다.

으로, 당연히 고대중국어를 처음 배우는 사람은 본자와 본의를 추구할 줄 알아야 할 방법도 없고 필요도 없다.(또한 모든 본자와 본의를 일일이 알아야 하는 것도 아니다.) 그렇지만 이미 연구된 성과에 대해서는 알고서 받아들여야 할 것이다.

제4절 본의와 파생의

본의(本義)는 가차의(假借義)와 상대적이지만, 또한 '파생의[引申義]'와도 상대적이다. 파생의와 상대적인 '본의'는 기본 의미라는 뜻이다. 하나의 단어나 자(字)는 처음 만들어졌을 때에는 하나의 뜻만을 가졌을 것이다. 이것이 그 단어나 글자의 기본 의미이다. 그 하나의 의미가 있게 되면 사람들은 그것에서 출발하여 그 의미와 가까운 의미를 연상(聯想)한다. 어느 때에는 의미를 확대하기도 하여 해당 단어나 자는 제2, 제3 그 이상의 의미를 갖추게 된다. 이러한 수단을 파생[引申]이라고 한다. 파생으로 얻은 제2, 제3 그 이상의 의미를 파생의라고 한다. 앞에서 한자의 구조를 이야기하면서 가차에 대해서 덧붙여 이야기할 때 이미 파생에 대해서 이야기하였다. 여기에서는 다시 몇 가지 예를 들어 설명하겠다.

上 '上'의 본의는 위아래의 위로, 방위를 가리켜 말한 것이다. 지위의 고저(高低)로 파생된다. 예를 들면 '上賓', '上大夫'가 있다. 봉건사회에서 지위가 가장 높은 사람은 황제(皇帝)이기 때문에, '上'은 또한 황제(또는 임금)만을 가리키기도 한다. 진홍(陳鴻)《장한가전(長恨歌傳)》"上心忽忽不樂

(임금께서는 낙담하여 즐거워하지 않으셨다.)", "上甚悅(임금께서 매우 기뻐하셨다.)", "與上行同輦, 止同室(임금과 행차할 때 가마를 함께 하고, 머무를 때에 방을 함께 했다.)"에서의 '上'은 당(唐) 현종(玄宗) 황제를 가리킨다. 또한 가치의 고저로 파생된다. 예를 들어 '上駟'는 좋은 말을 가리키고, '上將'은 좋은 장수를 가리키며, '高足弟子(고족제자 : 우수한 학생)'의 '高足'은 또한 '上足'이라고도 한다. 방위의 상하(上下)에서 시간의 선후(先後)로 파생된다. 예를 들어 '上古(옛날 중에서도 이전 옛날)', '上世(이전 시대)' 등이 있다. 또한 아래에서 위로 올라가는 것으로 파생되기도 하는데, 예를 들어 '上樓(누각을 오르다)' 등은 성조가 변하였다. 또한 다른 사람의 위에 있거나 윗자리를 차지하는 것으로 파생되었는데, 예를 들면 "君子不欲多上人(군자는 다른 사람의 위에 있고자 하지 않는다.)"(《좌전(左傳)·환공(桓公) 5년》)이 있다.

徒 '徒'의 본의는 보행(步行)이다. 수레에 타는 것은 '乘'이라고 하고, 배에 타는 것도 '乘'이라고 하지만 수레나 배에 타지 않는 것을 '徒'라고 한다. 《논어(論語)·선진(先進)》: "顔淵死, 顔路請子之車以爲椁15. 子曰 : '…… 吾不徒行以爲之椁……'(안로가 공자에게 공자의 수레를 팔아서 곽을 해달라고 요청하였다. 공자가 말하였다. '……안연의 곽 때문에 걸어다닐 수는 없다.……')" 백거이(白居易)《신풍절벽옹(新豊折臂翁)》시 : "大軍徒涉水如湯(대군이 탕을 지나가는 듯이 물을 걸어서 건넜다.)" 모두 '徒'의 본의로, 수레나 배를 타지 않았다는 말이다. '徒'에는 단독으로 한 사람이라는 의미가 있어 '홀로', '단지', '겨우' 등의 의미로 파생된다. 예를 들어 《시(詩)·위풍(魏風)·원유도(園

---

15 안로(顔路)는 안연의 아버지이다. '椁'은 바깥 관이다.(옛날 사람들은 관을 안팎으로 썼다.) 안
    로는 공자에게 수레를 팔아서 죽은 안연을 위해 곽을 만들어 달라고 요청하였다.

有桃)》의 모전(毛傳) : "徒歌曰謠.(노래만 부르는 것을 '요(謠)'라고 한다.)" '徒歌'는 악기 반주를 쓰지 않는 노래이다. 《사기(史記)·위공자열전(魏公子列傳)》: "平原君之游, 徒豪舉耳, 不求士也.(평원군이 유세하는 것은 단지 호걸들과 서로를 칭찬하기 위해서이지, 벼슬을 추구하고자 하는 것이 아니었다.)" 이를 백화(白話)로 번역한다면 "不過是豪舉罷了(단지 호걸들과 서로 칭찬할 뿐이다.)"가 될 것이다. 《사기(史記)·사마상여열전(司馬相如列傳)》: "家居徒四壁立.(집은 단지 네 벽만 서 있을 뿐이었다.)" 이는 집안이 매우 가난해 텅텅 비어 단지 사방의 벽만 그 속에 서있다는 것을 말하는 것이다. 《사소아전(謝小娥傳)》: "豈徒然哉 ! (어찌 쓸데 없는 말이겠는가?)" 헛소리가 아니라는 의미이다. 그 외에도 고대 봉건사회에서 '귀인(貴人)'은 수레를 탈 수 있는데, 수레 없이 다른 사람에게 복역하는 것을 '徒'라고 하였다. '徒隸(노동하는 노예)', '徒役(노동에 종사하는 사람)' 등이 있다. 다른 사람에게 배우는 사람은 그에게 복종하는 것으로 학생 또한 '徒'라고 한다. 예를 들어 《여씨춘추(呂氏春秋)·무도(誣徒)》: "師不能令於徒.(선생이 학생에게 명령할 수 없다.)" 고대 전쟁에서는 수레를 타는 경우도 있고, 걸어가서 싸우기도 하는데, 보병(步兵)을 또한 '徒'라고 한다. '徒役', '徒兵'은 한 사람만을 가리키는 것이 아니다. 따라서 '徒'에는 또한 '무리[輩, 伙]'의 뜻이 있다. 예를 들어 《사기(史記)·맹자순경열전(孟子荀卿列傳)》: "순우곤, 신도, 환연, 접자, 전병, 추석 등의 무리.(淳于髡, 慎到, 環淵, 接子, 田駢, 鄒奭之徒)"가 있다.

乘 갑골문에서는 𣎵으로 되어 있고, 금문에서는 𣎵으로 되어 있어, 사람이 나무에 오르는 모습을 형상한 것이다. 나무를 오른다는 것이 '乘'의 본의이다. 파생하여 모든 높은 곳에 오르는 것을 '乘'이라 한다. 《시(詩)·빈풍(豳風)·칠월(七月)》: "亟其乘屋, 其始播百穀(지붕에 빠르게 올라가 지붕일

을 하고, 백곡을 파종하기 시작한다.)" 수레에 타는 것, 말에 타는 것 또한 '乘'이라고 한다. 수레 한 대를 '一乘'이라고 하는데, 말도 '乘'이라고 한다. 예를 들어 백행간(白行簡)《이와전(李娃傳)》: "乃鬻駿乘.(좋은 말을 팔았다.)"는 좋은 말을 팔았다는 의미이다. 또한《이와전(李娃傳)》: "某騎而前去, 當令返乘, 便與郞偕來.(제가 말을 타고 먼저 가서 곧 말을 돌려보낼 테니 서방님과 함께 오세요.)"에서 '返乘'은 말을 돌려보낸다는 말이다. 옛날에 수레는 네 말로 끌었다. 따라서 '乘'은 또한 넷으로 파생된다.《석명(釋名)·석구(釋丘)》: "如乘, 曰'乘丘'. 一基在後, 似車 ; 四列在前, 如駕馬車(一本作"車馬", 義長)之形也. 수레와 비슷한 언덕을 '승구(乘丘)'라 한다. 하나의 기반과 같은 언덕이 뒤에 있어 수레와 비슷하고, 네 언덕이 나란히 앞에 있어 말이 끄는 수레(어느 판본에서는 '車馬'(수레를 끄는 말)로 되어 있는데, 의미가 더 잘 맞는다.)의 형태와 같다." 이는 '乘丘'에는 다섯 개의 언덕이 있는데, 하나의 큰 언덕의 앞에 네 개의 작은 언덕이 나열하고 있는 것이 네 필의 말이 수레를 끄는 것과 같음을 말한 것이다.《맹자(孟子)·이루하(離婁下)》: "發乘矢而後返.(화살 네 발을 쏘고서는 돌아왔다.)"에서 '乘矢'는 네 발의 화살이다. 또한 양웅(揚雄)《방언(方言)》: "二飛鳥曰雙, 四雁曰乘.[16](두 마리 나는 새는 쌍(雙)이고, 네 마리의 기러기는 승(乘)이라 한다.)" 또한 '乘'으로 넷을 나타낸 것이다. 수레에 오르고[乘車], 말에 오르고[乘馬], 배에 오르는[乘船] 등의 의미에서 또한 구실로 삼다, 이용하다 등의 의미로 파생한다. 예를 들어 '乘時(때를 이용하다), 乘勢(기세를 이용하다), 乘機(기회를 이용하다), 乘隙(틈을 타

---

16 [역주] 이는 周祖謨의 『方言校箋』에서의 설이다. 원문은 "飛鳥曰雙、雁曰乘."으로 되어 있다. 이연주, 이연승 옮김, 『방언소증』, 소명출판사, 2012, p.476 참조.

다), 因利乘便(유리한 형세를 타다)' 등이 있다.

澤 '澤'의 본의는 물풀이 마구 섞여 있는 호수로, 비로 파생되었다. 양웅(揚雄) 《하동부(河東賦)》: "雲霏霏而來迎兮, 澤滲灘而下降.(구름이 뭉실뭉실 다가오네, 비가 스며들어 아래로 내리네.)"에서 '澤'은 비를 가리킨다. 비는 적시는 물건이다. 따라서 '澤'에는 빛이 나다, 미끄럽다의 의미가 있다. 예를 들어 '광택(光澤), 활택(滑澤)' 등이 있다. 비는 식물을 적시어 기르기 때문에, 은혜나 좋은 점으로 파생한다. 고악부(古樂府) 《장가행(長歌行)》: "陽春布德澤, 萬物生光輝.(따뜻한 봄날에 덕과 은혜를 펼치어, 만물이 빛나듯이 만들어지네.)" 《장한가전(長恨歌傳)》: "姐妹封國夫人, 富埒王宮, 車馬邸第, 與大長公主侔矣. 而恩澤勢力則又過之.(자매인 봉국 부인들과 부유한 왕궁, 수레와 말 저택 등이 대장공주와 같았지만, 은혜나 세력은 또한 넘어섰다.)" 빛이 나다, 미끄럽다의 의미에서 말하자면, '澤'은 또한 기름과 같은 종류의 화장품을 말한다. 조식(曹植)의 《낙신부(洛神賦)》: "芳澤無加, 鉛華弗御.[17](향수를 뿌리거나 화장을 하지도 않았다.)" 또한 땀은 축축하고 미끄러운 것이다. 따라서 속옷[汗衫]을 '澤'이라고도 하였다. 《시(詩)·진풍(秦風)·무의(無衣)》에서 "與子同袍(그대와 겉옷을 함께 하네.)"라 하고 "與子同澤(그대와 속옷을 함께 하네.)"이라고도 하였는데, 이 때의 '澤'이 바로 속옷이다. 이 중에서 가장 마지막의 의미는 비교적 생소한 것으로, 비나 화장품, 은택 등의 의미는 문언문(文言文)에서 자주 쓰이는 것이다.(《설문(說文)》에서 '澤'이 광택이라고 한 것은 본래의 의미로 보아서는 안 될 것이다.)

어의학자(語義學者)는 단어 의미의 변천에 대해 논의할 때 확대(擴大),

---

17 '御'는 '用'(사용하다)의 의미이다.

고대중국어 통론

축소(縮小), 전이(轉移) 등 세 가지 방식이 있다고 본다. 위에서 제시한 약간의 예에서 이 세 가지 방식이 모두 존재한다. 확대와 축소에 대해 말하자면, 확대는 축소보다는 보편적이다. 어느 경우 확대는 한 번 확대하고 또다시 확대하기도 한다. 예를 들어 '雛'의 본래 뜻은 병아리 또는 작은 닭으로, 조류의 새끼로 확대한 다음에, 다시 작은 아이도 '雛'라고 한다. 두보(杜甫) 《팽아행(彭衙行)》: "衆雛爛漫睡, 喚起霑盤餐.(어린 아이들 어지러이 자는데, 불러 일으켜 밥을 먹이네.)"와 루쉰(魯迅)의 "挈婦將雛鬢有絲.(부인과 아이를 데리고 다니는데, 귀밑머리에는 실과 같은 흰머리가 나네.)"가 바로 이러한 예이다. 축소의 예에 대해서는 어의학자는 다음과 같이 보고 있지만, 중국 자서(字書) 중에서는 거의 보기 힘들다. 글자의 의미 변화 중에서는 예가 없는 것은 아니지만, 자서에는 약간만이 수록되어 있을 뿐이다. 앞에서 이야기한 '上'이 지위가 높은 사람을 가리키는 것은 일반적인 전이이지만, 또한 황제(皇帝)만을 가리킨다고 할 때는 축소의 범위에 속한다고 할 수 있겠다. 이 예와 같은 것으로는 다음과 같다.

宮　옛날에는 일반적인 집을 가리켰다. 《예기(禮記)·유행(儒行)》: "儒有一畝之宮(유학자에게는 한 묘(畝)의 집이 있다.)"에서 '宮'은 귀천을 구분하지 않았다. 진한(秦漢) 이후에 제왕(帝王)의 집만을 가리켰다.

朕　고대에는 일반으로 자신을 가리킬 때 사용하였다. 《이소(離騷)》: "朕皇考曰伯庸.(내 아버지는 백용(伯庸)이시다.)" '朕'은 이 때 굴원(屈原) 자신을 가리켰다. 진(秦) 이후로는 황제(皇帝)만이 쓸 수 있었다.

子　고대에는 남녀를 구분하지 않고 '子'라고 하였다. 구분해야 할 때에는 '男'·'女'를 앞에 붙여, '男子子' '女子子'라고 하였다. 《전국책(戰國策)·

조책(趙策)》: "鬼侯有子而好, 入之於紂.[18](귀후(鬼侯)에게 딸이 있었는데 매우 예뻤다. 당시 천자인 주(紂)에게 바쳤다.)", 진홍(陳鴻)《장한가전(長恨歌傳)》: "宮中雖有良家子千數.(궁에는 좋은 집안 딸들이 수 천 있었다.)" 여기서도 딸을 가리키는 것이다.[19] 이후 '子'와 '女'가 대문(對文)을 이루면서 남자를 가리키는 호칭으로 사용하였다.

　　糞　본래는 청소하다, 소제하다의 의미이다. 전문(篆文)에서는 糞으로, 손에 키를 잡고 채워져 있는 더러운 물건을 던지는 것이다. 이후에는 대변으로 의미가 축소되었다.

　　臭　본래는 냄새/향기라는 의미이다.《역(易)·계사상(繫辭上)》: "其臭如蘭.(그 향기가 난초와 같다.)" 현재 "臭味相投(의기투합하다, 뜻이 맞다)"라고 말하기도 하지만, 나쁜 냄새로만 의미가 축소되었다.

　　'파생[引申]'이라는 자의(字義)에서 보자면 파생은 확대와 전이 두 방식을 가리키는 것이 맞다. 그렇지만 자의가 축소되는 예를 따로 둘 명목이 없고, 또한 동시에 의미의 전이(관련이 있는 전이) 또한 하나로 파생이라고 칭하여도 문제가 없을 것이다.

　　파생의 이치를 알게 되면 자(字) 또는 사(詞)의 기본 의미를 파악하고(어느 경우에는 본의(本義)를 파악할 필요도 없는데, 예를 들어 '上'이 지위가 높음을 나타낸다는 것을 이미 알고 있다면 황제를 '上'으로 부르는 이유를 알 수 있지, '上'의 최초 의미가 무엇인지를 반드시 알아야 하는 것은 아니다.), 그들이 다른 언어

18　'好'는 '美好'의 의미이다. '入'은 '納'과 같아서, 바친다는 의미이다.

19　두보(杜甫)《비진도(悲陳陶)》시 : "孟冬十郡良家子、血作陳陶澤中水。(초겨울 여러 군데의 좋은 집안 남자들이 피를 흘려 진도 못의 물이 되었네.)" 이는 군대에 종사하는 전사를 말하면서 남자를 가리키는 것으로 사용하였다.

환경 속에서 적응하고 변화하는 것을 탐구하여, 고대 문헌의 어의를 파악하는 데에 무리가 없이 통달할 수 있을 것이다.

제5절 가차자와 이체자

글자의 뜻인 자의의 가차(假借)와 파생은 유사한 점이 있다. 모두 한 글자를 써서 두 개 이상의 의미를 나타내는 것이다. 그렇지만 자의가 파생의 과정을 거치기에 파생의미와 원래의 뜻인 본의 사이에는 직접적 또는 간접적으로 일정한 연관이 있다. 따라서 파생의미와 본의 사이에는 찾아볼 수 있는 실마리가 있다. 그렇지만 가차자의 의미와 본의 사이에는 '의성'(依聲) 즉 음성에 의지한다는 관계 외에는 이야기할 만한 규율이 없다.

가차자에는 두 가지 방식이 있다.

하나는 갑이라는 글자가 을이라는 의미로 빌려서 쓰이는 것이다. 예를 들어 '而'는 '수염', '八'은 '분별하다'는 의미이지만, 각각 접속사와 수사로 빌려서 쓰인다. 즉 가차의와 본의가 하나의 글자 형태에 속해 있는 것이다.

또 하나는 가차자도 있고 본자도 있는 것이다. 다음의 예와 같은 경우이다.

> "不亦說乎(기쁘지 아니한가)" : '說'은 '悅'의 가차자이고, '悅'은 '說'의 본자이다.
> '於戲' : '嗚呼'의 가차자로, '嗚呼'가 본자이다.
> "八月剝棗(8월에 대추를 따고)" : '剝'은 '撲'의 가차자이고, '撲'이 본

자이다.

"邑邑不懌(우울하여 즐겁지 아니하다.)" : 여기에서 '邑'은 '悒'의 가차
자로, '悒'이 본자이다.

"子之燕居(선생께서 편안하게 계실 때에)" : '燕'은 '宴'(편안하고 한가
하다의 뜻)의 가차자로, '宴'이 본자이다.

'扶服' : '匍匐'의 가차자로, '匍匐'이 본자이다.

이를 자전이나 사전에서는 '通'이라고 한다. 예를 들어 "'燕'通'宴'",
"'邑'通'悒'", "'說'通'悅'" 등으로, 해석 대상으로 제시된 것이 가차자이고,
'通' 뒤의 부분이 본자이다.

두 글자의 의미는 본래 같지 않았지만, 현재 그들을 '通'한다고 하는 것
으로, 두 단어를 일정한 조건 하에서 동일한 뜻을 가진다고 하는데, 이러한
것이 가차자와 본자의 관계이다. 이 외에도 두 글자에 모두 동일한 의미와
발음이 있고, 어느 쪽이든 본자일 경우에는 이를 이체자라고 한다. 예를 들
어 '歡(欢)'은 '懽'으로 쓰기도 하고, '欣'은 '忻'으로 쓰기도 한다. '歎'은 '嘆
(叹)'으로 쓰기도 하고, '歌'는 '謌'로 쓰기도 한다. '顮'는 '顀'로 쓰기도 하
고, '跡'은 '迹, 蹟'으로 쓰기도 한다. '譟'는 '噪'로 쓰기도 하고, '婦(妇)'는
'娍'로 쓰기도 한다. 이러한 이체자를《설문(說文)》을 연구하는 사람들은
'혹체자(或體字)'라고 부르기도 한다.

《설문》 중에 다음과 같은 예문이 있다.

祭, 門內祭、先祖所以彷徨……祊。祭, 或從方
(祭은 문 안에서의 제사이다. 선조들이 배회하는 곳이다.……祊 祭은 方
으로 구성되기도 한다.)

고대중국어 통론

坿, 夫也……**㛼**。壻、或從女

(**坿**은 남편이다. …… **㛼**。壻는 女로 구성되기도 한다.)

위의 예문에서 '祔'은 '髣'의 이체자이고, '婿'는 '壻'의 이체자이다. 글자의 형태는 다르지만 글자의 뜻과 의미는 완전히 같다. 이러한 상황을 자전과 사전에서는 '同'이라고 한다. 예를 들어 "懽同歡'", "壻同婿'" 등이 그렇다. 앞에서 든 '通'은 앞 뒤 두 글자를 바꾸어 이야기할 수 없지만, '同'은 앞과 뒤 두 글자가 완전히 동일하다는 것을 나타낸다. 따라서 "悅'通'說'", "悒'通'邑'"이라고 설명할 수는 없지만, "歡'同'懽'", "婿'同'壻'"이라고 할 수는 있는 것이다.

자전과 사전에서 '同'이 일음절에도 이음절 이상인 단어에도 쓰이는데, 이음절일 때의 '同'을 가지고서 일음절에 쓰이는 '同'과 동일하게 볼 수는 없다. 예를 들어 성 위의 짧은 담장을 '埤院'라고 하는데, 또한 '俾倪'라고도 한다. 자전과 사전에서 "埤院'同'俾倪'"이라고 할 수 있지만, "俾'同'埤'", "倪'同'院'"라고 하면 안 된다. 이 두 가지는 혼동하면 안 된다.

제6절 고금자

글자의 뜻은 같은데 글자의 형태는 시대에 따라 변하여, 고대에는 甲이라는 형태로 썼던 것을 후대에는 乙이라는 형태로 쓰는 것을 고금자(古今字)라고 한다. 고금자에 대해 단옥재(段玉裁)는 다음과 같이 말하였다.

"경전(經傳)을 읽는 모든 사람은 고금자를 모르면 안 된다. 고금은 일정한 시기가 있는 것은 아니라서 주나라를 고대라고 본다면 한나라는 현대라고 할 수 있고, 한나라를 고대라고 본다면 송나라는 현대라고 할 수 있다. 시대에 따라 다르게 쓰인 글자들을 고금자라고 한다.(凡讀經傳[20]者、不可不知古今字。古今無定時、周爲古則漢爲今、漢爲古則宋爲今、隨時異同[21]者爲古今字。)"

예를 들어 앞에서 이야기한 '天'은 머리와 정수리로, '天'과 '顚, 頂'은 실제로는 동일한 글자이다. 그렇지만 '天'은 앞서 나왔고, '顚, 頂'은 이후에 나온 것이다. 이러한 것이 바로 고금자이다.

고금자의 구성에는 다음 세 가지 상황이 있다.

1. 형성자의 방법으로 새로운 글자를 만들다

형성자(形聲字)의 방식으로 만들어진 고금자에 대해 사람들은 이 옛글자인 '고자(古字)'를 '초문'이라고 하는데, 가장 이른 시기에 만들어진 글자라는 의미이다.(실제로 '고자'가 반드시 '초문'이라 할 수는 없지만, 절대다수가 초문이다.) 현대의 글자인 '금자(今字)'는 '후기형성자'라고도 하고 '후기자(後起字)'라고도 한다.

후기의 형성자에는 다음과 같은 세 종류가 있다.

---

20 '經'은 《시(詩)》,《서(書)》,《예(禮)》,《춘추(春秋)》,《역(易)》 등 유가(儒家)의 경전을 가리킨다. '傳'은 경의 뜻을 해석한 책으로, 여기에서는 넓게 고서(古書), 옛날 책을 가리킨다.

21 시대가 다름에 따라서 형태가 다른 글자이다.

(1) 초문에 성방(聲旁)을 더하는 것이다.

🄐 自는 가장 이른 시기의 '鼻'자이다. 상형(象形)으로 구성되었다. 이후에 '畀'자를 성방으로 더하여, 𪐝이다. '自'는 초문이고, '鼻'는 '自'의 후기형성자이다.

🄑 晶은 '星'자의 초문이다. 이후에 '生'자를 성방으로 더하여 후기형성자 🄐으로 변하고, 생략하여 🄑이 되었다.

🄒 网은 '網'자의 초문이다. 상형으로 구성되었다. 이후에 🄐(亡)자를 성방으로 더하여 후기 형성자 '🄒(罔)'이 되었다. 고서에서는 '罔罟'를 연달아 썼다. 예를 들어《주역(周易)·계사하(繫辭下)》: "結繩而爲罔罟、以佃以漁[22] (끈을 묶어 그물을 만들어 사냥과 그물낚시에 사용하였다.)"에서 '罔罟'가 바로 그물이다.

(2) 초문에 형방(形旁)을 더하였다.

🄓 包는 '胞'자의 초문이다. 어린 아이가 자궁 속에 있는 것을 형상한 것이다. 이후에 🄐을 더한 것이 '胞'자이다. 月 편방을 더하여 자궁을 구성하는 물질을 나타낸다. 더한 이후, 더한 부분이 바로 형방으로 변하였고, 원래의 초문인 🄓는 이 후기 형성자의 성방으로 변하였다.

🄔 主는 상형자로, 자형상으로 볼 수 있는 것은 등불이다. 이후에 火를 형방으로 더하여서, 후기 형성자 '炷'로 변하였다.

🄕 求는 초문 '裘'자로, 상형자이다. '裘'는 초문에 형방 '衣'을 더

---

[22] '以佃以漁'라는 말은 사냥과 그물낚시에 사용했다는 말이다.

하여 만들어진 것이다. 전문(篆文) '裘'자의 형방 '衣'는 '求'의 바깥 부분을 싸고 있는 '𧚍'이다.

𣏟   來는 앞에서 이미 설명하였다. '來'는 보리로, 상형이다. 이후에 '禾'을 형방으로 더하여 후기 형성자 '秾'로 변하였다.

𤳊   밭고랑의 모양을 본뜬 것으로, 도잠(陶潛)《귀거래사(歸去來辭)》에서 "將有事於西疇(장차 서쪽 밭에서 일이 있네.)"의 '疇'자의 초문이다. 이후에 형방 '田'을 더하여 후기 형성자 𤲶가 되고서, 해서(楷書)로 '疇'라고 쓰는 것은 그 이후의 서사이다.

이상의 두 유형은 이후에 더해지는 부분으로부터 이야기하면 '초문에 성방을 더하였다.'거나 '초문에 형방을 더하였다.'가 될 것이고, 초문의 입장에서 이야기하면 '초문에 성방을 더하였다.'는 '초문을 형방으로 삼았다.'이고, '초문에 형방을 더하였다.'라고 하는 것은 '초문을 성방으로 삼았다.'고 할 수 있을 것이다.

(3) 더 복잡한 상황도 있다.
성방을 더한 후 또 형방을 더하는 경우가 있다. 예를 들면,

𠔿 𦋝 網   두번째 자는 초문에 성방을 더한 것으로, 앞부분에서 보았다. 이 글자에 또 형방 '糸'를 더하면 바로 '網'자이다. '網'자는 최후의 후기자이다.

형방을 더한 후에 또 형방을 더하는 경우도 있다. 예를 들어《시(詩)·소아(小雅)·무양(無羊)》의 "麾之以肱(팔뚝으로 휘두르네.)"의 '肱'은 초문이 乙으

로, 팔뚝이 굽은 모습을 본뜬 것이다. 형방 ꝥ을 더한 후에 ꝥ이 되었다. 거기에 형방 ꝥ을 더하여 ꝥ이 된다.

이상의 두 예에서, 각각 한 차례 더하여 하나의 후기자가 되고, 후기자는 모두 초문과 의미가 동일하다. 이러한 자들을 누증자(累增字)라고 한다.

더 복잡한 상황도 있다. 예를 들면 :

위의 글자들에서 각 행의 첫번째 글자들은 초문으로, ꝥ는 풀로 만든 그릇으로[23] 상형이다. ꝥ은 '당기다[引也]'로, 기어오르다[攀援]의 '攀'이다. 지사이다. 두번째 글자 ꝥ는 貝로 의미부를 이루고 ꝥ가 발음 성분으로 귀천[貴賤]의 '貴'이다. ꝥ은 《설문》에서는 "鷙不行也"라고 하였는데, 이는 "執鳥不行也(새가 잡혀 있어 움직이지 못하게 한다)"이고, 바로 도잠의 시 《귀원전거(歸園田居)》의 "久在樊籠裏, 復得返自然(오랫동안 새장 속에 있어 자연스러움으로 다시 돌아가고자 하네.)"의 '樊'으로, 새를 가두어두는 곳이다. 이 두 글자는 모두 ꝥ ꝥ와 의미상 관련이 없는 별도의 글자이다. 세번째 글자에 이르러서는 두번째 글자를 성방으로 삼는 형성자로, 다시 첫번째 글자의 의미로 돌아갔다. 이것을 말하자면 첫번째 글자는 초문이고, 세번째 글자는 첫번째 글자의 후기자이며, 첫번째와 세번째 글자는 고금자이다.

---

23 ꝥ는 "功虧一蕢"《서(書)·여오(旅獒)》에서 '蕢'의 초문으로 사물을 담는 풀로 만든 그릇, 즉 삼태기이다.

2. 글자의 형태 변이

초문과 후기자는 형체상으로는 공통되는 점이 없다. 그렇지만 글자의 기원으로 말하자면 하나의 글자로 보아야 할 것이다. 예를 들면 다음과 같다.

    兲 '天'은 '顚'의 초문으로 지사자이다. '顚'은 '天'의 후기자로 형성자이다.

    呂 '呂'는 등뼈로 상형이다. 고서 중에서는 성씨(姓氏)로만 쓰인다. 이 때문에 '肉을 의미부로 하고 旅가 음성 부분'으로 된 후기자인 '膂'를 만들었다. 이는 형성자이다.

    癶 음은 '潑(발)'로, '剌癶'은 두 다리가 걷기 곤란한 모양이다. 이후에 '獵跋(디디다, 걷다)'의 '跋'로 변하고, 이 두 글자는 또한 '낭패, 낙담하다' 등의 쓰임으로 변하였다.

    〈 《설문》에서는 "물이 조금 흐르는 것이다.(水小流也。)"로 해석하였다. 이는 '涓'의 초문이다. '〈'는 지사이고, '涓'은 형성이다.

    臼 臼는 두 손으로 물건을 움켜쥐는 것으로, '掬'의 초문이다. '臼'는 지사이고, '掬'은 형성이다.

3. 가차자를 현재의 글자로 삼다

고자의 본의가 사용 중에 드러나지 않게 되면 하나의 가차자를 써서 그것을 대체한다. 이 때 가차자와 초문은 고금자 관계로 변하게 된다. 금자가 통행한 이후, 고자는 종종 다시 쓰지 않거나 폐기되고 하고, 고적(古籍)이나 자서(字書)에 보존되기도 한다. 편방으로만 쓰이기도 하는데 예를 들어 厽

은 畣畣 등의 편방으로만 쓰인다.

    畣 '气'는 구름의 기운이다. 이후 氣 (氣)를 빌려 구름의 '气'로 쓰였다. 앞의 예를 참고할 것.

    畣 '何'는 부담의 의미이다. 이후 '荷'를 빌려 부담의 '何'자로 쓰였다.

    畣 畣는 집합의 의미이다. 이후 '集'자를 빌려 '畣'을 대신하였다. '集'의 본래 의미는 새가 나무 위에 머물러 있는 것이다.《초사(楚辭)·구장(九章)·추사(抽思)》의 "有鳥自南兮、來集漢北(새들이 남쪽에서 오는구나. 한수 북쪽에 모이네.)"에서 '集'이 바로 머문다는 의미이다. '畣'자는 자서 이외에는 다른 책에서는 볼 수 없다.

    畣 '耑'은《설문》의 "物初生之題也。(사물이 처음 나올 때의 머리 부분이다.)"에서 '題'는 머리로, 이 글자의 중간의 一 획은 땅을 나타낸다. 땅 윗부분은 처음 나온 식물이고, 아랫부분은 그 뿌리이다. 이는 지사자이다. 開端(시작하다)의 '端'의 초문이다. '端'자의 본의는 '단정(端正)'으로, 현재는 또한 '耑'의 용법으로 빌려 썼다.

    畣 懸垂(걸다)의 '垂'의 초문으로 지사이다. 앞에서 이미 설명한 바 있다. 이후 畣자를 빌려서 걸다의 의미를 나타낸다. 畣자는 土로 구성되고, 畣를 발음부로로 하는데, 본의는 현재 쓰이는 邊陲(가장자리)의 '陲'이다.

    畣 畣 悑와 怖는 두려워하다의 의미이다. 후에는 '怕'자를 빌려 썼다. '怕'의 뜻은 본래 '憺怕(담백하다)'로 '澹泊'으로 쓰기도 한다. 마음 속이 안정되어 흩어지지 않는다는 뜻이다.《법화경(法華經)》권3에 "其心常憺怕、未曾有散亂(그 마음이 매번 안정되어, 흩어진 적이 없다.)"라는 말이 있다.

일부 고서적들의 주해, 예를 들어 안사고(顏師古)의 《한서주(漢書注)》, 이선(李善)의 《문선주(文選注)》에서 종종 "甲, 古乙字"라는 설명 방식이 있는데, 이것이 바로 명백한 고금자의 예이다. 청나라의 설전균(薛傳均)의 저서 중에 《문선고자통소증(文選古字通疏證)》이 있는데, 참고할 만하다.

고금자 중에 몇몇 자는 이체자로 인식할 수 있는 것들이 있다. 예를 들어 '畺'와 '疇', '臼'와 '掬' 등이 그러하다. 두 글자의 의미가 완전히 동일하기 때문이다. '天'과 '顚', '自'와 '鼻', '气'와 '氣' 등의 종류는 이체자라고 할 수는 없다. 하나의 의미가 같은 것 이외에 나머지 의미는 출입이 있어서이다. 예를 들어 '天'은 이미 '하늘'의 의미가 있고 '顚'에는 '뒤집힘'의 의미가 있으며, '自'에는 '자기'의 의미가 있고, '氣'에는 '손님에게 바치는 쌀'이라는 의미가 있기 때문이다.

위의 서술에서 보면, 문자의 형태와 의미 사이의 관계는 매우 복잡하다. 하나의 글자에 여러 형태가 있는(이는 또한 하나의 의미에 여러 형태라 할 수도 있다.) 경우가 있는가 하면, 하나의 글자에 여러 의미가 있는(이는 또한 하나의 형태에 여러 의미가 있다고 할 수도 있다.) 경우도 있다. 그 중에는 자의(字義)의 가차도 있고, 자의의 파생도 있으며, 사용된 조자 방식이 다르게 만들어진 글자 때문에 하나의 글자에 여러 형태가 있기도 하였다. 한자의 구조 방식을 이해하고 그 운용 방식인 파생과 가차를 이해한다면 문자 형태와 의미의 관계를 파악하는 데에 어렵지 않을 것이다.

제7절 사전

1. 사전의 체제와 역할

단어나 단어보다 큰 단위인 성어나 전고를 풀이한 책을 사전이라고 한
다. 진한시대 이후로 자서와 사서가 나타났는데, 자서는 사전과 동일하지
는 않다. 예를 들어 진나라의 이사(李斯)가 지은 《창힐편(倉頡篇)》, 조고(趙
高)가 지은 《원력편(爰歷篇)》, 호무경(胡毋敬)이 지은 《박학편(博學篇)》 등은
당시 아이들에게 글자를 가르치는 용도로 쓰인 것으로, 문자를 가지고 문
장을 만들어 읽기 편리하게 만들었다. 이것이 자서이다. 한나라 시기 유학
자가 인용하여 경전을 해석했던 《이아(爾雅)》는 단어의 뜻을 해석하는 것
을 위주로 하거나 그 당시의 단어로 옛날의 단어를 해석하기도 하고, 통
용하는 용어로 방언을 해석하는 것으로, 이것이 바로 사전이다. 또한 글자
를 단위로 하여 해석을 한 것으로 《설문해자》, 《옥편》, 《강희자전》 등의 종
류는 해석 대상이 글자인 '자'이지만 글자의 뜻을 풀이한 것이 단어의 뜻
을 벗어나지 않는다. 따라서 이러한 책을 옛날 사람들은 '자서'라고 하지만
'사전'으로 귀납할 수 있을 것이다. 사전의 역할은 언어의 몇몇 단위-단어
와 단어 결합-의 의미를 해석하는 것에 있다.

사전의 구성, 사전에 수록된 단어의 분류법은 세 종류를 넘어서지 않는
다. 하나는 단어 자체의 종류로 구별하여 구성된 것으로, 《이아》, 《공총자
(孔叢子)》에 있는 《소이아(小爾雅)》, 장읍(張揖)의 《광아(廣雅)》가 여기에 포
함된다. 이는 '의계(義系)사전'이다. 다른 종류는 글자의 형태에 따라 편찬
한 것으로, 《설문(說文)》, 《옥편(玉篇)》, 《강희자전(康熙字典)》 등이 있다. 이

는 '형계(形系)사전'이다. 또 한 종류는 글자의 소리에 따라 배열한 것으로, 진팽년(陳彭年) 등이 편찬한 《광운(廣韻)》, 정도(丁度) 등이 편찬한 《집운(集韻)》이 포함된다. 이는 '음계(音系)사전'이다. 고대의 음계사전은 별도로 '운서(韻書)'라 하는데, 주요 역할은 음을 정확하게 정하는 것이다. 몇몇 운서, 예를 들어 주덕청(周德淸)의 《중원음운》은 의미 풀이가 전혀 없기 때문에 당연히 사전이라고 분류할 수는 없다. 반대로 《설문》과 《이아》는 의미의 풀이가 있지만 자체에 음을 풀이하지 않거나 완전하게 음을 풀이하지 않았다. 따라서 사전의 주요 역할은 뜻풀이다.

2. 《강희자전》에서 《사해》까지

근대에서 현대까지의 사전으로는 《강희자전》과 《사해(辭海)》를 대표로 들 수 있을 것이다. 기타 《중화대자전(中華大字典)》, 《사원(辭源)》과 같은 것은 이 두 사전의 중간 산물이라 할 수 있다. 《강희자전》과 《사해》는 동일한 부분도 있고 차이가 있는 부분도 있다. 차이점은 아래와 같다.

첫째, 《사해》는 《강희자전》에 없는 각종 정치, 경제, 역사, 문학, 자연과학 등의 전문성 있는, 이른 바 '백과'의 전문 용어를 늘려 수록한, 종합성을 띤 사전이다. 《강희자전》은 이전 경전의 주석과 사전의 일반적인 글자로 《사해》 중의 '어휘' 부분에 해당하는 부분만 수록하였다.

둘째, 《사해》에 수록된 글자와 어휘는 실용성을 위주로 하였고, 《강희자전》은 옛 것을 보존하고 널리 채용하는 것을 위주로 하였다. 따라서 《강희자전》의 적지 않은, 잘 쓰지 않는 용법의 글자나 어휘가 《사해》에는 없다.

이 두 사전의 동일한 부분에 대해서 말하자면 이 두 사전의 체례(體例)

고대중국어 통론

가 될 것이다. 체례에서 아래의 몇 가지 지점에서 서로 동일하다.

첫째, 《강희자전》은 매응조(梅膺祚)의 《자휘(字匯)》의 배치법을 계승하였다. 수록된 글자를 각각 214개의 부수 아래에 두었고, 부수와 각 부 사이의 글자와 어휘의 배치는 필획의 많고 적음을 가지고 순서를 두었다. 검색이 이전에 비해 매우 편리하여, 부수검자법(部首檢字法)을 확립하였다. 이후 《중화대자전》, 《사원》, 《사해》 등의 사전에서 채용하여 오랜 시간동안 쓰였다.

둘째, 해석에 있어 이 두 사전은 《설문》에 있는 자형의 분석을 생략하고 주음(注音 : 음표시)과 뜻을 해석하는 것만 있다. 주음은 모두 반절(反切)을 이용하지만, 간혹 직음(直音)을 쓰며, 음이 다르고 의미가 그것에 따라서 달라지는 것은 다른 의미를 다른 음 아래에 각각 나누어 놓았다. 다의자나 어휘는 가능하면 주요한 단어의 뜻을 수록해 놓아서 찾아보는 사람들이 선택하기에 편리하게 하였다. 그 중에는 본의, 파생의, 가차의가 있다. 이러한 점은 《설문》과 현존하는 《옥편》 등의 책에서 단지 한두 가지 뜻만을 들고 있는 것과 비교하면 매우 다른 부분이다. 이러한 점에서 보면 음을 표시하고 음에 따라 의미를 구분하였고, 뜻을 해석하면서 다른 의미를 최대한 수록하는 것에서 또한 사전의 주요 역할은 뜻을 풀이하는 것에 있다고 할 수 있다. 그렇지만 같은 점 속에서도 다른 부분이 있으니, 《강희자전》의 주음은 《옥편》, 《광운》 등 모두 출처를 밝혀 두었다. 《사해》는 이러한 부분을 생략하였다. 《사해》의 각각의 주음은 또한 그것이 106개의 '패문운(佩文韻)' 중 어느 운인지를 표시하였는데, 이는 《강희자전》에는 없는 것이다.

셋째, 이 두 사전에서는 뜻풀이를 한 후 고서들이 예문을 덧붙여서 풀이되는 글자나 어휘의 뜻을 증명하고 보충하였다. 이러한 체례는 《설문》,

《옥편》에서도 이미 있었던 것이다. 그렇지만 《강희자전》에서는 비교적 광범위하게 수집하였기 때문에 《사해》에서도 계승하였다. 이러한 점은 사전의 발전된 점이라고 하지 않을 수 없다.

체례에 대해 말하자면, 이 두 사전은 비교적 완전하다. 그렇지만 그 속에 착오나 결점이 없을 수 없으니, 가장 큰 결점은 증거로 들고 있는 자료를 전부 일일이 대조하지 않았고 이전의 유서(類書)에서 여러 차례 베껴온 것이라서 인용한 문장이 원문이 아닐 뿐만 아니라 책이름도 마구 섞여 있고, 심지어는 없는 것을 있다고 하는 등 꼼꼼하게 따지지 못하였다. 따라서 《강희자전》이 완성된 후, 왕념손(王念孫)과 그의 아들 왕인지(王引之)는 《자전고증(字典考證)》을 지어 그 오류를 바로 잡았고, 완원(阮元)이 또한 유생들을 모아 100여 종의 고서와 주석서에서 자의의 해석과 관련이 있는 자료를 수집, '패문운'에 의거하여 《경적찬고(經籍纂詁)》 160권을 편집하였는데, 이는 《강희자전》에 필적하는 것을 의도한 것이라 할 수 있다. 《경적찬고》는 고서의 주해를 편집한 것으로, 예를 든 것은 아니다. 따라서 초학자에게 있어서는 《강희자전》에 비해 편리하지 않다. 그렇지만 수집한 자료는 근거가 확실하여 글자의 의미 연구에 편리하다. 이러한 점은 《강희자전》보다 매우 뛰어난 점이다. 중화인민공화국 건립 이후 《사해》는 자료상의 오류뿐만 아니라 관점이 낡았고 사용 대상이 다르다는 점 때문에 한 차례의 수정이 필요하였다. 따라서 22년이라는 긴 시간에 걸쳐서 새로운 《사해》가 수정을 마치고, 1979년 10월에 끝내 출판되어서 광범한 독자들에게 제공되었다. 《사해》는 이후에도 지속적인 보충과 수정을 더함으로써 그 완성도를 높여갈 것이다.

3. 고대의 사전——《이아》와《설문》

(1)《이아(爾雅)》

중국 사전의 역사는 한나라 때부터 시작한다. 한나라 때는 경학(經學)이 세워지기 시작하는 시기로, 적지 않은 유학자가 경서와 고적의 정리와 해석에 종사하였다.《이아》는 바로 이러한 환경 속에서 만들어진 것이다.《이아》라는 명칭에 대해 '爾'는 '邇'로 가깝다[近]는 뜻이고, '雅'는 아언으로 고대에 통용한 표준어이다. '이아'라는 명칭은 바로 표준어를 사용하고 방언과 고어를 풀이하여 여러 사람들이 알 수 있는 언어에 가깝게 한다는 뜻이다.《이아》의 저자는 누구인지 알지 못한다. 이전에는 주공(周公)이 짓고 후대 사람들이 덧붙인 것이라 하기도 하고, 공자의 문인들이 지었다고 하기도 하는데 믿을 수 없다. 선진(先秦) 시기의 책에서는 단지《대대례기(大戴禮記)·소변(小辨)》의 "是故循弦以觀於樂, 足以辨風矣[24] ; 爾雅以觀於古, 足以辨言矣. (따라서 금슬을 연주하여 음악을 살펴서 민간 가요를 판별할 수 있게 된다. '이아'로 옛날을 살펴서 말을 판별할 수 있게 된다.)"에서 '爾雅'라는 표현이 나온다. 그렇지만 여기에서의 '爾雅'는 '循弦'과 대칭을 이루는 동목(動目) 구조이다. 의미는 '표준어에 의거하여 옛날을 살핀다'라는 것으로 책이름은 아닌 것이다.《이아》가 서명으로 나타나는 것은 한나라 이후의 저작에서 보인다. 그 중 대부분의 주석은 한나라 때의 경사(經師)의 여러 전주(傳注), 특히《모시고훈전(毛詩故訓傳)》과 매우 비슷하다. 따라서《이아》는 시기적으로 전국시기보다 이를 수는 없고, 그 속에는 한나라 때 사람들이

---

24 '循弦'은 금슬(琴瑟)을 연주하다, '風'은 민간 가요를 가리킨다.

더한 부분이 있다. 또한 한나라 때에 이르러야 완정(完整)한《이아》정본(定本)이 있게 된다.

《이아》는 모두 19편으로, 석고(釋詁), 석언(釋言), 석훈(釋訓), 석친(釋親), 석궁(釋宮), 석기(釋器), 석악(釋樂), 석천(釋天), 석지(釋地), 석구(釋丘), 석산(釋山), 석수(釋水), 석초(釋草), 석목(釋木), 석충(釋蟲), 석어(釋魚), 석조(釋鳥), 석수(釋獸), 석축(釋畜)이다. 편명에서 볼 수 있듯이 《이아》는 해석되는 단어의 종류별로 편을 나눈 것으로, 의계사전이다. 19편 중 앞의 세 편이 가장 중요하다. 그 중 〈석고〉와 〈석언〉의 성질이 서로 비슷하여 당시나 표준어로 그보다 옛날의 어휘나 방언어휘를 해석하였다. 예를 들어,

> 〈석고〉: "如、適、之、稼、徂、逝는 가다(往)의 의미다."
> 송(宋) 형병(邢昺) 소(疏) : "如라는 것은 ……《춘추》에서 공과 대부
> 가 때 맞추어 인사 드리러 갈 때 모두 '如'라고 말한다. 之라
> 는 것은,《논어·공야장》에서 '之一邦'라는 말이 나오는데 이
> 는 다른 나라로 갔다는 의미를 나타낸다.《방언》에서 '……
> 逝'는 진(秦)과 진(晉) 나라의 방언이다. '徂'는 제(齊) 나라의
> 방언이다. '適'은 송(宋)과 노(魯) 나라의 방언이다. '往'은 두
> 루 통하는 어휘이다.[25]

《방언》에서 말한 '往, 凡語也'에서 '往'은 일반적인 보통 어휘이다. 그리고 뜻풀이되는 '如, 適, 之, 稼, 徂, 逝'에서 어떤 것은 고대 경적(經籍)에서

---

25 《釋詁》: 如、適、之、稼、徂、逝、往也。宋邢昺疏: "如者……《春秋》公及大夫朝聘皆
    曰'如'。之者,《論語》云: '之一邦。'言又往一國也。"又: "案《方言》云: '……逝、秦晉語
    也。徂、齊語也。適、宋魯語也。往、凡語也。"

보이기도 하고 어떠한 것은 방언 어휘이다. 이것이 〈석고〉와 〈석언〉의 대략적인 모습이다. 〈석언〉과 〈석고〉의 구별은 다음과 같다. 〈석고〉는 종종 여러 단어를 모아서 하나의 해석을 주는데 그 중에는 체석(遞釋 : 서로 연결되어 뜻풀이를 하는 것을 가리킨다.)이 있다. 예를 들어 〈석고〉 제1조에는 11개의 단어를 모아 하나의 단어로 뜻풀이를 하고 있고, 제 3조에는 39개의 단어를 모아 하나의 단어로 뜻풀이한다. 제1조는 다음과 같이 기록되었다.

初、哉、首、基、肇、祖、元、胎、俶、落、權輿、始也。
(初、首、基、肇、祖、元、胎、權輿는 '시작하다(始)'의 의미이다.)

체석의 예는 다음과 같다.

遘、逢、遇也。遘、逢、遇、遻也。遘、逢、遇、遻、見也。
(遘、逢는 만나다[遇]의 의미이다. 遘、逢、遇는 만나다[遻]의 의미이다.
遘·逢·遇·遻은 뵙다[見]의 의미이다.)

〈석언〉에서는 뜻풀이되는 단어는 두 개 이상을 넘지 않는다. 〈석훈〉편은 〈석고〉, 〈석언〉과는 달리, 뜻풀이되는 단어가 감정을 나타내거나 《시경》에서의 단어로, 중첩어(고대에는 이를 '중언(重言)'이라고 하였다.)와 형태를 갖춘 문장이 더욱 많다. 예를 들면,

'委委·佗佗'、美也。
(委委와 佗佗는 아름답다[美]는 의미이다.)
"如切如磋"、道學也。"如琢如磨"、自修也。"瑟兮僩兮"、恂慄也。

"赫兮烜兮", 威儀也。"有斐君子、終不可諼兮", 道盛德至善、民之不能忘也。

("如切如磋"는 학문을 인도하는 표현이다. "如琢如磨"는 스스로 수양하는 표현이다. "瑟兮僴兮"는 두려워하는 표현이다. "赫兮烜兮"는 위엄을 갖춘 표현이다. "有斐君子、終不可諼兮"는 가득한 덕과 매우 뛰어남 때문에 백성들이 잊을 수 없음을 나타내는 표현이다.)

이 두 가지 예에서 '委委·佗佗'는 《시(詩)·용풍(鄘風)·군자해로(君子偕老)》의 문장이고, "如切如磋" 등은 《시(詩)·위풍(衛風)·기욱(淇奧)》의 문장이다. 이 두 개의 예에서 볼 수 있듯이, 〈석훈〉편 내에서 뜻풀이되는 단어의 의미가 이전 두 편보다는 더욱 추상적이고, 후자는 글자에 의해 뜻풀이되는 것이 아니라, 전체 문장의 뜻을 직접적으로 가리키는 것으로, 더욱 돌출되어 있다. 〈석고〉 등 세 편의 구별은 대략적으로 이와 같다.

〈석친〉 이하의 각 편은 뜻풀이되는 것이 주로 명물제도이다. 여기에서는 자세히 이야기하지 않겠다. 여기에서는 《이아》 전체 책의 체례에 대해서 몇 가지를 보충하겠다.

첫째, 체석 이외에도 《이아》에는 뜻풀이가 하나이지만 하나의 의미에 그치지 않는 것이 있다. 예를 들면,

〈석고〉: 台[26]、朕、賚、畀、卜、陽、予也。
(台、朕、賚、畀、卜、陽는 '予'의 의미이다.)

---

26 [역주] 원서에는 '臺'로 되어 있는데, '나'를 뜻하는 글자로는 '台'(이)로 보아야 한다.

여기에서는 '台'에서 '陽'까지 여섯 개의 단어를 '予'라는 하나의 단어로 뜻풀이하고 있다. 그 중 '賚·畀·卜'은 '주다(予)'의 뜻으로《시경》에서 그 예를 볼 수 있다. '台·朕'은 '나'의 뜻으로 '台'는《시경》에서, '朕'은〈이소(離騷)〉에서 그 예를 볼 수 있다. '陽'자의 해석은《설문》내에서의 '女人自稱我也(여성이 자신을 가리킬 때 쓰는 말이다.)'인 '姎'과《시(詩)·패풍(邶風)·포유고엽(匏有苦葉)》의 '人涉卬否(다른 사람은 건너지만 나는 못 건너네.)'의 '卬'으로 모두 '나(予)'를 가리키는 단어이다. 음이 유사하여 가차한 것이다.

둘째, 〈석고〉처럼 여러 단어를 하나의 뜻으로 해석하는 것에서 볼 수 있듯이 이들 여러 단어는 당연히 동의어이다. 그렇지만 동의어라고 하는 것은 모든 부분에서 의미가 동일하다는 것은 아니다. 단지 어떠한 한 가지 측면에서 동일하다는 것이다. 예를 들어 〈석고〉 제1조 '初·哉·首·基·肇·祖·元·胎'는 모두 '始'로 뜻풀이하는데, 그 중 '首·元'은 사람의 머리로, 시작하다, 개시하다라는 뜻이 있다. '胎'는 삶의 시작이고, '祖'는 종족의 시작, '初·基'는《설문》에서 옷을 재단하고(初), 담장을 쌓는(基) 시작점으로서 풀이하고 있다. '肇'는《설문》에서는 '肁'로 되어 있는데, '戶始開(문이 처음으로 열리다)'의 의미이다.[27] 이 일곱 단어의 의미는 완전히 동일하지 않다. 그리고《이아》에서 이처럼 설명하고 있지도 않기에 사람들은 차이가 크다고 느낄 수 있다. 여기에서는《이아》에서 뜻풀이되는 의미 중에서 많은 수가 본의가 아니라 파생의미임을 설명하였다.

셋째, 〈석고〉 제1조를 예로 들면, '哉'자는《설문》의 '言之間也(말 속에서 쉬는 곳을 나타내는 허사이다.)'에 의거하면 어기사(語氣詞)이다. 그렇지만 어

---

27 〈이소〉: "肇錫予以嘉名。"은 "처음으로 나에게 좋은 이름을 내려 주셨네."이다.

떻게 '始'의 의미를 가질 수 있을까? 원래 '哉'는 형성자로, 口가 의미성분이고 戈가 발음성분이다. 그리고 '烖(災)' 또한 戈가 의미성분이고 才가 발음성분인 형성자이다. '哉'와 '才'가 발음이 같다. 따라서 '才'의 가차자이다. '才'는 초목(草木)의 시작으로 따라서 '哉' 또한 시작의 의미가 있게 되었다.[28] 여기에서 또한 《이아》에서 뜻풀이되는 의미 중에서 많은 수가 본의가 아니고 가차의임을 설명하였다.

《이아》는 한나라 유학자들의 수많은 경전을 풀이한 주요 저작들과 가깝다. 또한 한나라 유학자들이 경전을 해석하는 중요한 근거이다. 또한 《이아》에서 풀이하고 있는 단어의 뜻은 경서에 있는 것에서만 한정 지은 것이 아니다. 예를 들어 〈석천〉의 '暴雨謂之涷(갑자기 내리는 비를 '涷(동)'이라고 한다.)'은 《초사(楚辭)·구가(九歌)·대사명(大司命)》의 "使涷雨兮灑塵(소나기를 내리게 하여 먼지를 씻어내네.)"를 풀이한 것이다. '扶搖謂之猋('扶搖'는 '猋(표, 회오리)'를 말한다.)' 또한 《장자(莊子)·소요유(逍遙遊)》의 "搏扶搖而上者九萬里.(회오리를 잡고서 올라가는 것이 구만 리이다.)"에서 볼 수 있다.《이아》는 다량의 옛 단어의 옛날 뜻과 방언 단어를 보존하고 있다. 따라서 고서적을 읽을 때에 필요한 가장 이른 시기의 사전이다. 또한 중국어 의미론을 연구함에 있어 중요한 전적(典籍)으로 진(晉)나라 곽박(郭璞)이 《이아》의 서문에서 말하였다. "진실로 수많은 분야의 입문서이고, 다양한 분야에 대한 열쇠이다.(誠九流之津涉, 六藝之鈐鍵)"[29] 이러한 찬사는 매우 합당하다.

《이아》는 한나라 때에는 건위사인(犍爲舍人), 이순(李巡), 번광(樊光), 손

---

28 《시(詩)·빈풍(豳風)·칠월(七月)》의 "春日載陽(봄날이 따뜻해지기 시작한다)"에서 '載陽'은 따뜻해지기 시작한다는 의미이다. '載'는 '哉'와 통하고, 또한 '才'의 가차자이다.

29 '鈐鍵'은 열쇠이다.

고대중국어 통론

염(孫炎) 등의 사람들이 주해를 붙였는데, 이러한 주해는 모두 소실되었다. 진(晉)나라 때의 언어학자이자 문학가인 곽박은 이전 사람들의 주해를 근거로 하여 지금까지 전해지는《이아주(爾雅注)》를 썼고, 송나라 때의 형병(邢昺)이 곽박의 주에 소(疏)를 지었다. 이것이 이후에《십삼경주소(十三經注疏)》에 포함되었다. 청나라에 이르자, 언어문자학이 크게 흥성하였다. 학자들은 형병의 소가 소략(疏略)한 것에 만족하지 못하고서 여러 차례 보충을 하여 새로운 소(疏)를 지었는데, 소진함(邵晉涵)의《이아정의(爾雅正義)》와 학의행(郝懿行)의《이아의소(爾雅義疏)》등이 있다. 소진함의 책은 간명하지만 핵심을 찌르고, 학의행의 책은 인용 증거가 상세하고 넓다. 각각의 장점이 있어《이아》연구의 필수 참고서이다.

《이아》의 체례와 동일한 것으로는 위나라 장읍(張揖)의《광아(廣雅)》가 있는데 의미 연구의 필수적인 책이다. 청나라의 왕념손(王念孫), 왕인지(王引之) 부자가《광아소증(廣雅疏證)》을 함께 저작하였는데, 학의행의《이아의소》보다 정밀하고 꼼꼼하다.《광아》는《이아》와 체례상으로 차이가 없다. 따라서 여기에서는 상세하게 설명하지 않겠다.

(2)《설문해자》

《설문해자》는 동한의 허신(許愼, 자는 숙중(叔重))이 지은 것으로, 줄여서《설문》이라고 한다. 형계자서(形系字書) 중 가장 중요한 책이다. 형계자서라는 것은 문자의 형태와 구조로 배열한 자서이다.《설문》이전에는 형계자서가 없었다.《설문》이후로 비로소 형계자서가 생긴 것이다.《옥편》과《강희자전》에서의 부(部)를 나누는 방식이 바로《설문》에서 내려온 것이다. 그렇지만《설문》이 형계자서 중 가장 중요한 이유는 그것이 자전 중에서 가장 오래되어서일 뿐만 아니라, 과학적 방법을 사용하여 글자의 형태를 나누고 매우 뛰어난 성과를 이룬 책이기 때문이다. 수록된 9,353자를 부로 나누었을 뿐만 아니라 각각의 글자의 자형을 해석하였다. 이는《옥편》과《강희자전》에는 없는 것이다.《설문》에서 부를 나누는 방식은 문자의 원시 구조 측면에서 처리한 것으로, 단지 문자의 형태만을 보고서 나눈 것이 아니다. 예를 들어 '一'자는 하나의 글자로 인식하지만, '旦'자 아래의 한 획은 '一'자로 보지 않고 지평선을 나타내는 기호로 보고, 태양이 지평선 위로 나오는 것이 '旦'으로 본다. 따라서 '旦'과 '一'자는 동일한 부수 내에 있지 않다. 이와 같은 것을 통해《설문》은 조자(造字)의 본래 뜻을 알려 준다.《강희자전》에서 부를 나눈 것과 같은 것은 자형의 겉모습을 그대로 옮길 뿐이다. 예를 들어 '王'자를 '玉'부에 넣었는데, 그야말로 이치에 맞지 않는다. 이것이《설문》이 다른 형계자서보다 우월한 이유 중 하나이다.

한자는 3,300여 년의 역사를 가지고 있다. 문자 형태는 오랜 시간의 변화를 거치는데, 가장 이른 시기는 상나라 시기의 갑골문이고, 그 다음으로는 서주와 동주시기의 청동기 명문(銘文)이고, 그 다음으로는 진나라 시기의 전문(篆文)과 진한시기의 예서(隸書), 그리고 예서를 간략하게 변경시킨 해서(楷書)이다. 육조 시대 이후로는 많은 간속자(簡俗字)가 있었다. 문자 구조의 변화를 연구하는 근거로서 한 권의 자서를 엮고자 한다면 너무 오래된 것은 알기 쉽지 않고, 해서 이후로는 변동이 또한 너무 많기 때문에 최초 문자 변화의 흔적을 찾아볼 수 없을 것이다. 가장 적당한 것은 역시 전문으로, 전문에 근거하면 은나라와 주나라 때의 형태를 추측할 수 있고, 후대의 형태 또한 살펴볼 수 있다.《설문》은 전문을 사용하여 편찬한 자서로, 이러한 요구 사항에 적합하다. 이는 다른 글씨체를 사용하여 편집한 자서에서는 해낼 수 없는 것이다. 《설문》이 기타 형계자서보다 우월한 또 하나의 이유는 바로 이러한 점에서이다.

《설문》은 다음과 같은 배경 하에서 편찬 된 것이다.

첫째, 춘추전국 시대 이후로 사람들은 글자의 형태 분석을 통해 글자의 뜻을 해석하였다. 예를 들어《좌전·선공(宣公) 12년》초장왕(楚莊王)이 말한 "문자상으로 창[戈]을 멈추는[止] 것이 무(武)이다.(夫文, 止戈爲武.)",《좌전·소공(昭公) 원년》의화(醫和)가 말한 "문자상으로 그릇[皿]에 벌레[蟲]가 있는 것이 고(蠱)이다.(于文, 皿蟲爲蠱.)",《한비자·오두(五蠹)》에서 말한 "옛날에 창힐이 글자를 만들 때, 스스로 해결할 수 있는 것을 사(私)[厶]라 하였고, 사와는 반대되는 것을 공(公)이라 하였다.(古者蒼頡之作書也, 自環者謂之私[厶], 背私爲公.)" 등의 종류가 이와 같은 것이다. 한나라 때에 이러한 설명 방식이 더욱 많아져서 이른 바 '자례(字例)의 조목[字例之條]'(《설문서(說文敍)》에 나온다.)이 만들어졌다. 이것이 바로 '육서'로, 허신이 《설문》을 창작할 때의 주요한 근거가 되었다.

둘째, 이러한 형태 분석의 방법이 《설문》의 주요한 근거이긴 하지만, 시대의 변화에 따라 글자의 형태도 변화가 생겼다. 한나라 때 사람들은 당시의 글자인 예서의 형태로 문자를 분석했기 때문에 종종 본래의 뜻을 왜곡시켜 육서의 조례와 일치하지 않았다. 허신이 《설문》을 짓고자 했던 것은 바로 이러한 상황에 자극을 주기 위해서이다. 따라서 이 책은 '정속(正俗)', 즉 속된 것을 바로 잡는 것에 대한 의도와 작용이 있었다고 볼 수 있다.

《설문》의 내용은 어떠한 것이 있고, 어떻게 편찬된 것일까?

《설문서(說文敍)》의 설명에는 "전문(篆文)을 서술하고, 고문(古文)과 주문(籀文)을 합쳤다.(敍篆文, 合以古, 籀.)"라고 하였다. 허신은 고대부터 한나라 때의 문자를 대략적으로 네 종류로 나누었다. 한나라 때 통행하는 예서, 진시황 때 통일했던 전문, 주선왕(周宣王) 때의 주문(籒文, 대전이라고도 하였다.), 주문 이전의 고문(古文)으로, 허신은 전문을 분석, 연구의 주요 대상으로 삼았다. 전문에서 고문과 주문은 멀리 떨어져 있지 않았고, 형태는 통일을 거쳐서 고문자를 탐구하고 세속의 설명을 바로 잡는 데에 비교적 편리하다. 《설문》을 연구하는 사람들은 《설문》에 수록된 전문을 '정전(正篆)'이라 하고, 붙어 있는 정전 이외의 문자는 '중문(重文)'이라 하였다. 중문은 고문, 주문, 혹체(或體) 등 세 가지 종류를 포함한다. '혹체'라고 하는 것은 또 다른 서사법으로, 전문의 또 다른 글자체이다. 예를 들면,

전문 示 아래에 또한 禜가 있는데, '고문 示이다.(古文示。)'
전문 禥 아래에 또한 禥가 있는데, '주문으로, 基를 구성성분으로 한다.(籒文、從基。)'
전문 繫 아래에 또한 祊이 있는데, '繫은 方으로 구성되기도 한다.(繫, 或從方。)'

모든 전문 아래에 고문, 주문과 혹체가 있는 것은 아니다. 여기에는 두 가지 풀이가 있는데, 하나는 허신이 본 고문, 주문이 많지 않기에, 각각의 전문에 고문과 주문이 있지 않은 것이다. 또 하나는 전문은 고문과 주문이 변화하여 온 것으로, 형태상으로 말하자면 어떠한 글자는 변하였고, 어떠한 글자는 아직 변하지 않은 것이다. 예를 들어 一 二 三은 고문, 주문, 전문이 모두 하나의 형태이다.(弌 弍 弎과 같은 고문이 있었지만, 가장 오래된 고문이 아님은 당연하다.) 따라서 고문과 주문, 전문이 다른 서사법이 없으면 다시 기록하지 않았다. 두 가지 설명 모두 일리가 있다. 그렇지만 문자는 결

고대중국어 통론

국 이른 시기의 것은 적고, 이후 시기의 것은 많기 때문에 전자가 비교적 합당하다. 하나의 전문 아래에 또한 하나의 고문, 주문, 혹체만 있는 것은 아니다. 이것은 고문, 주문, 전문이 다 다양한 이체가 있기 때문이다. 중문의 기록을 통해서 문자 형태의 변화를 살펴볼 수 있다.

《설문》 편찬의 또 하나 중요한 점은 '각각 종류별로 부수로 나누었다'는 것이다. 모든 글자는 분류함에 있어 의미, 음성, 형태에 따르는 세 가지 방식이 있을 수 있다. 《설문》은 가장 마지막의 방식을 채용하였다. 글자체에는 복잡한 것이 있고 간단한 것이 있는데, 간단한 형태가 모여 복잡한 글자의 형태를 만들어낼 수 있다. 예를 들어 하나의 米은 公, 酉, 氿, 葊 등과 결합하여 '松, 柏, 桃, 梅' 등의 글자를 만들 수 있다. 하나의 巛는 工, 可, 隹, 葊 등과 결합하여 '江, 河, 淮, 海' 등의 글자를 만들 수 있다. 米, 巛 등 간단한 문자를 중심으로 하고서 다른 글자와 결합시켜서 만들어낸 새로운 글자를 그 속에 종속시키는 것, 이러한 것이 문자의 하나하나에 대한 부(部)가 되고, 그러한 중심이 '부수(部首)'가 된다. 《설문》에는 540개의 부, 즉 540개의 부수가 있다. 부수는 더 많은 새로운 글자를 만들어내는 기초이고, 또한 문자를 연구하는 기초이다. 오대(五代) 시기의 임한(林罕)이라는 사람이 《설문》의 부수를 '字源(자원, 글자의 내원)'이라 하였는데, 이는 맞지 않다. 부수 중에는 또한 적지만 매우 간단한 형태가 아닌 것이 있기 때문이다. 부수는 《설문》에 있어, 문자를 연구하는 데에 있어 중요성은 오히려 이러한 점에서 볼 수 있다.

540개의 부수의 배열은 《설문서》에 따르면 형태에 의거하여 나열한 것이다. 즉 형태가 유사한 것을 함께 관련지어 나열하였다. 예를 들면 효 (豆), 豐 ☆ (豊), 豐 (豐), 盧 (盧), 虍 (虍), 虎 (虎), 虤 (虤) 등과 같은 부수는 함께 나열하였고, 朲 (皿), ∪ (厶), 坴 (去), 盅 (血) 등과 같은 부수도 함께 나열하였다. 앞 7개의 부수를 한 부류로 묶은 것은 '豆'와 '䘒'를 축으로 삼은 것이고, 뒤 4개 부수를 한 부류에 넣은 것은 '∪'를 축으로 삼아서이다. 그렇지만 글자의 뜻에 따라서 배치할 때도 있으니, 예를 들어 䦥부 뒤에 朲부를 이어서 한 것은 확실하게 형태를 근거로 하여서 나열할 수는 없는 것이다. 본래 朲부는 앞 부분의 豆부와 의미상 관련이 있다. 왜냐하면 朲(皿)과 豆 (豆)는 모두 식기(食器)이기 때문이다. 또한 적지만 형태나 의미상으로도 모두 이어지지 않는 부수도 있는데 이러한 부분을 억지로 한 군데에 묶을 필요는 없다. 결론적으로 부수는 연관성이 있기 때문에 맹목적으로 귀속시키지 않았다. 따라서 검색하거나 기억하는 데에 있어 매우 편리하다.

가장 구체적인 것으로 각 부 내의 전문은 어떻게 다루는가? 하나의 부수 안의 전문은 이 부수에 종속된다. 바꾸어 말하자면 부수는 해당 부 내의 각각의 전문의 주요한 구성 성분인 것이다. 예를 들어 示는 하나의 부수이고, 시(示)부에는 禛 (禎), 祥 (祥), 福 (福), 祀 (祀), 祝 (祝) 등의 전문이 있다. 이 전문은 모두 '示'에 따라서 나온 것이다. 따라서 각각의 부수의 풀이 끝에는 "某 부수에 속하는 것들은 모두 某를 구성성분으로 한다.(凡某之屬皆從某.)"라고 적혀 있다. 하나의 부 속의 전문 또한 대략적으로 순서가 있다. 내용이 매우 전문적이기에 여기에서는 자세히 서술하지 않을 것이다. 부의 맨 끝 부분에는 덧붙인 한 줄이 있는데, "수록된 전문은 몇 개이고, 그 중 중문은 몇 개이다.(文若干, 重若干)"라고 적혀있다. 이는 이 부 속에 몇 글자의 전문과 몇 글자의 중문이 있는지 합계를 내고 있다. 이를 가리켜 '도수(都數)'(즉 총수의 의미이다.)라 한다. 이러한 숫자가 있기 때문에 옮겨 적을 때의 잘못을 쉽게 발견할 수 있다.

고대중국어 통론

각각의 전문에는 모두 하나의 해석이 있다.《설문》연구자들은 이를 가리켜 '설해(說解)'라고 한다. 설해의 조례는 매우 많은 편이다.

첫째로는 의훈(義訓) 즉 뜻풀이로 전문의 의미를 해석하였다. 예를 들어)((八)의 전문 아래에는 '나누다[別也]'라 하였다. '別'은 나누다는 의미이고,)(의 의미가 바로 나누다이다. 각각의 전문의 설해는 우선은 이와 같은 하나의 의훈이 있다. 그리고 이러한 의훈은 전문의 '본의(本義)'로 원시적 의미이다. 이는《설문》과 몇몇 다른 자서가 다른 부분으로,《이아》와 같은 다른 자서에서는 의훈이 가차의 의미를 가지고 있기도 한다.

의훈에는 다음과 같은 여러 가지 다른 방식이 있다.

a. 모든 쌍음절의 단어는 앞의 첫번째 음의 전문 아래에 해당 단어를 적고서, 다시 의훈을 더하였다. 두번째 음의 전문 아래에는 단지 해당 쌍음사를 반복하는 것으로 그쳤다. 예를 들어 玫 전문 아래에서 말하고 있다. "'玫瑰'라는 것은 화제주(火齊珠, 보석 중의 일종)이다. 또 다른 뜻으로는 돌 중에서 좋은 것을 가리킨다.(玫瑰, 火齊珠也. 一曰, 石之美者.)" 다음 글자는 瑰의 전문으로 설해는 '玫瑰也.'로 되어 있다. 앞의 전문에서 이미 해설을 했기 때문에, 아래 전문에서는 중복하지 않은 것이다.

b. 설해로 쓰이는 문자 중에서 몇몇 글자는 전문의 발음과 유사한 것이 있어, 쌍성(雙聲, 성모가 동일함)이거나 첩운(疊韻, 운모가 동일함) 혹은 성운 즉 성모와 운모가 모두 동일하기도 하다. 이러한 것을 '성훈(聲訓)'이라고 한다. 예를 들면 天의 전문 아래에는 "정수리이다.[顚也]"라 하였는데, '天'과 '顚'은 고대의 성운이 모두 동일하였다. 逆 (逆) 전문 아래에는 "맞이하다.[迎也]"라 하였는데, '逆'와 '迎'은 성모가 동일하다. 앞에서 들었던 ')(, 別也'에서도 '八'과 '別' 또한 성모가 동일이다. 氣 전문 아래에는 '기운차고

웅장한 동물이다.(怒也, 武也.)'라고 하였는데, 옛날 음에서 '馬'와 '怒, 武'는 모두 운모가 같다. 이러한 것은 허신이 만들어 낸 것이 아니라, 허신 이전에 이와 같은 방식이 있었다. 고대 어음을 연구하는 데에 있어서 이러한 것은 자료가 된다.

c. 다른 명칭이나 혹은 동의어를 이용해서 설해를 하였다. 예를 들어 𦽮(蓄)는 토규(兔葵)로 풀이하고, 𦼬(薅)는 묘(苗)로 풀이하고,)(은 별(別)로 풀이하고, 𠲿(嘊)는 타(牠)로 풀이하였다.

d. 공명(共名, 큰 범주의 명칭)으로 별명(別名, 작은 범주의 명칭)을 해석하였다. 예를 들어, 𦴩(薔)는 '풀이다. 묶는 데에 쓸 수 있다.(草也, 可以束.)', 𧄍(蔞)는 '풀이다. 물고기를 요리하는 데에 쓸 수 있다.(草也, 可以亨(烹)魚.)'과 같은 설해이다.

e. 용도를 설명하는 방식으로 설해를 하였다. 예를 들어 𠙸(口)는 '사람들이 말하고 밥을 먹는 수단이다.(人所以言食也.)', 𠴦(呼)는 '밖으로 내쉬는 숨이다.(外息也.)', 𠯸(吸)은 '안으로 들이쉬는 숨이다.(内息也.)', 𠱛(喟)는 '한숨이다.(大息也.)'와 같은 설해이다.

f. 사물의 특징이나 기능을 이용하여 설해를 하였다. 예를 들어 𩡧(馬)는 '기운차고 웅장한 동물이다.(怒也, 武也.)' 노(怒)와 무(武)는 말의 덕성으로, 이는 기운차고 웅장한 것이라는 의미이다. 𢨚(户)는 '지키는 것이다.(護也.)' '户'의 기능은 지키는 데에 있다. 이 외에도 𠨑, '정수리이다.(顚也.)'는 하늘이 사람의 정수리 위에 있는 것으로, 방위를 이용하여 설해하는 것이다. 이는 비교적 적게 나타난다. 이러한 것과 특징을 이용해서 특징을 설해하는 것은 동일한 것이다. 대개 이러한 종류의 의훈 방식은 모두 성훈을 이용한 것이다.

《설문》의 의훈은 모두 본래의미이다. 본래의미 중에서는 또한 다른 뜻을 수록하기도 하였다. 예를 들어 앞에서 언급한 "'玫瑰'라는 것은 화제주(火齊珠, 보석 중의 일종)이다. 또 다른 뜻으로는 돌 중에서 좋은 것을 가리킨다.(玫瑰, 火齊珠也. 一曰, 石之美者.)"에서 '石之美者'가 다른 의미로 쓰인 것이다. 《설문》에서 '一曰'로 표시된 부분은 모두 다른 뜻으로 쓰인 것이다.

둘째, 자형의 분석은 '자례(字例)의 조목[字例之條]'에 근거하여 문자의 형태를 분석하였다. 설해 중에는 다양한 종류의 설명 방식이 있다.

한 종류는 상형(象形)으로, "무엇무엇의 형태를 본뜬 것이다.(象某某之形.)"로 설명하였다. 예를 들어 "self는 코로, 코의 형태를 본뜬 것이다.(self, 鼻也, 象鼻形.)", "self는 뿔과 머리 등 셋, 봉(封)과 꼬리의 형태를 본뜬 것이다.(self, 象角頭三, 封, 尾之形也.)"(두 뿔과 머리를 합쳐서 삼 획으로 그린 것이고, 봉(封)은 소의 견갑골을 가리킨다.) '상형(象形)'이라 말한 것은 일반적으로 실제 사물의 모습을 가리킨다.

또 한 종류는 지사(指事)로, 문자학자들은 이를 사용하여 추상적인 모습을 가리킨다. 예를 들어 '上'의 전문은 self으로, 하나의 가로선은 위와 아래의 분계선을 나타내고, 하나의 세로선은 이러한 가로선 위의 사물을 나타낸다. '지사'라고 가리키는 것은 《설문》에서 많이 볼 수 있는 것이 아니다. 단지 'self은 위에 있다는 것으로, 이는 고문 '上'자이다. 지사이다.(self, 高也. 此古文上, 指事也.)'에서만 볼 수 있다. 대다수의 추상적인 도형, 예를 들어 "self(니)는 서로 얽히는 것이다. 또 다른 뜻으로는 덩굴이 꼬여 일어나는 것이다. 상형이다.(self(니)相糾繚也. 一曰, 瓜瓠結糾起. 象形.)", "self(牟)는 소의 울음이다. 牛를 구성성분으로 하였다. 그 소리가 입에서 나오는 것을 본뜬 것이다.[𤘒(牟), 牛鳴也. 從牛, 象其聲從口出.)”('象其聲從口出'라는 부분은 𠃌을 가리키는데, 이 또한 추상적인 것이다.), "∆은 세가지가 합쳐진 것이다. 人과 一로 구성되어, 세가지가 합쳐진 형상을 본뜬 것이다.(∆, 三合也. 從人一, 象三合之形.)" 등은 모두 지사자이면서 '상형(象形)'으로 풀이하였다. 이러한 상황을 근거로 보자면, 𰯈자 아래의 '指事也'라는 부분은 아마도《설문》의 원문이 아닐 수 있다.

또 한 종류는 '從某某' 또는 '從某從某'로, 두 개 이상의 가장 간단한 형태를 합쳐서, 그들의 의미를 가지고 하나의 새로운 의미를 관련시키는 것이다. 이것이 회의자(會意字)이다. 예를 들어 "𦕣(聑)은 소곤대는 것이다. 口와 耳로 구성되었다.(𦕣(聑), 聶語也. 從口耳.)"('聶語'는 귀에 대고 작은 소리로 말하는 것으로, 소곤대는 것이다.) "𠮩(吏)는 다스리는 사람, 관리이다. 一과 史로 구성되었다.(𠮩(吏), 治人者也, 從一從史.)"

또 다른 한 종류로는 '從某, 某聲'이다. 한 부분은 그 글자가 속한 의미 부류를 나타내고 한 부분은 이 글자의 발음성분을 나타내는 것이다. 이것이 형성자(形聲字)이다. 예를 들어 "𤥭(珠)는 玉을 의미성분으로 하고 朱가 발음성분이다.[𤥭(珠), 從玉, 朱聲.]", "𦬊(莩)는 艸를 의미성분으로 하고 孚가 발음성분이다.[𦬊(莩), 從艸, 孚聲.]" 이외에도 또 다른 두 종류의 다른 설명 방식이 있다. 하나는 생략으로, 소리부의 필획을 생략한 것이다. 예를 들어 "𪔽(融)은 밥짓는 기운이 위로 올라가는 것이다. 鬲을 의미성분으로 하고 蟲이 생략된 소리부분이다. 䗑은 주문(籒文)으로 생략되지 않았다.(𪔽(融), 炊氣上出. 從鬲, 蟲省聲, 䗑, 籒文不省.)"(鬲은 솥이다.) 또 하나는 '역성(亦聲)'이다. 글자 속 한 부분은 그 의미를 취하여 성부로 쓰이는 것이다. 예를 들어 "𣚃은 木과 冊으로 구성되었다. 冊은 또한 발음성분이다. (𣚃, 從木從

冊, 冊亦聲.)"[책(冊)은 옛날의 서책(書冊)으로, 대나무 조각이나 나무 조각을
이용해서 글을 쓰고, 끈으로 엮은 것이다. 柵 또한 나무를 엮은 것으로, 책
과 비슷하다.] 역성자(亦聲字)는 바로 회의(會意)겸 형성(形聲)자이다.

　셋째, 《설문서》에서는 "그 뜻이 명확하지 않으면, 비유로서 밝힌다.(厥
誼不昭, 爰明以諭.)"라고 하였다. 여기에서 '諭'라는 것은 비유를 가리킨다.
의훈과 자형 분석 등이 충분하지 않으면, 경 또는 증거가 되는 다양한 책,
유명인의 설명 등을 인용하여 보충하거나 드러나도록 하였다.《설문》에서
인용한 경전으로는 《역(易)》,《시(詩)》,《서(書)》,《주례(周禮)》,《의례(儀禮)》,
《춘추좌씨전(春秋左氏傳)》,《논어(論語)》,《효경(孝經)》 등이고, 인용한 다양
한 책으로는 《국어(國語)》,《묵자(墨子)》,《태을경(太乙經)》 등이다. 유명인의
설명은 고금의 유명한 학자들의 설명으로, 한나라 때가 많다. 예를 들어 사
마상여(司馬相如), 양웅(揚雄), 동중서(董仲舒), 담장(譚長), 두림(杜林), 왕육(王
育), 가시중(賈侍中, 즉 가규(賈逵)로 허신의 스승이다. 따라서 그의 관직만을 말
하였고 이름을 이야기하지 않았다.) 등이다. 경전, 다양한 책, 유명인을 인용한
것은 세 가지 용도로 사용된 것이다. 첫번째는 "牣(牣)은 가득차다는 의미
이다. 牛가 구성성분이고, 刃이 발음성분이다.《시》에서 이르기를, '아, 가
득한 물고기가 뛰어오르네.(於牣魚躍.)'(牣(牣), 滿也, 從牛, 刃聲.《詩》曰 : '於牣
魚躍.[30])"와 같은 경우이다. 두번째는 "算(莫)는 불이 밝지 않다는 것이다.
苜과 火로 구성되었고, 苜는 또한 발음성분이다.《周書》에서 이르기를, '부
들풀 자리를 깔았다.(布重算席.)'(算(莫), 火不明也, 從苜, 從火, 苜亦聲.《周書》
曰 : '布重算席.')"와 같은 경우로 인용한 부분은 《서(書)·고명(顧命)》편의 문

30　'牣魚躍'은 연못 속에 가득한 물고기가 튀어 오르는 것을 가리킨다.

장이다. 현재의 〈고명〉에는 '敷重蔑席'으로 되어 있다. '莧席'과 '蔑席'은 부들풀로 만든 자리이다. 음으로 miè(한국음은 '멸'이다.)인 글자는 본래 문자가 없었는데, '莧', '蔑'은 모두 음이 같아서 가차한 것이다. 또 하나 예를 들면 "藶(麗)는 풀이 땅에서 자라나는 것이다. 艸를 구성성분으로 하고 麗가 발음 성분이다. 《역(易)》에서 이르기를, 수 많은 곡물과 초목이 땅에 붙어 있다.(藶(麗), 草木生著土. 從艸, 麗聲.《易》曰 : 百穀艸木麗于地.)"(이는 '從艸從麗, 麗亦聲'이 되어야 할 것이다. 麗는 두 마리의 사슴이 나란히 가는 것으로, 가까이 하다, 붙어 있다는 의미가 있다. 따라서 麗자가 麗으로 구성된 것은 초목이 땅에 붙어 있음을 나타내는 것이다. 허신이 《역》을 인용한 것은 '麗'자가 麗聲의 의미로 구성되어 있음을 증명한 것이다.)

넷째, 주음(注音, 음을 설명함)을 써서 가차를 설명하기도 한다. 그렇지만 《설문》내에서는 모든 글자마다 '독약(讀若)'이 있지는 않다. 《설문》에서 글자의 음을 설명할 때에는 여러 방식이 있는데 '讀若某', '讀若某某之某', '讀若某同', '讀與某同' 등이 있다. 예를 들어 "순(珣)은 또 하나의 뜻으로는 옥 그릇으로, 선(宣)자처럼 읽는다.(珣, 一曰玉器, 讀若宣.)" "쇄(瑣)는 《역》의 '여행 길에 의심이 많다.'의 '쇄(瑣)'자처럼 읽는다.(瑣, 讀若《易》'旅瑣瑣'.)" "繩은 여러 차례 합쳐서 잘못을 바로 잡는다(三合繩糾)의 '승(繩)'자처럼 읽는다.(繩, 讀若三合繩糾.)" "사(玐)는 '사(私)'자와 동일하게 읽는다.(玐, 讀與私同.)" "시(攺)는 '시(施)'자와 동일하게 읽는다.(攺, 讀與施同.)" 독약은 글자의 음을 설명하는 것이지만, 그 중에서는 종종 가차자를 설명하는 것도 있다. 예를 들어 "시(攺)는 펼치다의 의미이다. 攴으로 구성되고 也가 발음성

고대중국어 통론

분이다. '시(施)'자와 동일하게 읽는다.(攸, 敕[31]也. 從攵也聲. 讀與施同.)" 이는 '施'자가 '攸'자의 용도로 가차할 수 있음을 설명한 것이다. '攸'자는 '시행 (施行)'의 '施'의 본자이다. '施'자는 㫃로 구성되고, '정(旌)' '기(旗)' 등의 글 자의 편방과 동일하다. 본래의 뜻은 '의니(旖旎)'로, 깃발이 나부끼는 모양 이다. 경전(經傳)에서는 '攸'자, 즉 시행하다는 용도로 가차하여 썼다. 따라 서《설문》의 독약은 단순하게 주음으로만 사용했을 것으로 보아서는 안 된다.

다섯째, 궐의(闕義)로, 비워두고서 설명하지 않는다는 의미이다.《설문 서》"그 중에서 잘 모르는 것은 대개는 비워두었다.(其于所不知, 蓋闕如也.)" 라고 하였다. 예를 들면 "𠔼는 넓다는 의미이다. 二로 구성되고, 비워둔 다. 방(方)이 발음성분이다.(𠔼, 溥也, 從二, 闕, 方聲.)" 이에 대해 단옥재(段玉 裁)는 이르기를, "허신은 八 형태의 의미를 알지 못하였다. 따라서 비워두 었다.(許不知八形之義, 故闕.)" 청(淸)나라 때《설문》학자인 엄가균(嚴可均)은 《설문》내의 '闕'자는 모두가 허신의 원문이 아닐 수 있고, 완전하지 못한 책을 옮겨 적으면서 교정을 보던 사람이 '闕'자를 기록했을 수도 있다고 보았다. 이러한 관점은 충분히 믿을 만한 부분이 있다. 안타까운 것은 어떠한 것이 허신의 원문이고, 어떠한 것이 이후에 더한 것인지는 현재는 구별하기 쉽지 않다.

《설문》전체의 체례는 위와 같이 대략적으로 설명할 수 있다. 종합하여 보자면,《설문》은 언어문자학에 대한 공헌이 아래와 같음을 알 수 있다.

첫째, 자형을 분석하는 범례로 쓸 수 있다. 몇몇 군데에서는 착오가 있

---

31   [역주] 원서에는 '敷'로 되어 있다. 段注本에 의거하여 고쳤다. '敷'는 속자(俗字)이다.

지만, 일관되게 우리에게 분석과 관련한 방향을 제시하고 문자의 본래의미와 가차의미의 관념을 명확히 가지도록 하였다.

둘째, 자원(字源)을 연구할 수 있다. 예를 들어 '八'은 나뉘어 서로를 등지는 형태로, 나뉘다[分], 절반[半], 경계를 나누다[畔], 판단하다[判], 펴내다[㸬][반포(頒布)에서의 '頒'의 본자] 등의 글자가 모두 '八'자에서 나온 것이다. 문자, 형태상의 계승 관계뿐만 아니라 어음과 의미상에서도 공통된 점을 찾아낼 수 있다.

셋째, 《설문》은 여러 뜻풀이를 다양하게 수록하였다. 그 근거는 매우 풍부하다. 이러한 점은 문자의 본래의미, 파생의미, 가차의미의 연구에 있어서 매우 중요한 가치를 가진다.

넷째, 성훈(聲訓), 독약(讀若)과 형성자의 분석을 통해 고대 어음 연구의 자료로 제공될 수 있다.

다섯째, 여러 옛글자를 보존하고 있는데, 그 중에서 대다수는 현존하는 경전에서 볼 수 없는 것들이다. 이는 한나라 때의 유학자들이 경전을 전수하면서 사승(師承) 관계가 다르기 때문에 책 또한 다르다. 허신은 이러한 다른 책의 문자를 채록하였다. 예를 들어 《설문》에는 '確'자가 없고, '塙' 자가 있다. '확(塙)'은 '단단하여 뽑을 수 없다.(堅不可拔也.)' 이는 《역(易)·건(乾)·문언(文言)》 "단단하여 뽑을 수 없다.(確乎其不可拔.)"의 '確'이다. 또 예를 들면 《설문》에서 이르기를, "구(勼)는 모으다의 뜻이다.(勼, 聚也.)", "구(鳩)는 골주(鶻鵃, 새이름)이다.(鳩, 鶻鵃也.)" '勼'는 《서·요전(堯典)》에서 말한 "일을 모아 공을 드러냅니다.(方鳩僝功.)"의 '鳩'자의 본자이다. 이는 다른 문자를 채록하여 고자와 고서 연구에서도 또한 매우 귀한 자료이다.

《설문》의 창작동기는 '정속(正俗)', 즉 속된 것을 바로 잡는 것에 있다.

그렇지만 예서가 통행하는 한나라 때에는 허신이 보고 듣는 자료에 한계가 있다. 스스로도 당시의 영향을 얼마간 받았음이 확실하다. 따라서《설문》에서 다루는 것 또한 모두 정확한 것은 아니다. 예를 들어 禿의 본의는 사람의 정수리로, 은나라와 주나라 시대의 청동기 명문(銘文)에서는 禿으로 되어 있다. 그렇지만《설문》에서는 "매우 높아 위가 없다는 것으로, 一과 大로 구성된다.(至高無上, 從一大.)"라 하였다. '射'의 전문은 𤦲이고, 청동기 명문은 𭨎, 갑골문은 𤦲로 되어있다. 확실하게 활을 당기고 화살을 얹은 형상이다. 그렇지만《설문》에서는 "활을 몸에서 당겨서 먼 곳에 이르는 것이다. 矢와 身으로 구성되었다.(弓弩發於身而終於遠也. 從矢, 從身.)"라고 설명되어 있는데 이는 억지로 끌어다 붙인 설명이다. 이는 이후의 문자학자에 의해 고쳐진 것이다. 그렇지만 전체적으로 보면 이러한 결점이《설문》의 공적을 가릴 수는 없다.

《설문》은 문자학에서 있어서 경전과도 같은 저작임에는 틀림이 없지만, 쉽게 읽을 수는 없다.《설문》을 자전처럼 읽는다면 큰 흥미가 없다. 예를 들어 초부(艸部)의 "서(芧)는 풀이다. 草로 구성되고 予가 발음성분이다. 밧줄을 만들 수 있다.(芧, 草也, 從草予聲, 可以爲繩.)" 이 문장을 놓고 볼 때 단지 이 세 문장으로 어떠한 흥미가 있겠는가? 그렇지만 역사상 확실히 여러 사람들이 이 책에 대해 많은 노력을 기울여, 여러 저작을 남겼다.《설문》을 읽을 때에 이러한 이전 사람들의 연구 성과를 살펴 보아야만 한다.

《설문》을 주석하고 소증(疏證)한 책은 셀 수 없이 많다. 그 중 가장 저명한 것으로는 단옥재(段玉裁)《설문해자주(說文解字注)》, 왕균(王筠)《설문구두(說文句讀)》, 주준성(朱駿聲)《설문통훈정성(說文通訓定聲)》이다.

단옥재는《설문》을 체계적으로 연구하여 가장 성과를 많이 낸 사람이다. 그가 쓴 책의 특징은 《설문》의 통례(通例)를 밝혀낸 것이다. 예를 들어 夫(夫) "𧠠(規)는 자[規巨(=矩)]로, 법도가 있음을 나타낸다.(𧠠(規), 規巨, 有法度也.)"에 대해 단옥재는 "여기에서는 '規矩' 두 자의 의미를 말한 것이다. 따라서 공(工)부 '巨'자 항목에서는 '規巨'라고만 했을 뿐이다. 이는 《설문》의 통례이다. 신(囟)부 '비(𡰣)'자 항목에서는 '비(𡰣)는 배꼽으로, 사람의 배꼽을 가리킨다.(𡰣, 𦜶[32], 人𦜶也.)'라고 하였다. 따라서 육(肉)부 '제(𦜶)'자 항목은 '배꼽이다.(𡰣也.)'라고 하였다. 이와 같은 것이다." 또한 예(豊)[33]부에서 '豊는 예의를 시행할 때 사용하는 그릇이다. 豆의 형상을 본뜬 것으로 구성된다.(豊, 行禮之器也. 從豆象形.)'라고 설명한 것에 대해 단옥재는 "윗부분이 그 형태를 본뜬 것이라 하였는데, …… 《설문》의 통례로는 완성된 글자에 대해서는 從某라고 한다. 윗부분이 𣅲으로 된 것에 대해서는 '象形'이라고 하지 않는다."라고 하였다. 단옥재의 주(注)를 읽을 때에는 이러한 통례에 주의해야 한다. 단옥재의 《설문》 주에는 간혹 착오가 있다. 왕균은 이러한 점을 비판하면서 "단옥재의 책은 체제가 크고 생각이 정밀하다. 이른 바 통례 또한 이전 사람들이 알지 못하던 것이었다. 단지 억지로 판단하고 생각이 흩어지는 일이 간혹 일어나니, 이것이 그 책의 폐단이다."라고 하였다. (《설문석례서(說文釋例序)》) 단옥재가 깨닫게 해준 부분도 매우 많다. 그렇지만 《설문해자주》의 인용이 매우 풍부하여 보기 쉽지 않은 부분이 있다. 예를 들어 수(水)부의 주는 대부분 고대의 하천을 기술한 《수경주(水經注)》의 대부분을 인용하여 넣었고, 더불어 《한서(漢書)·지리지(地

---

32 '𦜶'는 '臍'(제, 배꼽)와 같다.

33 [역주] 원서에서는 '풍(豐)'으로 되어 있는데, 단옥재본에 의거하여 고친다. 그 다음 자도 마찬가지이다.

92   고대중국어 통론

理志)》의 관련 부분을 함께 채용하였다. 이러한 부분은 초보자에게는 매우 이해하기 어려운 부분이다.

간단 명료하여 읽기 편리한 것으로는 왕균(자는 녹우(菉友))의 《설문구두》가 있다. 이 책이 세운 새로운 공헌은 《설문》의 구두를 밝혀낸 것이다. 구두(句讀)라는 것은 문장 단위로 끊어 읽는 것으로, 옛날 사람들의 글을 쓰는 방식은 매우 간단하여 오독(誤讀)하기 쉬웠다.[34] 예를 들어 "祼, 灌祭也."에서 관(祼)은 제사의 의식으로 옛 책에는 '灌'으로 표기하기도 하였다. 《예기(禮記)·교특생(郊特牲)》에서 "향기나는 술로 관(灌) 제사를 지내다.(灌用[35]鬯臭.)"이는 향기가 나는 술을 사용하여 땅에 뿌려 강신(降神, 신이 내려오도록 함.)을 하는 것이다. '祼'이 정자(正字)이고, '灌'이 가차자이다. 따라서 《설문》에서의 "祼, 灌祭也."는 '灌'을 하나의 문장으로 끊고, '祭也'를 하나의 문장으로 끊어야 한다.[36] 왕균의 이러한 깨달음은 후대 사람들이 《설문》을 읽을 때에 대충 무비판적으로 받아들이는 일을 피하게 만들어준다. 매우 도움이 되는 일이다.

주준성의 《설문통훈정성》은 세 부분으로 나눌 수 있다. 하나는 '설문(說文)'이라는 부분으로 글자의 형태를 분석한 것이다. 또 다른 하나는 '통훈(通訓)'으로, 글자의 의미를 밝혔는데, 전주(轉注)와 가차(假借)를 중점적으로 설명하였다. 주준성이 말한 전주는 문자의미의 파생으로, 명령(命令)하다의 '令'이 현령(縣令)의 '令'으로 바뀌고, 길고 멀다[長遠]의 '長'이 장교

---

34 [역주] 여기서 간단하다는 표현은 고대중국어에서는 구두 표기가 없이 모두 붙여 썼음을 가리킨다.

35 [역주] 원서는 '以'로 되어 있다. 十三經注疏本에 의거하여 고친다.

36 [역주] 그 때에는 해석은 '祼은 관(灌)으로 제사의 일종이다.'

[官長]의 '長'으로 바뀌는 것과 같은 것이다. 본래 그 의미가 없었지만, 소리에 의거하여 그 글자를 가져다 사용하는 것이 가차이다. 예를 들어 '붕(朋)'의 본래 의미는 '봉황[鳳]'이고, '래(來)'의 본래 의미는 '보리[麥]'이다. 이후에 무리[朋黨]의 '朋'과 가고 오다[來去]의 '來' 등이 그러한 것이다. 마지막으로 '정성(定聲)'은 각 글자 항목에 고서(古書)의 압운(押韻)과 경전과 고주(古注)의 성훈(聲訓)을 기록한 것으로, 문자의 옛날 읽는 방식을 연구한 것이다. 전체 체제는 음성을 기준으로 삼았다. 주준성이 정한 고음(古音) 체계는 18부로, 그 명칭은 《역(易)》의 괘명(卦名)이나 그 절반에서 취하였다. 예를 들어 '중부(中孚)'에서는 '孚'를, '소축(小畜)'에서는 '小'를 사용하였다. 각 부의 목록은 다음과 같다.

豐 升 臨 謙 頤 孚 小 需 豫
隨 解 履 泰 乾 屯 坤 鼎 壯

이 책의 의도는 글자의 음과 뜻의 관계를 밝히고, 옛날음의 각도에서 문자의 파생과 가차를 탐구하는 것으로, "옛 책을 읽는 사람이 잘 들어맞아서 어긋나는 의심이 없도록 하고, 경의 뜻을 밝히는 사람은 걷는 데에 불편한 잎과 뿌리를 쳐내면서, 유유자적 편안하게 읽어나갈 수 있는 즐거움이 있을 것이다.(讀古書者應弦合節, 無聲牙詰詘之疑; 治經義者討葉伐根, 有掉臂游行之樂.)"《설문통훈정성서(說文通訓定聲序)》) 이 책은 수록하여 나열한 내용이 매우 풍부한, 참고가치가 아주 높은 공구서이다.

계복(桂馥)의 《설문해자의증(說文解字義證)》은 옛 책을 인용하여 《설문》에 수록된 글자의 의미를 증명하였다. 민국시기 마서륜(馬敘倫)의 《설문해

자육서소증(說文解字六書疏證)》은 육서의 조례로 고문자 자료를 참조하여
《설문》을 정리한 것이다. 모두 참조할 만하다.

《설문》을 연구할 때에는 다음과 같은 면에서 유의를 해야 한다.

첫째, 《설문》에서는 우선 자형을 분석하는 방법을 배우고, 조자(造字)
의 조례(條例)에 의거하여 문자를 재분석할 수 없는 단위까지 나누어 분석
해야 한다. 그리고 다시 각 부분을 분석한 결과를 종합하는 것으로 해야 한
다. 예를 들어 다음과 같이 할 수 있다.

>)(, 屮, 㓞세 글자에 대해, 屮자는 확실하게)((나누다의 의미이다. 나
> 뉘어 서로 등지고 있는 형태를 본뜬 것이다.)의 의미에서 나온 것이다. 㓞
> 자는 형성자로서, '刀'로 구성되고, '반(半)'이 발음성분이다. '半'자는
> 실제로는 의미가 있기 때문에 더욱 정확하게 말하자면 '從刀從半、
> 半亦聲('刀'와 '半'으로 구성되고, '반(半)'은 또한 발음성분이다.)'이라고 해
> 야 할 것이다. 이는 앞서 屮자가 있었고 그 후에 㓞자가 있었을 것이
> 다. 㓞자는 屮자에 '刀'를 더한 것이지, '刀'에 屮자를 더한 것이 아니
> 다. 屮자는 㓞자의 원시자(原始字)로, 문자학자의 설명에 의하면 그것
> 은 㓞자의 '초문(初文)'이고, 屮, 㓞자는 실제상으로 중문(重文)으로 인
> 식해야 한다. 이러한 분석과 종합을 거쳐, 글자와 글자 사이의 관계를
> 밝힐 수 있고, 문자를 연구하는 것 또한 무미건조함에 이르지 않을 것
> 이다.

둘째, 종합한 범위를 확대하여, 몇 개 글자나 하나의 부(部)에 머무르지
말고, 기타 각각의 부까지 잘 살펴야만 할 것이다. 예를 들어, 부부(夫部)에
서 "규(規)는 자[規巨(=矩)]에 사용된 글자로, 법도가 있음을 나타낸다.(䂓

(規), 規巨, 有法度也.)" 공부(工[37]部)에서 "거(巨)는 자[規巨]에 사용된 글자이다.(巨, 規巨也.)" 부부(夫部)의 설명을 보아야 '巨'의 의미 또한 알 수 있다. 또한 초부(艸部)에서 "기(薿)는 풀이 많은 모양이다.(薿, 多皃(=貌).)" 화부(禾部)에서 "기(槩)는 빽빽하다의 의미이다.(槩, 稠也.)" 사용된 성부(聲符) '既'가 같고, 의미풀이가 또한 유사하다. 이를 통해 이 두 글자는 자음이 같고 의미가 비슷하다는 것을 알 수 있다. 이러한 부분은 많은 《설문》 통례(通例)의 문제와 관련이 있으니, 단옥재, 왕균 등 이전 사람들이 밝혀 놓은 것이 매우 유용하다.

셋째, 《이아(爾雅)》, 《방언(方言)》, 《석명(釋名)》, 《광아(廣雅)》, 《옥편(玉篇)》, 《광운(廣韻)》, 《집운(集韻)》 등과 같은 기타 자서(字書)와 비교해야 한다. 단옥재, 왕균, 주준성 등은 모두 이러한 방식을 사용하였다. 그렇지만 《설문》에서 언급하는 의미는 기본적으로 본의(本義)이고, 다른 책에서의 의미 풀이는 반드시 본의는 아니라는 점을 우선적으로 이해해야 한다. 그렇지 않으면 의미를 정확하게 파악하지 못할 수 있다.

넷째, 고문자(古文字)와 고적(古籍)의 자료와 결합해야 한다. 진나라 때 통일한 소전(小篆)은 이미 문자의 원래 모습과는 많이 떨어져 있다. 따라서 소전만을 근거로 자형과 자의를 설명하는 것은 잘못 분석하는 문제가 나타나는 것을 피할 수 없다. 따라서 고문자와 고적을 참고하여 올바로 잡아야 한다. 앞에서 언급한 大, 羨 두 글자는 이러한 종류의 것이다. 이 외에도 이러한 방식으로 접근해야 하는 수 많은 예가 있다. 당연히 이러한 방식은 초학자에게 제시되는 요구사항이 아니다. 그렇지만 이러한 것이 문자

---

37   [역주] 원서에서는 '巨'로 되어 있다. 단옥재본을 참고하여 바꾸었다.

를 연구하는 정확한 방식이라는 것을 확실하게 이해해야만 한다. 청나라의 건가(乾嘉) 시기(1735-1820) 이후에는 동기의 명문(銘文)을 이용하여《설문》을 증명하였고, 광서(光緒) 시기(1875-1908) 이후에는 갑골문을 이용하여《설문》을 증명하였다. 이는 문자학상 새로운 새로운 방법을 개척한 것으로 그 성과는 대단한 것이다.

끝으로《설문》의 판본과《설문》검색 방법을 이야기하고자 한다. 현재 통행하는《설문》의 판본은 두 종류가 있다. 하나는 남당(南唐)의 서개(徐鍇, 자는 초금(楚金))의《계전(繫傳)》본이다.《계전》은 서개가《설문》에 대해 주해(注解)한 것으로, 전체 명칭은《설문해자계전통석(說文解字繫傳通釋)》이다. 이 책에는 서개의 설명 외에도 각각의 전문(篆文)에 주고(朱翶)의 반절(反切)을 더하였다. 또 하나는 서현(徐鉉, 자는 정신(鼎臣))이 송나라 때 교정한 판본으로, 주음(注音)은 당나라 때 손면(孫愐)의 반절(反切)을 이용하였다. 서개는 서현의 동생이다. 따라서 '계전본'은 '소서본(小徐本)'이라고도 하고, 서현본은 또한 '대서본(大徐本)'이라고도 한다. 소서본은 대서본보다 변경된 부분이 적기 때문에 따라서《설문》을 연구하는 학자들은 모두 소서본을 더 존중한다. 그렇지만 잊으면 안되는 것으로, 소서본이라 하더라도 허신과 시기적으로 매우 떨어져 있기 때문에 허신의 원본의 면목과는 완전히 일치하지 않는다.

《설문》내의 전문은 어떻게 검색할 수 있을까? 가장 좋기로는《설문》에 익숙해지는 것이다. 그렇지만 전문가를 제외하고는 이러한 방식은 하기 힘든 것이다. 과학적 검자법(檢字法)은 청나라 때의 여영춘(黎永椿)의《설문통검(說文通檢)》을 이용하여 찾는 것이다. 만약 청나라 때의 진창치(陳昌治)가 판각(版刻)한 일전일행(一篆一行)의 대서본을 가지고 있다면 찾는 것은 더욱 편리하다. 여영춘의 책은 일반적인 《설문》과 그 주본(注本)에 쓰기에 알맞다. 주준성의 《설문통훈정성》은 주준성이 이미 《설문》을 다시 편집한 것이기 때문에 여영춘의 책은 쓸 수 없다. 이 경우에는 주준성이 편집한 《분부검운(分部檢韻)》에 근거하여 찾을 수 있다. 《설문통검》과 《분부검운》의 구체적인 내용은 그 책을 보면 자연스럽게 알 수 있다. 따라서 여기에서는 구체적으로 기술하지 않겠다.

《이아》와 《설문》을 연구하여 깊게 고대 언어문자를 연구하는 데에 종사하는 것은 하나의 일이고, 대략적인 내용을 파악하여 《이아》와 《설문》을 이용하여 옛 책을 읽는 데에 도움을 받는 것은 또 다른 일이다. 《이아》, 《설문》이 선진(先秦) 양한(兩漢)의 문자에 대해 정보를 많이 주는 것은 부인할 수 없는 사실이다. 예를 들어 〈이소(離騷)〉에 "나는 건수(蹇修)를 중매로 삼았다.(吾令蹇修以爲理)"라고 하였는데, 이는 '건수로 하여금 중매를 하도록 하였다.'는 의미이다. 그런데 '건수(蹇修)'는 무엇일까? 장병린(章炳麟)은 《이아》를 인용하여 해석하였다. "'蹇修爲理'는 음악을 사자(使者)로 삼은 것을 가리킨다. 《사기(史記)·사마상여전(司馬相如傳)》 '거문고로 마음을 흔들리게 하였다.(以琴心挑之.)'와 같은 것이다. 〈석악(釋樂)〉 '종만 연주하는 것을 수(修)라 하고, 경(磬)만 연주하는 것을 건(蹇)이라고 한다.(徒鼓鐘謂之修, 徒鼓磬謂之蹇[38].)' 이것이 건수의 의미이다." 이 설명은 비교적 합리적이면서 근거도 있다. 이전 사람들이 이 두 사전을 이용하여 고대 문자를 해석하는 예는 매우 많다. 여기에서는 자세히 서술하지 않겠다.

---

38 '蹇'과 '蹇'은 발음이 같다.

고대중국어 통론

4. 특수 종류의 사전

전문 용어나 언어 중의 특수한 항목과 관련하여 풀이한 사전은 특수한 종류의 사전이라고 할 수 있을 것이다. 철학사전이나 성어사전 등이 이러한 것이다. 중국어에서 허사의 사용은 매우 중요하다. 옛날 사람들은 일찍이 허사라는 개념을 가지고 있었다. 《설문》에서 설명한 "자(者)는 사안을 구별하는 허사이다.(者, 別事詞.)", "乃는 이끌어내는 허사 중에서 어려움을 나타내는 것이다.(乃, 曳詞之難也.)" 등에서의 '사(詞)'가 허사이다. 허사의 용법은 옛날과 지금이 매우 다르다. 예를 들어 '언(焉)'자는 일반적으로 문장의 끝에 쓰이면서 긍정의 의미를 나타낸다. 그렇지만 《묵자(墨子)》에서는 문장의 앞에 쓰이면서, '비로소[乃]'나 '그래서[然後]'의 용법에 해당한다. 예를 들어 《묵자·겸애상(兼愛上)》 "어지러움이 일어난 까닭을 반드시 알아야 비로소 다스릴 수 있다.(必知亂之所自起, 焉能治之.)"에서 허사의 용법을 알지 못하면 확실하게 번역할 수 없다. 원나라와 명나라 이후로 점차 허사를 풀이하는 전문서적이 나타났다. 원나라 때 노이위(盧以緯)의 《어조(語助)》, 청나라 때 원인림(袁仁林)의 《허자설(虛字說)》, 유기(劉淇)의 《조자변략(助字辨略)》, 왕인지(王引之)의 《경전석사(經傳釋詞)》, 민국시기의 양수달(楊樹達)의 《사전(詞詮)》, 배학해(裴學海)의 《고서허자집석(古書虛字集釋)》 등이 참고할 만하다. 그 중 왕인지의 《경전석사》는 매우 정밀하다. 또한 연면자(聯綿字, 즉 이 책에서 이후 이야기할 연어(謰語))는 고대중국어 어휘 중에서 중요한 내용이다. 명나라 때 주모위(朱謀㙔)가 연면자의 해석을 모으기 시작하여, 《이아》의 체제를 본떠 《병아(駢雅)》를 집성(輯成)하였다. 이후 주기봉(朱起鳳)의 《사통(辭通)》과 부정일(符定一)의 《연면자전(聯綿字典)》이 연면자

를 풀이하는 전문 서적이다. 별도의 항목을 통해서 논술할 것으로 여기에
서는 더 설명하지 않겠다.

특정 연구 분야에서 어휘에 해석을 더한 것으로, 중국에서는 불교학 관
련 사전의 편집이 가장 이르다. 당나라 때 두 명의 승려가 《일체경음의(一
切經音義)》를 편찬하였다. 한 명은 현응(玄應)이고, 한 명은 혜림(慧琳)으로,
번역된 불경을 읽는 데에 일정한 공헌을 하였다. 송나라 승려 법운(法雲)이
편찬한 《번역명의집(翻譯名義集)》에서는 불경 용어를 부문별로 나누고, 중
점을 파고드는 해설을 더하여 매우 유용하다. 민국 시기 장상(張相)이 지은
《시사곡어사회석(詩詞曲語辭匯釋)》은 당시(唐詩), 송사(宋詞), 원곡(元曲) 중
의 허사를 전문적으로 해석한 것이고, 주거이(朱居易, 주농(朱農)의 필명)의
《원극속어방언례석(元劇俗語方言例釋)》은 원곡(元曲) 중의 허사를 전문적으
로 해석한 것이고, 쟝리홍(蔣禮鴻)의 《돈황변문자의석통(敦煌變文字義通釋)》
은 당나라와 오대(五代) 변문의 어휘를 전문적으로 해석한 것이다. 이러한
저작은 각종 전문 분야의 연구에 있어 모두 일정한 참고 가치가 있는 것이
다. 금나라 원나라의 희곡을 연구할 때에는 여진과 몽골의 번역 어휘를 대
략적으로라도 알아야만 한다. 《금사(金史)》와 《원사(元史)》 뒤에 붙어 있는
《국어해(國語解)》나, 명나라 때 몽골인 화원결(火源潔)의 《화이역어(華夷譯
語)》 등은 모두 이러한 언어의 '번역사전'을 이해하는 데에 도움을 준다.[39]

---

39 대망서(戴望舒) 《소설희곡론집(小說戱曲論集)·원곡에서 몽골 방언에 대해 논의하다.[談元
   曲的蒙古方言]에서 《화이역어》에 의거하여 《원명고본잡극(元明孤本雜劇)》 내의 관한경
   (關漢卿) 〈등부인이 괴롭게 울면서 효를 지켜내다.[鄧夫人苦痛哭存孝]〉 내의 한 단락을 이
   해하였음을 언급하였다. 여기에 원문과 대서망의 번역이 포함된 초록(抄錄)을 아래에 두
   어 예로 삼고자 한다. 자세한 내용은 대서망의 책 89페이지를 참조할 것.
   米罕整斤吞、抹鄰不會騎、弩門並速門、弓箭怎的射? 撒因答剌孫、見了搶着吃、喝的沙

방언과 속어 또는 상용어를 분석의 대상으로 한 것으로는 청나라 때의 전대흔(錢大昕)의 《항언록(恒言錄)》, 책호(翟灝)의 《통속편(通俗編)》이 있고, 사람들의 호칭을 분석의 대상으로 한 것으로는 청나라 때의 양장거(梁章鉅)의 《칭위록(稱謂錄)》이 있다. 이러한 것 또한 고전 문학 작품을 읽는 데에 유용한 공구서이다.

塔八、跌倒就是睡。若說我姓名、家將不能記、一對忽刺孩、都是狗養的。

肉整斤吞、馬不會騎、弓箭也不會射。好酒見了就搶着吃、喝的醉了、跌倒就睡。若說我姓名、家將也不能記、我們是一對賊、都是狗養的。(고기 한 근 삼키고, 말을 탈 줄도 활을 쏠 줄도 모르네. 좋은 술을 보면 바로 빼앗아 마시고 취하고 나서는 쓰러져 바로 잠드네. 내 이름을 묻는다면 우리 집 어르신도 기억 못하실 텐데, 우리는 하나의 부랑배이고 모두 개가 키웠네.)

제3장

훈고학상의
'의존어성(義存於聲)'과
'성근의통(聲近義通)' 학설

제1절 '의존어성'과 '성근의통'

왕인지(王引之)는 《경의술문(經義述聞)·통설(通說)》에서 그의 아버지인
왕념손(王念孫)의 말을 인용하였다. "일반적으로 쌍성첩운(雙聲疊韻)으로
이어지는 단어들은 그 의미가 발음에 있다. 그 발음으로는 의미를 구하면
얻을 수 있지만, 그 글자에서 의미를 구하면 의심에 빠질 것이다.(大氐(抵)
雙聲疊韻之字, 其義即存乎聲, 求諸其聲則得, 求諸其文則惑矣.)" 왕념손은 《광아
소증(廣雅疏證)》에서 자주 '성근의동(聲近義同 : 발음이 유사하면 의미적으로
통할 수 있다.)'을 말하였다. '성근의동'은 '성근의통(聲近義通)' 또는 '음근의
통(音近義通)'이라고도 한다. '성근의통'이라고 하는 제시법이 좀더 적합하
다고 할 수 있다.

우선 왕념손이 말한 '쌍성첩운(雙聲疊韻)'에 대해서 말하고자 한다. 그
가 말한 쌍성첩운의 단어는 실제로 연면자(聯綿字)를 가리킨다. 옛날 사람
들이 말한 연면자라는 것은 단순한 쌍음사(雙音詞 : 두 음절로 이루어진 단어)
를 가리킨다. 이러한 쌍음사는 그것을 이루는 두 음절이 쌍성(雙聲) 또는
첩운(疊韻)의 관계를 가지지만, 또한 쌍성도 아니고 첩운도 아닌 것들도 있
다. '參差(참치)', '徘徊(배회)'와 같은 것은 전자는 쌍성이고 후자는 첩운이

다. '狼狽(낭패)'는 쌍성도 첩운도 아니지만, '狼狽'는 실질적으로 또한 왕념손이 언급한 범위 내에 포함되는 것이다. 연면자는 단순성(單純性)의 것으로, 이 단어는 두 개의 단어로 만들어진 것이라 볼 수 없고, 따라서 이 단어를 기록한 두 개 음절의 글자도 의미 있는 단위로 나누어서 설명할 수 없다. '徘徊'를 가지고서 말하자면, '徘徊'는 또한 '裴回'나 '俳回' 등으로 표기하기도 하는데 '나아가지 못하는 모습'을 나타내는 것이다. 《후한서(後漢書)·남흉노전(南匈奴傳)》에서는 "顧景(影)裴回.(그림자를 돌아보며 서성댔다.)"라는 기록이 있고, 《후한서·장형전(張衡傳)》: "馬倚輈而俳回.(말은 끌채에 기대어 나아가지 못하네.)"에는 라는 기록이 있다. 여기서 '裴'는 성(姓)이고, '俳'는 '웃기는 익살 맞은 연기를 하거나 우스운 이야기를 하는 사람'이다. '徘'와 '徊'는 나누어서 설명할 수 없는데, '裴回' 또한 배(裴)씨 성을 가진 어떤 사람이 돌아오는 것[回]이라고 나누어 설명할 수 없다. '徘徊', '裴回', '俳回'는 세 개의 음절이 동일한 연면자로, 그들의 의미는 동일하게 나아가지 못하는 모습을 나타내는 것이다. 그 단어들이 나아가지 못하는 것으로 파악되는 것은 그들이 이러한 발음을 가졌기 때문일 뿐으로, 만약 문자로 파악하고자 한다면 '裴回'는 "배씨 성을 가진 누군가가 돌아왔다."로 변하게 된다. 이러한 것은 바로 "그 의미가 발음에 있다. 그 발음으로 의미를 구하면 얻을 수 있지만, 그 글자에서 의미를 구하면 의심에 빠질 것이다.(其義即存於聲, 求於其聲則得, 求於其文則惑.)" 이 말에 대한 좋은 설명의 예가 되는 것이다. 또한 '狼狽'를 가지고 말해보자. 당(唐) 나라 사람인 단성식(段成式)의 《유양잡조(酉陽雜俎)·광동식(廣動植)·모편(毛篇)》에서는 다음과 같이 해석하였다. "어떤 사람은 狼狽는 두 종류의 동물이라고 한다. 狽의 앞다리가 매우 짧아서 매번 움직일 때마다 두 마리의 狼을 타는데, 狼이 없으면 움직

고대중국어 통론

이지 못한다. 따라서 세상에서 일이 어그러지는 것을 '狼狽'라고 한다.(或言狼狽是兩物, 狽前足絶短, 每行常駕兩狼, 失狼則不能動. 故世言事乖者稱狼狽.)" 이러한 설명 방식은 주기봉(朱起鳳)[1]의 《사통(辭通)》에서도 채용되었다. 실제로 주기봉은 해당 항목 아래에 이러한 설명으로는 설득시키기 힘든 자료를 인용하였다.

[狼貝]《후한서(後漢書)·임광전(任光傳)》: "세조(광무제)가 계(薊)에서 돌아오자, 낭패하여 어디로 가야 할지 몰랐다.(世祖自薊還、狼貝不知所向。)"

[狼跟]《일체경음의(一切經音義)·십오(十五)》에서 《성류(聲類)》를 인용한 것 : "낭패(狼跟)는 곤란한 상황이라는 뜻이다.(狼跟, 顚跋也。)"

[狼跋]《삼국지(三國志)·법정전(法正傳)》: "주공께서 공안(公安)에 계실 때, 북쪽으로는 조공(조조)의 강함에 두려워하였고, 동쪽으로는 손권의 핍박을 꺼려하였으며, 가까이는 손부인이 가까운 곳에서 변심하지 않을까 걱정하셨습니다. 이 때에 매우 곤란해 하셨습니다.(主公之在公安也、北畏曹公之彊(强)、東憚孫權之逼、近則懼孫夫人生變於肘腋之下。當斯之時、進退狼跋。)"

'貝'를 '狽'의 생형존성(省形存聲 : 형태는 생략되었지만 음성은 남아 있는 것) 자라고 한다면, '跟'는 어떻게 설명할 수 있을까? 사실 '狼狽'는《설문(說文)》에서의 '剌撥'와 '獵跋'이다. 《설문》에는 다음과 같이 설명되어 있다 : "발(癶)은 다리가 엉킨 것이다.…… 발(撥)처럼 발음한다.(癶, 足剌癶也.

1 [역주] 주기봉(朱起鳳 : 1874-1948)은 자(字)는 단구(丹九)로 훈고학자(訓詁學者)이다.

……讀若撥.)" 그리고 "패(跟)는 걸음이 엉킨 것이다.(跟, 步行獵跂也.)" '剌𢺫, 獵跂, 狼貝, 狼跟, 狼狽'는 모두 의존어성(義存於聲)의 연면자이다.(고운(古韻)으로 말하자면 '剌𢺫'는 첩운자이다.) 단성식이 인용한 '혹자의 말[或言]'은 '그 글자에서 의미를 구하면 의심에 빠질 것이다.(求於其文則惑)'의 민간 어원설의 설명방식일 뿐이다.

앞에서 이야기한 것이 바로 '의존어성(義存於聲)'이다. 이제 다시 보자면, '裴'와 '徘, 俳'는 지금의 발음으로는 péi와 pái로 차이가 있지만, 옛날에는 크게 차이가 나타나지 않았을 것이다. 만약 구분했다고 하더라도 여전히 쌍성인 '성근자(聲近字)'이다. '徘徊, 俳回, 裴回'는 발음이 같거나 발음이 비슷하고, 그 의미는 서로 같다. 이러한 것을 가리켜 '성근의통(聲近義通)'이라고 한다. '剌𢺫, 獵跂, 狼狽' 또한 발음이 비슷하고, 또한 의미가 동일하다. 이 뿐만 아니라 《사기(史記)·자객열전(刺客列傳)》의 "방황하여 떠날 수 없었다.(傍偟不能去.)"에서의 '방황(傍偟)', 조식(曹植) 《낙신부(洛神賦)》의 "슬퍼하고 주저하며 떠날 수가 없었다.(悵盤桓而不能去)"에서의 '반환(盤桓)' 또한 '배회(徘徊)'와 성근의통(聲近義通)이다. 《사기(史記)·역생육가열전(酈生陸賈列傳)》의 "집안이 가난하고 쇠퇴하였으나 직업을 가질 생각을 하지 않았다.(家貧落魄, 無以爲衣食業)"의 '낙백(落魄)', 《북사(北史)·노사도전(盧思道傳)》의 "다시 태형을 당하자, 실망하고서는 벼슬자리에 오르지 않았다.(再被笞辱, 因而落泊不調)"에서의 '낙박(落泊)' 또한 '낭패(狼狽)'와 같이 성근의통이다. 이러한 현상은 고문헌 내에 매우 자주 보이는 것이다.

성근의통은 연면자만이 그러한 것이 아니고, 단자(單字)에서도 이와 같은 현상이 있다. 《광아(廣雅)·석고(釋詁)》: "佝, 疾也.(佝은 疾(여기서는 빠르다.)의 의미이다.)" 이에 대한 왕념손의 《소증(疏證)》에서는 다음과 같이 말

고대중국어 통론

하였다. "《설문》: '徇은 疾의 의미이다.'《사기·오제기》: '어리지만 배우는 것이 빨랐다.' 이에 대한 《집해》[2]에서 말하였다. '徇은 疾의 의미이고, 齊는 빠르다[速]는 의미이다. 성스러운 덕을 가진 분이라 어리지만 빠르게 습득했음을 말한 것이다.'……《상자·약민편》: '모두가 빠르다.' 나란히 '徇'과 성근의동(聲近義同=聲近義通)이다.(《説文》: '徇, 疾也.'《史記·五帝紀》: '幼而徇齊.'《集解》云: '徇, 疾；齊, 速也. 言聖德幼而疾速也.'……《商子·弱民篇》: '齊疾而均速.'均與徇亦聲近義同.)" 왕념손이 증거로 인용한 자료를 살펴보면 '徇, 徇, 均' 세 자는 성근의통으로, 모두 빠르다[疾速]로 설명하였다. 이것이 하나의 예이다. 많은 예를 들 수 있지만, 여기에서는 하나만 더 들도록 하겠다.

'憑, 弸, 賮, 塡, 慎' 이 다섯 자는 앞의 두 글자와 뒤의 세 글자의 운은 eng과 en으로 다르지만, 모두 순음자(脣音字)로, 앞의 두 글자는 양순음(兩脣音)이고, 뒤의 세 글자는 순치음(脣齒音)이지만 고대에는 순치음이 없어 모두 양순음으로 읽었다. 따라서 모두 쌍성자이다. 그리고 이 다섯 자는 모두 가득 차다, 채우다, 크다의 의미가 있다. 예를 들어,

《이소(離騷)》: "가득 찼건만 구해 찾는데 싫증 내지 않는구나(憑不厭乎求索。)" 이에 대한 왕일(王逸) 주(注): "'憑'은 가득 차다[滿]의 뜻이다. 초나라 사람들은 가득 찬 것을 '憑'이라 한다.(憑、滿也。楚人名滿曰憑。)"

양웅(揚雄) 《법언(法言)·군자(君子)》: "안으로는 가득 차 있으면서

---

2   《집해》는 남조(南朝) 송(宋)나라 배인(裴駰)이 지은 《사기집해(史記集解)》를 말한다.

밖으로 드러나기 때문이다.(以其彌中而彪外³也。)"

《시(詩)·주남(周南)·도요(桃夭)》: "그 열매가 가득하네.(有蕡⁴其實。)"

또한 《시(詩)·소아(小雅)·초지화(苕之華)》: "암양의 큰 머리.(牂羊⁵墳首。)" 주희(朱熹) 《집전(集傳)》: "'墳'은 크다는 의미이다. 양이 야위면 머리가 크다.(墳、大也。羊瘠則首大也。)"

《회남자(淮南子)·숙진(俶真)》: "번성하게 크지만 싹이 아직 없다.(繁憤未有萌蘖。⁶)" 이에 대한 고유(高誘) 주(注) : "'憤'은 무리가 쌓여 있는 모습이다.(憤、衆積貌。)"

여기에서는 이 다섯 자가 성근의통임을 설명한다.

문자의 의미와 음, 형태의 관계를 설명할 때 이미 언급하였지만, 문자는 어음(語音)과 결합하는 것을 거쳐서 언어를 기록한 것이다. 언어의 각도에서 말하자면 어음은 언어라는 물질의 기초이고, 또한 의미라는 물질의 기초로, 문자가 기록한 어의(語義)는 우선 어음으로 결정되는 것이다. 문자의 형태는 의미를 전달하는 점에서 영향을 미치기는 하지만, 형태를 가지고서 어의의 해석에 제한을 할 수는 없는 것이다. '의존어성(義存於聲)'이 바로 이러한 의미이다. '의존어성'을 안다면 '狼狽'를 두 종류의 동물로 해석하지 않게 되고, '落魄'을 혼백을 떨어뜨려 잃어버리는 것으로 해석하지 않게 될 것이다. 의존어성이라는 원칙 때문에 동일한 단어를 종종 다른 글

---

3   표외(彪外)는 문채(文采)가 밖으로 드러나는 것을 가리킨다.
4   '蕡'은 가득 차다는 의미이다.
5   '장양(牂羊)'은 암양을 가리킨다.
6   [역주] 《淮南鴻烈傳》 등에서는 "繁憤未發、萌兆牙蘖、未有形埒垠堮。(번성하게 크지만 아직 펴지 않아, 싹이 형태를 갖추지 못하였다.)"로 되어 있다.

자를 사용하여 기록하였다. 이 때문에 보기에 글자의 의미상으로는 다른 단어가 성음(聲音)이 서로 비슷하다는 점을 통해 그들이 하나의 동일한 단어임을 알 수 있다. 따라서 '의존어성(義存於聲)'과 '성근의통(聲近義通)'은 하나의 설명 방식에 대한 두 가지 측면이다. 이는 이러한 설명 방식의 기초적인 해석이다. 이러한 설명 방식은 단어 의미 파악에 있어서 매우 중요한 것이다.

제2절 '성근의통'의 법칙 및 분별문과 우문설

'성근의통(聲近義通)'이라고 말하는 것이 '성근의동(聲近義同)'의 함의(含義)보다는 광범의하다. '동(同)'은 '대등하다, 동일하다'이고, '통(通)' 또한 '대등하다, 동일하다'라고 풀이할 수도 있지만 '관계가 있고 비슷하다'라고 설명할 수도 있다. 여기에서는 '의통(義通)'을 사용하여 '의동(義同)'을 포괄하고자 한다.[7]

1. '성근의통(聲近義通)'의 법칙

'성근의통'은 우리가 단어의 의미를 인식하고 이해하는 수단으로 설명하였다. 즉 수많은 자료를 수집하면서 이러한 자료의 분석과 종합에서 몇몇 발음이 비슷한 단음사(單音詞)(당연히 하나의 글자로 쓴 것) 또는 쌍음사

---

7   [역주] 이미 앞에서 '의동(義同)'과 '의통(義通)' 중에서 인용된 내용 외에는 모두 '의통'으로 설명하였다.

(雙音詞)의 의미는 하나로 묶어낼 수 있다는 것을 볼 수 있었다. 이는 바로 "음이 비슷한 것은 의미가 통할 수 있다.(音近者義可通.)"이다. 이는 언어에서의 한 가지 현상일 뿐이다. 어째서 음이 비슷한 것이 의미가 통할 수 있을까? 이를 뒤집어 말하자면, 본래는 하나의 단어이거나 또는 하나의 단어 의미에서 파생하여 퍼져 나간 것으로, 문자를 사용하여 기록할 때에 바로 성근의통(聲近義通)의 현상이 발생한다.

이른 바 본래는 한 개의 단어이지만 다른 글자로 그것을 쓰면 두세 개의 쓰는 방식으로 바뀌게 되는 것이다. 이체자(異體字)는 계산하지 않는 점을 제외하면, 가차자(假借字)와 본자(本字) 및 가차자와 가차자가 병존하게 된다. 그렇지만 실제로는 하나의 의미만을 나타내는데, 이것이 문자(文字)의 '성근의통'의 원인이다. 예를 들어 앞에서 인용한 왕념손《광아소증》의 한 항목 '徇, 疾也.'는《설문(說文)》에서 보인다. 이것은 본자본의(本字本義)를 쓴 것이다. '徇'자는《설문》에서는 '徇'이라 하였는데, 이는 "행차하여 순시함을 뜻한다. 彳이 의미성분이고, 匀이 발음성분이다.《사마법》: '베는 것으로 드러낸다.(斬以徇)'(行巡示也. 從彳, 匀聲.《司馬法》: 斬以徇.)" '均'은《설문》에서는 "평평하다.(平遍也)"라 하였으니, 이는 평균의 의미이다. '徇, 均'과 '徇'은 '성근의통(聲近義通)'으로, 실제로는 의미가 하나이지만 본자와 가차자가 나란히 사용되는 것이다. '徇'을 제외하면 이는 가차자와 가차자가 나란히 사용되는 것이다. 또한《이소(離騷)》에는 다음 네 구절이 있다. "사람들의 좋고 싫음에 어찌 다름이 있겠소? 오직 그 소인배들만 사람들과 다르다오. 소인배들은 쑥을 허리에 가득 차고는 그윽한 난초는 찰 수

없다고 말한다오.(民[8]好惡其不同兮, 惟此黨人其獨異, 户服艾以盈要(腰)兮, 謂幽
蘭其不可佩.)" 여기에서의 '户'자는 '가가호호(家家户户 : 집집마다)'의 의미
가 아니고《이소(離騷)》의 앞구절인 "미무(蘪蕪)와 백지(白芷)를 몸에 걸치
고 가을 난을 엮어서 허리에 매었지.(扈江蘺與辟芷兮, 紉秋蘭以爲佩)"의 '扈'
와 의미가 동일하다. '户服'은 하나의 연합식(聯合式) 단어로 사용된 것이
다.[9] 왕일(王逸)의 주(注)에서는 '扈'자에 대해 다음과 같이 말하였다. "'扈'
는 입는다는 뜻이다. 초나라 사람은 입는다는 말을 할 때 '扈'라 한다.(扈,
被也, 楚人名被爲扈)", '户服艾'의 '户'에 대해서는 당(唐)나라 구양순(歐陽詢)
의《예문유취(藝文類聚)》권 83과 송(宋)나라 오숙(吳淑)의《사류부(事類賦)》
에서 모두 '扈'로 인용하였다. 이를 통해 '户, 扈'는 사본(寫本)이 다르지만
의미는 서로 같은 것이다. '户'는 입다라는 의미이고, '户服'은 옷을 입다
는 의미로, 입다와 옷을 입다는 모두 착용하다는 의미이다. 살피건대 '户'
는 집에서 가장 바깥 부분으로, 사람이 착용하는 사물도 모두 밖에 덧붙이
는 것이다. 따라서 '户'는 입다, 당하다는 의미로 파생되었다. '扈'는 하(夏)
나라 때에 우(禹)의 아들 계(啟)와 싸우던 유호씨(有扈氏)라는 고유명사로,
《이소》에서는 걸치다는 의미로 설명하여, 실제로는 '户'의 가차이다.[10] 이
또한 성근의통의 예이다.

 이른바 한 단어의 사의(詞義)에서 파생이 끊임없이 나타난다는 것은 단
어 의미가 분화(分化)하거나 전화(轉化)한 후에 원래 의미와 떨어진 것이 멀

---

8   [역주] 다른 판본에서는 '人'으로 되어 있다.

9   [역주] 연합식은 두 단어가 동일한 의미를 가지고서 나열함을 가리킨다.

10   장량푸(姜亮夫)는 '户、扈'를 모두 '幠'의 가차로 보았다.《굴원부교주(屈原賦校注)》9페이
     지를 참조할 것.

지 않을 때에 말하는 것이다. 분화하고 전화한 의미는 그 성음(聲音)이 원래 의미를 나타내는 단어와 크게 차이 나지 않다는 것은 당연하다. 분화와 전화는 의미상으로는 당연히 차이가 있다. 따라서 쓰는 방식도 다를 수 있지만, 성음(聲音)은 여전히 비슷하다. 이 또한 문자 상에서 나타나는 '성근의통'의 원인이다. 앞에서 들었던 '憑, 弸, 賁, 塡, 憤'을 가지고 이야기하면, 그 어근에 대해서 언급하면 모두 충만(充滿)의 의미이다. 그렇지만 충만이 각각 다른 것으로 '弸'은 활이 가득 차서 강한 것이고, '塡'은 흙이 가득 찬 것이고, '賁'은 과일이 가득 찬 것이고, '憑'과 '憤'은 기운이 가득 찬 것이다. 그 중에서 '憑'은 또한 '馮'으로 쓰기도 한다. 《초사(楚辭)·천문(天問)》: "康回馮怒, 墜(地)何以東南傾?(강회가 분노하였는데 땅은 어째서 동남쪽으로 기울었는가?)"에서 '馮怒'는 실제상으로는 '분노(憤怒)'이다. 이러한 다른 점이 있기 때문에, 사의와 문자상으로 모두 '특색(特色)', 즉 차이점을 덧붙이게 된다. 실제로 그들이 가리키는 것은 동일하다. 또한 《이소(離騷)》의 "薋菉葹以盈室兮(조개풀, 도꼬마리 풀이 가득하여 방을 채우네.)"에 대해 왕일(王逸)의 주(注)에서는 '薋'와 '菉, 葹' 등을 평등하게 나열하여, 세 종류의 나쁜 풀의 이름으로 보았다. 이러한 해석은 틀린 것이다. '薋'는 실제로 《광아(廣雅)·석고(釋詁)》"積, 積也.(積는 쌓다의 의미이다.)"의 '積'와 성근의통이다. 《설문(說文)》에 '薋, 積'가 모두 수록되어 있는데, '薋'는 "草多貌(풀이 많은 모양)"이고, '積'는 "積禾也, 從禾, 資聲.《詩》曰 : '積之秩秩兮.'(벼를 쌓아 둔 것이다. 禾가 의미성분이고, 資가 발음성분이다. 《시》에서 말하였다. '벼를 쌓아둔 것이 많네.')" 풀이 많다는 것은 쌓아 모아 두었다는 의미이다. 주준성(朱駿聲)이 말하였다. "禾多曰積.(벼가 많은 것을 積라 한다.)" 풀이 많고 벼가 많은 것, 그리고 풀을 쌓아두고 벼를 쌓아두었다고 하는 표현은 본래 많다와 쌓

고대중국어 통론

아두다라는 의미만을 가지고 있었던 것이지만, 풀과 벼가 다르다는 것 때문에 두 글자로 나뉜 것이다. 의미는 다르지만 여전히 유사한 부분이 있기 때문에 또한 성근의통의 예가 되는 것이다.

단어의 뜻에는 전화(轉化)가 있는데, 이전의 하나의 뜻이 이후에 다른 또 하나의 의미로 전변하는 것이다. 그 속에서 여전히 의미상으로 연계(聯繫)가 있다. 이러한 연계가 또한 '의통(義通 : 의미가 통하는 것)'이다. 예를 들면,

'斯'의 본래 의미는 장작을 패다, 나무를 쪼개다로,《시(詩)·진풍(陳風)·묘문(墓門)》의 "斧以斯之(도끼로 쪼갠다)"가 바로 이 글자의 본래 의미이다. 의미가 일단 전변하자, 장작을 패는 사람 또한 '斯'라고 하였다. 《역(易)·려(旅)》 : "斯其所取災.(험한 일 하는 사람이 재난을 얻게 될 것이다.)" 이에 대한 왕필(王弼) 주(注)에서 "斯賤之役.(천한 일을 담당하는 사람)"《좌전(左傳)·애공(哀公) 2년》 : "人臣隸圉免(노비, 노예, 감옥에 있는 사람은 그 일을 면하게 해준다.)"에 대한 두예(杜預) 주(注)에서 "去厮役.(잡다한 일을 없앤다.)" 이에 대해 육덕명(陸德明)《경전석문(經典釋文)》본에서는 "斯役"으로 되어 있다. 《석문(釋文)》에서 말하였다. "字又作厮, 音[11]同.(글자는 또한 厮로 되어 있는데, 음은 동일하다.)" "斯賤之役"과 "斯役"은 이후에 '厮役'으로 쓰면서, 천한 일을 하는 사람을 나타내는 데에 쓰였다. 단어의 의미가 나뉘어 둘로 되자, 문자 또한 둘로 나뉘었지만, 그러나 의미는 여전히 통한다.

'庖'의 의미는 주방으로, 주방을 어째서 '庖'라고 부르는가? 이는 '庖'가 굽는다[烹炮]라는 의미에서 나온 것이기 때문이다. 《설문(說文)》 : "炮, 毛

---

11   [역주] 원서에서는 '意'로 되어 있다. 십삼경주소본 등에 의거하여 고쳤다.

炙肉也¹².(炮는 털까지 구운 고기이다.)" 굽는다는 것을 '炮'라고 하였는데, 굽는 장소 또한 '庖'라 하였다. 보기에는 두 글자의 두 가지 의미이지만, 실제로는 하나의 의미의 전이이다. 발음 또한 유사하기 때문이다.

'위문하다, 위로하다[慰勞]'를 '勞'라고 한다. 이 때는 거성(去聲)으로 읽는데, 예를 들면 '勞問(위문하다)', '勞軍(군대를 위로하다)' 등으로 쓰인다. 이는 상대방이 수고할 때, 위문을 더하기 때문으로 또한 의미의 전화(轉化)이다. 그렇지만 이 두 가지 의미는 두 가지 글자로 쓰지는 않았다. 이와 유사한 것으로는 《좌전(左傳)·희공(僖公) 26년》 "公使展喜犒師(공이 전희(展喜)를 시켜 군대를 위로하였다.)"의 '犒'자로, 술과 고기를 써서 군대를 위로한다는 것을 '犒師'라고 한다. 실제로 이 '犒'자는 '枯槁[나무가 시들다]'고 할 때의 '槁'자에서 온 것으로¹³, 시들다에는 괴롭고 초췌하다는 뜻이 있기에, 가서 사람의 괴로움을 위로하는 것을 '犒'로 부른 것이다. 여기에서는 술과 고기를 사용하였기 때문에, '牛' 편방이나 '酉' 편방을 써서 바꾸었다. 한(漢) 시기의 《척창장전군비(斥彰長田君碑)》에서는 '醐'자로 되어 있다. 양웅(揚雄) 《법언(法言)·수신(修身)》에서 말하였다. "양과 돼지를 잡는 것은 손님과 군대를 위로하고자 하는 것이다.(刲羊刺豕, 罷賓犒師.)" 여기에서 '罷'는 '疲'의 가차자이다. '罷賓'과 '犒師'는 문장의 뜻이 서로 대구를 이루어, 모두 '수고[勞]'를 위로하는 뜻이다. 《주례(周禮)》에서 한 관직이 고인(槀人)이다.¹⁴ 이는 음식을 관리하는 사람이다. '槀'는 '犒'의 이체자이다. 이 또한 의미

---

12 '毛炙肉'은 털이 붙어 있는 상태에서 고기를 익히는 것을 가리킨다.

13 《좌전정의(左傳正義)》에서 복건(服虔)의 주(注)을 인용하여 말하였다. "군대가 힘들어하였기 때문에 음식을 그들에게 주었다.(以師枯槁, 故饋之飲食。)"

14 [역주] 《주례(周禮)·하관(夏官)》에 있다.

전화하여 두 글자로 쓰이게 된 예이다. 당연히 이 또한 성근의통이다.

2. 분별문(分別文)과 우문설(右文說)

문자를 연구하면 다음과 같은 하나의 현상을 볼 수 있다. 즉 여러 문자가 있는데, 그들의 기본적인 의미는 동일하지만 사용되는 범위가 경우가 다름에 따라서 형체상으로 그들에게 다른 편방을 더하여 구별하는 것이다. 이와 같이 기본적으로 의미는 동일하지만 형태가 다른 글자를 문자학상으로는 분별문(分別文)이라고 한다. 예를 들면,

> 薿、槪는《설문(說文)》에 근거하면 '薿'는 "풀이 많은 모양[草多貌]"이고, '槪'는 "많다[稠也]"이다.
> 稠와 稠에서 '稠'는 "많다[多也]"이고, '稠'은 "머리카락이 많다.[髮多也]"

'濟'의 의미는 물을 건너다는 의미이다. 물을 건너고 나면 물을 건너는 과정은 바로 멈춘다. 이 때문에 멈춘다는 의미로 파생되었다. 이 때문에 바람이 그치는 것 또한 '濟'라고 하고, 비가 그치는 것도 '濟'라고 한다.《장자(莊子)·제물론(齊物論)》: "厲風[15]濟, 則衆竅爲虛.(맹렬한 바람이 그치면 여러 구멍들은 비게 된다.)" 이는 바람이 그치는 것이다.《한서(漢書)·교사지(郊

---

15 '厲風(여풍)'은 맹렬한 바람이다.

祀志)》의 여순(如淳)[16]의 주(注) : "三輔[17]謂日出淸濟爲宴.(삼보 지역에서는 해가 떠서 날씨가 맑고 비가 그치는 것을 '연(宴)'이라고 한다.)" 여기서 '宴'은 맑은 날로, "日出淸濟"는 해가 떠서 날씨가 맑고 비가 그친 것이다. 《논형(論衡)·시응(是應)》: "雨濟而陰曀[18]者, 謂之甘雨.(비가 그쳤지만 날이 음침한 것을 가리켜서 '감우(甘雨)'라고 한다.)" '雨濟'라는 것이 바로 비가 그쳤다는 것을 가리킨다. 이후에 비가 그쳤다고 하는 것에 대해 '雨'를 의미부로 하는 '霽'라는 글자를 전용으로 만들었다. 이 글자가 '風濟'와 구별하는 분별문이 된다.

'零落'에 대해 《설문(說文)》에서는 두 가지의 쓰는 방식이 있다. '蘦落'과 '霝零'으로, 전자는 풀이 떨어지는 것을 가리키고, 후자는 비가 떨어지는 것을 가리킨다.

이러한 예에서 볼 수 있는 것은 문자의 형체(形體)가 다르고 의미 또한 차이점이 있긴 하지만, 기본적인 의미는 단지 한 가지로, 이와 같이 형체가 다른 글자임에도 동일한 성부(聲符)를 가지고 있다. 옛날 사람들은 일찍이 '우문(右文)'이라고 하는 설명 방식을 사용하였는데, 이러한 현상에 대해 깨우쳐 주는 부분이 있다.[19]

---

16 여순(如淳)은 인명(人名)이다. [역주] 여순(如淳)은 조위(曹魏) 때 사람으로, 《한서(漢書)》에 주를 한 사람이다.

17 '三輔'(삼보)는 한(漢) 나라 때 경조(京兆), 좌풍익(左馮翊), 우부풍(右扶風) 이 세 군데의 수도 지역과 수도권 지역을 가리키는 명칭이다.

18 '曀'자에 대해 금본(今本)에서는 '一'로 잘못되었다. 손인화(孫人和)의 설명에 의거하여 개정(改正)하였다.

19 '분별문'이라는 명칭은 우문설(右文說)보다는 이후에 나온 것이다. 그렇지만 이러한 현상에 대해서는 문자 발전의 과정 중에서 일찍부터 존재했던 것이다.

송(宋)나라 사람 심괄(沈括)《몽계필담(夢溪筆談)》권14 :

王聖美[20]治字學、演其義以爲右文。古之字書、皆從左文。凡字、其
類在左、其義在右。如木類、其左皆從木。所謂右文者、如：戔、小
也；水之小者曰淺、金之小者曰錢、歺[21]之小者曰殘、貝之小者曰賤、
皆以戔爲義也。

왕성미는 문자학에 정통하였는데, 글자에서 의미를 드러내는 부분
을 우문(右文)이라고 하였다. 옛날에 자서(字書)에서는 좌문(左文)을 의
미 부분으로 보았다.[22] 일반적으로 자(字)는 분류의 기준은 좌(左)측에
있지만, 해당 글자의 의미는 우(右)측에 있다. 예를 들어 나무 종류는
그 글자의 왼쪽이 모두 '木'으로 구성된다. 우문(右文)이라고 하는 것
은, 예를 들자면 '戔(전)'이라는 글자는 작다는 의미를 가진다. 물 중
에서 작은 것은 '淺(잔)'이라고 한다. 쇠 중에서 작은 것은 '錢(전)'이라
고 한다. 뼈 중에서 작은 것은 '殘(잔)'이라고 한다. 돈 중에서 작은 것
은 '賤(천)'이라고 한다. 모두가 '戔'을 의미로 삼고 있는 것이다.

이는 형성자(形聲字)의 우측에 있는 성방(聲旁)이 만약 동일하다면, 이러
한 글자들의 의미는 또한 동일하다. 예를 들어 '淺, 錢, 殘, 賤'은 작다는 의
미를 동일하게 가지고 있다. 왕성미는 이른 시기에 명확하게 성방이 동일
한 것이 의미 또한 서로 통한다는 현상을 설명해 낸 것이다. 그의 설명은
성의관계(聲義關係)의 연구에 있어 계발해주는 측면이 있다. 그렇지만 이전

---

20   왕성미(王聖美)는 이름은 자소(子韶)이다.

21   '歺'자는《설문(說文)》: "뼈를 쪼개고서 남은 것이다.[列(裂)骨之殘也]" 이 때의 '殘'은 남
      은 것을 가리킨다.

22   [역주] 자서(字書)는《설문(說文)》,《옥편(玉篇)》등의 사전류를 가리킨다. 여기서 좌문(左文)
      은 부수(部首)를 가리킨다.

사람들은 그의 설명에 대해서 몇 가지 지적하는 부분이 있었으니, 형성자에서 성방은 꼭 좌우에만 있는 것은 아니기 때문이다. 그렇지만 이러한 것은 그리 중요한 점은 아니다. 중요한 점은 왕성미의 설명에 의거하였을 때 형성자는 모두 역성자(亦聲字)[23]로 변하며 성방은 모두 의미를 함께 가지고 있다는 것이다. 이와 같을 때 소동파(蘇東坡)가 왕안석(王安石)에게 농담으로 한 말인 "'坡'가 땅의 껍질이고, '滑'은 물의 뼈이다."[24]과 같은 견강부회하는 잘못이 있게 된다. 실제로 '우문(右文)'과 유사한 견해는 《설문(說文)》에서 이미 출현하였다. 예를 들어 '句部'에 부속자 세 글자가 있는데, 부수까지 포함하면 네 글자이다.

> 句、曲也。從口、니聲。('句'는 휘다, 굽다[曲]는 뜻이다. 口가 의미성분이고, 니가 발음성분이다.)
> 拘、止也。從手句、句亦聲。('拘'는 그치다[止]는 뜻이다. 手와 句가 의미성분이다. 句는 또한 발음성분이다.)
> 笱、曲竹捕魚笱也。從竹句、句亦聲。('笱'는 대나무를 구부려 물고기를 잡는 통발이다. 竹과 句가 의미성분이다. 句는 또한 발음성분이다.)
> 鉤、曲鉤也。從金句、句亦聲。('鉤'는 굽은 갈고리이다. 金과 句가 의미성분이고, 句는 또한 발음성분이다.)

여기에서 주목할 점은 허신(許愼)이 '拘, 笱, 鉤' 등을 통상적인 방법으

---

23 [역주] 역성자(亦聲字)라는 용어는 《설문(說文)》의 '亦聲'에서 나온 것이다. 즉 의미를 나타내는 부분이 성부(聲符)를 겸하고 있음을 나타낸다.
24 왕안석(王安石)은 《자설(字說)》을 지었는데, 이미 일실되었다. 그 속에는 견강부회(牽強附會)한 설명이 자못 많다.

고대중국어 통론

로 '手, 竹, 金'부에 귀속시키지 않고, 성방(聲旁)을 부수로 삼았다는 것이다. 이러한 점은 허신이 이미 그들의 성방이 동일하고 의미 또한 서로 통한다는 현상에 주목했다는 것이다. 허신의 이러한 방식은 왕성미보다 융통성이 많다. 허신은 '句'가 발음성분으로 쓰이면서 굽다[曲]라는 의미와는 관련 없는 글자는 이 '句'부에 싣지 않았기 때문이다. 예를 들어 '珣'는 돌 중에서 옥과 비슷한 것[石似玉者]이고, '敂'는 때리다[擊], '晌'는 해가 떠서 따뜻한 상황[日出昷(溫)] 등과 같은 종류들은 '句'부에 수록되지 않았다. 이는 다음과 같이 설명될 수 있다. '句, 拘, 笱, 鉤'는 어근(語根)이 동일하여 의미가 파생되어 성근의통 현상이 이루어진 것이다. 분별문 또한 바로 이러한 현상이다. 어근이 동일하지 않아, 의미상으로 파생의 관계가 있지 않으면, 발음이 비록 동일해도 억지로 그 의미가 서로 통할 수는 없는 것이다. 이것이 바로 왕성미의 "凡字, 其類在左, 其義在右.(일반적으로 자(字)는 분류의 기준은 좌(左)측에 있지만, 해당 글자의 의미는 우(右)측에 있다.)"와 같이 전체적으로 긍정하는 듯한 설명 방식과는 구별된다. 왕씨의 학설은 이후에 나타나는 글자의 의미를 파악하고자 하는 사람들에게 계시해주는 측면이 있긴 하지만, 완벽하게 모두 설명해준다고 할 수는 없다. 그 이유는 위에서 제시한 것과 같다.

제3절 연면사[25]

　의미가 소리에 있다고 하는 것[義存於聲]은 단자(單字) 또는 연면사에
만 한정되지 않는다. 연면사의 의미도 문자로 한정할 수 없고 음성에서 찾
아야만 한다고 하는 이러한 상황은 더욱 명확하게 보편적이다. 따라서 왕
념손이 "義存於聲"을 말한 것은 '쌍성첩운지자(雙聲疊韻之字)'부터 말하기
시작한 것이다. 이 때문에 여기에서는 연면사에 특별히 주목해야 할 필요
가 있다.

1. 연면사란 무엇인가?

　두 개의 음절을 사용하여 하나의 완전한 의미를 나타내는 쌍음사(雙音
詞)로, 그 속에 단지 하나의 단어소만을 포함하여 두 가지 어소로 나눌 수
없는 것을 옛날 사람들은 연면사(連綿詞) 또는 연어(謰語)라고 한다. 단순하
게 말하자면 연면사는 단순성 쌍음사이다. '匍匐[기어가다], 逍遙[산책하
다], 玲瓏[반짝이다], 倉庚[꾀꼬리], 葡萄[포도]' 등이 연면사이다. '匍匐'은
'匍'와 '匐'으로 나누어 각자가 하나의 최소 의미단위인 단어소[詞素]가 될
수 없는 것이다. '逍遙'의 '逍' 또한 독립적으로 의미를 이룰 수 없고, '遙'도
멀다의 의미가 있긴 하지만 '逍遙'가 나타내는 의미와는 관련이 없고, 또한
'逍遙'에서의 단어소가 될 수도 없다.

25　[역주] 원서에서는 '謰語'라고 하였지만, 일반적으로 많이 사용하는 '연면사(連綿詞)'라는
　　말로 바꾸어 쓸 것이다.

　　　　　　　　　　　　　　　　　　고대중국어 통론

연면사 중에서 대다수는 쌍성첩운자(雙聲疊韻字)로 구성되었다. 예를 들면 쌍성인 '匍匐, 玲瓏', 첩운인 '逍遙, 倉庚' 등이 있다. 이 때문에 약간의 오해가 발생하는데, 모든 쌍성 또는 첩운의 두 글자가 모두 연면사라고 하는 것과 같은 것이다. 사실 모든 쌍성첩운자가 모두 연면사가 아닐뿐더러, 연면사 또한 반드시 쌍성첩운은 아니다. '葡萄'가 그러한 예로, 쌍성도 첩운도 아니다. 연면사인지 여부의 기준은 결국은 두 가지 단어소로 나뉘는지이다. 《시(詩)·주남(周南)·권이(卷耳)》: "陟彼高岡(저 높은 언덕에 올라)"의 '高岡', 《시(詩)·패풍(邶風)·녹의(綠衣)》: "綠衣黃裳(녹색 저고리와 노란 치마)"의 '黃裳', 《예기(禮記)·예운(禮運)》: "大道之行也, 天下爲公.(큰 도리를 실행할 때에는 천하는 공적인 것이다.)"의 '大道', 《예기(禮記)·중용(中庸)》: "天下, 國家可均也.(천하와 국가는 다스릴 수 있다.)"의 '國家' 등은 모두 쌍성첩운이지만, 두 개의 독립적인 의미를 가진 단어들로 구성된 구로 연면사가 아니다. 고대에 '國'과 '家'는 두 개의 단어로, '國'은 제후(諸侯)가 다스리는 지방이고, '家'는 경대부(卿大夫)가 다스리는 곳을 가리킨다. 따라서 《맹자(孟子)·양혜왕상(梁惠王上)》에 "王曰: '何以利吾國?' 大夫曰: '何以利吾家?'(왕은 '어떻게 우리 나라를 이롭게 할 것인가?'라 말하고, 대부는 '어떻게 우리 집안을 이롭게 할 것인가?'라고 말한다.)"라는 말이 있다. 쌍성첩운의 연합식(聯合式) 합성어 또한 연면사가 아니다. 예를 들어 '光芒(빛), 照耀(비추다)' 등인데, 비록 이러한 것은 단어이고 구는 아니지만, 여전히 두 개의 최소 의미단위인 두 개의 단어소로 나눌 수 있다.

연면사는 대체로 다음 세 종류의 구성 형식을 가진다.

(1) 본래 하나의 쌍음절 단어이거나, 혹은 쌍성첩운, 혹은 쌍성겸첩운인 것(예를 들어 《시(詩)·빈풍(豳風)·동산(東山)》의 '伊威(쥐며느리)', 《초사(楚辭)·

이소(離騷)》의 '顑頷(누렇게 뜬 얼굴)'), 혹은 쌍성도 아니고 첩운도 아닌 것(앞에서 든 '葡萄' 외에도, '離黃(꾀꼬리), 鸚鵡(앵무)' 등)이 있다.

(2) 하나의 단음절 단어를 두 개 음절로 천천히 읽거나[완독(緩讀)] 앞에 발성사(發聲詞)를 더한 경우다. 전자의 예로는 '孔'을 '窟窿'으로, '陴'를 '僻倪, 俾倪'로, '蜩'를 '蜈蟟, 知了'로 완독하는 것이다.《좌전(左傳)·선공(宣公) 12년》: "守陴者皆哭.(성가퀴를 지키던 사람들이 모두 울었다.)" 이에 대한 두예(杜預) 주(注) : "陴, 城上僻倪.('陴'는 성 위의 '僻倪'이다.)"《설문(說文)》: "陴, 城上女墙俾倪也.('陴'는 성 위의 여장(女墙)으로 '俾倪'이다.)" 여기에서 여장(女墙)은 낮은 담장으로, '僻倪, 俾倪'는 '陴'의 완독이다.《장자(莊子)·소요유(逍遙游)》: "蟪蛄不知春秋.('蟪蛄'는 한 해를 알지 못한다.)" 이에 대한 사마표(司馬彪) 주(注) : "蟪蛄, 寒蟬也, 一名蜈蟟.('蟪蛄'는 쓰르라미이다. '蜈蟟'라고도 한다.)" 그리고《시(詩)·소아(小雅)·소변(小弁)》: "鳴蜩嘒嘒(우는 쓰르라미 맴맴)"의 '蜩'에 대해《모시(毛詩)》에서는 '蟬也(쓰르라미이다.)'라고 풀었다. '蜩'의 완독이 바로 '蜈蟟'로, 현재에는 '知了'라고 한다. 후자로는 '越'에 발성사 '於'를 더하여 '於越'로, '吳'에 발성사 '勾'를 더하여 '勾吳'가 되는 것이다. 춘추(春秋) 시대에 월(越)을 '於越'이라 하였고, 오(吳)를 '勾吳'라 하였다.《좌전(左傳)·정공(定公) 14년》: "於越敗吳於檇李.(월나라가 오나라를 추리(檇李) 지방에서 무찔렀다.)"《사기(史記)·오태백세가(吳太伯世家)》: "太伯之奔荊蠻, 自號勾吳.(태백이 형만(荊蠻) 지방으로 도망가고서는, 스스로 '구오(勾吳)'라고 하였다.)" '於, 越'은 모두 모음이다. '勾'의 성모(聲母)는 'g'이고, '吳'의 고성모는 'ng'로, 발음부위가 서로 같다. 따라서 '於, 勾'가 앞에 더하는 발성사(發聲詞)라고 말할 수 있다. 발성사(發聲詞)라는 것은 본음(本音)과 서로 비슷한 음을 머리부분으로 더하는 의미가 있다. 상해(上海) 사람들은

고대중국어 통론

'沒'을 '嘸沒'라고 말하고, '媽'를 '嘸媽'로 말하는데, 이 또한 발성사를 더한 것이다.

(3) 고금(古今)이나 방언(方言)의 변화 때문에, 하나의 연면사가 몇 가지 다른 형식으로 변한다. 예를 들면,

'綢繆(주무)'는 '纏綿(전면)'으로 변하였다. 《시(詩)·당풍(唐風)·주무(綢繆)》: "綢繆束薪.(단단히 묶은 땔나무.)" 이에 대한 《모전(毛傳)》: "綢繆, 猶纏綿也.(綢繆는 纏綿과 같다.)" '綢繆'는 단단히 묶어 고정한다는 의미이다. 한(漢) 나라 초기 모공(毛公)이 《시고훈전(詩故訓傳)》을 지었던 시기에 이르러, 이 단어의 음은 이미 '纏綿(전면)'으로 변하였고, 육조(六朝) 때의 시가(詩歌)에서는 '纏綿'이라는 단어가 광범위하게 쓰였다. 예를 들어 〈자야가(子夜歌)〉 "前[26]絲斷纏綿(이전 생각 이어진 것을 끊어내고)", 〈독곡가(讀曲歌)〉 "誰交(教)彊(强)纏綿?(누가 억지로 얽히게 하였는가?)" 등이 있다. 그 의미는 일반적인 묶음에서 변하여 감정상의 복잡함으로 변하였다. '綢(주)'는 쌍성을 근거로 변하여 '纏(전)'이 되었고, '繆(무)'도 쌍성을 근거로 변하여 '綿(면)'이 되었다. 하나의 연면사는 이 때 변하여 두 개가 되었다.

'商量(상량)'은 '商略(상략)'으로 변하였다. 한(漢) 나라 때의 《조전비(曹全碑)》: "故老商量.(원로와 상의하다.)" 여기에서 '商量'은 첩운 연면사로, 위진(魏晉) 시기 사이에 '商略'으로 변하였다. 예를 들어 《진서(晉書)·완적전(阮籍傳)》: "완적이 일찍이 소문산에서 손등을 만나, 오랫동안 상의하였다.(籍嘗於蘇門山遇孫登, 與商略終古.)" '量'은 쌍성을 근거로 변하여 '略'이 되었다.

26　[역주] 원서에서는 '荷'로 되어 있는데, 다른 판본에서는 '前'으로 되어 있고, '荷'로 된 부분은 보지 못하였다. 따라서 '前'으로 고친다.

'商略'은 여전히 연면사이지만, 이미 첩운은 아니게 되었다.

'鸝黃(이황)'은 '鶬鶊(창경)'이라고도 하는데, '鶬鶊'은 '商庚(상경)'으로 변하였다. 《방언(方言)》권(卷) 8 : "이황(鸝黃)에 대해 관동(關東) 지방에서는 창경(鶬鶊)이라고 하고, 관서(關西) 지방에서는 이황(鸝黃)이라고 한다.(鸝黃, 自關而東謂之鶬鶊, 自關而西謂之鸝黃.)" 이에 대한 곽박(郭璞) 주(注) : "또한 상경(商庚)이라고 한다.(又名商庚.)" '鸝黃'와 '鶬鶊'은 방언 사이에 명칭이 다른 것이다. 그리고 '商庚'은 또한 '鶬鶊'에서 첩운(疊韻)으로 전변(轉變)하여 온 것이다.

연면사는 기본적으로는 나눌 수 없는 것이다. 그렇지만 때로는 수사(修辭)의 필요 때문에 나누기도 한다. 예를 들어,

猶豫(유예) 《노자(老子)》: "주저함이여, 겨울철에 강을 건너는 것과 같구나. 주저함이여, 사방의 이웃을 두려워 하는 것과 같구나.(豫兮若冬涉川、猶兮若畏四鄰。)"

阿儺(아나) 《시(詩)·회풍(檜風)·습유장초(隰有萇楚)》: "진펄에 부들, 부드러운 그 꽃(隰有萇楚、猗儺其華。)" 또한 《시·소아(小雅)·습상(隰桑)》: "진펄에 뽕나무, 그 잎이 부드럽네.(隰桑有阿、其葉有儺。)" '阿儺'는 즉 '婀娜'이다.

玄黃(현황) 《시(詩)·주남(周南)·권이(卷耳)》: "내 말이 지쳤다.(我馬玄黃。)" 또한 《시·소아(小雅)·하초불황(何草不黃)》: "어느 풀이든 시들지 않을까?(何草不黃)", "어느 풀이든 시들지 않을까?(何草不玄)"

慷慨(강개) 조조(曹操) 〈단가행(短歌行)〉: "슬퍼하고 걱정해도, 근심스러운 마음 잊지 어렵네.(慨當以慷、憂思難忘。)"

몇몇 연면사는 뒤집어서 말하기도 한다. 예를 들면 '恍惚(황홀)'은 '惚恍 (홀황)'이라 하기도 한다. 《노자(老子)》: "이를 가리켜 형태가 없는 형상이고, 실물이 없는 본뜬 모습이다. 이를 가리켜 황홀이라고 한다.(是謂無狀之狀, 無物之象, 是謂惚恍.)" '강개(慷慨)'는 '개강(慨慷)'이라고도 한다. 좌사(左思) 《잡시(雜詩)》: "젊은 시절 치아는 영구히 남아 있지 않아, 연말이 되면 매번 아쉬워 한다.(壯齒不恒居, 歲暮常慨慷[27].)" 그렇지만 이러한 것은 소수이다.

2. 연면사를 파악하는 핵심과 역할

연면사를 파악해야 하는 의의는 결국 연면사의 '의존어성(義存於聲)'을 중요시하는 것이기 때문이다. 예를 들어 '鶬鶊(창경)'이라는 단어는 《방언 (方言)》에서는 '鶬鶊'으로, 《시경(詩經)》에서는 '倉庚'으로 표기하였다. 곽박(郭璞)의 《방언주(方言注)》에서는 또한 '商庚'으로 표기하였다. 반드시 그들의 어음 사이의 관계에 주목해야 간략한 것에서 번잡한 것을 파악할 수 있고, 글자의 형태에 현혹되지 않게 될 것이다. 음성은 변화가 있긴 하지만 변화의 흔적은 찾을 수 있다. 연면사를 파악하는 것은 문학 창작과 문학 작품을 이해하고 어원(語源)을 탐구하는 부분에 있어서 모두 역할을 담당한다. 문학 방면에 대해서 말하자면 연면사는 대부분 쌍성첩운으로, 《시경(詩經)》 내의 많은 시들이 이러한 연면사를 포함하고 있다. 예를 들어 《시(詩)·주남(周南)·권이(卷耳)》: "저 높은 곳에 오르려니, 내 말이 지쳐 있네.(陟彼

---

27   옛날에 '慷慨'는 마음이 불편함을 가리킨다. 《고시십구수(古詩十九首)》: "한 번 튕기고 여러 차례 탄식하니, 안타까운 마음에 슬픔이 남네.(一彈再三嘆、慷慨有餘哀。)"

崔嵬, 我馬虺隤.)” “저 높은 언덕에 오르려니, 내 말이 지쳐 있네.(陟彼高岡, 我馬玄黃.)” 여기에서는 세 개의 상성첩운 연면사와 하나의 쌍성단어 ‘高岡’을 사용하였다. 앞의 두 구절에서는 두 개의 첩운자를, 뒤의 두 구절에서는 두 개의 쌍성자를 사용하여서 강인한 음조를 만들어냈다. 이후의 대시인인 두보나 이백 같은 사람들은 이러한 종류의 연면사의 운용과 관련하여 주의를 기울이지 않은 적이 없다. 따라서 작품을 감상할 때에 연면사를 주의해야만 한다. 그 다음으로 몇몇 작품은 어구(語句)가 시원하게 통하며 부드럽게 이어지게 하기 위해 하나의 연면사의 다양한 형식을 함께 이어서 사용하기도 한다. 예를 들어 송옥(宋玉) 〈풍부(風賦)〉에서 바람이 잦아드는 상황을 표현하여 다음과 같이 말하였다. “바람이 장차 쇠함에 이르면, 사그라들어 구멍을 뚫고서는 빗장을 흔든다.(至其將衰也, 被麗披離, 衝孔動楗.)” 여기에서의 ‘피려(被麗)’가 바로 ‘피리(披離)’로, 이 두 연면사 형식의 고음(古音)은 모두 [pia lia]로, 구멍을 뚫고서는 빗장을 흔드는 소리를 형상화한 것일 뿐이다. 《순자(荀子)·의병(議兵)》에서 ‘어진 사람의 군대[仁者之兵]’에 대해 설명하면서 다음과 같이 말하였다. “원형 진과 네모난 진을 치면 반석과 같아, 그것을 침범하려고 하면 기운이 꺾여서 퇴각하게 될 뿐이다.(圜(圓)居而方止[28], 則若盤石然, 觸之者角摧, 案角鹿埵隴鍾東籠而退耳.)” ‘案’자 아래로는 분명하지 않다. 살펴보자면 이 구절에서의 ‘角’자는 아마도 앞문장에 나온 ‘角摧’의 ‘角’ 때문에 잘못 중복된 것으로 삭제해야만 할 것이다. ‘鹿埵隴鍾東籠’이라는 구절은 단지 ‘龍鍾’이라는 연면사의 변화형일 뿐이다. ‘鍾’의 고음(古音)은 ‘東’과 같고, ‘鹿埵’와 ‘隴鍾’은 쌍성(雙聲)으로, ‘東籠’은

---

28 ‘원(圓)’과 ‘방(方)’은 진형(陣形)을 가리킨다. ‘거(居)’와 ‘지(止)’는 주둔하다를 뜻한다.

'矓鍾'을 뒤집은 것이다. 문장에서 이렇게 쓴 이유는 하나의 '矓鍾'만을 사용하는 것은 너무나 간단하고 얕아 보여서, 여러 개를 사용하여 패퇴하는 망가지는 것을 충분하게 드러내고자 할 뿐이다.[29] 만약 연면사의 법칙을 알지 못한다면 이러한 몇 가지 문장에 대해서는 이해하기 힘들 것이다.

　어원(語源)을 탐구하는 방면에서, 연면사 전변(轉變)이라는 중요한 해결 방법을 알고 있다면 고금(古今)의 몇몇 연면사 의미의 연원(淵源)을 알게 하고, 언어의 실제적 해석에 근접하게 할 수 있다. '猶豫(유예), 猶與(유여), 夷猶(이유), 躊躇(주저), 踟躕(지주), 首鼠(수서)' 등의 단어는 하나의 의미로, 나아갈지 물러날지 정하지 못하는 것을 나타내는데, 유대백(劉大白)의《사통서(辭通序)》에서 볼 수 있다. 여기에서는 다시 인증하지 않겠다. 또한 몇 가지 예시를 들어서 설명을 더하도록 하겠다.

　童蒙(동몽), 鈍聞(둔문), 懞懂(몽동) :《역(易)·몽(蒙)》: "내가 어리석은 사람에게 요구하는 것이 아니라, 어리석은 사람이 나에게 요구하는 것이다.(匪我求童蒙, 童蒙求我.)" '童蒙'은 어리석고 현명하지 못하다는 의미로,《회남자(淮南子)·수무(修務)》에서는 '鈍聞'으로 변하였다. '聞'의 고음(古音)은 '門'과 같다. '童蒙'과 '鈍聞'은 쌍성(雙聲)이다. 〈수무(修務)〉: "〔남영주(南榮疇)가〕 노담(老聃)을 남쪽에서 뵈었는데, 가르침 한 마디를 받자, 정신이 밝아지고, 어리석었던 것이 조리있게 통달하게 되었다.(〔南榮疇〕南見老聃, 受教一言, 精神曉泠, 鈍聞條達.)" 여기에서 '泠'은 현재 '깨닫다[聆淸]'의 의미이고, '鈍聞條達'은 막혀 있던 것이 뚫리는[茅塞頓開]의 의미이다. '童蒙'

29　문정식(文廷式)《순상자지어(純常子枝語)》권 15에서 일찍이 이러한 상황을 이야기하였다. 문장에서는 "일찍이《쌍성비황자고(雙聲聲況字考)》를 지어 상세히 관련된 내용을 말하였다.(曾撰《雙聲聲況字考》詳言之)"하였는데, 아직 그 부분을 살펴보진 못하였다.

은 뒤집혀서 '懞懂'으로 변하는데, 의미는 같다. 발음이 전변(轉變)하여 '酩酊(명정)'(《진서(晉書)·산간전(山簡傳)》에서는 '茗汀'으로 되어 있다.)으로 되었고 또한 '酕醄(모도)'로 변하는데, 이러한 것은 술에 취했다는 의미이다. 당송(唐宋)의 시사(詩詞)에서는 또한 졸릴 정도로 피곤한 것을 '瞢騰(몽등)'이라고 한다. 이러한 단어들은 모두 흐리멍텅하여 명확하지 않다는 의미를 가진다. 성음(聲音)에서 그 발전 연계를 볼 수 있다.

嘍囉(누라), 玲瓏(영롱), 伶俐(영리), 離婁(이루) : '嘍囉'의 본래 의미는 총명하여 능력이 있다는 것이다. 송(宋) 나라 때 손광헌(孫光憲)의 《북몽쇄언(北夢瑣言)》에서 당(唐) 나라 때 정계(鄭綮)의 시(詩)를 기록하였다. "언덕 옆으로 구더기와 곤륜 새가 있는데, 개미는 경쟁하면서 끌고 간다. 하루 아침에 폭우가 쏟아지자, 둔한 것도 영리한 것도 없네.(側坡蛆昆侖[30], 蟻子競來拖, 一朝白雨下, 無鈍無嘍囉.)" 여기에서 '嘍囉'와 '鈍'은 서로 대를 이루고 있어 그 의미를 증명할 만하다. '樓羅'라고도 한다. 《송사(宋史)·장사균전(張思鈞傳)》: "사균은 군인 출신으로, 정벌 전쟁에서 자주 공을 세웠다. 그 모습이 작지만 단단하게 생겨, 태종이 일찍이 그를 '樓羅'라고 하였다. 그 때부터 다른 사람들이 그를 '小樓羅'라고 하였다.(思鈞起行伍, 征討稍有功, 質狀小

---

30 '蛆(저)'는 살아 있는 구더기이다. '昆侖(곤륜)'은 새의 명칭이다.《불본행집경(佛本行集經)》 권(卷) 49 : "저 연못에는 또한 여러 새들이 사는데, 이른 바 고니, 오리, 곤륜, 원앙 등이 연못 속에서 노니는데, 저 연못을 빛내면서 엄숙하게 하고 있다.(於其池中、復有諸鳥、所謂鴻鵠、鳧雁、昆侖、鴛鴦等鳥、游戲池中、光嚴彼池.)" [역주] 주석 본문에 몇 가지 표점상 오류가 있다. 구체적으로는 "蛆、生蛆的昆侖、鳥名.", "所謂鴻、鵠、鳧、雁、昆侖、鴛鴦等鳥"로 되어 있는데, 각각 "蛆、生蛆的。昆侖、鳥名."、"所謂鴻鵠、鳧雁、昆侖、鴛鴦等鳥"로 고쳐야 문맥에 맞다.

而精悍, 太宗嘗稱其樓羅, 自是人目爲小樓羅焉.)" 또한 동일한 방식으로 '嘍囉'의 의미를 설명할 수 있다. 실제로 '嘍囉'는 '伶俐, 玲瓏' 등과 일성지전(一聲之轉, 동일한 소리에서 변한 것이라는 의미로, 성모(聲母)는 유지하고 다른 부분이 변한 경우를 가리킨다.)으로, '伶俐, 玲瓏'의 의미 또한 고대의 '離婁, 麗廔'에서 온 것이다. 《설문(説文)》: "囧(경)자는 창틈으로 밝게 빛나는 것이다.(囧, 窗牖麗廔闓[31]明也.)" 여기에서 '囧'의 음은 '廣(광)'으로 공간을 뚫어 놓은 격자창이다. 이는 상형자(象形字)이다. '麗廔'는 뚜렷하여 선명하다는 의미이다. 하안(何晏) 《경복전부(景福殿賦)》에서는 또한 '붉고 꽃무늬 새긴 비단 선명하네.(丹綺離婁)'라고 하였다. '離婁' 또한 영롱(玲瓏)의 의미를 가진다. 사물 중에서 맑고 밝은 것을 '離婁, 玲瓏'이라 하고, 사람 중에서 현명하고 똑똑한 것을 '玲瓏, 伶俐, 嘍囉'라고 하는데, 하나의 어원에서 나온 것이다.

　　焦僥(초요), 周饒(주요), 朱儒(주유), 鷦鷯(초료) : 이 연면사는 사람에게 쓰기도 하고 사물에게 쓰기도 하는데, 모두 왜소하다는 의미를 가진다. 모두 첩운으로, 전변했을 때에 쌍성을 기준으로 변하기도 하였다. 예를 들어 '焦, 周'는 '朱'로 변하였다.[32] 첩운을 기준으로 변하기도 하였다. 예를 들어 '僥, 饒'는 '鷯'로 변하였다. 이 또한 하나의 어원에서 전변한 것이다. 《순자(荀子)·부국(富國)》: "이는 오획이 작은 사람과 싸우는 것과 같다.(是猶烏獲[33]之與焦僥搏也.)" 《산해경(山海經)·해외남경(海外南經)》: "주요국은 그 동쪽에 있는데, 그 곳 사람들은 왜소하지만 복장을 잘 갖추어 입었다.(周饒國

31　'闓(개)'는 '開(개)'와 의미상 동일하다. [역주] 여기에서는 뒤의 '明'과 연결시켜 '開明', 즉 밝다는 의미로 쓰였다.

32　'焦'의 성모(聲母)는 z이다.

33　'烏獲(오획)'은 옛날의 역사(力士)의 이름이다.

在其東, 其爲人短小冠帶.)"《한서(漢書)·동방삭전(東方朔傳)》: "작은 사람들은 배불러 죽으려 한다.(朱儒飽欲死.)" 모두 작은 사람을 가리킨다. '朱儒'를 사물의 명칭에 사용하면, 들보 위의 짧은 기둥으로,《회남자(淮南子)·주술(主術)》에 보인다.[34] '周饒, 焦僥'가 '鷦鷯'로 변하면 작은 새가 된다. 장형(張衡)의《귀전부서(歸田賦序)》: "초료는 작은 새이다.(鷦鷯, 小鳥也.)"

위에서 들고 있는 예문에서 보자면, 인성구의(因聲求義)는 연면사를 이해하는 실마리로, 이러한 방식으로 연면사를 이해하면 하나하나 억지로 꾸역구역 외우지 않더라도 매우 순조롭게 이해할 수 있는 즐거움이 있으니, 이것이 바로 연면사의 어원을 파악하는 지름길이다.

연면사는 고대중국어의 특색으로, 이 때문에 연면사에 대한 수집, 정리는 매우 중요하다. 명(明)나라 때 주모(朱謀)가《변아(騈雅)》를 편집하였다. 그는 옛날 책에 나오는 연면사를 수집하여《이아(爾雅)》의 편목(篇目)을 참조하여 13편으로 나누었다. 그 속에 〈석고(釋詁)〉, 〈석훈(釋訓)〉은 있지만 〈석언(釋言)〉은 없고, 나머지 편목은《이아》와 약간 차이가 있다. 이 책은 사람들에게 연면사에 대한 관심을 불러 일으켰지만 완전하지는 못하였다. 첫째, 언어 자료의 출처가 없었다. 청(淸)나라 위무림(魏茂林)의《병아훈찬(騈雅訓纂)》이 출처를 밝혀 놓았다. 둘째, 성음(聲音)의 근거로 언어 자료를 잘 분류하지 못하였다. 예를 들어 〈석고(釋詁)〉에서 말하였다. "仿佛(방불), 慈悲(방불), 歋費(일비), 優俙(애희), 髣髴(방불), 依俙(의희)는 비슷하다는 의미를 가진 단어이다.(仿佛, 慈悲, 歋費, 優俙, 髣髴, 依俙, 疑似也.)" '歋費'[35]

---

34 "짧은 것은 들보 위의 짧은 기둥이나 기둥 위의 각진 나무로 사용한다.(短者以爲朱儒枅櫨.)"

35 '歋費(일비)'는 음은 'yìbèi'로, 좌사(左思)《오도부(吳都賦)》: "그 화려한 몸을 살펴보면 아

를 제외하면, 이 속에 수록된 연면사는 확실하게 두 종류이다. 하나는 '髣髴'이고, 또 하나는 '依俙'이다. 주모는 '髣髴'을 '優俙, 依俙'의 사이에 놓았다. 이러한 부분은 잘 정리되지 못한 부분이다. 근대에 두 종류의 연면사를 정리한 대작이 나왔다. 하나는 부정일(符定一)의 《연면자전(聯綿字典)》이고, 또 하나는 주기봉(朱起鳳)의 《사통(辭通)》이다. 전자는 연면사의 앞글자를 214부수(部首)로 배열하여, 《강희자전(康熙字典)》의 배열법과 같다. 후자는 연면사 뒷글자를 106개의 패문운(佩文韻)[36]으로 배열하였다. 이들은 모두 예를 인용하였고 하나의 연면사의 다양한 형식을 가능한 한 나열하였다. 재료 또한 풍부하여 연면사를 정리하는 데에 유용한 공구서라 할 수 있다. 그렇지만 결점이나 착오를 피할 수 없었는데, 특히 《연면자전》에는 다음과 같은 두 가지 확실한 결점이 있다. 하나는 '연면자(聯綿字)'의 범위가 너무나도 넓어서, '五福(오복), 五穀(오곡)' 등도 모두 연면사로 수록하였다. 또 하나는 '轉'이라는 표현을 아무렇게나 사용하였다. 예를 들어 '不可' 항목에서 다음과 같이 말하였다. "轉하여 '不軌(불궤)'이다.(轉而'不軌')" '可'와 '軌'는 확실히 쌍성이긴 하지만, 의미상으로는 전혀 관련이 없다. 부정일은 멋대로 그것을 '轉'이라고 하였다. 이는 엄격한 과학적 판단이라 할 수 없다. 비교하자면 주기봉의 책이 좀 더 엄격하다. 그렇지만 이러한 책들은 재료를 취하는 것이 매우 넓기 때문에 모두 참고할 만한 가치가 있다.

름답고 광채가 나는 수놓은 비단과 같다.(簡其華質、則豈費錦饋。)" 이선(李善) 주(注) : "豈費(일비)는 비단 무늬 모양이다.(豈費、錦文貌。)" 여정제(呂延濟) 주(注) : "일비는 '비슷하다[依俙]'와 같다.(豈費、猶依俙也。)" 두 가지 설명이 다르다.

36   [역주] 청대 편찬한 《패문운부(佩文韻府)》에서 사용한 운(韻)이다.

제4장

_____

단어 의미의 해석

제1절 단어 의미 해석에서 주의해야 하는 몇 가지 문제

단어의 의미를 해석하려면 앞에서 설명한 바와 같이, 기본적으로 파생, 가차와 의존어성(義存於聲)의 이치를 알아야 한다. 그렇지만 단어를 운용할 때에는 명확한 관념 하나를 가져야 하는데, 즉 단어 의미에는 상당한 정도의 적응성과 융통성이 있기 때문에 정확하게 해석해야 할 뿐만 아니라, 융통성 없이 빡빡하게 풀이하는 것도 피해야 한다. 아래에서 주의해야 하는 몇 가지 문제에 대해 간략하게 논의하고자 한다.

1. 문맥의 의미를 살피는 것

말이라는 것은 앞뒤로 이어지는 것으로, 하나의 단어 혹은 하나의 문장은 전체 문장 내에서 반드시 앞뒤 문장의 제약을 받는다. 따라서 해석할 때에 일반 단어 의미의 기초에서 세밀한 특징을 이해하여야 하고, 이와 같은 특정 환경 속의 특정 의의를 지적해야 한다. 이것이 바로 문맥의 의미를 살펴야 하는 의미이다. 이와 같이 하는 것은 단어 의미를 풀이하는 데에 있어서 매우 중요하다. 그렇지 않다면 단어 의미가 적절하게 나타내고자 하는 최대 가능성을 간파해낼 수 없다. 예를 들어 소식(蘇軾)의 《후적벽부(後赤壁賦)》: "나는 이에 옷을 걷고서 올라, 높고 위태로운 바위를 밟고 어지러이 난 풀을 헤치고, 호랑이와 표범 같은 바위에 걸터 앉고, 이무기와 용같은 바위를 타고서는, 송골매가 사는 둥지를 잡고, 황하의 신인 풍이(馮夷)가 사는 곳, 즉 강을 내려다보네.(余乃攝衣而上, 履巉巖, 披蒙茸, 踞虎豹, 登虯龍, 攀棲鶻之危巢, 俯馮夷之幽宮.)" 여기에서 '幽宮(유궁)'의 '宮'자는 머무는 곳으로 풀어야만 한다. "馮夷之幽宮"은 물의 신이 사는 곳으로, "俯馮夷之幽宮" 또한 강을 내려다본다의 의미일 뿐이다. 만약 '宮'을 궁전으로 풀이한다면 그것은 고지식하고 정상적이지 않다. '虎豹(호표)'와 '虯龍(규룡)' 또한 호랑이나 표범 그리고 이무기와 용과 같은 모양의 형태가 기이한 바위를 가리키는 것으로, 진짜 동물로 오해하면 안된다. '巉巖(참암)'과 '蒙茸(몽용)'은 두 개의 첩운 연면사로, 의미는 높고 험준하다와 빽빽하다는 의미의 형용사이다. 그렇지만 여기에서는 여기에서는 높고 험준한 산의 돌이고 빽빽한 풀과 나무를 가리킨다. 또한 구체적인 사물을 가리키는 것이다. 이러한 해석은 모두 전체 작품에서 나타내고자 하는 환경과 그 주변 문장의 관계를 완전하게 이해하고서 확정할 수 있어야 한다. '巉巖' 위에 '履(리)'를 덧붙이고 '蒙茸' 위에 '披(피)'를 덧붙인 것처럼 아래에 '산의 돌[山石]'과 '풀과 나무[草樹]'를 덧붙여서 '巉巖'과 '蒙茸'을 해석해야 한다. 이 두 단어와 다른 몇 가지 단어의 해석은 서로 다른 곳으로 옮겨서 적용할 수 없다. 예를 들어 "草樹蒙茸(초수몽용 : 풀과 나무가 무성함.)", "豺狼虎豹(시랑호표 : 승냥이와 이리, 호랑이와 표범)", "宮殿帷幕(궁전유막 : 궁전과 휘장)"에서는 본래대로 해석해야 한다.

몇몇 단어는 다의사(多義詞)로 첫번째 의미는 갑(甲)에 적용하고 두번째 의미는 을(乙)에 적용하는데, 이럴 때에는 당연히 갑과 을의 위치에 근거하여 첫번째 혹은 두번째 의미를 확정지어야 할 것이다. 예를 들자면 '猖獗(창궐)'은 난폭하다, 방탕하다의 의미로, 이러한 의미는 '大肆猖獗'(제멋대로 난폭하다) 등의 문장에서는 올바른 의미이다. 그렇지만《삼국지(三國志)·제갈량전(諸葛亮傳)》에서 유비(劉備)의 말인 "나 홀로는 나의 덕행과 능력을 헤아리지 못하여, 천하에 큰 뜻을 펴고자 하지만 지혜와 술법이 짧고 얕아 결국 좌절을 겪는 것으로 지금까지 왔습니다.(孤不度德量力, 欲信(申)大義於天下. 而智術短淺, 遂用[1]猖獗, 至於今日.)" 유비는 당연히 스스로 자신을 '난폭하다'고 이야기할 수 없었을 것이다. 여기에서의 '猖獗'은 좌절하고 낭패를 겪음을 뜻한다. 이러한 내용을 조익(趙翼)의《해여총고(陔餘叢考)》권 22의 한 단락에서 설명하고 있다.

요즘 사람들은 멋대로 굴어 통제할 수 없는 경우를 보면 '猖獗'이라 하고, 역사서에서도 자주 쓰였다. 그렇지만 또 하나의 의미가 있다. 촉한(蜀漢)의 소열제(昭烈帝、유비)가 제갈무후(諸葛武侯、제갈량)에게 말하였다. "나의 지혜와 술법이 짧고 얕아, 결국 좌절을 겪었습니다.[遂用猖獗]" 왕표지(王彪之)[2]가 은호(殷浩)[3]에게 말하였다. "까닭 없이 허둥지둥대면, 먼저 스스로 좌절할 것이다.[先自猖獗]"[4] 유선명(劉

---

1   '用'은 '以'와 의미상 동일하다.
2   [역주] 동진(東晉) 때의 인물로, 환온(桓溫) 사후 사안(謝安)과 함께 정치를 장악하였다.
3   [역주] 동진(東晉) 때의 인물로 환온(桓溫)과 죽마고우(竹馬故友)의 고사로 유명하다.
4   [역주]《진서(晉書)·왕표지전(王彪之傳)》에 나오는 말이다.

善明)[5]이 소도성(蕭道成)[6]에게 말하였다. "근본에서 멀리 떨어지면 안 되는 것이니, 스스로를 좌절하게 만들 겁니다.[自詒猖獗]"[7] 구지(邱遲)[8]의 〈여진백지서(與陳伯之書)〉: "[그대는] 스스로를 안에서부터 반성하지 못하고 떠도는 헛소문을 밖에서 받아들여, 어지러움에 빠지고 좌절하게 되어[沉迷猖獗] 이 지경에 이르게 되었습니다." 금(金)나라 장수 장유(張柔)[9]가 몽골에게 패하여, 그 두 친척을 인질로 잡히고서는 탄식하며 말하였다. "내가 나라에서 두터운 은혜를 입었는데, 이와 같이 의도치 않게 좌절하였다.[不意猖獗如此]" 여기에서 언급된 '猖獗'은 모두 뒤집히고 좌절하다는 의미로, 일반적인 뜻풀이하고는 다르다.

(今人見恣橫不可制者、輒曰"猖獗"、史傳亦多用之。然更有別義：漢昭烈謂諸葛武侯曰："孤智術短淺、遂用猖獗。"王彪之謂殷浩曰："無故匆匆、先自猖獗。"劉善明謂蕭道成曰："不可遠去根本、自詒猖獗。"邱遲〈與陳伯之書〉："〔君〕不能内審諸己、外受流言、沉迷猖獗、以至於此。"金將張柔爲蒙古所敗、質[10]其二親、柔嘆曰："吾受國厚恩、不意猖獗如此。"凡此皆有傾覆之意、與常解不同。)

또한 유종원(柳宗元)《포사자설(捕蛇者説)》의 한 단락에서, "혹독한 관리가 우리 마을에 와서, 동서로 소란스럽고 남북으로 소란을 피우며, 다투는 듯이 시끄럽게 합니다. 닭과 개도 편안함을 얻지 못합니다. 저는 겁먹은 상

---

5   [역주] 남제(南濟) 때의 인물로, 소도성을 남제의 태조로 만드는 데에 공헌하였다.

6   [역주] 남제(南濟)의 태조(太祖)이다.

7   [역주]《남제서(南濟書)·유선명전(劉善明傳)》에 나오는 말이다.

8   [역주] 남제(南濟)와 양(梁) 나라 때의 문학가이다.

9   [역주] 금(金)과 원(元) 나라의 장수이다.

10   '質'은 저당잡다, 압수하다의 뜻이다.

태로 일어나 그 항아리를 보고 뱀이 여전히 남아 있으면 안심하고 다시 눕습니다.(悍吏之來吾鄕, 叫囂乎東西, 隳突¹¹乎南北, 嘩然而駭者, 雖鷄犬不得寧焉. 吾恂恂而起, 視其缶, 而吾蛇尚存, 則弛然而臥.)" 여기에서 '恂恂' 두 종류의 풀이가 있었다. 하나는 믿음이 있는 모습으로¹², 또 하나는 조심스럽게 신중한 모습이다. 이러한 두 가지 설명은 모두 타당하지 않다. '恂恂'은 여기에서는 두려워하는 모습이다. 당(唐)나라 때 승려인 현응(玄應)의《일체경음의(一切經音義)》권7에서《이아(爾雅)》를 인용하여 설명하였다. "'恂恂'은 두려워하는 모습이다.(恂恂, 戰栗也.)" 이 항목은《이아(爾雅)》에서 보이지 않는다.《이아(爾雅)·석훈(釋訓)》: "'瑟兮僴兮'¹³라는 표현은 두려움을 나타낸다.(瑟兮僴兮, 恂栗也.)"에 대한 구주(舊注)로, 중언(重言)으로 단자(單字)를 해석한 것이다. 이는 '恂恂'이 두려움으로 해석할 수 있는 근거이다. 그 외에《장자(莊子)·제물론(齊物論)》: "사람들은……나무에 있게 되면 두려워하지만, 원숭이도 그러한가?(民……木處則惴栗恂懼, 猨(猿)猴然乎哉？)" 이에 대해《경전석문(經典釋文)》: "'恂'은 두려워하는 모습이다.(恂, 恐貌.)" 또한《장자(莊子)·서무귀(徐無鬼)》: "오왕이 강에서 올라와 원숭이가 있는 산에 올랐다. 여러 원숭이들이 이를 보자, 두려워하여 버리고서 달아나 상수리나무 숲으로 도망갔다.(吳王浮於江, 登乎狙¹⁴之山, 衆狙見之, 恂然棄而走, 逃於深蓁.)" 이에

---

11 '隳突'에서 '隳'의 발음은 huī이다. [역주] '隳突(휴돌)'은 제멋대로 굴다, 소란을 피우다는 뜻이다.

12 인민교육출판사 1953년 5월판,《고급중학어문과본(高級中學語文課本)》제3책.

13 [역주]《시(詩)·위풍(衛風)·기욱(淇奧)》에 나오는 문장으로, 모전(毛傳)에 의거하면 '떳떳하며 관대하다'로 해석할 수 있다.

14 '狙'는 원숭이 종류이다.

대한 성현영(成玄英)의 소(疏) : "'恂'은 겁먹었다는 뜻이다.(恂, 怖懼.)" 이러한 것들은 모두 '恂恂'에 두려워한다는 의미가 있음을 증명한다. 유종원의 전체 문장의 의미에 비추어보면, 뱀을 잡는 것을 업으로 하는 장씨(蔣氏)가 뱀을 잡는 일을 맡으면서 세금을 면제 받고 혹독한 관리의 간섭을 받지 않았다. 그의 문제는 뱀이 있냐 없냐이기 때문에, 따라서 그는 자신이 잡은 뱀이 도망가지 않았다면 바로 '이연이와(弛然而卧)', 즉 편안하게 잠들고 다른 일은 없었다. '그 항아리를 보기' 이전에는 이웃이 소란스러운 일을 당했기 때문에, 자신의 뱀이 있는지 없는지 걱정하는 일을 피할 수 없었다. 따라서 '준준이기(恂恂而起)', 즉 두려워하면서 일어났던 것이다. 여기에서의 '恂'과 뒤에 나오는 '弛然'이 바로 대비되는 것으로, 만약 원래부터 믿음이 있었다고 한다면 이 '弛然'은 어디에서 나타난 것인가? '조심스럽고 신중함[小心謹慎]'이라는 풀이는 비교적 작가의 원래 의미에 가깝지만, 자세히 살펴본다면 여전히 문제가 있다. 《사해(辭海)》에서는 '恂恂'에 대해 세 가지 뜻이 있다고 하였다. ① 공손하고 신중한 모습[謙恭謹慎貌] ; ② 걱정하는 모습[擔心貌] ; ③ '循循'[15]과 같다.[16] 《포사자설》에서의 '恂恂'은 '걱정하다'의 의미이다.

---

15 [역주] '循循'은 세 가지 의미가 있다. 1. 순서가 있는 모습, 2. 규칙에 따르는 모습, 3. 배회하면서 나아가지 못하는 모습.

16 《설문(說文)》에서 '恂'을 '信心'이라고 풀이하였는데, 옛 사람들이 말하는 '信心'은 성실한 마음을 말하는 것으로, 현재에 말하는 "有把握、有信心"(자신감을 가져라!)에서의 '信心'(자신감)과는 완전히 다르다.

2. 단어 의미의 통별(通別)

서로 비슷하거나 서로 반대의 의미를 가지는 몇 가지 단어의 의미는 말을 편리하게 하기 위해 같은 것으로 간주하여도 무방하지만, 개념을 좀 더 명확하고 세밀하게 나누기 위해서는 두 가지 의미를 구별하여야만 한다는 점을 반드시 인식해야 한다. 예를 들어 '文字'의 '文'과 '字'는 일반적으로는 구분하지 않는다.《예기(禮記)·중용(中庸)》에서의 '書同文(같은 문자로 쓴다.)'과 신기질(辛棄疾)《자고천(鷓鴣天)》에서의 "都將萬字平戎策(만자에 달하는 금나라를 평정할 계책)"의 '字'의 의미는 구분되지 않는다. 이것이 단어 의미의 '통(通)'이다. 그렇지만 문자학자에게 '文'과 '字'는 독체(獨體, 단독으로 구성된 글자로 '文'이 해당한다.)와 합체(合體, 두 개 이상의 구성요소로 구성된 글자로, '字'가 해당한다.)의 구분이 있다. 이것이 단어 의미의 '별(別)'이다. 또한 '衣裳'은 현재에는 입는 옷만을 가리키면서 '衣'가 무엇이고 '裳'이 무엇인지 세세히 구별하지 않는다. 그렇지만 옛날 사람들은 구별하였다.《시(詩)·제풍(齊風)·동방미명(東方未明)》: "東方未明, 顚倒衣裳.(동쪽이 아직 밝지 않았는데, 윗도리와 아랫도리가 뒤집혔네.)" 이에 대한《모전(毛傳)》: "윗도리를 '衣'라 하고, 아랫도리를 '裳'이라 한다.(上曰衣, 下曰裳.)"《후적벽부(後赤壁賦)》에서 말하였다. "때마침 외로운 학 한 마리…… 검은 아랫도리에 흰 윗도리.(適有孤鶴……玄裳縞衣.)" 이는 학이 몸이 희고 꼬리가 검음을 가리킨다. 꼬리는 뒷부분에 있기 때문에 따라서 '玄裳(검은 아랫도리)'라 하였고, 몸은 윗부분에 있기 때문에 따라서 '縞衣(흰 윗도리)'라 하였다. 또한 구분한 설명 방식이다. '羽毛'라는 두 글자는 두보(杜甫)〈영회고적(咏懷古迹)〉시(詩)에서 "萬古雲霄一羽毛(오랜 세월 하늘에 날고 있는 한 마리 새와 같네.)"로, 하늘을 나는 새로 제갈량(諸葛亮)을 비유하면서 두 글자를 구분하지 않았다. 그렇지만 《대대례기(大戴禮記)·역본명(易本命)》에서 말하였다. "깃털이 있는 생물은 360가지가 있는데, 그 중에서 봉황이 가장 대표적이다. 털이 있는 생물은 360가지가 있는데, 그 중에서 기린이 가장 대표적이다.(有羽之蟲三百六十, 而鳳凰爲之長 ; 有毛之蟲三百六十, 而麒麟爲之長.)" 여기에서 '羽'는 새의 깃털이고, '毛'는 짐승의 털로 구분하고 있다. 이러한 예를 통해서 설명하는 것은 의식적으로 두 가지 단어의 의미를 대비(對比)하면서 함께 놓을 때에는 그들의 차이점을 중시하는 것으로, 훈고학자는 이를 '對文則別(대문즉별)'이라고 한다. 그들의 차이점을 중시하지 않을 때에는 그들을 동의사로 취급하면서, 이러한 것을 '散文則通(산문즉통)'이라 한다. '散文'은 대비하지 않는다는 의미이다. 우리가 주의해야 하는 것은 대문(對文)의 '차이점[別]'이다.

3. 단어 의미의 시대성

어휘는 오랜 시기 동안 점점 발전하면서, 새 단어가 만들어지고 옛 단어가 없어지는 것 이외에도, 한 단어의 단어 의미 또한 새로운 것과 옛 것이 서로 교체된다. 고의(古義)를 가지고 현대어를 해석하거나, 현대의 의미를 가지고 고대어를 해석하는 것은 동일하게 각각 들어맞지 않을 것이다. 중국어 어휘에는 상당 부분의 단어 의미가 시대성(時代性)을 가지기 때문에, 옛날 의미로 옛날 언어를 해석하고, 오늘 날의 언어로 오늘 날의 언어를 해석해야, 비로소 정확하게 해석할 수 있다는 점을 반드시 알아야 한다. 예를 들면,

稍 : 이 글자는 현대에는 조금, 약간의 의미로 풀이한다. 그렇지만 《설문(説文)》에서는 "사물이 나타나는데 조금씩 더함이 있다.(出物有漸也)"로 점차, 점점의 의미로 풀이한다. 옛날 사람들의 시문(詩文)에서 《설문》의 풀이가 맞음을 증명하고 있다. 두보(杜甫) 〈왕사군과 함께 그믐날 강에서 배를 타고 황가 정자에 이르다(陪王使君晦日泛江就黃家亭子)〉시(詩) : "산 골짜기 언제 끊겼나? 강이 평평하여 흐르려 하지 않네. 꽃이 강가를 바꾸는 것을 조금씩 알게 되고, 새가 배를 따르고 있다는 것을 비로소 느꼈네.(山豁何時斷? 江平不肯流. 稍知花改岸, 始驗鳥隨舟.)" 이 네 구절의 시는 고요한 물에서 배를 타고 움직이는 것을 묘사하는 것이 매우 세밀하다. 네 구절 중 핵심 줄기는 "江平不肯流(강이 평평하여 흐르려 하지 않네.)"이지만, 전체적인 상황은 '느끼지 않을 수 없다[不知不覺]'로, 배가 안정적으로 전진하고 있으면서 흔들리지 않았다. 따라서 배가 움직이는 것을 느끼지는 못하고 단지 산이 갈라진 틈을 드러냈기에 어떻게 이 배가 여기까지 왔는지 알아채지 못하였다. 따라서 '何時(언제)'라는 표현을 쓴 것이다. 꽃의 종류, 형태, 색 등이 변한 것을 보고서 비로소 강가가 이미 배에서 지나가고 있다는 것도 알아차리게 되고, 그 때문에 배 뒤에 있던 새 또한 일정한 속도로 배가 나아가는 것을 따라오고 있으면서 잠시도 멈추지 않았음을 비로소 느꼈다. 여기에서는 배의 안정적인 부분을 묘사하는 데에 있어 입신(入神)의 경지를 보여주는데, 그 중에서 가장 역점을 기울인 부분이 바로 '稍'자이다. 강가가 변하는 것에 대해서 알면 아는 것이고 알지 못하면 알지 못하는 것이지, '약간, 대략'이 있을 수 있겠는가? 이 글자는 현대의 의미로 풀이할 수 없음을 알 수 있다.

僅 : 이 글자는 고대와 현대에 모두 '단지, 겨우'의 의미로 풀이할 수 있

다. 그렇지만 당(唐)나라 때 사람들은 이렇게 풀이하지 않았다. 한유(韓愈) 〈장중승전후서(張中丞傳後敍)〉: "처음에 휴양을 지킬 때에, 군사가 거의 만 명이 되었다. 성 내에 거주하는 사람들 또한 수만 명이 되었다. 장순(張巡, 장중승이다.)이 그 사람들을 처음 만났을 때 이름을 물어보고 나면, 이후 기억하지 못하는 사람이 없었다.(初守睢陽時, 士卒僅萬人, 城中居人戶亦且數萬, 巡因一見問姓名, 其後無不識者.)" 백거이(白居易) 〈남전로를 처음 나오면서 짓다.(初出藍田路作)〉시(詩): "심양(潯陽)까지는 거의 4천리로, 이동하여 비로소 70리이네. 사람은 번잡하고 말굽에 병은 났으니, 수고가 이미 이와 같구나!(潯陽僅四千, 行始七十里. 人煩馬蹄跙[17], 勞苦已如此!)" 만 명과 4천리는 모두 적다고 할 수는 없다. 한유의 문장에서는 장순(張巡)의 기억력을 과장하는 것에 중점을 두었고, 백거이의 시에서는 길이 길고 이동이 느리기에 상당히 근심하고 있다는 점에 중점을 두었다. 이러한 두 '僅'자는 '거의'의 의미로, 많음을 말하는 것이지 적음을 말한 것이 아니다.

斷腸, 腸斷 : 이백(李白) 〈고풍(古風)〉: "천진교에 삼월이 되니 많은 집에 복숭아꽃과 자두꽃이 피었는데, 아침에는 귀여운 꽃이었다가, 저녁 때에는 동쪽으로 흐르는 물을 쫓아가네.(天津[18]三月時, 千門桃與李. 朝爲斷腸花, 暮逐東流水.)" 마무원(馬茂元) 《당시선(唐詩選)》의 주(注)에서 말하였다. "'단장화(斷腸花)'는 성어(成語)로 쓴 것이다. 유희이(劉希夷)의 〈공자행(公子行)〉: '가엽도다. 복숭아 자두의 단장화.(可憐桃李斷腸花.)' 봄빛이 흐드러질 때, 사람들이 꽃을 감상하면서 눈물이 흘러 장이 이 때문에 끊어진다." 복

---

17 '跙'는 음은 zǔ로, 말굽에 병이 있는 것을 가리킨다.

18 '天津'은 낙양(洛陽)의 다리[橋] 이름이다.

숭아 꽃과 자두꽃을 감상하는데, 장이 이 때문에 끊어진다는 것은 불합리하다. '斷腸'이라는 표현은 귀엽다의 의미로, 당시(唐詩) 내에 증명할 수 있는 예가 한두 가지가 아니다. 두보(杜甫)가 가릉강(嘉陵江)의 산수를 찬미하는 〈낭수가(閬水歌)〉에서 말하였다. "낭주의 멋진 일은 훌륭하고, 낭주성 남쪽은 천하에 드문 곳이다.(閬州勝事可腸斷, 閬州城南天下稀.)" 천하에 드문 명승지와 이 지방의 멋진 일에서 어떻게 사람의 장을 끊어낼 수 있겠는가? 위장(韋莊) 〈부주에서 한식을 맞이하여 성 밖에서 취하고서 읊었다.(鄜州遇寒食城外醉吟)〉 시(詩) : "조음(雕陰) 지방에서 맞은 한식은 사람들과 노닐 만하고, 금봉(金鳳) 무늬 새긴 비단 옷은 사향 향기에 젖었네. 멋진 성 들어가는 방초(芳草) 길, 옅은 붉은색과 향기로운 흰색이 한 무리를 이루네.(雕陰寒食足游人, 金鳳羅衣濕麝薰. 腸斷入城芳草路, 淡紅香白一群群.)" 여행 온 사람은 당연히 옅은 붉은 색과 향기로운 흰색을 보고서는 장이 끊어질 수는 없을 것이다. 이 두 가지 '腸斷'은 모두 단지 귀엽다는 의미이다. 두목(杜牧) 〈견회(遣懷)〉 시(詩)에서는 여성의 허리가 가늘고 몸이 가벼운 것을 묘사하면서 말하였다. "가느다란 허리가 귀엽고 손바닥 안에 있는 것처럼 가볍네.(楚腰腸斷掌中輕.)" 옛날에 노동을 하지 않았던 계급의 사람들은 이러한 병태미(病態美)를 좋아하였다. 따라서 여기서의 '腸斷' 또한 귀엽다는 의미이다. 다른 판본에서는 이 두 글자를 '纖細(섬세)'로 표기하였는데, 당나라 때의 이 단어의 의미를 알지 못하고서 멋대로 고쳤다.

開心, 寫意 : 이백(李白) 〈부풍호사가(扶風豪士歌)〉: "평원군, 맹상군, 춘신군, 신릉군이 육국 시대에 마음을 열고 뜻을 기울인 것은 그대도 알고 있는 일인데, 집 안에 각기 삼천여 인의 식객을 두었으나 훗날 은혜를 갚을 이가 누구인줄 알았으리오?(原嘗春陵六國時, 開心寫意君所知. 堂前各有三千客,

明日報恩知是誰？)"《당시선(唐詩選)》주(注)에서는 현대 오어(吳語)로 '開心寫意'를 풀이하여, 마음에 들다, 기분 좋다로 보았다. 이 또한 타당하지 않다. 고대에는 아직 이러한 용법이 있지 않았다. 여기에서는 두 개의 동목구로, 육국(六國) 시기의 평원군(平原君), 맹상군(孟嘗君), 춘신군(春申君), 신릉군(信陵君)이 마음을 열고서 손님을 접대하였지만, 문객 중에서 보답하는 사람이 적음을 안타깝게 여김을 말한 것이다. 마음에 든다는 의미를 부여한 것이 아니다.《후한서(後漢書)·마원전(馬援傳)》: "마음을 열고 성의를 드러내어 감추는 것이 없었다.(開心寫誠, 無所隱伏.)"《전국책(戰國策)·조책2(趙策二)》: "충성스러움이 모두 털어 놓을 만하다(忠可以寫意.)" '寫'의 옛 의미는 털어 놓다이다. '寫意'와 '寫誠'은 같은 뜻으로, 마음을 털어 놓음을 가리킨다. 이와 같은 뜻이라야 비로소 이러한 시의 정확한 해석이 가능하다.

물론 단어 의미의 통별(通別) 또는 단어 의미의 시대성에 주의해야 한다. 모두 해석이 풀고자 하는 문장에 들어맞아야 하고, '이 때 이 곳'의 언어 환경에 들어맞아야 한다. 결국 언어 환경이라는 점과 관련되어야 한다. 이것이 단어 의미를 해석할 때에 반드시 기억해야 할 것이다.

제2절 허수, 공명(公名)과 전명(專名), 기휘(忌諱)와 완곡(婉曲), 비유의미, 편의복사(偏義複詞), 전고성 어휘

1. 허수

수사(數詞)에는 허수(虛數)와 실수(實數)라는 구분이 있다. 실수는 사물의 수량을 실제로 가리키는 것으로, 사사(四史)[19]와 십삼경(十三經) 등이 그 예이다. 어떠한 종류의 수를 들면서 그 큰 수만을 들고 나머지 작은 수를 생략하기도 하는데, 예를 들어 '시삼백편(詩三百篇)'이라고 하는 것은 실제로는 305편이지만 우수리는 계산하지 않는 것을 '성수(成數)'라고 하는데, 이 또한 실수에 속한다. 허수는 일종의 광범위하게 말하거나 과장하는 설명 방식으로, 확실한 수량 의미를 갖지 않는다. 고서(古書)에서 여러 숫자가 등장하는데 모두 글자 자체의 표면적 의미에 구애받으면 안된다. 청(清)나라 때의 왕중(汪中)이 지은 《석삼구(釋三九)》에서 다음과 같이 말하였다. "사람들이 말을 할 때, '一'이나 '二'로 다 나타낼 수 없을 때에는 '三'으로 개괄하면서 그 많음을 드러냈다. '三'으로 다 나타낼 수 없을 때에는 '九'로 개괄하면서 매우 많음을 드러냈다. 이러한 것이 언어에서의 허수(虛數)다. …… '十', '百', '千', '萬'도 미루어보면 이와 같다.(生人之措辭, 凡一、 二之所不能盡者, 則約[20]之三以見其多 ; 三之所不能盡者, 則約以九以見其極多. 此語言之虛數也.……推之十, 百, 千, 萬, 固亦如此.)" 그는 '三', '九', '十', '百', '千', '萬' 등이 허수일 수 있고, 또한 몇 가지 예를 들어서 이러한 설명을 증명하였다.

《논어(論語)·미자(微子)》: "도리를 바르게 하여 사람을 섬긴다면, 어딜 가도 여러 차례 쫓겨나겠지요?(直道而事人、 焉往而不三黜 ?)"

---

19 [역주] 《한어대사전(漢語大詞典)》에 의하면 두 가지로 볼 수 있다. 하나는 황제(黃帝)가 임명한 네 명의 사관(史官)으로, 저통(沮通), 창힐(倉頡), 예수(隸首), 공갑(孔甲)이 있다. 또 하나는 역사서 중 네 종류를 가리키는 것으로 《사기(史記)》, 《전한서(前漢書)》, 《후한서(後漢書)》, 《삼국지(三國志)》를 가리킨다. 본문의 십삼경에 착안하면 이 사사는 후자를 가리키는 것으로 파악된다.

20 '約'는 대략, 개괄하다의 의미이다.

사마천(司馬遷) 《보임소경서(報任少卿書)》 : "만약 제가 법에 따라 죽임을 당한다면 많은 소 중에서 터럭 하나를 잃는 것과 같으니 땅강아지나 개미 등 미미한 생물과 어찌 다르겠습니까?(假令僕伏法受誅、如九牛亡一毛、與螻蟻何異?)"

그는 '三黜'은 '세 번으로 한정할 수 없는 것'이고 '九牛'는 '아홉 마리로 한정할 수 없는 것'으로, 실제로는 전자는 자주, 여러차례의 의미일 뿐이다. 후자는 매우 많음을 말한 것일 뿐이다. 같은 방식으로 '一毛' 또한 매우 적음을 나타내는 것으로 하나로 한정할 필요는 없다.

《이소(離騷)》 : "내 마음이 좋다고 하는 것이니, 여러 차례 죽어도 아마도 여전히 후회하지 않을 것이네.(亦余心之所善兮、雖九死其猶未悔。)"

여기에서의 '死'는 '여러 차례 있을 수 없는 것'이다. 여기에서는 과장을 나타내기 위한 허수이다.

《좌전(左傳)·양공(襄公)[21]13년》 : "여러 차례 팔뚝을 부러뜨려야 좋은 의사임을 알게 된다.(三折肱、知爲良醫。)"
《초사(楚辭)·석송(惜誦)》 : "여러 차례 팔뚝을 부러뜨려야 좋은 의사가 된다.(九折臂而成醫兮。)"

'三'과 '九'는 마음대로 쓸 수 있는 것으로, 하나의 숫자를 딱 맞추어 넣

---

21   [역주] 원문은 장공(莊公)으로 되어 있는데, 양공(襄公)의 오류이다.

어야 맞다고 할 수 없다.

이러한 설명은 고대 언어의 운용을 이해하는 데에 있어 매우 쓸모 있다. 예를 들어 고악부(古樂府)인 〈목란사(木蘭辭)〉에서 이와 같은 몇 개의 숫자가 있다.

군서(軍書) 여러 권, 권마다 아버지의 이름이 있네.(軍書十二卷、卷卷有爺名。)

장군은 수많은 전투에서 죽을 고비를 넘기고, 장사는 오랜 후에 집으로 돌아가네.(將軍百戰死、壯士十年歸。)

공을 적은 책자 여러 차례 돌면서, 상을 내려주는 것이 매우 대단하네.(策勳十二轉、賞賜百千强。)

함께 한지 여러 해, 목란이 여성인지 알지 못했네.(同行十二年、不知木蘭是女郞。)

'百戰死'에서의 '百'은 확실히 허수이다. '百'과 상대하는 '十年' 또한 허수이다. 이러한 것을 미루어본다면 나머지 '十二'도 또한 허수이다. 만약 '十年'과 '十二年'이 모두 사실이라고 확정한다면, 한 편 속에서 스스로 모순이 벌어지게 된다. 모두가 허수이지만 '十年'과 '十二年'으로 구분한 것은 오언문장 자수의 제한 때문일 뿐이다. 자수의 제한에 맞추기 위해 '十' 또는 '十二'로 했던 것이니, 이것이 바로 허수의 미묘한 운용이다.

왕중(汪中)이 든 숫자와 '十二'만이 허수는 아니고, '五', '七', '三十六', '七十二', '三千' 등도 모두 허수일 수 있다.

《묵자(墨子)·친사(親士)》: "지금 여러 개의 송곳이 있다면 이들 중 가장 뾰족한 것이 반드시 먼저 무디어질 것이며, 여러 개의 칼이 있다면 이들 중 가장 날카로운 것이 반드시 먼저 닳을 것이다.(今有五錐、此其銛、銛者必先挫；有五刀、此其錯、錯者必先靡²².)"

《맹자(孟子)·고자하(告子下)》："여러 차례 탕(湯) 임금에게 나아가고, 여러 차례 걸(桀) 임금에게 나아간 사람이 이윤이다.(五就湯、五就桀者、伊尹也.)"

《좌전(左傳)·성공(成公) 16년》："반당이 양유기와 갑주를 쌓아두고 쏘았는데, 여러 겹을 뚫었다.(潘尫之黨²³、與養由基蹲甲²⁴而射之、徹七札焉²⁵.)"

《회남자(淮南子)·수무(修務)》："느릅나무, 녹나무, 예장나무가 자라는 것은 여러 해 이후에야 알 수 있다.(梗、柟、豫章²⁶之生也、七年而後知.)"

고악부(古樂府) 〈상봉행(相逢行)〉："원앙 여러 마리가 퍼져 스스로 줄을 짓네.(鴛鴦七十二、羅列自成行.)"

이상은(李商隱) 〈대응(代應)〉 시(詩)："누가 왕창(王昌)²⁷에게 소식을

---

22 '銛'과 '錯' 모두 날카로운 부분이다. '靡'는 부서지다는 뜻이다.

23 '潘尫之黨'은 반왕(潘尫)의 아들 이름이 당(黨)이다. [역주] 즉 반왕의 아들 반당(潘黨)을 말하는 것이다.

24 '蹲甲'은 갑주를 쌓아두는 것이다.

25 '徹七札'은 '일곱(七)'겹의 갑주를 쏘아서 뚫은 것이다. [역주] 이는 본문의 설명과 다르다. 이 항목은 허수에 대한 내용이므로 해석은 허수로 파악하여 번역하였다.

26 '梗', '柟', '豫章'은 큰 나무의 이름이다.

27 [역주] 청(淸)나라 주학령(朱鶴齡)의 《이의산시집주(李義山詩集注)》에 의하면 위(魏)나라 조창(曹彰)의 사위인 왕창(王昌)을 가리킨다고 하였다. 이 시에서는 마음에 두고 있는 사람을 가리킨다.

알려, 여러 원앙의 마음을 모두 알 수 있을까?[28](誰與王昌報消息、盡輸[29]
三十六鴛鴦？)"

　　《사기(史記)·공자세가(孔子世家)》: "공자는《시(詩)》,《서(書)》, 예
(禮), 악(樂)을 제자들에게 가르쳤는데, 그 수가 매우 많고, 육예(六藝)
를 몸소 통달한 사람이 여러 명이다.(孔子以《詩》、《書》、禮、樂教弟子、
蓋三千焉、身通六藝者、七十有二人。)"

　　《소명문선(昭明文選)》에는 조식(曹植)과 왕찬(王粲)의〈칠애(七哀)〉시
가 각각 한 수 있다.《문선(文選)》을 풀이하는 사람 중에서 어떠한 설은 아
파서 슬프고(痛而哀), 의리를 지키다 슬프고(義而哀), 감동하여 슬프고(感而
哀), 귀로 들어서 슬프고(耳聞而哀), 눈으로 보아서 슬프고(目見而哀), 입으
로 탄식하여 슬프고(口嘆而哀), 코 끝이 찡하여 슬프다(鼻酸而哀)고 하였고
(여향(呂向)의 주(注)), 어떠한 설은 "감정에는 7가지가 있으나 슬픔[哀]에 치
우치는 것은, 그 만나는 것이 궁했기 때문이다.(情有七而偏主於哀, 其所遭之
窮也.)"(하작(何焯)의 말[語]) 전자의 설명은 이것저것 어지러이 모아 놓았고,
후자의 설명은 억지로 끌어다 갖다 붙였다. 칠애(七哀)라는 것은 각양각색
의 슬픔에 대해서 이야기하는 것으로, 조식(曹植)의 슬픔은 남편을 떠나 보
낸 부인의 슬픔이고(다른 의탁하는 뜻이 있고 없고에 대해서는 또한 따로 논의
해야 할 것이다.), 왕찬(王粲)의 칠애(七哀)는 난리 통에 헤어지는 슬픔이다.
이선(李善) 주(注)《문선(文選)》내의 포조(鮑照)〈고열행(苦熱行)〉과 유삭(劉

28　[역주]〈상봉행(相逢行)〉에서 이야기하는 "원앙 여러 마리가 퍼져 스스로 줄을 짓네.(鴛鴦
　　七十二、羅列自成行。)"에서 나온 것으로, 만나고 싶은 마음을 가리킨다.

29　[역주] 통행본에서는 '知'로 되어 있다. 이에 맞추어 해석하였다.

鑠) 〈의행행중행행(擬行行重行行)〉 시(詩)에서 조식(曹植) 〈칠애(七哀)〉 시의 문장을 인용하였는데, 현재의 "밝은 달이 높은 누각을 비추네.(明月照高樓)" 편에 있는 것이 아니다. 조식(曹植)의 〈칠애〉 시는 한 수에 그치지 않고, 제 재(題材)가 매우 넓어 일곱 종류의 '슬픔[哀]'으로 한정할 수 없다. 여기에서 의 '七' 또한 허수일 뿐이다.

문인들은 과장의 수법을 자주 쓰는데, 작품 중의 숫자도 반드시 실수 라 할 수 없다. 예를 들어 이백(李白) 〈추포가(秋浦歌)〉의 "흰 머리 삼천길(白 髮三千丈)"은 확실히 허수이다. 〈몽유천로음류별(夢游天姥吟留別)〉의 "천태 산 사만팔천길(天台四萬八千丈)", 두보(杜甫) 〈공손대낭의 제자가 검기행을 춤추는 것을 보았다.(觀公孫大娘弟子舞劍器行)〉에서의 "선제의 시녀 팔천명 (先帝侍女八千人)" 또한 그 일이 실제로 있었다고 할 수는 없을 것이다. 이는 표현을 풍부하게 하기 위한 과장의 수법으로 이해해야지 비로소 경직된 해석에 이르지 않을 것이다.

미루어 확대해보면, 숫자에서만 이러한 것이 아니라 방위사(方位詞) 또 한 이와 같다. 예를 들어 고악부(古樂府) 〈공작동남비(孔雀東南飛)〉: "오른 손에는 칼과 자를 쥐고, 왼손에는 비단을 쥐었네.(右手持刀尺, 左手執綾羅.)" 〈목란사(木蘭辭)〉: "동쪽 시장에서는 준마를 사고, 서쪽 시장에서는 안장 을 사고, 남쪽에서는 재갈을 사고, 북쪽 시장에서는 긴 채찍을 사네.(東市買 駿馬, 西市買鞍韉, 南市買轡頭, 北市買長鞭.)" 모두 협운(協韻)과 정제(整齊)의 이 유로 배치한 것으로, 글자 그대로 이해하여 이러한 일들을 모두 사실로 이 해하여서는 안된다.

고대중국어 통론

2. 공명(公名)과 전명(專名)

같은 종류의 사물이 함께 사용하는 명칭을 공명(公名)이라고 한다. 같은 종류 중에서 한 종류 혹은 각각의 사물이 독특하게 가지는 명칭을 전명(專名)이라고 한다. 공명과 전명의 의미 범위는 본래 매우 확실하게 나뉘니 논의하지 않을 만하다. 그렇지만 언어의 운용 중에는 공명과 전명이 바뀌기도 하는데, 이러한 부분은 주의해야 한다.

공명이 전명으로 변하는 것으로는, 예를 들어 '史記'는 사관(史官)이 기록한 책을 가리킨다. 따라서 두예(杜預)의 《춘추경전집해서(春秋經傳集解序)》에서 말하였다. "《춘추》라는 것은 노(魯)나라 사관 기록의 명칭이다. …… 《맹자(孟子)》에서 말하였다. '초(楚)나라에서는 《도올(檮杌)》이라 하였고, 진(晉)나라에서는 《승(乘)》이라 하고 노나라에서는 《춘추(春秋)》라 하였는데, 실제로는 같은 것이다.'(《春秋》者, 魯史記之名也. …… 《孟子》曰 : '楚謂之《檮杌》, 晉謂之《乘》, 而魯謂之《春秋》, 其實一也.')" '史記'는 《도올》, 《승》, 《춘추》의 공명이다. 서한(西漢)의 사마천(司馬遷)이 지은 역사서는 《한서(漢書)·예문지(藝文志)》에서는 《태사공백삼십편(太史公百三十篇)》이라고 하였는데, 이후에 이 책이 《사기(史記)》라 일컬으면서 공명이 바로 전명으로 된 것이다. 은(殷)나라와 주(周)나라의 역법(曆法)에서 한 달을 다음 네 부분으로 나누었다. 초길(初吉)은 1일부터 7일 또는 8일까지이고, 기생패(既生霸)는 8일 또는 9일부터 14일 또는 15일까지이고, 기망(既望)은 15일 또는 16일부터 22일 또는 23일까지이고, 기사패(既死霸)는 23일 또는 24일부터 월말일까지이다.[30] 그렇지만 이후에 이르러서는 소식(蘇軾) 〈적벽부(赤壁賦)〉내의 "7월 기망(七月既望)"에서는 16일만을 가리키는 것으로 말하였다. 은주(殷周) 시기의 '既望'은 공명이고, 후대의 '既望'은 전명으로 변하였다. 또한 '花' 는 공명이지만, 구양수(歐陽修) 《낙양모란기(洛陽牡丹記)》에서는 낙양 사람들은 모란을 '花'라고 부른다고 하였다. '葉'은 공명이지만, 육유(陸游) 〈과 야인가유감(過野人家有感)〉시(詩) "잠박에 가득 찬 누에 굶으며 뽕잎 주기만을 기다리네.(滿箔蠶饑待葉歸)"라는 구절에 대한 자주(自注)에서 말하였다. "오(吳) 지방 사람들은 뽕나무 잎만을 '葉'이라고 한다.(吳人直謂桑曰葉.)" '花'나 '葉'은 모두 전명으로 바뀐 것이다.

전명이 공명으로 된 것으로는, 예를 들면 백거이(白居易)의 〈장한가(長恨歌)〉: "아미산 아래 사람들 적게 다녀, 깃발도 빛이 없고 햇빛도 희미하다.(峨嵋山下少人行, 旌旗無光日色薄.)" 이에 대해 《몽계필담(夢溪筆談)》권(卷) 2와 3에서 말하였다. "아미산은 가주(嘉州)에 있는 것으로 현종이 촉지방으로 행차했던 길과는 전혀 관련이 없다.(峨嵋, 在嘉州, 與幸蜀路毫無交涉.)" 이는 당연히 백거이가 단어 사용을 마음 내키는 대로 하여 지명의 사용도 정확하지 않다고 말할 수 있다. 그렇지만 다음과 같은 점을 볼 수 있는데, 백거이의 친구인 원진(元稹)이 감찰어사로 동천(東川)에 명령을 받아 갔을 때의 시에서 말하길 "몸은 총마(驄馬)를 타고 아미산 아래에 있고, 얼굴은 대단한 집안 탁씨 앞에 마주하고 있네. 동천에서 좋은 시절을 헛되이 보내니, 술집에서 촉 지방의 아이 때문에 잠을 청하네.(身騎驄馬峨眉下, 面帶霜威卓氏前, 虛度東川好時節, 酒樓元被蜀兒眠.)" 《사동천(使東川)·호시절(好時節)》) 아미산

---

30 왕국유(王國維)의 《관당집림(觀堂集林)·생패사패고(生霸死霸考)》를 참조할 것.

고대중국어 통론

(峨眉山)은 서천(西川)에 있는데, 원진은 그 지역에 가본 적이 없음에도 '峨眉'라고 하였다. 여기서의 '峨眉'는 전명이 아니라 촉 지방에 있는 산을 널리 가리키는 것으로 사용했음을 알 수 있다. 또한 《맹자(孟子)·등문공하(滕文公下)》: "그대가 설거주(薛居州)가 착한 선비라 하여, 그가 왕이 사는 곳에 지내도록 하였다. [만약] 왕이 사는 곳에 있는 사람들이 늙거나 젊거나 귀하거나 천하거나 모두 설거주라면 왕은 누구와 나쁜 짓을 하겠습니까? 왕이 사는 곳에 있는 사람들이 늙거나 젊거나 귀하거나 천하거나 모두 설거주가 아니라면 왕은 누구와 착한 짓을 하겠습니까? 한 명의 설거주가 홀로 송왕을 어떻게 하겠습니까?(子謂薛居州善士也, 使之居於王所.〔若〕在於王所者, 長幼尊卑皆薛居州也, 王誰與爲不善? 在王所者, 長幼尊卑皆非薛居州也, 王誰與爲善? 一薛居州, 獨如宋王何?)" 여기에서의 앞 뒤로 두 번 등장하는 '薛居州'는 설씨인 착한 사람 한 명만을 가리키니, 전명이다. 중간에 두 번 등장하는 '薛居州'는 설거주처럼 착한 사람을 널리 가리키는 것으로, 이와 유사한 사람으로서의 공명이 되었다. 어떠한 특출한 인물은 어떠한 사람에게서 나타날 수 있는 특출한 종류의 사람의 대표가 될 수 있다. 따라서 그들의 이름도 자주 이러한 종류의 사람에 대한 공명으로 변한다. 예를 들어 사광(師曠)이나 종기(鍾期)는 지음(知音)하는 사람의 공명이고, 무염(無鹽), 모모(嫫母)는 추녀(醜女)의 공명이고, 망(莽), 탁(卓)(왕망(王莽)과 동탁(董卓))은 간신의 공명이 되는 것과 같다. 현재에도 이야기되는 황충(黃忠), 화목란(花木蘭), 목계영(穆桂英) 등도 또한 이러한 종류에 속한다.

위에서 든 예에서 볼 수 있듯이, 공명과 전명의 전화(轉化)는 대개 전화하기 전의 전명과 전화한 후의 전명 모두 비교적 특출난 것이다. 《사기(史記)》라는 명칭이 사마천의 책에 의해 단독으로 쓰이게 되었으니, 이는 사마천의 위대함 때문이다. '旣望'이 16일로 단독으로 쓰이게 된 것은 그 날이 그것이 나타내던 날 중에서 가장 첫번째 날이기 때문이다.

3. 기휘(忌諱)와 완곡(婉曲)

교제 중에 언어의 수용 가능성을 고려하여 어느 때에는 질박(質樸)한 언어로 실제로 말하는 것이 효과가 좋지 않다는 것을 느끼게 된다면, 꺼려하는 것을 피하거나 혹은 완곡하게 돌려서 말하는 방법으로 바꾼다. 이것이 바로 기휘(忌諱)와 완곡어(婉曲語)이다.

예를 들어 젓가락을 의미하는 '筷'의 본래 명칭은 '箸'이고, '筋'라고도 한다. 이는 멈추다는 의미를 가지는 '膠著', '擱住'에서의 '著', '住'와 발음이 같다. 남쪽 지방에서 배를 운행하는 사람들은 이 글자를 기피한다. 따라서 '快兒'로 바꾸어 부르는데, 배가 다니는 것이 순조롭고 빠르게 다니라는 의미를 취한 것이다. 이후에 통행이 이루어지자, 글자 또한 대죽머리를 더하여 변하였다. '死' 또한 사람들이 그리 듣고 싶어하지 않는 것이다. 따라서 그것을 대체하는 말은 매우 많다. 황제(皇帝)가 죽는 것을 '崩(붕)', '산이 무너지다[山陵崩]', '멀리 떠나다[大行]', '여러 신하를 버렸다[棄群臣]', '궁의 수레가 늦게 움직인다[宮車晏駕]'[31], '오랜 세월 후[千秋萬歲後]'(아직 죽지 않았을 때에는 장래에 대해 이야기하는 것이다.) 등으로 나타내고, 제후(諸侯)나 대신(大臣)이 죽는 것은 '薨(훙)'이라고 하며, 부모가 돌아가시는 것은

---

31 "宮車晏駕"는 황제가 나가는 것을 보지 못해, 어떤 일이 시간을 그르치게 할지 두려워함을 말하는 것이다. '晏'은 늦다는 의미이고, '駕'는 수레를 몬다는 의미이다.

'기양(棄養)'[32]이라 하고, 일반적으로 체면(體面)이 있는 사람이 죽었을 때에는 '卒(졸)', '逝世(서세)', '去世(거세)' 등이라 하고, 문인(文人)이나 학자(學者)는 '도산(道山, 전설의 신선)에게 돌아간다.[歸道山]'[33], '관사를 버리다[捐館舍]' 등이라고 한다. 옛날 사회에서의 지배계층은 또한 눈가리고 아웅하면서 자신의 추악한 면을 가리고자 하는 표현법이 있었으니, 고급 관리에 대해서 말하자면, 집안에 문제가 있는 것을 "장막과 주렴을 손보지 않았다[帷薄不修]"[34], 재산을 탐내고 뇌물을 받음을 "제기가 정리되지 않았다[簠簋不飭]", 혼란하면서 무능한 것을 "아랫 사람들이 일을 제대로 하지 못했다[下官不職]"고 하였다. 이 외에도 원곡(元曲)에서 남녀가 밀회하는 장소를 "푸른 복숭아꽃 아래[碧桃花下]"라고 하는데, '밀회[私會]' 또한 당사자들이 드러내기 꺼리는 일이기 때문이다.

거칠면서 솔직한 부분을 피하고자 부드럽게 돌려서 말하는 법을 채용하는 것 또한 언어에서 자주 있는 일이다. 《맹자(孟子)·공손추하(公孫丑下)》에 기재된 것으로, 제왕(齊王)이 사람을 보내 맹자(孟子)에 말할 때, 본래는 맹자를 직접 찾아갔어야 했는데, 병이 있어 바람을 맞을 수 없기에, 맹자

---

32 자식들의 봉양이 필요 없어졌음을 말한다.

33 《후한서(後漢書)·두장전(竇章傳)》: "이 때에 학자들은 동관(東觀)을 노자(老子)의 장서각이고, 도가의 봉래산(蓬萊山)이라 하였다.(是時學者稱東觀爲老氏臧(藏)室、道家蓬萊山。)" 이에 대한 이현(李賢) 주(注): "노자는 장서각을 지키는 관리이고, 또 주하리(柱下吏, 문서를 담당하는 직책)가 되었다. 사방에서 기록된 문서가 모두 주하(柱下)로 모이는데, 이 일은 《사기(史記)》에서 볼 수 있다. 동관의 경적이 매우 많음을 말한 것이다. 봉래(蓬萊)는 바다에 있는 신령스러운 산으로, 신선이 사는 곳이라 하였다. 심오하고 은밀한 경적이 모두 거기에 있었다고 한다.(老子爲守臧(藏)吏、復爲柱下吏;四方所記文書皆歸柱下、事見《史記》, 言東觀經籍多也。蓬萊、海中神山、爲仙府、幽經秘籍皆在焉。)"

34 '薄'은 주렴을 가리킨다.

가 와서 그를 만나주기를 바란다고 하였다. 맹자는 매우 기분이 좋지 않아서 말하였다. "불행히도 병이 있어 찾아 뵙지 못하겠습니다.(不幸而有疾, 不能造朝.)" 다음 날 제왕이 의사를 보냈는데, 맹자는 이미 다른 곳에 가버렸다. 그의 한 학생이 곤란해하면서 말하였다. "이전에는 왕명이 있었지만 병이 있다고 해서 찾아가지 못했습니다. 이제 병이 좀 나아서 조정에 서둘러 나갔습니다. 도착하셨는지는 저는 모릅니다.(昔者有王命, 有采薪之憂, 不能造朝 ; 今病小愈, 趨造於朝. 我不識能至否乎?)" 병이 있다는 것을 '채신지우(采薪之憂)'로 말하였는데, 그 의미는 병이 있어 나무를 하러 가지 못하는 것을 뜻하는 것으로, 스스로 서민의 위치에 있다고 말한 것이다. 확실히 '병이 있다[有疾]'라는 표현보다는 매우 완곡하다. 또한《한서(漢書)·이릉전(李陵傳)》내에 임입정(任立政)이 이릉(李陵)에 말하였다. "한(漢)나라에서 크게 사면을 내려, 중원은 안락하다. 주상께서는 연세가 아직 어리셔서, 곽자맹(霍子孟), 상관소숙(上官少叔)이 정치를 담당하고 있다.(漢已大赦, 中國安樂 ; 主上富于春秋, 霍子孟, 上官少叔用事.)" 여기에서 '富于春秋'는 '나이가 어리다[年幼]'에 대한 완곡어이다. 그리고 화장실에 가는 것 등의 일도 직설적으로 말하면 상스럽기 때문에, 옛날 사람들은 돌려서 말하였다.《논형(論衡)·사휘(四諱)》: "화장실은 냄새가 난다고 할 수 있다. 젓갈 살은 썩었다고 할 수 있다.(夫更衣之室, 可謂臭矣 ; 鮑魚之肉, 可謂腐矣.)" 여기에서의 '更衣' 또한 화장실을 돌려서 말한 것이다.

　　기휘(忌諱)와 완곡어(婉曲語)는 엄격하게 구분하기 쉽지 않다. 일반적으로 말하자면, 사람들이 이러한 종류의 어구 중에서 구성하고 있는 일이 이미 싫어할 정도에 도달한 것이면 기휘어(忌諱語)라고 할 수 있고, 부끄러워서 돌려서 말하는 것은 완곡어(婉曲語)가 된다. 반드시 엄격하게 구분하는 것은 쓸데 없는 일이다.

4. 비유의미

비유(比喩)는 수사(修辭)의 수단으로, 그것은 사물의 어떠한 역할과 성질, 상태가 비슷한 다른 사물을 가지고서 빗대는 것으로 본래 사물을 드러내어, 본래 사물의 역할 또는 성질, 상태를 더욱 두드러지게 하는 것이다. 예를 들어 "모든 반동파(反動派)는 종이호랑이이다.[一切反動派都是紙老虎]"에서, '종이호랑이[紙老虎]'를 사용하여 모든 반동파를 비유하였는데, 이는 그들이 외모로는 흉악한 면을 보이지만, 내면적으로는 연약함을 말한 것이다. 이것이 '紙老虎'의 비유의미이다. 비유의미가 일반적인 단어의 의미와 다른 점은, 비유의미는 일종의 수사상의 설명법으로, 특정 환경을 떠나면 이러한 의미는 존재하지 않는다. 또한 비유의미의 생산은 일반적으로 작가의 자유로운 창조에서 나타난 결과이다. 사전 상에서 이미 성어(成語)가 된 것 이외에는 비유의미는 수록하지 않는다.

"눈썹은 봄 산과 같고, 눈은 가을 물과 같네.(眉似春山, 眼如秋水)", "물은 눈물의 파도가 평평해진 것이고, 산은 눈썹같은 봉우리가 모였네.(水是眼波橫, 山是眉峰聚)"(왕관(王觀)《복산자(卜算子)》사(詞))와 같은 것은 비유이다. 그렇지만 '春山'과 '秋水' 그리고 '山'과 '水'의 의미는 여전히 산이고 물이다. 《서상기(西廂記)》의 "뚫어진 찰랑대는 가을 물, 찡그린 담담한 봄 산.(望穿了盈盈秋水, 蹙[35]損了淡淡春山)"에 이르면, '秋水'와 '春山'은 모두 비유의미로,

---

35 '蹙'은 주름이다.

맑은 눈빛과 예쁜 눈썹을 가리킨다. 여기에서 볼 수 있듯이, 비유의미는 비유 당하는 단어 의미의 내용보다 더욱 풍부하다. '뚫린 눈[望穿眼睛]'과 '찡그린 눈썹 끝[蹙損眉尖]'이라고 하면 비유의미를 사용한 것보다 뒤떨어져 보인다. 범중엄(范仲淹) 〈악양루기(岳陽樓記)〉 : "물에 떠있는 달빛은 반짝이는 금이고, 고요한 달 그림자는 가라앉은 옥이네.(浮光耀金, 静影沈璧.)" 동정호(洞庭湖)의 잔잔한 파면(波面) 위의 달 그림자를 묘사하면서, '벽옥[璧]'이 둥근 달을 대체하는 단어로, '璧'에 둥근 달의 비유의미가 있는 것이다. 이하(李賀) 〈강남농(江南弄)〉 : "강 위에 둥글둥글 투명한 옥을 붙였네.(江上團團帖寒玉.)" '투명한 옥[寒玉]' 또한 같은 방식의 비유의미로, 강 위의 달 그림자를 나타낸 것이다. 벽(璧)은 둥근 옥이고, 옥 또한 빛이 나면서 투명하기 때문에, 따라서 둥근 달로 비유할 수 있다. 또한 소식(蘇軾) 〈숙망호루재화(宿望湖樓再和)〉 시(詩) : "단지 친구가 없어 시 짓는 병에 대해 따져 물을 자가 없음이 안타깝소. 그대 와서 시 한 번 읊어보시오, 귀기울여 들어드리도록 하겠소. 고치고 고쳐도 마음은 더욱 의심하니, 종이 가득 뱀에 흔적만 남겨 놓고 있소.(但恨無友生, 詩病莫訶詰. 君來試吟咏, 定作鶴頭側[36]. 改罷心愈疑, 滿紙蛟蛇黑.)" 또한 〈증신로(贈莘老)〉 시(詩) : "오늘 낙타교 아래에서 머물며, 긴 그물에서 은빛 칼을 꺼내는 것을 만족스럽게 보았습니다.(今日駱駝橋下泊, 恣看修網[37]出銀刀.)" 여기에서 '蛟蛇'는 시를 쓴 초서(草書)를 가리키고, '銀刀'는 물고기를 가리키는데, 모두 비유의미이다.

여기에서 말하는 비유의미는, 완전히 수사의 수법으로, 수법이 뛰어날

---

36 머리를 기울인다는 것은 만족하지 못한다는 표현이다. [역주] '鶴頭側'는 《한어대사전(漢語大詞典)》에 의거하면 마음을 기울여 듣는 것을 나타낸다고 하였다. 해석은 이를 따른다.
37 '修網'은 긴 그물이다.

수록 비유의미 또한 선명하고 적절하다. 이러한 비유의미를 알아내기 위해서는 반드시 문맥에서의 분위기를 깊이 음미하면서 깨우쳐야 한다. '寒玉'이 달 그림자가 되는 까닭은 "江上團團"이라고 하는 저 네 글자가 가리키는 내용이 있어서이고, '銀刀'가 물고기가 되는 까닭은 "修網出"이라고 하는 내용이 있어서이다. 이러한 글자와 떨어져서는 비유의미에 대해서 이야기할 수 있는 바가 없다. '蛟蛇'가 초서가 되는 까닭은 첫째 초서가 뱀처럼 구불거리는 것이고, 둘째 '滿紙'라는 내용이 있어서이고, 셋째 '改罷'가 있다는 점에 대한 홍탁(烘托)[38]으로, 초고는 계속 고치는 것이기 때문에 당연히 규격에 맞춘 해서(楷書)로 쓴 것이 아니다. 따라서 비유의미를 파악할 때에는 더욱 언어 환경에 주의해야 하고 문맥을 세밀하게 관찰하여야 한다.

5. 편의복사(偏義複詞)

'편의복사(偏義複詞)'라는 명칭은, 리진시(黎錦熙)에게서 나온 것이다. 위관잉(余冠英) 《한위육조논총(漢魏六朝詩論叢)·한위시에서의 편의복사(漢魏詩裏的偏義複詞)》에서 말하였다.

중국어에는 복합사(複合詞)가 있는데, 나란한 두 형태소로 구성되어, 문장 중에서 어떤 때에는 그 중 하나의 의미만을 사용하는 것을

---

38 [역주] 동양화의 수법으로, 그 대상을 직접 그리는 것이 아닌 주변을 표현하여 그 대상을 나타나도록 하는 방식이다. 달을 나타내기 위해 주변을 시커멓게 칠하고 달 부분만 남겨 놓는 것과 같은 방식이 그 예이다.

'편의복사(偏義複詞)'라 할 수 있을 것이다. 예를 들어 "저렇게 신경을 많이 썼는데, 이후에 원망을 들을 것이니, 쓸 데 없는 짓이야!(費了那麼多精神、到後來還要落褒貶、眞不値得！)" "우리 남편이 중상을 입었는데, 만약에 목숨이 위태로운 일이 있으면 나는 어떻게 하라고.(我的丈夫受了重傷、萬一有個好歹、叫我怎麼過。)" 여기에서의 '褒貶'은 '貶'의 의미만을 사용하였고, '好歹'는 '歹'의 의미만을 사용한 것이다. '褒貶', '好歹' 모두 편의복사이다. 이러한 복사가 고문(古文) 중에도 적지 않게 등장한다. …… 시가(詩歌)에서도 글자를 모으고 문장을 채우는 관계 때문에 편의복사가 또한 많이 쓰인다.

(國語裏有一種複合詞、由並行的兩詞[39]組成、在句中有時偏用其中一個的意義、可以稱爲偏義複詞。例如："費了那麼多精神、到後來還要落褒貶、眞不値得！""我的丈夫受了重傷、萬一有個好歹、叫我怎麼過。"這裏"褒貶"偏用"貶"的意義、"好歹"偏用"歹"的意義。"褒貶"、"好歹"都爲偏義複詞。這種複詞在古文中也不少見。…… 在詩歌裏因爲湊字足句的關係偏義複詞也許更多些。)

여기에서는 리진시와 위관잉이 가리키는 '편의복사'의 예를 들고자 한다.

得失 《사기(史記)·자객열전(刺客列傳)》: "많은 사람들은 실수를 하지 않을 수 없습니다.(多人不能無生得失。)" 여기서의 '得失'은 '失'이다.

緩急 《사기(史記)·편작창공열전(扁鵲倉公列傳)》: "긴급할 때 쓸 사람이 없다.(緩急無可使者。)" 또한 《유협열전(游俠列傳)》: "급한 일은 사람들에게서 자주 있는 일이다.(緩急、人之所時有也。)" 여기서의 '緩急'

---

39   여기에서의 '詞'는 '詞素(형태소)'라고 해야 한다.

은 '急'이다.

　　同異、異同　《삼국지(三國志)·오서(吳書)·손호전(孫皓傳)》의 주(注) : "다른 사람을 없애는 것을 손바닥 뒤집듯이 하다.(蕩[40]同異如反掌。)"《진서(晉書)·왕빈전(王彬傳)》: "왕강주(王江州、 왕빈(王彬))가 다른 사람이 강성할 때에, 다른 관점을 세울 수 있었다.(江州當人强盛時、能立異同。)" 여기서의 '同異', '異同'은 '異'이다.(이상은 고염무(顧炎武)의 《일지록(日知錄)》에서 가지고 온 것이다.)

　　老幼　《예기(禮記)·문왕세자(文王世子)》: "동서(東序)에서 노인을 봉양하였다.(養老幼於東序。)" 여기서의 '老幼'는 '老'이다.

　　車馬　《예기(禮記)·옥조(玉藻)》: "대부는 수레를 새로 만들 수 없다.(大夫不得造車馬。)" 여기서의 '車馬'는 '車'이다.(이상은 유월(俞樾)의 《고서의의거례(古書疑義舉例)》에서 가지고 온 것이다.)

　　作息　고악부(古樂府)〈공작동남비(孔雀東南飛)〉: "밤낮으로 부지런히 일하였다.(晝夜勤作息。)" 여기서의 '作息'은 '作'이다.

　　存亡　완적(阮籍)〈영회시(咏懷詩)〉: "存亡有長短、慷慨將焉知。(수명은 길기도 짧기도 하여, 안타까울 뿐 어찌 알리오?)" 여기서의 "存亡"은 존재, 즉 목숨을 가리킨다.(이상은 위관잉의 글에서 가지고 온 것이다.)

　　鼎俎　《한비자(韓非子)·육반(六反)》: "솥을 들게 한다면, 힘쓰는 것은 알아챌 것이다.(授之以鼎俎、則罷健效矣[41]。)" 여기서의 '鼎俎'는 '鼎'이다.

　　衣冠　《사기(史記)·위공자열전(魏公子列傳)》: "후영은 헤진 옷을 입고 위에 올라갔다.(侯嬴攝敝衣冠直上。)" 여기서의 '衣冠'은 '衣'이다.

40　'蕩'은 소탕하다, 소멸하다의 의미이다.

41　'罷'는 '疲'의 의미로 통가(通假)한 것이다. '效'는 알아채다는 의미이다.

위에 나열한 예들은 리진시와 위관잉이 '편의복사'라고 한 것이다. 왕
리(王力)의 설명으로는, 현대 중국어에서 구[42]에서 변한 단어[43]로, '병합어
(倂合語)'라는 명칭이 있다고 기술하였다. 그가 말하였다. "'병합어'는 합병
하는 영향에 의하여 만들어진 것이다. 본래는 두 단어가 하나의 구를 만든
다. 이후에 그 중 하나의 단어의 의미가 우세하고, 나머지 한 단어의 의미
는 점차 침식당하여 결과적으로 흔적만 남아서 언급할 의미가 없는 것이
다. 현대 보통화에서 '兄弟'가 '兄'만을 의미하고, 어떤 방언(方言)에서 '妻
子'는 '妻'만을 의미하는 것은 모두 이러한 까닭이다.(倂合語是由於吞倂作用
而成的. 本來是兩個詞共成一個仂語, 後來因爲其中一個詞的意義佔了優勢, 另一個
詞的意義漸被侵蝕, 結果只存軀殼, 毫無意義可言了. 現代普通話裏, '兄弟'只當'弟'字
講, 有些方言裏'妻子'只當'妻'字講, 都是這個緣故.)"《한어어법강요(漢語語法綱要)》
제2장) 설명이 리진시, 위관잉과 거의 같다. '褒貶', '好歹', '兄弟', '妻子' 등
은 현대 중국어에서는 '편의복사' 또는 '병합어(倂合語)'라 할 수 있다. 그들
은 확실히 이미 하나의 '복사(複詞)'(즉 합성어(合成詞))를 이루고 두 개의 단
어라고 할 수 없다. 그렇지만 고대 언어에서의 이러한 현상은 이런 사람들
의 설명 방식은 달랐다. 유월(俞樾)이 말하였다. "옛날 사람들의 문장에서
는 생략된 것은 매우 많이 생략하였고, 번잡한 것은 매우 번잡하였다. 생략
하면 이것을 들어서 저것을 드러내는 것이고, 번잡하면 이것 때문에 저것
까지 미치는 것이 된다.(古人之文, 省者極省, 繁者極繁 ; 省則有擧此見彼者矣[44],

---

42   왕리는 '仂語'라고 하였다.

43   살펴보면 왕리가 말한 '單詞'는 실제로는 다른 사람들이 말하는 '複合詞(복합사)', '複詞(복
      사)', '合成詞(합성사)'이다.

44   "擧此見彼"라는 것은 이것을 써서 저것을 포괄하는 것이다.

繁則有因此及彼者矣.)" 그는 다음과 같이 말하였다. '老幼'에 대해서는 "'老' 때문에 '幼'를 언급한 것이지, 노인을 봉양하고 더불어 아이를 봉양하는 것은 아니다." '車馬'에 대해서는 "'車' 때문에 '馬'를 언급한 것이지, 수레도 만들고 말도 만드는 것이 아니다." 고염무(顧炎武)는 "'甲'을 말하면서 함께 '乙'을 언급하는 것은 옛날 사람들이 사용하는 단어가 관대하고 느슨하면서 각박하지 않았기 때문이다.(言甲而並及乙, 古人之詞寬緩不迫故也.[45])" 그들의 의견을 살펴보면, '幼', '馬' 등의 종류의 의미가 드러나지 않는 글자는 '老'와 '車' 때문에 이어져서 나온 것으로, 이는 '繁文(번문)'이고, '관대하고 느슨한 것이다[寬緩]'. 이는 실제상으로는 쓸모 없는 다른 한 단어를 덧붙이는 것이지, '老幼', '車馬'가 하나의 복합사가 아닌 것이다. 위관잉의 논문 중에서 또한 말하길, "단어를 모으고 문장을 정하는 관계가 편의복사가 더 많기 때문에(因爲湊字定句的關係偏義複詞更多些)" 이를 통해 '幼'나 '馬' 등의 글자는 임시로 모아놓은 것이지, '老'나 '車'와 합쳐서 만들어진 고정된 단어가 아니라는 것이다. 따라서 '편의복사'라는 명칭은 상당히 고려해볼 만한 것이지만, 그것이 쓰인지 오래되었기 때문에 여기에서는 그대로 쓰고 고치지는 않을 것이다.

옛날 사람들의 이와 같은 이야기와 문장을 작성하는 습관을 알고 있다면 이러한 상황에 부딪혔을 때, 이상하거나 오해를 하는 데에 이르지 않게 될 것이다. 예를 들어 《한비자(韓非子)》의 '鼎俎'에 대해 고광기(顧廣圻)는 '俎'자가 연문(衍文)[46]이라고 하였는데, 이는 그가 '俎'자가 이것 때문에

---

45 이 인용문에서의 '甲', '乙'은 원래는 '憎', '愛'이다.

46 연문(衍文)이라는 것은 교감학에서 쓰는 용어로 쓸데없이 덧붙인 글자를 가리킨다.

저것을 언급하는 '彼'라는 것을 소홀히 보았기 때문이다. 또한 어떤 사람은 '攝敝衣冠'에서의 '攝'자가 '冠'자를 간섭하지 않기 때문에, 이 구를 의관을 정제하는 것으로 해석하였다. 실제로 이 구절의 내용은 후영(侯嬴)의 태도가 오만 방자하여, 옷을 걷어붙이고 수레 위에 오르는 것이다. 만약 의관을 정제하는 것으로 본다면 의미가 원래와는 상반되는 것이다. 당(唐)나라 때 사람 대군부(戴君孚)[47]의 《집이기(集異記)》에서 '茅安道' 항목에서 말하였다. "두 사람은 멋대로 굴면서 옷을 걷어 붙이고 논두렁에 올랐다.(二子因弛慢縱誕, 攝衣登陌.)" 정신이나 태도가 후영과 같다.

6. 전고성 어휘

옛날 책과 옛날 사건을 다루면서 수사적인 재료로서 다루는데 쓰이는 옛날 책과 옛날 사건을 '전고(典故)'라고 한다. 전고의 역할은 언어 형식에 적응하는 요구를 벗어나지 않는 것으로, 글자의 표면에서 새로운 의미를 만들어내거나 또는 적은 글자를 가지고서 풍부한 내용의 의미를 개괄하기 위해 사용하는 것이다. 예를 들어 백거이(白居易) 〈장한가(長恨歌)〉: "한나라 황제는 색을 중시하여 경국(傾國)을 사모하였다.(漢皇重色思傾國.)" 이 중에서 '傾國'이 전고로, 그 기원은 《한서(漢書)·외척전(外戚傳)》에 기재된 이정년(李延年)이 여동생을 한무제(漢武帝)에게 바치면서 불렀던 노래이다. "북쪽에 아름다운 사람이 있으니, 세상에서 가장 빼어나면서 홀로 우뚝 서

---

47 [역주] 대부(戴孚)라고도 한다. 당나라 때 초군(譙郡、 지금의 안휘(安徽) 박주(亳州)) 사람이다.

있네. 한 번 돌아보면 성(城)이 뒤집히고, 두번 돌아보면 나라가 뒤집히네. 차라리 성과 나라가 뒤집히는 것은 몰라도, 미인은 다시 얻기 힘들어서겠지.(北方有佳人, 絶世而獨立. 一顧傾人城, 再顧傾人國. 寧不知傾城與傾國, 佳人難再得！)" 여기에서 미인의 아름다움을 최대한 과장하여 국가가 전복되는 상황마저도 돌보지 않게 하는 데에 이른다고 하였다. 따라서 '傾國'이 '절대가인(絶代佳人)'의 대용어로 변하였고, 의미상으로는 '絶代佳人'이라는 것보다 훨씬 풍부하다. 백거이가 이 전고를 쓰면서 한 편으로는 이와 같은 풍부한 의미를 잘 전달하고자 하였고, 한 편으로는 또한 7언 시구의 음률의 요구에 들어맞도록 한 것이었으니, 글자의 표면상 적지도 많지도 않은 두 글자로, 하나는 평성(平聲), 하나는 입성(入聲)이면서 이 입성자와 아래에 나오는 '得', '識', '側', '色'과 협운(叶韻)이 된다. 또한 황정견(黃庭堅)의 〈대숭우도(戴嵩牛圖)〉 시(詩) : "소가 주인에게 알리길, 실제로 이미 근력을 다 하였습니다.(觳觫告主人, 實已盡筋力.)" '觳觫(곡속)'은 《맹자(孟子)·양혜왕상(梁惠王上)》의 전고를 사용한 것이다. "어떤 사람이 소를 끌고서 당 아래로 지나가고 있었다. 왕이 말하였다. '소는 어디로 갑니까?' 대답하였다. '장차 흔종(釁鐘)에 쓰려고 합니다.' 왕이 말하였다. '그만 두십시오. 저는 소가 두려워하며 죄 없이 죽으러 가는 것을 견디지 못하겠습니다.'(有牽牛而過堂下者, 王曰 : '牛何之？' 對曰 : '將以釁鐘.' 王曰 : '舍之, 吾不忍其觳觫若[48]無罪而就死地.')" 여기서는 '觳觫'을 사용하여 소를 대체하였으니, 첫째 글자의 신선한 면을 사용한 것이고, 둘째 이 두 글자에는 애련하게 애걸하는 의미가 있어 단지 '老牛'를 사용하는 것보다는 의미상으로 더욱 풍부하기 때문이다. 육

---

48 '觳觫若'은 '觳觫然'으로 두려워하는 모습이다.

유(陸游) 〈주중작(舟中作)〉 시(詩) : "언덕 끊긴 곳에서 소에게 물을 먹이고, 푸른 파도에서 뻐끔거리는 물고기가 튀어 오른다.(斷岸飮觳觫, 淸波跳噞喁.)" 앞구절은 소이고, 뒷구절은 물고기이다. 여기에서의 '觳觫'은 단순하게 음률이 요구하는 내용을 맞추기 위해 쓴 것이다.

전고는 상용전(常用典)과 벽전(僻典)의 구분이 있다. 전고에 익숙한 것은 고서(古書)를 자주 읽는 데에 필요한 것이지만, 이는 초보 학습인에게 빠르게 요구할 수 없다. 그렇지만 상용전고는 알지 못하면 안된다. 예를 들면,

傾國傾城(경국경성) 巫山洛水(무산락수)[49] 陽關(양관)[50] 渭城(위성)[51] 灞橋(파교)[52]

折柳(절류)[53] 南浦(남포)[54] 沈腰潘鬢(심요반빈)[55] 桃源(도원)[56] 武陵(무릉)[57] 田竇(전두)[58]

---

49 [역주] 무산(巫山)은 송옥(宋玉)의 〈고당부(高唐賦)〉에서 초왕과 무산 신녀가 만났던 곳으로, 낙수(洛水)는 조식(曹植)의 〈낙신부(洛神賦)〉에서 신녀(神女)와 만난 곳이다. 이러한 고사에서 남녀가 만나는 것을 가리킨다.

50 [역주] 여러 군데의 관문의 이름으로, 이별을 나타낸다.

51 [역주] '陽關'과 동일한 의미이다.

52 [역주] 다리의 이름으로 이별을 나타낸다.

53 [역주] 이별을 나타내는 표현이다.

54 [역주] 《초사(楚辭)》에 나오는 표현으로, 이별을 나타내는 표현이다.

55 [역주] 남조시대 양(梁)나라의 심약(沈約)이 늙고 병들어 허리가 줄어들고, 진(晉)나라의 반악(潘岳)이 32세에 흰머리가 나기 시작했다는 고사에서 나이가 들고 수척해짐을 나타내는 표현이다.

56 [역주] 도잠(陶潛)의 〈도화원기(桃花源記)〉에서 나오는 곳으로, 이상향을 나타내는 표현이다.

57 [역주] '도원(桃源)'과 같은 표현이다.

58 [역주] 서한(西漢) 시대의 무안후(武安侯) 전분(田蚡)과 위기후(魏其侯) 두영(竇嬰)을 가리키

漢皇重色(한황중색)⁵⁹ 衛霍(위곽)⁶⁰ 武皇開邊(무황개변)⁶¹ 儀秦(의진)⁶²
蘇張(소장)⁶³

이러한 것은 그 수를 다 든 것이 아니다. 청(淸)나라 때 준의(遵義) 지방
의 시인(詩人) 정진(鄭珍, 자는 자윤(子尹))이 〈야기(夜起)〉 시(詩)에서 말하였
다. "소장(蘇張)이 인간 세상에 잠깐 있었는데, 물풀이 종횡으로 얽혀 있는
것을 보네.(蘇張恍惚在人世, 但看藻荇⁶⁴仍縱橫.)" 여기에서의 '蘇張'은 소식(蘇
軾)과 장회민(張懷民)이다. 소식(蘇軾)이 《동파지림(東坡志林)》에서 기록하
길, 그와 장회민이 승천사(承天寺)에서 밤새 놀면서 말하였다. "뜰 아래 물
이 쌓여 있는 것이 투명하고 맑은 듯한데, 물 속에 물풀은 얽힌 것처럼 보
이는데, 아마도 대나무와 측백나무의 그림자인 듯하다.(庭下如積水空明, 水
中藻荇交橫, 蓋竹柏影也.)" 바로 정진 시의 근본이 되는 것으로, 이것은 보통
의 사전에서 찾아낼 수 있는 상용전고는 아니다.

전고를 운용하는 방법은 명용(明用)과 암용(暗用) 두 종류가 있다. 일반
적인 명용(明用)의 전고는 모두 이 전고를 모르면 해석해 낼 수 없는 것으
로, 위에서 들었던 예들은 모두 이러한 것이다. 암용은 볼 때에는 전고가

는 것으로, 다투는 사이를 가리킨다.

59　[역주] 〈장한가(長恨歌)〉에서 유래한 표현으로 여기서의 한황(漢皇)은 당현종(唐玄宗)을 가
리킨다.

60　[역주] 서한(西漢)의 명장인 위청(衛青)과 곽거병(霍去病)으로, 무공(武功)으로 이름을 드날
렸다.

61　[역주] 한무제(漢武帝)가 변경지역을 개척함을 가리킨다.

62　[역주] 전국시대의 종횡가(縱橫家) 장의(張儀)와 소진(蘇秦)을 가리킨다.

63　[역주] '儀秦'과 같은 의미이다.

64　'藻荇'은 물풀이다.

없는 것처럼 보이기 때문에 모르는 사람도 표면상으로 해석해 낼 수 있지만, 전고를 아는 사람이라면 해석하고 이해하는 데에 더욱 맛을 느낄 수 있는 것이다. 예를 들어 두보(杜甫) 〈우묘(禹廟)〉 시(詩) : "우공묘가 있는 깊은 산속에, 가을 바람에 떨어지는 해 기우네. 거친 뜰에 귤과 유자 늘어져 있고, 옛 벽에는 용과 뱀이 그려져 있네.(禹廟空山裏, 秋風落日斜. 荒庭垂橘柚, 古壁畫龍蛇.)" 처음에는 고묘(古廟)의 풍경을 묘사한 것처럼 보인다. 실제로는 풍경에서 수목이 빽빽하고 사람의 흔적이 끊어진 것을 묘사했을 뿐만 아니라 두 가지 대우(大禹)와 관련한 전고를 사용하였다. 다른 묘우(廟宇)에 이 고사를 사용한다면 잘 들어맞지 않는다.

  《서(書)·우공(禹貢)》: "회해(淮海)는 양주(揚州)이다. …… 그곳의 공물은 귤과 유자이다.(淮海惟揚州……厥包[65]橘柚。)"
  《맹자(孟子)·등문공하(滕文公下)》: "요임금 때에 물이 거꾸로 흘러, 중원지방에 넘쳤다. 뱀과 용이 거기에서 살자, 백성들이 정착할 곳이 없었다. 낮은 곳에 사는 사람은 나무를 얽어 집을 짓고, 높은 언덕에 사는 사람은 굴을 이용하였다. …… 우(禹)로 하여금 다스리게 하자, 우는 땅을 파서 바다로 흘러가게 하고, 뱀과 용을 몰아 풀이 있는 큰 연못으로 몰아냈다.(當堯之時、水逆行、泛濫於中國；蛇龍居之、民無所定、下者爲巢、上爲營窟、…… 使禹治之。禹掘地而注之海、驅蛇龍而放之菹[66]。)"

  또한 유장경(劉長卿)의 〈장사에서 가의의 집을 지나가다(長沙過賈誼宅)〉

---

65 '厥包'에서 '厥'은 그의 의미이고, '包'는 공물(貢物)을 가리킨다.
66 '菹'는 풀이 있는 큰 연못이다.

시(詩) : "가을 풀만이 홀로 사람이 지나간 뒤를 찾고, 싸늘한 숲 속에서 해 기우는 때를 헛되이 바라보네.(秋草獨尋人去後, 寒林空見日斜時.)" 대략 보았을 때에는 단지 옛사람의 유적을 추모하는 것일 뿐이지만, 실제로는 '人去'나 '日斜' 또한 가의(賈誼)의 문장을 사용한 것이다.

> 《문선(文選)·가의〈붕조부〉(賈誼〈鵩鳥賦〉)》: "정묘년 4월 초여름 경 자일 해가 기울 적에, 복조가 우리 집에 이르러 한 구석에 앉았는데, 그 모습이 매우 여유 있었다. 이물이 와서 머문 것을 보고 속으로 그 이유를 괴이하게 생각하여 점서를 꺼내어 점을 쳐서 그 일에 대해 예측해 보았다. 점괘에서 말하였다. '들새가 집에 들어오면 주인이 장차 떠나간다'(單閼[67]之歲兮、四月孟夏、庚子日斜兮、鵩集予舍 ; 止於坐隅兮、貌甚閑暇、異物來萃兮、私怪其故。發書[68]占之兮、讖[69]言其度。曰 : '野鳥入室兮、主人將去。')"

'人去'는 '主人將去'를 쓴 것이고, '日斜'는 '庚子日斜'를 사용한 것으로 이와 같기 때문에 여기에서 지나가고 있는 곳은 가의의 집이지, 다른 누군가의 고인의 집이 아니다.

전고를 아는 것은 문장의 의미를 이해하는 데에 상당히 중요하다. 기억하기 곤란하다는 문제점을 해결하기 위해, 몇 가지 전고를 풀이해주는 공구서가 있다. 《사원(辭源)》과 《사해(辭海)》는 일반적인 수요에 적당하다. 좀

---

67 '單閼'은 네번째 해[丁年]로, 아래의 '四月'은 기록된 날이고, '庚子'는 기록된 날이다. [역주] '單閼'은 卯年을 가리키고, 여기에서는 丁卯年(B.C. 174년), 문제(文帝) 6년을 가리킨다.

68 '發書'는 첨서(讖書、예언서)를 꺼내는 것이다.

69 '讖'은 예언이다.

더 검색의 범위를 넓히면, 옛날 사람들이 편집한 유서(類書)가 쓸 만하다. 당(唐)나라 서견(徐堅)의 《초학기(初學記)》, 우세남(虞世南)의 《북당서초(北堂書鈔)》, 구양순(歐陽詢)의 《예문유취(藝文類聚)》, 백거이(白居易)가 엮고, 송(宋)나라 공전(孔傳)이 이어서 한 《백공륙첩(白孔六帖)》, 송(宋)나라 이방(李昉) 등이 편집한 《태평어람(太平御覽)》 등은 모두 고서(古書)에서 분야별로 나누어서 분류하여 모아 놓은 유서(類書)로, 재료가 매우 풍부하고 적지 않은 단편의 고서를 보존하였다. 고정(考訂)과 집일(輯佚)[70]에 쓰는 데에 제공할 수 있다. 청(淸)나라 때 관에서 편찬한 《자사정화(子史精華)》와 《연감류함(淵鑒類函)》 또한 이러한 체제의 유서이다. 또한 전문적인 유서로는, 수(隋)나라 두대경(杜臺卿)의 《왕촉보전(王燭寶典)》, 송(宋)나라 진원정(陳元靚)의 《세시광기(歲時廣記)》는 절기와 월령과 관련있는 자료를 제공하는 전문적인 유서이다. 청(淸)나라 때 편찬한 《광군방보(廣群芳譜)》는 오곡(五穀), 화초(花草), 수목(樹木), 약새(藥材) 등의 재료를 전문적으로 모아두었다. 송(宋)나라 오숙(吳淑)이 모은 것으로는 《사류부(事類賦)》가 있는데, 전고를 종류별로 모아 부(賦)의 형식으로 편성한 것으로, 전송(傳誦)하기에 편리하여 유서에 대해 새로운 방식을 개척한 것이다. 이후에 촌숙(村塾)에서의 《유학경림(幼學瓊林)》이 바로 이러한 방식으로 편집하여 학동들이 읽도록 제공된 것이다. 송(宋)나라 말기 음시부(陰時夫)의 《운부군옥(韻府群玉)》은 운에 따라 고사(古事)를 편집한 것으로, 청(淸)나라 때에는 《패문운부(佩文韻府)》가 있다. 운에 따라 편찬한 것은 당시에 가장 편리한 배열 방식으로, 현재에는 이미 적당하지 않기 않다. 따라서 《사원(辭源)》과 《사해(辭海)》에서 이

---

70 '輯佚'은 이미 사라진 책을 수집하여 편집하는 것이다.

를 이었을 때에는 부수(部首) 배치법으로 고쳤다.

어떠한 유서나 사서(辭書)도 자료의 내원(來源)이 넓고 번잡하여, 상당 부분이 옮겨서 베낀 것이기 때문에, 잘못된 부분을 피하기 어렵다. 따라서 원서와 일일이 대조하여야 하고, 더욱이 과학적인 연구일 때에는 매우 필요한 부분이다.

제5장

———————————————

문장

제1절 어떻게 문장을 구성하는가?

　문장은 언어의 기초단위로, 언어에서 최소의 자유 운용 단위인 단어는 일정한 어법 규칙에 의거하여 문장을 구성해야 비로소 의미를 전달하고 생각을 교류할 수 있다. 따라서 단어의 의미를 설명할 때에도 이 단어와 그 단어가 문장 내에서 전후와 좌우의 단어들과의 관계를 고려해야만 한다.

　실사(實詞)는 문장을 구성하는 뼈대이다. 예를 들어《유의전(柳毅傳)》의 "저는 동정용군의 딸입니다.(妾, 洞庭龍君小女也.)", "저는 의로운 사내입니다.(吾, 義夫也.)" 이 두 문장에서 '妾', '女', '吾', '夫'는 모두 생각을 나타내는 데 가장 중요한 부분으로, 모두 실사이다. 실사가 뼈대이긴 하지만, 실사만 있다고 하면 원만하게 생각과 감정을 나타낼 수 없다. 위 두 문장의 두 허사 '也'와 같은 것이 만약 없다면 읽을 때에 무언가 빠진 것 같은 느낌을 받을 것이다. 이 두 개의 '也'는 '확신을 전달하는[傳信]' 어기조사로, 긍정의 어기를 나타내는 어기사이다. 이들은 '妾'과 '洞庭龍君小女', 그리고 '吾'와 '義夫' 사이가 동일한 관계임을 긍정하면서, 진술과 설명의 어기를 포함하여 상대방이 진술한 내용의 진실을 확신하도록 하는 기능이 있다. '也'가 없으면 이러한 긍정의 어기는 완전하게 전달되지 않는다. 따라서 유기(劉

洪)의 《조자변략자서(助字辨略自序)》에서는 다음과 같이 서술되어 있다. "문장을 구성하는 방식은 실사와 허사 두 가지에 불과하다. 실사는 그 몸체이지만, 허사는 그 정신이다.(構文之道, 不過實字, 虛字(即實詞, 虛詞)兩端, 實字其體骨, 而虛字其性情也.)" 옛날 사람들은 허사의 사용을 중시하였으니, 이는 우연한 것이 아니다.

허사는 어기를 나타내거나 관계를 설명하는 두 가지 역할을 있다. '也'는 긍정의 어기를 나타내고, '乎'와 '歟'는 의문의 어기를 나타내고, '哉'는 감탄의 어기 등을 나타내는데, 이들은 어기사이다. 관계를 설명하는 것으로는 전치사[介詞]가 주요한 부분으로, 예를 들어 하나의 '於'자에는 동작 행위와 시간, 처소(處所)의 관계를 나타내기도 하고, 또한 시동(施動)과 수동(受動)의 관계를 나타내기도 하며, 비교의 관계 등등도 나타낸다. 다음 예를 보자.

> 見有婦人、牧羊於道畔。(부인이 길 가에서 양을 치고 있는 것을 보았다.)
> 既而將訴於舅姑。(좀 지나서 시부모님께 호소하였다.)
> 賤妾不幸、今日見辱問於長者。(제가 불행하여 오늘 그대에게 질문을 듣습니다.)
> 視其妻、深覺類於龍女、而艷逸豐厚、則又過之。(그 처를 보자, 용녀와 닮았다고 깊게 깨달았지만 아름다움과 풍만함은 그보다 더 나았다.)
> (이상의 각 문장들은 《유의전(柳毅傳)》에서 인용한 것임.)

첫 번째 문장의 '於'는 처소를 가리키는 것이고, 두 번째, 세 번째 문장의 '於'는 시수(施受) 관계를 밝혀주는 것을 가리킨다. 네 번째 '於'는 비교를 나타내는 것이다. "類於龍女"는 유의(柳毅)의 부인과 용녀가 비슷함을

고대중국어 통론

말하는 것으로, 일종의 동일한 정도의 비교이다. 백거이(白居易)의 〈양류지(楊柳枝)〉 시(詩) : "한 그루 봄 바람에 마구 늘어난 가지, 금색보다 더 푸근하고 비단만큼 부드럽네.(一樹春風萬萬枝, 嫩於金色軟如絲.)" 또한 '於'로 비교를 나타내지만, 〈유의전〉에서의 '於'와 다른 점은 백거이의 시에서는 지나치거나 부족하거나의 차이점에 대한 비교라는 것이다. 이러한 두 가지 역할 이외에 허사는 또한 어기와 문장 어조의 경중장단(輕重長短)을 조절하는 역할을 한다. 예를 들어 《시(詩)·빈풍(豳風)·동산(東山)》에서의 "我東曰歸, 我心西悲(나는 동쪽으로 돌아가지만, 내 마음 서쪽에서 슬퍼하네.)"에서의 '曰'은 한 음절을 늘리는 의미가 없는 어조사로, 언어 예술이라는 관점에서 말하자면 이러한 역할 또한 대략 볼 수 없는 것이다.

실사와 허사는 모두 문장을 만드는 재료이지만, 재료가 있다는 것과 문장을 만든다는 것은 다른 이야기이다. 단어를 조합하여 문장을 만들 때에는 또한 다음 두 가지 조건이 있다. (1) 단어의 형태 변화. (2) 단어와 단어가 그 구조의 기능에 비추어 결합하는 일정한 순서. 형태 변화에 대해 말하자면, 중국어에서는 비교적 적지만 전혀 없는 것은 아니다. 예를 들어 첩자(疊字)와 '然'자(字)를 뒤에 붙이는 성분으로 덧붙여 사용하는 것은 일반적으로 형용사로, 다른 단어의 기능을 갖지 않는다. 《시(詩)·빈풍(豳風)·동산(東山)》의 "慆慆不歸(오랫동안 돌아오지 못했다.)", 《치효(鴟鴞)》의 "予唯音曉曉(내 울음소리 떨리네.)", 한유(韓愈) 《석정연구시서(石鼎聯句詩序)》의 "道士啞然笑(도사가 하하 웃었다.)", "道士寂然, 若無聞也(도사는 못 들은 듯이 침묵하였다.)", "二子怛然失色(두 사람은 놀란 듯이 낯빛을 바꾸었다.)" 등이 모두 그러하다. 단어의 순서는, 특히 중국어 문법에서는 중요한 요소로 고대중국어와 현대중국어가 또한 약간 다른 면이 있기 때문에 더욱 주의해야만 한다. 이후에 다시 언급할 것이므로 여기에서는 논의하지 않겠다.

앞에서 논의한 바를 종합하면, 하나의 문장을 이루기 위해서는 실사와 허사를 규칙적으로 운용해야만 한다. 일정한 단어의 순서에 맞추어 실사와 허사를 안배해야 생각과 감정을 효과적으로 완전하고 만족스럽게 드러낼 수 있다. 이 외에도 반드시 주의해야 하는 것으로는, 문장은 전체 대화 중간의 유기적인 부분으로 존재하는 것으로, 한 구절 한 구절의 구조 형식은 또한 전후좌우의 문장의 제약을 받아 변하고 바뀌어야 한다. 예를 들어 《사소아전(謝小娥傳)》의 "坐客未倦, 了悟其文(손님들이 아직 지치지 않았을 때, 그 문장의 의미를 알아챘다.)"에서 누가 문장의 의미를 알아챘다는 것인가? 만약 이 문장만을 따로 본다면 '손님이 바로 문장의 의미를 알아챘다(坐客 了悟其文)'고 오해할 수 있다. 그렇지만 이 문장 앞 부분의 "내가 마침내 제물(齊物) 스님에게 종이에 글을 써달라고 청하자, 난간에 기대어 빈 곳에 써주었는데, 생각을 모으고 곰곰이 따졌다.(余遂請齊公書於紙, 乃憑檻書空, 凝思默慮.)"라는 부분을 보았다면, 여기서 알아차린 사람은 바로 '나[余]'로, 작자인 이공좌(李公佐) 자신이다. 여기서 말하고자 하는 것은 "了悟"의 주어 '余'는 윗 문장에 이어서 생략한 것이다. 만약 독립된 여덟 글자만을 보면 이해할 수 없게 된다. 문장의 구조에 대해서 이야기할 때에는 해당 문장 이외에도 관련 있는 것에 대해서도 주의해야만 한다.

제2절 장문과 단문 및 구두(句讀)

단어를 조합하여 하나의 상대적으로 독립적인 완전한 생각을 전달할 수 있는 언어단위를 문장[句子]이라고 한다. 생각의 내용이 단순하다면 문장의 구조 또한 간명(簡單)하고, 내용이 복잡하다면 구조 또한 복잡하다. 여기에서 장문과 단문의 구별이 있게 된다. 예를 들어《열이전(列異傳)·송정백이 귀신을 잡다[宋定伯捉鬼]》: "汝復誰？"(너는 또 누구냐?) 이는 한 구절의 간단한 문장이다. 그렇지만《사소아전(謝小娥傳)》의 "娥因泣, 具寫記申蘭申春, 復父夫之仇, 〔與〕志願相畢, 經營終始艱苦之狀(사소아는 울다가, 자신이 신란(申蘭)과 신춘(申春)의 이름을 기록해 놓은 뒤 아버지와 남편의 원수를 갚아 뜻하던 바를 대략 이루게 될 때까지 고생스러웠던 일의 과정을 상세히 고했다.)" 이는 복잡하고 긴 문장이다. 문장을 알아내고자 하면, 먼저 이 언어구조가 하나의 완정한 생각을 전달하고 있는지를 판별해야 하며, 어떠한 한 언어구조가 완정한 생각을 전달하는지, 하나의 문장으로 여길 수 있는지 아닌지를 판별하고자 한다면, 구조의 내부 관계를 분석해야만 한다.

문장이 복잡하면서도 길어지는 이유는 두 가지 경우가 있다. 하나는 문장이 복문으로, 두 개 혹은 두 개 이상의 반독립적인 분문[分句]으로 구성된 것이다. 또 하나는 문장이 단문[單句]이긴 하지만, 그 속의 성분이 구조가 복잡한 구—수식구[偏正詞組], 연합구[聯合詞組], 동목구[動賓詞組], 주술구[主謂詞組], 전치사구조[介詞結構]—를 쓰고 있는 것이다.《사소아전(謝小娥傳)》을 가지고 말하자면, 완전한 문장은 "娥因泣"과 "〔娥〕具寫記申蘭申春……" 등 두 개의 분문으로 구성된 평행한 복문이다. 이 문장은 "汝復誰"보다는 복잡하다. 이 문장이 복잡하고 길지만, 주요한 원인은 두 번째 분문 내부의 조직이 복잡해서이다. 만약 "娥因泣"이라는 문장을 말하지 않고 놔두면, 두 번째 분문을 하나의 단문으로 분석해야 한다.

〔娥〕‖ 具 ｜ 寫記申蘭申春…… 之狀

〔사소아가〕‖ 갖추었다. ｜ 신란 신춘을 기록한 …… 내용을

　　그렇다면 이 문장의 기본 구조는 또한 주어가 생략된 주어에 술어와 목적어를 더한 것일 뿐이다. 그렇지만 목적어는 복잡한 구로, 이 구는 '狀'을 중심으로 하는 수식구에 그 수식어는 '艱苦'이고, '艱苦'는 또 하나의 수식어가 있는 것으로 그 수식어는 다음과 같다.

　　寫記申蘭申春、復父夫之仇、志願相畢、經營終始

　　"寫記申蘭申春, 復父夫之仇, 志願相畢"과 "經營終始"는 동위(同位)의 관계로, 전자는 "經營終始"의 구체적인 내용이다. "寫記…… 相畢" 또한 연합구조로, 그 중에서 "寫記申蘭申春"과 "復父夫之仇"는 모두 동목구이고, "志願相畢"은 "行事(원수를 갚는 과정을 가리킨다.)與志願相畢[1]"을 생략하여 말한 것으로, 구조에 대해서 이야기하면 하나의 수식구이다.("〔與〕志願"이고, '相'은 '畢'의 부사이다.) "經營終始"는 또한 동보구이다. 이러한 관계와 조직으로 구성된 하나의 완정한 '단문[單句]'으로, 만약 이 문장을 또 다시 나누고자 하여, 그 일부분을 제거하면(예를 들어 '具'나 "復父夫之仇", "之狀" 등을 잘라내면), 완정한 의미를 전달할 수 없게 된다. 다시 말하자면 이러한 '단문'은 몇 개의 단문으로 다시 나눌 수 없다. 《사소아전》 내에 또 하나의 복잡한 문장이 있다. "後數日, 告我歸牛頭山, 扁舟泛淮, 雲游南國, 不復再

1　원수 갚는 일이 끝나지 않았다면 원수 갚고자 하는 의지 또한 사그라들지 않음을 의미한다.

遇.(며칠 뒤에 우두산으로 돌아간다며 내게 고해 왔는데, 작은 배를 타고 회수(淮水)를 건너 남국(南國)을 구름처럼 떠돌아다니는 동안 다시는 그녀를 만나보지 못했다.)" 같은 방식으로 분석을 해보면, 분석을 거치고 난 뒤에는 하나의 장문이다. 각 성분의 내부 구조를 분석해보면 확실히 복잡하지만, 이러한 복잡한 구조를 종합하여 그 문장의 기본 구조를 살펴보면 매우 간단하다.

옛 사람들은 하나의 완전한 문장을 이야기한 이후 쉬는 것을 '句(구)'라고 하고, 문장 내부 구조 속에서 잠깐 쉬는 것——— 분문[分句], 주술구[主謂詞組]———을 '讀(두)'라고 하고, 연합 성분 사이 또는 주어와 술어 사이에 더욱 짧게 쉬는 것을 '頓(돈)'이라 하였다. 문장을 낭송(朗誦)할 때에, 만약 '句', '讀', '頓'을 잘 구분하여 읽어낸다면 읽고자 하는 문장의 이해에 있어서 이미 "思過半矣(생각하는 것이 반을 넘어섰다.)[2]"하는 것으로, 이것은 우리가 노력해서 도달해야 하는 점이다. 여기서는 《장자(莊子)·마제(馬蹄)》와 포조(鮑照) 《무성부(蕪城賦)》를 예로 들어 어떤 것이 '句'이고, 어떠한 것이 '讀', '頓'인지 상세히 밝힐 것이다.

《장자(莊子)·마제(馬蹄)》: 馬[頓], 蹄可以踐霜雪[讀], 毛可以禦風寒[讀], 齕草[頓], 飲水[讀], 翹足而陸[3][讀], 此馬之真性也[句]。(말은, 발굽은 서리와 눈을 밟을 수 있고, 털은 차가운 바람을 막을 수 있으며, 풀을 뜯고 물을 마시며 발을 들어 뛴다. 이것이 말의 본성이다.)

포조(鮑照) 《무성부(蕪城賦)》: 澤葵依井[讀], 荒葛胃塗(途)[句]。壇羅虺蜮[頓]、蜮[讀], 階鬥麔[頓]、鼯[句]。木魅[頓]、山鬼[頓]、野鼠[頓]、

---

2 [역주] 《주역(周易)·계사하(繫辭下)》에 나오는 구절이다.
3 '陸'은 '踛'의 통가자로, 뛰다의 의미이다.

城狐[頓]，⁴風號[頓]、雨嘯[讀]，昏見[頓]、晨趨[句]。飢鷹厲吻[讀]，寒鴟嚇雛[句]。伏虺[頓]、藏虎[讀]，乳血[頓]、飧膚[句]。(푸른 이끼는 우물에 붙어있고, 거친 붉은 도로에 그물처럼 깔렸네. 제단은 살무사와 물여우가 망을 친 듯 둘러싸고, 섬돌에는 노루와 날다람쥐가 다투듯 나온다. 나무의 정령과 산의 요괴, 들쥐와 성안에 있는 여우는 비바람에 소리치고, 해지면 나타나고 새벽에 달아난다. 배고픈 매는 부리를 날카롭게 하고, 겨울 밤 올빼미는 병아리들을 위협한다. 오싹한 〈분위기를 풍기는〉 올빼미는 작은 새들을 위협한다. 엎드려 있는 맹수, 숨어 있는 호랑이는 피를 빨고, 살을 먹는다.)

《장자(莊子)》의 첫 번째 '馬'자는 전체 문장의 주어로, 읽을 때에 반드시 쉬어주어야 하고, '馬蹄'를 이어서 읽으면 안된다. 〈무성부〉의 "壇羅虺蜮"과 "階鬪麞鼯" 이 두 단위는 어떻게 분석하더라도('壇', '階'를 주어로, '虺蜮' '麞鼯'를 목적어로 하거나, 혹은 '壇', '階'를 부사어로, '虺蜮', '麞鼯'를 후치한 주어로 하는 등), 만약 서로간에 영향 주는 부분을 살펴보지 않는다면, 모두 독립적으로 문장을 이룰 수 있는 것이다. 현재는 그들의 구조가 같아 함께 놓아 경계가 황량하다는 하나의 생각을 함께 나타내기 때문에, 따라서 두 개의 분문이 합쳐진 하나의 복문으로 정한다. 이를 다시 말하자면 두 개의 '讀'를 가지고 하나의 '句'로 삼는 것이다. "木魅山鬼, 野鼠城狐"는 여러 사물이 겹쳐 있어 하나의 주어를 이루는 것으로, 네 개의 '頓'이지만 두 개의 '讀'로 할 수도 없고, '句'로 볼 수도 없다. "伏虺藏虎"은 엎드려 있는 맹수와 숨어 있는 호랑이로, 또한 두 개의 '頓'이 합쳐서 하나의 주어를 이룬다.

4　[역주] 원문에서는 '、'으로 되어 있는데, 문맥상 이 기호는 ', '이 되어야 한다. 이에 따라 고쳤다.

　　　　　　　　　　　　　　　　고대중국어 통론

'㷆蟻' 등과 같은 예이다.

옛날 사람들의 문장 내에는 하나의 글자를 하나의 '讀'로 삼는 경우가 있으니, 가장 주의해야 한다. 왜냐하면 단지 한 글자라서 윗문장이나 아랫문장에 이어져 나뉘어지지 않아 의미상에서 실수를 하는 경우가 있기 때문이다. 예를 들면,

人生十年曰幼、學。二十曰弱、冠。三十曰壯、有室。四十曰强、而仕。五十曰艾、服官政。六十曰耆、指使。七十曰老、而傳。八十、九十曰耄、七年曰悼、悼與耄、雖有罪、不加刑焉。百年曰期、頤。(사람의 일생에서 열 살을 '幼(유)'라고 하고, 공부를 한다. 스무 살을 '弱(약)'이라고 하고, 관례(冠禮)를 한다. 서른 살을 '壯(장)'이라 하고, 장가를 간다. 마흔 살을 '强(강)'이라 하고, 일을 한다. 쉰 살을 '艾(애)'라고 하고, 관직에 종사한다. 예순 살을 '耆(기)'라 하고, 지시하며 남을 부린다. 일흔 살을 '老(로)'라 하고, 전수(傳授)한다. 여든, 아흔 살을 '耄(모)'라고 한다. 일곱 살을 '悼(도)'라고 하는데, '悼'와 '耄'는 비록 죄가 있어도 형벌을 더하지 않는다. 백살을 '期(기)'라고 하고, 보호를 받는다.)《예기(禮記)·곡례(曲禮)》

이 단락의 문장은 사람의 일생에서 때마다 거쳐가는 명칭과 그 단계에서의 생활 또는 해야 하는 일의 상황을 진술한 것이다. 여기에서의 의미는 다음과 같다. 인생에 있어 열 살 안쪽에 있을 때에는 '幼'라 하고 이 때가 되면 학문에 들어서야만 한다. 이하 내용도 이러한 점에 비추어 미루어 볼 수 있다. '而仕'나 '服官政'도 모두 앞 문장에 이어서 읽으면 안되고, "八十, 九十曰耄, 七年曰悼"는 각각 하나의 '讀'로 읽는다. 이러한 점에서 알 수 있는 것은 '幼', '弱', '壯', '强', '艾', '耆', '耄', '期' 모두 앞 문장과 이어서 하나

의 '讀'로 읽지만, '學', '冠', '有室', '而仕', '服官政', '指使', '頤'는 모두 각자가 하나의 '讀'가 되어야 한다. "百歲曰期, 頤"는 백 살이 되면 생활의 한 과정이 이미 도달한 것으로, 이 때에는 다른 사람의 보살핌을 받아야 한다. 정현(鄭玄)의 주(注)에서는 다음과 같이 보았다. "'期'는 필요하다[要]는 말과 유사하다. '頤'는 보살피다[養]의 의미이다. 의복과 먹을 것에 대해서 알지 못하기 때문에 효자는 보살피는 도리를 다해야만 할 뿐이다.(期猶要也 ; 頤, 養也. 不知衣服食味, 孝子要盡養道而已.)" '期頤'로 이어서 '曰'의 목적어로 풀이한다면 이는 틀리게 된다.[5]

또 다음과 같은 예가 있다.

〔晉公子重耳〕及曹。曹共公聞其駢脅、欲觀其裸。浴、薄而觀之[6]。

((진(晉)나라 공자(公子) 중이(重耳)가) 조나라에 도착하였다. 조공공(曹共公)은 그가 변협(駢脅, 갈비뼈가 통뼈임을 나타냄.)임을 듣고서는 그가 벗은 모습을 보고자 하였다. 목욕했을 때에 휘장을 펼쳐서 몰래 그를 훔쳐 보았다.)

《좌전(左傳)·희공(僖公) 23년》

여기에서의 "欲觀其裸"는 조공공(曹共公)이 중이(重耳)의 벗은 모습을

---

5   《예기(禮記)·사의(射義)》: "팔구십 세나 백 세가 되면 도리를 행하더라도 흔들리지 않는다.(旄(通'耄')期稱道不亂.)" 이는 팔십 세나 백 세가 되면 도리를 행하더라도 흔들리지 않는다는 것을 말하는 것으로, 여기서의 '期'가 '頤'와 이어서 읽지 않음을 보여준다. 후대 사람들이 스무 살을 '弱冠', 서른 살을 '壯室', 마흔 살을 '强仕', 백 살을 '期頤'라고 하는 것은 《曲禮》에서 온 것이지만, 이러한 것은 글자 자체만을 취한 것으로, 원래의 독법과는 관계 없다.

6   '薄'은 발이나 휘장 같은 것으로, "薄而觀之"는 휘장을 펼쳐 뒤에 숨어서 몰래 살펴본 것이다.

보고자 한 것이다. '浴'은 중이가 목욕하는 것으로, 조공공이 중이가 목욕할 때에 그를 몰래 훔쳐 보았다. 만약 '浴'자를 윗 문장에 붙여서 읽는다면 조공공의 의도를 확실하게 드러내서 말할 수 없을 것이다. 그가 하고자 하는 것은 중이의 벗은 몸을 보는 것이지(이렇게 해야 그의 변협을 볼 수 있기 때문이다.), 그가 옷을 벗고 목욕하는 것을 보고자 함이 아니다. 그리고 만약 '浴'을 윗문장에 붙여서 읽으면, "薄而觀之" 또한 조공공이 하고자 하는 일이지, 조공공이 했던 사실을 기록하는 것이 아니게 된다. '浴' 이 한 글자가 윗문장에 속하느냐 아니냐는 의미 파악에 있어 매우 영향이 있다. 하나의 글자가 하나의 '讀'가 되는 문장은 적지 않기 때문에, 반드시 문맥을 세밀하게 살피고서 나누어 주어야, 문장의 구조를 정확하게 이해할 수 있다. 아래의 예도 깊이 살펴볼 만하다.

子曰：“隱者也。” 使子路反見之。至、則行矣。(공자가 말하였다. “은자이다.” 자로가 돌아가 그를 만나도록 하였다. 도착하자, 그는 떠났다.)《논어(論語)·미자(微子)》

〔李陵〕將八百騎、深入匈奴二千里、過居延視地形、不見虜、還。(〔이릉(李陵)이〕 팔백 기를 거느리고, 흉노(匈奴)의 이천 리를 깊게 들어가서 거연(居延)을 지나며 그 지형을 살피고서는 흉노를 보지 못하자, 돌아왔다.)《한서(漢書)·이릉전(李陵傳)》

喜思益苦、務欲壓道士。每營度欲出口吻、聲鳴益悲、操筆欲書、將下復止；竟亦不能奇也。畢、即傳道士。(후희(侯喜)는 생각하는 것이 갈수록 힘들어졌으나 반드시 도사를 압도하겠다는 심정을 다잡았다. 마음속으로 이모저모 생각한 뒤, 막상 생각한 바를 입 밖으로 내려고 하면 소리는 갈수록 더 처량해지고, 붓을 잡고 쓰려고 하면 또 멈추게 되어버려 끝내 기발

한 시구를 토해낼 수 없었다. 마친 뒤에 도사에게 순서를 전하였다.)(한유(韓
愈)《석정연구시서(石鼎聯句詩序)》)

제3절 절과 구[7]

문장이 길어지는 까닭은, 하나의 원인으로는 절 또는 구를 문장을 만드
는 성분으로 사용하기 때문이다. 아래의 두 문장은 길고 짧음이 같지는 않
지만 기본적으로 구조는 같다.

> 自此(전치사구조, 술어 '接'의 부사어)富商貴介(주어), 日(술어 '接'의 부
> 사어)接(술어)於門(전치사구조, 술어 '接'의 보어).(이 때부터 부유한 상인과
> 귀한 신분의 사람들이 날마다 문 앞에서 맞이하였다.)──《요재지이(聊
> 齋志異)·서운(瑞雲)》
> 段之兄弟、謝之生侄(姪)、與童僕輩數十(주어)、悉(부사어)沉(술어)於
> 江(보어).(단거정(段居貞)의 형제들과 사소아의 조카들, 그리고 동복(童僕)
> 수십 명도 모두 강에 빠졌다.)──《사소아전(謝小娥傳)》

후자의 문장이 길어진 이유는 그 주어가 하나의 복잡한 연합구로, 그
연합의 성분 중에 또한 두 개의 수식구가 있고, 하나는 '童僕輩'와 '數十'으
로 구성된 동위성(同位性)구이다. 문장 내에서 절 또는 구의 지위를 확실하

---

7   [역주] 이는 '詞組'를 번역한 것으로, 글자 그대로는 단어가 조합된 것이라 하지만, 문법
    단위 중 절과 구의 의미를 함께 섞어서 쓰고 있다. 따라서 적절한 형태로 나누어 번역하고
    자 한다.

        고대중국어 통론

게 구별할 수 있다면, 문장의 구조를 확실하게 알 수 있다. 아래에서는 몇 가지 절 또는 구의 구조에 대해서 요약하여 서술하고자 한다.

1. 주술구조에서 바뀐 수식구, '其'자가 관형어인 구

일반적인 수식절 또는 구는 하나의 수식어를 중심어(中心語) 앞에 더하는 것으로, 수식어와 중심어 사이에 '之'자를 이어 쓰거나 혹은 쓰지 않는다. 주술구조는 서술 당하는 성분과 서술로 사용하는 성분으로 구성된다. 예를 들어 "父死(아버지가 죽다.)", "娥女人"(娥는 여성이다.) 등이 있다. 하나의 주술구조는 하나의 문장, 하나의 분문 또는 하나의 문장 성분이 될 수 있다. 예를 들어 주술구조 중간에 '之'자를 삽입하면 이 구조는 수식구로 바뀌고, 종종 문장을 이루지 못한다. 예를 들면,

> 初、父之死也、小娥夢父謂曰："殺我者、車中猴、門東草。"(이전에 아버지가 죽었을 때에, 소아는 꿈에서 아버지의 말을 들었다. "나를 죽인 사람은 수레 속에 있는 원숭이이고, 문 동쪽의 풀이다.[8]")《사소아전(謝小娥傳)》
>
> 已二歲餘、〔申蘭〕竟不知娥之〔爲〕女人也。(이 년이 지나고서도 〔신란(申蘭)은〕 결국 사소아가 여성인지 알지 못하였다.)《사소아전》

"父死"와 "娥女人"은 일정한 환경 내에서는 독립적으로 문장을 이룰

8　[역주] "車中猴"는 '車'자 내에서 '원숭이'를 뜻하는 '申'자를 풀어서 설명한 것이고, "門東草"는 '蘭'자를 파자(破字)로 풀이한 것이다.

수 있다. 그렇지만 '之'자를 더하면 문장을 이룰 수 없다. 위의 예문 중에서 "父之死也"는 '夢'의 부사어이고, "娥之女人"은 '知'의 목적어로, 모두 문장을 이루는 하나의 성분이다. 또한 다음 예를 보자.

子之哭也、壹似重有憂者。(그대가 우는 것은 오로지 근심이 크게 있는
· · · ·
듯하다.)《예기(禮記)·단궁하(檀弓下)》

"子之哭也"는 문장에서의 주어이다.

이 세 가지 수식구 중에서, 두 번째 예인 "娥之女人"는 특수한 의미는 없지만, 세 번째 예인 "子之哭也"와 뒤에 이어지는 "重有憂"에는 인과관계(因果關係)가 있다. '憂(근심)'은 원인이고, '哭'는 결과로, 이는 잘 살펴야 얻어낼 수 있는 것이다. 첫 번째 예인 "父之死也"는 시간을 나타내는 부사로, 옛날 사람들의 문장에서 이러한 수식구를 사용하는 것은 매우 많다. 예를 들면,

大道之行也、天下爲公。(큰 도리가 시행되면 천하는 공적인 것이 된다.)
《예기(禮記)·예운(禮運)》
晉公子重耳之及於難也、晉人伐諸(之於)蒲城。(진(晉)나라 공자 중이가
난리를 당하였을 때, 진나라 사람들은 포성(蒲城)을 공격하였다.)《좌전(左
傳)·희공(僖公) 23년》
秦之圍邯鄲、趙使平原君合從求救於楚。(진(秦)나라가 한단(邯鄲)을 포
위하였을 때에, 조(趙)나라에서는 평원군이 초(楚)나라에서 구조를 연합하여
요청하도록 하였다.)《사기(史記)·평원군열전(平原君列傳)》

이러한 문장들은 특히 주의해야 한다.

이러한 절 또는 구는 하나의 변형이 있으니, " …… 之"가 '其'로 변한 것이다. 이러한 형식에서 '其'는 삼인칭 대체사로[9], '其'의 가장 보편적인 역할은 종속 관계를 나타내는 것이다. 이러한 점은 아래에 예에서 볼 수 있다.

> 孟子(孟明)！吾見師之出而不見其入也。(맹명아! 나는 군대가 나가는 것은 보겠지만, 그들이 들어오는 것은 보지 못할 것이다.)《좌전(左傳)·희공(僖公) 33년》

여기에서 "其入"과 "師之出"이 문장 내에서 동일한 것으로, "師之入"과 같은 것이다. 이러한 변형된 구는 기능이 변하지 않은 것과 같다. 예를 들자면,

> 是知其不可而爲之者與?(이는 그것이 안 되는 줄 알면서도 하는 사람이지요?)《논어(論語)·헌문(憲問)》 ── 목적어로 쓰였다.
>
> 子謂子産：“有君子之道四焉：其行己也恭、其事上也敬、其養民也惠、其使民也義。”(공자가 자산(子産)에 대해 말하였다. “군자의 도리는 네 가지가 있다. 스스로 행동함에는 공손하고, 윗사람을 섬기는 데에는 공경하고, 백성들을 보살피는 데에 있어서는 은혜롭고, 백성들을 부리는 데에 있어서는 믿음직하다.”)《논어(論語)·공야장(公冶長)》 ── 주어로 쓰였다.
>
> 方其破荆州、下江陵、順流而東也、旌旗蔽空、舳艫千里、釃酒臨

---

9 [역주] '其'를 이 책의 저자는 인칭 대체사로 보고 있으나, 일반적으로는 지시 대체사로 보는 견해가 지배적이다. 한국어 지시 대체사로서의 '그'에 해당한다.

江、橫槊賦詩、固一世之雄也。(때마침 그가 형주(荊州)를 격파하고 강릉(江陵)을 무너뜨려, 물결 따라 동쪽으로 내려올 때, 깃발은 하늘을 덮고, 선단은 앞뒤가 천 리이네. 술 거르며 강을 바라보면서, 창을 가로로 뉘어놓고 시 지을 때에는 진실로 한 때의 영웅이었지.)(소식(蘇軾)《적벽부(赤壁賦)》)
—— 부사어로 쓰이며 시간을 나타낸다.

'其'자가 "…… 之"를 대체하고 이후의 '중심어'와 수식구를 이루니, 이것이 그것의 구조 형식이다. 또 하나의 구조 형식으로는 단지 하나의 명사와 같은 것으로, 술어 앞에 덧붙여 주술구조를 만드는 것이다. 예를 들어,

親舊知其如此、或置酒而招之。(친구가 그가 이러한 사정(가난함)을 알고서는 술을 두고서 그를 부르기도 한다.)(도잠(陶潛)《오류선생전(五柳先生傳)》)

劉往見衡湘間人、説云："年九十餘矣。解捕逐鬼物、拘囚蛟螭虎豹。" 不知其實能否也。(유사복(劉師服)은 전에 형산(衡山)과 상강(湘江) 일대의 사람들이 하는 말을 들은 적이 있었다. 거기서 말하길, "헌원미명은 나이가 구십 살이 넘었으며, 귀신이나 요괴를 붙잡아 내쫓고 교룡과 뿔 없는 용이나 호랑이와 표범까지도 잡아 가둘 줄 안다." 그가 실제로 그렇게 할 수 있는지 어떤지는 알지 못했다.)(한유(韓愈)《석정연구시서(石鼎聯句詩序)》)

위의 문장을 현대 중국어로 번역해보자면 "其如此"는 "知道他這樣(그가 이와 같음을 안다.)"로, "不知其實能否也"는 "不知道他實在能還是不能(그가 실제로 할 수 있는지 아니면 할 수 없는지 알지 못한다.)"로 할 수 있을 것이다. 이와 같은 구조 속에서 '其'는 주어이다. 그렇지만 반드시 주의해야 하는 것으로는 '其'를 사용하여 구성된 주술구조는 절대로 단독으로 문장을

이룰 수 없고, 단지 문장 내의 한 성분으로 쓸 수 있다. 위에서 든 두 예는 모두 그러하다. 이를 다시 말하자면 완정한 문장의 주어가 될 수 없다는 것이다.

삼인칭 대체사인 '其'는 '他的', '她的', '它的'[10]로 설명하고서 하나의 명사 앞에 오게 된다. 예를 들어 "其母蔡媼(그의 포주인 채(蔡)씨 할머니)"(《요재지이(聊齋志異)·서운(瑞雲)》) 등의 종류는 당연히 '其'자의 가장 보편적인 용법으로 여기에서는 이야기하지 않은 것이다.

2. 전치사 구조[11]

하나의 전치사와 그 목적어로 전치사 구조를 구성한다. 전치사 구조는 하나의 동사 혹은 형용사 술어의 부가 성분으로, 주어와 목적어 이외의 어떠한 동작행위 혹은 어떠한 성질과 관련이 있는 사람이나 사물을 나타내는 데에 쓰인다. 이 때문에 전치사 구조는 복잡한 문장에서 중요한 구성 성분이다. 문언문(文言文)에서 중요한 전치사 구조는 전치사 '以', '於', '爲', '與'로 구성되어, 서술에 편리함을 위해 여기에서는 "'以'자 구조", "'於'자 구조" 등으로 부르고 여기에서 순서대로 각각 논의할 것이다.

(1) '以'자 구조

'以'는 백화(白話) 중의 '用(~를 써서)', '拿(~를 가지고)' 또는 '按照(~에 비

---

10   [역주] 각각 한국어의 '그의', '그녀의', '그것의'에 해당한다.

11   [역주] 전치사는 '介詞'를 번역한 것으로, 좀 더 익숙한 용어를 사용하였다.

추어)'에 해당한다. 그의 목적어가 공구, 근거 혹은 원인임을 나타낸다. 예를 들어,

〔秀才〕以一指按女額、曰：“可惜、可惜！”(〔수재가〕한 손가락으로
그녀의 이마를 누르며 말하였다. "애석하도다, 애석하도다!")

故以小術晦其光而保其璞。(따라서 작은 술법으로 그 빛을 어둡게 하여
그 보옥을 보호하였다.)

即令以盥器貯水、戟指而書之。(바로 대야에 물을 담도록 하여, 손가락
을 세워 거기에 무언가를 썼다.)(지금까지《요재지이(聊齋志異)·서운(瑞雲)》)

이 세 개의 '以'자 구조는 모두 동작이 쓰이는 공구임을 나타내는 것으로, 의미는 좀 추상적이지만 '~을 기반으로[憑借]' 혹은 '~에 비추어[按照]'의 의미이다.

久之、能以足音辨人。(좀 지나자, 발 소리로 사람을 판별할 수 있었다.)
(귀유광(歸有光)《항척헌기(項脊軒記)》)

以吾心之思足下、知足下懸懸於吾也。(제가 그대를 생각하는 마음을 통
해 그대가 늘 저를 잊지 않고 생각하고 있음을 압니다.)(한유(韓愈)《여맹동
야서(與孟東野書)》)

斧斤以時入山林。(도끼를 때에 맞추어 산림에 들어가 도끼질 한다.)(《맹
자(孟子)·양혜왕상(梁惠王上)》)

餘船以次俱進。(남은 배들이 순서대로 모두 나아갔다.)(《자치통감(資治通
鑑)·적벽지전(赤壁之戰)》)

두 예의 '以'는 모두 '憑(~에 근거하여)'로 풀이할 수 있다.(그 중 뒤의 예는

고대중국어 통론

'拿(가지고)'로 풀이할 수도 있다.) 뒤의 두 예는 모두 '按[맞추어, ~대로]'으로 풀이할 수 있다. "斧斤以時入山林"에서, "入山林"은 목재(木材)를 채벌(採伐)하는 것으로, 목재를 채벌할 때에는 일정한 시기에 맞추어야 목재의 생장(生長)에 방해를 하지 않을 수 있다.

또 하나의 추상적인 의미로는 '因爲[때문에]'를 나타내는 것이다. 예를 들어,

> 卿盛時猶能知我、我豈以衰故忘卿哉！(그대가 잘 되었을 때에도 오히려 나를 알아주었는데, 내가 어찌 쇠망했다는 이유로 그대를 잊겠습니까!)
> 天下惟真才人爲能多情、不以妍媸易念也。(천하에 오직 진정한 재주 있는 사람만이 다정할 수 있으니, 미추(美醜)로 마음을 바꾸지는 않습니다.)
> (지금까지 《요재지이(聊齋志異)·서운(瑞雲)》)
> 竹工破之、刳去其節、用代陶瓦、比屋皆然、以其價廉而工省也。(죽세공이 쪼개고, 그 마디를 긁어내어, 구운 기와를 대신한다. 집집마다 모두 그러한 까닭은 그 값이 저렴하고 수고를 덜기 때문이다.) (왕우칭(王禹偁)
> 《황강죽루기(黃岡竹樓記)》)

공구와 기대는 것을 나타내는 '以'자 구조는 위의 예문에서 모두 술어 앞에 덧붙였는데, 또한 술어 뒤에 덧붙이기도 한다. 예를 들어 《맹자(孟子)·양혜왕상(梁惠王上)》의 "殺人以梃與刃, 有以異乎?(몽둥이와 칼날로 사람을 죽이는 것과 다를 까닭이 있습니까?)"와 《논어(論語)·공야장(公冶長)》의 "御人以口給(말재주로 다른 사람들을 막아낸다.)" 등이 모두 이러하다. 또한, 이러한 구조에서 '以'자의 목적어는 또한 '以'자의 앞에 둘 수 있다. 예를 들면,

思欲罄家以博一歡。(생각은 온 집안을 뒤집어 한 번의 즐거움에 걸고 싶었다.)

媼頻喚瑞雲以促之。(할머니는 자주 서운을 불러 재촉하였다.) (지금까지 《요재지이(聊齋志異)·서운(瑞雲)》)

이 두 문장은 다음과 같이 바꿀 수 있다. "思欲以罄家博一歡" 그리고 "媼頻以喚瑞雲促之". 또한 다음과 같다.

如小娥、足以〔之〕儆天下逆道亂常之心、足以〔之〕觀天下貞夫孝婦之節。(사소아와 같은 이는 세상에서 도를 거스르고 윤리를 어지럽히는 사람들의 마음에 경계가 될 수 있고, 천하의 정부효부(貞夫孝婦)의 절개를 볼 수 있다) (《사소아전(謝小娥傳)》)

두 개의 '以'자 뒤에 '之'자가 생략되었는데, '之'는 바로 '小娥'로 또한 '以'자의 목적어가 앞쪽에 놓인 예이다.

'以'자는 또 하나의 용도가 있는데, 바치거나 주는 사물을 꺼내는 것이다. 이러한 용법은 공구를 나타내는 의미에서 파생된 것이다. 예를 들면,

賜(命婦)以湯沐。(명부(命婦)에게 목욕할 수 있도록 허락하였다.) (진홍(陳鴻)《장한가전(長恨歌傳)》)

投我以木桃、報之以瓊瑤。(나에게 풀명자 열매를 던지시니, 아름다운 옥으로 보답하네.) (《시(詩)·위풍(衛風)·모과(木瓜)》)

先以書遺操、詐云欲降。(먼저 편지로 조조에게 보내어, 항복하고 싶다고 거짓으로 말하였다.) (《자치통감(資治通鑑)·적벽지전(赤壁之戰)》)

위의 예에서 볼 수 있는 것으로는, 이러한 종류의 '以'자 구조는 술어의 앞이나 뒤에 놓을 수 있기 때문에, 다음과 같이 말할 수도 있다. "以木桃投我者, 我以瓊瑶報之.", "先遣操以書, 詐云欲降." 의미상으로는 큰 차이가 없다.

'以'자는 또한 술어에서 시간을 알려주기도 한다. 다음 예와 같다.

> 娶清河張氏女 ······ 以其月二十五日、從葬偃師之土婁。(청하(清河)의
> 장씨 딸에게 장가들어 ······ 그달 25일에 언사(偃師)의 토루(土婁)에서 따라
> 장사지냈다.) (한유(韓愈)《당고하남부왕옥현위필군묘지명(唐故河南府王
> 屋縣尉畢君墓志銘)》)

(2) '於'자 구조

'於'자는 술어에서 처소와 시간을 소개하고, 방면(方面), 원인, 대상 등을 소개하는 데에도 쓰인다. 처소를 소개하는 것으로는 소재(所在), 유래(由來), 귀추(歸趨)[12] 세 가지로 나눌 수 있다. 예를 들면,

> 於是携酒與魚、復游於赤壁之下。(이 때에 술과 물고기를 들고, 적벽 아
> 래에서 다시 노닌다.)(소식(蘇軾)《후적벽부(後赤壁賦)》) —— 소재, 즉 활
> 동하는 곳을 나타낸다.
> 今之衆人、其下聖人[13]也亦遠矣、而恥學於師。(지금의 일반 사람들은
> 성인보다 못하기가 매우 심하지만, 스승에게서 배우는 것을 부끄럽다고 여

---

12 [역주] 돌아가는 상황이나 형편 등을 가리키지만, 여기에서는 도착점을 말한다.

13 '下聖人'은 성인보다 못하다는 말이다.

긴다.)(한유(韓愈)《사설(師說)》—— 유래를 나타내는 것으로, 의미는
스승으로부터 배운다는 것이다.

段之兄弟、謝之生姪、與童僕輩數十、悉沉於江。(단거정(段居貞)의 형
제들과 사소아의 조카들, 그리고 동복(童僕) 수십 명도 모두 강에 빠졌다.)
《사소아전(謝小娥傳)》—— 귀추, 즉 도달하는 장소를 나타낸다.

다음은 시간을 나타내는 '於'자 구조이다.

於斂之二十日、其妻與其子、以君之喪、旋[14]葬於汝州。(염한지 20일
이 되어, 그의 처와 자식은 최한(崔翰)의 상 때문에 여주(汝州)에 돌아가서
장사지냈다.)(한유(韓愈)《최평사묘명(崔評事墓銘)》)

소재를 나타낸다고 하는 구체적인 용법에서 파생하여 방면(方面)을 나
타내는 의미가 나온다. 예를 들면,

樂令善於清言、而不長於手筆。(악광(樂廣)이 청언(清言)은 잘 하였으
나, 손으로 글을 짓는 일은 잘 하지 못하였다.)《세설신어(世說新語)·문학(文
學)》

玄宗在位日久、倦於旰食宵衣。(현종(玄宗)이 재위한지 오래 되자, 정사
(政事)에 열심히 근무하는 것에 실증냈다.)

樂天、深於詩、多於情者也。(백낙천(白樂天)은 시에 조예가 있고, 정감
에 대해 감정이 풍부한 사람이다.) (지금까지《장한가전(長恨歌傳)》)

---

14 '旋'은 돌아가다는 뜻이다.

위의 예문들은 다음과 같은 내용을 말하는 것이다. 첫번째 예문은 청담(淸談) 방면에는 매우 재주가 뛰어나지만, 글을 짓는 방면에는 재주가 없다. 두번째 예문은 정사 방면에 이미 질렸다. 세번째 예문은 시라는 방면에는 내공이 깊고, 감정적인 방면에서는 풍부하다.

유래를 나타내는 구체적인 용법에서 파생하여 원인(原因)을 나타내는 의미가 나온다. 예를 들면,

> 然後知生於憂患、而死於安樂也。(그런 후에 걱정 때문에 살고, 편안함 때문에 죽는다는 것을 알게 된다.)《맹자(孟子)·고자하(告子下)》
>
> 聖人之所以爲聖、愚人之所以爲愚、其皆出於此乎？(성인이 성스러운 까닭과 어리석은 사람이 어리석은 까닭은 아마도 모두 여기에서 나오는 것이겠지요?) (한유(韓愈)《사설(師說)》)

"生於憂患, 而死於安樂"은 걱정 때문에 살고, 편안함 때문에 죽는다는 것을 말하는 것이지, 삶과 죽음이 걱정과 안락한 환경 속에 있다는 것이 아니다.《사설(師說)》의 예는 성인은 '이것[此]' 때문에 성스러운 것이고, 어리석은 사람은 '이것' 때문에 어리석음을 말한 것이다.('이것[此]'는 스승을 따르느냐 혹은 스승을 따르지 않느냐를 가리키는 것이다.) 이러한 점에서 보자면, 원인을 나타내는 의미는 유래를 나타내는 용법에서 나왔다는 것이 매우 명확하다.

귀추(歸趨)——— 여기에서 저기까지 간다———를 나타내는 구체적인 용법에서 파생하여 대상(對象)을 나타내는 의미가 나온다. 역할은 현대중국어의 '對', '對於'와 같다.

且矯魏王令奪晉鄙軍以救趙、於趙則有功矣、於魏則未爲忠臣也。(또 위(魏)나라 왕의 명령이라 속이고 진비(晉鄙)의 군사를 빼앗아 조(趙)나라를 구한 것은 조나라에 대해서는 공이 있지만, 위나라에 대해서는 아직 충신은 아닙니다.)《사기(史記)·위공자열전(魏公子列傳)》

其於所不知、蓋闕如也。(알지 못하는 부분에 대해서는 대개는 빠진 듯이 하였다.)《설문해자서(説文解字敍)》

愛其子、擇師而教之 ; 於其身也、則恥師焉、惑矣。(자식을 아낀다면 스승을 골라서 그를 가르친다. 그렇지만 자신에 대해서는 스승을 모시는 일을 부끄럽게 여기니, 이상하다.)《사설(師説)》

형용사성 술어 뒷부분에 놓이는 '於'자 구조는 비교의 의미를 나타낸다. 이는 '~에 대해[對於]'라는 의미에서 파생된 것이다. 예를 들면,

苛政猛於虎也。(가혹한 정치는 호랑이보다 무섭다.)《예기(禮記)·단궁하 (檀弓下)》

是故弟子不必不如師、師不必賢於弟子。(따라서 제자는 반드시 스승보다 못한 것은 아니고, 스승도 반드시 제자보다 현명한 것은 아니다.)《사설 (師説)》

'於'자 구조는, 원인을 나타내는 것은 예에 따르면 술어 뒤에 있다. 처소를 나타내는 것은 술어 뒤에 있는 것이 일반적이지만, 간혹 술어 앞에 오기도 한다. 대상을 나타내는 것은 술어 앞에 오는 것이 일반적이지만 술어 뒤에 있기도 한다.

고대중국어 통론

(3) '爲'자 구조

전치사 '爲'는 거성(去聲, 현대중국어로는 4성)으로 읽고 세 가지 의미를
나타낸다.

첫째는 '때문에[因爲]'이다. 예를 들면,

堂前撲棗任西鄰、無食無衣一婦人。不爲困窮寧有此？只緣恐懼轉須
親。(앞마당 대추를 떨구어 서쪽 이웃에게 맡긴 것은 먹을 것 없고 의지할 곳
도 없는 한 부인 때문이라. 곤궁함 때문이 아니라면 이러한 일이 있었겠는
가? 다만 친척들에게 알려질까 두려워서라네.) (두보(杜甫)《우정오랑(又呈
吳郎)》시(詩))

둘째는 '~에게[給]'이다. 술어가 말한 행위가 '爲'의 목적어에게 하게 되
는 일임을 나타낸다. 예를 들면,

爲我謝太上皇、謹獻是物、尋舊好也。(나를 위해 태상황에게 감사를 해
주시고, 이 물건을 정중히 바쳐서, 옛날의 좋은 때를 찾고자 합니다.) (《장한
가전(長恨歌傳)》)
天漢二年、貳師將三萬騎[15]出酒泉、擊左賢王於天山。召陵、欲使爲
貳師將輜重。(천한(天漢) 2년(B.C. 99)에, 이사장군(貳師將軍) 이광리(李廣利)
가 3만기를 거느리고 주천(酒泉)을 나와 좌현왕(左賢王)을 천산(天山)에서 공
격했다. 이릉(李陵)을 불러 이사장군의 치중을 거느릴 것을 맡기고자 하였
다.)) (《한서(漢書)·이릉전(李陵傳)》)

---

15 '貳師'는 이사장군(貳師將軍) 이광리(李廣利)이다. '將'은 거느리다는 의미로, 뒤에 나오는
'將輜重'에서의 '將'과 의미가 동일하고, 거성(去聲)으로 읽는다.

셋째는 '~에게[被]'로, 피동문[被動句]에서 시사자를 이끌어내는 데에 쓰인다. 예를 들면,

父與夫俱爲盜所殺。(아버지와 남편이 모두 도적에게 살해당하였다.)

小娥亦傷胸折足、漂流水中、爲他船所獲、經宿而活。(사소아 또한 가슴에 상처 입고 다리가 부러져서 물속에서 표류하다, 다른 배에 구조되어 하룻밤 지나서 살아났다.) (지금까지《사소아전(謝小娥傳)》)

(4) '與'자 구조

전치사 '與'는 '~와[同]', '~에게[給]' 두 가지 의미를 나타낸다. 예를 들면,

媼斥去妝飾、使與婢輩伍。(채씨 할머니는 장식품을 빼앗고, 다른 기생들과 동일하게 취급하였다.)《서운(瑞雲)》

衡山道士軒轅彌明…… 舊與劉師服進士衡湘中相識。(형산(衡山)의 도사(道士) 헌원미명(軒轅彌明)은 …… 이전부터 진사(進士) 유사복(劉師服)과 형산(衡山)과 상강(湘江)에서 알고 지냈다.)《석정연구시서(石鼎聯句詩序)》

匡衡…… 邑人大姓文不識家富多書、衡乃與其傭作而不求償。(광형(匡衡)은…… 마을 사람 중에 명문 집안이 있었는데, 글은 몰랐지만 집안이 부유하고 책이 많았다. 광형은 그에게 고용살이를 하면서 품삯을 요구하지 않았다.)《서경잡기(西京雜記)》

앞 두 예에서의 '與'는 '~와'의 의미이다. 이러한 '與'자 구조는 '與'의 목적어가 주어와 '함께 하는 부분[共事]'이 있다는 관계를 나타낸다. 마지

막 예의 '與'는 '~에게'의 의미로, 주어가 '與'의 목적어에게 어떠한 일을 한다는 것을 나타낸다. "爲我謝太上皇"에서의 '爲'와 역할이 동일하다.

전치사는 상당히 많다. 예를 들어 처소를 소개하는 것으로는 '從', '自'가 있고, 원인을 소개하는 것으로는 '由' 등이 있다.[16] 여기에서 전부 다 이야기하진 않는다. 또한 몇몇 전치사는 생략할 수도 있고, 몇몇 전치사의 목적어도 생략할 수 있다.[17] 여기에서 언급된 것은 대부분 생략되지 않은 예를 채택한 것이다. 배울 때에는 이러한 예들을 가지고 다양한 경우를 헤아려야 비로소 전치사 구조의 용법과 변화를 충분하게 파악할 수 있을 것이다.

3. '者'와 '所'의 용법

(1) 者

뤼수샹(呂叔湘)은 '者'를 대신 가리키는 것[稱代, 한국어의 '~것'에 해당한다.]과 쉬는 부분을 제시하는 것[提頓, 그 지점에서 어기를 쉬는 것을 가리킨다.] 두 가지 종류의 용법으로 나누었다. 대신 가리키는 용법은 현대중

---

16 예를 들면, 《후적벽부(後赤壁賦)》의 "步自雪堂、將歸於臨皐。(설당(雪堂)에서 걸어서, 임고정(臨皐亭)으로 돌아가고자 하였다.)", 《장한가전(長恨歌傳)》의 "由此一念、又不得居此、復墜下界、且結後緣。(이러한 생각 때문에, 또한 여기에 머무를 수 없소. 다시 인간 세상에 내려가면, 이후에 부부의 연을 맺읍시다.)" 등이 있다.

17 예를 들면, 《석정연구시서(石鼎聯句詩序)》의 "舊與劉師服進士[於]衡湘中相識(이전부터 진사(進士) 유사복(劉師服)과 형산(衡山)과 상강(湘江)에서 알고 지냈다.)", "此皆不足與[子]語(이는 모두가 그대들과 말할가치도 없는 것들이다.)", 《사소아전(謝小娥傳)》의 "爲[謝小娥]具其事上旌表。(사소아를 위해 그 일을 구체적으로 갖추고 정려문을 짓고 행실을 표창하였다.)"

국어의 '的'자 구조에서의 '的'의 용법[18]과 유사하다. 쉬는 부분을 제시하는 것은 어기조사(語氣助詞)에 속한다.

'者'자는 동사(動詞), 형용사(形容詞), 동목(動目)구 또는 절 등의 뒤에 붙어서 명사성 구조를 만들고, 사람 또는 사물을 나타낸다. 이것이 '者'의 대신 가리키는 용법이다. 예를 들면,

①[19]騎而驅涉者二人、徒而驅牧者二人、坐而指使者一人、……奉壺矢者一人。(말을 타고서 달려서 건너는 사람이 두 명, 걸어서 몰고 가는 사람이 두 명, 앉아서 지시하는 사람 한 명, …… 투호의 화살을 받들고 있는 사람 한 명.)

② 於馬之中、又有上者、下者、行者、牽者[20]、涉者、陸者[21]、翹者、顧者鳴者、寢者、訛者[22]、立者、人立者、齕者[23]、飲者、溲者[24]、陟者、降者、癢磨樹者、嘘者、嗅者、喜相戲者、怒相踶[25]齧者、秣者、[26]騎者、驟者、走者、載服物者、載狐兔者。(말 중에는 또한 위에 있는 것, 아래에 있는 것, 가고 있는 것, 끌려 가는 것, 강 건너는 것, 땅 위에 있는 것, 다리를 드는 것, 돌아보는 것, 우는 것, 자는 것, 뒹굴거리는 것, 서 있는 것, 사람처럼 서 있는 것, 깨무는 것, 마시는 것, 오줌 누는 것, 올라가는

---

18 [역주] 이는 현대중국어 "這是我的。(이것은 내 것이다.)"에서의 '的'를 가리킨다.

19 [역주] 예문 앞에 붙는 동그라미 숫자는 역자가 편의상 붙인 것이다.

20 '牽者'는 끌려가는 것이다.

21 '陸者'는 땅 위에 있는 것이다.

22 '訛'는 뒹굴거리다는 의미이다.

23 '齕'은 깨물다는 의미이다.

24 '溲'는 오줌을 누는 것이다.

25 '踶'는 '蹄'로 발로 차다는 의미이다.

26 '秣'은 꼴을 먹다는 의미이다.

것, 내려가는 것, 가려워 나무에 긁는 것, 숨을 뿜는 것, 냄새 맡는 것, 즐거워하며 서로 장난치는 것, 화가 나서 서로 발로 차고 무는 것, 꼴을 먹는 것, 말을 타고 있는 것, 빠르게 달리고 있는 것, 뛰고 있는 것, 옷을 싣고 있는 것, 여우나 토끼를 싣고 있는 것.) (지금까지 한유(韓愈)《화기(畫記)》)

③ 孰謂少者殁而長者存、彊(强)者夭而病者全乎？(누가 젊은 사람이 죽고 늙은 사람이 살아 있으며, 건강한 사람이 요절하고 병든 사람이 온전하다고 말했는가?)

④ 蒼蒼者或化而爲白矣。(희끗희끗하던 것이 변하여 희게 되기도 한다.) (지금까지 한유(韓愈)《제십이랑문(祭十二郎文)》(이 부분은 머리카락을 가리킨다. 앞 문장에서 말하였다. "而髮蒼蒼。(머리카락이 희끗희끗하다.)")

⑤ 在王所者、長幼尊卑皆非薛居州也。(왕께서 계신 곳에 있는 사람들은 늙으나 젊으나 귀하나 천하나 모두 설거주(薛居州)처럼 착하지 않습니다.) (《맹자(孟子)·등문공하(滕文公下)》)

⑥ 貝、居陸䗚²⁷、在水者蜬。(조개 중에서 땅 위에 있는 것은 '䗚(표)'이고, 물 속에 있는 것은 '蜬(함)'이다.) (《이아(爾雅)·석어(釋魚)》)

⑦ 節行瑰奇、有足稱者。(절개와 품행이 고귀하여, 칭찬할 만한 점이 있다.) (백행간(白行簡)《이와전(李娃傳)》)

①, ②의 '者'자는 동사와 동목구의 뒤에 붙어 ①은 사람을 가리키고, ②는 말을 가리킨다. ③, ④의 '者'자는 형용사 뒤에 붙어 ③은 사람을 가리키고, ④는 머리카락을 가리킨다. ⑤, ⑥의 '者'자는 전치사구조 뒤에 붙어 ⑤는 사람을 가리키고, ⑥은 조개를 가리킨다. 대부분 가리키는 것은 앞부분에서 먼저 제시된 것으로, 예를 들면 ②에서는 말을 먼저 제시하였고, ⑥에

---

27 '居陸䗚'는 땅 위에 있는 것은 '䗚'으로, 발음은 biāo(한국어로는 '표')이다.

서는 조개를 먼저 제시하였다. 또한 반드시 제시해야 하는 것은 아닌 것으로, ㉠의 "足稱者"가 그렇다. '者'자가 조동사와 동사의 결합체 "足稱"(형용사 성질이 있다.)의 뒤에 붙어 "칭찬할 만한 부분이 있다(可以稱道的地方)"고 번역할 수 있다. 이러한 종류의 사물을 가리키는 '者'자를 사용하는 구조는 그 성질이 비교적 추상적이다.

앞에서 서술한 '者'자가 만드는 구조는 모두 '的'자 구조와 유사하다. 그렇지만 '的'자는 대명사 혹은 명사 뒤에 붙을 수 있는데, 이 '的'자 구조가 대신 가리키는 사물이 '的'가 붙어 있는 대상인 대명사 또는 명사의 소유임을 나타낸다. 예를 들어 "我的(내것)"나 "國家的(국가의 것)" 등이 있다. 그렇지만 '者'는 이러한 용법이 없기 때문에, "我者"나 "國者" 등으로 이러한 의미를 만들어낼 수 없다. 그 다음으로 '者'자는 수사(數詞)와 결합할 수 있다. 예를 들어 "二者, 不可得兼, 舍魚而取熊掌者也.(두 가지를 함께 가질 수 없으면, 물고기를 버리고 곰 발바닥을 취한다.)"《맹자(孟子)·고자상(告子上)》) 그렇지만 백화(白話)에서는 단지 "兩樣東西(두 종류의 물건)"이라고 할 수만 있지, "兩的"라는 표현으로 그 뜻을 나타낼 수 없다. 따라서 대신 가리키는 성질의 '者'자에 대해 말하자면, 용법은 '的'자와는 조금 차이가 있다.

쉬는 부분을 제시하는 용법의 '者'자는, 쓰이는 곳이 제시를 나타내거나 쉬어야 하는 부분이다. 일반적인 어기에서 제시하는 곳에서 일반적으로 쉰다. 따라서 두 가지는 관련이 있다. 쉬는 부분을 제시하는 것으로 쓰이는 '者'자는 대신 가리키는 성질이 매우 약하여 그것이 반드시 어떠한 사람 또는 사물을 가리켜야 하는 것은 아니다. 제시하는 성질의 '者'자는 전기성(傳記性) 또는 주석성(注釋性) 문장 내에서 가장 자주 보인다. 예를 들면,

屈原者、名平、楚之同姓也。(굴원(屈原)은, 이름은 평(平)으로, 초(楚)나라 왕족과 동성(同姓)이다.)(전기성(傳記性) 문장이다.)

離騷者、猶離憂也。('離騷'는 근심을 만났다는 의미와 유사하다.) (지금까지《사기(史記)·굴원열전(屈原列傳)》, 주석성(注釋性) 문장이다.)

이 두 가지 '者'자는 진술 또는 해석해야 하는 사람 또는 사물을 제시하거나 가리키는 것으로, 그것이 없다면 문장이 될 수 있어서, 대신 가리키는 성질의 '者'와 달리 반드시 없어서는 안된다. 전기성(傳記性) 혹은 주석성(注釋性) 문장에 쓰이거나, 제시를 나타내기 위해서 쓰는 제시성을 위한 '者'자의 주요 용법 이외에도 '者'는 가설(假設)을 나타내거나 원인(原因)을 따질 때 쓴다. 예를 들어,

若入[28]、前爲壽；壽畢、請以劍舞、因擊沛公於坐、殺之。不者、若屬[29]皆且爲所虜。(네가 들어가 앞에서 장수를 기원하고, 장수를 기원하는 것이 끝나면 칼춤 추는 것을 청하고서, 그것을 기회로 앉은 자리에서 패공(沛公、유방)을 죽여라. 그렇게 하지 못하면 너희들은 모두 장차 포로가 될 것이다.)(《사기(史記)·항우본기(項羽本紀)》)

合從者、爲楚、非爲趙也。(합종을 하는 이유는, 초(楚)나라를 위해서이지, 조(趙)나라를 위해서가 아니다.)(《사기(史記)·평원군열전(平原君列傳)》)

然侍衛之臣、不懈於內、忠志之士、忘身於外者、蓋追先帝之殊遇、欲報之於陛下也。(그렇지만 폐하를 호위하는 신하들이 궁중에서 게으름을 피우지 않고, 충성스러운 장수들이 밖에서 자신의 몸을 살피지 않는 까닭은

---

28 '若'은 너[你]이다.
29 '若屬'은 너희[你們]라는 의미이다.

선제(先帝, 유비)께서 특별하게 대우해준 것을 추모하여, 폐하에게 보답하
고자 하기 때문입니다.) (제갈량(諸葛亮) 《출사표(出師表)》)

첫번째 예의 '不者'는 '만약 죽이지 않는다면[如不殺]'으로, 가설(假
設)을 나타내서 "만약 …… 라면[要是…… 的話]"의 의미가 있다. 두번
째, 세번째 예의 '者'는 원인을 따지는 것을 나타낸다. "……한 까닭[之所
以……]"의 의미가 있다. 두 가지는 모두 제시의 의미가 안에 포함되어 있
다. 세번째의 '者'자는 이러한 종류의 언어 의미 부분을 드러내는 데에 도
움이 되지만, 반드시 있어야 하는 것은 아니다. 두번째 예의 '不者'와 같은
것은 '不然'으로 바꿀 수 있고, 나머지 두 예의 '者'자는 생략할 수 있다. 따
라서 이 또한 대신 가리키는 성질의 것이 아니다. 주의해야 하는 것은 쉬는
곳을 제시하는 성질의 '者'자는 하나의 분문 뒤에 붙일 수 있으니, 《항우본
기(項羽本紀)》와 《출사표(出師表)》의 예가 이러한 것이다.

몇몇 시간명사에 '者'자를 더하는 것, 예를 들어 '今者(이제)', '昔者', '往
者', '曩者'(이상은 모두 '이전에'이다.) 등 이러한 '者'자는 그 시간 명사의 분
량을 가중시키는 것에 쓰이면서, 제시의 기능이 있지만 그 지점에서 멈출
필요는 없다. 소식(蘇軾) 《후적벽부(後赤壁賦)》 "今者薄暮, 擧網得魚(오늘 약
간 어두워졌을 때, 망을 들어 물고기를 잡았습니다.)" 등이 바로 이러한 예이다.

(2) 所

'所'자는 주로 구조조사로 쓰인다. 이른 시기의 고서(古書)에서는 '所'를
'如'자로 풀이하는데, 이 때에는 가설(假設)을 나타내는 접속사로, 이 '所'자
는 맹세하는 데에 쓰이는 단어[發誓辭]로 쓰인다. 예를 들어,

所不與舅氏同心者、有如白水！(만약 외삼촌과 마음을 함께 하지 않는 자가 있다면, 벌받도록 황하를 두고 맹세합니다!) 《좌전(左傳)·희공(僖公) 24년》

范蠡請從會稽之誅、王曰：“所不掩子之惡揚子之美者、使其身無終沒於越國！”(범려(范蠡)가 회계에서 죽어야 할 일을 따르겠노라고 청하자, 왕이 말하였다. “그대의 잘못을 덮어주지 않고, 그대의 훌륭함을 알리지 않는 사람이 있다면, 그 사람은 월나라에서 목숨을 제대로 부지하지 못하게 하겠소!”) 《국어(國語)·월어(越語)》

이 두 개의 ‘所’는 ‘만약[如若]’으로 풀이해야 한다. “有如白水”라는 것은 백수(白水)를 증인으로 끌어낸 것으로, “皇天后土, 實聞斯言.(하늘의 신과 땅의 신이 실제로 이러한 맹세의 말을 들었습니다.)”[30]라고 말하는 것과 같다.

‘所’가 구조조사일 때, 그 주요한 기능 중 하나는 하나의 서술문을 하나의 수식구로 바꾸는 것이다. 이렇게 만든 수식구의 중심어를 생략하거나, ‘者’를 덧붙이거나 덧붙이지 않기도 하는데, 남는 부분은 중심어가 생략되지 않은 것이 나타내고자 하는 효과와 동일하다. 예를 들어 “仲子居室(중자(仲子)가 집에 산다.)”, “仲子食粟(중자가 곡식을 먹는다.)”는 서술문의 형식이다. 그렇지만 《맹자(孟子)》에서는 다음과 같이 말하였다.

仲子所居之室、伯夷之所築與(歟)、抑亦盜跖之所築與？(중자가 사는 집은 백이가 지은 것인가, 아니면 도척이 지은 것인가?)

〔仲子〕所食之粟、伯夷之所樹與、抑亦盜跖之所樹與？(〔중자가〕먹는

---

30   [역주] 《삼국연의(三國演義)》에서 관우가 조조에게 쓴 편지에 나오는 문장이다.

곡식은 백이가 심은 것인가, 아니면 도척이 심은 것인가?)

　'所'자가 동사 '居'와 '食'의 앞에 붙어 있으면, 이는 원래의 서술문을 수식구로 바꾸어, 원래 서술문 내의 목적어가 이 구의 중심어로 변하게 된다.(중심어와 그 수식어 사이에 '之'자가 있고 없고는 별 관계 없다. 예를 들어《한서(漢書)·이릉전(李陵傳)》에서의 "臣所將屯邊者(제가 거느리는 변방의 병사들)"에서 '將'과 '屯邊者' 사이에는 '之'자를 쓰지 않았다.) 이것이 첫번째 층위이다.

　　그 다음으로, 위에서 제시한 "伯夷之所築與, 抑亦盜跖之所築與？"와 "伯夷之所樹與, 抑亦盜跖之所樹與？"에서 '所築'과 '所樹'는 바로 "所築之室(지은 집)"과 "所樹之粟(심은 곡식)"의 생략형이다. 생략된 후에 나타내고자 하는 효과는 변하지 않지만, '所築'과 '所樹'에서는 수식어 부분이 직접적으로 포함되면서 중심어를 대체하게 될 뿐이다. 유종원(柳宗元)《종수곽탁타전(種樹郭橐駝傳)》의 "視駝所種樹, 或遷徙, 無不活(곽탁타가 심은 나무를 보면, 옮겨 심더라도 살지 못하는 것이 없었다.)"에서 "所種樹"는 또한 "所種樹之物(심어 놓은 것)"을 생략하여 말한 것이다. 여기에서의 '樹'는 앞에서 언급한 "伯夷之所樹"의 '樹'이고, 그것이 '種'과 하나의 복합적인 동사를 구성한다. '種樹'는 동목 구조가 아니다.[31] '所築'과 '所樹', '所種樹' 뒤에 또한 '者'를 더하여 '所築者', '所樹者', '所種樹者'가 되는데, '的'자 구조에 해당한다.—— '所築的(지은 것)', '所種的(심은 것)' 더하지 않더라도 관계는 없다. 이것이 두번째 층위이다.

31　'種樹'와 '遷徙'는 서로 대립된다. '遷徙'는 연합식 합성어이고, '種樹' 또한 연합식 합성어이다.

앞에서 서술한 두 개의 층위에 대해 말하자면, '所'로 구성된 수식구조 혹은 이러한 수식구조의 중심어가 생략된 구조(당연히 '所'자 구조라 할 수 있다.) 모두 명사성이 있음은 물론이다. 더욱 중요한 것은 이 중심어는 원래 서술문의 목적어이고, 또한 그것은 수동의 사람 혹은 사물을 나타낸다. 그리고 중심어가 생략된 '所'자 구조 또한 수동의 사람 혹은 사물을 나타낸다. 예를 들어 '所居之室(사는 집)' —— '所居(사는 곳)', '所食之粟(먹는 음식)' —— '所食(먹는 것)', '所築之室(지은 집)' —— '所築(지은 것)', '所樹之粟(심은 곡식)' —— '所樹(심은 것)', '所愛之人(아끼는 사람)' —— '所愛(아끼는 것)', '所欲之事(하고 싶은 일)', '所不欲之事(하고 싶지 않은 일)' —— '所欲(하고 싶은 것)', '所不欲(하고 싶지 않은 것)' 등이 있다. 이 두 종류의 형식에서 가리키거나 혹은 포함하고 있는 사람 또는 사물—— '室', '粟', '人', '事'는 모두 수동적인 것으로, 그들은 건축되고[被築], 심기고[被樹], 아낌받고[被愛], 하고 싶게 되[被欲]거나 하기 싫게 되[不欲]는 것이다. 따라서 어떤 사람들은 이것을 피동식 "夫與父俱爲盜所殺(아버지와 남편이 모두 도적에게 살해당하였다.)[32]"의 기원으로 여기기도 한다. 이러한 피동문은 원래는 판단문으로, '爲'는 판단사이고, '所殺'은 '所殺之人'[33]이다. 이러한 설명법이 정확한 것이라고 긍정할 필요는 없을지라도, 이러한 피동식이 '所'자 구문과 일정한 관계가 있다는 점은 동의해야 할 것이다.

'所'자는 주로 동사 앞에 붙지만, 또한 명사나 형용사 앞에도 붙는다. 일반적으로는 이러한 명사와 형용사가 동사성을 갖는다고 본다. 예를 들어,

---

32 [역주] 다른 판본에서는 '父與夫'로 되어 있다. 해석은 이를 기반으로 하였다.

33 이러한 설명법은 마건충(馬建忠)의 《문통(文通)》에서 시작하여, 뤼수상(呂叔湘)의 《문언허자(文言虛字)》에서 이어서 사용하고 있다.

所友 '友'는 '친구로 삼다.[以爲友]'

所天 '天'은 '하늘로 삼다[以爲天]'로, 받드는 대상이다. 이전 사회에서 부인이 남편을 가리킬 때, 자녀가 부모를 가리킬 때, 신하가 임금을 가리킬 때, 모두 '所天'이라 하였다.

所安 '安'은 '편안하게 여기다[以爲安]'이다.

所厚、所薄 '厚'는 '후대하다[厚待]'이고, '薄'은 '박대하다[薄待]'이다.

所重、所輕 '重'은 '중시하다[重視]'이고, '輕'은 '경시하다[輕視]'이다.

所長、所短 '長'은 '뛰어나다[擅長]'이고, '短'은 '부족하다[欠缺]'이다.

이렇게 구성된 '所'자 구조는 명사성이다.

'所'자는 전치사 앞에 놓일 수도 있는데, 다른 의미를 나타낸다. 예를 들어 '所與〔游〕'는 "다른 사람과 함께 〔놀이[游]〕하는 사람", "所自〔出〕([나타나는] 출발점)"이나 "所從〔來〕([오는] 시작점)" 등은 유래를 나타내고, '所爲〔長嘆息(길게 탄식하는 까닭), 出萬死不顧一生之計(죽음을 무릅쓰고 일생의 계책을 내놓는 목적은)〕' 등은 원인이나 목적을 나타낸다. '所以'는 수단이나 원인 등을 나타낸다. '所以'에 대해서는 설명을 더하고자 한다.

고대 문장 중에서 '所以……'는 백화(白話)를 가지고서 말하자면 '그것을 가지고서……하는 것[拿它來…… 的]'에 해당한다. 예를 들어 조기(趙岐)의 《맹자주(孟子注)》에서 "五穀, 所以養人也(오곡은 그것을 가지고 다른 사람을 기르는 것이다.)"이니, 현대중국어로는 "五穀是拿它來養人的(오곡은 그것을 가지고서 다른 사람을 기르는 것이다.)"로 번역할 수 있고, 원래 문장에

"養人" 아래에 또한 '者'자를 더할 수 있다. 이는 '所以……'가 명사성 구조임을 설명한다. 그리고 여기에서의 '所以'는 "養人[다른 사람을 기르는 것]"을 하는 데에 수단으로 쓰이는 물건을 나타내는 데에 쓰인다. 수단의 의미에서 파생하여 원인을 나타내는 것으로 변하였다. 예를 들면,

親賢人、遠小人、此先漢所以興隆也；親小人、遠賢人、此後漢所以傾頹也。(현명한 사람을 가까이 하고, 소인을 멀리하는 것, 이것이 전한(前漢)이 홍성했던 원인입니다. 소인을 가까이 하고, 현명한 사람을 멀리한 것, 이것이 후한(後漢)이 기울었던 원인입니다.) (제갈량(諸葛亮)《출사표(出師表)》)

'所以興隆(홍성했던 원인)', '所以傾頹(기울었던 원인)'은 여전히 명사성 구조로, "此先漢所以興隆之故也(이것이 전한(前漢)이 홍성했던 까닭입니다.)", "此後漢所以傾頹之故也(이것이 후한(後漢)이 기울었던 까닭입니다.)"라고 말할 수 있다. '所以興隆'과 '所以傾頹'는 중심어가 생략된 것일 뿐이다.

"五穀, 所以養人也"와 "此(親賢人、遠小人)先漢所以興隆也"는 모두 판단문으로, '五穀'과 '此'는 주어이고, '所以養人'과 '所以興隆', '所以傾頹'는 모두 명사성 구조로 판단문의 술어('表語'라고도 한다.)이다. 여기에서의 '所以'와 현대 중국어에서의 인과 관계를 나타내는 접속사와는 매우 다르다. 현대 중국어에서의 '所以'는 하나의 단어로, 두 개의 분문을 이어주는 것이다. 그렇지만 문언문(文言文)에서의 '所以'는 명사성 구조의 일부분으로, (원인을 나타낼 수도 있지만) 분문을 이어줄 수 없다.

'所'의 또 다른 주요 기능은 피동문의 술어 앞에 쓰이면서, 피동문 주어

의 수동성을 도드라지게 하는 것으로 쓰인다. 이는 이후의 서술을 참조
하라.

제6장

판단문과 서술문

제1절 판단문

현대중국어의 판단문에서 절대다수는 판단사 '是'를 사용한다. 판단사를 필요로 하지 않는 것은 특수한 상황이다. 고대중국어는 공교롭게도 정반대로, 판단사를 사용하지 않는 것이 절대다수로, 아래의 전기성 판단문과 같은 것이 그 예이다.

> 陳勝者、陽城人也。(진승(陳勝)은 양성(陽城) 출신이다.)《사기(史記)·진섭세가(陳涉世家)》
>
> 留侯張良者、其先韓人也。(유후(留侯) 장량(張良)은 그 선조가 한(韓)나라 사람이다.) 《사기(史記)·유후세가(留侯世家)》

주어 '陳勝'과 술어 '陽城人' 사이, 주어 '其先'("留侯張良"은 '其'의 중복지시 성분이다.)과 술어 '韓人' 사이에 모두 판단사 '是'가 없다. 모든 24사 본기, 세가와 열전 내에서 이러한 문장 형식은 일일이 들 수 없을 만큼 많다. 혹은 먼저 하나의 명사 또는 명사구를 주어로 하고, 술어로 판단문을 구성하기도 하고, 혹은 주어 뒤에 '者'를 두어 쉬는 지점을 제시하기도 하고, 혹은 술어 뒤에 '也'를 더하여 긍정과 설명을 나타내기도 하고, 혹은 앞 부분에 '者'를 더하고 뒷부분에는 '也'를 더하기도 한다. 기본적으로는 하나의 주어와 하나의 술어만 있을 뿐이다.

전기성(傳記性) 판단문이 아닌 것도 마찬가지이다. 예를 들면,

窈窕淑女、君子好逑。(요조숙녀는 군자의 좋은 짝이다.) 《시(詩)·주남(周南)·관저(關雎)》

宴安鴆[1]毒、〔宴安〕不可懷也。(편안함은 짐독(鴆毒)과 같으니, 〔편안함은〕 품을 수 없다.) 《좌전(左傳)·민공(閔公) 원년(元年)》

첫번째 예는 숙녀는 군자의 좋은 짝임을 말한 것으로, 주어 '淑女'와 술어 '好逑' 사이에 판단사를 사용하지 않았지만 판단문을 구성한다. 두번째 예의 첫번째 분문도 판단문으로, 의미는 편안함은 독약이라고 하는 것이다. '宴安'이 주어이고, '鴆毒'이 술어로 두 개의 명사가 결합하여 판단문을 만들고, 또한 판단사를 사용하지 않았다.

그렇지만 다음과 같은 종류의 문장은 주의할 만하다. 예를 들면,

知之爲知之、不知爲不知、是知也。(아는 것은 안다고 하고, 모르는 것은 모른다고 하는 것, 이것이 아는 것이다.) 《논어(論語)·위정(爲政)》

唯江上之淸風、與山間之明月、耳得之而爲聲、目遇之而成色、取之無禁、用之不竭、是造物者之無盡藏[2]也。(강 위의 밝은 바람과 산 사이의

---

1   '鴆'은 짐새의 깃을 담근 술로, 독으로 사람을 죽일 수 있다.

2   '無盡藏'이라는 것은 다 얻어낼 수 없는 보물 창고이다.

밝은 달은, 귀로 들으면 소리가 되고 눈으로 만나면 색이 되어, 얻어내는 데에 막는 것 없고 쓰는 데에 다하지 않는다. 이것이 조물주의 어마어마한 보물 창고이다.) (소식(蘇軾)《전적벽부(前赤壁賦)》)

논의의 편의를 위해《전적벽부(前赤壁賦)》의 문장을 다음과 같이 줄였다.

> 江上之淸風、與山間之明月、是造物者之無盡藏也。

앞에서 제시한 두 문장 중 "是知也"와 "是造物者之無盡藏也"는 고대의 표준적인 판단문이다. 이 때의 '是'는 지시대체사가 주어로 쓰인 것이고, '知'와 '無盡藏'은 술어이다. 첫번째 예문의 '是'는 "知之爲知之, 不知爲不知"라는 실사구시(實事求是)의 태도이고, 두번째 예문의 '是'는 청풍(淸風)과 명월(明月)이다. 만약 백화(白話)로 바꾸어 본다면 다음과 같이 될 것이다. "這就是知啊!", "這是造物者取之無盡的寶藏啊!" 첫번째 예문 전체와 줄인 두번째 예문을 가지고 말하자면, '是'는 "知之爲知之, 不知爲不知"와 "江上之淸風, 與山間之明月"의 중복지시 성분으로, 그 자신은 전혀 변하지 않은 대체사이다. 이러한 분석만이 정확한 분석이다. 그렇지만 다음과 같이 표면적으로만 보면 매우 쉽게 해석되기도 한다.

> 知之爲知之、不知爲不知、就是知了。(아는 것은 안다고 하고, 모르는 것은 모른다고 하는 것이 바로 아는 것이다.)
> 江上的淸風和山間的明月是造物者取之無盡的寶藏。(강 위의 밝은 바람과 산 사이의 밝은 달은 조물주의 어마어마한 보물 창고이다.)

이 두 문언문의 예문에서 '是'는 지시대체사이지만, 자연스럽게 판단사의 외형을 띠게 된다. '是'를 판단사로 사용하는 판단문이 바로 앞에서 든 예문의 형식에서 변하여 온 것이다.

'是'를 판단사로 사용하는 판단문은 홍청(洪誠) 《남북조 이전 중국어에서의 계사[論南北朝以前漢語中的係詞]》(《언어연구(語言研究)》 제2기(期))의 논술(論述)에 근거하면, 한(漢)나라 초기에 일어나, 동한(東漢), 남북조(南北朝) 때에 모두 이러한 문장이 있다. 예를 들어,

> 此必是豫讓也。(이는 반드시 예양일 것이다.) (《사기(史記)·자객열전(刺客列傳)》
>
> 此是家人言耳。(그것은 하인들의 말일 뿐입니다.) (《사기(史記)·유림열전(儒林列傳)》
>
> 余是所嫁婦人之父也。(저는 시집 보내준 부인의 아버지입니다.) (《논형(論衡)·사위(死僞)》, 《좌전(左傳)·선공(宣公) 15년》의 원문에서는 "余、而所嫁婦人之父也(저는 당신이 시집 보내준 부인의 아버지입니다.)"으로, '而'는 '당신의(你的)'라는 의미로, 대체사이다.)
>
> 身是張益德也、可來共決死敵。[3](나는 장익덕(張益德)이다. 나와서 함께 생사를 결정하자.) (《삼국지(三國志)·장비전(張飛傳)》
>
> 問今是何世？(지금은 어떤 세상이냐고 물었다.) (도잠(陶潛) 《도화원기(桃花源記)》

홍청이 수 많은 예를 들었지만, 여전히 전체적으로 보자면 판단사 '是'

---

3 [역주] 중화서국본에서는 '敵' 앞에서 문장을 끊고, '敵'을 뒷문장의 주어로 두었다. 번역은 이를 따른다.

를 사용한 판단문을 사용하지 않고, 고대중국어에서 최대다수를 차지하고 있는, "陳勝者, 陽城人也"와 동일한 종류의 문장 형식과 같이 '是'자를 일반적으로 덧붙이기를 좋아하지 않았던 것 같다.

고대의 판단문은 대다수는 판단사 '是'를 쓰지 않지만, '爲'를 사용하여 두 항목의 사물을 이어서 판단사를 나타낸 것은 매우 이른 시기에 있었다. 예를 들면,

> 夫執輿者爲誰？(저기 수레를 잡고 있는 사람은 누구인가?) 《논어(論語)·미자(微子)》, 저 수레를 몰고 있는 사람은 누구인가?)
>
> 爾爲爾、我爲我、雖袒裼裸裎[4]於我側、爾焉能浼[5]我哉？(너는 너이고 나는 나이니, 비록 내 곁에서 웃통을 벗거나 발가벗더라도 어찌 나를 더럽힐 수 있겠는가?) 《맹자(孟子)·공손추상(公孫丑上)》, 너는 너, 나는 나이다.)
>
> 有人於此、舍其文軒[6]、鄰有敝輿[7]而欲竊之；舍其錦繡、鄰有短褐而欲竊之；舍其粱肉、鄰有糠糟而欲竊之。此爲何若人？(어떤 사람이 그의 무늬 새겨진 좋은 수레를 버려두고 이웃에 있는 다 낡은 수레를 훔치려 합니다. 그의 수놓은 비단옷은 버려두고 이웃에 있는 짧은 거친 옷을 훔치려 합니다. 그의 기장과 고기는 버려두고 이웃에 있는 겨와 지게미를 훔치려 합니다. 이것은 어떠한 사람일까요?) 《묵자(墨子)·공수(公輸)》, 이는 어떠한 사람인가?)

---

4   '袒裼裸裎'은 팔뚝을 드러내는 것으로, 예의가 없는 모습이다.

5   '浼'은 더럽히다는 의미이다.

6   '文軒'은 무늬가 있는 아름다운 수레이다.

7   '輿'는 '輿'와 같다.

여기에서의 '爲'는 현대중국어의 '是'에 해당하며, 고대중국어 내에 일찍부터 판단사가 이루어졌다고 할 수 있다. 그렇지만 이러한 '爲'는 '하다[做]', '해당하다[當]'의 의미에서 전변(轉變)하여 온 것으로, 여기에서는 '하다', '해당하다'의 의미는 이미 사라졌다. '爲'자에서 '하다', '해당하다'의 의미가 사라지지 않은 예는 아래와 같다.

> 王子狐爲質[8]於鄭、鄭公子忽爲質於周。(왕자 호는 정나라에 인질이 되었고, 정공자 홀은 주나라에 인질이 되었다.) 《좌전(左傳)·은공(隱公) 3년》
> 是當爲河伯婦。(이 사람이 하백(河伯)의 부인이 될 것이다.) (저소손(褚少孫) 보(補) 《사기(史記)·골계열전(滑稽列傳)》

'하다', '해당하다'의 의미가 있는 '爲'는 동사이고, '是'의 의미가 있는 것은 판단사이다.

어떠한 판단문은, 예를 들어 "厥木惟喬[9]."(그 곳의 나무는 크고 길다.) 《서(書)·우공(禹貢)》, "若作和羹, 爾惟鹽梅[10]."(만약 맛이 섞인 국을 만든다면, 그대는 조미료가 될 것입니다.) 《서(書)·열명하(說命下)》, "彼有遺秉, 此有滯穗[11], 伊寡婦之利."(저쪽에는 남은 볏단을 두고, 여기에는 남겨둔 이삭이 있는 것은 과부에게 이익을 주기 위해서이다.) 《시(詩)·소아(小雅)·대전(大田)》, "蓼蓼者莪, 匪[12]莪伊蒿."(크게 자란 것 세발쑥인가? 세발쑥이 아니라 다북쑥이네.) 《시(詩)·

---

8   '質'은 맡기는 것이다.
9   '喬'는 크고 긴 나무이다.
10   '鹽梅'는 조미료이다.
11   '遺秉', '滯穗'는 밭 사이에 남겨둔 벼와 이삭이다.
12   '匪'는 '非'의 통가로, 아니다는 의미이다.

소아(小雅)·요아(蓼莪)》) 어떠한 사람들은 여기에서의 '惟'나 '伊'가 모두 판단사라고 하였다.[13] 여기에서는 '惟'와 '伊'는 단지 의미 없는 어조사일 뿐이다.《이아(爾雅)·석고(釋詁)》: "伊, 維, 侯也[14]."(伊와 維는 侯의 의미이다.) 형병(邢昺) 소(疏) : "모두 발어사(發語詞)이다.(皆發語詞.)" '伊'와 '維'는 문장 앞에서 발어사로 쓰일 수 있다. 예를 들어 "惟彼陶唐, 帥彼天常, 有此冀方"(저 도당(陶唐)은 하늘의 올바른 도리를 준수하여 이곳 중원에 있었네.) 《좌전(左傳)·애공(哀公) 6년》), "伊寡婦之利" 등이 그러하다. 또한 문장 중간에 어간사(語間詞)로 쓰이기도 하는데, 예를 들어 "厥木惟喬", "匪莪伊蒿" 등이 그러하다. 종합해보면 어조사로, '是'의 의미를 포함하고 있지 않기 때문에 판단사라고 볼 수 없다.

제2절 서술문

동사를 술어로 쓰는 문장이 서술문이다. 여기에서는 서술문을 전면적으로 논술하지 않고, 단지 아래에 열거하는 네 가지 방면에 대해서만 설명하고, 그 중 연동식과 겸어식 또한 간단하게 제시할 것이다. 이러한 격식과 현대어의 구조는 전혀 다르지 않기 때문에 여기에서 제시하는 목적은 다시 떠올리기를 환기하고자 할 뿐이다.

---

13   예를 들어 양수다(楊樹達)《사전(詞詮)》에서는 "불완전내동사로, '是'의 의미이다.(不完全內動詞. 是也)"라 하였다.

14   '伊'와 '維'는 통용한다.

1. 연동식(連動式)과 겸어식(兼語式)

연동식(連動式)은 단문의 복잡한 술어 중 하나의 구조 형식으로, 하나의 술어 중에 두 개 이상의 동사 또는 동사 구조가 있으면서, 이 동사 또는 동사 구조가 연합식도 아니고 앞에 있는 동사 또는 동사구조를 써서 뒤에 있는 동사 또는 동사구조를 꾸미고 제한하는 것도 아니다. 예를 들면,

竇嬰 ‖ 引卮酒進上[15]。(두영(竇嬰)은 한잔 술을 끌어다가 임금에게 바쳤다.)

君 ‖ 當免冠解印綬歸[16]。(그대는 관을 벗고 도장 묶은 띠를 풀고서 돌아가야 한다.) (지금까지《사기(史記)·위기무안후열전(魏其武安侯列傳)》)

沛公 ‖ 旦日從百騎來見項王。(패공은 날이 밝자 100여기를 데리고 항왕을 보러 왔다.) (《사기(史記)·항우본기(項羽本紀)》)

方士 ‖ 抽簪扣扉。(방사는 비녀를 뽑아 문을 두드렸다.) (진홍(陳鴻)《장한가전(長恨歌傳)》)

첫째, 넷째 예문의 술어에는 두 개의 동사가 술어의 주요 부분으로 있다. 둘째, 셋째의 술어에는 세 개의 동사가 그 주요 부분으로 있다. 그리고 이러한 연속하여 함께 있는 동사 또는 동사 구조의 관계는 앞에서 서술한 조건에 부합한다. 따라서 모두 연동식이다.

겸어식(兼語式) 또한 복잡한 술어 형식 중 하나로, 그 특징은 '술어확장

---

15 '引卮酒進上'은 한 잔 술을 가득 따라서 황제(여기서는 한경제(漢景帝)를 가리킨다.)에게 바친다는 뜻이다. '卮(치)'는 술그릇, 즉 잔이다.

16 모자를 벗고, 도장을 묶었던 띠를 풀어 집으로 돌아간다.(즉, 벼슬을 그만 둔다.)

[謂語延伸]'이다. 술어 뒤에 목적어가 있고 이 목적어 뒤에 또 하나의 성분을 가지면서, 이 목적어가 그 성분의 주어가 되도록 하면서 그 성분은 바로 주어의 술어가 된다. 이러한 목적어이면서 뒤에 나오는 성분의 주어가 되는 바로 그 성분을 서술의 편리함 때문에 겸어(兼語)라고 부를 것이다. 겸어를 포함하는 복잡한 술어의 형식을 겸어식이라고 한다. 예를 들어,

予‖助苗長矣。(나는 싹이 자라도록 도왔다.)《맹자(孟子)·공손추상(公孫丑上)》

陸生‖卒拜尉他爲南越王。(육생(陸生)은 마침내 위타(尉他)를 남월왕(南越王)으로 봉하였다.) 《사기(史記)·역생육가열전(酈生陸賈列傳)》

余‖遂請齊公書於紙。(내가 제물(齊物) 스님에게 종이에 기록해 줄 것을 청하였다.)(이공좌(李公佐)《사소아전(謝小娥傳)》

〔玉妃〕‖指碧衣取金釵鈿盒、各折其半、授使者。(〔옥비(玉妃)가〕 푸른 옷을 입은 시녀에게 금비녀와 전합(鈿盒)을 가져오게 하여, 각각 반으로 잘라, 사자(使者)에게 주었다.) (진홍(陳鴻)《장한가전(長恨歌傳)》

위에 △ 부호가 있는 것이 모두 '겸어(兼語)'이다. 이러한 겸어는 술어 동사 '助', '拜', '請', '指'의 목적어이면서 또한 뒷부분의 주어로, 이와 같이 복잡한 술어의 겸어식을 구성한 것이다.

겸어식 내에는 한 차례 이상의 겸어를 포함할 수 있으니, 종종 연동식과 결합하여 더욱 복잡한 술어를 구성한다. 예를 들자면,

〔　〕‖令寺童疾召小娥前至。(절의 아이가 소아가 앞으로 나오도록 빠르게 불렀다.) 《사소아전(謝小娥傳)》

〔武帝〕‖ 因詔强弩將軍[17]路博德將兵半道迎陵軍。(〔무제는〕 강노도위 노박덕에게 군사를 이끌게 하여 이릉의 군대를 맞이하라고 조서를 내렸다.)

〔大將軍霍光、左將軍上官桀〕‖ 遣陵故人隴西任立政等三人、俱至匈奴召陵。(〔대장군 곽광과 좌장군 상관걸이〕 이릉과 옛부터 알고 지내던 농서 사람 임립정 등 세 사람을 모두 흉노로 보내 이릉을 데리고 오게 하였다.) (지금까지《한서(漢書)·이릉전(李陵傳)》)

맨 앞의 문장은 두 차례의 겸어를 포함하고 있는 겸어식이고, 뒤의 두 문장은 기본적으로는 또한 겸어식이지만, 겸어인 '路博德'과 '任立政等三人' 이후의 확장된 부분이 모두 연동식으로 기호가 나타내는 것과 같은 부분이 있다.

2. 피동식(被動式)

주어가 수동자(受動者)인 서술문을 피동식(被動式)이라고 한다. 현대중국어에서의 피동식은 매우 간단하여, 기본적으로는 이른 바 완전한 것과 간단한 피동식 두 종류가 있다. 완전한 피동식은 전치사 '被'(또는 '給', '讓', '叫')를 써서 주동자(主動者)를 이끌어낸다. 예를 들어 "小二黑終於被他們打了一頓(샤오헤이얼은 결국 그들에게 한 방 맞았다.)"(자오수리(趙樹理)[18]) 간단한 피동식은 주동자도 말하지 않고 전치사 '被'도 쓰지 않는다.('被'를 쓰기

---

17 [역주] 다른 판본에서는 '都尉'로 되어 있다. 해석은 이를 따른다.

18 [역주] 1906-1970, 소설가로, 본명은 趙樹禮이다. 해당 예문은《샤오헤이얼결혼(小黑二結婚)》에서 나온 것이다.

고대중국어 통론

도 하지만, 일반적으로는 필요하지 않다.) 예를 들어 "國貨也提倡得長久了(국산 품도 오랫동안 장려되었다.)"(루쉰(魯迅)[19]) 피동의 사람 또는 사물을 표시해야 할 때에는 동사 앞에 '被'를 더하고 또한 끝부분에 '的'를 더하여 '的'자 구조를 구성한다. 예를 들어 "打完之後, 便心平氣和起來, 似乎打的是自己, 被打的是別一個自己(때리고 나자, 마음은 평화로워지기 시작하였다. 마치 때린 것은 자신이고, 맞은 것은 또 다른 자기인 듯하였다.)"(루쉰(魯迅)[20]) 고대중국어는 피동을 나타내는 형식이 현대중국어보다 많다. 각각 예를 들어 아래에서 설명하겠다.

(1) 주동과 피동이 형식상 구분이 없다. 예를 들어,

又荊州之民附操者、偪(逼)兵勢耳。(또한 형주(荊州)의 백성들 중에 조조 (曹操)에게 부용(附庸)하고 있는 사람들은 군세에 압박을 받았을 뿐입니다.) 《자치통감(資治通鑑)·적벽지전(赤壁之戰)》)

足蒸暑土氣、背炙炎天光。(발은 더운 땅의 기운에 쪄지고, 등은 햇빛에 타들어 간다.) (백거이(白居易)《관예맥(觀刈麥)》시(詩))

《春秋》伐者爲客、伐者爲主。(《춘추(春秋)》에서 공격하는 사람은 객(客) 이고, 정벌당하는 사람은 주(主)이다.) 《공양전(公羊傳)·장공(莊公) 28년》이 에 대한 하휴(何休)의 주(注) : "伐人者爲客、讀伐長言之 ; 見伐者爲主、讀伐 短言之 ; 齊人語也。(다른 사람을 공격하는 것을 '客'이라고 할 때에 '伐'은 길 게 읽는다. 다른 사람에게 공격을 당하는 것을 '主'라고 할 때에 '伐'은 짧게

---

19 [역주] 1881-1936, 중국의 대표적인 문장가, 사상가로 본명은 周樹人이다. 해당 예문은 〈펜류에 대해 논함(論毛筆之類)〉에서 나온 것이다.

20 [역주] 해당 예문은 《아큐정전(阿Q正傳)》에서 나온 것이다.

읽는다.)")

　今大國之攻小國也、攻者農夫不得耕、婦人不得織、以守爲事 ; 攻
人者亦農夫不得耕、婦人不得織、以攻爲事。(이제 큰 나라가 작은 나라
를 공격할 때, 공격당하는 쪽은 농부는 농사를 짓지 못하고, 부인은 옷을 짜
지 못하면서 지키는 것을 일로 한다. 다른 사람을 공격하는 쪽도 마찬가지로
농부는 농사를 짓지 못하고, 부인은 옷을 짜지 못하면서 공격하는 것을 일로
한다.)《묵자(墨子)·경주(耕柱)》

　위의 예문에서 '偪'은 핍박을 당한다는 의미이고, '蒸'과 '炙'은 찜을 당
하고 태움을 당하는 의미이다. '伐者爲主'에서의 '伐者'는 정벌을 당하는
것이고, '攻者'는 공격을 당하는 것이다. (루쉰(魯迅)의 문장에서 '被打的'라고
한 부분과 비교하시오.) 앞의 두 예문은 구조는 '명사—동사—명사' 형식으로,
주동식(主動式) '주어—술어—목적어'의 형식과 구별되지 않는다. 그렇지만
의미상으로 구별할 수 있다. 주로 수동과 시동(施動)의 관계에서부터 검토
할 수 있다. 예를 들어 '足[발]'은 '蒸[찌는]' 동작을 해낼 수 없고 단지 찜을
당하는 것만 가능하다. '偪[핍박]'은 '兵勢'에게 작용할 수 없는 것이니, 단
지 '兵勢'에 핍박을 받을 수만 있다. 이와 같이 주동과 피동은 구분할 수 있
다. 후반의 두 예문에서 '伐者'와 '攻者'는 형식상으로는 피동의 인물임을
찾아낼 수 없다. 아마도 고대의 사람들은 성조를 변환하여 구분하였을 것
으로, 예를 들어 하휴가 설명한 '長言'과 '短言'처럼 하였을 것이다. 그렇지
만 《묵자(墨子)》의 예에서는 '攻人者'(주동자)라고 하여 '攻者'(피동자)와 구
분하였다. 여기에서의 '攻者'는 반드시 다르게 읽지는 않았을 것이다. 누가
주동이고 누가 피동인지 알고자 한다면 문맥의 의미를 잘 연결시켜서 이
해해야 할 것이다.

(2) 주어(수동자)에 타동사를 더한다. 예를 들어,

龍逢斬、比干剖。(용봉은 잘리는 형벌을 받았고, 비간은 베이는 형벌을
받았다.) 《장자(莊子)·거협(胠篋)》

風至苕折、卵破子死。(바람이 이르자 갈대는 꺾이고, 알은 깨져 새끼는
죽었다.) 《순자(荀子)·권학(勸學)》

農事傷、則饑之本也；女紅(工)害、則寒之源也。(농사가 망쳐지는 것
이면 그것이 기아의 근본이 되고, 여성들이 해야 하는 옷감 짜는 일이 피해
를 입게 되면, 그것이 추위의 근원이 된다.) 《한서(漢書)·경제기(景帝紀)》

會〔李〕延年家收。(때마침 이연년의 집안은 몰수를 당하였다.) 《한서(漢
書)·이릉전(李陵傳)》

春擒於内、蘭死於外。(신춘(申春)은 방 안에 감금되어 있었고 신란(申蘭)
은 밖에서 죽어 있었다) 《사소아전(謝小娥傳)》

이것은 현대중국어의 간략한 피동식과 같다. 다른 점은 현대어에서는
동사 뒤에 어기조사 '了'를 사용하여 피동의 어기를 완성하여야 하지만, 고
대중국어에서는 필요하지 않다. 《순자(荀子)》의 예에서는 네 개의 '명사—
동사'의 주술구가 있는데, 그 중 '至'와 '死'는 자동사로, '風至'와 '子死'는
주동식이다. '折'과 '破'는 타동사로, '苕折'와 '卵破'는 피동식이다. 《사소
아전(謝小娥傳)》의 예에서 '擒'은 타동사이고, '死'는 자동사로, 앞의 분문은
피동식이고, 뒤의 분문은 주동식이다. 이러한 형식은 주동과 피동의 형식
을 일률적으로 할 수 있어, 복문 구조에서 형식상의 조화를 이루면서 문법
상의 가지런함을 파괴하지 않는다. 현대중국어에서도 이러한 예문이 있다.
예를 들면 "一切別的東西都試過了, 都失敗了."(모든 다른 일을 모두 다 해보았

는데, 모두 실패했다.)(마오저둥(毛澤東))[21]

(3) 타동사 앞에 '見'이나 '被'를 더한다. 예를 들어,

〔屈平〕信而見疑、忠而被謗。(〔굴평은〕 믿음직스럽지만 의심을 받았고, 충성스러웠지만 비방을 받았다.) 《사기(史記)·굴원가생열전(屈原賈生列傳)》

臣聞武帝使中郞將蘇武使匈奴、見留二十年。(제가 듣기에 무제께서 중랑장 소무를 흉노로 사신보냈는데, 억류당한지 20년이 되었습니다.) 《한서(漢書)·무오자전(武五子傳)》

吾長見笑於大方之家。(내가 대가들에게 오랫동안 웃음거리가 되겠구나.) 《장자(莊子)·추수(秋水)》

國一日被攻、雖欲事秦、不可得也。(나라가 하루 아침에 공격을 당하니, 진(秦)나라를 섬기고자 하여도 할 수 없다.)

萬乘之國、被圍於趙。(만 승의 나라가 조나라에게 포위당하였다.) (지금까지 《전국책(戰國策)·제책(齊策)》

위에서 언급한 《공양전(公羊傳)》의 "伐者爲主(정벌당하는 사람이 주(主)이다.)"에 대해 하휴(何休)의 주(注)에서 '見伐者'라고 '伐者'를 해석하였는데, 또한 이러한 예이다. '見疑', '見留', '見笑'와 '被謗', '被攻'에서의 '見'과 '被'는 의미상 현대중국어의 '被'와 같지만, 현대중국어의 '被'는 뒤에 시동자(施動者)를 덧붙이는 것이 일반적인 것이지만, 조기의 문언문에서는 '被' 뒤에 주동자(主動者)를 붙이지 않고, '見' 뒷부분에는 지금까지도 주동자

---

21   [역주] 해당 예문은 〈論人民民主專政〉에 나오는 것이다.

를 붙이지 않았다. 시동자를 이야기하고자 하면 '於……'의 형식을 이용해야 한다. 예를 들어 세 번째, 다섯 번째 예문이 그렇다. 또한 '見'이 고대중국어에서 또한 주동문에서도 쓰이는데, 현대중국어에서의 "你有何見教(당신은 어떠한 것을 가르쳐 주실 수 있겠습니까?)"가 바로 이러한 용법을 계승한 것이다. 그렇지만 피동에 쓰이는 것에 비해서는 그 수가 비교적 적기에 정례(正例)로 보기에는 힘들다. 아래 부분을 참조하시오.

(4) 주어(수동자) 뒤에 타동사를 붙이고, 다시 전치사 '於'에 주동자를 덧붙여서 보어로 타동사 뒤에 둔다. 예를 들어,

> 懷王…… 內惑於鄭袖、外欺於張儀。(초회왕은 …… 안으로는 정수에게 홀렸고, 밖으로는 장의에게 속임을 당하였다.) 《사기(史記)·굴원가생열전(屈原賈生列傳)》
>
> 兵破於陳涉、地奪於劉氏。(군대는 진섭에게 부서졌고, 땅은 유씨에게 빼앗겼다.)《한서(漢書)·가산전(賈山傳)》

'於……'를 동사 뒤에 두는 것은 문언문 피동식(被動式)에서 주동자를 나타내는 방법 중 하나이다. 여기서의 '於'자 구조는 실제로는 동작 행위의 유래를 나타내는 것으로 쓰였다. 따라서 주동자를 나타내는 형식도 된다. 이러한 형식은 어느 때에는 앞에서 언급한 (3)에서 '見'과 '被'를 동사 앞에 덧붙이는 형식과 결합하는데, 이미 본 (3)의 세 번째, 다섯 번째 예문은 충분히 명백하게 피동을 나타내는 하나의 형식이다.

(5) 주어(수동자)와 타동사 사이에 전치사구조 '爲……'를 넣어, '爲'(wéi)를 써서 시동자(施動者)를 이끌어낸다.(때로는 시동자를 말하지 않을 수 있다.) 이러한 전치사 구조는 타동사의 부사어가 된다. 예를 들어,

　　身死人手、爲天下笑。(몸은 다른 사람의 손에 죽임을 당하고, 천하에게 비웃음을 당하였다.)(가의(賈誼)《과진론(過秦論)》)
　　貴爲天子、富有四海、而身爲〔　　〕禽(擒)。(귀하기는 천자이고, 부유하기로는 천하를 가졌음에도 몸은 묶여 있다.) (가의(賈誼)《과진론(過秦論)》)

'爲……'를 동사 앞에 두는 것은 문언문 피동식에서 주동자를 나타내는 방법 중 하나이다.

(6) 기본적으로는 (5) 형식과 같지만, 타동사 앞에 조사(助詞) '所'를 붙여 주어의 술어성을 거듭 가리킨다. 예를 들어,

　　吾悔不聽蒯通之計、乃爲兒女子所詐。(괴통의 계책을 듣지 않아 아녀자의 속임수에 빠진 것을 후회한다.) 《한서(漢書)·한신전(韓信傳)》
　　衛太子爲江充所敗。(위태자는 강충에게 패하였다.) 《한서(漢書)·곽광전(霍光傳)》
　　夫與父[22]俱爲盜所殺。(아버지와 남편이 모두 도둑들에게 살해당하였다.) 《사소아전(謝小娥傳)》

22　[역주] 다른 판본에서는 "父與夫"로 되어 있다. 번역은 이를 기반으로 하였다.

"見笑於大方之家", "被圍於趙"와 마찬가지로, 이 또한 피동을 가장 잘 표시할 수 있는 형식이다.

이 외에도 육조(六朝) 시기부터 "亮子被蘇峻害"(유량(庾亮)의 아들이 소준(蘇峻)에게 해를 입었다.)(《세설신어(世說新語)·방정(方正)》)의 형식이 등장하였는데, 이것이 줄곧 지금까지 쓰이면서, 현대중국어의 완전한 피동식이 되었다.

앞에서의 몇 종류의 형식을 종합하면, 첫번째 식을 제외하고 나머지는 기본 형식이 단지 수동자인 주어에 타동사를 더하는 것이다.(이 동사는 피동식에서는 목적어를 취하지 않는다.) 이러한 기초에서 또한 세 가지 방법을 사용하여 새로운 형식을 구성한다.

甲 : '被'와 '見'을 타동사 앞에 붙인다.
乙 : 전치사구조 '於……'를 타동사의 보어로 써서, 주동자를 이끈다.
丙 : 전치사구조 '爲……'를 타동사의 부사어로 써서, 주동자를 이끌거나 혹은 '所'를 타동사 앞에 붙인다.

앞에서 서술한 첫번째 식에 대해 이야기하자면, "足蒸暑土氣, 背炙炎天光(발은 더운 땅의 기운에 쪄지고, 등은 햇빛에 타들어 간다.)"은 "足蒸於暑土之氣, 背炙於炎天之光"의 생략이라고 말할 수 있다. 그렇다면 또한 네번째 식과 같다. 또한 수동의 주어에 타동사를 더하는 형식을 그것의 기초라 할 수 있을 것이다.

고대중국어의 동사는 어떠한 것은 자동사와 타동사를 구분해내기 쉽지 않다. 예를 들어 '留'라는 동사는 "合則留, 不合則去(맞으면 머물고, 맞지 않으면 떠난다.)"에서는 자동사이다. 그렇지만 두보(杜甫)의 시 "留客夏簟青琅玕[23]"(손님을 멈추게 하는 여름 돗자리의 푸르름.)에서는 타동사이다. '敗' 동사는 육조(六朝) 사람들은 인위적으로 독음(讀音)을 다르게 하여 패배하는 것과 패배시키는 것이라는 두 가지 의미를 구별하였다.[24] 따라서 수동자의 주어에 동사를 더하기만 하는 것은 명확하게 피동을 표시하기에는 부족하다. 예를 들어 "蘇武使匈奴, 留(소무가 흉노에 사신을 갔다가 억류당하였다.)"에서 스스로 남아 있었던 것인지, 아니면 역류당한 것인지 도대체 알기 힘들다.[25] 따라서 '주어—타동사'라는 기본 형식에 '見', '被', '於……', '爲……'를 더해야만 하는 것이다. '所'자는 어느 때에는 매우 유용하다. 예를 들어 "衛太子爲江充所敗"(위태자가 강충에게 패배를 당하였다.)에서 만약 '所'자가 없다면, "위태자가 강충 때문에 실패하였다."로 오해할 수 있다. 여기에서 알 수 있듯이, 새로운 형식이 이루어지는 것은 나타내고자 하는 수요 때문이다.

3. 능원식(能願式)

어떤 종류의 동사, 예를 들면 '可', '能', '得', '足', '當', '須', '宜', '願', '欲', '肯', '敢' 등은 능원동사(能願動詞)라고 한다. 능원동사가 일반동사와

---

23 [역주] 이 시는 〈정부마댁연동중(鄭駙馬宅宴洞中)〉의 구절이다.

24 '패배시키다[敗人]'일 때의 '敗'는 bài로 읽고, '패배하다[自敗]'일 때의 '敗'는 탁성모(濁聲母)로 읽는다.

25 [역주] 해석은 《사기》의 문맥에 따라 해석한 것으로, 단독 문장만으로는 이 책에서 말하는 것처럼 주동인지 피동인지 파악하기 힘들다.

다른 것은, 일반동사는 단독으로 술어가 될 수 있지만, 능원동사는 대답을 하는 문장에서만 단독으로 술어가 될 수 있다. 그리고 일반적으로는 다른 동사의 앞에서 가능, 필요, 하고자 함 등을 나타낸다. 이러한 종류의 동사는 문법 분석 차원에서는 그것들 뒤에 나오는 동사와 하나의 합성 술어를 구성하고, 스스로 하나의 성분을 이루지 않는다. 이렇게 구성된 술어는 능원식(能願式)이라 할 수 있다. 주의해야 할 것은 소수의 능원동사는 일반동사와 거의 유사하게 쓰이기도 한다. 예를 들어 '得'의 경우《사소아전(謝小娥傳)》"乃得免死"(죽음을 면할 수 있었다.)의 '得'은 능원동사이고,《후적벽부(後赤壁賦)》"顧安所得酒乎"(술은 어디에서 얻을 수 있겠습니까?)의 '得'은 일반동사이다. 실제로 이는 자형(字形)은 같지만, 구조상으로 말하자면 두 문장 안에 있는 두 개의 '得'은 두 개의 단어로 품사를 겸하고 있는 것도 아니고 활용은 더욱 아니다. 능원동사의 특징은 비교적 명확하여 몇 가지 예를 들면 바로 그 용법을 이해할 수 있을 것이다.

(1) 가능을 나타낸다.

若能如君、可謂得人矣。(만약 그대와 같을 수만 있다면, 인자하다고 할 수 있습니다.)

賀急問曰 : "君能點之、亦能滌之否？"和笑曰 : "烏得不能！ 但須其人一誠求耳。"(하생(賀生)이 급히 물었다. "그대가 점을 찍을 수 있었다면 또한 그것을 씻을 수도 있지 않나요?" 화생(和生)이 웃으면서 말하였다. "어찌 못할 수 있겠습니까! 그렇지만 그 사람이 한마음으로 추구해야만 할 것입니다.") (지금까지《요재지이(聊齋志異)·서운(瑞雲)》)

身雖陷沒、然其所摧敗、亦足暴於天下。(자신은 패배하였지만, 그러나

그가 패배 당한 것 또한 천하에 드러낼만합니다.) (《한서(漢書)·이릉전(李陵傳)》)

殺汝父是申蘭、殺汝夫是申春、足可明矣。(그대의 아버지를 죽인 자는 신란이고, 그대의 남편을 죽인 자는 신춘인 것은 매우 명백합니다.) (《사소아전(謝小娥傳)》, 두 개의 능원동사가 동사 앞에 놓인 것이다.)

(2) 필요를 나타낸다.

當使精騎射之、必破矣。(정예 기병이 활을 쏘게 한다면, 반드시 무찌를 수 있을 것입니다.) (《한서(漢書)·이릉전(李陵傳)》)

衣食當須紀[26]、力耕不吾欺。(사는 일은 반드시 해야 하는 일이니, 힘써 밭 가는 일은 나를 속이지 않는다.) (도잠(陶潛)《이거(移居)》시(詩))

烏得不能！但須其人一誠求耳。(어찌 못할 수 있겠습니까! 그렇지만 그 사람이 한마음으로 추구해야만 할 것입니다.)(《요재지이(聊齋志異)·서운(瑞雲)》)

必聚徒合義兵誅無道秦、不宜倨見長者。(반드시 사람들을 모으고 의병을 합쳐 무도한 진(秦)나라를 무찌르고자 하면, 마땅히 걸터앉은 자세로 나이든 사람을 만나서는 안될 것입니다.) (《사기(史記)·역생육가열전(酈生陸賈列傳)》)

(3) 하고자 함을 나타낸다.

不願得地、願得張儀而甘心焉。(땅을 얻길 원하지 않고, 장의를 얻어서

---

26 '紀'는 경영하다, 처리하다의 의미이다.

그것으로 기분을 풀기를 원합니다.)

時秦昭王與楚婚、欲與懷王會、懷王欲行。(진소왕이 초나라와 혼인을
할 때에, 초회왕과 만나고자 하자 회왕은 가고자 하였다.)

其行廉、故死而不容自疏[27]。(그 행동이 청렴하였기에, 죽어도 스스로 멀
어지는 것을 요구하는 것이 용납되지 않았다.) (지금까지《사기(史記)·굴원
가생열전(屈原賈生列傳)》)

欲爲聖明除弊事、肯將衰朽惜殘年？(임금을 위해 폐단을 제거하고자
하였으니, 노쇠하였다고 남은 생을 애석해 하랴?) (한유(韓愈)《좌천지람관
시질손상(左遷至藍關示姪孫湘)》시(詩))

敢問夫子惡乎長？(선생님께서는 어떠한 부분에서 장점이 있는지 감히
여쭙겠습니다.)《맹자(孟子)·공손추상(公孫丑上)》)

幸惟自安、毋自苦耳。(스스로 편하게 지내시고, 스스로 괴로워하지 마시
기 바랄 뿐입니다.) (진홍(陳鴻)《장한가전(長恨歌傳)》)

더 논의해야만 하는 것은 하고자 함을 나타내는 능원동사 '請'이다. 먼
저 아래의 예를 보고서 비교하고자 한다.

1조 :

及莊公即位、〔莊姜〕爲之(共叔段)請制。公曰："制、巖邑[28]也、虢叔
死焉；佗邑唯命。"請京。使居之。(장공(莊公)이 즉위하자,〔장강은〕공숙
단을 위해 제 지역을 요청하였다. 장공이 말하였다. "제 지방은 험한 성읍입
니다. 괵숙이 거기에서 죽었습니다. 다른 읍을 청하길 바랍니다." 경 지역을
요청하여, 그 쪽으로 가서 살게 하였다.)《좌전(左傳)·은공(隱公) 원년》)

---

27 '自疏'는 스스로에게 멀어질 것을 요구하는 것이다.
28 '巖邑'은 형세(形勢)가 험한 성읍(城邑)이다.

顏淵死、顏路請子之車以爲之椁。(안연이 죽자, 안연의 아버지 안로가 공자의 수레를 팔아 곽으로 삼기를 요청하였다.) 《논어(論語)·선진(先進)》

2조：

請少卿來歸故鄕。(소경(少卿)께서 고향으로 돌아오시길 청합니다.) 《한서(漢書)·이릉전(李陵傳)》

余遂請齊公書於紙。(내가 마침내 제공에게 종이에 써 줄 것을 청하였다.) 《사소아전(謝小娥傳)》

3조：

善哉！吾請無攻宋矣。(좋습니다! 나는 송나라를 공격하지 않겠습니다.) 《묵자(墨子)·공수(公輸)》

以一儀而當漢中地、臣請往如楚。(저 장의(張儀) 하나로 한중(漢中) 땅에 해당할 수 있다면, 저는 초나라에 가겠습니다.) 《사기(史記)·굴원가생열전(屈原賈生列傳)》

不敢有他[29]問也、願聞一言而已。先生稱："吾不解人間書。"敢問解何書？請聞此而已。(감히 다른 것은 묻지 않겠습니다만 한 말씀만 듣기를 원하옵니다. 선생님께서는 "나는 인간 세상에서 쓰는 문자는 알지 못한다"고 하셨는데, 감히 묻자오니 어떤 문자를 쓰실 줄 아십니까? 이 점만은 꼭 듣기를 청하옵니다.) (한유(韓愈)《석정연구시서(石鼎聯句詩序)》)

事急矣、請奉命求救於孫將軍。(일이 급합니다. 손장군에게 구조해 줄 것을 요청하라는 명령을 받들겠습니다.) 《자치통감(資治通鑑)·적벽지전(赤壁之戰)》

請從君歸、便贈一佳人。(그대가 돌아가는 것을 따라가서, 미인을 드리도

---

29 [역주] 다른 판본에서는 '他有'로 되어 있다.

록 하겠습니다.) 《요재지이(聊齋志異)·서운(瑞雲)》)

4조：

故曰：“仁者無敵。”王請勿疑。(따라서 이러한 말이 있습니다. "인자한
사람은 적이 없다." 왕께서는 의심하지 마십시오.) 《맹자(孟子)·양혜왕상(梁
惠王上)》)

王請無好小勇。夫撫劍疾視、曰：“彼惡敢當我哉！”此匹夫之勇、敵
一人者也。王請大之。(왕께서는 작은 용기를 좋아하지 마십시오. 칼을 만
지면서 눈을 부릅뜨고서는 말하기를 "저 사람이 어찌 나를 감당하겠는가!"
이는 필부의 용기로, 한 사람을 상대할 만합니다. 왕께서는 크게 생각하시기
바랍니다.) 《맹자(孟子)·양혜왕하(梁惠王下)》)

앞의 네 가지 조에서, 1조의 '請'은 지명(地名)이나 물건을 나타내는 명
사가 붙어 있다. 의미는 어떠한 실물을 얻기를 요청하는 것으로, 이러한
'請'은 일반적인 동사이다. 2조의 '請'은 현대중국어의 "我請你帶個信(나는
네가 말을 전해주길 바란다.)"의 용법과 같다. 즉 '請'의 뒤에 사람을 나타내
는 겸어(兼語)를 취하며, '請'은 사령성(使令性) 동사이다. 그렇지만 이러한
문법은 선진(先秦) 때에는 찾아보기 힘들다. 이러한 것이 성행한 때는 아마
도 당(唐)나라 때일 것이다.[30] 3조의 '請'자는 뒷부분이 모두 직접 동사로,
첫번째, 두번째 예에서 앞 부분은 일인칭인 '吾'와 '臣'이고, 나머지 예는
'吾'나 '臣'과 같은 종류의 일인칭 주어를 보충할 수 있다. 이는 앞에서의 1
조, 2조와는 상당히 다르다. 이는 '請' 뒤에 근본적으로 어떠한 목적어도 삽

---

30   돈황(敦煌) 변문(變文) 《추녀연기(醜女緣起)》："今日因何端正相、請君與我說來由。"(이제 어
      떠한 이유로 단정한 모습을 가졌는지, 그대는 나에게 그 유래를 말씀해주세요.)

입할 수 없어, '請'과 뒤에 오는 동사가 결합하여 하나의 합성 술어를 이룬다. 여기에서의 '請'은 '願'과 같다. 한유(韓愈)의 문장 중 "願聞一言"과 "請聞此"를 보더라도 바로 알 수 있다. 어떠한 사람이 말하길, "臣請往如楚"와 "請奉命求救於孫將軍"의 '請'은 "請你讓我(그대에게 내가 하도록 요청한다.)"로 설명하기도 하는데, 이러한 생략은 좀 과분하다고 할 수 있다. 또한 "吾請無攻宋矣"에 사용할 때에는 통하지 않는다. 왜냐하면 초왕(楚王) 스스로 송(宋)나라를 공격하는 것이지, 다른 사람이 초왕에게 송나라를 공격하지 말라고 시키는 것이 아니기 때문이다. '請'은 하고자 함 또는 승낙함을 나타내는 것일 뿐이다. '請'의 이러한 용법은 고문(古文) 내에서는 상당히 많은 것으로, 이러한 '請'을 만났을 때 그 의미를 가지고 너무 틀에 박힌대로 본다면 그것을 해석하는 데에 쓸 수 없다. 4조의 세 '請'자는 3조의 '請'자와 같은 점이 있는데, 모두 동사 앞에 놓인다는 것이다. 그렇지만 다른 점도 있으니 주어는 이인칭이지, 일인칭이 아니다. 의미상으로는 "請王勿疑"(왕께서 의심하지 마시길 청합니다.), "請王無好小勇"(왕께서는 작은 용기를 좋아하지 마시길 청합니다.), "請王大之"(왕께서는 크게 여기시길 청합니다.)라고 말할 수 있을 것이다. 그렇지만 구조상으로는 이렇게 멋대로 뒤집을 수는 없다. 현대중국어에서 "您請坐(앉으세요.)"와 "請您坐(앉기를 청합니다.)"의 어기 또한 경중(輕重)이 다른 것과 같다. 여기에서의 '請'자는 "王勿疑", "王無好小勇"을 부드럽게 말하는 방식으로, 나타내고자 하는 것이 명령이 아니라 그 청구하고자 하는 의미가 매우 미약하게 말하는 것이다. 4조의 '請'은 3조와 함께 능원동사이지 일반적인 사령성 동사가 아니다.

고대중국어 통론

4. '見'과 '相'의 용법

(1) '見'자의 용법

'見'은 조동사(助動詞)로, 가장 보통의 용법은 타동사 앞에 놓이면서 주어가 수동자(受動者)를 드러내면서 하나의 피동식을 구성하는 것으로, 앞에서 이미 보았다. 그렇지만 '見'이 또한 타동사 앞에 놓이지만 주어가 여전히 주동자(主動者)이면서 구성된 문장도 여전히 주동식이다. 만약 주어가 과연 주동인지 수동인지를 알고자 하면 문맥의 의미를 살펴서 결정해야 한다. 앞에서 이미 현대 구어에서 말하는 "你有何見敎"의 예를 들었다. 여기에서는 몇 가지 고문(古文)에서의 예문을 들도록 하겠다.

> 若使君不見聽許、登亦未敢聽[31]君也。(만약 사군께서 허락해주지 않으시면 진등 또한 감히 복종할 수 없습니다.) 《삼국지(三國志)·촉지(蜀志)·선주전(先主傳)》
>
> 家叔以余貧苦、遂見用於小邑。(집안 아저씨께서 내가 가난으로 고생하는 것 때문에 마침내 작은 고을에서 일하도록 주선하셨다.) (도잠(陶潛) 《귀거래사서(歸去來辭序)》)
>
> 然而聖主不加誅、宰臣不見斥、非其[32]幸歟？(그렇지만 천자께서는 벌주지 않으시고 재상도 배척하지 않으니, 아마도 저에게는 다행이 아니겠는지요?) (한유(韓愈) 《진학해(進學解)》)
>
> 歡若見憐時、棺木爲儂開。(만약 나를 어여삐 여긴다면, 관목은 나를 위해 열려라.) (고악부(古樂府) 《화산기(華山畿)》)

---

31 '聽'은 따르다, 복종하다의 의미로, 앞부분의 '聽許'에서의 '聽'과 의미상으로 같다.
32 '其'는 한유(韓愈) 자신을 가리킨다.

江山如此不歸山、江神見怪驚吾頑。(강산이 이와 같아 돌아가 쉬려 하지
않으니, 강신은 나의 고집에 괴이해 하며 놀라네.) (소식(蘇軾)《유금산사(游
金山寺)》시(詩))

여기에서의 "見聽許"는 "〔사군(使君)께서〕 진등(陳登)을 허락하다.(〔使
君〕聽許登)"이고, "見用"은 "나를 쓰다(用我)"이며, "見斥"는 "나를 배척하다
(斥我)"이고, "見憐"은 "나를 어여삐 여기다(憐我)", "見怪"는 "나를 괴이하
게 여기다(怪我)"이다. '見'이 피동식(被動式)에서 쓰일 때에는, 동사 뒤에 전
치사 '於'를 써서 주동자(主動者)를 이끌 수 있다. '見'이 주동식(主動式)에서
쓰일 때에는, 주동자는 이미 주어로서 앞에 놓여 있고, 자연스럽게 동사 뒤
에 '於'를 써서 주동자를 끌어낼 수 없다. "見笑"[33]는 "見笑於大方之家"로
늘릴 수 있고, "家叔以余貧苦, 〔家叔〕遂見用於小邑"은 "遂見用於家叔"으
로 변형할 수 있다.("於小邑"은 처소를 나타내는 보어이지, 주동자를 이끄는 구
조가 아니다.) 이것이 두 종류의 형식이 구별되는 지점이다. 이외에도, 모든
'見'과 타동사로 주동식을 만들 때에는 수동자는 일반적으로 나타나지 않
지만, 수동자는 또한 자주 일인칭이다. 앞에서의 예는 모두 이러한 것이다.
따라서 어떤 사람들은 주동식 내에서 '見'자는 대신 지칭하는 역할을 한다
고 말하기도 한다.

(2) '相'의 용법

'相'은 관계를 나타내는 부사로, 한쪽만을 가리키거나[偏指], 서로를 가

---

33   [역주]《장자(莊子)·추수(秋水)》에 나오는 문장이다.

리키는[互指] 두 가지 용법이 있어, 여기에서 저기까지 또는 서로 영향이 있음을 나타낸다. 서로를 가리키는 용법이 일반적이고, 한쪽만을 가리키는 용법이 비교적 특수하다. 서로를 가리키는 용법의 '相'은 다음과 같다.

> 人之相知、貴相知心。(사람들이 서로 알아가면서, 서로 마음을 알아가는 것을 귀하게 여깁니다.) (이릉(李陵)《답소무서(答蘇武書)》)
>
> 故道不同、不相爲謀。(따라서 가는 길이 같지 않으면, 서로 상의할 수 없습니다.) (양운(楊惲)《보손회종서(報孫會宗書)》)
>
> 元和七年十二月四日、衡山道士軒轅彌明自衡下來、舊與劉師服進士衡湘中相識。(원화 7년 12월 4일, 형산의 도사인 헌원미명이 형산에서 내려왔는데, 이전에 진사 유사복과 형산과 상강 일대에서 알고 지냈다.) (한유(韓愈)《석정연구시서(石鼎聯句詩序)》)
>
> 秋七月、牽牛織女相見之夕…… (가을 7월, 견우와 직녀가 서로 만나는 저녁에……) (진홍(陳鴻)《장한가전(長恨歌傳)》)

서로를 가리킨다고 하는 것은 두 개 혹은 양방향(또는 두 개 혹은 두 개 이상의 방면)의 사람과 사물이 모두 활동에 참가함을 가리킨다. 그 활동이 모두 상대방에게 영향을 주는 것이다. 예를 들어 "相知"는 너는 나를 알고, 나는 너를 아는 것이다. "相爲謀"는 너는 나와 상의하고, 나도 너와 상의하는 것이다. 그렇지만 비슷한 사람 그리고 사물이 함께 활동하지만 서로간에 영향을 주지 않는 것도 있으니, 그 활동은 평행적이지만 한 쪽이 다른 한 쪽에 대해서 하는 것이 아니다. 이는 '相'의 서로를 가리킨다는 용법에 포함시켜도 무방하다. 예를 들면,

酒酣以往、高漸離擊筑、荊軻和而歌於市中、相樂也 ; 已而相泣、旁
若無人者。(술에 취하고 나서, 고점리가 축을 두드리고, 형가는 맞추어서 시
장에서 노래를 부르며 서로 즐겼다. 마치면 서로 우는데, 옆에 사람이 없는
듯이 하였다.) 《사기(史記)·자객열전(刺客列傳)》

話及此事、相與感嘆。(양귀비와 현종의 이야기에 이르자 서로가 감탄하
였다.) 《장한가전(長恨歌傳)》

여기에서의 '相樂', '相泣', '相與感嘆'은 단지 함께 즐거워하고, 함께 울
고, 함께 감탄하는 의미이지, 서로 영향을 주는 의미가 없다. 그렇지만 이
전의 종류의 예문과 같이 결국은 쌍방 또는 상대방의 사람들이 활동에 참
가하는 것이다. 따라서 하나의 종류로 묶어도 무방하다.

한쪽만을 가리키는 '相'의 예는 다음과 같다.

人君無愚智賢不肖、莫不欲求忠以自爲[34]、舉賢以自佐、然亡國破家
相隨屬、而聖君治國[35]累世而不見。(군주된 자는 어리석거나 현명하거나
불초한 것에 상관없이 충성심을 요구해 자신을 위하도록 하고 현명한 자를
천거해 자신을 돕는 걸 원치 않는 자가 없으나, 나라가 망하고 집안이 무너
지는 일이 끊이질 않고 성군(聖君)이 여러 대에 걸쳐서 나라를 다스리는 모
습을 보기가 힘들다.) 《사기(史記)·굴원가생열전(屈原賈生列傳)》

先是元獻皇后武淑妃皆有寵、相次謝世。(일찍이 원헌황후와 무숙비가
모두 총애를 받았으나, 차례로 세상을 떠났다.) 《장한가전(長恨歌傳)》

初不相記、今即悟也。(처음에는 잘 기억나지 않더니, 지금은 기억이 났

---

34 '爲'는 돕다이다.
35 '治國'은 '治平之國'으로, 즉 정치가 깨끗하고 공정한 국가이다.

소.) 《사소아전(謝小娥傳)》

　實不相欺、昔曾一覯其芳儀…… (속이지 않으시는군요. 일찍이 꽃다운
모습을 한 번 본적이 있는데……) 《요재이지(聊齋志異)·서운(瑞雲)》

　여기에서의 '相隨屬'은 갑(甲)이 을(乙)을 따라 속하고, 을(乙)은 병(丙)을
따라 속하고, 병(丙)은 정(丁)을 따라 속하는 것이지, 반대로 되는 것은 아
니다. "相次" 또한 이러하다. 죽음은 순서를 뒤집을 수 없기 때문이다. "不
相記"는 그 일을 기억하지 못하는 것이고, "不相欺"는 화생(和生)이 하생
(賀生)을 속이지 않는 것이다. 활동이 모두 단방향으로, 이 또한 문맥의 의
미에서 구별해야만 한다. 《열자(列子)·탕문(湯問)》의 우공이산(愚公移山) 장
(章)에서의 "雜然相許(분분히 동의하였다.)"는 마치 두 가지 종류 사이에 끼
어 있는 예처럼 보인다. 여러 사람들이 함께 찬성한 것을 이야기하는 것이
라 한다면 '相樂', '相泣', '相與感嘆'과 같은 것처럼 보인다. 그렇지만 실제
로는 우공(愚公) 이외의 사람들이 우공에게 찬성을 하는 것이기 때문에 여
전히 한쪽만을 가리키는 것이다.

　서로를 가리키는 것 혹은 한쪽만을 가리키는 '相'은 동사 뒤에 목적어
가 나타나지 않는다. 주동식의 '見'과 마찬가지로 모두 대신 지칭하는 기능
이 있는 것으로, 대신 지칭하는 성질의 부사이다.

제7장

품사 활용

제1절 고대중국어의 품사

품사의 구분은 문법 구조 연구의 기초이다. 고대중국어 어법[1] 또한 단어를 분류해야 할 수 있다. 약간의 특수한 상황을 제외하고는, 고대중국어의 품사는 대체로 현대중국어와 차이가 크지 않다. 이제 제안하고자 하는 분류를 다음과 같이 들고자 한다.

1. 명사(名詞)

하위 : 방위사(方位詞), 시간사(時間詞)

2. 동사(動詞)

하위 : 판단사(判斷詞) : 是, 爲

　　　능원동사(能願動詞) : 能, 當, 欲, 願, 敢, 肯 등.

　　　조동사(助動詞) : 見("見笑(비웃음 당하다.)"와 같은 것.)

1　[역주] 이 책을 번역하면서 '句法'은 문법으로, '語法'은 어법으로 용어를 구분하여 번역하였다.

추향동사(趨向動詞) : 《논어(論語)·향당(鄉黨)》 "趨進, 翼如也(빠르게 나아 갈 때에는 단정하게 날개를 펴듯이 하다.)"에서의 '進', 《세설신어(世說新語)·가휼(假譎)》 "紹遑迫自擲出(원 소(袁紹)는 황급히 스스로 던져 나왔다.)"에서의 '出' 이다. 상고시기에는 추향동사가 많지 않았다.

3. 형용사(形容詞)
하위 : 수사(數詞), 양사(量詞)

4. 대체사(代詞)

5. 부사(副詞)
정도(程度)부사 : 最, 較, 甚, 彌, 愈, 益 등.
범위(範圍)부사 : 皆, 咸, 俱, 亦, 只, 止, 僅 등.
시간(時間)부사 : 始, 終, 將, 已, 久, 暫, 立 등.
부정(否定)부사 : 不, 未, 無, 非 등.
어기(語氣)부사 : 豈, 詎, 得無, 尚, 其 등.

6. 전치사(介詞)
於(于), 與, 爲, 以, 用 등.

7. 접속사(連詞)

與, 及, 而, 以("碩大蚤實以蕃(크게 자라 빨리 열매가 많이 열렸다.)"[2]에서의 '以'와 같은 것), 則, 若……則, 故, 與其……不若(孰若), 雖 등.

8. 감탄사(感嘆詞)

嗚呼, 噫, 嘻, 唉, 唯 등.

9. 조사(助詞)

조사는 다른 단어나 구, 문장에 붙어 일정한 어법 의미를 나타낸다. 문언문에서는 시태조사(時態助詞)는 없고, 어기조사(語氣助詞)와 구조조사(結構助詞)만 있다.

어기조사(語氣助詞) : 也, 矣, 乎, 哉, 歟 등.

구조조사(結構助詞) : 所, 者, 之.

이 외에도 '然', '而', '焉', '如', '爾' 등이 형용사 뒤에 쓰이면서 해당 형용사와 결합하여 부사어나 술어로 쓰인다. 예를 들어 "勃然大怒(발끈할 만큼 크게 화를 내다.)", "莞爾而笑(빙그레 웃었다.)", "薆焉憂之(애매한 듯 걱정하다.)", "薆而(즉 "薆如")不見(흐릿하게 보이지 않는다.)", "勃如戰色(갑자기 두려워하다.)", "其言藹如(그 말이 친근한 듯하다.)" 등이 있다. 이러한 단어들은 어떤 사람들은 그들을 구조조사와 같은 것으로 대하기도 하지만, 실제로는 형용사 접사에 해당한다.

---

2   [역주] 이는 유종원(柳宗元) 《종수곽탁타전(種樹郭橐駝傳)》의 문장이다. 다른 판본에서는 '大'가 '茂'로 되어 있다.

그 외에도 몇몇 단어들, 예를 들어 《시경(詩經)》에서의 "有賁其實"(그 열매 무성하네.)에서의 '有', "我東日歸"(내가 동산에서 돌아올 때)의 '日', 《서경(書經)》에서의 "君子所其無逸[3]"(군자는 편안함을 추구하지 않는다.)의 '所'는 단어의 의미도 없고, 어법적인 의미도 없다. 이는 고대중국어의 특수한 것으로 전통적인 습관을 참조하여 이를 어조사(語助詞)라고 한다.

제2절 품사활용의 일반적인 상황

현대중국어에서의 단어는 속하게 되는 품사가 비교적 고정적이다. 그렇지만 고대중국어는 이와 같지 않아서, 하나의 품사가 다른 두 번째, 세 번째 품사로 바뀌기도 한다. 예를 들어 '衣'는 명사이다. 그렇지만 《사기(史記)·회음후열전(淮陰侯列傳)》에서의 "解衣衣我(옷을 벗어 나에게 옷을 입혔다)"의 두 번째 '衣'는 "……에게 옷을 입히다"로 풀이하여, 동사로 변하였다. 이것이 품사의 활용이라 한다. 품사 활용의 현상은 고대중국어에는 품사가 없다고 할 수 없고, 기본적인 품사에서 또 다른 품사로 바뀐 것이라고 해야 할 것이다. '衣'에 "衣我(나에게 입히다)"는 용법 때문에 이 '衣'와 "解衣"의 '衣'가 대등한 것이라 할 수는 없고, 이는 명사에서 동사로 바뀐 것이라고 말할 수 있을 것이다. '衣'가 명사의 가장 두드러진 특성인 수량사와 결합할 수 있는 특징이 있지만, 동사는 이러한 특성을 갖지 못하기 때문이다. 이러한 점에서 본다면 각각의 품사에 속하는 단어의 기본적인 특성을

---

3   "君子所其無逸"은 군자(君子)는 안일(安逸)함을 탐내지 말아야 한다는 말이다.

표준으로 하고서, 단어는 이러한 품사에 맞추어 나눌 수 있을 것이다. 일정한 구조 속에서 단어는 자신이 본래 가지고 있었던 특성을 버리고 새로운 특성을 얻게 되는데, 이러한 단어는 품사가 바뀐 것이다.

품사 활용은 실사에게는 모두 있는 현상이다. 이제 활용의 개황(槪況)에 대해 아래의 예를 들어 설명하고자 한다.

1. 명사가 동사로 쓰인다.

〔孟嘗君〕衣冠而見之。(〔맹상군은〕 관을 쓰고서 그를 만났다.)《전국책(戰國策)·제책(齊策)》

晉靈公不君。(진령공은 임금답지 못하였다.)《좌전(左傳)·선공(宣公) 2년》

見耶⁴背面啼、垢膩脚不襪。(아저씨를 보자 얼굴을 돌려 울고, 때에 더럽혀진 발은 버선도 신지 않았네.) (두보(杜甫)《북정(北征)》

鴻與琅琊王質夫家於是邑。(나(진홍(陳鴻))와 낭야 사람 왕질부의 집이 모두 이 읍에 있었다.) (진홍(陳鴻)《장한가전(長恨歌傳)》

擧圖所過山川地形、使麾下陳步樂還以聞。(지나간 곳의 산천지형을 그림으로 그려, 휘하의 진보락에게 돌아가서 들어보도록 하였다.)

陵字立政曰：“少公！歸易耳、恐再辱、奈何？”(이릉이 임립정의 자(字)를 불렀다. “소공! 돌아가는 것은 쉬울 뿐입니다. 그렇지만 다시 치욕을 당하는 일이 두렵습니다. 어떻게 합니까?”) (지금까지《한서(漢書)·이릉전(李陵傳)》

面山而居。(산을 정면으로 대하면서 산다.)《열자(列子)·탕문(湯問)》

甚者爪其膚以驗其生枯、搖其本以觀其疏密。(심한 자는 그 껍질을 긁어내

---

4 '耶'는 '爺(여기서는 아저씨)'와 통한다.

어 살았는지 말라 죽었는지 살펴보고, 그 뿌리를 흔들어 심어진 상태가 성긴 지 빽빽한지 살펴보았다.) (유종원(柳宗元)《종수곽탁타전(種樹郭橐駝傳)》)

布囊其口[5]。(천으로 그의 입을 막았다.)(유종원(柳宗元)《동구기전(童區寄傳)》)

앞에서 제시한 예에서 '衣', '冠', '君', '襪' 등은 모두 술어로, 주어와는 동일한 관계가 없다. 이는 판단문이 아니라 서술구임을 나타내는 것이다. 그리고 서술구로서의 술어는 이미 명사에서 동사로 바뀐 것이다. '圖', '字', '面', '爪', '囊' 등은 명사 '山川地形', '立政', '山', '膚', '口'의 앞에 놓이면서 그들과 지배와 피지배의 관계인 동목구조를 구성하여, '字'는 "……의 자 (字)로 부르다"로, '爪'는 '끊어내다'로 되었으니, 모두 동사로 바뀐 것이다.

몇몇 가지의 수식과 제한을 하는 단어도 명사가 동사로 변한 것을 알 수 있도록 한다. 예를 들어 "不君", "不襪"에서 '君'과 '襪'이 명사라면 부사 의 수식이나 제한을 받을 수 없기 때문이다. "不君"의 '君'은 여기에서는 단순히 '임금'의 의미가 아니라 '임금답다'의 의미이다. 이처럼 수식과 제 한의 단어가 품사의 변화를 알 수 있도록 하기도 하지만, 결정적인 열쇠는 원래 명사에 속하는 단어가 문장 내에서 술어 자리에 쓰이면서 또 다른 명 사 또는 대체사를 지배하고 있다는 것이다. 《논어(論語)·안연(顔淵)》에서 다 음과 같이 말한 것과 같다. "齊景公問政於孔子. 孔子對曰 : '君君, 臣臣, 父 父, 子子.'公曰 : '善哉！ 信如君不君, 臣不臣, 父不父, 子不子, 雖有粟, 吾得 而食諸？'"(제경공이 공자에게 정치에 대해 물었다. 공자가 대답하였다. '임금은

5　"布囊其口"는 천을 사용하여 그의 입을 꽉 막은 것이다.

임금답고, 신하는 신하답고, 아버지는 아버지답고, 아들은 아들다워야 합니다.' 공이 말하였다. '훌륭합니다. 만약 임금이 임금답지 못하고, 신하가 신하답지 못하며, 아버지가 아버지답지 못하고, 아들이 아들답지 못하면, 곡식이 있어도 그러한 상황에서 어찌 먹을 수 있겠습니까?') 제경공이 말한 '不君', '不臣', '不父', '不子'의 '君', '臣', '父', '子'는 '不'의 수식과 제한이 있어 확실하게 동사인 것을 알 수 있다. 그렇지만 공자가 말한 "君君, 臣臣, 父父, 子子"는 임금은 임금다워야 하고, 신하는 신하다워야 하고 …… 매 문장의 두번째 단어가 모두 술어인 동사로, '不'의 수식과 제한이 없다고 해서 동사가 아닌 것은 아니다.

방위사도 동사로 바뀔 수 있다. 예를 들어,

> 我亦欲東耳、安能鬱鬱久居此乎？(나도 동쪽으로 가서 천하를 다투고
> 자 하오, 어찌 여기에서 우울하게 오랫동안 머물겠는가?) 《사기(史記)·회음
> 후열전(淮陰侯列傳)》
>
> 適有孤鶴、橫江東來、翅如車輪、玄裳縞衣、戛然長鳴、掠予舟而西
> 也。(마침 외로운 학 한 마리가 강을 가로질러 동쪽에서 오는데, 날개는 수레
> 바퀴와 같고, 검은 치마에 흰 윗도리를 입고, 끼룩끼룩 길게 소리 내며 우리
> 배를 스쳐서 서쪽으로 간다.) (소식(蘇軾) 《후적벽부(後赤壁賦)》)

2. 동사, 형용사가 명사로 쓰인다.

동사가 명사로 쓰인 예이다.

庸⁶敬在兄、斯須⁷之敬在鄉人。(평소 오랫동안 공경하는 것은 형에게 해당하고, 잠깐동안 공경하는 것은 마을 사람에게 해당한다.) 《맹자(孟子)·고자상(告子上)》

先天下之憂而憂、後天下之樂而樂。(천하가 근심하는 것보다 앞서서 근심하고, 천하가 즐거워하는 것보다 늦게 즐거워한다.) (범중엄(范仲淹)《악양루기(岳陽樓記)》

殫其地之出、竭其廬之入。(그 땅의 소출이 다하고, 그 집의 수입이 다하다.) (유종원(柳宗元)《포사자설(捕蛇者說)》

君子之於禽獸也、見其生不忍見其死、聞其聲不忍食其肉。(군자가 짐승에 대해서는 그가 살아 있는 것을 보면 그의 죽음을 차마 보지 못하고, 그의 소리를 들으면 차마 그 고기를 먹지 못한다.) 《맹자(孟子)·양혜왕상(梁惠王上)》

上官大夫與之同列、爭寵。(굴원과 동등한 지위의 상관대부는 총애를 다투었다.) 《사기(史記)·굴원열전(屈原列傳)》

且陵提步卒不滿五千、深輮戎馬之地、抑數萬之師、虜救死扶傷不暇。(또 5천명에도 미치지 못하는 보졸(步卒)을 이끌고 군마가 자라는 땅에 깊숙이 들어가 수 만의 군대를 막아내어, 적들은 죽음에서 구제하고 부상을 도울 틈이 없었습니다.) 《한서(漢書)·이릉전(李陵傳)》

送往迎來(가는 자를 보내고, 오는 자를 맞이한다.)、折衝御侮(부딪치는 자를 꺾고, 모욕주는 자를 막는다.)、射飛逐走(나는 것을 쏘고, 달리는 것을 쫓는다.)、祛疑解惑(의심하는 것을 제거하고 의혹있는 것을 푼다.)、追奔逐北(달아나는 것을 쫓는다.)、伐叛討逆(반역자를 치고 역적을 무찌른다.)

魚、我所欲也、熊掌、亦我所欲也、二者不可得兼、捨魚而取熊掌者

---

6 '庸'은 오랫동안의 의미이다.
7 '斯須'는 잠깐의 의미이다.

也。生、亦我所欲也、義、亦我所欲也、二者不可得兼、捨生而取義者
也。(물고기는 내가 원하는 것이다. 곰발바닥 또한 내가 원하는 것이다. 둘 다
가질 수 없다면, 물고기를 버리고 곰발바닥을 취한다. 삶은 내가 원하는 것
이고, 의로움 또한 내가 원하는 것이다. 둘 다 가질 수 없다면, 삶을 버리고
의로운 것을 취한다.) (《맹자(孟子)·고자상(告子上)》)

형용사가 명사로 쓰인 예이다.

灼灼百朵紅。(선명한 백 송이 붉은 꽃.) (백거이(白居易) 《매화(買花)》시
(詩))

汝心之固、固不可徹。(당신의 마음이 고루한데, 고루한 것은 철저할 수
없습니다.) (《열자(列子)·탕문(湯問)》)

人又誰能以身之察察、受物之汶汶者乎？(누가 자신의 청결함으로 사
물의 더러운 점을 받아들이겠습니까?) (《사기(史記)·굴원가생열전(屈原賈生
列傳)》)

其知(智)可及也、其愚不可及也。(그 지혜로움은 따라갈 만하지만, 그 어
리석음은 따라갈 수 없다.)(《논어(論語)·공야장(公冶長)》)

有僧齊物者、重賢好學。(제물이라는 스님이 있는데, 현명한 사람을 존중
하고 학문을 좋아하였다.)

知善不錄、非《春秋》之義也。(좋은 것을 알면서도 기록하지 않는 것은
《춘추(春秋)》의 대의가 아니다.) (지금까지 이공좌(李公佐) 《사소아전(謝小娥
傳)》)

履巉巖、披蒙茸。(깎아지른 바위를 밟고, 어지러이 무성한 곳을 헤치고)
(소식(蘇軾) 《후적벽부(後赤壁賦)》)

選賢舉能(현명하고 능력 있는 사람을 뽑아 기용한다.)、乘堅策肥(견고한
수레를 타고, 살진 말을 탄다.)、被堅執鋭(단단한 것을 입고, 날카로운 것을

잡는다.)、去蕪存精(자질구레한 것을 없애고 좋은 것만 남긴다.)、衣粗食惡(거친 옷을 입고 좋지 않은 것을 먹는다.)、登高望遠(높은 곳에 올라 먼 곳을 바라본다.)

然而小固不可以敵大、寡固不可以敵衆、弱固不可以敵彊(强)。(그렇지만 작은 것은 진실로 큰 것을 상대할 수 없고, 적은 것은 진실로 많은 것을 상대할 수 없으며, 약한 것은 진실로 강한 것을 상대할 수 없다.) (《맹자(孟子)·양혜왕상(梁惠王上)》)

屈平疾王聽之不聰也、讒諂之蔽明也、邪曲之害公也、方正之不容也、故憂愁幽思而作《離騷》。(굴평은 왕이 다른 사람의 말을 듣는 것이 총명하지 못하며, 헐뜯고 아첨하는 것이 현명함을 가리며, 사악하고 굽은 것이 공명정대함을 해치고, 올바른 것이 받아들이지 못한 것을 아파하였다. 따라서 근심 속에 깊이 생각하여 《이소》를 지었다.) (《사기(史記)·굴원가생열전(屈原賈生列傳)》)

동사와 형용사가 명사로 바뀌는 것은 대부분 아래의 몇 가지 상황에서 나타난다. 첫째, 앞에 관형어가 있는 것으로 '庸敬', '百朵紅'과 같은 것으로 더욱 명확한 것으로는 앞 부분에 구조조사 '之' 또는 소유 관계를 나타내는 삼인칭대체사 '其'가 있을 때이다. 예를 들어 '其生'과 '其死', '其知'와 '其愚'가 있다. 이러한 관형어의 수식과 제한을 받는 동사나 형용사는 설명하고자 하는 대상이나 구체적인 물건으로 보게 되기 때문에 따라서 명사로 바뀐다. 둘째, 타동사 뒤에 놓이면서 이 동사의 목적어가 되는 것이다. 그리고 전치사의 목적어가 되면 명사가 된다. 예를 들어 《요재지이(聊齋志異)·서운(瑞雲)》에서의 "天下惟眞才人爲能多情, 不以姸媸易念也"(세상에 오로지 진정한 훌륭한 사람만이 다정할 수 있고, 미추(美醜) 때문에 마음을 바꾸지 않습니다.)의 '妍媸'이 바로 형용사가 전치사 '以'의 뒤에 놓이면서 명사로 바뀐 것이다. 셋째, 주어의 위치에 놓이는 것이다.《맹자(孟子)》의 "生, 亦我 所欲也"(삶은 내가 또한 원하는 것이다.)의 '生'은 '魚'와 '熊掌'과 함께 나란히 놓이면서 모두 주어이며, 따라서 모두 명사다.《굴원가생열전(屈原賈生列 傳)》의 '邪曲'과 '方正'도 본래는 형용사이지만, 주술구조에서 주어 역할을 하면서 또한 명사로 바뀌었다.

3. 명사가 부사로 쓰여, 명사가 형용사의 성질을 갖는다. 예를 들면,

滿堂兮美人、忽獨與予兮目成。(방안 가득한 미인이 문득 홀로 나하고만 눈빛으로 정을 이루네.)《초사(楚辭)·구가(九歌)·소사명(少司命)》

陵搜得、皆劍斬之。(이릉은 이들을 찾아내어, 모두 칼로 베었다.)

各鳥獸散、猶有得脱歸報天子者。(각자 짐승처럼 흩어져서, 탈출하여 돌 아가 천자에게 보고할 사람이 있길 바란다.) (지금까지《한서(漢書)·이릉전 (李陵傳)》)

見其老、頗貌敬之。(그가 늙은 것을 보고서는 겉으로는 공경하는 듯하였 다.) (한유(韓愈)《석정연구시서(石鼎聯句詩序)》)

土崩瓦解(흙처럼 무너지고 기와처럼 깨지다.)、霧合雲集(안개처럼 모 이고 구름처럼 합친다.)、雲合景(影)從(구름처럼 합치고 그림자처럼 따른 다.)、鷹視狼顧(매처럼 쏘아보고 이리처럼 돌아본다.)

"目成"은 눈빛으로 애정의 마음을 전달하는 것이고, "劍斬"은 칼로 베 는 것이다. "貌敬"은 겉으로 공경하는 것이고, "鳥獸散"은 짐승처럼 조직을 이루지 않고 흩어지라는 것이다. 제시한 네 글자의 성어성(成語性) 구조는 얼핏 주술구조처럼 보이지만, 실제로는 모두 동사를 중심어로 하는 수식 구조이다. 의미상으로 "흙처럼 무너지고, 기와처럼 깨지다……"이기 때문 이다. 이러한 구조에서 사용되는 명사의 의미는 모두 비유성 혹은 수식성 으로, 곧이곧대로 기록한 것과는 다르기에 깊이 새겨볼 만하다.

제3절 치동용법(致動用法)과 의동용법(意動用法)

치동용법(致動用法)과 의동용법(意動用法)은 자동사를 타동사로 쓰고, 명 사와 형용사를 타동사로 쓰는 방식이다. 그렇지만 이러한 방식은 "~한 결 과가 되다[致使]"와 "~라고 생각하다, 여기다[意謂]"를 나타내기에, 앞에서 설명한 명사가 동사로 쓰이는 것과는 차이점이 있다.

"~한 결과가 되다[致使]"와 "~라고 생각하다, 여기다[意謂]"를 나타내 는 서술문은 치사문[致使句]과 의위문[意謂句]이라 한다. 주어의 동작과 행위로부터 목적어로 하여금 동작하는 것이 있거나 변화하는 것을 나타내 는 문장을 치사문[致使句]이라고 하고, 주어의 활동이 단지 목적어가 어떠 하거나 목적어가 어떠한 상태임을 인정하거나 그렇게 여기는 것을 나타내 는 문장을 의위문[意謂句]이라고 한다. 치동용법은 치사문의 일종의 표현 형식이고, 의동용법은 의위문의 일종의 표현 형식이다. 치동용법과 의동용 법을 이야기하기 이전에, 치사문과 의위문의 다른 표현 방식을 먼저 이야 기하도록 하겠다. 먼저 아래 예를 보자.

帝……命夸娥氏二子負二山、一厝[8]朔東、一厝雍南。(상제(上帝)는
…… 과아씨의 두 아들에게 두 산을 짊어지도록 하여, 하나는 삭동 땅에 놓
고, 하나는 옹남 땅에 두었다.) 《열자(列子)·탕문(湯問)》

夫差使人立於庭。(부차가 사람들을 조정에 서도록 하였다.) 《좌전(左傳)·
정공(定公) 14년》

魏絳……以趙武爲賢。(위강은 …… 조무를 현명하다고 생각하였다.)
《좌전(左傳)·양공(襄公) 6년》

相如旣歸、趙王以〔相如〕爲賢大夫、使不辱於諸侯。(상여가 돌아오자,
조왕은 〔상여를〕현명한 대부라서, 제후들에게 욕을 당하지 않게 되었다고
생각하였다.) 《사기(史記)·염파인상여열전(廉頗藺相如列傳)》

앞 부분의 두 예문은 주어인 '帝'와 '夫差'의 활동인 '命'과 '使'가 그들
의 목적어(전체 문장에서는 겸어(兼語))가 동작하는 것――"負二山, 一厝
朔東, 一厝雍南"과 '立'이 있도록 한다. 이것이 '~한 결과가 되는 것'을 나
타내는 치사문의 일종의 형식이다. 순서대로 지적해보도록 하겠다. 첫번
째 문장에서 겸어 뒤의 동사 '負'는 타동사로, 다음 문장의 겸어 뒤의 동
사 '立'은 자동사이다. 뒷 부분의 두 예문은 주어 '魏絳'과 '趙王'의 활동인
'以'는 심리활동으로 여기다, 인정하다, 간주하다는 의미이다. 이러한 활동
의 결과, 그들의 목적어(전체 문장에서는 겸어)가 인정하는 바가 있는 것이
다.―― 조무(趙武)가 현명하다는 것을 인정하고, 상여(相如)는 현명한 대
부임을 인정하는 것이다. 이 또한 '~라고 생각하다, 여기다'를 나타내는 의
위문의 일종의 형식이다. 또한 순서대로 지적하자면, 이 두 예문에서 앞 예

---

8 '厝'는 '措(두다, 놓다)'의 통가이다.

문의 '賢'은 형용사고, 뒷 예문의 "賢大夫"는 명사를 중심어로 하는 구이
다. 그 역할은 명사와 형용사와 같다. 앞부분 예문에서 일반적으로 사령성
(使令性)의 동사(예를 들어 '使', '令', '俾', '命', '詔' 등)의 겸어식은 치사문을 구
성할 수 있고, 의위성(意謂性)의 동사를 사용하는 겸어식은 의위문을 구성
할 수 있다.[9] 그렇지만 여기에서는 치사문과 의위문의 일종의 구조 형식이
고, 치동용법과 의동용법은 치사문과 의위문의 또다른 구조 형식으로 볼
것이다. 이제부터 아래에서 각각 설명하고자 한다.

1. 치동용법(致動用法)

겸어식 치사문 속에 겸어 뒷부분의 자동사, 형용사 또는 명사를 겸어식
의 앞 부분에 두어 겸어 앞 부분에 본래 있던 사령성 동사를 대체하여, 앞
부분으로 이동한 자동사, 형용사 또는 명사가 겸어를 지배하는 타동사로
변하여, 겸어식 치사문과 같은 방식으로 '~한 결과가 되는 것'이라는 의미
를 나타내는 것이 바로 자동사, 형용사 또는 명사의 치동용법이다. 이러한
형식을 사용하여 구성된 문장은 여전히 치사문에 속한다. 당연히 일단 이
동을 거치면 원래 겸어는 겸어가 아니라 이렇게 변화하여 형성된 타동사
의 목적어이다. 이러한 형식은 현대중국어에서는 새로 만들어진(역사상 있

---

9   "天子以[廣]爲老、弗許。良久、乃許之、以[廣]爲前將軍"(천자는 [이광(李廣)을] 늙었다고
     여기고, 허락하지 않았다. 좀 지나서 비로소 허락하여, [이광을] 전장군으로 삼았다.) 《사기(史記)·
     이장군열전(李將軍列傳)》)에서의 두 개의 "以[廣]爲"에서, 앞의 것은 '~라고 생각하다, 여기
     다'을 나타내면서 의위문을 구성한다. 뒤의 것은 '~한 결과가 되는 것'을 나타내면서 치사
     문을 구성한다. 이 두 가지 형식은 나타내고자 하는 의미에서 구별된다.

었던 형식을 다시 채용했다고 할 수도 있다.) "嚴格制度"(제도 규정을 엄격하게 하다.), "純潔組織"(조직을 순결하게 하다.), "端正態度"(태도를 단정하게 하다.) 라고 하는 것 이외에는 찾아보기 힘들다.

(1) 자동사의 치동용법

〔冉求〕非吾徒也、小子鳴鼓而攻之、可也。(〔염구(冉求)는〕 나의 학생이 아니다. 너희들은 북을 울려서 그를 공격하더라도 괜찮다.) 《논어(論語)·선 진(先進)》

所謂生死而肉骨也。(죽은 것을 살리고 뼈만 남은 것에 살을 붙였다고 할 수 있다.) 《좌전(左傳)·양공(襄公) 22년》

夜半、擊鼓起士。(밤중에 북을 두드려 군사들을 깨웠다.) 《한서(漢書)·이 릉전(李陵傳)》

時夜殆半、休侍衛於東西廂。(밤이 거의 자정에 이르면, 시위들을 동서 상(東西廂)에서 쉬게 하였다.) (진홍(陳鴻) 《장한가전(長恨歌傳)》

餘音裊裊、不絶如縷、舞幽壑之潛蛟、泣孤舟之嫠婦。(남은 소리 가냘 프게 실처럼 끊어지지 않아, 깊은 골짜기에 잠긴 용을 춤추게 하고, 외로운 배 속에 탄 과부를 울린다.) (소식(蘇軾) 《적벽부(赤壁賦)》

위의 문장에서 "鳴鼓"는 북을 울리는 것이고, "生死"는 죽은 사람을 살 리는 것이고, "起士"는 군사들을 깨우는 것이다. 이하도 마찬가지이다. 만 약 '鳴', '生', '起'가 '鼓', '死', '士' 뒷 부분으로 옮기고 앞 부분에 '使'를 보 충한다면 이것이 겸어식 치사문이다. 또한 앞에서 인용하였던 "夫差使人 立於庭"과 같은 이러한 겸어식 치사문은 여기에서 구성했던 방식을 사용하여 자동사 '立'을 옮겨(사령성 동사를 대체한다.) "夫差立人於庭"으로 대체한다면, 이것은 '立'의 치동용법이 된다.

타동사는 일반적으로는 치동용법의 동사로 적당하지 않다. 예를 들어 "帝……使夸娥氏二子負二山"(상제는 …… 과아씨의 두 아들에게 두 산을 짊어지도록 하여)이라는 문장에서, '負'는 타동사로, 만약 그것이 '使'라는 동사를 대체하여 "帝……負夸娥氏二子二山"으로 변한다면 보통의 동사 관계와 섞이기 쉬워서 천자가 스스로 두 산을 등에 짊어지는 것으로 혼동하기 쉽다. 따라서 겸어의 뒷부분이 타동사인 치사문은 치동용법으로 변경하기 쉽지 않다. 그렇지만 또한 완전히 없는 것은 아니니, 아래에 예문들은 주의를 기울여 살펴볼 만하다.

〔若〕秦以城求璧而趙不許、曲在趙;趙予璧而秦不予趙城、曲在秦。均之二策[10]、寧許、以負秦曲。(〔만약〕 진나라가 성으로 화씨벽을 요구하였으니 조나라가 허락하지 않으면 잘못은 조나라에 있습니다. 조나라가 화씨벽을 주었으나 진나라가 성을 주지 않으면 잘못은 진나라에 있습니다. 두 계책을 비교하면, 허락하고서 진나라에게 잘못을 지도록 하는 것이 좋겠습니다.) 《사기(史記)·염파인상여열전(廉頗藺相如列傳)》

"寧許, 以負秦曲"은 "寧許, 以使秦負曲"(허락하고서 진나라로 하여금 잘못을 지도록 하다.)의 의미이다. 의미는 진나라에게 허락을 하였으나, 진나라에서 성을 조나라에게 주지 않으면 진나라로 하여금 부담을 지도록 한다

---

10   '均之二策'은 이러한 두 가지 대책을 비교함을 가리킨다. '之'는 가까운 것을 가리키는 지시대체사로, 의미상으로 '此'와 같다.

는 것이다. "負秦曲"은 "負起秦的不是來"(진나라의 잘못을 지다)이 아니다. "使秦負曲"의 '負'는 타동사로, 사마천(司馬遷)이 이와 같은 방식으로 치동용법의 양식으로 만들어 문장은 간단하면서도 세련되지만, 의미는 비교적 복잡하고 명확하지 않은 형태가 되었다. 이러한 부분은 자세하게 감상해야만 한다. 《사기(史記)·경포열전(黥布列傳)》: "夫楚兵雖强, 天下負之不義之名, 以其背盟約而殺義帝也."(초나라의 군대가 강하기는 하지만, 천하가 그들에게 의롭지 못하다는 명분을 지웠는데, 그들이 맹약을 배신하고 의제(義帝)를 죽였기 때문입니다.)는 용법이 동일하다.

어법 구조를 설명하기 위해 "鳴鼓"를 "使鼓鳴"으로 풀이하였고, "起士"를 "使士起"로 풀이하지만, 실제 언어에서는 이렇게 일괄적으로 설명할 수는 없다. 만약 문언문을 백화(白話)로 번역하고자 하면, 몇몇 치동용법의 형식은 "打起鼓來"(북치기 시작했다), "把鼓打響了"(북을 쳐서 소리를 내다), "發動士兵〔出戰〕"(군대를 〔출전시키고자〕 움직였다.)으로 번역해야 비로소 적합할 것이다. 해석과 번역은 결코 한 가지 일이 아니니, 어느 부분에서는 서로 대체할 수 없다.

(2) 형용사의 치동용법

동사의 치동용법과 마찬가지로, 겸어식 치사문의 겸어 뒷부분의 형용사를 겸어 앞에 두어 사령성(使令性) 동사를 대신하여, 이 형용사가 타동사로 변하고 원래의 겸어가 그 목적어로 변하도록 하여, 같은 방식으로 '~한 결과가 되는 것'이라는 의미를 나타내는 것이 바로 형용사의 치동용법이다. 예를 들어,

吾與汝畢力平險。(나와 너희들이 힘을 다하여 험난한 것을 평탄하게 할 것이다.)《열자(列子)·탕문(湯問)》

故吾不害其長而已、非有能碩茂之也、不抑耗其實而已、非有能蚤(早)而蕃[11]之也。(따라서 나는 나무가 자라는 것을 방해하지 않을 뿐이지, 크고 무성하게 할 수 있는 것이 아닙니다. 그 열매를 억제하고 감소시키지 않을 뿐이지, 열매를 일찍 맺도록 할 수 있는 것이 아닙니다.) (유종원(柳宗元) 《종수곽탁타전(種樹郭橐駝傳)》)

春風又綠江南岸。(봄바람이 또 강남의 강가를 푸르게 한다.) (왕안석(王安石)《박선과주(泊船瓜洲)》시(詩))

甚惜其以絶世之姿而流落不偶、故以小術晦其光而保其璞。(그가 절세의 미모를 지녔음에도 불우하게 지내고 있음을 매우 애석하게 여겨서 작은 기술로 그의 빛을 어둡게 하고 그의 본질을 보존하였소.) 《요재지이(聊齋志異)·서운(瑞雲)》)

"平險"은 험난한 것을 평탄하게 하는 것으로, 산의 험한 곳을 평탄하게 바꾼다는 것이다. "碩茂之", "蚤而蕃之"는 크고 무성하게 하는 것이고, 일찍 열매를 맺도록 하는 것이다. 그 아래의 '綠'과 '晦' 또한 동일하다.

(3) 명사의 치동용법

명사 甲(갑)을 명사(또는 대체사) 乙(을) 앞에 놓아 甲이 乙을 지배하는 타동사로 변하게 하여, 乙이 甲이 되거나 甲을 만들어내도록 한다는 의미를 나타내는 것이 명사의 치동용법이다. 이러한 형식은 또한 겸어식, 즉 "甲乙"식을 "使乙甲"식으로 '환원(還原)'할 수 있다. 그렇지만 "使乙甲"식에

11　"蚤而蕃"은 열매를 일찍 맺게 하는 것을 가리킨다.

서의 甲 자체는 이미 명사에서 동사로 변한 것이다. 예를 들어 앞에서 인용한 《좌전(左傳)》의 "生死而肉骨"에서, '肉'은 여기에서는 명사의 치동용법이다. "肉骨"은 말라버린 뼈에서 살이 나오는 것이다. 만약 "肉骨"을 겸어식으로 바꾼다면 "使骨肉"이 되는데, 이 때의 '肉'도 이미 살이 나온다는 의미로 동사이지 명사가 아니다. 같은 종류의 예문은 다음과 같다.

> 人其人、火其書、廬其居……其亦庶乎其可也。(그 사람들(승려)을 일반적인 사람으로 만들고, 그 책을 불태우고, 그들의 거처를 집으로 만들면…… 그 또한 아마도 괜찮을 것이다.) (한유(韓愈)《원도(原道)》)
>
> 明年、金兵去、蔡人以其尸歸。朝廷錄其忠、贈朝奉郞、官其二[12]子。(다음 해에 금(金)나라 군대는 떠났고, 채(蔡) 지방 사람들은 그들의 시체를 돌려보냈다. 조정에서는 그의 충성스러움을 기록하고, 그에게 조봉랑(朝奉郞) 벼슬을 주고, 그들의 세 아들에게 벼슬을 내렸다.) 《송사(宋史)·이연전(李涓傳)》

한유의 문장에서는 어법 구조로 말하자면, "人其人", "廬其居"는 "使其人爲人"(그 사람을 사람이 되게 하다.), "使其居爲廬"(그 사는 곳을 집으로 만들다.)로, 약간 골계미가 있지만 실제로는 단지 두 개의 '人', 그리고 '廬'와 '居'의 개념이 약간 차이가 있는 것이다. 의미상으로 번역하자면, "승려나 도인을 보통의 백성으로 환속시키고, 절이나 도관을 민간의 집으로 바꾸도록 한다.[僧道使他還俗做普通老百姓, 寺觀使之變成民房]" 이것은 단어 의미의 문제이지, 어법구조의 문제가 아니다. "官其二子"에서의 '官'은 그

12　[역주] 다른 판본에서는 '三'으로 되어 있다. 해석은 이를 기반으로 하였다.

로 하여금 관직을 하게 하다로 이해하기 용이하다.

주의해야 할 것으로는 명사의 치동용법과 일반적인 명사가 동사로 쓰이는 것에는 구별할 점이 있다. "衣冠而見之"에서의 "衣冠"이 동사로 쓰이는 것에서는 목적어가 없다. 그렇지만 "肉骨"과 "官其二子"에서의 '肉'과 '官'에는 '骨'과 '子'가 그들의 목적어로 있다. "布囊其口"에서의 '囊'은 목적어 '口'가 있지만, 이 '囊'이 '口'의 동작에 직접적으로 더해지는 것을 나타내기에, '~하도록 하다'의 의미가 없어서 "使其口囊"으로 바꿀 수 없다.

자동사 또는 형용사가 치동용법을 통해 타동사로 변하면 이 동사는 그것이 또 다른 동작을 하여 이끌어내는 결과임을 나타낸다. 예를 들어 "吾與汝畢力平險"에서의 '平'은 실제 의미는 "험한 것을 평평하게 하다[使險平]"의 의미로, '平'은 '하도록 한[使]' 결과이다. 이 때의 '使'는 예를 들어 파내거나[挖掘], 깎아내는[鏟削] 또 다른 동작이 그 속에 있음을 포함한다. 따라서 이 문장은 "나와 너희들은 힘을 다하여 산의 험난함을 깎아서 평평하게 할 것이다.[吾與汝畢力削平山險]"로 고칠 수 있다. 또한 이 '平'자는 "削平"이라고 하는 하나의 동보(動補)구조에 해당할 수 있다.[13] 하나의 동보구조는 현대중국어에서는 '把'자문을 구성하는 데에 매우 적합하다. "把山險削平"(산의 험함을 깎아 평평하게 하다.), "把基礎打好"(기초를 잘 다지다.), "把敵人趕走"(적들을 내쫓다.). 문언문에서는 '把'자문을 보기 쉽지 않다. 거의 비슷하게 '把'자문의 내용을 치동용법으로 표현해 낼 수 있기 때문이다. 예를 들어,

---

13 '平'자는 "削平"에 해당한다는 것은, 깎아서 평평하게 한다[削平]과 같다고 하는 것은 아니다. "鏟平", "耙平" 등처럼 다른 식으로 이야기할 수 있기 때문이다.

應笑英雄無好手、一篙春水走曹瞞[14]。(영웅에게 좋은 적수가 없다고 하였는데, 한 줄기 봄 물에 조조가 달아나는 것을 비웃을 만하네.) (강기(姜夔) 《만강홍(滿江紅)》사(詞))

백화(白話)로 번역할 때에는 다음과 같이 할 수 있을 것이다. "應該笑那些英雄没有能耐, 反而讓一篙春水把曹操趕走了."(저러한 영웅이 버텨낼 상대가 없다고 하다가 반대로 한 줄기 봄물이 조조를 달아나게 했다는 것을 웃을 만하다.) 중국어에서 '把'자문이 있었던 것은 대개 당(唐)나라 때에 비로소 나타났다. 또한 이처럼 문언문 내에서 출현하는 빈도가 높지 않았다.

2. 의동용법(意動用法)

의위성(意謂性) 동사를 사용한 겸어식 의위문에서 겸어 뒤의 형용사 또는 명사를 겸어 앞으로 옮겨 의위성 동사를 대신하여 이동 이전의 형용사 또는 명사를 타동사로 바꾸고 겸어가 그것의 목적어로 변하고, 겸어식 의위문과 동일한 '~라고 생각하다, 여기다'의 의미를 나나태는 것이 바로 이 형용사 또는 명사의 의동용법이다. 의동용법은 현대중국어에는 없는 것이다.

---

14 "春水走曹瞞"은 《삼국지(三國志)·오지(吳志)·손권전(孫權傳)》의 주(注)에서 인용한 《오력(吳歷)》: "손권이 편지를 써서 조조에게 보냈다. 거기에서 말하였다. '봄 물이 바야흐로 생겨나니, 그대께서는 빠르게 도망가셔야 할 겁니다.' …… 조조가 여러 장수들에게 말하였다. '손권이 나를 속이지 않는 것이다.' 비로소 군대를 물리치고 돌아갔다.(權爲牋與曹公、說: '春水方生、公宜速去。' …… 曹公語諸將曰: '孫權不欺孤。'乃徹軍還。)" 살피건대 조조의 군대는 북방 사람들이라, 수전(水戰)에 익숙하지 않다. 따라서 손권이 이렇게 말한 것이다.

(1) 형용사의 의동용법

예를 들어,

陵對：“無所事騎、臣願以少擊衆、步兵五千人、涉單于庭！”上壯而
許之。(이릉이 대답하였다. “기병을 보내지 않아도 됩니다. 신은 적은 수로
많은 적을 격파하길 원합니다. 보병 5천명으로 선우 조정의 뜰까지 쳐들어
갈 겁니다!” 임금은 장하다고 여겨서 허락하였다.)

單于自將數萬騎、擊漢數千人、不能滅、後無以復使邊臣、令漢益輕
匈奴。(선우가 스스로 수만 기를 거느리고도 한나라의 수천 명을 공격하여
없애지 못한다면, 훗날 다시는 변방의 신하들을 부리지 못하고 한나라로 하
여금 흉노를 더욱 가볍게 여길 것이다.) (지금까지 《한서(漢書)·이릉전(李陵
傳)》)

余悲之、且曰：“若毒之乎？”(나는 그를 불쌍하게 여겨 또 말하였다. “그
대는 (그 일을) 독으로 여기는가？”) (유종원(柳宗元) 《포사자설(捕蛇者説)》)

刺史顔證奇之。(자사 안증이 그를 기특하게 여겼다.) (유종원(柳宗元) 《동
구기전(童區寄傳)》)

天祥泫然出涕曰：“國亡不能救、爲人臣者死有餘罪、況敢逃其死而
二其心乎？”弘範義之、遣使護送天祥至京師。(문천상이 비통해하며 눈
물을 흘리며 말하였다. “나라가 망하는데 구해낼 수 없으니, 신하된 사람이
죽더라도 죄가 남는데, 하물며 죽음에서 도망가면서 그 마음을 두 가지로 갖
는(즉 배신한)단 말인가？” 장홍범(張弘範)이 그를 의리가 있다고 여기고, 사자
를 보내 문천상을 수도까지 호송하였다.) (《송사(宋史)·문천상전(文天祥傳)》)

앞에서 들었던 겸어식 의위문인 “魏絳……以趙武爲賢。”(위강은 ……조
무를 현명하다고 생각하였다.)을 의동용법으로 바꾸면 “魏絳賢趙武”(위강은

조무를 현명하다고 생각하였다.)이다. 위에서 든 예문에서 그 속의 '壯', '輕', '毒', '奇', '義'는 이 문장에서의 '賢'과 용법이 같고, 나타내고자 하는 의미 또한 같다. '毒'은 '苦'[15]로, "若毒之乎？"는 "너는 이 일이 괴롭다고 생각하는가?"[你感到這個差役是痛苦的嗎？]이다.

(2) 명사의 의동용법
예를 들어,

其謂之秦何？ 夷狄之也[16]。(진(秦)이라고 한 것은 어째서인가? 그들을 이민족 취급한 것이다.) 《공양전(公羊傳)·희공(僖公) 33년》

孟嘗君客我。(맹상군은 나를 식객으로 여겼다.)《전국책(戰國策)·제책(齊策)》

公子乃自驕而功之、竊爲公子不取也。(공자께서는 스스로 교만해서 공로가 있다고 생각하시니, 제 생각에는 공자께서 취할 것이 아닙니다.) 《사기(史記)·위공자열전(魏公子列傳)》

外黃富人女甚美、傭奴其夫。(외황 지역의 부자의 딸이 매우 아름다워서, 그 남편을 노비처럼 여겼다.) 《한서(漢書)·장이진여전(張耳陳餘傳)》

不師秦七、不師黃九、倚新聲玉田差近。(진관(秦觀、 북송(北宋) 때 사(詞)를 지은 작가.)을 스승으로 삼지 못하고, 황정견(黃庭堅、 북송(北宋) 때 사(詞)를 지은 작가.)도 스승으로 삼지 못하여 새로운 악보에 맞추어 가사를 채워 넣은 것은 장옥전(張玉田、 장염(張炎)으로 남송(南宋) 때 사(詞)를 지은

---

15 [역주] 여기서는 동사로 활용하여 '괴로워하다'의 의미이다.

16 "其謂之秦何？ 夷狄之也"라고 한 것은 이 당시 진(秦)나라가 진(晉)나라를 침략하였는데, 《춘추(春秋)》에서는 진(秦)나라를 이적(夷狄、 이민족)으로 보았다. [역주] '秦師'라고 군대를 가리킨 것이 아니라 그 나라 명칭으로 쓴 것에 대해 질문한 것이다.

작가.)과 비슷하네.) (주이준(朱彝尊)《해패령(解佩令)·자제사집(自題詞集)》)

　　"夷狄之"는 그들, 여기서는 진(秦)나라를 이민족으로 대우했다는 것이고, "功之"는 그가 공이 있다고 여긴 것이고, "傭奴其夫"는 남편 보기를 노비처럼 했다는 것이고, "師秦七"는 秦七(진관(秦觀))을 스승으로 삼은 것이니, 이러한 것들은 모두 '~라고 생각하다, 여기다'를 나타낸다. "客我" 또한 나를 식객(食客)으로 대우해 주었음을 말한 것으로, 이 문장 또한 같은 편의 "馮諼客孟嘗君"(풍훤은 맹상군에게 식객이 되었다.)과 비교하면, "客我"의 '客'은 의동용법이고, "客孟嘗君"의 '客'은 손님이 되다로 풀이하여, 일반적인 명사가 동사로 변한 것이다. 그리고 그 뒤의 '孟嘗君'은 그의 보어(補語)이다. 중간에 '於'자를 더하여 준다면, '孟嘗君'이 보어인 것이 더욱 명확해진다.

　　몇몇 단어는 품사가 일단 변하면 다른 독음을 갖게 되어 두 종류를 두드러지게 구별하게 된다. 예를 들어 "解衣衣我"(옷을 벗어 나에게 입혔다.)에서 앞의 '衣'자는 평성(平聲)으로 읽고 명사이다. 뒤의 '衣'자는 동사로 변하자, 거성(去聲)으로 읽는다. 어떠한 단어는 품사가 비록 변화가 없지만, 용법이 다르면 독음 또한 변화가 있게 된다. 예를 들어 '觀海'(바다를 보다), '觀獵'(사냥을 보다)에서의 '觀'은 평성(平聲)으로 읽는다. 그렇지만 이공좌(李公佐)《사소아전(謝小娥傳)》의 "足以觀天下貞夫孝婦之節"(천하의 정부효부(貞夫孝婦)의 절개를 살펴보도록 할 수 있었다.)에서의 "觀天下"는 "천하로 하여금 살펴보도록 하다[使天下觀]"의 의미로, '觀'은 치동용법으로, 거성(去聲)으로 고쳐 읽는다. 이러한 상황에 대해 여기에서는 자세히 서술하지 않고, 나중에 다시 설명하고자 한다.

제8장

어조사와 접사

고대중국어의 단어는 명사, 동사, 형용사와 이 세 품사의 부수적인 부류 이외의 단어는 성질이 모두 비교적 추상적이다. 이전 사람들이 이에 대해 연구하거나 논술할 때에 일반적으로 이들을 하나로 놓고서 말하였다. 어떤 사람은 '詞'(辭)라고도 하고, 어떤 사람은 '助詞'(助辭, 助字)라고도 하였다. 또 어떤 사람은 '語助詞'(語助辭, 語助字)라고 하고, 어떤 사람은 '虛字'[1]라고도 하였다. 청(淸)나라 때 유기(劉淇)의 《조자변략(助字辨略)》과 왕인지(王引之)의 《경전석사(經傳釋詞)》에서 '助字', '詞'라고 하는 것이 바로 이러한 단어들을 가리키는 것이다. 이 외에도 몇몇 합성사(合成詞)를 구성하는 허사의 요소, 예를 들면 부사나 형용사를 만드는 접사 '然'이 있는데, 이전 사람들은 이를 따로 분류하지 않고, '詞', '助詞', '虛字' 내에서 함께 이야기하였다.

이러한 단어와 접사 중에서, 어떠한 것은 어휘 의미를 가지고 있으면서 어법적인 의미가 있는 것도 있다. 예를 들어 대체사[代詞], 부사 등이 그러하다. 어떠한 단어들은 어법 의미만 있는데, 전치사[介詞], 접속사[連詞], 조사(助詞)가 그러하다. 고대중국어에서는 어휘 의미도 없고 어법 의미도

---

1   [역주] 앞의 설명에 의거하면 또한 '虛詞', '虛辭' 등을 들 수 있다.

없이(혹은 적어도 얼마 안 되는 어법의미도 나오지 않고), 겨우 문장의 장단(長短)과 어조의 완급(緩急)을 조절하는 기능만을 담당하는 단어가 있다. 현재는 어휘 의미와 어법 의미를 가지는 단어를 대체사, 부사, 전치사, 접속사, 조사 등이라 하고, 어휘 의미도 없고 어법 의미도 없는 단어를 '어조사(語助詞)'라고 하는데 여기에서 장을 마련하여 설명할 것이다. 접사에 대해서는 당연히 '詞'에서 분리해서 구분을 더욱 정밀하게 하도록 할 것이다.

제1절 어조사

앞에서 설명한 대로, 어조사(語助詞)는 어휘 의미도 없고 어법 의미도 없는 단어로, 말하자면 이러한 종류의 단어는 의미에 대해서 설명해 낼 수 없다. 이전 사람들은 이를 "不爲義"(의미를 취하지 않는다.)라 하였다. 본래 의미가 없지만 억지로 거기에서 의미를 설명하려고 한다면 문장이 어색하게 풀이될 수 있다. 따라서 어떠한 것이 어조사인지 판별하는 것은 특히 선진(先秦) 문자(文字)를 읽을 때에는 매우 중요하다. 그렇지만 어조사와 다른 '허자[虛字]'를 판별해내는 것은 곤란하다. 왜냐하면 동일한 단어의 형식이 여기에서는 어조사이고, 다른 곳에서는 또 다른 허사라고 할 수 있으려면 그것이 단어 의미나 어법 기능이 있는지 없는지 살펴서 정해야 하기 때문이다. 예를 들어 '其'의 경우 "但須其人一誠求耳"(그렇지만 그 사람이 한마음으로 추구해야만 할 것입니다.)에서는 지시대체사이고, "意者其仙歟"(생각해보면 아마도 신선이 아니었을까?) 《요재지이(聊齋志異)·서운(瑞雲)》에서는 어기부사로 추측을 나타낸다. 그렇지만 "碩人其頎"(훌륭하신 님 훤칠하네.)

《시(詩)·위풍(衛風)·석인(碩人)》에서는 어조사이다. 어떤 허사는 결국에 어법 의미가 있는지 여부를 단번에 판단하기가 어렵다. 따라서 아래에서 서술하는 것 또한 몇몇 군데에서는 어조사 이외의 것으로 분류되어야 하는 것도 있을 수 있다. 그렇지만 대체로는 크게 차이가 나지는 않을 것이다.

이전 사람들은 그들이 조자(助字)라고 했던 것을 '發語(발어)', '語間(어간)', '語已(어이)' 등 세 종류로 나누었다. 이는 유협(劉勰)《문심조룡(文心雕龍)·장구(章句)》에서 시작하였다. 유협이 말하였다. "'夫', '惟', '蓋', '故'는 시작하면서 먼저 이끌어내는 것이다. '之', '而', '於', '以'는 문장을 이어가는 옛날 방식이다. '乎', '哉', '矣'는 또한 마지막을 이끌어내는 통상의 규격이다.(至於夫, 惟, 蓋, 故者, 發端之首唱 ; 之, 而, 於, 以者, 乃札句之舊體 ; 乎, 哉, 矣, 也, 亦送末之常科.)" '發語'는 문장의 앞에, '語間'은 문장 중간에, '語已'는 문장의 끝에 놓인다. 이전에는 모든 허사(虛辭)로 쓰이던 것은 또한 어조사로도 쓰였다. 이러한 분류법은 곤란한 점이 있으니, 하나의 허사는 구체적인 문장 내에 있어야 비로소 이것이 '發語'인지, '語間'인지 혹은 '語已'인지 알 수 있지, 하나의 단어가 어느 품사에 속하는지를 바로 말할 수는 없기 때문이다. 예를 들어 '也'는 전반적으로는 어이사(語已詞)라고 말할 수 있을 것이다. 그렇지만 "今也則亡, 未聞好學者也"(지금은 없습니다. 학문을 좋아한다고 하는 사람은 아직 들어보지 못했습니다.) 《논어(論語)·옹야(雍也)》에서 앞의 '也'는 어간사(語間詞)이다. 어휘와 어법 의미가 완전히 없는 어조사 또한 예외로 할 수 없다. 기껏해야 어떤 어조사는 발어사의 횟수가 많고, 어떠한 어조사는 어간사, 어이사의 횟수가 많다는 것만을 말할 수 있을 것이다. 이러한 분류법을 제외하고는 더 좋은 방법은 없기에 여기에서는 어떠한 종류로 나누지는 않고 가능성의 많고 적음에 대체로 의거하여 발어사부터 어이사까지 나열하고자 한다.

夫、若夫

夫兵、猶火也 ; 弗戢、將自焚也。(군대는 불과 같다. 잘 수습하지 않으면 장차 스스로를 태운다.) 《좌전(左傳)·은공(隱公) 4년》

夫希代之事、非遇出世之才潤色之、則與時消没、不聞於世。(역대로 보기 드문 일은 뛰어난 재주를 가진 사람이 그러한 일에 윤색을 더하는 일을 만나지 못하면 세월과 함께 소멸되어 세상에 전해지지 않는다.) (진홍(陳鴻) 《장한가전(長恨歌傳)》)

若夫坐如尸、立如齊²。(앉는 것은 시동(尸童)처럼 하고, 서는 것은 재계 때처럼 한다.) 《예기(禮記)·곡례상(曲禮上)》

若夫明妃去時、仰天嘆³息。(명비(明妃, 왕소군(王昭君))가 떠나갈 때, 하늘을 우러르며 탄식하였다.) (강엄(江淹)《한부(恨賦)》)

若夫一枝之上、巢父得安巢之所 ; 一壺之中、壺公有容身之地。(하나의 가지 위에 소보(巢父)⁴는 편안하게 머무를 곳을 얻었고, 하나의 호리병 속에 호공(壺公)⁵은 자신의 몸을 담을 만한 땅이 있었다.) (유신(庾信)《소원부(小園賦)》)

‘夫’는 어느 때에는 ‘그 사람[那個人]’ 또는 ‘그것[那個]’으로 풀이하는 지시대체사이기도 하고, 어느 때에는 문장 끝에 놓이면서 감탄의 어기조사로 쓰이기도 한다. 이에 대해서는 이후에 볼 것이다. ‘若夫’는 일반적으

2　‘齊’는 ‘齋’의 통가이다. "如齊"는 재계(齋戒) 때처럼 엄숙하고 경건하게 하는 것을 말한다.

3　[역주] 다른 판본에서는 ‘太’로 되어 있다. 의미상으로는 차이가 없다.

4　[역주] 요(堯)임금 때 왕위를 거부했던 허유(許由)를 가리킨다.

5　[역주] 전설상의 신선이다.

로 화제의 전환을 나타내는 접속사로, "~에 대해서는[至於]"의 의미이다. 예를 들어 "此其大略也 ; 若夫潤澤之, 則在君與子矣."(이것이 나라 다스리는 법의 대략적인 내용입니다. 만약 이를 더 잘 운영하고자 하면, 이는 임금과 당신에게 달려 있는 것입니다.) 《맹자(孟子)·등문공상(滕文公上)》 그렇지만 여기에 있는 《곡례(曲禮)》와 《한부(恨賦)》의 '若夫'는 한 구절의 앞에 있으면서 접속사의 기능이 없는 발어사(發語詞)일 뿐이다. 정현(鄭玄)이 《곡례(曲禮)》의 '若夫'에 대해 다음과 같이 주(注)하였다. "言若欲爲丈夫也."(만약 장부(丈夫)가 되고자 한다면을 말한 것이다.) 의미 없는 것을 억지로 의미를 부여하여 말한 것으로 매우 어색하다. 송(宋)나라 때의 학자인 유창(劉敞)이 말하였다. "《대대례(大戴禮)·증자사부모편(曾子事父母篇)》: '효자는 교묘하게 잘 처신을 해야 부모님이 그것에서 편안함을 느낀다. 앉아 있을 때에는 시동(尸童)처럼 앉고, 서 있을 때에는 재계(齋戒)를 하듯이 하며, 묻지 않으면 말하지 않고 말할 때에는 장엄하고 엄숙하게 한다. 이것이 성인(成人) 중 잘 처신하는 사람이긴 하지만 자식으로서의 도라고 하기에는 부족하다.'(앞에서 언급한) 《곡례(曲禮)》의 내용은 아마도 《대대례기》의 문장에서 취한 것으로, '若夫' 두 글자는 빼는 것을 실수하여 남겨두었다. 정현(鄭玄)은 그 까닭을 알지 못하고서는 두 문장이 어른의 일이라고 보았으니, 잘못이다."《大戴禮·曾子事父母篇》: '孝子惟巧變, 故父母安之. 若夫坐如尸, 立如齊, 弗訊[6]不言, 言必齊色[7], 此成人之善者也, 未得爲人子之道也.' 此篇[8]蓋取彼文, 而 '若夫' 二字, 失於刪去.

---

6 '訊'은 묻다[問]는 의미이다.

7 '齊色'은 용모가 장엄하고 엄숙하다는 말이다. 이 때의 '齊'는 음이 '재[齋]'이다.

8 '此篇'은 《곡례(曲禮)》를 가리킨다.

鄭氏不知其然, 乃謂二句爲丈夫之事, 誤矣.) 설명이 매우 이치에 맞긴 하지만, 실제로는《곡례(曲禮)》의 문장이《대대례기(大戴禮記)》에서 발췌하여 온 것이라는 점을 명확하게 증명할 수 없다. 차라리 '若夫'를 발어사(發語詞)로 보는 것이 단순 명료하다.《소원부(小園賦)》의 '若夫'는 전편(全篇)의 맨 앞에 놓이면서 더욱더 발어사가 된다. 사부(辭賦)에서는 이러한 쌍음절(雙音節)의 문장 앞에 놓이는 허사가 있는데, '若夫', '爾乃', '若乃' 등과 같은 것으로, 발단(發端)을 나타내는 것으로 쓰이기만 하고 그 의미를 인정할 수 없는 것들은 모두 발어사로 보는 것이 맞다.

惟、唯、維

唯十有三祀、王訪於箕子。(등극한지 13년이 되는 해에 무왕이 기자를 방문하였다.)《서(書)·홍범(洪範)》

且夫天下游士、離親戚、棄墳墓、去故舊、從陛下者、蓋日夜望咫尺之地、今乃立六國後[9]、唯無復立者。(또한 천하의 벼슬자리 구하는 사람이 친척을 떠나고 묘지를 버리고 옛 친구들과 헤어지고서는 폐하를 따르는 것은 한 척의 땅을 밤낮으로 바라기 때문입니다. 이제 육국의 후예를 세우면, 다시 봉작(封爵)을 내릴 수 없습니다.)《한서(漢書)·장량전(張良傳)》, 안사고(顏師古) 주(注) : "육국(六國)이 서고 난 후, 토지가 다 하여 공로가 있는 사람을 봉작(封爵)할 수 없다. 따라서 '다시 세울 수 없었다[無復立者]'라고 말한 것이다. '唯'는 발어사(發語辭)이다."(既立六國後、土地皆盡、無以封功勞之人、故云'無復立者'。唯、發語之辭。))

維三代尙[10]矣。(삼대(三代、 하(夏)、 상(商)、 주(周))는 오래되었다.)《사

---

9 '後'는 후대 사람이다.
10 '尙'은 '上'의 통가로, 오래되었음을 의미한다.

　　　　　　　　　　　고대중국어 통론

기(史記)·태사공자서(太史公自序)》

　　汝惟不矜[11]、天下莫與汝争能；汝惟不伐[12]、天下莫與汝争功。(그대
는 능력이 있다고 여기지 않지만 천하에는 그대와 능력을 다툴 사람이 없고,
그대는 공이 있다고 자랑하지 않지만 천하에는 그대와 공을 다툴 사람이 없
다.) 《서(書)·대우모(大禹謨)》

　　海岱惟青州……海物惟錯[13]。(바다와 태산(泰山)이 있는 곳이 청주(青
州)이다. …… 바다에서 나는 산물이 다양하게 섞여 있다.) 《서(書)·우공(禹
貢)》

　　'惟'와 '唯'는 유독, 유일로 설명하는 범위를 나타내는 부사이다. 위에서
제시한 각각의 예는 발어사 또는 어간사이다. 청동기(青銅器) 명문(銘文)에
서 이러한 어조사는 자주 '隹'로 쓴다. 예를 들어 《우정명(盂鼎銘)》: "隹(唯)
九月, 王才(在)宗周[14]." (9월에 왕이 수도인 호경에 있었다.) 《노자(老子)》: "夫佳
兵者不祥之器." (무기는 상서롭지 못한 도구이다.) '夫佳'가 바로 '夫唯'로, 두
발어사가 합성한 하나의 발어사로, 이후에 본래 '隹'가 '佳'로 잘못 쓰였다.
육덕명(陸德明) 《경전석문(經典釋文)》에서 말하였다. "格牙反이다. 좋다는
의미이다. 하상공(河上公) 주(注)에서 말하였다. '꾸미다.[飾也]'" (格牙反, 善
也. 河上[15]: '飾也.') 설명이 통하지 않는다.

11　'矜'은 자신이 능력있다고 생각하는 것이다.

12　'伐'은 스스로 공이 있다고 하는 것이다.

13　'錯'은 섞여 있는 것으로, 다양함을 나타낸다.

14　'宗周'는 호경(鎬京)으로 주무왕(周武王)의 도성(都城)이다. 지금의 산시성(陝西省) 시안시
　　(西安市) 서남쪽이다.

15　'河上'은 《노자(老子)》 하상공(河上公) 주를 가리킨다.

蓋

孔子射於瞿相之圃、蓋觀者如堵墻。(공자가 확상의 밭에서 활쏘기를 할 때 구경하는 관중이 담장을 두른 듯하였다.) 《예기(禮記)·사의(射義)》

蓋文字者、經埶(藝)之本、王政之始、前人所以垂後、後人所以識古。(문자라는 것은 유가 경전의 근본이고, 왕정의 시작이다. 이전 사람들은 이후 사람들에게 남겨줄 수 있는 수단이고, 이후 사람들은 이전 사람들의 생각을 알 수 있는 수단이다.) (허신(許慎) 《설문해자서(説文解字敘)》)

蓋聞明主圖危以制變、忠臣慮難以立權。是以有非常之人、然後有非常之事 ; 有非常之事、然後立非常之功。(듣건대 현명한 군주는 위급한 일에 대처하여 일의 변화를 통제하고 충성스러운 신하는 어려운 일을 근심하여 임시변통의 방법을 세운다고 하였다. 그래서 남다른 사람이 있어야 남다른 일이 있는 것이며 남다른 일이 있어야 남다른 공을 세운다.) (진림(陳琳) 《위원소격예주(爲袁紹檄豫州)》)

'蓋'는 의심나는 것을 남겨두거나 혹은 어기가 조금 풀어지는 것을 나타내는 데에 쓰인다. 《조자변략(助字辨略)》에서 말하였다. "태사공(太史公, 사마천)은 의심나는 바를 남겨두면서 전할 때에는 '蓋'자를 많이 사용하였다. 예를 들어 《봉선서(封禪書)》: '上所有[16]幸王夫人. 夫人卒, 少翁以方[17], 蓋夜致王夫人及竈鬼之貌云.'(임금에게는 총애하는 왕부인(王夫人)이 있었다. 왕부인이 세상을 뜨자, 소옹(少翁)은 방술로 왕부인과 부엌 귀신의 모습을 불러냈다고 한다.) 《외척세가(外戚世家)》: '衞皇后, 字子夫, 生微矣[18], 蓋其家號曰

---

16 [역주] 다른 판본에서는 '有所'로 되어 있다. 해석은 이를 근거로 하였다.

17 '方'은 방술(方術), 법술(法術), 재주, 기교를 가리킨다.

18 '生微矣'는 출신이 미천하다는 말이다.

衛氏.'(위황후(衛皇后)는 자(字)가 자부(子夫)로, 출신이 미천하였다. 아마도 그녀의 집안을 부를 때 위씨(衛氏)라고 한 듯하다.) 이는 방사(方土, 도술사)가 속이기 때문에 믿기 어렵고, 위씨가 성을 어디에서 가지고 왔는지 철저하게 따질 수 없기 때문에 따라서 '蓋'라고 붙인 것이다. …… 또한《논어(論語)》: '丘也聞有國有家者, 不患寡而患不均, 不患貧而患不安. 蓋均無貧, 和無寡, 安無傾.'(내가 듣기에 나라나 집안을 가진 사람은 적음을 근심하지 않고 균등하지 않음을 근심하며, 가난함을 근심하지 않고 편안하지 않음을 근심한다. 아마도 균등하면 가난함이 없고, 조화로우면 가난함이 없으며, 편안하면 기울어짐이 없다.) 어떤 사람들은 이 '蓋'자는 윗구절과 이어지는 데에 쓰이는 허사[承上之辭]라고 하였는데, 옛날에는 '蓋'에 윗구절을 잇는 의미가 없었고, 근대 과거시험에서 쓸 때 비로소 위의 문장을 이어서 전환을 시키는 것으로 사용되었을 뿐이다. 이 '蓋'는 의문을 나타내는 허사는 아니지만, 그러나 성인의 말씀은 부드럽게 직접적으로 말씀하지 않으면서, 단지 균등[均]하고 조화롭고[和], 편안함[安]에는 가난함이 없고[無貧], 부족함이 없고[無寡], 기울어짐이 없다[無傾]는 이치를 말할 뿐이지, 직접적으로 '균등하면 가난함이 없고, 조화로우면 부족함이 없고, 편안하면 기울어짐이 없다[均則無貧, 和則無寡, 安則無傾]'고 말한 것이 아니라, '蓋'자를 더하여 그 말을 부드럽게 하여 겸손하고 겸손한 모습을 드러내는 것을 이로써 알 수 있다."(太史公每遇傳疑, 多用蓋字, 如《封禪書》: '上所有幸王夫人. 夫人卒, 少翁以方, 蓋夜致王夫人及竈鬼之貌云.'《外戚世家》: '衛皇后, 字子夫, 生微矣, 蓋其家號曰衛氏.' 此以方士矯誣[19]難信, 衛氏冒姓, 不可根究, 故並云蓋也. …… 又《論語》: '丘也聞有國有家者, 不患

---

19 '矯誣'은 거짓을 의미한다.

寡而患不均, 不患貧而患不安. 蓋均無貧, 和無寡, 安無傾.' 或謂此蓋字乃承上之辭, 不知古未有訓蓋爲承上者, 近代科擧文字, 始用以爲承轉耳. 此蓋字雖非疑辭, 然聖人之言, 婉而不直, 但言均, 和, 安有無貧, 無寡, 無傾之理而已, 不肯徑云'均則無貧, 和則無寡, 安則無傾', 而加蓋字以緩其辭, 謙謙之象, 從可知也.) 유기가 인용한 몇 가지 '蓋'자는 모두 어기를 나타내는 부사이다. 그렇지만 《사의(射義)》등 세 가지 예는 모두 별도의 말할 만한 의미가 없기에 발어사에 속한다. 양수다(楊樹達)《사전(詞詮)》에서는《사의(射義)》에서와 같은 종류의 '蓋'를 '시작을 이끌어내는 접속사[提起連詞]'로 분류하였는데, 이는 타당하지 않다. ── 만약 '蓋'가 '시작을 이끌어내는 접속사'라고 한다면 '夫' 또한 "시작을 이끌어내는 접속사"일 것이다.

故

故爲蔽 : 欲爲蔽、惡爲蔽 ; 始爲蔽、終爲蔽 ; 遠爲蔽、近爲蔽 ; 博爲蔽、淺爲蔽 ; 古爲蔽、今爲蔽 ; 凡萬物異者莫不相爲蔽。(가리어 편견이 되는 일은 좋아하고 싫어하는 것에서 가리고, 시작과 끝에서 가리고, 멀고 가까운 것에서 가리고, 두텁고 얕은 것에서 가리고, 옛날과 지금의 일에서 가리는 것으로, 만물이 다른 것에서 가리어 편견이 되지 않는 것이 없다.)

《순자(荀子)·해폐(解蔽)》

'故'는 일반적으로는 인과 관계를 나타내는 접속사[因果連詞]이지만, 발어사(發語詞)로 쓰이기도 한다. 《해폐(解蔽)》는 이러한 예이다. 당(唐)나라 때의 양경(楊倞, 양량이라고도 한다.) 주(注)에서 "故爲蔽"에서 대해 말하

고대중국어 통론

였다. "가리어 편견이 되는 일을 헤아리는 시작점이다."(數[20]爲蔽之端也.) 청(淸)나라 때의 학의행(郝懿行)이 말하였다. "'故'는 허사이다. 이 문장은 아래의 열 가지 가리어 편견이 되는 내용을 총괄하여 덮는 것이다."(故, 語詞也, 此句爲下十蔽總冒.) 학의행의 말이 맞다. 《예기(禮記)·예운(禮運)》에는 여러 문단에서 모두 '故'를 발어사로 사용하고 있다. 이에 대해서는 유월(俞樾) 《고서의의거례(古書疑義擧例)》 권4(卷四)의 고서발단지사례(古書發端之辭例)를 살펴보라.

<blockquote>

粤、聿、日、曰若、粤若、云、爰

粤以戊辰之年、建亥之月、大盜移國、金陵瓦解.(무진년 건해의 달(10월)에 도적이 나라를 옮기자 금릉(金陵)이 기와처럼 깨졌다.) (유신(庾信)《애강남부(哀江南賦)》)

爰及姜[21]女、聿來胥宇[22]。(강씨 여인과 함께 이곳에 와서 살 곳을 자세히 살폈다.) 《시(詩)·대아(大雅)·면(綿)》)

蟋蟀在堂、歲聿其暮。(귀뚜라미가 집 안에 있으니, 한 해도 저물어가네.) 《시(詩)·당풍(唐風)·실솔(蟋蟀)》)

嗟我婦子、曰爲改歲、入此室處。(아아 내 부인과 자식들 해가 바뀌니 이 방에 들어와 지내자.) 《시(詩)·빈풍(豳風)·칠월(七月)》, 《한서(漢書)·식화지상(食貨志上)》에서는 이를 인용하여 "聿爲改歲"라 하였다.)

</blockquote>

---

20 '數'는 헤아려 나열하는 것이다.

21 [역주] 원서에서는 '美'로 되어 있는데, 오타이다.

22 '胥宇'는 머물 곳을 자세히 살펴본다는 의미이다

……其慈子耆利^{23}、不同禽獸者、亡^{24}幾耳。然幷心而赴時^{25}、猶日
麾^{26}六國、兼^{27}天下。(…… 그들이 아이를 매우 아끼고 이익을 탐하는 것이
짐승과 다른 점이 거의 없었다. 그렇지만 상군(商君)이 때에 맞추어 한 마음
으로 나아가는 것은 오로지 여섯 나라를 무찔러, 천하를 하나로 통일하고자
하였기 때문입니다.) 《한서(漢書)·가의전(賈誼傳)》

曰若稽古帝堯、曰放勳。(요임금에 대해 말하자면, 이름은 방훈(放勳)이
라 하였다.)《서(書)·요전(堯典)》

粵若來二月^{28}、既死霸^{29}粵五日甲子、咸劉^{30}商王紂。(3월 기사패(22일)
에서 5일 갑자일에 상나라의 왕 주를 죽였다.) 《한서(漢書)·율력지하(律曆志
下)》

爰采唐矣、沬之鄕矣。云誰之思、美孟姜兮。(당풀을 뜯으러 매(沬) 마
을로 간다. 누구인가? 강씨네 첫째 딸이네.)《시(詩)·용풍(鄘風)·상중(桑中)》

凜凜歲云暮、螻蛄夕鳴悲。(추운 한 해가 저물며, 귀뚜라미 저녁 울음소
리 슬프네.) 《고시십구수(古詩十九首)》

劇孟以任俠顯諸侯。吳楚反時、條侯^{31}爲太尉、乘傳車、將至河南、
得劇孟、喜曰："吳楚舉大事而不求孟、吾知其無能爲已矣、天下騷
動、宰相得之、若得一敵國云。"(극맹은 협객으로 제후들 사이에 이름이

23　'慈子'는 자식을 지나치게 귀여워하는 것이다. '耆'는 '嗜'(좋아하다)의 통가이다.

24　'亡'은 '無'의 통가이다.

25　'幷心'은 한 가지 뜻으로 마음을 오로지 한다는 것이고, '赴時'는 때를 장악하는 것이다.

26　'麾'은 '撅'이라고 하는데, 때려눕히는 것이다.

27　'兼'은 흡수하는 것이다.

28　[역주] 다른 판본에서는 '三月'로 되어 있다. 해석은 이를 기반으로 하였다.

29　'既死霸'는 22일이다.

30　'咸劉'는 죽이다는 의미이다.

31　'條侯'는 주아부(周亞夫)로 주발(周勃)의 아들이다. 한(漢)나라 문제(文帝)와 경제(景帝) 때의
　　명장(名將)이다.

알려졌다. 오와 초가 반란을 일으켰을 때, 태위 조후 주아부는 전거를 타고 하남에 이르고자 하였는데, 극맹을 만나자 기뻐하며 말하였다. "오와 초가 반란을 일으켰음에도 극맹을 찾지 않는 것에서, 나는 그들이 성공하지 못할 것을 알 수 있다. 천하가 어지러울 때 재상인 주아부가 극맹을 얻은 것이 적국 하나를 얻은 것과 마찬가지라고 한 것이다.")(《사기(史記)·유협열전(游俠列傳)》)

盤庚既遷……綏爰有眾[32]。(반경이 천도하고 나서 …… 여러 사람들을 위로하였다.)(《서(書)·반경하(盤庚下)》)

'粤', '聿', '曰', '云', '爰' 등의 글자는 모두 쌍성자(雙聲字)로, '粤', '聿', '曰'은 하나의 단어에 대한 세 종류의 가차자라고 말할 수 있다. '云', '爰'과 '粤', '聿', '曰'은 운모(韻母)가 같지만, '粤', '聿', '曰'과 같이 모두 발어사(發語詞)와 어간사(語間詞)[33]로 쓸 수 있다. 그렇지만 '云'은 어이사(語已詞)로도 쓸 수 있지만, 다른 나머지 네 개는 그렇게 쓸 수 없다.

伊、繄、夷

伊上古之初肇。(상고시대에 하늘이 처음 열릴 때)(사마상여(司馬相如) 《봉선문(封禪文)》)

蓼蓼者莪、匪莪伊蒿。(커다랗게 자란 것 세발쑥인지, 세발쑥이 아니라 다북쑥이네.)(《시(詩)·소아(小雅)·요아(蓼莪)》)

君王之於越也、繄起死人而肉白骨也。(군왕은 월나라에 있어서는, 죽은 사람을 일으키고 백골에 살을 돋게 하신 것입니다.)(《국어(國語)·오어(吳

---

32 '綏'는 위로하다, '有眾'은 여러 사람이다.

33 '粤'이 어간사로 쓰이는 예는 여기에서는 인용하지 않았다.

語)》

此一王四伯、豈繫多寵、皆亡王之後。(이 한 왕(우왕(禹王)을 가리킨다.)
과 사백(四伯、사악(四岳))이 어찌 많은 은총을 받았겠습니까? 이들은 모두
멸망한 왕(王)의 후손이었습니다.) 《국어(國語)·주어하(周語下)》

其志嘐嘐然[34]、曰：“古之人！ 古之人！”夷考其行而不掩[35]者也。(그
들의 뜻은 매우 크기 때문에 말할 때 ‘옛날 사람들은! 옛날 사람들은!’이라고
말하지만, 그들의 행동을 살펴보면 그들의 말을 모두 다 실천하지는 못하고
있다.) 《맹자(孟子)·진심하(盡心下)》

言

言告師氏、言告言歸。(사씨(師氏)에게 알리네, 돌아간다고 알리네.)《시
(詩)·주남(周南)·갈담(葛覃)》

駕言出游、以寫我憂。(수레를 몰아 밖으로 나가 노닐면서 내 근심을 없
애보려고 하네.) 《시(詩)·패풍(邶風)·천수(泉水)》

《시경(詩經)》에서의 ‘言’자에 대해 모공(毛公)과 정현(鄭玄)은 자주 《이
아(爾雅)》에서 ‘我’라고 풀이한 것에 근거하였다. 후스(胡適)는 《시삼백편언
자해(詩三百篇言字解)》를 지어 몇 가지 구분을 해냈다. 예를 들어 “駕言”의
‘言’은 ‘而’로 풀이하였다. 전자는 설명이 통하지 않고, 후자는 스스로 구분
을 만들어냈으니, 모두 믿을 만하지 못하다.

---

34 ‘嘐嘐然’은 주희(朱熹)의 주(注)：“뜻이 크고 말이 큰 것이다.”(志大言大也)
35 ‘不掩’은 말이 행동에 부합하지 못함을 가리킨다.

薄、薄言

薄伐玁狁、至於太原。(험윤(玁狁)을 정벌하여 태원(太原)에 이르렀다.)
《시(詩)·소아(小雅)·유월(六月)》

采采芣苢、薄言采之。(무성한 질경이, 그것을 캐내네.) 《시(詩)·주남(周南)·부이(芣苢)》

載

不見復關、泣涕漣漣；既見復關、載笑載言。(복관에서 만나지 못하니, 눈물이 뚝뚝 떨어지네. 복관에서 다시 만나니, 웃으면서 이야기하네.) 《시(詩)·위풍(衛風)·맹(氓)》

乃生男子、載寢之牀、載衣之裳、載弄之璋。(아들을 낳으면 침상에 눕히고 윗도리 아랫도리 입히고 구슬을 가지고 놀게 했다.) 《시(詩)·소아(小雅)·사간(斯干)》

乃瞻衡宇、載欣載奔。(집이 보이자, 기뻐하며 뛰어갔네.) (도잠(陶潛) 《귀거래사(歸去來辭)》)

逝、噬

誰能執熱、逝不以濯。(누가 뜨거운 것을 쥐고서 물에 씻지 않을 수 있겠는가?) 《시(詩)·대아(大雅)·상유(桑柔)》

逝將去女(汝)、適彼樂郊[36]。(너를 떠나 멀리 가리라, 저 낙원의 땅으로 가리라.) 《시(詩)·위풍(魏風)·석서(碩鼠)》

彼君子兮、噬肯適我。(저 훌륭하신 분이여, 나에게 놀러 오셨으면.)《시(詩)·당풍(唐風)·유체지두(有杕之杜)》

---

36 [역주] 다른 판본에서는 '土'로 되어 있다. 해석은 이를 근거로 하였다.

《당풍(唐風)》에서의 '噬'를 《한시(韓詩)》에서는 '逝'라고 하였다. '逝'와 '噬'는 동음가차(同音假借)이다.

余、舍

王使宰孔賜齊侯胙[37] …… 齊侯將下拜。孔曰："且有後命、天子使孔曰：以伯舅[38]耋老、加勞、賜一級、無下拜[39]。" 對曰："天威不違顏咫尺[40]、小白[41]余敢[42]貪天子之命、無下拜？ ……"（왕이 재공(宰孔)에게 시켜 제후(齊侯)에게 제사지내고 난 후의 고기를 내렸다. …… 제후가 계단을 내려와 절하려고 하였다. 재공이 말하였다. "또한 이후에 명령이 있습니다. 천자께서 공을 통해 말합니다. '백구께서 연로하시면서 수고를 더하시니, 한 계급을 더 붙이겠으니, 내려가서 절하지 마십시오.'" 제환공이 대답하였다. "천자의 위엄이 지척에서 접하는 것을 피할 수 없는데, 소백이 어찌 감히 천자의 명령을 탐내서 아래로 내려가 절하지 않겠습니까? ……"）《좌전(左傳)·희공(僖公) 9년》）

孟子曰："許子必種粟而後食乎？〔陳相〕曰："然。" "許子必織布然後衣乎？"曰："否。許子衣褐。" "許子冠乎？"曰："冠。"曰："奚冠[43]？"曰："冠素。"曰："自織之與？"曰："否。以粟易之。"曰：

---

37 '胙'는 종묘에서 제사를 지낼 때의 고기이다.

38 '伯舅'는 주(周)나라 때 천자(天子)가 이성(異姓) 제후를 부를 때 '伯舅'라 하였다.

39 '下拜'는 계단을 내려가서 절하는 것이다. 앞의 문장에서 "賜一級"이라고 하였는데, 즉 그가 계급이 내려가지 않음을 내려준 것이다.

40 '咫'는 8촌이다.

41 '小白'은 제환공(齊桓公)의 이름이다.

42 '敢'은 '어찌 감히'의 의미이다.

43 "奚冠"은 어떠한 관을 썼는가?이다.

"許子奚爲[44]不自織？"曰："害於耕。"曰："許子以釜甑爨以鐵耕乎？"曰："然。""自爲之與？"曰："否。以粟易之。""以粟易械器者、不爲厲陶冶[45]；陶冶亦以其械器易粟者、豈爲厲農夫哉！ 且許子何不爲陶冶、舍皆取諸其宮中而用之？ 何爲紛紛然與百工交易？ 何許子之不憚煩[46]！"(맹자가 말하였다. "허자(許子)는 반드시 곡식을 심은 후에 먹는가?"〔진상(陳相)이〕 말하였다. "그렇습니다.""허자는 반드시 베를 짠 이후에 옷을 지어 입는가?""그렇지 않습니다. 허자는 갈옷을 입습니다.""허자는 관을 쓰는가?""관을 씁니다.""어떠한 관인가?""흰색 관을 씁니다.""스스로 짠 관인가?""아닙니다. 곡식과 바꾼 것입니다.""허자는 어째서 스스로 짜지 않는가?""밭갈이에 방해가 되어서입니다.""허자는 솥과 시루로 밥을 하고 쇠로 된 농기구로 밭을 가는가?""그렇습니다.""스스로 만든 것인가?""아닙니다. 곡식과 바꾼 것입니다.""곡식으로 기계와 그릇을 바꾸는 것은 도공과 철공을 괴롭히는 것이 되지 않는다. 도공과 철공 또한 기계로 곡식을 바꾸는 것은 어찌 농부를 수고스럽게 하는 것이겠는가! 또한 허자는 어째서 도기와 철기를 만들지 않고 모두 자신의 집에서 가져다 쓰도록 하지 않고서 번거롭게 백공들과 물건을 교역하는가? 어째서 허자는 번거로운 것을 꺼리지 않는가!") 《맹자(孟子)·등문공상(滕文公上)》)

장병린(章炳麟) 《신방언(新方言)·석사(釋詞)》에서는 '余', '舍'를 '어떤 사람[甚麼人]', '어떤 것[甚麼東西]'(임의의 내용을 지칭함)으로 풀이하여야 한다고 하였다. 왕리(王力)는 장병린의 설명을 반대하면서, "어떤 물건도 모

44　"奚爲"는 어째서이다.

45　'厲'는 수고스럽게 하다. '陶'는 와공(瓦工)으로 솥과 시루를 만드는 사람이다. '冶'는 철공(鐵工)으로 농기구를 만드는 사람이다.

46　'不憚煩'은 번거로움을 겁내지 않는다.

두 스스로의 집에서 취하여서 사용한다.[何物皆取諸宮中而用之]"라는 식의 문장은 상고어법에 맞지 않는다고 하였다. "什麼都……"는 근대어법의 산물이다. '舍'가 '甚麼'로 변하는 것은 매우 이상한 것으로, 중간에 있는 m은 어째서 사라졌는가[47](살피자면 m은 어떻게 나온 것인가라고 해야 할 것이다.)? 장병린의 설명은 왕리의 지적을 거치면서 성립되기 어렵게 되었다. 사실 여기에서의 '余'는 《설문(説文)》의 "詞之舒也"(허사 중 말을 펼치는 것이다.)[48]에 근거한 것으로, 어기를 부드럽게 펼치는 데에 쓰이는 허사이다. '舍'와 '余'는 고음(古音)에서는 모두 魚部에 속하면서 또한 어조사(語助詞)로, 따로이 세세한 부분에서 해석을 취하지 않는 데에 쓰인다.

壹、一

子之哭也、壹似重有憂者。(그대의 울음은 큰 근심이 있는 듯하다.) 《예기(禮記)·단궁하(檀弓下)》

今楚王之善寡人一甚矣。(이제 초나라 왕이 과인(제환공(齊桓公))에게 잘하는 것이 심하다.) 《관자(管子)·패형(霸形)》

老古振衣而起曰 : "一不意人君如此也。"(노고가 옷을 털면서 일어나면서 말하였다. "임금께서 이러하신지 생각하지 못했습니다.") 《신서(新序)·잡사(雜事)》

拔劍割肉、壹何壯也 ! (칼을 뽑아 고기를 나누었으니, 얼마나 장쾌한가!) 《한서(漢書)·동방삭전(東方朔傳)》

吏呼一何怒 ! 婦啼一何苦 ! (관리의 호통 얼마나 노엽고, 부인의 울부짖

---

47 왕리(王力)의 《한어사논문집(漢語史論文集)》 281페이지를 참조하기 바람.

48 지금 판본에서는 "語之舒也"로 되어 있다. 여기에서는 당(唐)나라의 안사고(顏師古) 《광류정속(匡謬正俗)》에서 인용된 것이다.

음은 얼마나 고통스러운가!) (두보(杜甫)《석호리(石壕吏)》시(詩))

羌、慶

羌聲色兮娛人、觀者憺而忘歸。(노래 소리와 춤이 사람들을 즐겁게 하여, 구경꾼들은 즐거워하며 돌아가는 것을 잊네.)《초사(楚辭)·구가(九歌)·동군(東君)》

杳冥冥兮羌晝晦、東風飄兮神靈雨。(아득한 어둠 속 낮에도 흐리고, 동풍이 몰아쳐 신령이 비를 내리네.)《초사(楚辭)·구가(九歌)·산귀(山鬼)》

"淸晨登隴首"、羌無故實[49]。("淸晨登隴首"(맑은 새벽에 농수(隴首) 산에 오른다.)는 전고가 없다.) (종영(鍾嶸)《시품서(詩品序)》)

恐罔蝄之責影兮[50]、慶未得其云已。(망량(罔蝄)이 그림자를 책망한 일, 그 올바른 진리를 아직도 말할 수 없네.)《한서(漢書)·서전(敍傳)》

直嶢嶢以造[51]天兮、厥高慶而不可虖(乎)彌度。(산처럼 높이 솟아 하늘에 맞닿았으니 너무 높고 아름다워서 끝을 잴 수가 없었습니다.) (양웅(揚雄)《감천부(甘泉賦)》)

'慶'과 '羌'은 고음(古音)이 서로 같다. 안사고(顏師古) 주(注)《한서(漢書)·서전(敍傳)》에서 말하였다. "'慶'은 발어사로, '羌'과 동일하게 읽는다."(慶, 發語詞, 讀與'羌'同.) 살펴보건대 근대 사람이《초사(楚辭)》의 '羌'을 해석할 때, 어떤 사람은 '어떤[什麼]', '어떻게[怎樣]'로 풀이하기도 하고, 어떤 사

---

49 '故實'은 전고(典故)이다. "淸晨登隴首"는 시(詩)로, 전편과 작가의 성씨(姓氏)는 전해지지 않는다.

50 '罔蝄'은 그림자 바깥의 희미한 그림자로, 이에 대한 일은《장자(莊子)·제물론(齊物論)》에서 볼 수 있다.

51 '造'는 도달하다는 의미이다.

람은 '이에, 비로소[乃]' 등으로 풀이하였는데, 문장에 따라 뜻을 만들어낸 것으로 일치할 수 없다. 지금은 여전히 어조사로 간주한다.

不、丕

果蠃[52]之實、亦施[53]於宇。伊威[54]在室、蠨蛸[55]在户。町畽[56]鹿場[57]、熠燿宵行[58]。不可畏也、伊可懷也。(과라 열매, 지붕까지 뻗어있네. 쥐며느리 집 안에 있고, 소소 거미 문에 있네. 짐승 발자국 어지럽고 사슴은 지나가서, 번쩍번쩍 도깨비불 올라오네. 두렵지만, 그리울 뿐이네.) 《시(詩)·빈풍(豳風)·동산(東山)》

有周不顯。(주나라는 드러났다.) 《시(詩)·대아(大雅)·문왕(文王)》

幼壯孝悌、耆耋好禮、不從流俗、修身以俟死者、不在此位也。(어리고 젊은 사람은 효성스럽고 공손하며, 늙은 사람들은 예의를 좋아하고, 속세에 휘말리는 것을 따르지 않으며 몸을 닦으면서 죽음을 기다리는 사람은 이 자리에 있으라.) 《예기(禮記)·사의(射義)》

二三子不尚助不穀[59]。(그대들은 나를 돕기를 바란다.) 《일주서(逸周書)·대광(大匡)》

丕顯文武。(세상에 드러나신 문왕과 무왕이시어.) 《서(書)·문후지명(文侯

---

52 '果蠃'(과라)는 조롱박과 같은 종류의 넝쿨식물이다.

53 '施'(yì, 이)는 뻗다는 의미이다.

54 '伊威'(이위)는 쥐며느리로 곤충이다.

55 '蠨蛸'(소소)는 다리가 긴 작은 거미이다.

56 '町畽'(전탄)은 평지에서 짐승 발굽이 밟아놓은 곳을 가리킨다.

57 '鹿場'(녹장)은 사슴이 지나간 길을 가리킨다.

58 "熠燿宵行"은 번쩍번쩍 빛나는 도깨비불이다.

59 '不穀'은 제후(諸侯)의 겸칭이다. '穀'은 착하다는 뜻이고, '不穀'은 자신이 착하지 못하다고 겸손하게 말하는 것이다.

고대중국어 통론

之命)》》

　　여기에서의 몇 가지 예에서 《동산(東山)》은 출정(出征)나간 전사(戰士)가
집안이 황폐해진 상황을 상상하는 것으로, 그가 이렇게 생각하면서 그러
한 상황은 두렵지만 여전히 그리워한다는 것이다. 《사의(射義)》에서는 공
자(孔子)가 확상(矍相)의 사냥터에서 사례(射禮)를 하는 상황을 설명하면서,
공망지구(公罔之裘)와 서점(序點)이 관중에게 한 말로, 의미는 위의 조건을
갖춘 사람은 이 자리에 있으면서 사례를 할 수 있다고 말한 것이다. 《대광
(大匡)》의 '尚'은 희망과 요청을 나타내는 어기부사로, 전체 문장의 의미는
여러 사람들이 자신을 도울 것을 희망한다고 말한 것이다. 이러한 문장들
내의 여러 '不'자는 모두 의미가 없는 것이다. "有周不顯"은 주(周) 왕실이
매우 빛남을 말한 것으로, 《모전(毛傳)》에서는 다음과 같이 말하였다. "'不
顯'은 빛남[顯]을 가리킨다."(不顯, 顯也.) "丕顯文武"에서 '文武'는 주(周)나
라의 문왕(文王)과 무왕(武王)을 가리킨다. 문장의 의미는 "有周不顯"과 동
일하다. '丕', '不'은 쌍성가차(雙聲假借)이다.

　　有

　　有周不顯。(주나라는 드러났다.)《시(詩)·대아(大雅)·문왕(文王)[60]》
　　　·
　　有車鄰鄰、有馬白顚。(수레는 덜컹덜컹, 말 이마는 흰 털이 나있네.) 《시
　　　·　　　　·
(詩)·진풍(秦風)·거린(車鄰)》
　　桃之夭夭、有蕡其實。(복숭아 나무 아름답게, 그 열매 무성하네.) 《시
　　　　　　　　·

60　[역주] 원서에서는 문왕유성(文王有聲)이라 하였다. 살펴보면 문왕(文王) 편에 있다. 따라서
　　고친다.

(詩)·주남(周南)·도요(桃夭)》)

依⁶¹彼平林, 有集維鷮⁶².(무성한 평원의 숲, 그 속에 꿩이 쉬고 있네.) 《시
(詩)·소아(小雅)·거할(車舝⁶³)》)

'有'라는 어조사(語助詞)는 《시경(詩經)》에서 가장 광범위하게 사용되고
있다. 일반적으로 다른 한 단어의 앞에 두면서 그 뒤에 두는 단어는 명사
(周, 車, 馬), 형용사(賁), 동사(集)로, 실사 중 모든 중요한 단어에 위치한다.
고대에는 '有'자를 두 개의 다른 숫자 중간에 넣기도 한다. 예를 들어 《논
어(論語)》에 "吾十有五而志於學"(내가 열 다섯 살에 학문에 뜻을 두었다.)에서
이 '有'는 '又'의 가차로, 어조사가 아니다.

이상의 몇 가지 어조사는 발어사로 쓰이는 것이 대다수를 차지한다.

其

碩人其頎⁶⁴。(훌륭한 님 훤칠하네.) 《시(詩)·위풍(衛風)·석인(碩人)》)

女嬃之嬋媛兮、申申其詈予。(누이 여수는 몹시 걱정이 되어 거듭하여
자꾸만 나를 나무랐네.)

路漫漫其修遠兮、吾將上下而求索。(갈 길은 끝없이 길고 멀기만 하지만
나는 하늘 땅 가리지 않고 찾아가리라.)

阽⁶⁵余身而危死兮、覽余初其猶未悔。(내 몸이 위태로워 죽을 지경이라

---

61   '依'는 무성함을 뜻한다.
62   '集'은 쉬다는 의미이다. '鷮'(교)는 꿩이다.
63   '舝'은 '轄'과 같다. 수레축 양 끝의 금속 빗장이다.
64   '頎'는 키가 크다는 뜻이다.
65   '阽'은 위험함을 가까이 한다는 뜻이다.

도 애초의 뜻을 돌아보면 결코 후회하지 않네.) (지금까지 《초사(楚辭)·이소
(離騷)》)

이들 '其'자는 문장의 길이만 조절할 뿐 다른 기능은 없다.

> 之
>
> 氓之蚩蚩、抱布貿絲。(백성이 친절한 듯 옷감을 품고 와서 실과 바꾸려
> 하네.) (《시(詩)·위풍(衛風)·맹(氓)》)
>
> 巧笑之瑳[66]、佩玉之儺[67]。(환하게 웃을 때 드러나는 이, 옥을 차고서 절도
> 있게 걷네.) (《시(詩)·위풍(衛風)·죽간(竹竿)》)
>
> 高余冠之岌岌兮、長余佩之陸離。(나의 모자를 높다랗게 쓰고 내가 차는
> 띠를 기다랗게 매야지.) (《초사(楚辭)·이소(離騷)》)

위에서 예로 들고 있는 '之'자는 주술구조를 수식구조로 바꾸는 용법을
갖지 않고, 단지 음절을 하나 늘리는 역할만 하는 것이다. 옛날 사람들의 말
속에서 사람의 성명(姓名) 사이에 '之'자를 채워 넣는 것이 있다. 예를 들어
《좌전(左傳)》에는 '介之推'가 있고, 《맹자(孟子)》에는 '庾公之斯'가 있고, 《예
기(禮記)》에는 '公罔之裘' 등이 있는데, 이 또한 어조사로 포함시킬 수 있다.
'之'는 또한 어이사(語已詞)로 쓰이는데, 여기에서는 그 예를 들지 않았다.

여기에서 들고 있는 '其', '之'는 모두 어간사(語間詞)이다.

---

66 '瑳'는 웃으면서 치아가 드러나는 것을 뜻한다.
67 '儺'는 드러나는 걸음걸이가 매우 절제가 있음을 뜻한다.

只、止

母也天只、不諒人只。(어머니는 하늘인데, 나를 믿어주지 않네.) 《시
(詩)·용풍(鄘風)·백주(柏舟)》

樂只君子、福履綏之[68]。(즐거워라 군자여, 복록이 편안하게 하네.) 《시
(詩)·주남(周南)·규목(樛木)》

亦既見止、亦既覯[69]止、我心則說。(뵙고 만난다면 내 마음 기쁘겠네.)
《시(詩)·소남(召南)·초충(草蟲)》

思

南有喬木、不可休思[70]；漢有游女、不可求思。漢之廣矣、不可泳
思；江之永矣、不可方[71]思。(남쪽에 큰 나무가 있지만, 쉴 수 없네. 한수(漢
水)에는 놀러 나온 여인 있지만, 다가갈 수 없네. 한수는 넓구나, 헤엄칠 수
없네. 강물이 길기도 하여 뗏목으로는 갈 수 없네.) 《시(詩)·주남(周南)·한광
(漢廣)》

自西自東、自南自北、無思不服。(서쪽에서 동쪽에서 남쪽에서 북쪽에
서 복종하지 않은 이가 없네.) 《시(詩)·대아(大雅)·문왕유성(文王有聲)》

且(jū, 저)

不見子都、乃見狂[72]且。(자도(子都)는 만나지 못하고 방탕한 사람을 만나
네.) 《시(詩)·정풍(鄭風)·산유부소(山有扶蘇)》

子惠思我、褰裳涉溱；子不我思、豈無他人。狂童之狂也且。(그대가

---

68 '福履'는 복록(福祿)이라고 말한 것과 같다. '綏'은 편안하다이다.

69 '覯'는 만나다는 뜻이다.

70 '思'는 현재 판본에는 '息'으로 잘못 되어 있다.

71 '方'은 뗏목을 이용해 강을 건너는 것을 가리킨다.

72 '狂'은 방탕한 사람을 뜻한다.

나를 아끼는 것으로 생각한다면, 나는 치마를 걷고 진수(溱水)를 건너리라. 그대가 나를 생각하지 않는다면 어찌 다른 사람이 없겠는가? 미친 녀석의 미친 행동이지.) 《시(詩)·정풍(鄭風)·건상(褰裳)》》

居、諸

日居月諸、照臨下土。(해와 달이 이 땅을 비추네.) 《시(詩)·패풍(邶風)·일월(日月)》》

'居'와 '諸'는 두 개의 어조사(語助詞)인데, 이후 사람들은 '居諸'를 해와 달, 시간 등으로 빌려서 사용하였다. 예를 들어 한유(韓愈)《부독서성남(符讀書城南)》시(詩)：“時秋積雨霽, 新涼入郊墟, 燈火稍可親, 簡編可卷舒. 豈不旦夕念, 爲爾惜居諸。”(때는 가을이라 장마 그치고, 산뜻한 기운 교외의 터에 들어온다. 등불은 점점 가까이 할 만하고, 책은 펼쳐서 볼 만하다. 어찌 아침저녁으로 너희를 위해 시간을 아쉬워해야 함을 생각하지 않으리?) 이러한 것은 전고(典故)의 사용이다.

兮

帝高陽之苗裔兮、朕皇考曰伯庸。(황제 고양(高陽)의 후예로, 나의 아버지는 백용(伯庸)이다.) 《초사(楚辭)·이소(離騷)》》

平原忽[73]兮路超遠。(평원도 멀어지고 길도 매우 멀어지네.) 《초사(楚辭)·구가(九歌)·국상(國殤)》》

---

73 '忽'은 멀다는 뜻이다.

些(suò, 사)

魂兮歸來、東方不可以托些。長人千仞、惟魂是索些。十日代出、流
金鑠石些。彼皆習之、魂往必釋[74]些。歸來兮、不可以托些。(혼이여, 돌
아오라. 동방은 의탁할 곳이 아니네. 키 큰 사람들은 그 키가 천 길인데, 오직
혼백만을 찾네. 열 개의 태양은 번갈아 뜨며, 쇠를 흐르게 하고 돌을 녹이네.
저 태양은 모두 반복하니 혼이 그 쪽으로 가게 되면 반드시 흩어지네. 돌아
오라, 의탁할 곳이 아니네.) 《초사(楚辭)·초혼(招魂)》

이상의 어조사는 어이사(語已詞)로 쓰이는 것이 다수를 차지한다.

제2절 접사

고대중국어에서 '有'는 마치 접두사처럼 여길 수도 있는데, 명사 앞에
놓이기도 하고 동사나 형용사 앞에 놓이면서 어떠한 형태적 기능이 없기
때문에, 실제로는 접두사는 아니다. '介之推'와 같은 종류의 '之' 또한 마치
접요사처럼 여길 수도 있는데, '有'와 마찬가지로 형태적 기능이 없기 때문
에 또한 접요사가 아니다. 고대중국어의 접사는 접미사만 이야기할 수 있
을 것이다. 여기에서는 중고(中古) 이후에 발생한 접미사인 '兒', '子', '地'
등에 대해서는 서술하지 않을 것이고, 단지 문언문에서 볼 수 있는 접미사
만을 아래에 예를 들어가면서 설명할 것이다.

---

74 '釋'은 흩어진다는 뜻이다.

1. 형용사, 부사의 접미사

然

瓦沼晨朝水自清、小蟲無數不知名。忽然分散無蹤影、唯有魚兒作隊行。(작고 얕은 연못에 아침 물은 스스로 맑고, 작은 벌레는 무수하지만 이름 알지 못하네. 갑자기 흩어져 흔적이 없으니, 오로지 물고기만이 무리를 이루어 지나가네.) (한유(韓愈)《분지(盆池)》시(詩))

予亦悄然而悲、肅然而恐、凛乎其不可留也。(나도 또한 쓸쓸하여 슬퍼지고 숙연히 두려워하며, 쌀쌀하여 더 머무를 수가 없었다.) (소식(蘇軾)《후적벽부(後赤壁賦)》)

焉

其妻又吾姨也、少喪父母、適人而所天[75]又殤、孤女藐焉始孩[76]。(그의 처는 또한 내 아내의 자매였는데, 어려서 부모를 여의고 시집가서는 하늘처럼 섬긴 남편이 또 죽었다. 고아인 딸은 어리고 작은 아이였다.) (반악(潘岳)《과부부서(寡婦賦序)》)

陳王[77]初喪應劉[78]、端憂多暇、綠苔生閣、芳塵凝榭、悄焉疚懷[79]、不怡中夜。(진왕(陳王) 조식이 처음 응창(應瑒)과 유정(劉楨)을 잃었을 때 바로 그 때에는 오랜 기간 상심하였다. 관각에는 푸른 이끼가 생겨나고, 누대 지붕에는 먼지가 가득 쌓였다. 슬퍼하고 상심하여 한밤중까지도 마음이 즐겁지 않았다.) (사장(謝莊)《월부(月賦)》)

---

75 '所天'은 옛날에 여성이 남편을 바라보고 의지하는 것을 가리킨다.

76 '藐焉'은 어리고 작은 모양이고, '孩'는 처음 웃을 줄 알게 되는 어린 아이이다.

77 '陳王'은 조식(曹植)을 가리킨다.

78 '應劉'는 응창(應瑒)과 유정(劉楨)을 가리키는데, 모두 삼국시대 문학가이다.

79 '疚懷'는 마음이 편안하지 못함을 뜻한다.

若

丘也嘗使於楚矣、適見独子[80]食於其死母者、少焉眴若[81]、皆棄之而走。(제(공자)가 일찍이 초나라에 사신간 적이 있는데, 그 때 새끼 돼지가 죽은 어미의 젖을 빨고 있는 것을 보았습니다. 좀 지나자 놀란 모습으로 모두가 어미를 버리고 도망갔습니다.) 《장자(莊子)·덕충부(德充符)》

齊國雖褊小、吾何愛一牛？ 即不忍其觳觫若無罪而就死地、故以羊易之也。(제나라가 좁고 작지만 어찌 소 한 마리를 아까워하겠습니까? 소가 벌벌 떠는 듯하면서 죄 없이 죽는 곳으로 가는 것을 차마 볼 수 없기에, 따라서 양으로 바꾼 것입니다.) 《맹자(孟子)·양혜왕상(梁惠王上)》

'觳觫若'은 '觳觫然'으로, 두려워하는 모습이다. 이전 사람들은 《맹자》를 읽을 때에는 모두가 "即不忍其觳觫"을 한 문장으로 여기고, '若'자를 아래에 붙여서 읽었다. 양수다(楊樹達) 《고서구두석례(古書句讀釋例)·예(例) 25》에서 "觳觫若"을 이어서 읽은 것이 맞다.

如

孔子於鄉黨、恂恂如[82]也、似不能言者。(공자가 마을에 있을 때에는 충성스러움이 두텁고 성실한 듯이 있으면서 마치 말을 할 줄 모르는 사람처럼 한다.) 《논어(論語)·향당(鄉黨)》

仁而愛人、喜施、意豁如[83]也。(인자하고 다른 사람을 아끼어 베푸는 것을 좋아하고 활달하고 호방했다.) 《사기(史記)·고조본기(高祖本紀)》

80　'独子'는 작은 돼지이다.

81　'眴若'은 놀라워 두려워하는 모습이다.

82　'恂恂如'는 충성스러움이 두텁고 성실한 모습을 가리킨다.

83　'豁如'는 마음 속 품은 것을 활짝 열어놓는 모습을 가리킨다.

爾

子之[84]武城、聞弦歌之聲。夫子莞爾[85]而笑曰："割鷄焉用牛刀？"(공자가 무성(武城)에 도착하여, 현악기에 맞춘 노랫소리를 들었다. 선생은 지긋이 미소를 지으면서 말하였다. "닭 잡는데 어찌 소 잡는 칼을 쓰는가?")(《논어(論語)·양화(陽貨)》)

鼓瑟希[86]、鏗爾、舍(捨)瑟而作。(슬(瑟) 연주 소리가 잦아들더니 퉁하고서는 슬을 내려 놓고서 지었다.)(《논어(論語)·선진(先進)》)

而

静女其姝、俟我於城隅。愛而不見、搔首踟躕。(아름답고 정숙한 아가씨, 성 모퉁이에서 나를 기다릴 텐데. 드러내지 못하는 듯 만나지 못하니, 머리만 긁적이며 서성대네.)(《시(詩)·패풍(邶風)·정녀(静女)》)

鋌而走險、急何能擇？(급박하게 험한 곳으로 달려가니, 급할 때에 어찌 고를 수 있겠습니까?)(《좌전(左傳)·문공(文公) 17년》)

宋忠、賈誼忽而[87]自失、芒乎無色、悵然噤口不能言。(송충과 가의는 망연자실하여 멍하니 낯빛을 잃고 무언가 잃은 듯이 입을 다물고서는 말을 할 수 없었다.)(《사기(史記)·일자열전(日者列傳)》)

'愛而'의 '愛'는 '薆'(무성하다, 가리다)의 가차자이다. '愛而'는 '薆然'이라고 말하는 것과 같아서, 가리는 모양이다. 시의 의미는 정숙한 여인이 가려진 듯 보이지 않는 것으로, 그녀와 만나기로 약속한 사람인 사랑하는 정

---

84 '之'는 가다, 도착하다이다.

85 '莞爾'는 미소를 띠는 모습이다.

86 '希'는 소리가 점점 잦아드는 것을 가리킨다.

87 '忽而'는 희미하게 비어있는 모습이다.

숙한 여인을 말하는 것이 아니다. '鋌而' 또한 '鋌然'으로 빠르게 달리는 모습이다. 이 두 개의 '而'는 종종 착각하여 접속사로 파악하거나, 심지어는 '鋌'자를 '挺'자[88]로 바꾸기도 하는데, 모두 잘못된 것이다. 《사기(史記)》의 예문에서는 '忽而'와 '芒乎', '悵然' 등이 서로 대(對)를 이루면서, '而'의 기능이 '乎', '然'과 같다는 것이 매우 명확하다.

乎

浩浩乎如馮虛御風而不知其所止、飄飄乎如遺世獨立、羽化而登仙。(바람이 거센 듯 허공을 타고 바람을 몰지만 그치는 곳이 어디인지 알지 못하고, 둥실둥실 세상에 남겨져 홀로 있는 듯이, 날개가 돋아 신선처럼 오른다.) (소식(蘇軾)《전적벽부(前赤壁賦)》)

凜乎其不可留也。(쌀쌀하여 더 머무를 수가 없었다.) (소식(蘇軾)《후적벽부(後赤壁賦)》)

앞에서 든 《사기(史記)·일자열전(日者列傳)》에서의 '芒乎' 또한 이러한 종류의 접미사이다.

其

絺兮綌兮、凄其以風。(고운 갈포, 거친 갈포, 바람 때문에 서늘하다.) 《시(詩)·패풍(邶風)·녹의(綠衣)》)

宛其死兮[89]、他人入室。(죽을 듯이 죽어버리면, 다른 사람이 그대의 집에 들어갈 것이다.) 《시(詩)·당풍(唐風)·산유추(山有樞)》)

---

88 [역주] '挺'은 다양한 뜻이 있는데, 여기에서는 '앞서다', '매우' 등으로 볼 수 있을 것이다.
89 [역주] 다른 판본에서는 '兮'가 '矣'로 되어 있다.

言念君子、溫其如玉。(그대를 생각하면 따뜻한 것이 옥과 같다.) 《시
(詩)·진풍(秦風)·소융(小戎)》

日月忽其不淹兮、春與秋其代序。(해와 달은 문득 머무르지 않고, 봄과
가을은 장차 순서를 교대하려 하네.) 《초사(楚辭)·이소(離騷)》

《이소(離騷)》에서의 예 중에서, 앞의 '其'자는 접미사이지만, 뒤의 '其'
자는 시간 부사로서 의미는 '將', '且'와 같다.

앞에서 예로 들었던 접미사 '然', '如', '爾', '若', '而'의 고대음의 발음은
모두 같았다. '然', '焉'은 첩운자(疊韻字)로 대체로 서로 대체하여 사용할
수 있었다. 그 중에서 '然'의 사용 비율이 비교적 많고, 그 나머지 4가지와
'其'와 '乎'는 모두 '然'으로 대체할 수 있다.

2. 대체사의 접미사

其、居、己

夜如何其？ 夜未央。(밤이 얼마나 되었는지? 아직 자정이 아니네.) 《시
(詩)·소아(小雅)·정료(庭燎)》

起解羅衣、聊問夜何其。(일어나 비단옷 벗고는 밤이 얼마나 지났는지 물
어본다.) (이청조(李淸照) 《남가자(南歌子)》 사(詞))

何居乎？ 形固可使如槁木乎、而心固可使如死灰乎？ (어떻게 하신 겁
니까? 몸은 진실로 마른 나무처럼 만들 수 있는 것인지요? 그리고 마음은 진
실로 타버린 재처럼 만들 수 있는 것인지요?) 《장자(莊子)·제물론(齊物論)》

彼己之子、不稱其服。(저 사람 옷이 어울리지 않네.) 《좌전(左傳)·희공

(僖公) 24년》에서 《시(詩)·조풍(曹風)·후인(候人)》을 인용한 것[90]

'如何其', '何其', '何居'는 '怎樣[어떻게]'이다. '彼其'는 '那個[저 것]'이다. '其', '居'는 습관적으로 jī 발음으로 읽는데, '其', '居', '己'는 모두 음이 비슷하여 통용하는 글자이다.

許

奈何許、天下人何限？ 慊慊只爲汝。(어찌할까? 천하에 사람이 어찌 한정할 수 있는가? 안타깝게도 그대만 생각나네.) (고악부(古樂府) 《화산기(華山畿)》)

行路如許難、誰能不華發？ (가는 길 이렇게 힘든데, 누군들 화려하게 출발하지 않을 수 있겠는가?) (범성대(范成大) 《반룡역(盤龍驛)》 시(詩))

維摩居士、說爾許多來由、我於當日都既祇對。(유마거사(維摩居士)가 이와 같이 많은 유래를 말하였는데, 나는 그 때에는 모두 대답만할 수 있었다.) (《유마힐경강경문(維摩詰經講經文)》)

'許'는 또한 형용사의 접미사로 쓰이는데, 예를 들어 '可憐許', '可惜許', '多許', '少許' 등이 있다. 당(唐)나라 이의부(李義府) 《영오(咏烏)》 시(詩) : "上林多許樹, 不借一枝棲."(왕의 숲에는 나무가 많지만, 머무를 가지 하나 빌리지 못하네.) 후대 사람들은 이러한 고대의 구사법(構詞法)을 알지 못해서, '多許'를 '如許', '多少'로 고쳤는데, 이는 잘못된 것이다.

---

90   [역주] 《모시(毛詩)》에서는 "彼其之子"로 되어 있다. 의미는 같다.

고대중국어 통론

제9장

인칭 대체사와
지시 대체사

대체사[1]는 '대체[替代]'와 '지시[指示]'라는 두 가지 기능이 있다. 예를 들어 '吾', '爾'는 사람을 대체하고, '彼', '此'는 사람과 사물을 대체한다.(예를 들어 《사기(史記)·회음후열전(淮陰侯列傳)》의 "此壯士也."(이 사람은 장사이다.)에서 '此'는 이전에 한신(韓信)을 모욕했던 사람이다.) '彼', '此'는 사람이나 사물을 지시하고 구별할 수 있다.(예를 들어 "彼美淑姬[2]"(저 아리따운 아가씨), '此人', '彼事', '此事' 등이다.) 대체에 대해 말하자면, 현대중국어의 대체사는 명사, 형용사, 동사를 대체할 수 있고, 단어[詞]보다는 더 큰 언어 단위로 고대중국어에서도 이와 같다.

고대중국어는 현대중국어와 마찬가지로, 대체사는 인칭(人稱) 대체사, 지시(指示) 대체사와 의문(疑問) 대체사 등 3가지 종류로 나눌 수 있다. 인칭 대체사와 지시 대체사가 가리키는 것은 일정한 것이다. 의문 대체사가 가리키는 것은 일정하지 않은 것이지만, 대답하는 말 속에서 일정한 사람 또는 사물과 반드시 대응한다. 여기에서는 먼저 인칭 대체사와 지시 대체사를 먼저 설명하고, 의문 대체사는 다음에 설명하겠다.

---

1   [역주] '대체사'는 '代詞'의 번역어이다. 더 많이 쓰이는 '대명사'를 쓰지 않은 이유는 '代詞' 내에 부사로 사용하는 것도 있기 때문이다.

2   [역주] 이는 《시(詩)·진풍(陳風)·동문지지(東門之池)》에 나오는 문장이다.

제1절 인칭 대체사

인칭 대체사는 일인칭(자칭(自稱)), 이인칭(대칭(對稱)), 삼인칭(타칭(他稱))으로 구분할 수 있다. 이 외에도 스스로를 가리키는 호칭[己身稱]과 주변을 가리키는 호칭[旁稱]이 있다.

1. 일인칭 대체사

말하는 사람이 자신 또는 자신 쪽에 속해 있는 사람들을 대신 가리키는 대체사를 일인칭 대체사라고 한다. 상고(上古) 시기에는 '台(yí, 이)', '卬', '朕' 등이 있다. '台'는 《서경(書經)》에서 볼 수 있고, '卬'은 《시경(詩經)》에서 볼 수 있고, '朕'은 《서경(書經)》, 《초사(楚辭)》와 제자서(諸子書)에서 볼 수 있다. 이 세 가지 대체사의 사용 범위는 비교적 좁기 때문에 잠시 이를 다루지 않도록 하겠다. 자주 쓰이는 일인칭 대체사는 '余', '予', '吾', '我'이다. 예를 들면,

> 余旣滋蘭之九畹兮、又樹蕙之百畝。(나는 이미 구 원의 난초를 기르고, 또 백 무의 혜초도 심었네.)
>
> 衆女嫉余之蛾眉兮、謠諑謂余以善淫。(여러 여인들 내 고운 눈썹을 질투하여, 내가 지나치다고 헐뜯는다.) (지금까지 《초사(楚辭)·이소(離騷)》)
>
> 子曰 : "予欲無言。"(공자가 말하였다. "나는 말하지 않고자 한다.") (《논어(論語)·양화(陽貨)》)
>
> 聞佳人兮召予、將騰駕兮偕逝。(임께서 나를 부르는 소리 들리면, 수레를 타고 함께 가리라.) (《초사(楚辭)·구가(九歌)·상부인(湘夫人)》)

渺渺兮予懷、望美人兮天一方。(아득하도다 내 생각이여. 하늘 한 구석에서 미인을 바라보네.) (소식(蘇軾)《전적벽부(前赤壁賦)》)

…… 故不我若也、吾又能爲哉！(…… 따라서 저와 같을 수는 없습니다. 제가 또 무엇을 할 수 있겠습니까!)

我知種樹而已、理非吾業也。(저는 나무 심는 것만 알지, 다스리는 것은 저의 업무가 아닙니다.) (지금까지 유종원(柳宗元)《종수곽탁타전(種樹郭橐駝傳)》)

明日東家知[3]祭竈、隻鷄斗酒定膰[4]吾。(내일 동쪽 이웃집에 제사가 있어, 닭 한 마리와 술 한 되를 나에게 보내줄 것이네.) (소식(蘇軾)《종필삼수(縱筆三首)》시(詩))

'予'와 '余', '我'와 '吾'는 옛날 사람들이 사용할 때에는 아마도 구별이 있거나 상대적인 구별이 있었을 것이다. 예를 들어《초사(楚辭)》(굴원(屈原)과 송옥(宋玉)의 작품을 가리킴)에서 '余'는 주어와 목적어, 관형어로 쓰이지만, '予'는 관형어 용법이 없다. '我'와 '吾'는 대개는 한 문장에서 주어와 목적어가 있을 때 '吾'는 주어로 쓰이고, '我'는 목적어로 쓰인다. 예를 들어《종수곽탁타전(種樹郭橐駝傳)》의 앞에서 든 예가 그러하다. 한 문장 중에 관형어와 주어, 목적어가 있을 때, 관형어로는 '吾'를 사용하고, 주어나 목적어로는 '我'를 사용한다. 예로는《종수곽탁타전(種樹郭橐駝傳)》의 두번째 예이다. 그렇지만 이러한 구별은 특히 이후에 출현한 고문에서는 엄격하게 지켜지지 않았다. 예를 들어 한유(韓愈)의《석정연구시서(石鼎聯句詩序)》

---

3 [역주] '知'를 다른 판본에서는 '當'으로 되어 있다.
4 '膰'은 제사 지내는 고기로, 여기에서는 부뚜막 신에게 제사 지내고 보내온 술안주를 가리킨다.

"吾不解世俗書, 子爲我書"(나는 인간 세상에서 쓰는 문자를 알지 못하니 자네가 나를 대신해서 좀 써주시오.)는 앞에서 설명한 점과 동일하다. 그렇지만 "吾就子所能而作耳, 非吾所學於師而能者也. 吾所能者, 子皆不足以聞也, 獨文乎哉! 吾語亦不當聞也, 吾閉口矣."(나는 자네들이 할 수 있는 것에 맞추어서 지어보았을 뿐 이것은 내가 내 스승으로부터 배워 잘하는 것이 아니며, 내가 잘하는 것은 모두 자네들이 들을 만한 것이 아니니 어찌 단지 글만 그렇겠소? 내가 하는 말 역시 자네들이 들을 만한 것이 아니니, 나는 그만 입을 다물고 아무 말도 하지 않겠소.) 첫머리와 끝의 두 '吾'는 주어이고, 중간의 '吾'는 관형어로, 또한 구별하지 않고 있다. 이제는 이러한 차이를 구별하지 않는다. 이 외에도 삼국(三國)시대와 육조(六朝) 때에는 '身'을 일인칭 대체사로 사용하였다. 다음과 같다.

　　身是張益德也。(나는 장익덕이다.) 《삼국지(三國志)·촉지(蜀志)·장비전(張飛傳)》

　　有詣王夷甫咨疑[5]者、值王昨已語多、小極[6]、不復相酬答。乃謂客曰：“身今小惡、裴逸民亦近在此、君可往問。”(어떤 사람이 왕이보(王夷甫、왕연(王衍)의 자(字))를 방문하여 의심나는 것을 물어보았는데, 왕이보가 어제 말을 많이 한 것 때문에 조금 불편하여 다시 답을 하지 못하였다. 그러자 손님에게 말하였다. “내가 오늘 좀 좋지 않습니다. 배일민(裴逸民、배외(裴頠)의 자(字))이 이 근처에 있다고 하니, 그대는 가서 물어보세요.”) 《세설신어(世說新語)·문학(文學)》

5　'咨疑'는 의심이 드는 뜻을 묻는 것을 가리킨다.

6　'小極'은 조금 아파서 약간 불편한 것을 말한다. 뒤에 나오는 '小惡'과 같은 의미이다.

일인칭에는 몇 가지 겸칭(謙稱)이 있다. 예를 들어 '臣', '僕', '走', '奴', '愚', '蒙' 등이다. 고대(古代)에 '臣'자는 신하가 임금에게 말할 때 스스로를 가리키는 호칭으로만 쓰인 것은 아니다. 《사기(史記)·이장군열전(李將軍列傳)》에서 이광(李廣)의 말 "臣部爲前將軍, 今大將軍乃徙令臣出東道. 且臣結髮而與匈奴戰, 今乃一得當單于, 臣願居前, 先死單于."(제 직책은 전장군인데, 지금 대장군께서는 제가 동쪽 길로 나아가도록 명령을 바꾸셨습니다. 또한 저는 젊을 때부터 흉노와 싸워왔는데, 이제 선우와 맞설 상황을 맞이했습니다. 제가 원하길 앞에서 먼저 선우를 죽이도록 하겠습니다.)에서와 같이 대장군(大將軍) 위청(衛靑)에게 말할 때에도 쓰였다. '奴'는 고대에는 남녀가 함께 사용하였는데, 예를 들어 당(唐) 소종(昭宗)《보살만(菩薩蠻)》사(詞) : "安得有英雄, 迎奴歸故宮[7]?"(어찌 영웅을 얻어 나를 맞이하여 왕궁으로 돌아가게 하겠는가?) 이후에는 여성이 스스로를 가리키는 것으로 변하였다. 예를 들어《요재지이(聊齋志異)·서운(瑞雲)》에서는 "此奴終身發軔之始"(이는 제가 평생 할 일의 시작입니다.) 그 나머지 네 개에 대해서는 각각 하나씩 아래와 같이 예를 든다.

> 僕少負不羈之才、長無鄕曲之譽。(저는 젊었을 때에 얽매이지 않는 재주가 있다고 자부했었습니다만, 장성하고서는 마을에서도 칭찬받는 일이 없었습니다.)(사마천(司馬遷)《보임소경서(報任少卿書)》)
>
> 走雖不敏、庶斯達矣。(제가 비록 민첩하지는 못하지만 거의 이해가 됩니다.) (장형(張衡)《동경부(東京賦)》)

---

7 후대 사람들은 '奴'를 황제가 스스로를 가리키는 것으로 여기지 않았기 때문에 이 문장을 "迎歸大內中"(맞이하여 황궁으로 돌아가다.)으로 고쳤다. 이는 맞지 않다.

愚以爲宮中之事、事無大小、悉以咨[8]之、然後施行、必能裨補闕
漏、有所廣益。(제가 생각하건대 궁중의 일은 그 일이 크고 작음 없이 모두
그들에게 자문을 구한 후에 시행하면 반드시 빠지거나 새는 것을 보충할 수
있어 널리 유익한 점이 있을 것입니다.) (제갈량(諸葛亮)《출사표(出師表)》)

其中有一二牽合太甚者、如玉之有瑕、絲之有纇[9]、人所共睹、蒙亦未
敢阿附焉。(그 중에서 한두 개 억지로 끌어다 붙인 것이 너무 심한 것은, 옥
에 흠집이 있고 실에 실마디가 뭉친 것처럼 된 것을 여러 사람들이 함께 보
기도 하지만, 저는 또한 그것에 덧붙여 말을 하지 못하였습니다.) (설전균(薛
傳均)《설문답문소증자서(說文答問疏證自序)》)

그 중에서 '僕', '走'는 신분에 대해 말한 것으로, '僕'은 스스로 노예의
위치에 있다고 하는 것이다. '走'는 스스로를 열심히 달려야 하는 일을 맡
은 사람이라고 가리키는 것으로, 사마천(司馬遷)《보임소경서(報任少卿書)》
에서 스스로를 "太史公牛馬走"라고 하였는데, '太史公'은 그의 아버지 사
마담(司馬談)을 가리키는 것으로, 사마천이 스스로를 아버지의 명령을 받
들어 부지런히 뛰어다니는 사람이라고 말한 것이다. 장형(張衡)의 부(賦)에
서의 '走'와 의미가 동일하다. 그렇지만 사마천의 말이 제삼자인 '太史公'
과 관련하여 말한 겸칭이라면,《동경부(東京賦)》에서의 '走'는 순수하게 상
대방에 대해 말한 겸칭이다.

---

8 '咨'는 문의하다, 상의하다는 의미이다.
9 '纇'는 실 마디 뭉친 것을 가리킨다.

2. 이인칭 대체사

듣는 사람과 그 쪽에 있는 사람들을 대신 가리키는 대체사를 이인칭 대체사라고 한다. 문언문(文言文)에서의 이인칭 대체사는 '汝', '女', '爾', '而', '若', '乃', '迺' 등이 있다. 이 단어들은 고음(古音)이 모두 '泥'뉴(紐)에 속하는 것으로, 초성이 모두 n - 이다. 따라서 모두 이인칭 대체사로 쓰인다.(절대 다수의 대체사는 모두 가차자(假借字)로 본의(本義)가 아니다.) 그 중 '乃(迺)'는 소유 관계를 나타내는 관형어로 쓰이지, 목적어로 쓰이지 않는다. 주어로 쓰이는 것은 매우 적어서 예외라고 말할 수 있다. '而'는 주어와 관형어로 쓰이고 목적어로는 쓰이지 않는다. '汝', '女', '爾', '若'은 주어, 관형어, 목적어로 쓸 수 있다. 예를 들면 다음과 같다.

> 女聞人籟而未聞地籟、女聞地籟而未聞天籟夫。(그대는 사람의 소리는 들어보았지만, 땅의 소리는 못 들어 보았을 것이고, 그대는 땅의 소리는 들어보았지만, 하늘의 소리는 못 들어 보았을 것이다.) 《장자(莊子)·제물론(齊物論)》
>
> 殺汝父是申蘭、殺汝夫是申春。(그대의 아버지를 죽인 이는 신란(申蘭)이고, 그대의 남편을 죽인 이는 신춘(申春)이다.) (이공좌(李公佐)《사소아전(謝小娥傳)》
>
> 語笑向誰道、腹中陰憶汝。(말에 웃음 띠며 누구에게 말할까요? 가슴 속 몰래 사모하는 그대에게죠.) (고악부(古樂府)《자야가(子夜歌)》
>
> 咄！少卿良苦、霍子孟、上官少叔謝女。(아아! 소경 고생이 많으셨소. 곽자맹과 상관소숙이 그대에게 안부 전하라 하였소.) 《한서(漢書)·이릉전(李陵傳)》

賜、爾來何遲也！(사야, 네가 오는 것이 어찌 이리 늦느냐!) (《예기(禮記)·단궁상(檀弓上)》)

由(猶)射於百步之外也、其至、爾力也；其中、非爾力也。(백 보 밖에서 활을 쏘는 것에 비유하면, 활이 과녁에 이르게 하는 것은 너의 힘이지만, 그것이 적중하는 것은 너의 힘이 아니다.) (《맹자(孟子)·만장하(萬章下)》)

官命促爾耕、勖爾植、督爾獲、蚤繰而緒、蚤織而縷、字而幼孩、遂而雞豚。(관의 명령으로 너희들이 밭 가는 것을 재촉하고, 너희들이 심는 것을 격려하며, 너희들이 거두는 것을 감독하고, 너희의 고치에서 실을 뽑게 하는 것을 서두르고, 너희의 실에서 옷감을 짜내는 것을 서두르고, 너희 아이를 낳아 잘 기르게 하고, 너희의 닭과 돼지도 잘 길러내게 한다.) (유종원(柳宗元)《종수곽탁타전(種樹郭橐駝傳)》)

齧缺問於王倪、四問而四不知；齧缺因躍而大喜、行以告蒲衣子。蒲衣子曰："而乃今知之乎？"(설결이 왕예에게 물었는데, 네 번 물었으나 네 번 다 답하지 못하였다. 설결이 팔짝 뛰며 매우 기뻐하면서 포의자에게 가서 알렸다. 포의자가 말하였다. "너는 지금에서야 그것을 알았는가?") (《장자(莊子)·응제왕(應帝王)》)

若勝我、我不若勝…… 我勝若、若不吾勝…… (그대가 나를 이기고 내가 그대를 이기지 못하면 …… 내가 그대를 이기고 그대가 나를 이기지 못하면 ……) (《장자(莊子)·제물론(齊物論)》)

吾翁即若翁、必欲烹而翁、則幸分我一桮(杯)羹。(우리 아버지는 곧 너의 아버지이니, 반드시 너희 아버지를 삶으면 나에게 한 그릇 국을 나누어주길 바란다.) (《사기(史記)·항우본기(項羽本紀)》)

今欲發之、乃能從我乎？(이제 군대를 일으키려고 하는데, 그대는 나를 따를 수 있겠는가?) (《한서(漢書)·적의전(翟義傳)》)

王曰："舅氏！余嘉乃勳。"(왕이 말하였다. "아저씨시여! 저는 그대의 공훈을 가상히 여기고 있습니다.") (《좌전(左傳)·희공(僖公) 12년》)

고대중국어 통론

必欲亨(烹)迺翁、幸分我一杯羹。(반드시 너희 아버지를 삶고자 하면, 나
에게도 한 그릇 국을 나누어주게나.) 《한서(漢書)·항적전(項籍傳)》

　　말을 듣는 사람에 대해 옛날 사람들은 '子', '君', '公', '卿' 등을 경칭(敬
稱)으로 사용한 것 외에도 상대방의 자(字)를 써서 존경을 나타냈다. '汝',
'女', '爾', '而', '乃' 등의 단어는 일반적인 호칭으로 존경하는 사람이거
나 어른에게는 사용하지 않았다. 그 중에서 '爾', '汝'는 매우 익숙한 동년
배 사이에서 직설적인 호칭으로 사용하는 것 외에도 때에 따라서는 혐오
하거나 경시하는 의미를 가지기도 한다. 《맹자(孟子)·진심하(盡心下)》: "人
能充[10]無穿踰[11]之心, 而義不可勝用也 ; 人能充無受爾汝之實[12], 無所往而不
爲義也."(사람이 구멍을 뚫고 담을 넘어 도둑질을 하지 않겠다고 하는 마음을 길
러 채워나갈 수 있다면 의로움은 이루 다 쓸 수 없을 것이다. 사람이 '너'라고 천대
받지 않을 만한 실력을 채워나간다면 어디를 가도 의롭지 못한 일을 할 수 없을 것
이다.) 의미는 다음과 같다. 다른 사람이 천대함을 나타내는 '爾'나 '汝'라는
호칭과 태도로 그대를 상대하면, 자존심이 있는 사람은 그것을 감당할 수
없다. 《좌전(左傳)·희공(僖公) 32년》 진목공(秦穆公)이 건숙(蹇叔)을 질책하
면서 말하였다. "爾何知! 中壽, 爾墓之木拱矣."(네가 어떻게 아느냐! 네 목숨
이 다 되어서, 네 묘지의 나무가 벌써 한 아름이 되었구나.) 이는 매우 무례한 어
조이다. 두보(杜甫) 《취시가증광문관박사정건(醉時歌贈廣文館博士鄭虔)》에서
말하였다. "忘形到爾汝, 痛飲真吾師."(격식을 잊고서 너, 나 하는 사이가 되어,

10　'充'은 확대하다, 확충하다의 의미이다.

11　'穿踰'는 구멍을 뚫고 담을 넘어 도둑질하는 행위를 말한다.

12　'實'은 충정(衷情), 속마음을 말한다.

진하게 술 마시는 것으로는 진실로 나의 스승이네.) 자신과 정건(鄭虔)이 알고 지낸 것이 이미 지극하여, 형식에 얽매이지 않으면서 상대방을 '爾'나 '汝'로 부르는 것이니, 또한 편안한 호칭이다.

자(字)를 불러서 존경(尊敬)을 나타내는 것으로는 《한서(漢書)·이릉전(李陵傳)》에서 다음과 같이 기록하고 있는 것과 같다.

> 立政曰 :"咄！ 少卿良苦。霍子孟、上官少叔謝女。"陵曰 :"霍與上官無恙乎？"立政曰 :"請少卿來歸故鄉、毋憂富貴。"陵字立政曰 :"少公！ 歸易耳、恐再辱、奈何？"(임입정(任立政)이 말하였다. "아아! 소경. 고생이 많으셨소. 곽자맹과 상관소숙이 그대에게 안부 전하라 하였소." 이릉이 말하였다. "곽자맹과 상관소숙께서는 무탈하신지요?" 입정이 말하였다. "소경은 고향으로 돌아오시오. 부귀는 걱정마시고요." 이릉이 입정의 자를 부르면서 말하였다. "소공! 돌아가는 것은 쉽습니다. 다시 치욕을 받는 것은 두렵습니다. 어찌해야 합니까?")

소경(少卿)은 이릉(李陵)의 자(字)이고, 소공(少公)은 임입정(任立政)의 자로 서로 자로 호칭하는 것은 친구 사이의 예의이다. '公', '卿', '子', '君' 등은 예의와 존경을 나타내는 것으로, 《한서(漢書)·조조전(晁錯傳)》에서 아버지는 아들에게 '公'이라고 하였는데, 이는 아들의 관직이 높기 때문으로, 현재의 관점에서 보면 매우 이상하다. '卿'은 또한 남녀 사이의 애칭(愛稱)으로 쓰인다. 이상의 호칭에 대해 예를 들면,

> 於是舍人相與諫曰 :"臣所以去親戚而事君者、徒慕君之高義也。今君與廉頗同列、廉君宣惡言、而君畏匿之、恐懼殊甚。…… 臣等不

骨、請辭去。”藺相如固止之、曰：“公之視廉將軍孰與秦王？”(이 때 사인들이 상여에게 간언하였다. "저희가 친척을 떠나 그대를 섬기는 것은 그대의 높은 의리를 사모하기 때문입니다. 이제 그대와 염파 장군은 직위가 같음에도, 염장군이 나쁜 말을 공공연하게 하지만, 그대는 그를 두려워하여 숨고 있으니, 부끄럽기가 매우 심합니다. …… 저희는 불초하기에 작별하여 떠날 것을 청합니다." 인상여가 진실로 말리면서 말하였다. "그대들은 염장군이 진왕(秦王)에 비하면 어떻습니까?") 《사기(史記)·염파인상여열전(廉頗藺相如列傳)》

錯父聞之、從潁川來、謂錯曰："公爲政用事、侵削諸侯、疏人骨肉、口讓多怨、公何如也？"(조조(晁錯)의 아버지가 듣자 영천에서 와서는 조조에게 말하였다. "그대가 정치를 담당하여, 제후를 침범하고 영토를 깎고 사람들의 친척 사이를 멀게 하였기에, 사람들이 입으로 욕하고 원망을 많이 하고 있습니다. 그대는 어떻게 하시렵니까?") 《한서(漢書)·조조전(晁錯傳)》

子非三閭大夫歟？ 何故而至於此？ (그대는 삼려대부가 아니신지요? 어째서 여기까지 오셨습니까?) 《사기(史記)·굴원가생열전(屈原賈生列傳)》

王長史與劉真長別後相見、王謂劉曰："卿更長進。"(왕장사(왕몽(王蒙))와 유진장(유염(劉惔))이 헤어진 후에 다시 만났다. 왕장사가 유진장에게 말하였다. "그대는 더욱 성장하고 발전하였습니다.") 《세설신어(世說新語)·언어(言語)》

卿盛時猶能知我、我豈以衰故忘卿哉！(그대가 전성기일 때에도 오히려 나를 알아주었는데, 내 어찌 쇠락하였다는 이유로 그대를 잊을 수 있겠습니까!) 《요재지이(聊齋志異)·서운(瑞雲)》

3. 삼인칭 대체사

말하는 사람과 듣는 사람 이외의 제삼자 또는 사물을 대신 가리키는 대체사를 삼인칭 대체사라고 한다. 삼인칭 대체사는 사람 또는 사물을 가리키지만, 일인칭, 이인칭 대체사는 사람을 가리키는 것으로, 사물을 가리키더라도 그 사물을 인격화하여 보는 것이다. 이것이 삼인칭이 일인칭, 이인칭과는 다른 점이다. 삼인칭 대체사로는 '之', '其', '厥', '彼', '夫' 등이 있다. 이 외에도 '渠', '伊', '他' 등은 구어(口語)에서 쓰이는 것이지만, '渠'는 문언문같은 기운이 느껴지며, 주어, 관형어와 목적어로 쓰인다. 예를 들면,

> 回頭指大男、渠是弓弩手。(고개를 돌려 큰아들을 가리키며 말하였다. 그가 궁노수(弓弩手)였습니다.) (두보(杜甫)《조전부니음미엄중승(遭田父泥飮美嚴中丞)》시(詩))
>
> 蚊子叮鐵牛、無渠下咀處。(모기가 쇠로 된 소의 피를 빨고자 끊임없이 피 빨 곳을 찾네.) (한산(寒山)의 시(詩))
>
> 憐渠直道當時語、不著[13]心源傍古人。(가엽구나, 그대는 당대의 말을 잘 하여, 마음속에 옛날 사람들을 본뜨고자 하진 않았네.)(원진(元稹)《수효보견증(酬孝甫見贈)》시(詩))

문언에서의 '之', '其', '厥', '彼', '夫'는 '其', '厥'이 유사하고, '彼', '夫'가 유사하다. 그렇지만 용법은 각각 구별되는 것이 있다. 대체로 말하자면 이러한 대체사는 현대중국어의 삼인칭 대체사 '他'와는 완전히 같지는 않다.

13　'著'는 '把'와 같다.

'之' 대체사는 목적어로만 쓰인다. 예를 들어,

夫婦共德之、同出展謝、而客已渺、遍覓之不可得。(부부는 그에게 큰
덕을 느끼고서는 함께 나가서 감사를 나타내려고 하였으나, 객(客)은 이미
묘연해져서 두루 살펴보았지만 찾을 수 없었다.) 《서운(瑞雲)》

有弗學、學之弗能、弗措[14]也。(배우지 않을 수는 있어도 배웠음에도 하
지 못한다고 하면 방치하면 안 된다.) 《예기(禮記)·중용(中庸)》

'其'는 일반적으로 주어, 목적어로 쓰이지 않고, 아래와 같은 두 가지 상
황에서만 쓰인다.

(1) 소유 관계의 관형어를 나타낼 때 쓰인다. 예를 들면,

誦其詩、讀其書、不知其人、可乎？ 是以論其世也。(그 시를 외우고,
그 책을 읽음에도 그 사람을 모르는 일이 가능하겠는가? 따라서 그 때를 논
하게 된다.) 《맹자(孟子)·만장하(萬章下)》

初、蘭、春有黨數十、暗記其名、悉擒就戮。(애초에 신란과 신춘의 무
리 수십 명에 대해 그들의 이름을 암기하였다가 모두 잡아들여 죽였다.) (이
공좌(李公佐)《사소아전(謝小娥傳)》

(2) 전체 문장 중 일부분의 주술구에서 이 구의 주어로 쓰인다. 그렇지
만 문장의 주어는 아니다. 예를 들면,

---

14 '措'는 놓아두다, 폐기하다의 의미이다.

操蛇之神聞之、懼其不已¹⁵也、告之於帝。(조사(操蛇)라는 산신령이 이를 듣고서는, 그들이 그치지 않을 것을 두려워하여 상제에게 알렸다.) 《열자(列子)·탕문(湯問)》

秦王恐其破璧、乃辭謝固請、召有司案圖、指從此以往十五都予趙。(진왕(秦王)은 그가 화씨벽을 깰까 두려워하여, 비로소 사죄를 하고 진실로 부탁하여 관리를 불러 지도를 펼치고는 여기에서부터 15개의 도시를 조나라에게 주었다.) 《사기(史記)·염파인상여열전(廉頗藺相如列傳)》

劉往見衡湘間人説云："〔彌明〕年九十餘矣、解捕逐鬼物、拘囚蛟螭虎豹。"不知其實能否也。見其老、頗貌敬之、不知其有文也。(유사복은 이전에 형산과 상강 일대의 사람들이 하는 말을 들은 적이 있었다. "〔미명의〕 나이가 구십 살이 넘었고, 귀신이나 요괴를 붙잡아 내쫓고 교룡과 뿔 없는 용이나 호랑이와 표범까지도 잡아 가둘 줄 안다." 그가 진실로 그렇게 할 수 있는지 어떤지는 알지 못했다. 유사복은 연로한 그에게 겉으로는 매우 공경하게 대했지만 글재주가 있는지는 알지 못했다.) (한유(韓愈)《석정연구시서(石鼎聯句詩序)》)

甚惜其以絶世之姿而流落不偶、故以小術晦其光而保其璞。(그가 절세의 자태를 가지고서도 유랑하여 불우하게 될 것을 매우 애석하게 여겨서, 따라서 작은 술법으로 그의 빛을 가리고서 그의 본질을 보존하였습니다.) 《요재지이(聊齋志異)·서운(瑞雲)》

'厥'은 백화(白話)로 번역하면 '他(它)的'로, '其'의 앞에서 든 (1) 용법과 동일하다. 주술구의 주어로 쓰일 수 없기에 사용 범위가 '其'보다 좁다. 예를 들면,

---

15 '不已'는 그치지 않는다로, '已'는 그치다이다.

殲厥渠魁[16]。(그들의 우두머리를 섬멸하다.) 《서(書)·윤정(胤征)》

厥誼不昭、爰明以諭。(그 의미가 분명하지 않으면, 인용하여 밝혔다.)

(허신(許慎) 《설문해자서(說文解字敍)》)

'彼'와 '夫'는 고음(古音)에서 성모 부분이 서로 같아서, 모두 b‐이다. 따라서 '夫'는 '彼'로 쓰일 수 있다. 예를 들어 《국어(國語)·제어(齊語)》: "夫爲其君勤也."(그 사람은 그의 임금을 위해 애쓴 것입니다.) 《관자(管子)·소광(小匡)》에서는 이 문장의 '夫'를 '彼'로 썼다. 그렇지만 '彼'를 쓰는 경우가 더 많고, '彼'는 목적어로도 쓸 수 있지만 '夫'는 그렇지 못하다. '彼'는 본래 지시 대체사이지만, 삼인칭 대체사로 쓰기도 하면서 주어나 목적어로 쓸 수 있다. 예를 들면,

彼、丈夫也 ; 我、丈夫也 ; 吾何畏彼哉 ?(그 사람도 사내이고, 나도 사내이다. 내가 어찌 그 사람을 두려워하겠는가?) 《맹자(孟子)·등문공상(滕文公上)》

彼可取而代也。(저 자리를 빼앗아 대신할만하다.) 《사기(史記)·항우본기(項羽本紀)》

市者良久計曰 : 與其殺是僮、孰若賣之 ? 與其賣而分、孰若吾得專焉 ? 幸而殺彼、甚善。(흥정하러 갔던 자가 한참 동안 궁리하였다. 이 종놈을 죽이느니 파는 것이 낫겠다. 팔아서 나누느니 내가 독차지하는 것이 낫겠다. 다행히 저자를 죽였으니 참 잘됐다.) (유종원(柳宗元) 《동구기전(童區寄傳)》)

---

16 '渠魁'는 우두머리를 가리킨다.

'彼'는 주어와 목적어로 쓰일 수 있지만, 대체 기능은 지시나 구별 기능 보다는 충분하지 못하다. 예를 들어,

    及燕(宴)、置酒、太子侍、四人從太子、年皆八十有餘、須眉皓白、 衣冠甚偉。上[17]怪之、問曰：“彼何爲者？” (잔치에 이르러, 술을 두고서 는 태자가 옆에서 모시는데, 네 명이 태자를 따르고 있었다. 나이는 모두 80 세가 넘었고, 수염과 눈썹이 하얗고, 복장이 매우 위엄 있었다. 임금이 괴이 하게 여겨 물었다. "저 사람들은 무엇 하는 사람인가?") 《사기(史記)·유후세 가(留侯世家)》

여기에서의 "彼何爲者？"는 "그들은 무엇 하는 사람인가?[他們是幹什 麼的？]"로 번역할 수 있다. 그렇지만 더 정확한 번역은 "저 사람들은 무엇 하는 사람인가?[那些人是幹什麼的？]"로, '저들[那些]'은 지시와 구별성이 비교적 강한 지시대체사이다. 다시 동일한 편(篇)의 문장을 보도록 하자.

    〔上〕召戚夫人、指示四人者曰：“我欲易之[18]、彼四人者輔之、羽翼已 成、難動矣。"(척부인을 불러 그 네 사람을 가리키며 말하였다. "짐이 태자 를 바꾸고자 하였으나 보좌하는 사람들이 갖추어졌으니, 바꾸기 어렵다.")

'지시'가 명확하게 나타나기 때문에, '그들[他們]'보다는 '저 사람들[那 些人]'로 번역하는 쪽이 더 정확하다. 그 다음으로, 삼인칭 대체사로서의

---

17 '上'은 한고조(漢高祖) 유방(劉邦)을 말한다.

18 '易之'는 척부인(戚夫人)의 아들인 조왕(趙王) 여의(如意)가 여후(呂后)의 아들을 대체하여 태자가 되는 것을 말한다.

'彼'는 자연스럽게 '我'와 상대를 이루는데, 앞에서 인용한《맹자(孟子)》의 예가 바로 '彼'와 '我', '吾'와 '彼'가 상대를 이루고 있다. 이 또한 '彼'에는 구별성이 있어, '彼'와 '是', '彼'와 '此'가 유사하게 상대를 이루고 있다.

> 彼出於是、是亦因彼。(저것은 이것에서 나오고, 이것은 또한 저것을 근
> 거로 한다.)《장자(莊子)·제물론(齊物論)》
> 由是觀之、在彼不在此。(이것으로 보건대, 저것(도덕)에 있지 이것(형벌)
> 에 있지 않다.)《사기(史記)·혹리열전(酷吏列傳)》

'彼'와 '此', '彼'와 '是'는 지시 대체사이고, '彼', '我'에서의 '彼'는 지시 대체사에서 인칭 대체사로 빌려 쓰는 것으로, 비교해보면 명확하게 드러난다.《맹자(孟子)》의 "吾何畏彼哉"(내가 어찌 그를 두려워하겠는가?)는 "吾何畏之哉"로 바꾸어 쓸 수 있는데, 둘 다 삼인칭 대체사를 목적어로 쓰고 있는 것으로, '之'는 '彼'보다는 적절하지 않다. 그것은 한 문장 내에 '彼'와 '吾'가 서로 상대하고 있기 때문이다.《동구기전(童區寄傳)》의 "幸而殺彼"(다행히 저자를 죽였으니)에서 '彼'는 '之'로 바꾸어 쓸 수 없다. 앞 문장 "賣之"에서의 '之'와 중복되는 것을 피하기 위해서라고 할 수도 있고, 구기(區寄)를 납치했던 두 도적 중에 '흥정을 하던 사람'의 속마음에서 '彼'를 사용하여 그의 동료를 가리켜 자신과 구별하려고 했던 것이라고 설명할 수 있다. 이 '彼'자는 앞의 문장 "孰若吾得專焉"(내가 독차지하는 것이 낫겠지.)의 '吾'와 상대한다.

'彼'는 지시 대체사에서 원칭 지시 대치사로 빌려 쓰기도 한다. 따라서 '彼'가 대신 가리키는 인물은 말하는 사람에 의해 멀리 떨어지게 되는 의

미가 있다. 옛날 책에서 자주 쓰이는 '彼'는 경시(輕視) 또는 혐오의 어기를 나타낸다. 《맹자(孟子)》 "吾何畏彼哉?" (내 어찌 그를 두려워하겠는가?) "彼惡敢當我哉!" (그가 어찌 나를 감당하겠는가!) 등에서 '彼'는 존중하지 않는 어투를 나타낸다. 또 예를 들면,

> 如枉道而從彼何也! (자신의 주장을 굽혀서 저 사람을 따르라고 하는 것은 어째서인가!) 《맹자(孟子)·등문공하(滕文公下)》
>
> 彼王不能用君之言任[19]臣、安能用君之言殺臣乎? (저 왕께서 당시의 말을 듣고도 저를 임용하지 않는데, 어찌 당신의 말을 듣고서 저를 죽인단 말입니까?) 《사기(史記)·상군열전(商君列傳)》

첫번째 예는 어떤 사람이 맹자에게 자신의 주장('道')을 버리고서 당시의 제후에게 굽혀서 들어가라고 권하는 것을 맹자가 동의하지 않는 것으로, '彼'는 제후를 가리킨다. 확실히 낮추어보는 의미가 있다. 백화(白話)로 번역하면 다음과 같다. "怎麼能枉道去順從那種人呢!" (어찌 자신의 주장을 굽혀 저러한 인간에게 순종하라는 것인가!) 두 번째 예는 위(魏)나라 재상 공숙좌(公叔痤)가 상앙(商鞅)을 위왕(魏王)에게 천거하면서 만약 그를 쓰지 않을 것이면 바로 그를 죽여서 다른 나라에서 쓰이지 않게 해야 한다고 말했다. 위왕이 그를 쓰지 않자, 공숙좌는 이 일을 상앙에게 알려주어서 그에게 도망가도록 하였다.[20] 그 때 상앙이 이러한 문장을 말한 것이다. 또한 명확하

---

19 '任'은 임용하다의 의미이다.

20 위왕이 상앙을 쓰지 않는다면 그를 죽이라고 한 것은 공적인 일이다. 상앙에게 도망가라고 한 것은 개인적인 정 때문이다.

게 위왕이 식견이 없음을 드러낸 것으로, 위왕은 그를 쓰지도 못하고 그를 죽여 적국을 이롭게 하는 일을 피해야 하는 것도 생각할 수 없다는 의미이다. 이러한 점은 또한 '彼'가 삼인칭 대체사 중에서 자신만의 특색을 갖고 있음을 설명한다.

'之'와 '其'는 주어로 쓸 수 없고, '彼'는 주어로 쓸 수 있기 때문에, '彼'는 점점 삼인칭 대체사의 자격을 얻게 된 것이다. 아래의 예에서 '彼'는 현대중국어에서 주어로 쓰이는 '他'와 같다.

> 盧志於衆坐、問陸士衡[21]："陸遜、陸抗、是君何物？"答曰："如卿於盧毓、盧珽[22]。" 士龍失色。既出戶、謂兄曰："何至如此？ 彼容[23]不相知也。"(노지가 무리에 앉아 있다가, 육사형에게 물었다. "육손, 육항은 그대 집안에서 어떤 사람인가요?" 답하였다. "그대 집안의 노육, 노정과 같은 관계입니다." 육사룡이 당황하여 문을 나가면서 형에게 말하였다. "어찌 그렇게 하셨습니까? 그는 아마도 전혀 모르는 듯하였습니다.") 《세설신어(世説新語)·방정(方正)》)

그렇지만 '彼'는 여전히 '그[他]', '그녀[她]', '그것[它]'의 용법을 대체하지는 못하였다. 예를 들어 《맹자(孟子)·만장상(萬章上)》："昔者有饋生魚於鄭子産, 子産使校人畜之池."(옛날에 어떤 사람이 정자산에게 산 물고기를 바쳤다. 자산은 연못을 관리하는 교인에게 연못에서 기르게 하였다.) 이를 백화(白話)

---

21 '士衡'은 진(晉)나라 때의 문학자 육기(陸機)의 자(字)이고, 그의 형제인 육운(陸雲)은 자가 사룡(士龍)이다.

22 '盧珽'(노정)은 노지(盧志)의 아버지이다.

23 '容'은 혹시, 아마[或許]이다.

번역하면 다음과 같다. "從前有人把活魚送給鄭子産, 他就叫管池沼的人養在池裏."(이전에 어떤 사람이 살아 있는 물고기를 정자산에게 바치자, 그는 바로 연못을 관리하는 사람에게 그것을 연못 속에서 기르게 하였다.) 그렇지만 원문의 두 '子産'을 '彼'로 고치면 안 된다.

앞에서 말한 것과 같이, 고대중국어에서의 '彼', '其', '之'는 현대중국어의 '他', '她', '它'와 완전히 동일하지 않다. 이는 단지 단어 사용법의 차이에서만 있는 것은 아니고, 문법 결합상의 차이를 이끌어내는데, 즉 고대중국어에서는 명사를 써서 또 설명하거나 생략하는 방식으로 문장을 구성한다. 다음 장을 참조하기 바란다.

'余', '予' 외에도 인칭 대체사 '我', '爾', '彼' 등은 단복수의 구별이 없다. 예를 들어 "彼衆我寡"는 "그들은 많고, 우리는 적다."를 말한 것이고, "彼容不相知也"에서의 '彼'는 '그'이다. "爾何知"(네가 어찌 아느냐?) 《좌전(左傳)·희공(僖公) 32년》의 '爾'는 '너'이고, "如或知爾, 則何以哉"(누군가가 너희를 알아준다면 어떻게 하겠는가?) 《논어(論語)·선진(先進)》의 '爾'는 공자(孔子)의 네 학생인 자로(子路), 염유(冉有), 공서화(公西華)와 증석(曾晳)을 포괄한다. 이후에 '儕', '屬', '曹', '輩', '等'을 뒤에 두어 다수를 나타낸다. 예를 들어 '我儕', '我屬', '我曹', '我輩', '我等'(우리), '爾曹', '爾輩', '若屬', '汝等'(너희), '彼輩', '彼等'(그들)이다. 그 중 '儕'는 일인칭에만 쓰이고, '屬'은 일인칭, 이인칭에 쓰이며, '輩'는 삼인칭까지 두루 쓰인다. '屬', '曹'는 또한 지시 대체사 '是', '此'와 결합하여 '是屬', '是曹', '此屬', '此曹' 등으로 쓰인다. '等'도 또한 명사 뒤에 쓰여서 다수를 나타낸다.

인칭대체사에서 '我', '吾' 등의 종류는 자칭(自稱, 스스로를 가리킴)이고, '汝', '爾' 등의 종류는 대칭(對稱, 상대방을 가리킴)이고, '之', '其' 등의 종류는 타칭(他稱, 대화에 참여하지 않는 사람)인 것은 일정하다. 그렇지만 옛날 사람들이 문자를 쓰면서 활용할 때가 있다. 예를 들어 대체사 '之', '其'를 자칭과 대칭으로 쓰기도 하고, '我' 또한 타칭으로 쓰기도 한다.

臣乃市井鼓刀屠者、而公子親數存之。(저는 시장에서 칼을 휘둘러 짐승을 잡는 사람입니다. 그렇지만 공자께서는 몸소 자주 '저'를 찾아오셨습니다.) 《사기(史記)·위공자열전(魏公子列傳)》

西門豹曰：“至爲河伯娶婦時、願三老、巫祝、父老送女河上、幸來告語之、吾亦往送女。”(서문표가 말하였다. "하백을 위해 아내를 얻어주려고 할 때, 삼로와 무당, 원로들이 여성을 황하에 보낼 때 '저'에게 와서 알려주시길 바랍니다. 저 또한 그 여성을 전송하겠습니다.") (저소손(褚少孫) 보(補)《사기(史記)·골계열전(滑稽列傳)》

蔣氏大戚、汪然出涕曰：“君將哀而生之乎？”(장씨가 크게 슬퍼하면서 눈물을 뚝뚝 흘리며 말하였다. "그대가 '저'를 불쌍하게 여겨서 살 수 있게 해주십니까?") (유종원(柳宗元)《포사자설(捕蛇者説)》

嗚呼！予之及於死者不知其幾矣！ …… 真州逐之城門外、幾徬徨死。(아아! 내가 죽음에 이르렀던 때가 몇 번인지 모르겠다! …… 진주에서 '나'를 성문 밖으로 쫓아냈을 때에는 거의 헤매다 죽을 뻔하였다.) (문천상(文天祥)《지남록후서(指南録後序)》

然而聖主不加誅、宰臣不見斥、非其幸歟？(그렇지만 임금께서 죄를 내려주지 않으시고, 재상 또한 저를 책망하지 않으시니 '저'로서는 다행이 아니겠습니까?) (한유(韓愈)《진학해(進學解)》

自余爲僇人[24] …… 日與其徒上高山、入深林、窮回溪。(내가 죄인의 몸이 되어 …… 날마다 '나'의 무리들과 산에 오르고, 깊은 숲에 들어가고, 계

---

24 '僇人'은 죄인을 가리킨다.

곡 끝까지도 가보았다.) (유종원(柳宗元) 《시득서산연유기(始得西山宴游記)》)

　　獨惜執事怵機一動…… 必至盡殺天下士、以酬其宿所不快。(그대께서 미워하시는 마음이 생기신 것을 홀로 안타까워하였습니다. …… 반드시 천하의 선비들을 모두 다 죽여, '그대'께서 오랫동안 불쾌하게 생각하였던 것을 복수하는 데에 반드시 이르실 것입니다.) (후방역(侯方域) 《거금릉일여완광록서(去金陵日與阮光禄書)》)

　　諸公要人急欲令出我門下、交口薦譽之。(여러 공들이 급히 '그들'의 문하에 오기를 바라고, 이구동성으로 그를 추천하고 칭찬했습니다.) (한유(韓愈) 《유자후묘지명(柳子厚墓志銘)》)

　　《사기(史記)》부터 유종원의 문장까지 각각의 예에서 '之'와 '其'는 자칭(自稱)으로 쓰였고, 《여완광록서(與阮光禄書)》의 '其'는 대칭(對稱)으로 쓰였다. 《유자후묘지명(柳子厚墓志銘)》의 '我'는 타칭(他稱)으로 쓰여, '其'로 바꾸어도 된다. 여기서의 '我'는 실제로는 '자신[自己]'의 의미이다. 이미 스스로를 가리키는 호칭[己身稱]에 근접하였다. 구양수(歐陽修) 《대리시승적군묘지명(大理寺丞狄君墓志銘)》 "縣民蘇(由)是知君爲愛我"(현민들은 이 때문에 그대가 '자신'들을 아끼는 것을 알았다.)에서의 '我'의 용법 또한 이와 같다.

　　인칭 대체사 중에는 또한 스스로를 가리키는 호칭의 대체사 '己'가 있다. 자신이라는 의미를 나타내고, 일인칭, 이인칭, 삼인칭 대체사와는 다르다. '己'는 자칭으로 쓰일 수도 있고, 타칭으로도 쓰일 수 있어서 고정적이지 않다. 예를 들면,

　　前書謂吾與人商論、不能下氣、若好勝者然。雖誠有之、抑非好己勝也、好己之道勝也。(지난 번 편지에서 제가 다른 사람과 상의하고 논의할

　　　　　　　　　　　　　　　　　　　　　고대중국어 통론

때, 기운을 누르지 못하고서 마치 이기기를 좋아하는 사람인양 하였습니다. 진실로 그러한 일이 있었을지 모르겠지만, 내가 이기기를 좋아하는 것이 아니고 나의 도리가 이기기를 좋아해서입니다.) (한유(韓愈)《중답장적서(重答張籍書)》)

君子敬其在己者、不慕其在天者。(군자는 자신에게 있는 것에 힘쓰고, 하늘에 있는 것을 부러워하지 않는다.) 《순자(荀子)·천론(天論)》)

앞의 예에서의 두 '己'는 앞문장의 '吾'에서 온 것으로 자칭으로 쓰인 것이다. 뒤의 예에서의 '己'는 앞문장의 '君子'에서 온 것으로 타칭으로 쓰인 것이다.

'己'와 의미상으로는 같지만 어법상으로는 다르게 쓰이는 것이 '自'이다. '己'는 대체사로, 주어, 관형어, 목적어로 쓰이지만, '自'는 지대성(指代性)이 있는 부사로, 동사 앞에서 이 동사의 부사어로 쓰인다. 예를 들어,

廬陵文天祥自序其詩、名曰 : 《指南錄》。(여릉 사람 문천상이 자신의 시에 스스로 서를 붙여 《지남록》이라 명명하였다.) (문천상(文天祥)《지남록후서(指南錄後序)》)

〔豫讓〕遂伏劍自殺。(〔예양은〕 마침내 칼 위에 엎드려 자살하였다.) 《사기(史記)·자객열전(刺客列傳)》)

첫번째의 '自'가 가리키는 것은 동작을 하는 사람[施事者]이고, 뒤의 '自'는 동작을 받는 사람[受事者]이지만 둘 다 주어는 아니다. 따라서 '己'와 다르다.

다른 사람이나 그 밖의 사람들을 나타내는 대체사를 주변을 가리키는

[旁稱] 인칭 대체사라고 한다. 문언문에서는 '人'을 사용한다. 예를 들어,

仲可懷也、人之多言、亦可畏也。(둘째 아들 그립지만, 다른 사람들의
소문 또한 두렵네요.)《시(詩)·정풍(鄭風)·장중자(將仲子)》

"焉知賢才而舉之？" "舉爾所知、爾所不知、人其舍諸[25]？"("어떻게
현명한 인재를 알아서 그를 추천합니까?" "네가 아는 사람을 추천하라. 네
가 모르는 사람은 다른 사람들이 그를 놔두겠는가?")《논어(論語)·자로(子
路)》

제2절 지시 대체사

지시 대체사는 단독으로 사용될 때에는 대체의 용도로 쓸 수 있다. 관
형어로 쓰일 때에는 지시와 구별의 기능을 가진다. 지시대체사는 주로 근
지(近指)와 원지(遠指) 두 종류로 나눈다.

1. 근지(近指) 지시 대체사

문언문에서의 근지 지시 대체사는 '是', '此', '玆', '斯' 등이 있는데, 현
대중국어의 '這'에 해당한다. 이러한 대체사는 시대의 다름에 근거하여 각
각 다른 설명의 방식이 있었지만, 그들의 용법은 어떠한 차이도 없다. 두세
개의 예를 간략하게 들어서 유추할 수 있도록 한다.

---

25 '舍諸'는 '舍之乎'이다.

由是觀之、在彼不在此。(이것으로 보건대, 저것(도덕)에 있지 이것(형벌)에 있지 않다.) 《사기(史記)·혹리열전(酷吏列傳)》

　惟玆佩之可貴兮、委厥美而歷玆[26]。(이 경패는 귀할 만한데, 이 아름다움을 버리고서 이와 같은 대접을 받네.) 《초사(楚辭)·이소(離騷)》

　斯人也、而有斯疾也。(이 사람에게 이러한 병이 있다니.) 《논어(論語)·옹야(雍也)》

　그 중 '斯'는 또한 발음이 같은 이유로 '鮮'을 빌려서 쓰기도 한다. 예를 들어 《시(詩)·소아(小雅)·요아(蓼莪)》 "鮮民之生, 不如死之久矣"(이 백성의 삶은 오랫동안 죽어 있는 것만 못하네.) 에서 '鮮民'은 '斯民[이 백성]'이다.

　현대 중국어의 '這'는 당송(唐宋) 시기 구어(口語)에서 이미 있었다. 그렇지만 대부분은 '遮'나 '者'로 썼다. 덧붙여 예를 들고자 한다.

　這有相夫人顏貌平正、又復能歌、一日殿中起舞、正歌之次、歡喜國王見者夫人面上耳邊一道氣色……　(여기에 상부인의 모습이 단정하였고, 또 노래를 잘 할 줄 알았다. 하루는 궁궐에서 춤을 추고, 노래를 한 후에 환희국 왕이 이 부인의 얼굴과 귀 주변의 기운을 보았다.……) 《돈황변문집(敦煌變文集)·환희국왕연(歡喜國王緣)》

　這回去也、千萬遍陽關、也則難留。(이제 돌아가자, 천만 번 〈양관(陽關)〉이라는 이별가를 불렀으니, 남기도 어렵네.) (이청조(李淸照)《봉황대상억취소(鳳凰臺上憶吹簫)》사(詞))

26　'玆佩'는 앞문장에서 말한 경패(瓊佩)로, 굴원(屈原)이 자신과 비교하기 위해 사용하였다. '委厥美'는 사람들이 경패의 귀한 점을 버린 것을 가리키고, '歷玆'는 경패가 이러한 대우를 받음을 말한다.

憑寄離恨重重、者雙燕何曾、會[27]人言語。(거듭 쌓인 이별의 한을 맡기고 의지하고자 하니, 이 한 쌍의 제비는 어찌 사람의 말을 이해할 수 있겠는가?) (송휘종(宋徽宗) 《연산정(宴山亭)》 사(詞))

者裏著得個眼、賓主互換、便能深入虎穴。(여기에서 눈을 얻는다면, 손님과 주인이 서로 바뀌면서 바로 호랑이의 굴로 깊이 들어갈 수 있다.) (설두명각선사(雪竇明覺禪師) 《염고집(拈古集)》)

遮瞎漢、只麼[28]亂喝作麼! (이 어리석은 사람이 이러한 난리를 어떻게 그치겠는가!) (《경덕전등록(景德傳燈錄)》 권(卷) 13)

현대의 근지 지시 대체사는 '這麼', '這樣', '這麼樣' 등이 있다. 문언문으로 번역할 때에는 '如是', '如此', '如斯', '若是', '若此', '若斯' 등에 해당할 것이다. 이러한 것들은 지시 대체사로 넣을 것인지에 대한 문제가 있다. 구조적 관점에서 보면, '如'와 '若'은 동사이고, '是', '此', '斯'는 동사의 목적어로, 이러한 것들은 확실히 동목구조가 된다.

以德若彼、用力如此[29]、蓋一統若斯之難也! (덕으로는 그들과 같고, 힘 쓰는 것은 이와 같기에 아마도 통일이 이처럼 어려운 것이다.) (《사기(史記)·진초지제월표(秦楚之際月表)》)

---

27 '會'는 알아듣는다는 뜻이다.

28 '只麼'는 이러한[這麼]이다.

29 "以德若彼"는 순임금이 제위에 즉위하고, 상(商)나라와 주(周)나라가 하(夏)나라와 상(商)나라를 대체하는 것이 모두 몇 십년에서 몇 세대가 지나가야 도달할 수 있다는 것을 가리킨다. "用力如此"는 진(秦)나라가 양공부터 시황에 이르러야 비로소 천하를 병탄할 수 있었음을 말한 것이다.

여기에서의 "若彼"는 "저런 것처럼[像那樣]"이고, "如此", "若斯"는 "若彼"와 상대(相對)이다. "若彼"는 확실하게 하나의 단어로 쓸 수 없으니, "如此"와 "若斯"가 구(句)임은 확실하다. 그렇지만 번역할 때에 맞추어 보면 이것을 지시 대체사라고 보아도 무방하다. 오히려 하나의 '然'자가 '這麼', '這樣', '這麼樣'(모두 '이처럼')에 해당한다고 했을 때, 하나의 근지 지시 대체사이지만 관형어로 쓰일 수 없는 것으로 볼 수도 있다. 이 외에도, '此'를 부사어로 쓰고 의미상으로는 "이처럼[這樣]"과 같은 경우도 있다. 예를 들어,

河內凶[30]、則移其民於河東、移其粟於河內；河東凶亦然。(하내(河內) 지방에 흉년이 들면, 백성을 하동(河東) 지방으로 이주시키고, 하내 지방으로 곡식을 보냅니다. 하동 지방에 흉년이 들 때 역시 마찬가지로 합니다.) 《맹자(孟子)·양혜왕상(梁惠王上)》

無然泄泄。(나태해지면 안 됩니다.)《시(詩)·대아(大雅)·판(板)》

以鶉首而賜秦、天胡爲而此醉[31]？(순수(鶉首) 분야를 진(秦)나라에 주니 하늘이 어째서 이렇게 취한 것인가?) (유신(庾信)《애강남부(哀江南賦)》)

"無然泄泄"는 이처럼 나태해지면 안 된다는 말이다. "天胡爲而此醉"는 상제(上帝)가 어째서 그렇게 취했나라고 말한 것이다. 여기에서 첫 번째 예에서의 '然'은 술어로, 두 번째 예에서의 '然'과 세 번째 예에서의 '此'는 부사어이다.

---

30 '凶'은 흉년을 가리킨다.

31 전설에서 천제(天帝)가 진목공(秦穆公)을 좋아하여, 그에게 잔치를 내려주었는데, 천제께서 취하였을 때 순수(鶉首)의 분야(分野, 하늘의 별자리에 상응하는 지역)를 진(秦)나라에 내려주었다. 장형(張衡)의 《서경부(西京賦)》에 그 내용이 있다. '鶉首'는 별자리 명이다.

2. 원지(遠指) 지시 대체사

문언문에서의 원지 지시 대체사는 '彼', '夫', '彼其(記)', '夫己', '其', '爾' 등이 있다. '彼'와 '夫'는 고음의 성모가 동일하다. '彼其'와 '夫己'는 발음이 매우 비슷하다. 모두 한 단어의 두 가지 사법(寫法)이다. 이러한 단어는 모두 현대중국어의 '那[저]'에 해당한다. 예를 들면,

在彼不在此。(저기에 있지 여기에 있지 않다.) 《사기(史記)·혹리열전(酷吏列傳)》

彼時妙莊嚴王後宮八萬四千人、皆悉堪受持是《法華經》。(그 때 묘장엄왕의 후궁 8만 4천명이 모두 이《법화경》을 받았다.) 《법화경(法華經)·묘장엄왕본사품(妙莊嚴王本事品)》

不以夫一害此一。(저 하나로 이 하나를 해치지 않는다.) 《순자(荀子)·해폐(解蔽)》

彼其之子、不稱其服。(저기 저 사람들 그 옷 어울리지 않네.)《시(詩)·조풍(曹風)·후인(候人)》

彼其道遠而險…… 彼其道幽遠而無人。(저 길은 멀고 험합니다. …… 저 길은 아득히 멀고도 사람도 없습니다.)《장자(莊子)·산목(山木)》

齊公子元不順懿公之爲政也、終不日公[32]、日"夫己氏"。(제나라의 공자 원은 의공이 다스리는 것을 따르지 않고, 끝내 '공'이라 부르지 않고 '부기씨(저 사람)'라 하였다.) 《좌전(左傳)·문공(文公) 14년》

藏之名山、傳之其人[33]。(명산에 깊이 두고, 이 글을 읽을 사람에게 전해

---

32 "終不日公"은 처음부터 끝까지 그를 공(公)이라 부르지 않음을 말한다.

33 [역주] 다른 판본에는 "藏之名山、副在京師。"(명산에 깊이 두고, 부본(副本)은 수도에 둘 것이다.)로 되어 있다.

질 것이다.) 《사기(史記)·태사공자서(太史公自敍)》

　嘗聞有隱君子、彌明豈其人邪？ (일찍이 듣기로는 은둔해 사는 군자 중
에 미명이라는 사람이 있다고 하던데 설마 그 사람이겠는가?) (한유(韓愈)
《석정연구시서(石鼎聯句詩序)》》

　其人率與僕等。(그 사람은 저와 함께 있습니다.) 《요재지이(聊齋志異)·서
운(瑞雲)》》

　許掾嘗詣簡文、爾夜風恬月朗。(허연이 일찍이 간문을 찾아 갔는데, 그
날 밤 바람은 편안하고 달은 밝았다.) 《세설신어(世說新語)·상예(賞譽)》》

　爾後小娥便爲男子服、傭保於江湖間。(그 후 사소아는 남장을 하고 강
호 일대에서 품팔이를 하였다.) (이공좌(李公佐)《사소아전(謝小娥傳)》》

　"不以夫一害此一"는 저것 하나로 이것 하나를 해치지 않음을 말한 것
으로, '夫一', '此一'을 백화(白話)에서는 '那個一[저것]', '這個一[이것]'이다.
"彼其之子"는 《좌전(左傳)·희공(僖公) 24년》에서는 "彼己之子"로 인용하였
다. "夫己氏"에 대해서는 고염무(顧炎武)《좌전두해보정(左傳杜解補正)》에서
는 "猶言彼其之子耳"(저 사람의 아들일 뿐이라고 말하는 것과 같다.)고 하였다.
'彼其', '彼己', '夫己'가 하나의 단어임을 알 수 있다. '彼其', '彼己', '夫己'는
원지 지시 대체사로서, 자주 미워하거나, 경시하거나 좋아하지 않는 의미
를 나타낸다. 《조풍(曹風)》은 재주나 덕행이 없으면서 복장만 화려한 사람
을 풍자하는 것으로, 그의 재주나 덕행이 복장과 맞지 않음을 말한 것이다.
이 때의 '彼其' 두 자는 경시의 의미가 충분히 명확하다. 공자원(公子元)은
제의공(齊懿公)의 정치에 만족하지 못하여 그를 '夫己氏'라고 하였으니, 더
욱 쓸모 없다고 말한 것이다. 《장자(莊子)》의 두 차례 "彼其道"라고 말한 것
은 "彼其道"에 대해 좋은 감정이 없다는 어기를 나타낸 것이다.

이와 같은 지시 대체사 중에서 '彼', '夫'와 '此', '是'는 상대(相對)로, 원지(遠指)의 의미가 강하다. '其'는 '其人', '其事', '其他' 등에 쓰이고, '爾'는 대개 일시에 많이 쓰이는데, 예를 들어 '爾時', '爾夜' 등으로, 원지의 의미가 모두 '彼'보다는 약하다. 더욱이 '其人', '其事'는 예를 들어 "傳之其人"은 전해질 만한 사람에게 전한다는 것으로, 이 때의 '其人'은 선행사(즉 앞 문장에서 출현한 대신 지칭할 단어)가 없기에, 원지의 의미가 약함을 알 수 있다.

지시대체사로서인 '彼', '夫', '彼其', '夫己', '其'는 '저[那]', '저것[那個]'으로만 번역할 수 있지, '그의[他的]', '그녀의[她的]', '그것의[它的]'로 번역할 수 없다.

현대중국어에서 근지와 원지 지시 대체사는 명확하게 구분된다. 그렇지만 고대중국어에서는 지시 대체사는 근지인지 원지인지 명확하게 나뉘지 않는다. '爾', '若', '乃'가 지시 대체사일 때 모두 이러한 상황이다.

結廬在人境、而無車馬喧。問君何能爾、心遠地自偏。(사람들이 사는 곳에 오두막을 지었건만, 수레와 말의 시끄러운 소리 들리지 않네. 어찌 이럴 수가 있는지 물어보니, 마음이 멀리 있어 땅이 절로 구석진 것이라 하네.) (도잠(陶潛)《음주(飮酒)》시(詩))

至今猶爾。(지금도 이와 같다.) (법현(法顯)《불국기(佛國記)》)

以若所爲、求若所欲、猶緣木而求魚也。(이와 같이 행동한 것을 가지고 이와 같은 바라는 것을 요구한다면, 나무에 올라가 물고기를 찾는 것과 같은 부류입니다.)《맹자(孟子)·양혜왕상(梁惠王上)》)

不能[34]於若計者、不可使用國。(이와 같은 계책에 능통하지 못한 사람은,

---

34 [역주] 다른 판본에는 '通'으로 되어 있다. 의미상으로는 동일하다.

나라에 쓰일 수 없다.)《관자(管子)·팔관(八觀)》

子無乃稱。(자네 이렇게 하지 말게.)《장자(莊子)·덕충부(德充符)》

앞에서 든 《세설신어(世說新語)》의 "爾夜"에서의 '爾'는 명확하게 원지로, 여기에서의 첫 번째, 두번째 예는 번역하면 "何能爾"는 "어째서 이렇게 할 수 있는가?[爲什麼能這樣]"이고, "至今猶爾"는 "지금까지도 이와 같다.[到現在還這樣]"로, '爾'는 여기에서는 '然'과 동일하게, 근지라 할 수 있을 것이다. 세번째 예는 번역할 때에 확정하기가 어려운데, "이와 같은 방식으로 이와 같은 희망을 요구하신다면[拿這樣的做法來要求達到這樣的希望]"이라고 할 수도 있고, "저러한 방식을 가지고[拿那樣的……]"로도 할 수 있다. 양수다(楊樹達)는 '若'을 '이와 같다[如此]'로 해석하면서, 근지에 포함시켰다.(《사전(詞詮)》을 보시오.) 가오밍카이(高名凱)는 그것을 원지에 포함시켰다.(《한어어법론(漢語語法論)》을 보시오.) 다섯번째 예인 '乃'도 이와 같아서, "그대는 이렇게 하지 마시오.[你不要這樣講]" 혹은 "그대는 그렇게 하지 마시오.[你不要那樣講]"라고 번역할 수 있다. 네번째 예 '若'은 명확하게 '此'와 같으니, 근지에 해당한다. 성음(聲音)과 어원(語源)으로 말하자면, '爾', '若', '乃'는 '那'의 전신(前身)으로 마치 원지에 포함시킬 수 있을 것처럼 보인다. 그렇지만 또 다른 어원 관계로 보자면 그들 자체는 이인칭 대체사로, 근지에 포함시킬 수 있을 것처럼 보인다. 실제 관계는 복잡하게 얽히고 설켜 있어 단순하게 한 쪽의 근원을 가지고 일률적으로 단정할 수 없으니, 억지로 나눌 수 없다면 굳이 억지로 구별할 필요는 없을 것이다.

또 다른 지시 대체사 '之'는 일반적으로 사람을 가리키지만, 간혹 사물을 가리키기도 한다. 예를 들어,

之子于歸³⁵、宜其室家。(저 아가씨 시집가니, 집안이 화목하네.) 《《시
(詩)·주남(周南)·도요(桃夭)》》

之二蟲又何知？(저 두 동물이 어찌 알겠는가?) 《《장자(莊子)·소요유(逍遙
游)》》

여기에서의 '之'는 이전에는 '此'로 풀이했지만, 사실 이 또한 근지인지
원지인지 확정하기 어렵다. 만약 "저 아가씨[那個姑娘]", "저 두 동물[那兩
樣動物]"이라고 한다면 더욱 정확한 것일지도 모르겠다.

지시 대체사는 근지, 원지라는 큰 두 가지 분류 외에도, 하나의 주변을
가리키는 것이 있어, '기타의[其他]', '다른[旁的]'이라는 의미를 나타낸다.
이러한 지시 대체사로는 '他', '異'가 있다. 예를 들어,

王顧左右而言他。(왕은 좌우를 돌아보며 딴소리를 하였다.) 《《맹자(孟子)·
양혜왕하(梁惠王下)》》

他人有心、予忖度之。(다른 사람이 먹은 마음, 내가 헤아려 파악한다.)
《《시(詩)·소아(小雅)·교언(巧言)》》

吾以子爲異之問、曾由與求之問³⁶。(나는 그대가 다른 사람에 대해 물을
줄 알았는데, 중유와 염구에 대해 묻고자 하는 것이군요.) 《《논어(論語)·선진
(先進)》》

---

35 '于歸'에서 '于'는 어간사(語間詞)이고, '歸'는 시집가는 것이다. 《시경》에 있는 구절이기 때
　　문에, 이후 사람들은 '于歸'를 여성이 시집가는 것으로 삼았다.

36 전체 문장은 "나는 그대가 다른 사람을 묻는 줄 알았는데, 원래 중유와 염구에 대해서 묻
　　고자 한 것이군요."라는 뜻이다. [역주] '曾'에는 '겨우'의 의미가 있다. 따라서 "무슨 대단
　　한 사람 이야기하는 줄 알았는데, 겨우 중유나 염구에 대해서 묻는 거군요."로 해석할 수
　　있다. 본문에 제시한 해석은 원주를 참조한다.

　　　　　　　　　　　　　　　　　　　　　고대중국어 통론

이러한 대체사는 어느 경우는 사람을, 어느 경우는 사물을 가리키는데, 어느 경우에는 모두 대체 기능을 갖기도 한다. 예를 들어 "顧左右而言他", "他非所求"(다른 것은 찾고자 하는 것이 아니다.)가 있다. 어느 경우에는 구별 기능만을 가지고서 관형어로 쓰이는데, 예를 들어 '他人'(다른 사람), '他日'(다른 날), '異時'(다른 때)[37]가 있다. 주의해야 하는 것으로는 이러한 주변을 가리키는 지시 대체사가 가리키는 범위는 비교적 광범위하고 융통성이 있어, '他日'은 이전을 가리키기도 하여, 예를 들면 《좌전(左傳)·선공(宣公) 4년》: "他日我如此, 必嘗異味."(이전에 내가 이와 같았는데, 반드시 색다른 맛을 보았다.) 그렇지만 또한 미래를 가리키기도 한다. 예를 들어 귀유광(歸有光) 《항척헌지(項脊軒志)》: "汝他日當用之."(그대는 미래의 다른 날에 반드시 쓰일 것이다.) '異時' 또한 마찬가지로, 구체적인 문장에서 그것이 가리키는 범위를 결정해야만 한다.

---

37   '異鄕', '異國'에서의 '異'는 형용사로, 지시 대체사가 아니다.

제10장

생략과 어순

제1절 생략

생략은 고대중국어나 현대중국어에 모두 있는 현상이다. 그렇지만 고대중국어에 생략을 사용한 예가 훨씬 많다. 따라서 여기에서 기술할 필요가 있다. 생략에 대해 설명하고자 하면, 생략이라는 것은 문장 내용을 파악할 수 있다는 조건 하에서 문장 중의 어떠한 성분을 없앤 것임을 알아야한다. 다시 말하자면 생략한 성분은 생략하여도, 생략하지 않아도 되는 것이어야 한다. 어떠한 문장, 예를 들면 날씨 변화에 대해 말하는 문장에서는 주어가 없는데, 이는 주어가 생략된 것이 아니다. 현재 말하고자 하는 생략은 이러한 상황에 대해 설명하지는 않을 것이다. 고대중국어의 생략에 대해 설명할 것으로는 아래의 몇 가지 내용이다.

1. 주어를 생략한다.

주어를 생략하는 것 중에는 대화 때에 생략하는 것이 있다. 예를 들면,

食之、比門下之客。(밥을 먹을 때에는 문하의 식객들과 나란히 하였다.)

《전국책(戰國策)·제책(齊策)》

廣令諸騎曰：“前！”前未到匈奴陳(陣)二里所(許)止、令曰：“皆下馬解鞍！”(이광(李廣)이 여러 기병에게 명령을 내렸다. “전진하라!” 앞으로 나아가 흉노의 진지 2리 앞에 아직 도달하지 않았을 때 멈추어서 명령하였다. “모두 말을 내려 안장을 풀어 놓으라!”) 《사기(史記)·이장군열전(李將軍列傳)》

從之利害、兩言而決耳。今日出而言從、日中不決、何也？(합종의 이해는 두 마디면 결정날 뿐입니다. 이제 해가 뜨고서 합종에 대해 말하였는데, 해가 한 낮인데도 결정나지 않은 것은 어째서입니까?) 《사기(史記)·평원군열전(平原君列傳)》

事急矣、請奉命求救於孫將軍。(일이 급박하게 돌아갑니다. 명을 받들어 손장군에게 구원을 요청하라고 명령을 청합니다.) 《자치통감(資治通鑑)·적벽지전(赤壁之戰)》

여기에서의 ‘食之’, ‘前’, “皆下馬解鞍” 앞에는 이인칭 대체사 ‘汝’나 ‘汝輩’ 등이 생략되었다. 주어는 당시의 청자로 파악될 수 있기 때문에 생략할 수 있다. “今日出而言從”에서 ‘今’ 뒷부분에 주어인 “君與楚王”(그대와 초왕)이 생략되었다. 이 대화는 모수(毛遂)가 평원군(平原君)과 대화하는 것인데, 평원군은 그 때 초왕(楚王)과 합종(合縱)에 대해서 담판을 하였다. 초왕도 바로 앞에 있는 인물로, 자연스럽게 알아챌 수 있다. “請奉命求救於孫將軍”의 주어는 일인칭인 ‘亮’이나 겸칭의 대체사인 ‘臣’이다. 이는 제갈량(諸葛亮)이 유비(劉備)에게 했던 말로, “奉命”은 당연히 유비의 명령을 받든다는 것이고, 명령을 받드는 신하는 당연히 말하고 있는 제갈량 자신이다.

개괄적(槪括的) 성격이 있는 생략, 즉 생략된 주어가 아무나를 가리키는

고대중국어 통론

것이 있다. 아래의 예문과 같이 주어로 '人'을 보충할 수 있다.

　　故〔　〕不登高山、不知天之高也；不臨深谿、不知地之厚也。(따라서 〔　〕 높은 산에 올라가지 않으면 하늘의 높음을 알지 못하고, 깊은 계곡에 들어가지 않으면 땅의 깊음을 알지 못한다.) 《순자(荀子)·권학(勸學)》

　　〔　〕少壯不努力、〔　〕老大徒傷悲。(〔　〕 젊어서 노력하지 않으면, 늙어서 오직 슬픔에 마음이 상할 것이다.) (고악부(古樂府) 《장가행(長歌行)》

　　위 문장에서 이어받거나 아래 문장에서 찾을 수 있는 생략이 있다. 예를 들어,

　　先生飲一斗而醉、〔　〕惡¹能飲一石哉？(선생께서는 한 말만 마셔도 취하는데, 〔　〕 어떻게 한 섬을 마실 수 있겠습니까?) 《사기(史記)·골계열전(滑稽列傳)》

　　夫子步、〔　〕亦步；夫子趨、〔　〕亦趨…… 夫子奔軼絶塵、而回瞠若乎後²矣。(선생님께서 걸으시면 〔　〕 또한 걷고, 선생님께서 달리시면, 〔　〕 또한 달립니다.…… 선생님께서 먼지도 내지 않으시고 달려버리면, 저 안회는 눈만 멀뚱거리면서 뒤쳐지게 됩니다.) 《장자(莊子)·전자방(田子方)》

　　是歲十月之望、〔　〕步自雪堂、將歸於臨皋；二客從予、過黃泥之坂。霜露既降、木葉盡脱；人影在地、仰見明月。〔　〕顧而樂之、行歌相答。(그 해 10월 기망에 〔　〕 설당에서 걸어 나와 임고정으로 돌아가려는데 두 손님이 나를 따라왔다. 황니 고개를 지나오니 서리와 이슬이 이미 내

1　'惡'는 발음이 'wù'로, 어떻게라는 의미이다.
2　'後'는 뒤쳐지다, 낙후하다의 뜻이다.

리고 나뭇잎은 다 떨어졌다. 사람의 그림자가 땅에 비치고 고개를 들어 달을 보았다. 〔 〕 그것을 돌아보며 즐거워하여 가는 도중에 노래하면서 답하였다.) (소식(蘇軾)《후적벽부(後赤壁賦)》)

첫번째 예는 윗문장을 이어받아 주어 '先生'을 생략하였고, 두번째 예는 아랫문장에서 찾을 수 있어 주어 '回'를 생략하였다.(만약 마지막에 생략되지 않은 '回'를 일인칭 대체사 '予'로 바꾼다면, 앞에서도 두 개의 '予'를 보충할 수 있다.) 세번째 예 "步自雪堂, 將歸於臨皋"에서의 앞은 아랫문장에서 찾을 수 있어 주어 '予'를 생략하였고, "顧而樂之, 行歌相答" 앞에서도 윗문장을 이어받아서 주어 "予與客"을 생략하였다.

이러한 예는 현대중국어와 어떠한 차이점도 없다. 주의해야 할 것은 아래에 나오는 예이다.

> 郤子至、請伐齊、晉侯弗許；〔郤子〕請以其私屬〔伐齊〕, 〔晉侯〕又弗許。(극자(극극(郤克))가 이르러, 제나라를 정벌할 것을 청하였으나, 진후(晉侯)가 허락하지 않았다. 〔극자가〕 자신의 사병(私兵)을 데리고서 〔제나라를 정벌〕할 것을 청하였으나, 〔진후는〕 또 허락하지 않았다.) 《좌전(左傳)·선공(宣公) 17년》)
>
> 邴夏…… 射其左、〔左〕越[3]於車下；〔邴夏〕射其右、〔右〕斃於車中。(병하가 …… 그 왼쪽을 쏘자, 〔왼쪽은〕 수레 밑으로 쓰러졌다. 〔병하가〕 그 오른쪽을 쏘자, 〔오른쪽은〕 수레 속에서 죽었다.) 《좌전(左傳)·성공(成公) 2년》)
>
> 道士寂然、若無聞也。〔二子〕累問、〔道士〕不應。(도사는 조용히 마치

---

3 '越'은 쓰러지다는 뜻이다.

아무 말도 못 들은 것처럼 한 마디도 하지 않았다. 〔두 사람이〕 여러 차례 물어도 〔도사는〕 응답이 없었다.) (한유(韓愈)《석정연구시서(石鼎聯句詩序)》)

여기에서 각각의 예에서 생략된 것은 두 가지의 다른 주어이다. 예를 들어 현대중국어에서는 두 개의 주어 중에 적어도 하나는 삼인칭 대체사 '他'로 대체했을 것이다. 예를 들어 첫번째 예문은 "晉侯不答應, 他又請求帶自己的部隊去⋯⋯"(진후가 허락하지 않았다. 그는 또 자신의 부대를 가지고서⋯⋯ 요청하였다.) 세번째 예문은 "兩個人問了好幾次, 他還是不答應."(두 사람이 여러 차례 물어보았지만 그는 응답하지 않았다.) 그렇지만 문언문에서는 이럴 때 쓸 적당한 삼인칭 대체사가 없기 때문에 다른 방법을 사용할 수 밖에 없다. 괄호 속에 보충한 것처럼 명사를 다시 말하거나 아예 생략하는 것이다. 만약 주어가 일인칭 혹은 이인칭이라면 이러한 제한을 받지 않는다. 앞에서 든《장자》의 예는 다음과 같이 말할 수도 있다. "夫子步, 予亦步 ; 夫子趨, 予亦趨". 반드시 생략해야 하는 것은 아니다. 앞 장에서 인칭 대체사를 설명할 때에 말했지만, 고대중국어 삼인칭 대체사는 현대중국어의 '他', '她', '它'에 해당하는 것이 없고, 또한 고대중국어와 현대중국어의 문법 구조가 다르다고 하는 부분이 바로 이러한 상황을 가리킨다.

주어는 앞에서 서술한 세 가지 생략의 상황 외에도 몇몇 경우, 자신이 쓰고 자신이 보는 일기 등에서 일인칭 주어는 종종 생략된다. 예를 들어 육유(陸游)의《입촉기(入蜀記)》에서,

乾道五年十二月六日、〔余〕得報差通判夔州。〔　〕方久病、未堪遠役、謀以夏初離鄕里。六年閏五月十八日、〔　〕晚行、夜至法雲寺。兄

弟餞別、五鼓始決去。十九日黎明、〔 〕至柯橋館、見送客。〔 〕巳時
至錢清、食亭中、涼爽如秋。〔 〕與諸子及送客步過浮橋。……

　　건도 5년(1169) 12월 6일, 〔나는〕 기주 통판에 임명되었다. 〔 〕 때
마침 병이 깊어져서 멀리 일하러 갈 수 없어, 여름 초에 고향을 떠나
자고 생각하였다. 6년 윤5월 18일, 〔 〕 저녁 때 길을 떠나, 밤에 법운
사에 도착하였다. 형제가 이별의 정을 나누면서, 오경(새벽 5시)이 되
어서야 헤어지게 되었다. 19일 새벽, 〔 〕 아교관에 도착하여서 배웅
을 받았다. 〔 〕 사시(오전 9시~11시)에 전청에 이르러, 정자에서 밥을
먹었다. 시원한 것이 가을과 같았다. 〔 〕 여러 사람 및 배웅나온 사
람들과 함께 부교를 걸어서 건넜다. ……

　　시사(詩詞)에서 앞 부분의 일인칭 주어도 종종 생략한다. 예를 들어 신
기질(辛棄疾)《자고천(鷓鴣天)·아호귀, 병기작(鵝湖歸, 病起作)》사(詞) 하반부
의 주어는 전부 생략되었는데, 이 주어는 바로 일인칭이다. 두보(杜甫)《문
관군수하남하북(聞官軍收河南河北)》시(詩)에서 첫 구를 제외하고는 처음부
터 주어 '我'가 생략되었다. 이 두 수를 아래에 기록하였다.

枕簟溪堂冷欲秋、	대나무 자리에 누우니 계곡의 당은 가을을 맞이할 듯하고,
斷雲依水晚來收。	끊어진 구름은 물에 의지하여 저녁 때에 거두러 오네.
紅蓮相倚渾如醉、	붉은 연꽃은 서로 의지하고 있어 섞인 것이 취한 듯하고,
白鳥無言定自愁。	흰 새는 말이 없이 스스로 근심하네.
書咄咄、	'어허, 이상하다'라고 할 바에는,

且休休、	차라리 편안하게 쉬겠노라.
一丘一壑也風流。	은거하며 보는 언덕과 골짜기 또한 풍류스럽네.
不知筋力衰多少、	힘이 얼마나 쇠하였는지 모르지만,
但覺新來懶上樓。	누각에 오르는 것도 귀찮다는 것을 알게 되었네.

(신기질(辛棄疾))

劍外忽傳收薊北、	검문산 밖에서 홀연히 전해진 계북 수복 소식,
初聞涕淚滿衣裳。	처음 들었을 때 눈물이 옷을 다 적셨네.
却看妻子愁何在、	부인과 아이의 근심은 어디로 갔는지,
漫卷詩書喜欲狂。	시서 책을 덮고서 기뻐서 미칠 듯하네.
白日放歌須縱酒、	한 낮에 노래하며 마음대로 술 마시고,
青春作伴好還鄉。	푸른 봄과 짝을 지어 즐겁게 고향으로 돌아가네.
即從巴峽穿巫峽、	곧장 파협에서 무협을 뚫고,
便下襄陽向洛陽。	바로 양양으로 내려가 낙양으로 향하네.

(두보(杜甫))

2. 동사 술어를 생략한다.

이러한 것은 문언문에서는 소수이지만, 그러나 아주 예외적인 것은 아니다. 술어이면서 생략할 수 있는 것은 반드시 그 술어가 문맥 상에서 이미 나왔던 것이다. 예를 들어,

山木如市⁴、弗加於山⁵ ; 魚、鹽、蜃、蛤〔　〕, 弗加於海。(산의 나무를 시장에서 팔 때, 산에서 팔 때보다 가격을 더하지 않는다. 물고기, 소금, 대합, 조개 등을〔　〕, 바닷가에서 팔 때보다 가격을 더하지 않는다.) 《좌전(左傳)·소공(昭公) 3년》)

楊子之鄰人亡羊、既率其黨〔　〕, 又請楊子之竪子追之。(양자의 이웃이 양을 잃어버렸다. 그의 무리를 이끌고서〔　〕, 또한 양자의 하인이 그것을 쫓아가도록 부탁하였다.) 《열자(列子)·설부(說符)》)

忽問 : "杭有名妓瑞雲、今如何矣？" 賀以"適人"對。又問 :〔　〕何人？"(문득 물었다. "항주에 유명한 기생인 서운이 있었는데, 지금은 어떻게 지낸답니까?" 하생이 "시집갔습니다."라고 답했다. 또한 물었다. "〔　〕누구한테요?") 《요재지이(聊齋志異)·서운(瑞雲)》)

이 세 예문에서, 첫번째, 두번째 예는 동사 술어와 그 목적어, "如市"와 "追之"를 생략하였다. 세번째 예에서는 동사술어 '適'을 생략하였다.

3. 목적어를 생략한다.

목적어의 생략은 주로 앞문장을 이어받아서 생략하는 것이다. 예를 들어,

〔褚公〕名字已顯而位微、人多未〔　〕識。(〔저공(褚公)은〕 이름이 이미 유명하지만 그 지위가 아직 낮아서, 사람들이〔　〕 아직 알아보지 못한다.) 《세설신어(世說新語)·아량(雅量)》)

4 　'如市'는 시장에 나온 것을 말한다.
5 　"弗加於山"은 가격이 산 속에 있을 때와 같음을 말한 것이다.

爲之、則難者亦易矣；不〔 〕爲、則易者亦難矣。(하게 되면 어려운 것
도 쉽게 된다. 〔 〕하지 않으면, 쉬운 것도 어렵게 된다.) (팽서숙(彭端淑)
《위학(爲學)》)

和喜曰：“天下惟眞才人爲能多情、不以姸媸易念也。請從君歸、便
贈〔 〕一佳人。”(화생이 기뻐하며 말하였다. “천하에 오로지 진정한 재능
있는 사람만이 다정할 수 있습니다. 미추(美醜)로 마음을 바꾸지 않습니다.
그대를 따라서 돌아가〔 〕한 명의 미인을 선물하겠습니다.”)(《요재지이(聊
齋志異)·서운(瑞雲)》)

첫번째, 두번째 예에서는 생략된 부분에 '之'를 보충할 수 있고, 세번째
예에서는 '君'을 보충할 수 있다. 생략된 성분은 모두 해당 문장의 앞 부분
에서 볼 수 있는 것이다. 세번째 예는 또한 대화 때에 생략한 것으로 말할
수도 있지만, 전체 문장을 백화의 대역(對譯)으로 보면, 앞에서 이어받아서
생략한 것으로 보는 것이 타당하다. 고서(古書) 내에서도 아랫부분에서 찾
을 수 있어서 목적어를 생략한 예도 있지만, 거의 드물게 보인다. 예를 들면,

我祖底遂陳⁶〔 〕於上⁷；我⁸用沉酗⁹於酒、用亂敗厥德於下。(우리 조상
이 이루어 놓은〔덕을〕선대에 늘어 놓았지만, 우리는 술에 취해 흉포해지면
서, 후대에 그 덕을 어지럽혀 놓고 있습니다.) 《서(書)·미자(微子)》)

---

6 '底遂'는 '達成'이라고 말하는 것과 같다. '陳'은 드러내는 것을 말한다.

7 '上'은 앞 세대, 선대를 가리킨다. 아래에 나오는 '下'는 후대를 가리킨다.

8 '我'는 미자(微子)로, 주왕(紂王)을 가리킨다.

9 '酗'은 술에 취해 흉포해지는 것을 가리킨다.

술어 "底遂陳"의 뒤에 목적어 '德'을 생략하였는데, 이 목적어는 뒤에 나오는 구절에서 볼 수 있는 것이다.

4. 겸어(兼語)를 생략한다.

현대중국어에서는 기본적으로 겸어를 생략할 수는 없다. 그렇지만 고대중국어에서는 겸어를 생략하는 것이 보통이다. 예를 들어,

> 寡人有弟、不能和協、而使〔 〕糊其口於四方。(과인에게는 동생이 있는데 서로 화목할 수 없어, 〔 〕 사방에서 그의 입에 풀칠하도록 하였다.) 《좌전(左傳)·은공(隱公) 11년》

> 武帝以〔陵〕爲有廣之風、使〔 〕將八百騎、深入匈奴二千里、過居延、視地形。(무제(武帝)는 이릉(李陵)을 이광(李廣)의 풍모가 있다고 여기고, 〔 〕 팔백 기를 거느리고, 흉노(匈奴) 2천리에 깊숙이 들어가서 거연(居延)을 거쳐 지형을 살펴보도록 하였다.) 《한서(漢書)·이릉전(李陵傳)》

> 餘人各復延〔漁人〕至其家。(나머지 사람들도 각자 반복하여 각자의 집에 〔어부를〕 초청하였다.) (도잠(陶潛) 《도화원기(桃花源記)》)

> 吏來而呼曰:"官命〔 〕促爾耕、勖爾植、督爾穫。"(관리가 와서 소리쳐서 말하였다. "관청에서 〔 〕 너희의 밭 갈기를 재촉하고, 심는 것을 열심히 하게 하고, 너희들의 거두는 것을 감독하게 하였다.") (유종원(柳宗元) 《종수곽탁타전(種樹郭橐駝傳)》)

이미 채워져서 확실한 것을 제외하고서는 백화(白話)를 써서 설명하자면, "使他到四方去找飯吃"[그로 하여금 사방에 가서 먹을 것을 찾도록 하

였다.], "上官命令我來催促你們耕種……"(상관이 우리로 하여금 너희들이 밭 갈기를 재촉하도록 시켰다.) 등으로 할 수 있는데, 이 때 백화에서의 '他'와 '我'는 생략할 수 없다.

5. 전치사의 목적어를 생략한다.

현대중국어 전치사의 목적어는 거의 생략할 수 없지만, 고대중국어에 서는 몇몇 전치사의 목적어는 생략할 수 있다. 예를 들면,

> 公輸盤爲楚造雲梯之械、將以〔雲梯、之〕攻宋。(공수반이 초나라를 위 해 운제라는 기계를 만들어서 장차 〔그것을〕 가지고서 송나라를 공격하려고 하였다.) 《묵자(墨子)·공수(公輸)》
>
> 然吾居鄉、見長人者好煩其令、……[10]而卒以〔煩令、此〕病[11]〔人、 之〕。(그러나 내가 마을에 살면서 어르신이 명령을 번거롭게 하는 것을 좋아 하는 것이 …… 끝내 〔이것 때문에〕 〔다른 사람에게〕 병이 되는 것을 보았 다.) (유종원(柳宗元) 《종수곽탁타전(種樹郭橐駝傳)》)
>
> 即解貂覆生、爲〔生、之〕掩户。(즉시 담비 외투를 벗어 생도를 덮어주고 는 〔그를〕 위해 문을 닫았다.) (방포(方苞) 《좌충의공일사(左忠毅公逸事)》)
>
> 汝客善、可與〔 〕語矣。(당신의 빈객은 괜찮은 사람이니, 〔 〕 함께 이 야기할 만합니다.) 《사기(史記)·상군열전(商君列傳)》

---

10 [역주] 원문에는 이 부분이 없지만, 다른 판본을 참조하여 보충하였다.

11 [역주] 다른 판본에서는 '禍'로 되어 있다. 해석은 크게 차이가 없다.

申公獨以《詩經》爲訓詁[12]以〔 〕敎〔人〕…… 蘭陵王臧旣從〔申公〕受[13]
《詩》…… (신공은 홀로 《시경》을 뜻풀이하는 것으로 삼아, 〔 〕으로 〔다른
사람을〕 가르쳤다. …… 난릉의 왕장은 〔신공(申公)〕에게서 《시》를 배웠다.
……)(《한서(漢書)·유림전(儒林傳)》)

6. 전치사 '於', '以' 등을 생략한다.

客聞之、請買其方〔以〕百金。(나그네가 듣고서는, 그 비법을 백금을 〔써
서〕 사겠다고 요청하였다.)(《장자(莊子)·소요유(逍遥游)》)

爲治齋宮〔於〕河上。(재궁(齋宮)을 물가〔에〕 지었다.) (저소손(褚少孫) 보
(補)《사기(史記)·골계열전(滑稽列傳)》)

復力戰〔於〕山谷間、尚四五十里、得平地、不能破、迺還。(골짜기 사
이〔에서〕 다시 힘써 싸우고, 사오십 리를 더 가서 평지를 만나면 없애기 힘
들면 그 때 되돌아 오시죠.) (《한서(漢書)·이릉전(李陵傳)》)

及代趙綰亦嘗受《詩》〔於〕申公。(대 지방의 조관 또한 신공〔에게서〕 《시》
를 전수받았다.)(《한서(漢書)·유림전(儒林傳)》)

陳涉起〔自〕匹夫。(진섭은 평민〔에서〕 기병(起兵)하였다.)(《사기(史記)·유
림열전(儒林列傳)》)

많은 명사를 부사로 사용하는 예문, 예를 들면 앞에서 제시하였던[14] "目
成"(눈으로 정을 이루다), "皆劍斬之"(모두 칼로 베었다), "布囊其口"(천으로 그
의 입을 막았다) 등은 실제로는 이 부사의 명사 앞에 전치사 '以'가 생략된

---

12   '訓詁'는 해석하다, 풀이하다는 의미이다.
13   '受'는 학습하다, 배우다는 의미이다.
14   [역주] 이하 모두 7장에서 나온 것이다.

것, 즉 "以目成", "以劍斬", "以布囊"이라 할 수 있다.

7. '曰'자를 생략한다.

옛날 책에서는 독백이나 대화를 기록할 때를 막론하고 모두 '曰'(전체 문장에 있어서는 술어이지만, 상황이 특수하기 때문에 특별히 제시하여 설명한다.)을 생략하는 예가 있다. 또한 현대중국어의 서면어에서 인용부호에 의지하여 판별할 수 있는 것과는 다르다. 이러한 부분을 만나게 되면 문맥의 의미를 자세히 파악해야 어느 부분이 '曰'자가 있어야 하고 누가 말하는 것인지 판별할 수 있다.

대화에서 '曰'을 생략한 예이다.

　　子曰："由也、女(汝)聞六言六蔽矣乎？"對曰："未也。"〔子曰〕："居[15]、吾語女⋯⋯"(선생님이 말씀하셨다. "유(由)야, 너는 육언육폐(六言六蔽)에 대해 들어보았는가?" 대답하였다. "아직 못 들었습니다."〔선생님이 말씀하셨다.〕"앉아라. 내가 너에게 말해주마.⋯⋯") 《논어(論語)·양화(陽貨)》

　　孟子曰："許子必種粟而後食乎？"〔陳相〕曰："然。"〔孟子曰〕："許子必織布而後衣乎？"〔陳相〕曰："否、許子衣褐。"〔孟子曰〕："許子冠乎？"〔陳相〕曰："冠。"⋯⋯(맹자가 말하였다. "허자는 반드시 곡식을 심어서 그것을 먹는가?"〔진상(陳相)이〕말하였다. "그렇습니다."〔맹자가 말하였다.〕"허자는 반드시 옷감을 짠 이후에 옷을 해 입는가?"〔진상이〕말하였다. "그렇지 않습니다. 허자는 갈옷을 입습니다."〔맹자가 말하였다.〕"허자

15　'居'는 앉으라는 의미이다.

는 관을 쓰는가?" 〔진상이〕 말하였다. "관을 씁니다." ……) (《맹자(孟子)·등
문공상(滕文公上)》)

독백에서 '日'자를 생략한 예이다.

秦伯素服郊次[16]、鄉(向)師而哭、日："孤違蹇叔、以辱二三子[17]、孤
之罪也。" 不替[18]孟明；〔日〕："孤之過也、大夫何罪；且吾不以一眚[19]
掩大德。"(진목공이 소복을 입고 교외에서 도착하여, 군대를 보고서는 울면
서 말하였다. "과인이 건숙의 말을 듣지 않아 그대들을 욕을 보였으니, 이는
과인의 죄이다." 맹명을 버리지 않고 〔말하였다.〕 "나의 잘못으로, 대부가 무
슨 죄인가? 또한 나는 한 번의 작은 잘못으로 큰 덕을 가리지 않을 것이다.")
(《좌전(左傳)·희공(僖公) 33년》)

앞의 두 예는 매우 명확하다. 뒤의 예의 사정은 다음과 같다. 진목공(秦
穆公, 즉 진백(秦伯))은 건숙(蹇叔)의 권고를 듣지 않고서 맹명(孟明) 등 세 사
람을 장수로 삼고서 군대를 일으켜 정(鄭)나라를 습격하였다. 성공하지 못
하고 맹명 등의 사람들이 돌아오는 중에 진(晉)나라에 억류당하였다. 이후
에 진(秦)나라에서는 맹명 등을 보상하고 되돌아오도록 하였다. 목공은 교
외에서 그들을 맞이하였다. 여기는 영접할 때에는 상황을 묘사한 것이다.

---

16 '郊次'는 교외에서 머물다, 교외에 도착하다는 의미이다.
17 '辱二三子'는 여러 사람들에게 욕을 보도록 하다는 뜻으로, 진(晉)나라에 억류하였음을 가
    리킨다.
18 '替'는 버리고 쓰지 않음을 가리킨다.
19 '眚'(shěng, 생)은 작은 과실, 작은 결함이다.

여기에서의 기술법은 사건을 기록한 것과 말을 기록한 것이 함께 섞여 있는 것으로, "不替孟明"은 사건을 기록한 것이고, "孤之過也, 大夫何罪 ; 且吾不以一眚掩大德"은 말을 기록한 것이다. 맹명을 버리지 않고서 그를 버리지 않는 이유를 설명하는 것이 동시에 나온 것을 나타낸 것이다. 만약 표점을 더하지 않고, 또한 '曰'자가 없다면 문장의 의미는 알아채기 쉽지 않다.

8. 관형어를 생략한다.

예를 들어,

> 陵到浚稽山、與單于相直(値)、〔單于〕騎可三萬圍陵軍。(이릉이 준계산에 이르러, 선우와 서로 대치하였다. 〔선우의〕 기병 3만여 기가 이릉군을 포위하였다.) 《한서(漢書)·이릉전(李陵傳)》
> 媼斥去〔瑞雲〕妝飾、使與婢輩伍。(포주는 〔서운의〕 장식을 빼앗아 버리고, 다른 기생들과 동일하게 하였다.) 《요재지이(聊齋志異)·서운(瑞雲)》

위에서 문장의 각종 성분의 생략에 대해서 설명하였는데, 생략의 조건에 대해서 설명하자면 중요한 것은 대화와 위아래에서 유추할 수 있는 것 두 종류이다. 예를 들어 4. 겸어(兼語)를 생략한다는 부분에서 제시한 "官命〔 〕促爾耕……"(관청에서〔 〕너희의 밭 갈기를 재촉하고)에서 겸어 '我'를 생략한 것은 대화 중에서 생략한 것이다. 위아래에서 유추하는 생략은 더욱 생략 중에서 보편적인 상황으로, 주어, 술어, 목적어, 전치사의 목적어 또는 관형어를 생략할 뿐만 아니라 모든 문맥에서 드러나는 생략을 실현할 수 있는 수단에 의거하여 생략할 수 있다. 그 중에서도 앞문장에서 이어받아서 생략하는 것이 더욱 중요하다.

앞에서 설명한 것은 문장 성분의 생략으로, 이는 어법상의 생략이다. 고서(古書)에서는 어느 경우에는 문장 내의 한두 가지 성분만을 생략할 뿐만 아니라, 심지어 전체 문장이나 더 큰 언어단위를 생략하기도 한다. 이러한 것은 대체로는 구어(口語)로 할 때 촉박하여, 문장을 제대로 만들어내지 못하거나 또는 몇몇 객관적 환경의 제한 때문에 말이 제대로 나오지 못하였기 때문일 것이다. 그렇지만 문장에서는 구어의 제 모습을 남기기 위해 사진과 같이 기록하다 보니 보충하여 채워 넣지 못했기 때문이다. 이와 같은 생략은 종종 대화의 모습을 전달할 수 있어 수사성(修辭性) 생략이라고 할 수 있다. 예를 들어,

> 上[20]既聞廉頗、李牧爲人、良説(悦)、而搏髀[21]曰 : "嗟乎！ 吾獨不得廉頗、李牧爲吾將；〔吾若得廉頗、李牧爲吾將、〕吾豈憂匈奴哉！"(임금(한문제)이 염파(廉頗)와 이목(李牧)의 사람됨이 훌륭하다는 말을 듣고서는 기뻐하며 허벅지를 치면서 말하였다. "아아! 나 홀로 염파와 이목을 내 장수로 얻지 못했구나. 〔내가 염파와 이목을 나의 장수로 얻었다면,〕 내 어찌 흉노를 걱정하겠는가?") 《사기(史記)·장석지풍당열전(張釋之馮唐列傳)》》

이는 한문제가 염파와 이목이 장병을 잘 다룬다는 말에 매우 흥분하여 앞에서 한 말을 뒤에 이어주지 않았다. 만약 괄호 안의 문장을 보충해준다

20　'上'은 한문제(漢文帝)를 가리킨다.
21　'搏髀'은 허벅지를 때리다는 의미이다.

면 그의 흥분된 심정을 제대로 전달할 수 없었을 것이다. 또한 예를 들면,

吾君老矣、子少²², 國家多難。伯氏不出而圖吾君²³、〔　〕；伯氏苟²⁴
出而圖吾君, 申生受賜而死。(우리 임금은 늙었고 해제는 어리며, 국가에는
어려움이 많습니다. 아저씨께서는 나와서 우리 임금을 위해 일하지 않으시
니, 〔　〕 아저씨께서 나와서 우리 임금을 위해 일해주신다면 저 신생은 내려
준 것을 받아서 죽겠습니다.) 《예기(禮記)·단궁상(檀弓上)》

이는 진헌공(晉獻公)의 태자(太子) 신생(申生)이 서모인 여희(驪姬)의 참
언을 받아서 자살할 때 다른 사람에게 그의 사부인 호돌(狐突)에게 말한 것
이다. '伯氏'는 호돌을 가리킨다. 의미는 다음과 같다. 임금께서는 늙으셨
고, 그의 아들인 해제는 어리다. 나라에 또한 어려운 일이 많으니, 도와줄
사람이 필요하다. 따라서 스스로 죽음에 임하면서 헌공을 도와줄 임무를
호돌에게 부탁하는 것이다. '伯氏' 이하는 두 개의 가정 복문으로, 의미는
다음과 같다. 만약 그대가 우리 임금을 돕지 않는다면 어찌할 것인가. 그대
가 만약 우리 임금을 돕는다면 나는 그대가 주는 것을 받아서, 죽음 또한
편하게 맞이할 것이다. 첫번째 가정문 전체가 생략된 것이다. 이는 신생의
감정이 매우 복잡하여 "그렇다면 우리 국가는 매우 위험할 것입니다.[那麼
我們的國家就危險了]"라고 말하려고 했거나 또한 "제가 죽더라도 편안하

---

22 "子少"에서 '子'는 해제(奚齊)로, 진헌공(晉獻公)의 첩인 여희(驪姬)의 아이이고 신생(申生)
    의 이복동생이다.

23 "圖吾君"에서, '圖'는 계획을 세우다로, "圖吾君"은 우리 임금을 위해 계획을 세우는 것이
    니, 즉 헌공을 보조한다는 말이다.

24 '苟'는 문언문에서는 '誠'과 같아서 만약의 의미를 가진다.

지 않을 것입니다.[我死去也不安心]"라고 말하려고 했을 것이다. 만약 국가가 위험하다고 말하려고 했다면 또한 신생은 차마 입에서 말을 내지 못하였을 것이니 차라리 말을 안 하는 쪽이 낫기 때문이다. 이러한 생략은 또한 신생이 부득이하게 죽지만 또한 아버지와 국가를 염두에 두는 마음을 표현하는 것이다. 또한 예를 들면,

将軍威振[25]匈奴、天命不遂、〔 〕, 後求道徑還歸。如浞野侯爲虜所得、後亡還、天子客遇[26]之 ; 況於將軍乎 ! (장군은 흉노를 위세로 흔들었습니다만 천명이 따르지 않았습니다. 〔 〕 이후에 길을 찾아 돌아가시면 됩니다. 착야후(浞野侯、한의 장수 조파노(趙破奴)를 가리킨다.)도 포로가 되었다고 후에 도망쳐서 돌아왔을 때, 천자가 그를 객으로 대우해준 경우와 같습니다. 하물며 장군께서는 어떠시겠습니까?) (《한서(漢書)·이릉전(李陵傳)》)

왕선겸(王先謙)의 《한서보주(漢書補注)》에서는 "後求道徑還歸"에 대해서 다음과 같이 풀이하여 말하였다. "勸陵且降匈奴, 後求得間道而徑歸漢也[27]."(이릉에게 잠시 흉노에게 항복한 후에 작은 길을 찾아서 한나라로 빠르게 돌아오는 것을 권한 것이다.) "天命不遂" 이하는 "無可奈何, 不如暫時投降"(어찌할 수 없으니, 잠시 투항하는 것이 낫겠습니다.) 등과 같은 말이 생략되었을 것이다. 그렇지만 이러한 말은 체면이 서지 않기 때문에 듣는 사람은 듣기 겁

---

25 [역주] 다른 판본에서는 '震'으로 되어 있다. 의미상 큰 차이는 없다.

26 "客遇"는 다른 판본에서는 "容遇"로 되어 있다. 왕념손은 "客遇"로 해야 한다고 하면서 관대하게 대우함을 나타내는 의미이다.

27 '道徑'은 한 단어이어야 한다. 왕선겸처럼 '道'를 명사로, '徑'을 부사로 할 수는 없다. '道徑'은 왕선겸이 말한 '間道'로, 숨어 있는 작은 길을 가리킨다.

나고, 말하는 사람은 입에서 내기 부끄럽다. 따라서 그저 대충 마무리한 것으로, 문장을 쓴 사람은 있는 그대로 기록한 것이기에, 이와 같은 형태가 된 것이다.

앞에서 든 예에서 보자면, 이러한 생략은 내용에서 충분히 확정적이고, 생략된 후에도 또한 효과적으로 의미를 전달할 수 있다. 따라서 이러한 것을 수사성(修辭性) 생략이라고 볼 수 있다.

끝으로, 덧붙여 옛날 사람들이 이야기한 '어급(語急)'에 대해 이야기하고자 한다. 어급이라는 것은 어기가 비교적 급박하여, 말할 때 한두 단어를 말하지 않는 것을 말한다. 가장 자주 보이는 예로로는 '如'가 '不如'의 의미이고, '敢'이 '不敢'의 의미인 것이다.

> 若愛²⁸重傷、則〔不〕如勿傷 ; 愛其二毛²⁹、則〔不〕如服焉。(중상 입히는 것을 애석하게 생각하면, 애초에 상처를 안 입히는 것이 낫습니다. 늙은 적군을 아낀다면 복종하는 것이 낫습니다.) 《좌전(左傳)·희공(僖公) 22년》
> 小白余〔不〕敢貪天子之命、無下拜。(소백(小白) 제가 감히 천자의 명령을 욕심 내어 절을 안 할 수 없습니다.) 《좌전(左傳)·희공(僖公) 9년》

첫번째 예는 적군과 전투를 하면서 적군이 중상인지 아닌지 살필 수 없고, 적군 중에 노약자를 살필 수 없으니, 만약 그러한 것이 마음에 걸리면 중상을 입히지 못하고, 그들에게 굴복하는 것이 낫다고 말한 것이다. 두 개의 '如'자는 '不如'의 의미이다. 또한,

---

28 　'愛'는 애석함을 뜻한다.
29 　'二毛'는 머리가 하얗게 변하여 검은머리와 흰머리가 섞여 있는 것을 가리킨다.

鄙夫…… 其未得之也、患〔不〕得之 ; 既得之、患失之。(비열한 사람은 …… 얻지 못하면 얻지 못한 것에 대해 걱정을 하고, 얻고 나면 그것을 잃을 까봐 걱정한다.) 《논어(論語)·양화(陽貨)》

하안(何晏)의 《논어집해(論語集解)》의 주(注)에서 말하였다. "患得之, 患不能得之. 楚俗言."('患得之'는 얻지 못할 것을 걱정하는 것으로, 초 지방의 속어이다.) 《순자(荀子)·자도(子道)》: "孔子曰 : ' …… 小人者, 其未得也, 則憂不得, 既已得之, 又恐失之.'"(공자가 말하였다. ' …… 소인은 얻지 못하면 얻지 못하는 것을 걱정하고, 이미 얻었다면 또한 잃어버릴까 두려워한다.') 의미가 《논어》와 같다. 그렇기 때문에 '得'이 '不得'의 '어긥'이라고 증명할 수 있다. 또 예를 들자면,

母弟稱弟、母兄稱兄。(같은 어머니의 동생은 '弟'라고 하고, 같은 어머니의 형은 '兄'이라고 한다.) 《공양전(公羊傳)·은공(隱公) 7년》

하휴(何休) 주(注) : "母弟, 同母弟 ; 母兄, 同母兄."('母弟'는 같은 어머니의 동생이고, '母兄'은 같은 어머니의 형이다.) 같은 어머니의 형제는 '母弟', '母兄'으로 부르지, '母弟'와 '母兄'을 '舅父'(어머니의 형제)라고 부르면 안 된다고 하는 것으로, 이 또한 어긥이다. 어긥은 문장 성분의 생략과는 다르다. 그렇지만 생략과 유사한 점이 있고, 또한 고서(古書)를 읽을 때 알아야만 하는 것이다.

제2절 어순

어순은 한 문장 내에서 각 성분의 순서를 가리킨다. 고대중국어와 현대 중국어의 어순은 기본적으로 같다. 예를 들어 주어는 앞에 오고, 술어는 뒤에 오며, 목적어는 술어(謂語, 왕리(王力)의 초기 어법 저서에서는 '謂詞'라고 하였다.) 또는 전치사 뒤에 온다. 관형어는 중심어 앞에 온다는 것이다. 그렇지만 다르거나 변화한 부분도 있으니, 이 절에서는 이러한 부분에 대해서 설명하고자 한다.

1. 술어가 주어 앞에 온다.

감탄문의 술어는 고대에는 종종 주어 앞으로 옮겨왔다. 이는 고대에 술어가 뒤에 있는 감탄문이 없었다는 것을 말하는 것은 아니고, 술어가 앞에 오는 것이 자주 보인다는 것이다. 예를 들면,

> 子玉無禮哉！(자옥(子玉)은 무례하구나!) 《좌전(左傳)·희공(僖公) 28년》
> 使君一何愚！(태수는 어찌 그리 어리석으시오!) (고악부(古樂府)《맥상상(陌上桑)》
> 賢哉、回也！(현명하구나, 안회는!) 《논어(論語)·옹야(雍也)》
> 野哉、由也！(야비하구나, 중유는!) 《논어(論語)·자로(子路)》
> 快哉、此風！(상쾌하구나, 이 바람!) (송옥(宋玉)《풍부(風賦)》
> 甚矣、汝之不惠(慧)！(심하구나, 너의 어리석음이!) 《열자(列子)·탕문(湯問)》

宜乎、百姓之謂我愛[30]也！(마땅하구나, 백성들이 나보고 인색하다고 할
것이!) (《맹자(孟子)·양혜왕상(梁惠王上)》)

　　이러한 예문 아래에 밑줄이 있는 것이 모두 술어이다. 앞의 두 예는 주
어 뒤에 있고, 그 중에 두번째 문장에 '一何'가 '愚'의 수식어로 있어 현대
중국어의 '多麽'(얼마나, 참으로)와 동일하다. 뒤의 다섯 문장의 술어는 앞에
있고 주어는 뒤에 있다. 그 중에 앞의 두 문장의 주어는 명사 하나이고, 세
번째 문장의 주어는 일반적인 수식구이고, 끝의 두 문장의 주어는 주술구
조에서 변한 수식구이다. 일반적인 감탄문에는 하나의 감탄의 중심이 있
으니, 위에서는 '無禮', '愚', '賢' 등이 그러하다. 감탄문은 이 중심에 역점
을 둔다. 현대중국어에서는 이러한 중심을 돌출시킬 때, 술어를 앞으로 옮
기는 방법을 쓰기도 하고, '多麽', '何等', '好', '好不'를 사용하여 이러한 중
심의 단어나 구를 수식한다. 그렇지만 앞으로 옮기는 방법은 비교적 적게
사용한다. 고대중국어에서는 '何', '何其', '一何' 등을 사용하여 감탄의 중
심을 돌출시키기도 하지만, 대다수는 술어를 앞으로 보내는 방법을 사용
한다. 만약 앞으로 옮기지도 않고 수식어도 사용하지 않는, 예를 들어 "子
玉無禮哉！"와 같은 방식이라면 그의 감탄의 의미는 "野哉, 由也！"와 같
은 종류의 문장이 강조하는 것보다는 강하지 않다.

　　이 외에도 대체사를 술어로 사용하여 의문이나 추측을 나타내는 문장
에서, 어기를 강조하고 묻고자 하는 사람 또는 사물을 드러내고자 할 때에
는 또한 술어를 주어의 앞으로 옮길 수 있다. 예를 들면,

30　'愛'는 인색하다는 의미이다.

何哉、爾所謂達者？ (무엇인가, 네가 말하는 '達'이라는 것은?) 《논어(論語)·안연(顔淵)》

子邪(耶)、言伐莒者？ (그대인가, 거나라를 정벌해야 한다고 한 사람이?) 《여씨춘추(呂氏春秋)·중언(重言)》

이 두 문장을 번역한다면 "네가 말하고자 하는 '達'이라는 것은 어떠한 의미인가?[你講的達是什麼意思啊？]" "우리가 거(莒)나라를 공격해야 한다고 말한 자는 너인가?[說我要伐莒國的就是你嗎？]" '何'와 '子'는 앞으로 옮겨진 술어이다.

2. 목적어의 위치

(1) 의문문과 부정문에서 대체사가 목적어로 쓰인다면, 목적어는 일반적으로 동사 또는 전치사의 앞에 있다. 예를 들면,

內省不疚[31]、夫何憂何懼？ (마음 속으로 반성하여 부끄러움이 없는데, 무슨 걱정이고 무슨 두려움이 있는가?) 《논어(論語)·안연(顔淵)》

吹參差[32]兮誰思？ (피리를 불면서 누구를 생각하는가?) 《초사(楚辭)·구가(九歌)·상군(湘君)》

許子奚爲不自織？ (허자는 어째서 스스로 옷감을 짜지 않는가?) 《맹자(孟子)·등문공상(滕文公上)》

美人贈我錦綉段、何以報之青玉案？ (미인이 나에게 무늬를 새긴 비단

---

31 '疚'는 부끄러워하다, 잘못으로 생각하다의 의미이다.

32 '參差'는 피리이다.

을 주었으니, 어떻게 청옥안으로 보답하겠는가?) (장형(張衡)《사수시(四愁詩)》)

居則曰：“不吾知也。”如或知爾、則何以哉？(평소에 말하길, “나를 알아주지 않는다.”고 했는데, 만약 누군가가 알아준다고 하면 어떻게 하겠는가?) 《논어(論語)·선진(先進)》)

吾問狂屈、狂屈中欲告我而不我告。(제가 광굴에게 물으니, 광굴은 마음속으로는 저에게 알려주고 싶어했으나 저에게 알려주지 않았습니다.)《장자(莊子)·지북유(知北游)》)

以無忌從之游、尚恐其不我欲也。(저 무기는 그들을 따라서 노닐면서도 오히려 그들이 저를 원하지 않을까 두려워하였습니다.)《사기(史記)·위공자열전(魏公子列傳)》)

他植者則不然…… 雖曰愛之、其實害之；雖曰憂之、其實讎之；故不我若也。(다른 나무를 심는 사람은 그렇지 않습니다. …… 비록 그것을 아낀다고 하지만 실제로는 해치는 것이고, 비록 걱정한다고 하지만, 실제로는 원수처럼 대하는 것입니다. 따라서 저보다 못합니다.) (유종원(柳宗元)《종수곽탁타전(種樹郭橐駝傳)》)

앞의 네 문장은 모두 의문문으로, “何憂何懼”는 “무엇을 걱정하고, 무엇을 두려워하는가[憂什麼, 怕什麼]”이고, “誰思”는 “누구를 생각하는가?[想念誰]”이지, “누가 생각하는가?[誰想念]”가 아니다. “奚爲”는 “어째서[爲什麼]”이고, “何以”는 “무엇을 가지고[拿什麼]”이다. 이 네 문장 중에서 앞의 두 문장은 동사의 목적어가 동사 앞에 놓인 것이고, 뒤의 두 문장은 전치사의 목적어가 전치사 앞에 놓인 것이다. 뒤의 네 문장은 모두 부정문으로, 목적어가 동사 앞에 놓였다. 비교할 수 있는 것으로는 “不我知”와 “知爾”, “告我”와 “不我告”로, ── “知爾”와 “告我”는 긍정으로, ‘爾’와

'我'가 동사 뒤에 있다. "不我知"와 "不我告"는 부정으로, '我'가 동사 앞에 있다. 대체사가 목적어로 쓰인 부정문에서는 또한 목적어가 동사 뒤에 있는 것도 있지만 문언문에서는 많지 않다.

(2) 목적어가 동사 또는 전치사 앞에 오면서 목적어와 동사 또는 전치사 사이에 대체사 '是' 또는 '之'를 삽입한다. 어느 경우에는 목적어 앞에 부사 '惟', '唯'를 더한다. 예를 들어,

> 吾以子爲異之問、曾由與求之問。(나는 그대가 다른 것을 묻는다고 생각했는데, 겨우 중유와 염구에 대해서 물으신 것이군요.)《논어(論語)·선진(先進)》
>
> 虢多涼[33]德、其何土之能得？(괵공은 덕이 박하니, 어찌 땅을 얻을 수 있겠습니까?)《좌전(左傳)·장공(莊公) 32년》
>
> 惟刑之恤[34]哉！(형벌을 신중하게 하라!)《서(書)·순전(舜典)》
>
> 非夫人[35]之爲慟而誰爲？(저 사람을 위해 슬퍼하지 않으면 누구에게 그렇게 하겠는가?)《논어(論語)·선진(先進)》。
>
> 率師以來、唯敵是求。(군대를 이끌고 온 것은 적을 찾고자 해서이다.)《좌전(左傳)·선공(宣公) 14년》
>
> 唯吾子戎車[36]是利。(그대의 병거를 유리하게 하다.)《좌전(左傳)·성공(成公) 2년》

---

33 '涼'은 얇다는 의미이다.
34 '恤'은 신중하다는 의미이다.
35 '夫人'은 저 사람이다.
36 '戎車'는 병거(兵車)이다.

公曰 : "何謂六物?"對曰 : "歲、時、日、月、星、辰是謂也。"(공이
말하였다. "무엇을 육물(六物)이라고 합니까?" 대답하였다. "세(歲), 시(時),
일(日), 월(月), 성(星), 신(辰)을 가리킵니다.") 《좌전(左傳)·소공(昭公) 7년》

　　"非夫人之爲慟而誰爲？"는 "저 사람을 위해 슬퍼하지 않으면, 또 누구
에게 할 것인가?[不爲那個人哀慟, 又爲誰呢？]"를 의미한다. 이는 목적어
가 전치사 앞에 놓인 예로, 그 나머지는 모두 목적어가 동사 앞에 놓인 예
이다. "歲, 時, 日, 月, 星, 辰是謂也"라고 한 것은 "[육물(六物)은] 세(歲), 시
(時), 일(日), 월(月), 성(星), 신(辰)을 가리킵니다.([六物,]謂歲, 時, 日, 月, 星, 辰
也)"라고 말한 것으로, 목적어 전치(前置)는 일반적으로는 그 목적어를 드
러내기 위한 것이다. 목적어를 앞 부분에 놓고, 또한 그 앞에 '唯'를 더하는
데, 그렇게 하면 목적어를 드러내면서 어기가 더욱 무겁게 된다. 현대중국
어에서 어느 경우 문언문에서 남겨진 형태로 쓰는 "唯你是問"(너에게 묻겠
다.)와 같은 숙어(熟語)는 어기가 매우 강렬하다.
　　목적어와 동사, 전치사 사이의 '之'는 일반적으로는 목적어를 앞으로
낼 때 필요한 구조조사이다. "惟刑之恤"과 "唯敵是求" 구조가 같다는 점을
근거하여 본다면, '之'와 '是'는 같은 것으로, 본래는 지시 대체사로 문장에
서 '이사람[這種人]', '이일[這事情]', '이것[這東西]' 등의 의미를 가진다.
"惟刑之恤"은 "오직 형벌이라는 이러한 일을 신중하게 해야 한다[只有刑
罰這件事要慎重]"는 의미가 있는 것이고, "非夫人之爲慟……"은 "안연(顏
淵)이라는 저 사람을 위해 슬퍼하지 않으면[不爲顏淵那種人哀慟……]"의
의미가 있다. 만약 '之'가 이러한 형식에서 이미 조사(助詞)로 허화(虛化)하
였다면, 이 조사 또한 지시 대체사에서 변화한 것이다.

3. 관형어의 위치

관형어는 중심어의 앞에 놓이는 것이 고대중국어와 현대중국어의 같은 부분이다. 그렇지만 문언문에서 하나의 형식으로, 관형어가 중심어의 뒤로 이동하고, 다시 끝에 '者'자를 더하고, 어느 경우에는 '之'를 사용하여 중심어와 뒤로 이동한 관형어를 잇는다. 예를 들어,

請益[37]其車騎壯士可爲足下輔翼者。(그대를 도울 수 있는 수레와 말과 장사를 더하여 주겠소.) 《사기(史記)·자객열전(刺客列傳)》

親昆弟在眞定者、已遣人存問[38]。(진정에 있는 형제들에게 사람을 보내 안부를 물었다.) 《한서(漢書)·남월전(南粵傳)》

馬之千里者、一食或盡粟一石。(천리를 가는 말은 한 번 먹을 때에 곡식 한 말을 다 먹는다.) (한유(韓愈)《잡설(雜説)》)

其石之突怒偃蹇[39]、負土而出、爭爲奇狀者、殆不可數。(바위들이 성난 듯 높이 솟아있고, 땅을 지고서 나와 다투어 기이한 모습이 된 것들이 거의 헤아릴 수 없었다.) (유종원(柳宗元)《고모담서소구기(鈷鉧潭西小丘記)》)

만약 이러한 말을 현대중국어 표현으로 바꾸어본다면 다음과 같이 바꿀 수 있을 것이다. "可以作爲你的輔翼的車騎壯士"(그대를 도울 수 있는 수레와 말과 장사), "〔你的〕在眞定的親兄弟"(〔그대의〕 진정에 있는 친형제), "千里馬"(천리마), "突怒偃蹇, 負土而出, 爭爲奇狀的石頭"(성난 듯이 높이 솟고 땅

---

37 '益'은 증가하다의 의미이다.

38 '存問'은 위문하다이다.

39 '偃蹇'은 높게 솟은 모습이다.

을 지고 나와 다투어 기이한 모습이 된 바위) 이러한 관형어가 뒤로 이동한 후 '者'자를 더하는 형식은 원래 있었던 중심어를 하나의 집합체로 나타내는 것처럼 보이고, 이후에 이동한 관형어에 '者'를 붙이는 구조는 이러한 집합체 중의 한 종류 또는 개체의 사람이나 사물을 특별히 지칭[特指]하는 것이다. 특별히 지칭하는 것이 일반적인 것과는 다르기 때문에, 따라서 이러한 형식은 사물의 속성을 강조할 수 있다. "千里馬"와 "馬之千里者"를 비교해보면, 둘 다 '千里'를 언급하지만 앞에 있는 것이 뒤에 있어 도드라지는 것보다 못하다. 술어, 목적어는 앞에 있을 때에 도드라지고 관형어는 뒤에 있을 때 도드라지는 것으로, 방식은 다르지만 일반적인 형식을 바꾸어서 드러내고자 하는 목적을 달성하는 것은 동일하다. 게다가 관형어가 길면 반드시 끝까지 읽어야 비로소 중심어를 파악할 수 있게 된다. 이 경우 의미를 전달하는 데에 있어서 약점을 피할 수 없다. 문언문에서는 관형어를 뒤로 옮기는 것은 이러한 결점을 어느 정도 피하고자 하는 의도가 안에 있는 것이다. 유종원의 문장에서 이러한 상황을 분명하게 볼 수 있다.

4. 부사어[狀語]와 보어[補語]

현대중국어 어법에 의하면 동사 또는 형용사 앞에 위치하며 그 동사 또는 형용사를 수식하거나 제한하는 용도로 쓰이는 것을 부사어[狀語]라고 한다. 동사나 형용사의 뒤에 위치하며 그 동사 또는 형용사가 나타내고자 하는 기능을 보충하는 용도로 쓰이는 것을 보어[補語]라고 한다. 몇몇 어법 학자들은 부사어와 보어를 나누지 않고 합쳐서 동사와 형용사의 부가어(附加語)라고 한다. 이 두 종류의 부가어의 위치는 고대중국어 또한 현대중국어와 완전히 같지는 않다.

일반적인 상황은 전치사구조를 부가어로 사용하여 장소, 방면 등을 나타낸다. 현대중국어는 일반적으로 그것이 수식하는 동사나 형용사의 앞에 놓이지만(가는 방향을 나타내는 전치사 구조는 여기에 속하지 않는다.) 문언문에서는 일반적으로 뒤에 놓인다. 예를 들어,

師次於郞[40]。(군대가 낭 지방에 머물렀다.)《춘추(春秋)·장공(莊公) 8년》

秦發兵擊之、大破楚師於丹淅。(진나라가 군대를 일으켜 공격하여, 초나라 군대를 단수, 석수에서 크게 무찔렀다.) 《사기(史記)·굴원가생열전(屈原賈生列傳)》

蘇子與客泛舟游於赤壁之下。(소식은 손님과 함께 적벽 아래에 배를 띄웠다.)(소식(蘇軾)《전적벽부(前赤壁賦)》)

有憑虛公子者…… 學於舊史氏。(빙허공자라는 사람이 있었는데 …… 구사씨에게 배웠다.) (장형(張衡)《서경부(西京賦)》)

儒家者流、蓋出於司徒之官。(유가자류는 아마도 사도의 관에서 나왔을 것이다.)《한서(漢書)·예문지(藝文志)》

是歲十月之望、步自雪堂、將歸於臨皋。(이 해 10월 기망에 설당에서 걸어 나와 임고정으로 돌아가려고 하였다.) (소식(蘇軾)《후적벽부(後赤壁賦)》)

〔屈原〕明於治亂、嫻於辭令。(〔굴원은〕 난리를 다스리는 데에 밝았고, 문장을 짓는 데에도 능숙했다.)《사기(史記)·굴원가생열전(屈原賈生列傳)》

樂令善於清言、而不長於手筆。(악령은 청언은 잘 하였으나, 문장을 짓는 것은 잘 하지 못하였다.)《세설신어(世說新語)·문학(文學)》

---

40 '郞'은 지명이다.

현대중국어에서는 첫 번째 예만을 "군대가 낭 지방에 머물렀다.[軍隊駐紮在郎]"라고 할 수 있을 것이다. 끝의 두 가지 예는 문언문을 그대로 옮길 수만 있고, 만약 바꾸어본다면 마지막 한 구절만 "在淸談方面很擅長, 在寫文章方面却不高明"(청담에 대해서는 매우 잘 하지만, 문장을 쓰는 것에 있어서는 잘 하지 못하였다.)으로 바꿀 수 있을 것이다. 나머지 각각의 예는 "在赤壁下面游玩"(적벽 아래에서 놀았다.), "在舊史氏那兒學習"(구사씨에게서 배웠다.), "從司徒之官産生出來"(사도의 관직에서 나온 것이다.), "從雪堂走出來, 回到臨皐去"(설당에서 걸어가서 임고당으로 돌아가려고 하였다.) 등으로 모든 전치사 구조가 부사어로 수식 받는 동사 또는 형용사의 앞에 있다. 그렇지만 문언문의 각 예는 '自', '從'을 사용하는 전치사 구조를 제외하고는, 전치사 구조는 일률적으로 뒷부분에 있다.[41] 선진(先秦) 시기의 문장에서, 전치사 구조가 처소(處所) 부가어로 쓰이면서 앞에 있는 것은 매우 보기 드물다. 그러다 육조(六朝) 이후 천천히 늘어나기 시작하였다. 예를 들어 도잠(陶潛)의 시제(詩題) 중에 "庚戌歲九月中於西田獲早稻"(경술년 9월 서쪽 밭에서 올벼를 수확하였다.), "於王撫軍座送客"(왕무군 장군의 잔치 자리에서 손님을 보내다) 등이 있다. 그렇지만 이러한 것은 구어(口語)의 표현법이고, 일반적인 문언문에서는 예외이다.

또 다른 형식은 문언문에서는 '以'를 사용하여 구성된 전치사구조가 '~

---

41 '自'를 사용하는 전치사 구조가 동사 앞에 오는 예이다. "自南宮遷入西內。"(남궁에서 궁실의 서부로 옮겨왔다.) "適有道士自蜀來。"(때마침 어떤 도사가 촉(蜀)지방에서 왔다.) (나란히 진홍(陳鴻) 《장한가전(長恨歌傳)》에서 볼 수 있다. '從'이 앞에 쓰일 수 있는데, 예를 들어 고악부(古樂府) 《산상채미무(上山采蘼蕪)》: "新人從門入、古人從閣去。"(새사람은 대문으로 들어오고, 옛사람은 쪽문에서 떠나네요.) 또한 뒷부분에 쓰일 수 있다. 예를 들어 한(漢) 《교사가(郊祀歌)》: "天馬徠(來), 從西極。"(천마가 서쪽 끝지방에서 왔네.)

로써', '~를 통해' 등의 의미를 나타낼 때, 동사의 앞이나 동사의 뒤에 붙일 수 있다. 백화에서는 이러한 부가어는 "拿……", "用……", "按照……"으로 말할 수 있지만, 동사 앞에 붙어야 하고 문언문처럼 자유롭지 않다. 이에 대해서는 이 책 5장 문장에서 '以'자 구조를 설명할 때 이미 언급하였으니, 여기에서는 다시 보충하지는 않을 것이다.

어순의 문제와 관련하여 앞에서 고대중국어와 현대중국어의 공통점과 차이점에 대해 비교를 하였다. 여기에서는 술어와 목적어를 앞에 두는 것과 관형어를 중심어의 뒷부분으로 옮기는 것은 모두 표현 상에서 강조하고 도드라지는 기능을 하고, 또한 어느 정도 수사 기능이 있다고 말할 수 있다. 그렇지만 이러한 것들도 모두 일정한 형식이 있으니, 결국은 어법에서의 문제이다. 문학작품 중에서 임시로 어순을 변동하여 드러내고자 하는 요구에 맞추는 것도 있는데, 이러한 것은 순수한 수사의 수단으로, 이후에 설명을 더하고자 한다.

제11장

진술(陳述)문, 감탄문,
의문문, 기사(祈使)문

문장을 나타내고자 하는 어기(語氣)에 의거하여 나누자면, 진술(陳述, 혹은 직진(直陳)이라고도 한다), 감탄(感嘆), 의문(疑問) 그리고 기사(祈使) 네 종류로 나눌 수 있다. 일반적으로 하나의 판단을 진술하고, 하나의 성질, 상황 등을 묘사하며, 동작 또는 변화를 서술하면서 강렬한 감정 색채를 갖지 않는 문장을 진술문[陳述句]이라고 한다. 강렬한 감정을 나타내는 것을 감탄문[感嘆句]이라고 한다. 감탄문의 대부분은 성질, 기능을 묘사하는 문장이다. 의문을 나타내는 문장을 의문문[疑問句]이라 한다. 청구, 명령, 권고, 금지 등을 나타내는 것을 기사문[祈使句]이라 한다. 기사문은 일반적으로 동작, 행위와 관련이 있다. 이 네 종류 어기의 표현은 대체적으로 말하자면 우선 어기조사, 그 다음으로는 어기부사, 그 다음은 문장 구조의 변화와 기타 수단을 사용하는 것으로, 의문대체사, 사령성 동사 등을 사용하는 것과 같다. 여기에서 아래에 각각 나누어 설명하고자 한다.

제1절 진술문

진술문은 감탄, 의문, 기사 등을 나타내지 않고, 어기도 비교적 객관적이면서 공정하여, 이러한 어기를 나타내는 수단을 필요로 하는 것이 비교적 적다. 주로 약간의 어기조사(語氣助詞)를 사용하고, 어느 경우에는 어기조사조차 필요하지 않다. 예를 들면,

高祖、沛豐邑中陽里人。(고조는 패현 풍읍 중양리 사람이다.) 《사기(史記)·고조본기(高祖本紀)》

元豐七年六月丁丑、余自齊安舟行、適臨汝。(원풍 7년 6월 정축일에 나는 제안으로부터 배를 타고 임여에 갔다.) (소식(蘇軾)《석종산기(石鍾山記)》)

三五之夜、明月半墻、桂影斑駁、風移影動、珊珊可愛。(보름밤 밝은 달이 담장에 반쯤 걸리면 계수나무 그림자가 어른댄다. 바람이 흔들어 그림자가 움직이면 쟁그랑쟁그랑 사랑스럽다.) (귀유광(歸有光)《척항헌지(項脊軒志)》)

어기조사를 사용하지 않는 진술문에 대해서는 길게 말할 필요가 없지만, 설명해야 하는 것은 약간의 진술의 어기를 가지는 어기조사에 대한 용법이다. 진술의 어기를 가지는 어기조사는 '也', '矣', '耳', '爾', '而已', '焉'과 같은 몇 가지가 있다.

'也'자의 기능은 설명과 긍정이다. 판단문에서는 대부분 '也'자를 사용하여 문장을 끝맺는다. 예를 들면,

魏公子無忌者、魏昭王少子、而魏安釐[1]王異母弟也。(위공자 무기는 위 소왕의 막내아들로, 위 안희왕의 다른 어머니 동생이다.)

夷門者、城之東門也。(이문은 성의 동문이다.) (지금까지《사기(史記)·위 공자열전(魏公子列傳)》)

이것이 '也'를 사용하여 주어가 어떠한 사람 또는 어떠한 것인지를 설명하는 어기를 전달한다. 또한 다음 예를 들면,

井蛙不可以語於海者、拘於虛[2]也；夏蟲不可以語於冰者、篤[3]於時也；曲士[4]不可以語於道者、束於教[5]也。(바다에 대해 말할 수 없는 우물안 개구리는 자신이 사는 곳에 구애 받는다. 얼음에 대해 말할 수 없는 여름 벌레는 그 때에만 집착한다. 도에 대해서 말할 수 없는 식견이 짧고 얕은 선비는 자신이 배운 오래된 틀에 묶일 수 밖에 없다.)《장자(莊子)·추수(秋水)》)

이 세가지 '也'자는 우물안 개구리, 여름 벌레, 식견이 짧고 얕은 선비가 견해가 좁고 꽉 막힌 원인을 설명하는 데에 도움을 준다. 앞의 두 예문에서도 '者'자는 모두 제시하는 기능이 있고, '也'자에는 모두 설명의 어기가 있다. 이러한 문장에서, 앞 두 문장의 '者'자는 모두 생략할 수 있다. 뒷 문장의 '者'자는 보존하는 쪽이 좋다. 그렇지만 반드시 보존해야 하는 것은 아

1　'安釐王'에서의 '釐'의 음은 xī(한국어에서는 '희')이다. [역주] 한국어에서는 이 왕을 안리왕으로 읽는다.

2　'虛'는 '墟'의 초문(初文)으로, 사는 곳을 말한다.

3　'篤'은 고집하여 불통하다의 의미이다.

4　'曲士'는 식견이 짧고 얕은 선비이다.

5　'教'는 오래된 틀을 가리킨다.

니다.(아래에 나올 《맹자(孟子)·양혜왕상(梁惠王上)》의 예문과 비교하라.) 그렇지만 '也'를 생략하고 '者'를 보존하면, 문장을 읽을 때에 입에 잘 붙지 않는다. 그 중에서도 세 번째 문장에서는 만약 '也'자가 없다면 정말로 문장이 끝나지 않은 것처럼 보인다. 이러한 점에서 보자면, '也'라는 조사는 그의 설명, 긍정 심지어 강화의 기능이 있다. 몇몇 진술문이 어기조사를 쓰고 있지 않는다는 것을 근거로 하여 있어도 되고 없어도 되는지를 판단할 수 없다. 여기에서는 나누어 보고자 하는데, 판단식의 문장에서는 앞에서의 두 예에서처럼 '也'를 조사로 쓰지 않아도 괜찮다. 세번째 예와 같은 해석성(解釋性) 문장에서는 설명의 어기를 전달할 '也'가 반드시 필요하다.

'也'자는 강조와 긍정 혹은 다른 사람에게 문장 중의 함의(涵義)를 알려줄 수 있다. 문장의 의미를 더욱 긍정적이고 활달하게 한다. 이러한 것은 몇몇 변론성(辯論性) 문장 내에서 볼 수 있다. 예를 들면,

> 故王之不王、非挾太山以超北海之類也 ; 王之不王、是折枝之類也[6]。
> (따라서 왕께서 덕이 많은 임금이 되지 못한다고 하는 것은 태산을 끼고서
> 북해를 뛰어넘는 종류와 같은 것이 아닙니다. 왕께서 덕이 많은 임금이 되지
> 못한다는 것은 어른을 위해 안마를 하는 것과 같은 종류의 일입니다.) (《맹자
> (孟子)·양혜왕상(梁惠王上)》)

---

6   "不王"은 왕자(王者)가 될 수 없다는 것으로, 즉 백성들이 귀의하고 싶어하는 덕이 많은 임금이 될 수 없다는 것이다. '太山'은 태산(泰山)이다. '超'는 넘는다이다. 맹자가 제선왕(齊宣王)에게 설명하였기 때문에 따라서 제나라의 사물을 가지고서 비유한 것이다. '折枝'는 어르신에게 안마를 해주는 것이다. 어르신에게 안마해주는 일은 쉬운 일로, 사람들이 할 수 없다고 하는 일은 실제로는 할 수 없는 일이 아니라 '不爲'(하지 않는 일)라는 것을 알려주는 것이다. "是折枝之類也"의 의미는 이러한 것은 안마를 할 수 없다고 말하는 것과 같은 일이라는 것이다.

趙王田獵耳、非爲寇也。(조나라 왕은 사냥을 할 뿐, 도적질을 하려고 하는 것이 아닙니다.) 《사기(史記)·위공자열전(魏公子列傳)》

今者項莊拔劍舞、其意常在沛公也。(지금 항장이 검을 뽑아 춤을 추는데, 그 의도는 패공을 죽이는 데에 있다.) 《사기(史記)·항우본기(項羽本紀)》

여기에서 앞의 두 예문은 모두 정반(正反, 긍정과 부정) 대비의 형식으로 어떠한 것은 맞고 어떠한 것은 맞지 않음을 강조하여 지적한 것으로, 어의(語意)가 충분히 긍정적이다. 세 번째 예문은 긍정적인 해석만 있지만, 은근히 하나의 부정적인 면을 포괄하고 있다. 항장이 검무를 추는 것은 다른 의도가 있는 것이 아니라, 패공이 매우 위험한 상황을 당하게 된다는 것이다. 여기에서의 몇몇 '也'자는 진술하고자 하는 일에 대해 강한 인상을 주고서 확신하여 의심 없음을 분명하게 드러낸다. 따라서 선전(宣傳)의 의미가 있다고 하는 것이다.

'矣'자가 진술의 어기조사로 쓰일 때에는, "동적인 성질을 가지는 어조사로서, 이미 그렇거나 혹은 장차 그러할 일을 드러내는 것으로, 한 번의 변동을 거치고 나서 이루어진 일을 나타낸다.[是動性的語助詞, 表已然或將然之事, 即經過一番變動而成之事]"(뤼수상(呂叔湘)《문언허자(文言虛字)》) '矣'자는 사태(事態)의 변화를 나타낸다. 이는 곧 그것이 나타내는 것은 이전에는 이렇지 않지만 이후에 이러하거나 혹은 현재는 이렇지 않지만 장래에는 이와 같이 결정되거나 혹은 예측할 수 있음을 나타낸다. '矣'는 현대중국어의 '了'에 대체로 해당한다. 예를 들면,

① 其子趨而往視之、苗則槁矣。(그 아들이 달려가서 살펴보니, 싹은 말

라버렸다.) 《맹자(孟子)·공손추상(公孫丑上)》

② 庭有枇杷樹、吾妻死之年所手植也、今已亭亭如蓋矣。(뜰에는 비파 나무가 있다. 내 아내가 죽은 해에 손수 심은 것이다. 지금은 이미 우뚝 자라서 덮개처럼 되었다.) 《항척헌지(項脊軒志)》

③ 今智伯帥二國之君伐趙、趙將亡矣 ; 〔趙亡〕, 則二君[7]爲之次矣。(이제 지백이 두 분을 통솔하여 조씨를 정벌하면 조씨는 장차 망하게 될 것입니다. 〔조씨가 망하면〕 두 분께서는 그 다음 차례가 되실 겁니다.) 《전국책(戰國策)·조책(趙策)》

④ 吾語亦不當聞也、吾閉口矣。(내가 하는 말 역시 자네들이 들을 만한 것이 아니니, 나는 그만 입을 다물고 아무 말도 하지 않겠소.) (한유(韓愈) 《석정연구시서(石鼎聯句詩序)》)

예 ①②에서의 '矣'는 이미 그렇게 된 변화를 나타내고, 예 ③④에서의 '矣'는 앞으로 그렇게 될 변화를 나타낸다. 예②④에서 '也'와 '矣'는 같은 용도로 쓰였는데, '也'자는 긍정적으로 마치거나 본래는 이러하였다고 하는 어기를 나타낸다. 백화로 번역하면 대체로 다음과 같이 될 것이다. "是我妻子在她死的那年親手種的(이는 나의 부인이 죽었던 해에 손수 심었던 것이다.)", "我的話也不該讓你們聽到的(나의 이야기는 당신들이 들을 만한 것이 아니다.)" 백화에서의 '的'는 긍정과 본래 이러하였다는 의미가 있다. 따라서 뤼수상은 "'也'는 정적인 성질을 가진 조사로, 본래 이러한 일을 나타낸다.['也'是静性的助詞, 表本然之事]"고 하여, '矣'가 동적인 성질을 가진 조

---

7   '二君'은 한(韓)과 위(魏) 두 나라의 임금을 말한다. [역주] 당시 조(趙), 위(魏), 한(韓)은 진(晉)에 속해 있던 때인지라 임금으로 보기에는 무리가 있다. 따라서 번역에서는 이에 따라 집안을 대표하는 사람으로 풀이하였다.

사라는 것과 대비(對比)하였다. 기본적으로 이 두 동사의 다름을 설명할 수 있는 것이다.

'矣'와 용법상으로 비슷한 것으로는 '巳'자가 있다. '矣'자는 '矢'를 의미 성분으로, '㠯'가 발음성분으로, '㠯'가 바로 '巳'자이다. '巳'와 '矣'는 아마 도 하나의 조사의 두 가지 다른 사법(寫法)이다. 예를 들어,

> 既然已、勿動勿慮、去不復顧。(이미 그렇게 하고 나면 안 건드려도 되
> 고 걱정하지 않아도 되며, 떠나가서 다시 돌아보지 않습니다.) (유종원(柳宗
> 元)《종수곽탁타전(種樹郭橐駝傳)》)
>
> 夫韓亡之後、兵出之日、非魏無攻已。(한나라가 망한 후에, (제나라) 군
> 대가 출병하면 위나라가 아니면 공격할 곳이 없습니다.)《사기(史記)·위세
> 가(魏世家)》

이 두 문장의 의미는 다음과 같다. "이미 이렇게 되었으면(나무를 심을 때 뿌리가 잘 뻗고 북돋은 곳이 고르고, 흙은 옛날 그대로이고 심은 곳은 촘촘함을 가리킨다.), 비로소 ……"로 이미 그렇게 된 변화를 나타낸다. "제나라 군대 가 출발하면, 반드시 위나라를 공격한다."로, 장래 그렇게 될 변화를 나타 낸다.

'耳', '爾', '而已' 이 세 가지 직진(直陳) 어기조사는 제한과 축소를 나타 낸다. "이러한 것에 불과하다.[不過如此]", "뿐이다.[罷了]", "다른 것은 없 다.[沒有別的]"의 어기가 있다. '耳', '爾'는 기본상으로 어떠한 차이도 없지 만, 그러나 '爾'자는 비교적 함축적이고, '而已'는 어기가 좀 더 분명하다. 예를 들어,

小人之學也[8]、入乎耳、出乎口[9]、口耳之間、則四寸耳、曷足以美七
尺之軀哉！(소인이 배운다는 것은 귀로 들어가서 입으로 나오는 것으로 입
과 귀 사이는 4촌 밖에 되지 않으니, 어찌 7척의 몸을 아름답게 하는 데에 충
분하겠는가?) 《순자(荀子)·권학(勸學)》

白起、小豎子耳、率數萬之衆、興師以與楚戰、一戰而舉鄢郢[10]、再
戰而燒夷陵、三戰而辱王之先人。此百世之怨、而趙之所羞、而王弗知
惡焉。(진(秦)나라 장수 백기는 형편없는 녀석일 뿐이지만, 수 만의 군대를
거느리고 군사를 일으켜 초나라와 전쟁을 치루니, 한 번 싸워서는 언정을 함
락하고, 두 번째는 이릉을 불태우고, 세 번째는 왕의 조상을 욕보였습니다.
이는 백대의 원한으로 조나라도 부끄럽게 여기는 것입니다만, 왕께서는 그
에 대해 미워할 줄 모르십니다.) 《사기(史記)·평원군우경열전(平原君虞卿列
傳)》

不崇朝[11]而遍雨乎天下者、唯泰山爾。(아침이 되지 않아도 천하에 두루
비를 내려주는 것은 오직 태산뿐이다.) 《공양전(公羊傳)·희공(僖公) 31년》

多見士大夫…… 得一階半級、便自爲足、全忘修學。及有吉兇大
事、議論得失、蒙然張口、如坐雲霧；公私宴集、談古賦詩、塞默[12]低
頭、欠伸[13]而已。(사대부를 많이 보았는데 …… 반쪽짜리 관직이라도 얻으
면 바로 스스로 만족하고 학문을 하는 것을 완전히 잊는다. 길흉 대사가 있

---

8 이 '也'자는 문장 중간에 쓰이는 어기조사로, 잠깐 쉬는 용도로 쓰여 문장 끝에 쓰이는 직
   진(直陳) 어기조사와는 다르다.
9 "入乎耳、出乎口"는 단지 다른 사람이 어떻게 말하는지를 듣고 자신도 입에서 나온대로
   말을 쏟아내는 것으로 쓸모가 없음을 말하는 것이다.
10 '舉'는 함락하다. '鄢郢'은 초나라의 도성이다.
11 '崇朝'는 아침 나절[終朝]로, 이 문장에서는 태산(泰山)에서 구름이 일어서 비가 내리는 일
   을 가리킨다.
12 '塞默'는 말하지 않음을 가리킨다.
13 '欠伸'은 기지개를 하며 하품을 한다는 뜻이다.

고대중국어 통론

어 득실을 논의하려고 하면 멍청히 입만 벌리고 구름과 안개에 앉아 있는 듯
하다. 공사의 연회에 모여 옛 일에 대해 말하고 시라도 읊으려고 하면 입을
다물고 고개를 숙이면서 하품하고 기지개를 할 뿐이다.) 《안씨가훈(顔氏家
訓)·면학(勉學)》》

　'爾'는 또한 '焉'자 뒤에서 쓰이기도 하는데, 같은 방식으로 제한을 나
타낸다. 유종원(柳宗元)《종수곽탁타전(種樹郭橐駝傳)》의 "橐駝非能使木壽且
孶也, 能順木之性以致其天焉爾"(탁타 제가 나무를 오래 살게 하고 잘 자라도록
하는 것이 아니라, 나무의 천성을 따라서 그 성명을 다하도록 한 것일 뿐입니다.)
가 바로 이러한 예이다. 번역하자면 "나무의 성질을 잘 따라서 그로 하여
금 발전할 수 있게 할 뿐이다.[能順着木的性而讓它發展罷了]"로, '焉'은 긍
정을 나타내는 어기조사이다.
　'焉'자는 긍정을 나타내는 어기조사로, 그 성질과 기능은 쉽게 설명하
기 어렵다. 그렇지만 '也'가 긍정을 나타내는 것과는 확실하게 구별되는 부
분이 있다. '焉'은 확정의 의미를 좀 더 많이 나타내고, '也'는 설명의 의미
를 좀 더 많이 나타낸다고 말할 수 있겠다. 예를 들면,

　　自是之後、李氏名敗、而隴西之士居門下[14]者、皆用爲[15]恥焉。(이 때부
　　터 이씨 집안의 명성은 떨어져 농서 지방의 선비는 문하에 있었던 것을 부끄
　　러워하였다.) 《사기(史記)·이장군열전(李將軍列傳)》》
　　及至秦之季世、焚《詩》、《書》、坑術士、六藝從此缺焉。(진(秦)나라

14　'門下'는 이릉(李陵)의 문하를 가리킨다.
15　'用爲'는 ~라고 여기다의 의미이다.

말기에 이르러, 《시》와 《서》를 불태우고, 술사들을 구덩이에 묻었다. 육예는 이 때부터 사라지게 되었다.) 《사기(史記)·유림전(儒林傳)》

　魯連逃隱於海上、曰：“吾與[16]富貴而詘(屈)於人、寧貧賤而輕世肆志焉。”(노중련이 도망가서 바닷가에 살면서 말하였다. “내가 부귀하면서 다른 사람에게 굽히며 사느니 차라리 가난하더라도 세상을 가볍게 여기고 뜻을 마음대로 하겠다.”) 《사기(史記)·노중련추양열전(魯仲連鄒陽列傳)》

　몇몇 '焉'자는 긍정과 약간의 과장의 어기를 포함하고 있어서, 현대중국어의 '呢'와 대체로 비슷하다. 그렇지만 모든 '焉'을 '呢'로 번역할 수는 없으니, 앞에서의 예문들은 '呢'로 번역할 수 없다. 다음은 '呢'로 번역할 수 있는 예이다.

　國人望君、如望慈父母焉。(나라 사람들이 임금을 바라보는 것이, 자애로운 부모를 바라보듯이 합니다.) 《좌전(左傳)·애공(哀公) 16년》

　〔游俠〕既已存亡生死矣、而不矜其能、羞伐其德[17]、蓋亦有足多[18]者焉。(〔유협은〕 망한 사람을 다시 존속하게 하고 죽을 사람을 살리면서도 그 능력을 자랑하지 않고 자신이 가진 덕목을 자랑하는 것을 부끄러워하기 때문에 또한 칭찬할 부분이 있다.) 《사기(史記)·유협열전(游俠列傳)》

　'焉'이라는 단어는 품사에 대해 말하자면 주로 지시 대체사와 어기조사

16　'與'는 '與其'(~할 지언정)이다.
17　'存亡生死'는 망한 자로 하여금 존속하도록 하고, 죽은 자로 하여금 살도록 한다는 의미로, 치동(致動) 용법이다. '矜'과 '伐'은 교만하게 과장한다는 의미이다.
18　'足多'는 칭찬할 만하다의 의미이다.

두 부류로 말할 수 있다. 앞에서 열거한 예문은 어기조사에 속한다. 아래의 예는 지시 대체사에 속한다. '於是'(이것(곳, 때)에(서) 등)의 의미이다. 대체사와 조사는 많은 경우에서 쉽게 구별할 수 없지만, 이 장에서 들고 있는 예문은 확실하게 구분되는 것들이다.

制、巖邑也、虢叔死焉。(제는 험한 지역입니다. 괵숙이 그곳에서 죽었습니다.) 《좌전(左傳)·은공(隱公) 원년》)

羽父請殺桓公[19]、將以求太宰[20]。〔隱〕公曰："爲其少故也[21]、吾將授之矣。" 使營菟裘[22]："吾將老焉。"(우보가 환공을 죽이고 장차 태재 벼슬을 달라고 요청하였다. 은공이 말하였다. "그가 어려서 아직 안 주었지, 나는 그에게 왕위를 물려줄 것이다." 토구 지방에 영지를 만들도록 시키고 말하였다. "내가 장차 여기에서 은퇴생활을 할 것이다.") 《좌전(左傳)·은공(隱公) 11년》)

昔者吾舅[23]死於虎、吾夫又死焉、今吾子又死焉。(예전에 우리 시아버지께서 호랑이에게 죽음을 당했고, 우리 남편도 그렇게 죽었으며, 이제 우리 아들도 그렇게 죽었습니다.) 《예기(禮記)·단궁하(檀弓下)》)

---

19 '桓公'은 노은공(魯隱公)의 동생이다. [역주] 이복동생으로, 환공은 적자이고 노은공은 서자이다.

20 "求太宰"는 태재(太宰) 벼슬을 희망하는 것이다.

21 "爲其少故也"는 은공이 말한 것으로, 이 말은 환공이 어리기 때문에 임금 자리를 그에게 전달하지 않았고, 나중에 그에게 전달하려고 한다는 의미이다. 이는 또한 환공을 죽일 필요가 없음을 말한 것이다.

22 "營菟裘"에서 '菟裘'는 노나라의 읍(邑) 명칭이다. 은공이 토구(菟裘)에 자신이 장래에 물러나서 살 집과 정원을 짓게 시킨 것이다. 이후에 '菟裘'라는 말은 은퇴하는 곳을 가리킨다.

23 '舅'는 남편의 아버지이다.

"老焉"은 "老於是(菟裘)"(여기(토구)에서 늙겠다.)이고, "死焉"은 "死於是(虎)"(호랑이에게 죽었다.)이다.《단궁(檀弓)》의 예는 여기 나열된 세 문장의 배열에서 보자면, 더욱 선명하다. 이는 모두 어기조사와 서로 섞일 수 없는 것이다.

제2절 감탄문

찬미(贊美), 증오(憎惡), 환락(歡樂), 비상(悲傷), 우수(憂愁) 등의 감정을 나타내는 문장을 감탄문[感嘆句]이라 한다. 감탄문은 일반적으로 감정의 요소를 이끌어내는 방식으로 존재한다. 예를 들어 "我們的祖國多麼可愛呀！"(우리의 조국이 얼마나 사랑스러운가!) "這支樂曲太美妙了！"(이 악곡 참으로 아름답고 즐겁다!) '可愛', '美妙'는 찬미라는 감정의 요소를 문장 내에서 이끌어내는 것이다. 설명의 편리함을 위해 이러한 것을 감탄중심(感嘆中心)이라고 하겠다. 감탄문의 구성은 여러 부분이 감탄중심과 관련이 있다. 대체적으로 말하자면 감탄문의 구성은 어순의 변환, 감탄중심에 수식으로 제한하여 더욱 도드라지게 함, 감탄사와 감탄 어기조사를 사용함, 문장의 중복 등 이러한 몇 가지 수단으로 이루어진다.

어순의 변환이라는 것은, 일반적으로는 술어를 주어 앞으로 옮기는 것을 가리킨다. 앞에서 이야기한 적이 있듯이, 감탄문은 대략 사물의 성질과 기능을 서술하는 문장으로, 사물의 성질과 기능은 술어 속에 있기에 이러한 성질과 기능이 감탄중심을 형성한다. 현재 이러한 중심을 문장의 가장 앞부분으로 올리는 것은 당연히 말하고자 하는 사람이 이에 대한 감정을 돌출시킬 수 있는 것이다. 이에 대해서는 앞 장에서 이미 설명하였기 때문에 다시 예를 들지는 않겠다.

　감탄중심에 수식으로 제한하는 것은 현대중국어에서는 '多', '多麼', '好', '好不'를 사용한다. 문언문에서는 '何', '何其', '一何(壹何)', '誠'을 사용한다. 예를 들어,

　　　信[24]到、奉所惠貺[25]、發函[26]伸紙、是何文采之鉅麗、而慰喻之綢繆乎！(사신이 도착하여, 내려주신 것을 받았습니다. 편지를 열고 종이를 펴니, 문채가 화려하고 위로하시는 말씀이 꼼꼼하신지요!) (오질(吳質)《답동아왕서(答東阿王書)》)

　　　嗷嗷空城雀、身計何戚促[27]！本與鷦鷯群、不隨鳳凰族。提携四黃口[28]、厥乳未嘗足。食君糠秕餘、甞(常)恐烏鳶逐。(짹짹거리는 텅 빈 성의 참새는 제 몸 챙기기에 얼마나 궁박한가? 본래 뱁새의 무리와 함께 하는 처지라 봉황의 족속을 따르지 않네. 새끼 네 마리를 데리고 다니며 먹이 먹이는데 충분한 적 없었고, 그대가 남긴 겨와 쭉정이 먹으면서 항상 까마귀와 솔개가 쫓아올까 두려워했네.) (이백(李白)《공성작(空城雀)》시(詩))

　　　始陛下與臣等起豐沛、定天下、何其壯也！今天下已定、又何憊也！(처음 폐하께서 신 등과 함께 패현의 풍읍에서 일어나 천하를 평정했을 때 얼마나 씩씩하였는지요! 지금 천하가 평정되었는데 얼마나 지쳐 보이는지요!) (《사기(史記)·번역등관열전(樊酈滕灌列傳)》)

24　'信'은 사자(使者)를 말한다.
25　'貺'은 내려주다이다.
26　'函'은 편지이다.
27　'戚促'에서 '戚'은 '蹙'과 통가하는 것으로, '戚促'은 곤궁한 모습을 나타낸다.
28　'黃口'는 어린 참새를 말한다.

上有弦歌曲、音響一何悲！(위에서 현으로 연주하는 노랫소리 있는데, 그 음악소리 얼마나 슬픈지!)《고시십구수(古詩十九首)》

吏呼一何怒！婦啼一何苦！(관리의 호출은 얼마나 사납고, 부인의 울음은 얼마나 괴로운지!) (두보(杜甫)《석호리(石壕吏)》시(詩))

王撫髀驩(歡)曰：“誠壯士！誠壯士！”(덕왕(德王)이 넓적다리를 치며 기뻐하며 말하였다. “진정으로 장사로다! 진정으로 장사로다!”) (송렴(宋濂)《진사록(秦士錄)》)

위의 문장 중 “是何文采之鉅麗, 而慰喻之綢繆乎！”에서 앞 문장은 동아왕(東阿王, 즉 조식(曹植))이 보내온 글을 찬미하였고, 뒷문장은 그의 위로에 대해 감사하였다. 이러한 찬미와 감사의 정을 전달할 수 있는 것은 ‘何’자가 있기 때문이다. 만약 “發函伸紙, 文采鉅麗, 慰喻綢繆”(보내주신 편지는 문채가 화려하고, 위로하신 말씀이 꼼꼼합니다.)라고 하였다면, 찬미와 감사의 의미를 가지고 있긴 하지만 이미 객관적인 판단으로 변하여 마치 편지에 대해 작문의 평가를 하고 있는 것과 같다. 이러한 경우에는 어떠한 감정의 직접 진술을 가지지 않으며 감탄문이 될 수 없다. “生計何戚促”의 ‘何’자가 생략되는 것도 또한 같은 종류로, 나머지는 유추할 수 있다. 마지막 문장에서 만약 “壯士！壯士！”라고 했어도 감탄문이 아닌 것은 아니지만, 감탄의 의미를 잃지 않는 이유는 문장을 중복하는 다른 방식으로 감탄을 나타내는 요소에 의지하기 때문이다. ‘誠’자를 더한 것은 감탄의 의미를 충족시키는 수단이다. 이 외에도 몇몇 정도를 나타내는 부사 또한 사물의 특성과 정도의 무게를 더해주고 감탄 어기를 나타내는 데에 도움을 준다. 그렇지만 이미 정도의 범위를 나타내는 것에 속하지, 감탄 어기를 구성하는 주요 수단은 아니다.

어기조사를 사용하는 것은 감탄 어기를 나타내는 중요한 수단이다. 감탄어기를 나타내는 조사로는 '哉', '與(歟)', '乎', '夫', '矣' 등이 있다. 이러한 어기조사는 여전히 그 기능이 감탄중심의 무게를 더해주는 데에 있다. 예를 들어,

馮公之論將率(帥)也、有味哉、有味哉！(풍당이 장수에 대해 논의한 것은 깊은 맛이 있구나! 깊은 맛이 있구나!) 《사기(史記)·장석지풍당열전(張釋之馮唐列傳)》

荒²⁹哉隋家帝、制此³⁰今頹朽。(방탕하고 사치스럽구나, 수의 황제여! 여기 구성궁을 지었으나 지금은 썩어가네.) (두보(杜甫) 《구성궁(九成宮)》 시(詩))

猗與³¹那³²與！(아아! 성대하고 많구나!) 《시(詩)·상송(商頌)·나(那)》

曾子曰：“可以託六尺之孤、可以寄百里之命³³、臨大節而不可奪也、君子人與！君子人也。”(증자가 말하였다. “6척의 어린 임금을 보좌하고, 백리 크기 나라의 정무를 맡길 만하며, 국가의 위급한 상황에 있어서도 빼앗기지 않는다면 군자겠지! 군자이다.”) 《논어(論a語)·태백(泰伯)》

惜乎、子不遇時！如令子當高帝時、萬户侯豈足道哉！(어색하다, 그대가 때를 만나지 못한 것! 만약 그대가 고제(高帝, 유방) 때에 있었다면 만호후가 어찌 말할 수 있었겠는가!) 《사기(史記)·이장군열전(李將軍列傳)》

---

29 '荒'은 방탕스럽고 사치스러움을 말한다.

30 '此'는 구성궁(九成宮)을 가리킨다.

31 '猗與'는 찬미를 나타내는 감탄사이다.

32 '那'는 많다는 의미이다. 상탕(商湯)의 무공(武功)이 성대하고 많음을 찬미하는 것이다.

33 "託孤寄命"은 그에게 어린 임금을 보좌하여 백리(百里) 크기의 나라의 정무를 처리하라고 맡기는 것이다.

惠王既去、而謂左右曰："公叔病甚³⁴、悲乎、欲令寡人以國聽³⁵公孫
鞅也！"(혜왕이 떠나면서 좌우의 사람들에게 말하였다. "공숙좌의 병이 심
하니 슬프다. 그는 과인이 나라를 공손앙에게 맡기도록 원한다!") 《사기(史
記)·상군열전(商君列傳)》)

仁夫、公子重耳！(어질도다, 공자 중이여！) 《예기(禮記)·단궁하(檀弓
下)》)

南人有言曰："人而無恒、不可以作巫醫。"善夫！(남쪽 속담에서 말
하였다. "사람이 일정함이 없으면, 무당과 의사도 하면 안 된다." 좋은 말이
다！) 《논어(論語)·자로(子路)》)

逷矣、西土之人³⁶！(멀도다, 서쪽 땅 사람들이여！) 《서(書)·목서(牧誓)》)

茂矣、美矣、諸好備矣！盛矣、麗矣、難測究矣！(풍성하고 아름다
워, 온갖 좋은 것들이 갖추어졌네！ 성대하고 화려하여, 이루 다 헤아리기 어
려웠지！) (송옥(宋玉)《신녀부(神女賦)》)

이러한 감탄 어기조사는 대체로 현대중국어의 '啊'에 해당한다. 예를
들어 "善夫！"는 "好啊！"(좋구나！)라고 할 수 있고, "有味哉！"는 "有味
啊！"(맛이 있구나！) 등의 종류로 말할 수 있다. '矣'자는 "至矣！盡矣！不
可以加矣！"(지극하구나！ 대단하구나！ 더할 수 없을 것이다！)처럼 감탄문에서
쓰일 때에는 다음처럼 번역할 수 있을 것이다. "登峰造極了！完美無缺
了！沒有辦法超過了！"(최고에 이르렀구나！ 완벽하여 결점이 없구나！ 넘어설
수 없구나！) 그렇지만《신녀부(神女賦)》의 예처럼, "諸好備矣, 難測究矣"(온갖

---

34 '病'은 병이 위중하여 혼미해진 것을 말한다.

35 '聽'은 그에게 부탁하여 일을 처리하도록 맡기는 것이다.

36 '逷'는 멀다는 의미이다. 이는 주무왕(周武王)이 병사들이 먼 곳으로 정벌을 갈 때에 위로
하는 말이다.

고대중국어 통론

좋은 것이 갖추어졌네, 이루 다 헤아리기 어려웠네.)의 '矣'는 '了'로 번역할 수 있을 것이지만, 나머지 네 개의 '矣'자와 《목서(牧誓)》의 '矣'는 '啊'로만 번역할 때 바꿀 수 있다. 이러한 경우에는 다음과 같이 말할 수 있다. '了'로 바꿀 수 있는 '矣'는 동작성이 있는 조사로, 어기 중에 설명의 성분이 비교적 많다. '了'로 바꿀 수 없는 '矣'는 정적인 조사로, 순수하게 감탄을 나타내는 의미이다. 술어가 맨 앞에 놓인 감탄문에서 보자면, 감탄 어기조사는 감탄중심과 긴밀하게 붙어 있어서 전체 문장의 끝에 있지 않다. 감탄 어기조사의 기능 또한 감탄중심의 무게를 더하여주는 것에 있어 감탄중심 앞에 제한적으로 수식하는 단어와 유사한 점이 있다. 《논어(論語)》의 예에 대해서 주희(朱熹)의 《집주(集注)》는 '與'를 의문 어기조사로 보았지만, 유기(劉淇)의 《조자변략(助字辨略)》에서는 "君子人與！君子人也."에 대해 앞의 것은 감탄이고, 뒤의 것은 결단을 나타내는 조사[決辭]라 하였다. 유기의 관점이 맞다. 하나는 감탄이고, 하나는 긍정으로 가리키는 사람이 군자임을 설득하는 것이 간절하고 의심이 없게 되는 것이다.

　사람은 감정이 심하게 움직일 때에는 구체적인 의미가 없는 감탄의 소리를 낼 때가 있는데, 이러한 소리를 묘사하는 단어가 바로 감탄사이다. 감탄사는 감탄문에서의 독립적인 성분이다. 문언문에서는 감탄사로 '嗚呼(於戲, 烏嘑)', '嗟', '嗟乎', '嗟哉', '噫', '嘻(譆)', '噫嘻', '吁', '唉' 등[37]이 있다. 예를 들어,

---

37　또한 《서경(書經)》에서는 '都'가 있고, 《시경(詩經)》에서는 '於(wū)'가 있는데, 모두 찬미에 쓰이는 감탄사이다.

嗚呼、孰謂汝遽去吾而歿乎！(아아! 네가 갑자기 나를 떠나서 죽게 될 줄이야 누가 알았을까!) (한유(韓愈)《제십이랑문(祭十二郎文)》)

嗚呼、豈六義四始[38]之風、天將破壞不可支持耶！ 抑又不知天之意不欲使下人[39]之病苦聞於上耶！(아아! 어찌 육의와 사시에서 나타내는 깊은 의미와 같은 풍조를 하늘이 파괴하고 지지할 수 없다는 것인지! 아니면 하늘의 의도를 모르고, 백성들의 고통스러움을 하늘에게 들려주도록 하고 싶어 하지 않음인지!) (백거이(白居易)《여원구서(與元九書)》)

嗚呼、其眞無馬邪(耶)！ 其眞不知[40]馬也！(아아! 어찌 정말로 좋은 말이 없는 것인가! 좋은 말을 못 알아보는 것이겠지!) (한유(韓愈)《잡설(雜說)》)

惜乎、吾不及其時進退揖讓於其間！ 嗚呼、盛哉！(애석하도다, 나는 그 사이에 때에 맞추어 나아가고 물러나고 읍양하는 것에 미치지 못했다! 아아, 대단하구나!) (한유(韓愈)《독의례(讀儀禮)》)

父曰：“嗟、予於行役、夙夜無已[41]！”(아버지 말씀하셨네. “아아! 아들아, 전쟁에 나아가서 밤새 그치지 못하네.”) (《시(詩)·위풍(魏風)·척호(陟岵)》)

嗟乎、言未終而足下左轉[42]、不數月而僕又繼行、心期索然、何日成就、又可爲之嘆息矣。(아아! 말이 끝나지도 않았음에도 그대는 좌천을 당

---

38 한(漢)나라 사람들이 《시(詩)》를 설명할 때, '부(賦)', '비(比)', '흥(興)', '풍(風)', '아(雅)', '송(頌)'을 《시》의 육의(六義)라고 하였다. 또한 〈관저(關雎)〉를 풍(風)의 시작[始](첫편)으로, 〈녹명(鹿鳴)〉을 소아(小雅)의 시작으로, 〈문왕(文王)〉을 대아(大雅)의 시작으로, 〈청묘(淸廟)〉를 송(頌)의 시작으로, 이 네 가지를 사시(四始)라 하였다. 여기에서는 시(詩)의 깊고 오묘한 이치를 가리킨다.

39 '下人'은 백성을 가리킨다.

40 [역주] 다른 판본에서는 '識'으로 되어 있다. 의미는 같다.

41 "夙夜無已"는 새벽부터 밤까지 그치지 않음을 말한다.

42 '左轉'은 '좌천(左遷)'으로 관직이 떨어짐을 말한다.

하고, 몇 개월 지나지 않아 저 또한 이어서 가게 되었습니다. 마음이 허전하여 어느 날 이룰 것인지 또한 그러한 것을 탄식하게 되겠습니까!) 《여원구서(與元九書)》

嗟哉董生、朝出至⁴³夜歸、讀古人書、盡日不得息；或山而樵、或水而漁、入廚具甘旨⁴⁴、上堂問起居；父母不戚戚、妻子不咨咨⁴⁵！ (아아! 동생(董生)이여! 아침에 나가 밭을 갈고 저녁에는 돌아와 옛날 사람들의 책을 읽네. 하루 종일 쉬지 않는구나. 산에 가서 나무를 하고, 물에 가서는 물고기를 잡으며 주방에 들어가서는 맛있는 음식을 준비해서 당에 올라 안부를 묻는구나. 부모님은 걱정하지 않고, 처자식들도 불만하지 않네.) (한유(韓愈) 《차재동생행(嗟哉董生行)》)

顔淵死、子曰：“噫、天喪予！ 天喪予！”(안연이 죽자, 공자가 말하였다. “아! 하늘이 나를 버렸네! 하늘이 나를 버렸네!”) 《논어(論語)·선진(先進)》

噫、斗筲⁴⁶之人、何足算也！ (아! 도량이 좁은 사람을 어떻게 포함시킬 수 있겠는가!) 《논어(論語)·자로(子路)》

噫、微⁴⁷斯人、吾誰與歸⁴⁸！ (아! 이 사람들이 아니라면 내가 누구와 함께 부러워할 것인가!) (범중엄(范仲淹) 《악양루기(岳陽樓記)》)

噫嘻前朝、孽臣奸驕、爲昏爲妖！ (아! 이전 왕조에서는 요망한 신하들이 간사하고 교만하여 어리석고 요상한 짓을 하였다!) (원결(元結) 《중흥송

---

43 [역주] 다른 판본에서는 '耕'으로 되어 있다. 해석은 이를 따른다.
44 '甘旨'는 맛있는 음식으로, 부모님께 바치는 것이다.
45 '咨咨'는 원한을 가진 모습이다.
46 '筲'는 대나무 그릇으로, 한 말[斗] 두 되[升]를 담는다. '斗筲'은 많은 물건을 담을 수 없다. 이 때문에 기량이 크지 않다고 파악되는 사람을 “斗筲之人”이라고 한다.
47 '微'는 '~이 아니라면'의 의미이다.
48 '歸'는 기울다, 부러워하다이다.

《中興頌)》

噫嘻、悲夫、此宋司馬桓魋之墓也。(아! 슬프도다! 여기는 송나라의 사마환퇴의 묘이다.) (소식(蘇軾)《유항산기(游桓山記)》)

伯魚[49]之母死、期[50]而猶哭。夫子聞之、曰﹕"誰與、哭者？"門人曰﹕"鯉也。"夫子曰﹕"嘻、其甚也！"(백어의 어머니가 죽자, 일년이 지났음에도 여전히 울었다. 공자가 듣고서는 말하였다. "누군가, 우는 자는?" 문인이 말하였다. "공리(孔鯉)입니다." 공자가 말하였다. "아! 심하구나!") 《예기(禮記)·단궁상(檀弓上)》

嘻、子毋讀書游說、安得此辱乎！(아! 그대가 책을 읽고 유세를 하지 않았다면 어찌 이러한 욕을 얻겠습니까!) 《사기(史記)·장의열전(張儀列傳)》

譆、善乎、技蓋至此乎！(아! 대단하구나! 기술이 여기까지 이르렀구나!) 《장자(莊子)·양생주(養生主)》

唉、豎子不足與謀！(아! 어린아이와는 함께 논의할 수 없겠구나!) 《사기(史記)·항우본기(項羽本紀)》

　　감탄사는 단지 소리일 뿐으로, 어떠한 소리가 어떠한 감정을 나타내는 것인지는 확정하기 쉽지 않다. 언어 환경과 결합하여 보자면 앞에서 들고 있는 것에서 하나의 감탄사에 두세 가지 예가 있는 것은 이러한 까닭이다. 예를 들어 '嗚呼'는 첫번째, 두번째 예에서는 비통하거나 속상한 마음을 나타낸다. 세번째 예의 의미는 세상 사람들은 말의 성격이나 재능을 알지 못하고서 그를 잘 길러 쓸 수 없으면서 오히려 좋은 말(실제로는 인재(人才)를 가리킨다.)이 없다고 말하는 것으로, 개탄을 나타낸다. 네번째 예는 서주(西

49　'伯魚'는 공자의 아들로 이름은 '鯉'이다.

50　'期(jī)'는 1년, 한 해이다.

周)의 예악(禮樂)이 번성했음을 회상하는 것으로, 찬미를 나타낸다. 첫번째와 네번째 예에서의 '嗚呼'의 차이는 매우 크다. 나머지 예에서는 '嗟'는 애석하고 근심하는 것이고, '嗟乎'는 개탄을 나타내고, '嗟哉'는 찬미를 나타낸다. 첫번째 '噫'는 비통을 나타내고, 두번째는 경시(輕視)를 나타내며, 세번째는 사모(思慕)를 나타내는 등, 일일이 다 거론할 수 없다. 또한 《후적벽부(後赤壁賦)》의 "嗚呼噫嘻, 我知之矣."(아! 나는 알겠도다.)와 같은 것은 또한 성찰하여 깨달음을 나타내어 '噢', '咦'와 비슷하다. 《이릉전(李陵傳)》의 "咄！少卿良苦."(아! 소경은 오랫동안 고생이 많으셨소.)는 상대방의 주의를 이끌어내는 소리일 뿐으로, 이러한 것들은 모두 문장에서 주는 맛을 잘 파악해 내야 한다.

감탄문의 구성은 대체로는 위에서 설명한 것과 같다. 그 외에도 반문[反詰]이나 추측[測度]의 어기를 사용하여 감탄을 나타내는 것도 있다. 예를 들어 일반적인 의문 어기를 사용하는 것으로는 "孰謂汝遽去我而歿乎！"(아아! 네가 갑자기 나를 떠나서 죽게 될 줄이야 누가 알았을까!) 반문의 어기를 사용한 것으로는 "其真無馬邪！"(어찌 정말로 좋은 말이 없는 것인가!) 여기에서의 '其'는 '豈'에 해당한다. 추측의 어기를 사용한 것으로는 "豈六義四始之風, 天將破壞不可支持耶！抑又不知天之意不欲使下人之病苦聞於上耶！"(아아! 어찌 육의와 사시에서 나타내는 깊은 의미와 같은 풍조를 하늘이 파괴하고 지지할 수 없다는 것인지! 아니면 하늘의 의도를 모르고, 백성들의 고통스러움을 하늘에게 들려주도록 하고 싶어하지 않음인지!) 《역(易)·건(乾) 문언(文言)》의 "其唯聖人乎！知進退存亡[51]而不失其正者, 其唯聖人乎！"(아마도 성

---

51 "知進退存亡"은 나아가는 것과 물러나는 것, 살아남는 것과 망하는 것을 아는 것으로 사

인이겠지! 나아가고 물러나고 살아남고 망하는 것을 알면서 올바름을 잃지 않는 것은 아마도 성인이겠지!) 또한 추측의 어기로 감탄을 나타내는 것이다. 정리하자면 감탄문은 감정을 드러내는 것을 위주로 하는 것으로, 문장 내에서 감정을 드러내는 것이 진정으로 있다면 감탄문으로 포함시켜야 할 것이다.

제3절 의문문

두루뭉술하게 말하자면 의문을 나타내는 문장을 의문문이라고 한다. 그렇지만 사실상 의심 나는 것이 있어서 질문하는 것이 있고, 의심과 믿음 사이에서 묻는 형식도 있다. 본래는 긍정하는 일이었으나 어기를 부드럽게 하여 의문의 형식으로 드러내는 것도 있고, 확실히 긍정적이지만 어기를 강조하기 위해 반문의 형식을 사용하기도 한다. 이러한 내용을 근거로, 의문문을 순문문[詢問句], 추측문[測度句], 반힐문[反詰句]으로 나누고자 한다.

1. 순문문[詢問句]

순문문에는 특지의문문[特指問句], 시비의문문[是非問句], 선택의문문[選擇問句] 등 세 가지 종류가 있다. 특지의문문은 상황에 있어 어느 부분에 대해 모르는 것이 있을 때 문장 내에 의문 대체사를 사용하여 모르는

물 발전의 한 과정이나 상황만을 국한하여 보지 않음을 말한다.

부분을 가리키고 상대방이 의문 대체사가 정해주는 범위를 답변으로 제시하는 것이다. 예를 들면 "子爲誰？"(너는 누구냐?)는 나는 네가 누구인지 모르기 때문에, 너는 '誰'라는 의문 대체사에 답을 해야 한다. 시비의문문은 하나의 설명법을 제시하여, 상대방이 그것이 옳은지 그른지를 판정해 줄 것을 요청하는 것이다. 예를 들어 "能持矛鼓譟前登堅城乎？"(창을 들고 소리를 높이면서 앞서서 견고한 성에 오를 수 있는가?) 답할 때에는 '是'(예) 또는 '否'(아니오)이거나, '能'(할 수 있다) 또는 '否(不能)'(할 수 없다)으로 하고 구체적인 사람이나 사물, 원인, 목적 등을 제시할 필요는 없다. 선택의문문은 몇 가지 사물을 나열하여 상대방이 그 중 하나를 긍정의 답으로 선택하도록 요구하는 것이다. 예를 들어 "事齊乎, 事楚乎？"(제나라를 섬길 것인가, 초나라를 섬길 것인가?)는 상대가 제나라를 섬길지 초나라를 섬길지 두 가지 항목 중 하나를 선택하여 답한다. 답의 방식은 특지의문문과 같지만, 문제의 성질은 두 개의 시비의문문이 중첩한 것으로, 묻게 되는 각 항목에 대해 각각 대답을 '예' 또는 '아니오'를 하는 것과 같기 때문이다. 또한 하나의 일의 긍정과 부정 두 가지 면을 나란히 제시하여 결정하게 요구하는 것이다. 예를 들어 "是否可行"(해도 안 해도 좋다.)라는 것도 또한 선택의문문의 하나의 형식으로, 몇몇 어법학자는 반복의문문[反覆問句]이라고 분류하기도 한다. 특지의문문을 구성하는 주요 요소는 의문대체사이다. 시비의문문과 선택의문문에서는 어기조사로 어기를 전달하는 것이 필요하고, 어느 때에는 어기부사 또는 접속사를 필요로 한다.

특지의문문을 알기 위해서는 주로 의문 대체사를 알아야 한다. 의문 대체사에는 사람을 묻는 것이 있고, 사물을 묻는 것이 있다. 사람을 묻는 의문 대체사는 '誰', '疇', '孰', '何〔人〕'이 있고, 이 중에 '孰'은 사물을 묻는 데

에도 쓸 수 있다. 예를 들어,

① 誰習計會、能爲文收責(債)於薛者乎？(어느 분이 계산에 익숙하여 저를 위해 설(薛)지방에서 빚을 받아오실 수 있겠습니까?) 《전국책(戰國策)·제책(齊策)》

② 汝復誰？ (너는 또 누구냐?) 《열이전(列異傳)·송정백착귀(宋定伯捉鬼)》

③ 吹參差兮誰思？(퉁소를 불면서 누구를 생각하는가?) 《초사(楚辭)·구가(九歌)·상군(湘君)》

④ 虎兕出於柙、龜⁵²玉毀於櫝中、是誰之過與？(호랑이나 외뿔소가 우리에서 나오고, 거북 껍질과 옥과 같은 보물이 궤짝 안에서 훼손되었다면 이는 누구의 잘못인가?) 《논어(論語)·계씨(季氏)》

⑤ 帝曰："疇若予上下草木鳥獸⁵³？"(순임금이 말하였다. "누가 나의 산이나 언덕, 호수나 늪의 풀과 나무, 새와 짐승을 잘 다루겠는가?") 《서(書)·순전(舜典)》

⑥ 孰能爲我使淮南？(누가 나를 위해 회남으로 사신을 가겠는가?) 《사기(史記)·경포열전(黥布列傳)》

⑦ 哀公問："弟子孰爲好學？"(애공이 물었다. "제자 중에 누가 배우는 것을 좋아하였습니까?") 《논어(論語)·옹야(雍也)》

⑧ 客有爲齊王畫者、齊王問曰："畫孰最難者？" 曰："犬馬難。" "孰易者？" 曰："鬼魅最易。"(손님 중에 제왕을 위해 그림을 그리는 사람이 있었다. 제왕이 물었다. "그림 중에서 가장 어려운 것은 무엇입니까?" 말

---

52 '龜'는 거북 껍질로 점을 칠 때 사용한다. 국가의 큰 일에는 거북 껍질을 사용하여 점을 친다. 따라서 거북 껍질과 옥은 모두 귀한 보물이다.

53 '若'은 따르다, 적절하게 처리하다는 의미이다. '上'은 산이나 언덕, '下'는 호수나 늪을 가리킨다.

하였다. "개와 말이 어렵습니다." "어떠한 것이 쉽습니까?" 말하였다. "귀신
과 도깨비가 가장 쉽습니다.") 《한비자(韓非子)·외저설좌상(外儲說左上)》)

⑨ 賢者孰謂？ 謂叔術也。(현자는 누구를 가리키는가? 숙술을 가리킨
다.) 《공양전(公羊傳)·소공(昭公) 31년》)

'誰'자가 쓰이는 곳이 가장 많다. 주어, 판단문의 술어, 목적어, 소유 관
계를 나타내는 관형어로 쓰일 수 있다. ①②③④가 이러한 예이다. '疇'는
'誰'의 가차이긴 하지만, 주어로만 쓰인다. '孰'은 주어로 쓸 수 있어 ⑥⑦
⑧이 이에 해당한다. 목적어로도 쓰일 수 있으니 ⑨가 그러하다. '孰'은 현
대중국어의 '誰'에 해당하는 것 이외에도 여러 가지 중의 하나를 물을 때
에도 쓰는데, 현대중국어의 "哪一個"에 해당한다. ⑦⑧이 이러한 예이다.

사물에 대해 묻는 의문 대체사는 복잡하게도 많다. '何', '奚', '曷', '焉',
'安' 등이 있다. 하나의 대체사가 다양한 용도를 겸하여 쓰인다. 현대중국
어의 의문 대체사를 기준으로 놓는다면 아래의 몇 가지로 나눌 수 있을 것
이다.

'什麼'(무엇)에 해당하는 것으로는 '何', '奚'가 있다. 예를 들어 "問臧[54]
奚事？則挾笈[55]讀書。"(하인에게 무슨 일을 하였느냐고 물었다. 대답하길 죽간
을 끼고서 책을 읽었다고 하였다.) 《장자(莊子)·변무(騈拇)》)에서, '奚事'는 "무
엇을 하였느냐?[干什麼]"의 의미이고, "何事"라고 바꿀 수 있다. '怎樣'(어
떻게)에 해당하는 것으로는 '何如', '如何', '奚如', '安', '焉' 등이 있다. 앞의
세 개는 상태를 묻는 것이다. 예를 들어 "今日之事如何？"(오늘 일은 어떠한

---

54 '臧'은 하인을 가리킨다.

55 '笈'은 '箑'과 같은 것으로, 엮어서 이어 놓은 죽간으로 글을 쓸 때 사용하는 것이다.

가?) 《사기(史記)·항우본기(項羽本紀)》) "卿以爲奚如？"(그대는 어떻게 생각하
십니까?)《사기(史記)·평원군우경열전(平原君虞卿列傳)》) 뒤에 있는 두 개는 이
유를 묻는 것이다. 예를 들어 "後生可畏, 焉知來者之不如今也？"(이후에 태
어난 후배들이 두려우니, 이후에 올 사람들이 지금 사람보다 못하다는 것을 어떻
게 알겠는가?) 《논어(論語)·자한(子罕)》) "子非魚, 安知魚之樂？"(그대는 물고
기가 아니니, 물고기의 즐거움을 어찌 알겠는가?) 《장자(莊子)·추수(秋水)》) 여
기에서의 '焉', '安'은 '何'로 바꿀 수 있다. 그렇지만 '何'는 상태를 물을 수
는 없다. "安知"와 "焉知"를 백화로 번역하면 두 가지 방식으로 할 수 있
다. 직역을 한다면 "怎樣知道"(어떻게 아는가?)이고, 의역을 한다면 "有什麽
理由知道"(어떠한 이유가 있어 그것을 아는가?)로 될 것이다. '爲什麽'(왜, 어째
서)에 해당하는 것으로는 '何', '奚', '曷(盍)' 등이 있다. 예를 들면 "夫子何
哂由⁵⁶也？"(선생님께서는 어째서 유(由)에 대해 웃으십니까?) 《논어(論語)·선진
(先進)》) "子奚不爲政？"(선생님께서는 어째서 정치를 하지 않으십니까?)《논어
(論語)·위정(爲政)》) "盍不爲行⁵⁷？"(어찌하여 고상한 덕행을 하지 않는 겁니까?)
《장자(莊子)·도척(盜跖)》) '曷(盍)'의 사용 범위는 매우 좁아서, 일반적으로
는 원인을 물을 때에만 사용한다. 그렇지만 《한서(漢書)·왕포전(王褒傳)》에
서 말하는 "其得意若此, 則胡(何)禁不止, 曷令不行？"(마음에 드는 것이 이와
같다면, 어떠한 것도 막지 못하고, 어떠한 명령이라도 하지 않겠습니까?)에서는
'曷'이 무엇으로 풀이된다. 이는 매우 드문 예이다. '哪兒'(어디)에 해당하

---

56 '由'는 중유(仲由)로, 자는 자로(子路)이다. 공자의 제자이다.
57 '行'은 고상하고 정의로운 행동거지를 가리킨다.

는 것으로는 '何', '安', '焉', '奚' 등이 있다. 예를 들어 "牛何之[58]？"(소는 어디로 갑니까?) 《맹자(孟子)·양혜왕상(梁惠王上)》) "汝安從知之"(그대는 어디에서 그를 알게 된 것입니까?) 《한서(漢書)·경포전(黥布傳)》) "顧安所得酒乎？"(살펴보면 술은 어디에서 얻습니까?) (소식(蘇軾)《후적벽부(後赤壁賦)》) "且焉置土石？"(그리고 흙과 돌을 어디에 둘 것인가?) 《열자(列子)·탕문(湯問)》) "子路宿於石門, 晨門[59]曰：'奚自？'"(자로가 석문에서 하룻밤 머물렀다. 문지기가 말하였다. '어디서 오셨습니까?') 《논어(論語)·헌문(憲問)》)

이 외에도 원인을 묻는 것으로는 '何以'라고 묻는 것이 있는데, 이는 의문 대체사 '何'와 전치사 '以'의 결합체로서, 본래는 '무엇을 가지고', '무엇에 의지하여' 등의 의미로, 파생하여 '무엇 때문에'가 되면서 원인을 묻는데에 쓰이게 되었다. 방식과 방법을 묻는 것으로는 '如何(若何)', '奈何'가 있다. 예를 들어 "爲之奈何"(어찌 해야 합니까?)는 "하려고 하면 어떻게 해야 합니까?[做起來, 怎麼辦]"로, 항우(項羽)의 《해하가(垓下歌)》에서 말한 "騅不逝兮可奈何？"(오추마가 나아가지 않네. 어찌해야 하나?) 또한 '어떻게 해야 하나?[怎麼辦]'이다. '如何', '奈何' 중간에 또한 명사나 대체사를 삽입하여, '如之何', '奈之何……' 등의 형식으로 바꾸어 '……을 어찌 해야 하는가'[拿…… 怎麼辦]의 의미를 나타낸다. 예를 들어 《해하가(垓下歌)》의 "虞兮, 虞兮, 奈若何？"(우야, 우야, 어찌해야 하는가?)는 "그대를 어찌 해야 하는가?"로 항우(項羽)의 군대가 지고 세력이 궁핍해졌을 때, 그가 아끼던 미인을 보호할 수 없게 되자 "어떻게 해야 하나[奈若何]"라고 말한 것이다. 《후

---

58 "何之"는 어디로 가는가이다.
59 '晨門'은 문을 지키는 사람이다.

적벽부(後赤壁賦)》에서 말한 "月白風淸, 如此良夜何"(달이 희고 바람이 맑은 이처럼 좋은 밤을 어떻게 하나?) 또한 "이러한 좋은 밤을 어떻게 해야 하나[拿這個良夜怎麼辦]"로, 의미는 어떻게 해야 이 좋은 밤을 헛되이 보내지 않겠는가를 말한 것이다. '如何', '奈何'는 또한 유감, 원하지 않음을 나타낸다. 《안자춘추(晏子春秋)》: "〔齊〕景公游於牛山, 臨齊國, 乃流涕而嘆曰：'奈何去此堂堂之國而死乎！ 使古而無死, 不亦樂乎！'"(〔제(齊)나라의〕 경공(景公)이 우산(牛山)에서 노닐다가 제(齊)나라에 이르러서는 눈물을 흘리면서 탄식하였다. '어떻게 이러한 성대한 나라를 떠나서 죽겠는가! 오래되어도 죽음이 없다면 또한 즐겁지 않겠는가!') 이 예는 안타까운 마음이 매우 명확하다. 그렇지만 이러한 용법은 번역을 '어떻게[怎麼]'라고 하더라도, 사실상 이미 의문문이 아니라 감탄문이 된다.

《안자춘추(晏子春秋)》를 제외하고 앞에서 든 예문들은 모두 구체적인 답안을 요구하는 것이다. 예를 들어 앞의 예 중에서 "臧奚事？"(하인이 무슨 일을 하는가?)라고 물은 것은 하인이 하고 있는 일인 "挾筴讀書"(죽간을 끼고 책을 읽었습니다.)를 가지고 답을 해야 한다. "且焉置土石？"(또 흙과 돌은 어디에 두는가?)라고 물으니, 답은 "投諸渤海之尾, 隱土之北."(발해의 끝과 은토의 북쪽에 버립니다.)이다. "月白風淸, 如此良夜何？"(달이 희고 바람이 맑은 이처럼 좋은 밤을 어떻게 하나?)라고 물으니, 답은 "今者薄暮, 擧網得魚…… 顧安所得酒乎？"(오늘 해질 무렵에, 그물로 물고기를 잡았습니다. …… 살펴보면 술은 어디에서 얻습니까?)라고 하여 문제의 반은 해결한 상황이다. 따라서 이러한 것은 모두 특지의문문이다.[60]

---

60 현대중국어의 의문 대체사는 특지의문문 외에도 임의의 것을 가리키는[任指] 것과 특별

의문 대체사는 특지의문문에서는 빠뜨릴 수 없는 것이지만, 특지의문문 중에는 어느 경우에는 의문 어기조사를 사용하기도 한다. 앞에서 든 예문 중에서 "誰習計會, 能爲文收責於薛者乎？"(어느 분이 계산에 익숙하여 저를 위해 설(薛)지방에서 빚을 받아오실 수 있겠습니까?) "是誰之過與？"(이는 누구의 잘못인가?) "夫子何哂由也？"(선생님께서는 어째서 유(由)에 대해 웃으십니까?) 모두 이러한 것이다. 몇몇 의문 어기조사가 없는 것에, 또한 의문 어기조사를 더할 수 있다. 예를 들어 "牛何之？"(소는 어디로 갑니까?) 뒷부분에 '耶'를 더할 수 있고, "且焉置土石？"(또 흙과 돌은 어디에 둡니까?) 뒷 부분에 '乎' 등을 넣을 수 있다. 그렇지만 의문 어기조사는 특지문에서는 필요하지 않지만, 시비의문문에서는 또한 빠지면 안 되는 표현 수단이다. 의문어기조사로는 '乎', '與(歟)', '邪(耶)', '也' 등이 있다. 이제 시비의문문에서 쓰이는 것을 아래에 예를 들고자 한다.

히 무언가를 지적하지 않는[虛指] 용법이 있다. 예를 들어 "我什麼都會、就是不會說笑話"(나는 어떤 것도 할 수 있기 때문에, 농담을 할 수 없다.)는 임의의 것을 가리키는 것이다. "我記得誰寫的一本小說裡有這麼個故事"(나는 누군가가 쓴 소설에서 이러한 일이 있었다는 것을 기억한다.)는 특별히 무언가를 지적하지 않는 용법이다. 고대중국어에서도 의문 대체사 중에서 특별히 무언가를 지적하지 않는 용법으로 쓴 것이 있다. 예를 들어 "有何人、天未明、乘馬以詔版付玄門使、日：'有詔。'因便馳走。"(어떤 사람이 날이 밝기도 전에 말을 타고서 하후현이 있는 문을 지키는 관리에게 주면서 말하였다. '조서가 있습니다.' 그러고나서는 바로 달려갔다.) 《삼국지(三國志)·위지(魏志)·하후현전(夏侯玄傳)》 "兒子何處得《寶月觀賦》, 朗然誦之。"(아이가 어딘가에서 《보월관부》를 얻어, 낭랑하게 읊었다.)(소식(蘇軾) 《여미원장서(與米元章書)》) 문장 내의 의문 대체사는 이름이나 신분 등을 알 수 없는 사람과 분명하지 않은 지방을 나타낸다. "指不知之事、而無詢問之意"(모르는 일을 가리키지만, 질문의 의도는 없다.) (양수다(楊樹達) 《사전(詞詮)》 151페이지) 이러한 것이 특별히 무언가를 지적하지 않는 것이다. 임의의 것을 가리키는 것은 대략 중고(中古) 시기 이후에야 비로소 나오는 것으로, 그 이전에는 거의 드물게 나타난다.

魯欲使樂正子爲政。孟子曰：“吾聞之、喜而不寐。”公孫丑曰：“樂正子强乎？”曰：“否。”“有知(智)慮乎？”曰：“否。”“多聞識⁶¹乎？”曰：“否。”“然則奚爲喜而不寐？”曰：“其爲人也好善。”“好善、足乎？”曰：“好善優於天下、而況魯國乎？”(노나라에서 악정자에게 정치를 하도록 시키고자 하였다. 맹자가 말하였다. "내가 그것을 들으니 기뻐서 잠이 오질 않는다." 공손추가 말하였다. "악정자는 강직합니까?" 말하였다. "그렇지 않다." "지혜와 사려 깊음이 있습니까?" 말하였다. "그렇지 않다." "듣고서 아는 것이 많습니까?" 말하였다. "그렇지 않다." "그렇다면 어째서 기뻐서 잠이 오질 않으신 겁니까?" 말하였다. "그 사람됨이 선을 좋아한다." "선을 좋아하는 것이면 충분합니까?" 말하였다. "선을 좋아하는 것이 천하에서 뛰어난데, 하물며 노나라에서는 어떻겠는가?") (《맹자(孟子)·고자하(告子下)》)

以子之道、移之官理、可乎？(그대의 방법을 관청에서 일하는 것으로 옮겨보면 괜찮겠습니까?) (유종원(柳宗元)《종수곽탁타전(種樹郭槖駝傳)》)

子貢問：“師與商也孰賢？”子曰：“師也過、商也不及。”曰：“然則師愈與？”(자공이 말하였다. "전손사(顓孫師)와 복상(卜商) 중에서 누가 더 현명합니까?" 공자가 말하였다. "전손사는 지나치고, 복상은 미치지 못한다." 말하였다. "그렇다면 전손사가 더 나은 것입니까?") (《논어(論語)·선진(先進)》)

文帝從霸陵上、欲西馳下峻阪。袁盎騎、並車(攬)轡。上曰：“將軍怯邪？”(문제가 패릉에서 올라갔다가, 서쪽으로 험한 언덕을 달려 내려가려고 하였다. 원앙은 말을 타고서 수레 옆에 나란히 하고서 고삐를 당겼다. 임금이 말하였다. "장군께서는 두렵습니까?") (《사기(史記)·원앙조조열전(袁盎晁錯列傳)》)

子張問：“十世可知也？”(자장이 물었다. "열 세대 후를 알 수 있겠습니

61　'識'는 음(音)은 志(지)이고, 기억하다는 의미이다.

　고대중국어 통론

까?") 《논어(論語)·위정(爲政)》

선택의문문은 두 개 이상의 사물을 나란히 나열하여 상대방으로 하여
금 하나의 답안을 선택하도록 하는 것이다. 앞에서 설명하였지만, 이러한
문장은 시비의문문의 중첩으로, 따라서 이러한 문장 또한 시비의문문과
같은 의문 어기조사를 사용한다. 또한 질문을 하는 요구는 답을 하는 사람
이 몇 가지 사물 중에서 하나를 선택하여 이것이 아니면 저것이 되기 때문
에, 따라서 몇 가지 항목 중간에 어느 경우는 선택을 나타내는 접속사를 사
용할 수 있다. 현대중국어에서는 '還是'를 사용하는데, 고대중국어에서는
'抑(意)', '將', '且', '寧', '爲'('爲當', '爲復', '爲是') 등이 있다. 예를 들어,

① 滕、小國也、間[62]於齊楚。事齊乎、事楚乎？(등나라는 작은 나라
로, 초나라와 제나라 사이에 끼어 있습니다. 제나라를 섬겨야 할까요? 초나
라를 섬겨야 할까요?) 《맹자(孟子)·양혜왕하(梁惠王下)》

② 子路問强。子曰："南方之强與、北方之强與、抑而强[63]與？"(자로
가 강함에 대해 물었다. 공자가 말하였다. "남방의 강함인가? 북방의 강함인
가? 아니면 네가 생각하는 강함인가?")《예기(禮記)·중용(中庸)》

③ 子禽問於子貢曰："夫子之至於是邦也、必聞其政。求之與、抑與
之與[64]？"(자금이 자공에게 물었다. "선생님께서 이 나라에 오시면 그 정치
에 대해 들으십니다. 그것은 선생님 스스로 그것을 추구하시는 겁니까? 아

---

62 '間(jiàn)'은 중간에 끼어 있음을 말한다.

63 '而强'에서 '而'는 '爾'의 통가이다. '而强'은 네가 생각하는 강함을 말한 것이다.

64 "求之與、抑與之與"는 스스로 추구하는 것인가, 아니면 임금이 그에게 참여하기를 시키
는 것인가를 말한 것이다.

니면 임금이 참여해달라고 요청해서입니까?") (《논어(論語)·학이(學而)》)

④ 知[65]不足邪、意知而力不能行邪？(지혜가 부족해서입니까? 아니면 지혜가 있지만 힘이 부족해서 할 수 없는 것인지요?) (《장자(莊子)·도척(盜跖)》)

⑤ 豈厭世溷濁、潔身而逝乎、將民之無禄而天莫之遺[66]？(어찌 세상의 혼탁함을 싫어하셔서 몸을 깨끗이 하려고 떠나신 것입니까? 백성들이 복이 없어 하늘이 그대를 백성들에게 남겨주지 않으신 겁니까?) (소식(蘇軾)《제구양문충공문(祭歐陽文忠公文)》)

⑥ 足下欲助秦攻諸侯乎、且欲率諸侯破秦也？(그대는 진(秦)나라를 도와 제후(諸侯)를 공격하려고 하시는 것인지요? 아니면 제후를 이끌고서 진나라를 부수고자 하는 것인지요?) (《사기(史記)·역생육가열전(酈生陸賈列傳)》)

⑦ 吾寧悃悃款款[67]樸以忠乎、將送往勞來[68]斯無窮乎？ 寧誅鋤草茅以力耕乎、將游大人[69]以成名乎？ 寧正言不諱以危身乎、將從俗富貴以婾生[70]乎？ …… 此孰吉孰凶？ 何去何從？(나는 차라리 충성을 다해 소박하고 충성스럽게 살 것인가? 아니면 오고 가는 사람을 맞이하는 데에 수고를 다하여 궁핍하지 않게 살 것인가? 차라리 풀을 호미질로 제거하면서 힘써 밭을 갈 것인가? 이름난 사람들과 어울리면서 이름을 낼 것인가? 차라리 바른 말을 거리낌 없이 하면서 몸을 위태롭게 할 것인가? 차라리 속세의 부

---

65 '知'는 '智'의 통가이다. 아래의 '意'는 '抑'의 통가이다.

66 "民之無禄"은 백성들이 복이 없음을 말한 것이다. "天莫之遺"는 하늘이 너를 그들에게 남겨주지 않았다고 하는 것이다. '之'는 백성을 가리킨다.

67 '悃悃款款'은 충성을 다하는 모습이다.

68 "送往勞來"는 가는 사람을 보내고 오는 사람을 맞이하는 데에 수고를 한다는 의미이다. '勞'는 위문한다는 의미이다.

69 "游大人"은 이름난 사람들과 함께 섞여 있음을 말한다.

70 '婾生'은 구차하게 살아감을 말한다.

귀를 따르면서 구차하게 살아갈 것인가? …… 이 중에서 어떤 것이 좋고 어떤 것이 나쁜가? 무엇을 버리고 무엇을 따를 것인가?) 《초사(楚辭)·복거(卜居)》

⑧ 王江州夫人語謝遏曰：“汝何以都不復進？ 爲是塵務經心、天分有限？”(왕강주부인이 사알에게 말하였다. “너는 어째서 발전하지 못하느냐? 세속 일에 마음을 써서 그러냐? 하늘에서 주어진 직분에 한계가 있어서이냐?”) 《세설신어(世説新語)·현원(賢媛)》

위에서 들고 있는 각각의 예에서 보면, 의문어기조사는 선택의문문에서는 매우 중요하다. 절대다수의 예문이 이러한 조사를 사용한다. 의문어기조사가 있다면 문장 내의 접속사는 필요하지 않다. 마지막 예문은 사알(謝遏)이 발전하지 못하는 원인을 물었다. 그 의미는 “세속 일에 마음을 써서인지, 아니면 타고난 능력에 한계가 있어서인지?”를 묻는 것이다. 이 문장에는 의문 어기조사가 없지만 선택의문문이 될 수 있는 것은 선택의 성질을 가지는 접속사 ‘爲是’가 있기 때문으로, 만약 이것을 뺀다면 “塵務經心, 天分有限？”(세속 일에 마음을 쓰고 타고난 능력에 한계가 있는가?)로 두 가지가 모두 있는 시비의문문으로 변한다. “何去何從”(무엇을 버리고 무엇을 따를 것인가?)와 “孰吉孰凶”(어떤 것이 좋고 어떤 것이 나쁜가?) 또한 선택의 문문이지만, 이러한 문장은 기타 선택의문문과는 다른 것으로 두 가지 특지의문문을 사용하여 완성한 것이다. 따라서 어기조사와 접속사를 사용하지 않아도 된다. 선택의 성질을 가지는 접속사는 두 작은 문장[小句]의 중간에 쓰이거나 각각의 작은 문장 앞에 쓰이는데, 예 ②⑥⑦과 같다. 마지막 예의 접속사 ‘爲是’가 앞부분에 쓰인 것은 비교적 특별한 것이다. ‘爲’(‘爲當’, ‘爲復’, ‘爲是’)와 같은 선택의 성질을 가지는 접속사는 대개 육조(六朝)

시기에 발생하여, 당(唐)나라 때의 구어(口語)에서 많이 나타나고, 문언문 중에는 많지 않다. 또 하나의 예를 들어 나머지를 개괄하고자 한다.

> □ □ (昨夜)光明倍尋常、照耀竹林及禪房。爲是上界天帝釋、爲是梵
> 衆四天王、□ □ (照耀)佛會禪林内、能令夜分現禎祥？(어제밤 빛이 평
> 소보다 배로 밝아, 죽림과 선방을 비추었다. 상계의 제석천께서 그러신 것인
> 지, 아니면 여러 사천왕께서 그러신 것인지, 불회가 이루어지는 사찰을 비추
> 니 한밤에 복을 내려주시려는 것인지?) 《빈파사라왕후궁채녀공덕의생천인
> 연변문(頻婆娑羅王後宮彩女功德意生天因緣變文)》》

이러한 의문문의 반복식은 현대중국어에서는 "好不好"(좋냐 나쁘냐), "去不去"(가냐 안 가냐), "能不能"(할 수 있냐 없냐), "去了没有"(갔냐 안 갔냐) 등이 있다. 문언문에서는 '否(不)', '無'를 사용하여 반대쪽 항목을 대신 나타낸다. 예를 들어 《한서(漢書)·우정국전(于定國傳)》:"即[71]有水旱, 其憂不細, 公卿有可以防其未然, 救其已然者不？"(만약 가뭄이 있다면 그 걱정은 작지 않습니다. 공경께서는 아직 벌어지지 않았을 때에 막아서 이미 벌어질 일을 구제할 수 있습니까, 없습니까?) (가능합니까, 아니면 불가능합니까?) 백거이(白居易) 《문류십구(問劉十九)》 시(詩):"晚來天欲雪, 能飲一杯無？"(저녁 때도 오고 하늘에는 눈도 내리려고 하니, 술을 마실 수 있겠습니까? 아닙니까?) (마실 수 있 겠습니까? 아니면 마실 수 없겠습니까?) 여기에서의 '不', '無'는 부정(반면)의 의미가 오늘날에는 그리 명확하지 않아서 아마도 어기조사로 보고 '乎'로 바꾸어도 무방하다. 이렇게 되면 시비의문문으로 변한다. 사실상 현대중국

---

71 '即'는 '若(만약)'의 의미이다.

고대중국어 통론

어 시비의문문에서 사용하는 어기조사 '嗎'는 '無'에서 변한 것이다.

2. 추측문[測度句]

사정이 어떠한지 또는 이와 같은지 아닌지를 추측하는 어기를 나타내는 문장을 추측문이라고 한다. 추측문을 구성하는 방법은 추측의 어기를 나타내는 부사와 의문 어기조사를 사용하는 것으로, 대체로 하나의 추측문에는 부사를 쓰거나 또한 어기조사를 쓰지만, 간혹 그 중 하나는 쓰지만 둘 다 쓰지는 않는 것이 있는데, 또한 소수이다.

추측문은 크게 두 종류로 나눌 수 있는데, 하나는 짐작하는 성질의 것으로 '거의[近乎]', '대개[大槪]', '아마도[或許]'의 의미를 가지고 있다. 문장 중에 대체로 어기부사 '殆', '庶', '其'를 사용한다. 예를 들어,

> ① 勝好勇而陰求死士、殆有私乎?(승은 용기를 좋아하며 죽음을 무릅쓰는 선비를 몰래 찾고 있습니다. 아마도 사사로운 일을 벌이고자 하는 것이겠지요?) 《사기(史記)·오자서열전(伍子胥列傳)》
>
> ② 盡發公擇之藏、拾其餘棄以自補、庶有益乎?(그대가 손수 살펴본 장서들을 모두 꺼내어 그 중에 나머지 버려진 것들을 주워 스스로 보충한다면 아마도 유익하겠지요?) (소식(蘇軾)《이씨산방장서기(李氏山房藏書記)》)
>
> ③ 易之興也、其於中古[72]乎? 作易者、其有憂患乎?(역이 발생한 때는 아마도 은나라와 주나라 사이겠지? 역을 지은 사람은 아마도 근심과 걱정이 있었겠지?) 《역(易)·계사하(繫辭下)》

---

72 '中古'는 여기에서는 은(殷)나라와 주(周)나라 사이를 가리킨다.

④ 則與吾業者、其亦有類乎？(그렇다면 내 직업과 아마도 비슷한 점이 있겠지요?) (유종원(柳宗元)《종수곽탁타전(種樹郭橐駝傳)》)

⑤ 汝聞人籟而未聞地籟、汝聞地籟而未聞天籟夫[73]？(그대는 사람의 소리는 들어보았지만, 땅의 소리는 못 들어 보았을 것이고, 그대는 땅의 소리는 들어보았지만, 하늘의 소리는 못 들어 보았는가?) 《장자(莊子)·제물론(齊物論)》)

⑥ 此夫身女好[74]而頭馬首者與？ 屢化而不壽者與？ 善壯而拙老[75]者與？ 有父母而無牝牡者與？(이것은 몸이 부드럽고 머리가 말머리인 것인가? 여러 차례 변하지만 늙지 않는 것인가? 잘 자라지만 늙어서는 죽음을 당하는 것인가? 부모는 있지만 암수는 없는 것인가?) 《순자(荀子)·부(賦)·잠(蠶)》)

⑦ 此夫始生鉅(巨)[76]其成功小者邪？ 長其尾而銳其剽[77]者邪？ 頭銛達[78]而尾趙繚者邪[79]？(이것은 처음에는 큰 것에서 태어나 공을 이루는 것이 작은 것인가? 그 꼬리를 길게 하고서 그 끝을 날카롭게 한 것인가? 머리는 날카로워 뚫을 수 있고 꼬리는 길게 감길 정도로 긴 것인가?) 《순자(荀子)·부(賦)·침(箴)》)

---

73 '籟'는 피리[簫]이다. 인뢰(人籟)는 사람이 만들어내는 소리를 가리키고, 지뢰(地籟)는 자연물이 충격을 받아 내는 소리를 가리키고, 천뢰(天籟)는 자연물을 주재하는 하늘의 '기밀[天機]'을 가리킨다.

74 아래의 두 예는 《순자(荀子)·부(賦)》편에 있다. 이 문장은 '예(禮)', '지(知)', '운(雲)', '잠(蠶)', '침(箴(針))' 등 다섯 개의 소부(小賦)를 포함하고 있으며, 각 부에서는 수수께끼의 형식으로 수수께끼의 문제를 먼저 제시하고, 찾고자 하는 사물의 특성이나 명칭을 다시 말한다. '女好'는 얌전하다, 유순하다는 의미이다.

75 '拙老'는 누에가 고치를 만든 후에는 삶아 죽임을 당함을 가리킨다.

76 '始生鉅'는 바늘이 되지 않은 쇠가 바늘보다 크다는 것을 말한다.

77 '剽'는 바늘 끝이다.

78 '頭銛達'은 바늘 끝이 날카로워 사물을 뚫을 수 있음을 말한다.

79 '尾趙繚'는 바늘에 꿴 실이 길게 나와 있음을 가리킨다.

고대중국어 통론

여기에서 예⑥⑦은 의문 어기조사만을 사용하여, 추측의 의미가 비교적 선명하지 못하지만 문맥으로 알아낼 수 있다. 예⑤ 또한 어기조사만을 사용하였지만, 이 조사의 성질이 특수하여 현대중국어의 '吧'에 해당한다. 따라서 추측의 어기를 쉽게 파악할 수 있다. 예①②③④는 각각 '殆', '庶', '其', '其亦'을 사용하여 한 번만 봐도 추측의 어기임을 알 수 있다. 그 중 '殆', '庶'에는 '거의[近乎]'라는 의미가 있고, '其'에는 '대개[大概]', '아마도[或許]'라는 의미가 있지만, '아마도' 쪽이 좀더 강하다. 따라서 이러한 종류의 문장은 비교적 긍정적인 면에 치우친다.

또 한 종류는 의논을 하는 성질의 것으로, '어쩌면[別是]', '설마[莫非]', '~일지 아닐지[會不會]', '(부정적으로)아마도[恐怕]'의 의미가 있고 긍정의 의미는 좀 약하다. 이러한 문장은 부정적인 의미가 포함된 어기부사를 사용하는데, 예를 들어 '설마 아니겠지[得無(得微, 得非)]', '아마도[將無]', '혹시나[莫須]' 등이 있다. 예를 들면,

〔觸龍〕曰 : "日⁸⁰食飮得無少衰⁸¹乎 ? "〔趙太后〕曰 : "恃鬻⁸²耳。"(〔촉룡이〕 말하였다. "식사하시는 것은 좀 줄어들지 않으셨습니까?"〔조태후가〕 말하였다. "죽에 의지할 뿐입니다.") 《전국책(戰國策)·조책(趙策)》)

今者闕然數日不見、車馬有行色、得微往見盜跖邪 ? (요사이 며칠 동안 보지 못했는데, 수레와 말에 이동한 행색이 있는 것으로 보아 도척에게 가서 만나고 온 것은 아닌가?) 《장자(莊子)·도척(盜跖)》)

---

80 '日'자는 연문(衍文)에 해당한다.
81 '衰'는 감소하다는 의미이다.
82 '鬻'은 '粥'의 옛글자이다.

得非玄圃裂[83]？ 或是[84]瀟湘翻。(얻은 것이 현포를 찢고 나온 것이 아니라면 소수와 상수가 뒤집힌 것은 아닐까?) (두보(杜甫)《봉선유소부신획산수장가(奉先劉少府新畫山水障歌)》)

阮宣子有令聞、太尉王夷甫見而問曰："老、莊與聖教[85]同異？"對曰："將無同？"(완선자가 명성이 있자, 태위인 왕이보가 그를 만나서 물었다. "노자, 장자와 유가의 가르침은 같은가요? 다른가요?" 대답하였다. "아마도 같을 겁니다.") 《세설신어(世說新語)·문학(文學)》》

獄之將上去、韓世忠不平、詣檜詰其實。檜曰："飛子雲與張憲書雖不明、其事體莫須有？"(악비가 감옥에 갇힐 때, 한세충은 불만을 품고, 진회에게 가서 그 진실을 따졌다. 진회가 말하였다. "악비의 아들 악운이 장헌에게 편지를 쓴 것은 명확하진 않지만, 상황상 아마도 있지 않았을까요?") 《송사(宋史)·악비전(岳飛傳)》》

이 예문에서 쓰고 있는 어기부사 중 '得無', '將無' 종류는 대체로 긍정과 부정을 나타내는 두 개의 단어 요소로 구성된 것이다. '得', '將'이 긍정적인 면에 속한다면, '無', '微', '非'는 부정적인 면에 속한다. 이러한 방식의 어기부사는 반복의문문 "是不是？"(~인지 아닌지?)와 유사하다. 이와 같은 것은 앞에서 이미 제시한 종류의 추측문보다는 부드럽게 느껴지고, 긍정의 의미는 좀 더 약해진다.

이 두 종류 이외에도, 반힐문과 유사한(아래에 인용된 두 번째 반힐문의 예와 비교하시오.) 추측문이 있다. 예를 들어 "〔魏錡〕射一麋以顧獻, 曰：'子有

---

83 전설에서 곤륜(崑崙)산의 중간층을 '玄圃(현포)'라고 한다.
84 [역주] 다른 판본에서는 '無乃'로 되어 있다. 의미는 비슷하다.
85 '聖教'는 유가의 가르침을 가리킨다.

軍事, 獸人[86]無乃不給於鮮[87], 敢獻於從者."(〔위기가〕 사슴 한 마리를 쏘아 잡아 주면서 말하였다. '그대는 전쟁 중에 있어 수인(獸人)이 새로 잡은 고기를 공급하지 못하니 따라오는 자에게 감히 이것을 드립니다.') 《좌전(左傳)·선공(宣公) 12년》 "疇昔之夜, 飛鳴而過者, 非子也邪？"(지난 밤에 울면서 나를 스쳐간 것은 그대가 아닌지요?) 《후적벽부(後赤壁賦)》 이러한 문장은 추측문 중에서도 긍정적인 측면에 치우친 것이지만, 의미는 추측이지 반힐이 아니다.

3. 반힐문[反詰句]

반힐은 의문의 형식으로 (긍정과 부정을 포함한) 확정을 나타내는 것으로, 구조에 대해 말하자면 대개 세 종류로 나눌 수 있다.

첫째는 앞부분에서는 긍정적인 진술로 하고, 문장 끝에는 의문 어기조사를 사용하여 이러한 진술을 부정하는 것이다. 예를 들면,

> 禹八年於外、三過其門而不入、雖欲耕、得乎？(우임금이 8년동안 밖에 있으면서 여러 차례 그 집을 지나가면서도 들어가지 않았다. 아무리 밭을 갈고 싶어도 할 수 있겠는가?) 《맹자(孟子)·등문공상(滕文公上)》
>
> 如使予欲富、辭十萬而受萬、是爲欲富乎？(만약 내가 부유하고자 한다면, 십만 종을 버리고 만종을 받은 것이 부자가 되고자 하는 것이겠는가?) 《맹자(孟子)·공손추하(公孫丑下)》

---

86 '獸人'은 야생 동물을 고기로 공급하는 일을 담당하는 관리이다.

87 '鮮'은 새로 잡은 야생 동물이다.

禮云禮云、玉帛云乎哉？ 樂云樂云、鐘鼓云乎哉[88]？ (예라고 말하는 것이 옥과 비단을 말하는 것이겠는가? 악이라고 말하는 것이 종과 북을 말하는 것이겠는가?) 《논어(論語)·양화(陽貨)》

先生之門、固有執政焉如此哉？ 子而說(悅)子之執政而後人[89]者也。(선생님의 문하에 본래부터 정치를 담당한다는 것이 이와 같이 있었습니까? 그대가 자신이 정치를 담당하고 있다는 것에 기뻐하여 다른 사람을 얕보고 있는 것이겠지요.) 《장자(莊子)·덕충부(德充符)》

'是爲欲富'는 긍정적인 진술로, 어기조사 '乎'를 더하여 앞의 진술에 부정을 부여하였다. 의미는 "是不欲富也"(이는 부자가 되고 싶어하지 않는 것이다.)가 되었다. 《장자(莊子)》에서의 예는 신도가(申徒嘉)가 그의 동문(同門)인 정자산(鄭子産)에게 말한 것으로, 자산은 정(鄭)나라의 재상이다. '此'는 자산을 가리킨다. 문장의 의미는 선생님의 문하에는 그대와 같은 스스로 정치를 담당하여 다른 사람들을 얕보는 학생이 없었음을 말한 것이다. 또한 어기조사 '哉'를 사용하여 앞에 나온 "有執政如此"(이와 같이 정치를 담당하는 사람이 있다)는 진술을 취소하였다.

둘째는 부정을 나타내는 부사를 앞쪽에 사용하여 이것으로 아래의 말이 확실함을 긍정적으로 나타낸다. 예를 들어,

---

88 의미는 예악(禮樂)의 깊고 오묘한 이치는 옥과 비단이나 종과 북에 있는 것이 아님을 말한 것이다.
89 "說子之執政而後人"은 정치를 담당하고 있다는 것에 스스로 기뻐하여 다른 사람들을 가볍게 여긴다는 뜻이다.

身不善而怨人, 不亦反⁹⁰乎? (스스로 착하지 못하면서 다른 사람을 원망한다면, 반대로 하는 것 아니겠는가?) 《순자(荀子)·법행(法行)》

女(汝)以知(智)者爲必用邪, 王子比干不見剖心乎? 女以忠者爲必用邪, 關龍逢不見刑乎? 女以諫者爲必用邪, 吳子胥不磔⁹¹姑蘇東門外乎? (너는 지혜가 있는 자는 반드시 쓰인다고 생각하느냐? 왕자 비간은 심장을 잘리는 일을 당하지 않았느냐? 너는 충성스러운 자는 반드시 쓰인다고 생각하느냐? 관룡봉은 죽임을 당하지 않았느냐? 너는 간언하는 사람은 반드시 쓰인다고 생각하느냐? 오자서가 고소성 동문 밖에서 시체가 찢기는 일을 당하지 않았느냐?) 《순자(荀子)·유좌(宥坐)》

暮婚晨告別, 無乃太匆忙? (저녁에 결혼하고 새벽에 이별을 알리니, 너무나 성급하고 허망한 일 아닌가?) (두보(杜甫)《신혼별(新婚別)》시(詩))

"月明星稀, 烏鵲南飛", 此非曹孟德之詩乎? 西望夏口, 東望武昌, 山川相繆⁹², 鬱乎蒼蒼, 此非孟德之困於周郎者乎? ("달이 밝아 별이 희미한데, 까막까치 남쪽으로 날아가네." 이는 조조의 시가 아니겠습니까? 서쪽으로는 하구를 바라보고 동쪽으로는 무창을 바라보니, 산천이 복잡하게 얽혀 있고 빽빽하게 푸릇한데, 이는 조조가 주유에게 곤란을 받았던 것 아니겠습니까?) (소식(蘇軾)《적벽부(赤壁賦)》)

---

90 [역주] 왕념손(王念孫)은 이를 '遠'으로 보고, 앞 구절에서 '遠'으로 되어 있던 것을 '反'으로 바꾸어야 한다고 주장하였다. 그렇지만 그렇게 바꾸는 것에 큰 차이가 없기에 그대로 유지하였다.

91 '磔'은 시체를 찢는 것이다.

92 '繆'는 빙글빙글 복잡하게 섞여 있는 모습이다.

'不', '非', '無乃'가 뒤쪽에서 이야기되어, 전체 문장이 긍정이 된다.

셋째는 의문 대체사 또는 반힐의 성질을 가지는 어기부사를 사용하여 아래에서 이야기되는 사정에 대해 부정하는 것으로, '豈', '詎(渠)', '寧' 등이 자주 사용하는 어기부사이고 일반적으로는 '其'도 사용하며, 고서(古書)에서는 '庸'도 사용한다. 예를 들면,

① 齊莊公朝、指殖綽、郭最曰 : "是寡人之雄也。"州綽曰 : "君以爲雄、誰敢不雄[93] ? "(제장공이 조회에서 식작과 곽최를 가리키며 말하였다. "이들은 과인의 싸움닭이다." 주작이 말하였다. "임금께서 싸움닭이라고 생각하시니, 누가 감히 싸움닭이 아니라고 하겠습니까?") 《좌전(左傳)·양공(襄公) 21년》

② 人又誰能以身之察察受物之汶汶者乎 ? (사람 중에 또 누가 자신의 깨끗함을 가지고서 사물의 지저분함을 받겠습니까?)

③ 又安能以皓皓之白而蒙世之溫蠖乎 ? (또한 어찌 깨끗한 결백함으로 세상의 지저분함을 뒤집어 쓰겠습니까?) (지금까지 《사기(史記)·굴원가생열전(屈原賈生列傳)》)

④ 是黃帝所聽熒[94]也、而〔孔〕丘也何足以知之 ? (이는 황제가 어리둥절하는 내용인데, 〔공〕구가 어찌 알 수 있겠습니까?) 《장자(莊子)·제물론(齊物論)》

⑤ 王之不明、豈是福哉 ? (왕이 밝지 못한데 어찌 복을 받겠는가?) 《사기(史記)·굴원가생열전(屈原賈生列傳)》

⑥ 旣而嘆曰 : "華亭[95]鶴唳、豈可復聞乎 ? "(탄식하며 말하였다. "화정

---

93 '不雄'은 싸움닭으로 여기지 않음을 말한다.
94 '聽熒'은 의혹되어 밝지 못함을 나타내는 의미이다.
95 '華亭'은 육기(陸機)의 고향이다. 이는 육기가 죽임을 당할 때 이야기이다.

에서의 학 울음 소리, 어찌 다시 들을 수 있을까?") (《진서(晉書)·육기전(陸機傳)》)

⑦ 華亭鶴唳詎可聞、上蔡蒼鷹⁹⁶何足道？(화정의 학소리 어찌 들을 수 있을까? 상채에서의 매사냥 어찌 말할 수 있는가?) (이백(李白)《행로난(行路難)》시(詩))

⑧ 丞相嘗使籍福請魏其城南田、魏其大望⁹⁷曰："老僕雖棄、將軍⁹⁸雖貴、寧可以勢奪乎？"(승상은 일찍이 적복을 시켜 위기에게 성 남쪽의 밭을 요구하였다. 위기는 크게 원망하면서 말하였다. "제가 비록 버림받았고 장군께서는 귀하시지만, 어찌 세력을 써서 빼앗을 수 있겠습니까?") (《사기(史記)·위기무안후열전(魏其武安侯列傳)》)

⑨ 此寧爲文邪、吾就子所能而作耳。(이것이 어찌 글이라 할 수 있겠소? 나는 자네들이 할 수 있는 것에 맞추어서 지어보았을 뿐입니다.) (한유(韓愈)《석정연구시서(石鼎聯句詩序)》)

⑩ 〔仲弓〕曰："焉知賢才而舉之？"〔子〕曰："舉爾所知。爾所不知、人其舍諸〔之乎〕？"(〔중궁(仲弓)이〕 말하였다. "어떻게 현명한 인재를 알아서 그를 등용합니까?"〔선생님이〕 말하였다. "네가 아는 사람을 등용하라. 네가 모르는 사람을 남들이 어찌 그에 대해 놔두겠는가?") (《논어(論語)·자로(子路)》)

⑪ 前日聞王發兵於邊、爲寇災不止。當其時、長沙苦之、南郡尤甚。雖王之國、庸獨利乎？(일전에 왕은 변방에서 군사를 일으켜 노략질

---

96 '上蔡蒼鷹'은 진(秦)나라의 승상(丞相) 이사(李斯)가 상채(上蔡) 사람으로, 죽임을 당할 때에 이전에 고향에서 사냥하던 그러한 한가로운 생활을 다시 할 수 없음을 생각한 것이다. '蒼鷹'은 사냥할 때 쓰는 것이다. 《사기(史記)·이사열전(李斯列傳)》에서 누런 개를 끌고서 사냥갔지만 이백의 시에서는 '蒼鷹'으로 바꾸었다. 그 근거는 알 수 없다.

97 '望'은 불망, 원망을 나타낸다.

98 '將軍'은 전분(田蚡)을 가리킨다.

을 멈추지 않았다고 들었습니다. 이 때문에 그 당시 장사국은 매우 고통스러워 했으며, 남군이 특히 심하였습니다. 왕의 나라라고 하지만 어찌 좋기만 하겠습니까?) (한문제(漢文帝)《사남월왕위타서(賜南粵王尉佗書)》)

예 ①~④에서는 의문 대체사를 사용하여 문장의 뒷부분에서 이야기하는 사정을 부정하는 예이다. "誰敢"은 감히 할 사람이 없다는 것이고, "何足以知之"는 그것을 알 수 없다는 것이다. 예 ⑤ 이하는 반힐 어기부사를 사용하여 뒷부분에서 말하는 사정을 부정하는 예이다. 이러한 부사에는 '어찌[豈]', '어찌[哪裏]', '설마[難道]' 등의 의미가 있다. "人其舍諸"는 "다른 사람들이 설마 그를 버려두겠는가?[人家難道會放過嗎？]" "庸獨利乎"는 위타(尉佗)가 군대를 일으켜 한(漢)나라를 침범하는 것은 자신에게도 군량과 병기를 소모하고, 군대의 병사를 상하게 한다. 따라서 "설마 그대 편만 유리하겠습니까?[難道你一方面有利嗎？]" "詎可聞"은 "어찌 들을 수 있겠는가?[哪裏能聽到？]" 이러한 문장에서 의문 대체사와 반힐 어기부사는 용법상 확실한 차이가 있지는 않다. 예를 들어 "丘也何足以知之"는 또한 "丘也庸(詎, 寧)足以知之"라고 할 수 있고, "寧可以勢奪乎"는 또한 "何(安, 焉)可以勢奪乎"라고 할 수 있다. 비록 쓰는 것은 다른 종류의 단어이지만, 추리상 다음에 이야기하는 사정에 대해 부정하는 것은 같다.

고대중국어 통론

제4절 기사문

기사문의 기능은 상대방이 말하는 사람의 요구에 맞추어 어떠한 일을 하거나 하지 않는 것이다. 어기는 강한 것도 있고 약한 것도 있는데, 강하면서 확고한 것이 명령 또는 금지이고, 약하면서 부드러운 것은 기구(祈求), 권유, 건의 또는 말리는 것이다.

상대방이 무언가를 하도록 요구하는 문장 중 가장 간단한 것은 하나의 동사만을 사용하고, 주어를 더하기도 한다. 예를 들어,

> 廣令諸騎曰: "前!"(이광(李廣)이 여러 기병들에게 말하였다. "앞으로 나아가라!") (《사기(史記)·이장군열전(李將軍列傳)》)
>
> 夜分就寢。未幾、夫子聞予嘆息聲、披衣起、肘予曰: "醒、醒! ……" (한밤이 되어 바로 잠 들었다. 얼마 지나지 않아, 선생이 내가 탄식하는 소리를 듣고서는 옷을 걸치고 일어나서 네 팔뚝을 흔들며 말하였다. "깨어나거라, 깨어나! …… ") (전의(錢宜) 《기동몽(記同夢)》)
>
> 齊宣王見顔斶、曰: "斶前!"斶亦曰: "王前!"(제선왕이 안촉을 만나서 말하였다. "안촉은 앞으로 나오시오!" 안촉이 말하였다. "왕께서 앞으로 나오시오!") (《전국책(戰國策)·제책(齊策)》)

기사 어기를 더욱 명확하게 하고자 하면, 문장 내에 기사 어기를 갖는 부사와 권유성 동사 또는 능원동사를 사용할 수 있다. 기사 어기를 갖는 부사로는 '其', '尙', '必', '唯' 등이 있고, 권유성 동사 또는 능원동사로는 '幸',

'願', '乞', '祈^{99}' 등이 있다. 예를 들어,

　　其引兵走^{100}西河、遮鉤營之道！(군대를 이끌고서 서하로 급히 달려가
서 주둔하려는 길을 차단하라!) 《한서(漢書)·이릉전(李陵傳)》

　　王其愛玉體、俱享黃髮^{101}期。(왕께서는 옥체를 아끼시어, 함께 머리가
누렇게 늙었을 때를 누리기 바랍니다.) (조식(曹植) 《증백마왕표(贈白馬王
彪)》시(詩))

　　尚明^{102}聽之哉！(그것을 잘 들어주시기 바랍니다!) 《서(書)·여형(呂刑)》

　　蹇叔之子與師^{103}、〔蹇叔〕哭而送之、曰："晉人禦師^{104}必於殽^{105}、殽
有二陵焉…… 必死是間；余收爾骨焉^{106}。"(건숙의 아들이 군대에 참여하
자, 〔건숙이〕 울면서 전송하며 말하였다. "진나라 사람들이 우리 군대를 공
격하는 곳은 반드시 효 지방일 것이다. 효에는 언덕이 두 군데 있다. …… 죽
게 되면 그 사이일 것이다. 내가 너희의 뼈를 거기에서 수습할 것이다.") 《좌
전(左傳)·희공(僖公) 32년》

99　'請'은 중고시기 이후는 기사문에 쓰였지만, 문언문 중에서 더욱 많은 것은 능원동사로 쓰
　　인 것으로, 어느 고대중국어 어법서에서는 '請'을 능원식 문장에서 기사문으로 쓰인다고
　　하였는데, 타당하다고 할 수는 없다.

100　'走'는 급히 달려가다의 의미이다.

101　'黃髮'은 노인의 머리카락이 누렇게 변하는 것을 가리키는 것으로, 따라서 노인을 황발이
　　라고 한다.

102　'明'은 '勉'의 통가이다. '잘, 적절히'[好好兒地]라고 말하는 것과 유사하다.

103　'與師'는 군대에 있음을 말한다.

104　'禦師'는 우리 군대가 도중에 공격당하다.

105　'殽'는 지명이다.

106　이 두 문장의 의미는 그의 아들이 두 언덕 사이에서 죽어서 시체를 찾을 것이라고 하는
　　것이다.

漸寒、比日起居甚安、惟以時自重[107]！(점점 추워집니다. 평소 계시는
것보다 더욱 편안하게 오로지 때에 맞추어 잘 보존하십시오!) (소철(蘇轍)
《답황정견서(答黃庭堅書)》)

軾愚蠢無狀[108]、孤危[109]之迹、日以[110]炭炭。夙蒙明公獎與[111]過分、竊
懷憂國之心、聊復一發於左右。猶幸明公密[112]之、無重其罪戾也[113]。(저
소식은 어리석고 훌륭한 모습이 없어, 고립되어 위험한 흔적으로 날마다 힘
들게 살아가고 있습니다. 그대의 과분한 칭찬을 오랫동안 입고 있어, 나라를
걱정하는 마음을 품고서는 좌우로 조금 알렸을 뿐입니다. 그대께서는 이를
비밀로 지켜주셔서 제가 죄를 더하지 않게 해주시길 바라겠습니다.) (소식
(蘇軾)《상문시중론강도상전서(上文侍中論强盜賞錢書)》)

公子有德於人、願公子忘之也。(공자께서 다른 사람에게 베푼 은덕을,
공자께서는 잊으시기 바랍니다.) (《사기(史記)·위공자열전(魏公子列傳)》)

臣在潮州之日、與其州界相接、臣之政事、遠所不如；乞以代臣、庶
爲允當。(제가 조주에 있을 때 그와 주의 경계를 서로 마주하고 있었는데, 제
가 정치를 다루는 일이 그에 비해서는 매우 못하였습니다. 저를 대신하기를
청하니 뽑아주시길 바랍니다.) (한유(韓愈)《거한태자대상(擧韓泰自代狀)》)

능원동사 '可', '宜', '當'은 사정의 가능 여부를 논의하거나, 혹은 필요

---

107 "以時自重"은 시령(時令)의 변화에 맞추어 스스로를 잘 보존하라는 의미이다.

108 '蠢(chōng, 한국음은 용, 창, 충, 장 등 다양하다.)'은 어리석다, '無狀'은 좋은 모습이 없음을 말
한다.

109 '孤危'는 고립되어 위험함을 말한다.

110 '日以'는 날마다이다.

111 '與'는 칭찬하다, 찬양하다의 의미이다.

112 '密'는 비밀을 지키다, 설명하지 않다의 의미이다.

113 "無重其罪戾也"는 내가 죄를 더하지 않게 해달라는 의미로, '重'은 더하다는 뜻이다.

로 하는 이치를 결정하는 것으로 행위동작과 연관이 있어, 기사어기를 나타내는 수단이 된다. 예를 들어,

還家十餘日、縣令遣媒來。云有第三郎、窈窕世無雙、年始十八九、便言[114]多令才[115]。阿母謂阿女：“汝可去應之。”(집에 돌아온지 10여 일만에 현령이 중매를 보내서 말하였다. 셋째 아들이 있는데, 재주 있음이 세상에 둘도 없습니다. 나이는 18~9세로, 언변도 있고 재주도 많습니다. 어머니가 딸에게 말하였다. “네가 가서 답해라.”)

阿母白媒人：“貧賤有此女、始適還家門[116] ; 不堪吏人婦、豈合令郎君[117]？ 幸可廣問訊[118]、不得便相許。”(어머니가 중매인에게 말하였다. “빈천한 저희가 이 딸을 가지고 있는데, 방금 친정으로 돌아왔습니다. 하급관리의 아내도 감당을 못했는데, 어찌 현령의 아드님과 짝을 이룰 수 있겠습니까? 널리 좋은 짝을 찾아보시길 바랍니다. 저희는 허락할 수 없겠습니다.”)
(지금까지 고악부(古樂府)《공작동남비(孔雀東南飛)》)

見二人飮、一長鬣奴捧壺。…… 移時聞一人曰：“明日可取白酒一瓶來。”(두 사람이 술을 마시는 것을 보았는데, 한 사람은 길고 뻣뻣한 수염을 달고서 술병을 붙잡고 있었다. …… 시간이 좀 지나자 한 사람이 말하였다. “내일은 백주 한 병을 얻을 수 있을 것이다.”)《요재지이(聊齋志異)·고아(賈兒)》)

---

114 ‘便言’은 말을 잘함을 뜻한다.

115 ‘令才’는 훌륭한 재주이다.

116 시 속의 여주인공 난지(蘭芝)가 시집가서 얼마 안되어 파혼하고 집으로 돌아온 것을 가리킨다.

117 난지(蘭芝)는 본래 여강(廬江)의 하급관리 초중경(焦仲卿)에게 시집갔다가 파혼을 당하였다. 어떻게 현령의 자식과 짝을 이룰 수 있겠는가?

118 ‘廣問訊’은 여러 방면에서 다양하게 좋은 짝을 찾음을 말한다.

方郾城再捷、飛謂雲曰：“賊屢敗、必還攻潁昌、汝宜速援王貴。”(언성의 전투에서 다시 이길 때, 악비가 아들 악운에게 말하였다. "적은 여러 차례 패했기 때문에 반드시 영창을 되찾으려고 공격할 것이다. 너는 왕귀에게 빠르게 원조를 요청해야 할 것이다.")(《송사(宋史)·악비전(岳飛傳)》)

孫勿惰、宜操小産業、坐食烏可長也？(너는 게으르면 안 되니, 작은 일이라도 해야지, 앉아서 밥만 축내는 것이 어찌 오래가겠는가?) (《요재지이(聊齋志異)·왕성(王成)》)

君當作磐石、妾當作蒲葦。蒲葦紉(韌)如絲、磐石無轉移。(그대는 반석이 되고, 저는 창포와 갈대가 될 겁니다. 창포와 갈대가 실처럼 얽히면 반석은 움직이지 않을 겁니다.) (《공작동남비(孔雀東南飛)》)

상대방이 어떠한 것을 하지 않길 바라는 문장에서는 주로 부정부사 '勿', '弗', '無(毋)', '莫' 등을 사용한다.[119] 예를 들어,

多謝後世人 : 戒之慎勿忘。(후세 사람들에게 많이 감사하니, 이를 경계로 삼아 신중하게 잊지 마시길!) (《공작동남비(孔雀東南飛)》)

有弗學、學之弗能、弗措也。(배우지 않을 수 있지만, 배운다면 잘하지 않고서는 그냥 두지 않는다.) (《예기(禮記)·중용(中庸)》)

王無罪歲[120]、斯天下之民至焉。(임금께서 흉년이 들었음을 죄로 여기는 일을 하지 않으시면 비로소 천하의 백성들이 이곳으로 올 것입니다.) (《맹자(孟子)·양혜왕상(梁惠王上)》)

淇上健兒歸莫懶、城南思婦[121]愁多夢！(기수가의 건아들이여! 돌아갈

---

119 [역주] 모두 금지사로 '~하지 말라'는 의미이다.

120 '罪歲'는 백성들의 작은 원인을 가지고 수확량이 잘못된 탓을 삼는 것을 가리킨다.

121 '思婦'는 사내의 처자식을 생각하는 것이다.

때 게으르게 하지 마시오! 성 남쪽의 가족을 생각하면 근심에 꿈도 많구나.)

(두보(杜甫)《세병마(洗兵馬)》시(詩))

기사문은 또한 의문의 형식으로 나타낼 수 있는데, 주로 의심 나는 것을 상의하거나 건의하는 의미를 나타낸다. 예를 들어,

〔或〕曰 : "子其行乎？"太子曰 : "君實不察其罪、被此名也以出、人誰納我？"(〔누군가〕 말하였다. "그대는 도망가시겠습니까?" 태자가 말하였다. "임금께서 그 죄를 잘 살피시지 못하여 이러한 누명을 입고서 도망간다면 다른 사람 누가 저를 받아주겠습니까?") 《좌전(左傳)·희공(僖公) 4년》)

晉獻公將殺其世子[122]申生、公子重耳…… 曰 : "然則蓋[123]行乎？" 世子曰 : "不可、君謂我欲弑君也、天下豈有無父之國哉？ 吾何行如之[124]？"(진헌공이 그의 세자 신생을 죽이려고 하였다. 공자 중이가…… 말하였다. "그렇다면 어찌 도망가지 않으시겠습니까?" 세자가 말하였다. "안 됩니다. 임금께서는 내가 임금을 죽이고 싶어한다고 생각하시는데, 천하에 어찌 아버지가 없는 나라가 있겠습니까? 내가 어디로 갈 수 있겠습니까?")
《예기(禮記)·단궁상(檀弓上)》)

두 책에서 서술하고 있는 것은 동일한 사건이다. 즉 진헌공이 총애하는 부인이 태자 신생을 모함하여, 태자가 진헌공을 죽이려고 한다고 말한 것이다. 이 때 어떤 사람(《좌전(左傳)》에서는 '或'(누군가)라고 하여 그 이름을

---

122 '世子'는 제후(諸侯)의 태자(太子)이다.
123 '蓋'는 '盍'의 통가로, '何不'(어찌 ~하지 않겠는가?)의 의미이다.
124 "何行如之"는 어디로 가겠는가이다.

알 수 없다. 《단궁(檀弓)》에서는 태자의 동생 공자(公子) 중이(重耳)라 하였다.)이 태자에게 도망가라고 권하면서 "子其行乎？", "盍行乎？"라고 하였다. 이는 의문문의 형식이지만, 실제로는 신생이 도망가기를 권하는 것으로, 따라서 이것을 기사문이지 의문문은 아닌 것이다. 또한 예를 들면,

孫子謂田忌曰："將軍可以爲大事乎？"田忌曰："奈何？"(손자가 전기에게 말하였다. "장군께서는 큰 일을 도모하시겠습니까?" 전기가 말하였다. "어떻게 합니까?")

客肯爲寡人來[125]靖郭君乎？(그대가 과인을 위해 정곽군을 모셔올 수 있겠습니까?)

公孫濛謂鄒忌曰："公何不爲王謀伐魏？"(공손몽이 추기에게 말하였다. "그대는 왕을 위해 위나라를 공격하지 않으시겠습니까?") (지금까지 《전국책(戰國策)·제책(齊策)》)

여기에서 첫번째와 세번째 예는 권하고 건의하는 어기이고, 두번째 예는 상의하고 부탁하는 어기로, 모두 상대방이 어떠한 행동을 할 것을 희망하는 것이다.

기사문에서도 어기조사를 사용하는데, '矣', '也', '哉'를 일반적으로 사용한다. 앞에서 제시한 예 중 "尙明聽之哉！", "無重其罪戻也", "願公子忘之也", "弗措也" 등의 예가 어기조사를 사용한 예이다. 여기에서는 두 개의 '矣'자를 사용한 예를 보충하도록 하겠다.

---

125 '來'는 앞으로 와 달라고 초청하는 것이다.

公子勉之矣、老臣不能從。(공자께서는 열심히 하십시오. 저는 좇아갈 수 없습니다.)《사기(史記)·위공자열전(魏公子列傳)》

夫明堂者、王者之堂也 ; 王欲行王政、則勿毀之矣。(명당이라는 것은 왕자의 당입니다. 왕께서 왕정을 하시고자 한다면 그것을 훼손하지 마십시오.) 《맹자(孟子)·양혜왕하(梁惠王下)》

고대중국어 내에 두 가지 기사문에서만 쓰이는 어기조사가 있다. 하나는 '來'이고, 또 하나는 '者'이다. '來'자는 선진(先秦) 시기에 있었고, '者'자는 당(唐)나라 때 유행하였다. 예를 들어,

① 若必有以也[126]、嘗[127]以語我來!(너는 준비해야 한다. 한 번 나에게 시험 삼아 말해보거라!) 《장자(莊子)·인간세(人間世)》

② 長鋏、歸來乎、食無魚。(긴 칼이여, 돌아가자! 식사에 생선이 없구나!) 《전국책(戰國策)·제책(齊策)》

③ 歸去來兮、田園將蕪胡不歸?(돌아가야지, 전원이 장차 우거지려고 하니 어찌 돌아가지 않겠는가?) (도잠(陶潛)《귀거래사(歸去來辭)》)

④ 把筆來、吾與汝就之。(붓을 잡으시오. 내가 그대들에게 시를 완성시키도록 하겠소.) (한유(韓愈)《석정연구시서(石鼎聯句詩序)》)

⑤ 白[128]言:天竺去來! 圖畫裏峥嶸樓閣開。愛縱橫二澗、東西水繞 ; 兩峰南北、高下雲堆。(백거이가 말하였다. 천축산에 갔습니다! 그림

---

126 "若必有以也"는 너는 반드시 준비해야 한다의 의미이다.

127 '嘗'은 '시험삼아'라는 의미이다.

128 '白'는 백거이(白居易)를 말한다. 이 사(詞)에서는 백거이, 임포(林逋, 화정(和靖)), 소식(蘇軾) 세 사람이 한 자리에 있는 것을 가정하여 각자가 항주(杭州)의 한 군데 멋진 풍경을 과장하여 설명하는 것이다. 이간(二澗), 양봉(兩峰)은 모두 천축(天竺) 일대의 멋진 경치이다.

속에 누각이 우뚝 솟아 있습니다. 귀엽게 동서 쪽의 두 골짜기가 종횡으로 흐르고, 남북으로 있는 두 봉우리는 위아래에 구름이 쌓여 있습니다.) (유과 (劉過)《심원춘(沁園春)·신승지에게 보내는 것으로, 당시 승지께서 부르셨지만 가지 못했다.(寄辛承旨[129]、時承旨招、不赴)》사(詞))

⑥ 兼令臣商量、須作何處置、令欽漵奏來者。(여러 신하들과 상의하도록 하여 어디에 두어야 할지 보고합니다.) (육지(陸贄)《수하중후청파병장(收河中後請罷兵狀)》)

⑦ 右奉宣旨、思忠請前件馬軍合勢、令商量奏來者。(오른쪽과 같이 명령을 받들어 이전에 말씀드렸던 말과 군대가 세력을 합치는 것을 청합니다. 생각하시도록 보고합니다.) (이덕유(李德裕)《계필통 등이 사타와 퇴혼의 말과 군인 6,000명을 나누어 이끄는 것을 요청하는 글(請契苾通等分領沙陀、退渾馬軍共六千人狀)》)

예 ①~⑤의 '來'(또는 '來乎', '來兮')와 예 ⑥⑦의 "奏來"에서의 '來'는 다른 것이다. "奏來"의 '來'는 추향동사(趨向動詞)로 실사(實詞)이고, 앞의 다섯 예문의 '來'는 기사 어기조사이다. "長鋏, 歸來乎"은 풍훤(馮諼)이 맹상군(孟嘗君) 집안에서 식객으로 있을 때 불렀던 노래로, 만약 '來'가 실사이면 '去'로 바꾸어야 설명이 될 것이다. 이러한 종류의 '來'자는 현대 오방언(吳方言)에서의 기사 어기조사 '哩'의 용법에 해당한다. '來', '裏'는 고음(古音)에서는 모두 '之'부(部)에 속한다. 따라서 아마도 '哩'는 '來'의 변형된 형태로 볼 수 있을 것이다. '者'자는 위에서 아래로 알리는 문장에서 쓰인다. 당시 및 송원(宋元)대 사람들의 구어(口語)에는 또한 다른 변체(變體)인 '着', '咱' 등이 있는데 여기에서는 생략하고자 한다.

---

129 '辛承旨'는 신기질(辛棄疾)이다.

기사문은 확실히 듣는 사람에게 요구하는 부분이 있어야 한다. 그렇지만 스스로에게 하라고 하는 것 또한 이러한 어기이다. 여기에서 이러한 종류의 상황을 포함하여 설명할 것이다. 예를 들어 앞에서 인용한 "君當如磐石, 妾當如蒲葦"(그대는 반석이 되시고, 저는 창포와 갈대가 될 것입니다.)에서 앞의 문장은 상대방에게 요구하는 것이고, 뒤의 문장은 자신에게 요구하는 것이다. 또한 정섭(鄭燮)《유현서중기제묵(濰縣署中寄弟墨)·제4서(第四書)》: "嗟乎, 嗟乎！吾其長爲農夫以没世[130]乎！"(아아, 아아! 나는 아마도 오랫동안 농부가 되어 평생 하겠구나!) 이는 자신의 의지나 원망(願望)을 나타내는 것으로, 따라서 또한 자신의 행동의 지침이 되는 것이니, 이 또한 일종의 기사어기이다.

앞 부분에서 이미 각종 어기의 문장을 논의하면서 어기를 나타내는 다양한 수단에 대해 이야기하였다. 여기에서는 어기조사와 관련한 문제에 대해 보충하고자 한다. 어기조사는 하나로 묶어본다면 그 수는 그리 많지 않을 것이다. 그렇지만 그들의 용법은 다양하게 나타나서 파악하는 것이 쉽지 않다. 예를 들어 '也'나 '矣'는 결정과 변화를 나타내는 직진 어기조사이면서, 또한 기사 어기조사로 쓸 수 있다. '哉'는 감탄 어기조사이면서 또한 반문과 기사 어기조사이다. 이러한 것을 하나로 묶어서 논의할 수 없다. 언어 환경과 기타 조건을 결합하여 살펴보아야 한다. 예를 들어 "豈不悖哉"(어찌 어긋나는 것이 아니겠습니까?)는 반문이지만, "子其勉哉"(그대는 열심히 하십시오!)는 기사이고, "洋洋乎盈耳哉"(넘실넘실 귀에 넘치는구나!)는 감탄으로, 이러한 것은 반문 어기부사 '豈'와 기사 어기부사 '其'로 구분하는

---

130 '没世'는 죽을 때까지, 평생을 말한다.

　　　　　　　　　　　　　　　　　　　　고대중국어 통론

것이다. 이러한 것이 첫 번째 방법이다. '也'와 '矣' 이 두 어기조사는 직진, 감탄 어기에서 모두 쓰이는 것을 제외하고서도 또한 의문의 어기를 나타내는 데에 쓰이기도 하는데, '耶'의 기능과 동일하다. 예를 들어,

將爲[131]胠篋、探囊、發匱[132]之盜而爲守備、則必攝緘縢[133]、固扃鐍[134]、此世俗之所謂知(智)也。然而巨盜至、則負匱、揭篋[135]、擔囊而趨、唯恐緘縢扃鐍之不固也。然則鄉[136]之所謂知者、不乃爲大盜積[137]者也？(상자를 열고 자루를 뒤지고 궤를 여는 도둑 때문에 지키고자 한다면 반드시 노끈으로 잘 묶고 빗장과 자물쇠를 잘 채워야 한다. 이것이 세속에서 말하는 지혜로운 것이다. 그렇지만 큰 도둑이 와서 궤를 짊어지고 상자를 어깨에 둘러메고 자루를 짊어지고 달아나면 그들은 묶은 끈과 채운 빗장과 자물쇠가 단단하지 않을 것을 오로지 걱정한다. 그렇다면 이전의 지혜롭다고 하는 것은 도둑을 위해서 좋은 조건을 쌓아두는 것은 아닐까?) 《장자(莊子)·거협(胠篋)》)

危而不持、顚而不扶、則將焉用[138]彼相[139]矣？(위태로운 데에 도와주지 못하고, 넘어지는 데에 도와주지 않는다면, 장차 저 상을 어디에 쓸 것인가?) 《논어(論語)·계씨(季氏)》)

---

131 '爲(wèi)'는 '~을 위하여, 때문에'이다.

132 '胠'와 '發'은 모두 열다의 의미이다.

133 '攝緘縢'은 끈으로 묶는 것을 말한다.

134 '扃鐍'은 열고 닫는 기구이다.

135 '揭'은 어깨에 메다는 뜻이다.

136 '鄉'은 '向'의 통가로, 이전, 예전을 나타낸다.

137 '積'은 쌓아 둘 조건을 만들어내는 것이다.

138 '焉用'은 왜 써야 하는가?라는 의미이다.

139 '相'은 평성(平聲)으로 맹인을 인도하는 사람이다.

여기에서의 '也'와 '矣'는 모두 '耶'로 설명할 수 있다. 이는 의문 어기조사로 반문의 어기를 나타낸다. 이것이 두 번째 방법이다. 또한 몇몇 문장의 어기조사는 어기를 확실하게 나타내는 데에 매우 필요하지만, 반드시 필요한 어기조사도 또한 생략되기도 한다. 이러한 경우에는 세심하게 깨우쳐야 할 것이다. 예를 들어,

群盜相隨劇虎狼[140]、食人更肯留妻子？(여러 도둑들이 연이어 호랑이보다 더 위험하니, 사람을 잡아 먹는 것들에 사이에 어찌 처자식을 남겨둘 수 있겠는가?) (두보(杜甫)《삼절구(三絶句)》)

漏移寒箭丁丁急、月挂虛弓靄靄明。此夜離魂堪射斷、更須江笛兩三聲？(새어 움직이는 차가운 화살은 탕탕 급하고, 달에 걸려 있는 비어 있는 활은 뭉쳐 있어 밝다. 이 밤 떠나가는 혼을 쏘아 끊으면 강가에서 부는 피리 두세 소리를 얻을 수 있을까?) (육구몽(陸龜蒙)《강성야박(江城夜泊)》시(詩))

여기에서의 "更肯……"과 "更須……"는 문장 끝에 반문 어기조사 '乎'가 생략된 것으로, 의미는 "처자식을 남겨둘 수 있겠는가?[還肯留妻子嗎？]" "강가에서 부는 피리를 얻을 수 있을까?[還用得到江笛嗎？]"이다. 《시사곡어사휘석(詩詞曲語詞彙釋)》에서는 이러한 점을 주의하지 못해서 문장의 '更'을 '豈'로 풀이하였는데, 이는 타당하지 않다. 이것이 세 번째 방법이다. 종합하면 어기의 문제는 매우 복잡하여 자세하게 이해하여야 한다. 본장에서는 단지 비교적 상세하게 더하여 설명하고자 하였지만, 실제로는 모두 갖추어 설명하기는 어렵다.

---

140 '劇虎狼'은 호랑이보다 더 위험하다는 의미이다.

제12장

수량과 비교

사물의 수량에 관하여 구체적인 물질의 수량은 명량(名量)이라 하고, 동작, 행위의 수량은 동량(動量)이라 한다. 명량과 동량은 모두 수사로 표현되며 상황에 따라 양사(量詞)로 표현되는 경우도 있다. 확정적인 수량은 정량(定量)이라고 한다. 예를 들면《시경(詩經)》305 편,《사기(史記)》130 편 등과 같이 한 편이 더 많지도 적지도 않은 수량은 정량에 속한다. 불확정적인 수량은 상황에 따라 '십여년(十餘年)'과 같이 어떤 수에 근접시켜 서술하기도 하고, 또 '여러 사람(數人)', '약간(少許)' 등과 같이 모호하게 수량의 개념을 나타내기도 하는데 이를 약량(約量)이라고 한다. 사물의 성질과 상태는 비교할 수 있는 것으로, 예를 들면, 송나라 노매파(盧梅坡)의《매설(梅雪)》의 시구 "梅須遜雪三分白, 雪卻輸梅一段香.(매화는 눈보다 서 푼이 덜 희고, 눈은 매화보다 한 단 향이 모자라네.)"에서는 흰색과 향기에 대한 비교를 숫자로 했다. 그러나 이러한 성질과 상태는 사실 숫자로는 표현하기가 힘들기 때문에, 대부분 대략적인 비교를 할 뿐이다. 이상은 고대중국어에서의 수량 관련 표현방법이다. 수량과 관련하여 좀 더 상세한 내용들을 보기로 하자.

제1절 정량과 약량

1. 정량(定量)

정량은 '一, 二, 三, 四, 五, 六, 七, 八, 九, 十, 百, 千, 萬, 億' 등과 같이 수사로 표현된다. 숫자 중에서 '二'와 '兩'의 차이점에 대해 주의해야 한다. 고대중국어에서 '兩'은 짝을 이루는 두 사물에 쓰인다. 예를 보자.

> 霾[1]兩輪兮縶四馬。(두 차바퀴가 (진흙에) 파묻혔고 말 네 마리도 넘어졌다.) 《초사(楚辭)·구가(九歌)·국상(國殤)》
>
> 夫兩貴之不能相事[2]、兩賤職不能相使[3]、是天數[4]也。(두 귀한 사람은 서로 섬길 수 없고, 두 비천한 사람은 서로 부릴 수 없다. 이는 자연의 이치이다.) 《순자(荀子)·왕제(王制)》
>
> 丁公爲項羽逐窘高祖彭城西、短兵接、高祖急顧丁公曰："兩賢豈相厄[5]哉?"於是丁公引兵而還。(정공은 팽성 서쪽에서 항우를 대신하여 고조를 쫓아 곤경에 처하게 하였다. 백병전을 벌이다 위기를 느낀 고조는 정공에게 "우리 두 사내가 서로 곤경에 빠뜨릴 필요가 있는가."라고 말했다. 그러자 정공은 군사를 거느리고 돌아갔다.) 《사기(史記)·계포난포열전(季布欒布列傳)》

---

1 '霾'는 '埋'와 통한다. 장기(蔣驥)는 다음과 같이 주석하였다. "霾는 차 바퀴가 묻힌 듯이 움직이지 않는 것이다. (霾、車輪不動若埋也。)"

2 '事(사)'는 섬기다, 복종하다는 뜻이다.

3 '使(사)'는 시키다의 뜻이다.

4 '天數(천수)'는 자연의 이치를 뜻한다.

5 '厄'은 곤경에 처하다, 핍박하다의 뜻이다.

'兩輪'은 본래 짝을 이루는 것이다. '兩貴, 兩賤'은 쌍방의 지위가 같다는 것이고, '兩賢'은 쌍방의 재능이 동일하다는 것이다. 이 외에 '兩翼, 兩髀, 兩軍, 兩造' 등도 동일한 용법으로 쓰인 것이다. 고대중국어에서는 '兩'이 수사로 쓰인 예는 아주 드물다[6].

고대중국어에서는 숫자의 단위가 다른 경우 큰 단위와 작은 단위의 숫자 사이에 '有'자를 넣어서 표현하는 경우가 많다. 《서(書)·요전(堯典)》에는 "碁[7], 三百有六旬有六日(기는 366일이다)"라는 문장이 있고, 한유(韓愈)의 《화기(畫記)》에는 "凡馬之事二十有七；爲馬, 大小八十有三；而莫有同者焉."(말의 자태를 그리는 방법에는 27가지가 있고, 말의 크기를 그리는 방법에는 83가지나 있지만, 똑같은 말은 없는 것이다.)라는 문장이 있다. 여기에서의 '有'는 '又'의 가차자로 뒤의 숫자가 앞에 숫자에 비해 한 단위가 작다는 것을 표시한다.

고대의 배수(倍數)에는 두 개의 명칭이 있다. 두 배는 '倍(배)'라고 칭하였고, 다섯 배는 '蓰(사)'라고 칭하였다. 그러나 '蓰'는 늘 '倍'와 함께 쓰였다. 불확정적인 다수를 가리킬 때는 두 글자가 단독으로 쓰인 적이 없다. 예를 보자.

---

6 《순자(荀子)·정명(正名)》에는 : '以一易一、人曰：無得、亦無喪也。以一易兩、人曰、無喪而有得也。以兩易一、人曰：無得而有喪也。(하나로 하나를 바꾸면 사람들은 말한다. '얻는 있고 잃는 것도 없다.' 하나로 둘을 바꾸면 사람들은 말한다. '잃는 것은 없고, 얻는 것은 있다.' 둘로 하나를 바꾸면 사람들은 말한다. '얻는 것은 없고 잃는 것은 있다.')라는 문장이 있고, 《한서(漢書)·유림전(儒林傳)》에는 '世所傳百兩篇者、出東萊張霸。(세상에 전해지는 102편은 동래의 장패에게서 나온 것이다.)'라는 문장이 있다. 이러한 예문들에서의 '兩'은 일반적인 숫자로 쓰인 것이다. 앞의 예문에서의 喪은 손실을 가리키고, 102편(百兩篇)이라는 것은 장패(張霸)가 본인이 쓴 고서 중에서 102편을 따로 책을 묶은 '고문《상서(尚書)》'를 가리킨다.

7 '碁(기)'는 일년이다.

夫物之不齊、物之情[8]也。或相倍蓰[9]、或相什伯、或相千萬、子比而同之、是亂天下也。(사물들이 다른 것은 실제 상황이다. 2배가 다를 수도 있고 5배가 다를 수도 있고, 10배, 100배가 다를 수도 있고, 천 배, 만 배가 다를 수도 있다. 그대는 그것을 끌어다가 동일하게 만들고자 하는 것이니, 이는 천하를 혼란하게 할 것이다.) 《맹자(孟子)·등문공상(滕文公上)》

세 배, 네 배…… 등에 대해서는 배수를 나타내는 숫자만 쓰거나 혹은 숫자 뒤에 '倍'를 붙여서 쓰기도 하고 쓰지 않기도 하였다. 예를 보자.

君才十倍曹丕、必能安國、終定大事。(그대(제갈량)의 재능이 조비의 능력 열 배는 초과하니, 필시 나라를 안정시켜 마침내 대업을 이룰 것입니다.) 《삼국지(三國志)·촉지(蜀志)·제갈량전(諸葛亮傳)》

人一能之、己百之 ; 人十能之、己千之 ; 果能此道矣、雖愚必明、雖柔必強。(남이 한 번에 그것을 할 수 있으면, 나는 백 번 하고, 남이 열 번에 그것을 할 수 있으면 나는 천 번을 한다. 과연 이렇게 할 수 있으면, 비록 어리석은 사람이라도 반드시 총명해지며, 유약한 사람이라도 반드시 강해진다.) 《예기(禮記)·중용(中庸)》

杜摯曰：“利不百、不變法 ; 功不十、不易器。”(두지가 말하였다. “백 배의 이로움이 없다면 법을 바꾸지 말아야 하고, 열 배의 효과가 없다면 기물을 바꾸지 말아야 한다.”) 《사기(史記)·상군열전(商君列傳)》

위의 예문에서 첫 번째 예문에는 '倍'자가 있지만, 두 번째와 세 번째

---

8   '情(정)'은 실제 상황을 가리킨다.
9   '相倍蓰(상배사)'는 이 사물은 저 사물보다 두 배 또는 다섯 배임을 가리킨다.

예문에는 없다. 《중용》에서는 "남이 한번 노력할 때 나는 백 번을 노력하고, 남이 열 배를 노력할 때 나는 천 배의 노력을 하겠다."는 의미로 쓰였다. 《상군열전》은 한 보수자(保守者)의 이야기를 기술한 것으로, 백배의 이익이 없다면 법을 바꾸지 말고 열 배의 효과가 없다면 새 도구를 바꾸지 말라는 의미로 쓰였다. 《맹자(孟子)》의 "십백(什伯), 천만(千萬)"도 열 배, 백백, 천만배의 의미로 '什伯'은 '十百'의 이체자이다.

고대중국어에서 분수를 나타낼 때 '幾分之幾'(몇 분의 몇)이라고 하였다. 또는 '分'자를 없애고 '幾之幾'라고 하기도 하였다. 만약 양사가 있다면 양사는 분모 다음에 두었다. 이분의 일은 반(半)이라고 하였고, 삼분의 이는 태반(太半)라고 하였으며 삼분의 일은 소반(少半)이라고 하였다. 분모가 십(十)이면 '十'을 '什'으로 쓰기도 하였다. 아래 분수와 관련 예문을 보자.

一年春事都來[10]幾? 已過了、三之二。(일 년 중 봄이 모두 얼마나 되는가? 이미 삼분의 이나 지났거늘.)(구양수(歐陽修) 《청옥안(青玉案)》 사(詞))

天如彈丸、圍圜[11]三百六十五度四分度之一。(하늘은 탄환과 같다. 둘레가 365도의 사분의 일도이다.) 《예기(禮記)·월령(月令)·소(疏)》

指碧衣取金釵鈿盒、各折其半、授使者。(푸른 옷 입은 시녀에게 금비녀가 담긴 보석상자를 가지고 와서 비녀를 반으로 잘라 사자에게 주었다.)(진홍(陳鴻) 《장한가전(長恨歌傳)》)

候時轉物[12]、逐什一之利。(물건 팔 때는 시기를 기다려 십 분의 일의 이익을 얻는다.)(《사기(史記)·월왕구천세가(越王勾踐世家)》)

---

10 '都來'는 모두, 전부 합쳐서의 의미이다.

11 '圍'은 '圓'과 의미가 같다.

12 전물(轉物)은 물건을 팔다라는 의미이다.

魏成子以食祿千鍾、什九在外、什一在內[13]。(위성자의 봉록은 천 종이나 되거늘 십분의 구는 밖에서 쓰고 십분의 일은 집에서 쓴다.)《사기(史記)·위세가(魏世家)》

到老方知非力取、三分人事七分[14]天。(나이 들면 비로소 힘써 얻는 것이 아님을 알게 되는데, 십분의 삼은 사람 하기에 달렸고, 십분의 칠은 하늘의 뜻에 달려 있다.)(조익(趙翼)《논시절구(論詩絶句)》)

이상의 예문들에서 보면, '四分度之一'은 바로 사분의 일도를 가리킨다. 이러한 설명은 일도를 네 등분으로 나눈 후 그 중에서 하나를 취한다는 말이다. '四分'에서 '四'는 동사 '分'을 수식하는 것이다. 기타 예문들은 쉽게 이해할 수 있는 문장들이다. 이 외에《사기(史記)·화식열전(貨殖列傳)》에는 분수와 관련하여 하나의 특수한 용법이 보인다.

子貸金錢千貫、節駔會、貪賈三之、廉賈五之。(빌려준 이자로는 1천 관을 받아 사람들과 나누는데, 욕심 많은 사람은 삼 분의 일을 취하고 욕심을 절제하는 사람은 오 분의 일을 취한다.)

그 뜻인 즉, 천 관을 이자로 취하는데, 탐욕스러운 상인은 이익 중에서 삼 분의 일을 취하고, 자기 억제력이 있는 상인은 오 분의 일의 이익을 취함을 말하는 것이다. 여기에서 '三之'는 바로 '삼 분의 일'을 뜻하는 것이고, '五之'는 '오 분의 일'을 가리키는 것이다. 이는 같은《사기·화식열전》

---

13   이는 십 분의 일은 자신을 위해서 쓰고 십 분의 구는 덕을 쌓는 데 쓴다는 말이다.

14   "三分人事七分天"는 좋은 시를 지을 수 있는 조건 중에는 학력과 타고난 재능이 있는데, 타고난 재능이 아주 중요하다는 뜻이다.

의 "棗栗千石者三之"(대추와 밤은 천 석에 세 배를 하여 삼천 석이다.)에서의 세 배를 뜻하는 '삼지(三之)'와는 상반되는 것이다. 《사기》 외에는 이러한 뜻으로 쓰인 예는 없는 듯하다.

2. 약량(約量)

약량은 두 가지 방법으로 표현할 수 있다. 한 가지는 표시하고자 하는 수량과 근접한 한 개, 또는 두 개의 숫자로 표시하는 방법이고, 다른 하나는 어떤 범위로 표시하는 방법이다. 예를 들면,

〔彌明〕年九十餘矣。([미명의] 나이가 90여 세이다.) (한유(韓愈) 《석정연구시서(石鼎聯句詩序)》)

潭中魚可百許頭、皆若空遊無所依。(못 속의 백여 마리의 물고기들은 의지하는 곳이 없이 그냥 노니는 것 같다.) (유종원(柳宗元) 《소석담기(小石潭記)》)

江邊諸將、無複在者、才留三千所兵守武昌耳。(강변의 장수들은 더 이상 없고 삼천여명의 병사만 남아서 무창을 지킬 뿐이다.) 《삼국지(三國志)·오지(吳志)·주방전(周魴傳)》)

二十尙不足、十五頗有餘。(스무살은 안 되고 15살은 넘었다.) (고약부(古樂府) 《맥상상(陌上桑)》)

武德令 : 三萬戶已(以)上爲上州。(무덕령에서 지정하길, 삼만 가구 이상이면 상주이다.) 《당회요(唐會要)·양호구정주현등제열(量戶口定州縣等第例)》)

策勳十二轉、賞賜百千强。(큰 공을 기록하고 많은 상을 하사하였다.) (고악부(古樂府) 《목란사(木蘭辭)》)

秋水才深四五尺、野航恰受兩三人。(가을의 수심은 사오척 밖에 안 되
고, 배는 두세 사람밖에 태울 수가 없네.)(두보(杜甫)《남린(南鄰)》시(詩))

'九十餘, 百許頭, 三千所' 등 용법들은 그 수량이 앞의 숫자에 근접함을
나타낸다. 즉 '餘'는 앞에 숫자보다 조금 많음을 나타내고, '許'는 이 글자
의 앞에 숫자보다 조금 많거나 혹은 조금 적음을 나타낸다. '所'자는 '許'자
의 가차자이다. '已上'은 앞에 숫자를 범위로 하여 그보다 훨씬 많음을 나
타내며 '餘, 許'와는 약간 다르다. '四五, 兩三'은 두 개의 인접한 숫자로서
사도 아니고 오도 아니요, 이도 아니고 삼도 아님을 나타낸다. '百千強'에
서의 '百千'은 이러한 쓰임과 비슷하다. 그러나 여기에서의 '強'은 앞에 숫
자보다 훨씬 많음을 나타내며, '餘, 許'와 같다. '百千強'은 이 두 가지 용법
이 다 쓰인 것이다. "二十尚不足, 十五頗有餘"에서도 두 개의 근접한 숫자
를 써서 범위를 나타내는 '餘, 許'와 함께 수량을 나타낸 것이다. 이 외에도
'以上'과 반대 뜻을 나타내는 '以下'도 있고, '強'과 반대 뜻을 나타내는 '弱'
이 있는데 여기서 더 예문을 들지 않겠다.

약량을 표시하는 다른 한가지 방법으로는 구체적인 숫자를 쓰지 않
고 '數, 少許, 若干' 등 단어를 쓴다. '少許'는 수량이 적음을 나타낸다. 도
잠(陶潛) 시《음주(飲酒)》에는 : "傾身營一飽, 少許便有餘(몸을 기울여 배부름
을 추구하였다면 조금은 여유로웠을 것이지만)"라는 시구가 있는데, 이 시구
에서 '少許'는 '조금만'의 뜻을 나타낸다. '數'는 현대중국어의 '幾'에 해당
된다. 위응물(韋應物)의 시《등루기왕경(登樓寄王卿)》에는 "數家砧杵[15]秋山

---

15 '砧杵(침저)'는 다듬이질을 할 때 쓰는 방망이다. 여기서는 다음이질을 할 때 나는 소리를
    가리킨다.

고대중국어 통론

下, 一郡荊榛寒雨中.(몇 집에서 다듬이 소리 가을 산 아래에서 들리고, 차가운 빗속에 온 동네 나무들 무성하다.)" 라는 시구가 있는데 여기에서의 '數家'는 현대중국어에서 '幾家'다. 그러나 여기서 주의할 것은 현대중국어의 '幾'에는 두 가지 용법이 있다. 한 가지는 수량을 표현하는 것이다. 예들 들면 "上街去買幾本書(시내에 나가서 책 몇 권을 샀다.)"에서의 '幾'와 같은 것이다. 다른 한가지는 수량을 물어보는 것이다. 예를 들면 "要完成這個工作得幾天呢.(이 일을 완성하려면 며칠을 해야 해요?)"에서의 '幾'이다. 고대중국어에서 수량을 나타낼 때의 '幾'의 자리에는 '數'가 많이 쓰였다. 물론 '幾'도 쓰일 때가 있었지만 대개는 당(唐) 나라 이후에 그렇게 쓰였다. 고대중국어에서는 보통 수량을 물을 때에만 '幾'를 써서 '數'와의 분담이 아주 명확하였다. 다음 예문들은 '幾'가 모두 물어볼 때 쓰인 것이다.

畏首畏尾、身其餘幾? (머리가 어찌 될까 두려워하고 꼬리가 어찌 될까 두려워한다면, 온몸에 걱정스럽지 않은 곳이 어디 있겠는가?)《좌전(左傳)·문공(文公) 17년》

平原君曰 : "先生處勝之門下、幾年於此矣?" 毛遂曰 : "三年於此矣." (평원군이 말하였다. "선생이 저의 문하에 있으신지 지금까지 몇 년째입니까?" 모수가 말하였다 "지금까지 3년째입니다.)《사기(史記)·평원군우경열전(平原君虞卿列傳)》

罷琴惆悵月照席、幾歲寄我空中書[16]? (거문고 소리 그쳐 서글픈데 달빛은 자리를 비추고 어느 해에나 나에게 신선의 공중서를 보내려는가?)(두보(杜甫)《송공소부귀강동(送孔巢父歸江東)》시)

16　공소부가 은거하려고 하였기 때문에 시에서 신선의 일로 설명한 것이다. '空中書'는 하늘에서 보낸 편지를 가리킨다.

不知楊侯去時、城門外送者幾人? 車幾兩? 馬幾匹? 道邊亦有歎息、知其爲賢以[17]否? (양거원(楊巨源)이 떠날 적에 성문 밖에서 전송한 이가 몇 사람이나 되었는지, 수레는 몇 량이나 모였고, 말은 몇 필이나 모였었는가? 길 가에서 구경하던 사람들이 역시 탄식하면서 그의 현명함을 알아주었는지 누가 알겠는가.)(한유(韓愈)《송양소윤서(送楊少尹序)》)

두보의 작별시에서 "幾歲寄書"는 어느 해 어느 달에 편지를 편지를 보내겠는가 하는 뜻이다. 만약 여기서의 '幾歲'를 '數歲'의 뜻으로 이해를 한다면 두보의 원래 시의 뜻과 완전히 다르게 이해하게 되는 것이다.

'若干'은 '如干'으로 쓰이기도 한다. 예를 들면 다음과 같다.

問天子之年、對曰 : "聞之、始服衣若干尺矣。"(누가 천자의 나이를 물어 대답하였다. "들어보니, 비로소 옷 약간 척을 입는다고 합니다.")(《예기(禮記)·곡례하(曲禮下)》)

是用綴輯遺文、永貽世範[18]、爲如干帙[19]、如干卷。(유문을 편찬하여, 영원히 세인의 본보기로 삼아 약간의 책과 권으로 남긴다.) 임방(任昉)《왕문헌집서(王文憲集序)》)

'若干(如干)'은 불확정적인 수량을 나타내며 이는 '數'와는 차이가 있다. '數'는 확정적이지 않은 대략적인 수량을 나타낸다. 그러나 '若干'은 정해지지 않은 것이기도 하지만 정해지기도 한다. 위의 예문에서 보면 '若干(如

---

17   '以'는 '與'와 통한다.

18   "永貽世範(영이세범)"은 영원히 후세에게 모범으로 남겨준다는 의미다.

19   '帙(질)'은 책을 싸는 천을 가리킨다.

干)'은 수학에서의 방정식 x, y와 같은 것으로, 구체적인 언어행위 속에서는 "爲三峽三十卷(삼질삼십권)" 등과 같이 하나의 확정적인 숫자다.

제2절 명량과 동량, 양사

1. 명량사(名量詞)

양사는 사물의 단위를 계산하는 단위다. 사물은 자연 단위로 셀 수가 있다. 이러한 단위를 표시하는 것을 양사를 개체양사(個體量詞)라고 한다. 그러나 길이, 면적, 체적, 무게, 시간 등은 원래부터 자연 단위가 있었던 것은 아니다. 그러므로 사물의 단위를 계산하려면 인위적인 단위를 그 근거로 삼을 수 밖에 없었다. 인위적인 단위에는 두 가지 방법이 있다. 하나는 고정적인 표준과 체계이다. 즉 도량형, 화폐, 시제 등과 같은 단위다. 예를 들어보자.

餘旣滋蘭之九畹[20]兮、又樹蕙之百畝。(춘란을 9원 심었고, 추혜를 백무 심었다.)《초사(楚辭)·이소(離騷)》

竹之始生、一寸之萌耳。(대나무가 처음 자라나기 시작할 때에는, 단지 한 치 높이의 싹일 뿐이다.)(소식(蘇軾)《문여가화운당곡언죽기(文與可畫篔簹穀偃竹記)》

江流有聲、斷岸千尺。(강물은 흘러 소리를 내고, 깎아지른 언덕은 천 길

---

20   '畹(원)'은 12무를 가리킨다. 30무를 가리킨다는 설도 있다.

이나 되네.)(소식(蘇軾)《후적벽부(後赤壁賦)》)

다른 한가지는 고정적인 표준이 없는 단위로 체계는 더욱 말할 것도 없다. 예를 보자.

惠施多方、其書五車。(혜시의 학설은 다방면에 걸쳐 있고, 그의 저서는 다섯 대의 수레에 실어야 할 정도였다.)(《장자(莊子)·천하(天下)》)

今盜宗廟器而族[21]之、有如萬分之一[22]、假令愚民取長陵[23]一抔土、陛下何以加其法乎? (종묘의 옥환 하나를 훔쳤다 하여 온 가족을 몰살한다면, 가령 장릉의 한줌의 흙을 훔쳤다면 폐하께서는 어떻게 처벌하실 것입니까?) (《사기(史記)·장석지풍당열전(張釋之馮唐列傳)》)

侏儒[24]三尺餘、奉[25]一囊粟、錢二百四十。(난쟁이는 석자 남짓하였는데 곡물 한 자루와 돈 이백사십 냥을 바쳤다.)(《한서(漢書)·동방삭전(東方朔傳)》)

'車'와 '囊'은 모두 어떤 물건을 담는 용기이다. "一抔土即一捧土"에서의 '抔'는 동사가 담는 용기나 혹은 그 뜻이 비슷한 동사를 명사화하여 양사로 썼다.

또 한 가지 사물은 사물 자체가 자연적인 개체 단위인 것이 있다. 그러

---

21 '族(족)'은 '族誅(족주)'로, 일족의 모든 사람을 죽이는 것이다.

22 '萬分之一(만분지일)'은 만일과 같다.

23 '長陵(장릉)'은 한고조의 릉묘를 뜻한다.

24 '侏儒(주유)'는 여기에서는 황제를 즐겁게 해 주는 난쟁이를 가리킨다.

25 '奉'은 '俸'과 같다.

나 사람들은 그 사물 개체를 단위로 삼은 것이 아니라 그 개체를 계산 단위로 사용하였는데 이러한 양사를 집체양사(集體量詞)라고 한다. 예를 들어보자.

> 子行三軍則誰與²⁶?(선생님께서 삼군의 군대를 행하신다면 누구와 함께 하겠습니까?) 《논어(論語)·술이(述而)》
>
> 齊景公有馬千駟、死之日、民無德(得)而稱焉。(제경공은 사천 마리의 말은 가지고 있지만 죽을 때 쌓은 덕이 없어서 칭찬을 받지 못하였다.)《논어·계씨(季氏)》
>
> 未知一生當著幾量屐? (일생에 나막신 몇 켤레를 저당잡힐 지 모른다.) 《세설신어(世說新語)·아량(雅量)》
>
> 船上看山如奔馬、倏忽過去數百群。(배 위에서 산을 바라보니 달리는 말처럼 갑자기 몇 백이나 되는 산들이 떼 지어 지나가네.)(소식(蘇軾) 《강산간산(江上看山)》시)

주(周)나라의 군사제도에서 오백 명이 하나의 여(旅)이고, 이천오백명이 하나의 사(師)이고 만이천오백명이 하나의 군(軍)이다. 고대 중국어에서는 하나의 개별 숫자로 어떤 수량을 나타내는 것이 아니다. 그러므로 예문에서도 '삼만칠천오백명'이라고 하지 않고, '삼군'이라고 하였다. 여기에서의 '軍'은 하나의 집체양사이다. '駟'와 '量'도 마찬가지로 집체양사이다. 네 마리의 말은 '駟'라고 한다. '量'은 '緉'의 가차자다. 《설문(說文)》에서는 : "緉, 履兩枚也(량은 신발 한 켤레를 말한다)" 짝을 이루는 신발, 양말, 나막신

---

26 '誰與(수여)'는 누구를 쓰겠냐는 의미이다.

등과 같은 류의 사물들에 대해서는 모두 '一量'을 써서 표현하였다. 위에서 설명한 이러한 집체양사는 매 단위마다 정해진 수치가 있는 것이다. 그러나 '群, 隊, 輩, 行'과 같은 양사는 그 정해진 수치가 없다.

개체양사는 선진(先秦)시대에 이미 나타났으나 그 쓰임이 활발하지 못하다가 남북조(南北朝)에 와서는 대대적으로 증가하여 현대중국어의 양사 발전을 위하여 기초를 닦아놓았다. 예문을 좀 더 보자.

晉車七百乘。(진나라 수레 칠백 승)《좌전(左傳)·희공(僖公)28년》

晉人與姜戎要[27]之殽[28]而擊之、〔一〕匹馬〔一〕隻輪無反(返)者。(진나라 사람과 강융이 효에서 가로막고 공격하여 진(秦)나라의 말 한 필 수레 한 대도 돌아오지 못했다.)《공양전(公羊傳)·희공(僖公)33년》

魏氏之武卒……操十二石之弓、負服[29]矢五十個。(위씨의 무사들은 화살 십이석을 들고 화살 담는 기구 50개를 짊어진다.)《순자(荀子)·의병(議兵)》

木千章[30]、竹竿萬個、其輻車[31]百乘、牛車[32]千兩(輛)、木器髹[33]者千枚。(나무 천 그루, 대나무 만 개, 작은 차량 백 승, 큰 차량 천 대, 옻칠한 목기 천 매.)《사기·화식열전》

明日復戰、斬首三千餘級。(내일 다시 싸워 삼천여 명의 목을 쳤다.)《한

---

27 '要(yāo, 요)'는 가로막다의 뜻이다.

28 '殽(효)'는 지명이다.

29 '服'은 '箙'과 통한다. 화살을 담는 기구를 가리킨다.

30 '章'은 '株'와 같은데 그루라는 의미다.

31 '輻(yáo, 요)車'는 간편한 작은 차를 가리킨다.

32 '牛車'는 큰 차를 가리킨다.

33 '髹(xiū, 휴)'는 옻칠하다의 의미다.

서(漢書)·이릉전(李陵傳)》)

但某一介庸才、三隅頑學[34]。(단지 나는 한 명의 평범한 재주를 가진 사람으로 세 귀퉁이를 알려주어도 배움이 힘들다.)(소통(蕭統)《십이월계(十二月啟)·이칙칠월(夷則七月)》)

傳詔饒僧明奉宣敕旨、垂賚[35]細綾大文畫柳蟬山扇二柄。(명령을 전달하는 직위에 있는 요승명이 황제의 명령을 받들어 내리면서, 세밀한 비단에 큰 무늬가 있으며 유선산을 그린 부채 두 자루를 내려 주었습니다.)(소강(蕭綱)《사뢰선계(謝賚扇啟)》)

蒙賚豹裘一領。(표범 갖옷 한 벌을 하사 받았습니다.)(소강《사동궁사습계(謝東宮賜裘啟)》)

得所送飛白書[36]縑屏風十牒(疊)。(보내준 비백서체의 비단병풍 10첩을 얻었습니다.)(소강《답소자운상비백서병풍서(答蕭子雲上飛白書屏風書)》)

今故賚爾香爐一枚⋯⋯今故賚爾大硯一面。(그러므로 오늘 향로 한 매를 받았습니다. ⋯⋯ 그러므로 오늘 큰 벼루 한 면을 받았습니다.)(도홍경(陶弘景)《수육경유십뢰문(授陸景遊十賚文)》)

一寸二寸之魚、三竿兩竿之竹。(일촌, 이촌의 고기들, 삼간, 이간의 죽나무.)(유신(庾信)《소원부(小園賦)》)

蒙賚乾魚十番。(말린 물고기 10번을 받았습니다.)(유신《사조왕래건우계(謝趙王賚乾魚啟)》)

當時四十萬匹馬、張公歎其材盡下[37]。(당시에 사십만 필의 말이 있었는데 장공은 모든 말이 수준이 낮음을 탄식했다.)(두보(杜甫)《천육표도가(天育

---

34 '三隅頑學'은 하나를 알려주면 세 개를 알지 못한다는 의미이다. [역주] 이는《논어(論語)·술이(述而))》에 나오는 고사이다.

35 '賚'는 주다의 의미이다.

36 '飛白書'는 일종의 서체이다.

37 '下'는 수준이 낮다는 뜻이다.

驃圖歌)》

庭前把燭喚兩炬、峽口驚猿聞一箇。(뜰 앞에서 촛불을 잡고 두 횃불 든 사람을 부르니, 협곡 입구에서는 놀란 원숭이 한 마리 소리 들리네.)(두보 《야귀(夜歸)》

一片花飛減却春、風飄萬點正愁人。(한 잎의 꽃잎이 흩날려도 봄기운이 줄어드는데 온 천지 바람에 날리는 꽃잎, 못 견디게 시름겨워라.) (두보 《곡강(曲江)》》

潭中魚可百許頭。(못에 물고기가 백 여 마리 된다.)(유종원(柳宗元) 《소석담기(小石潭記)》》

위의 예문들을 보면 선진(先秦)시대에 네 개, 한대(漢代)에 여섯 개, 남북조(南北朝)에 여덟 개, 당대(唐代)에 다섯 개의 개체양사가 쓰였다. 물론 매 시대에 오직 위의 예문들만 있다는 것이 아니고, 또한 이 예문들이 그 시대에만 있다거나 중복 쓰임이 없다는 것은 아니다. 단, 이러한 예문들이 고대 중국어에 이미 개체양사가 있었고, 고대 이후에 대대적으로 증가되었음을 설명한다는 것이다. 사물에 자연단위가 있기에 개체양사가 꼭 필요한 것은 아니다. 선진시대에 개체양사가 많지 않음에도, 당시의 기록 및 의론문장이 얼마나 부족한지 느끼지 못한다. 이는 곧 당송(唐宋) 이후 특히 구어와 차이가 있는 문언문에서 여전히 수사와 명사가 직접 결합하는 방식이 일반적으로 쓰였기 때문이다. 예를 보자.

隸而從者、崔氏二小生：曰恕己、曰奉壹。(같이 간 이들은 최씨 소생의 두 사람인데 서기와 봉일이라 하였다.)(《소석담기(小石潭記)》》
蘭、春有黨數十。(신란, 신춘에는 무리가 수십 명 있었다.)(이공좌(李公

고대중국어 통론

佐)《사소아전(謝小娥傳)》

二客從予、過黃泥之阪。(두 손님이 나를 따라 황니 고개를 건넜다.)(소식 (蘇軾)《후적벽부(後赤壁賦)》

一女郞由東而西。(한 여자가 동쪽에서 서쪽으로 갔다.)《요재지이(聊齋志 異)·영녕(嬰寧)》

忽一老嫗扶杖出。(갑자기 노부인이 지팡이를 짚고 걸어 나왔다.)(《요재지 이·영녕》

卽煩阿姨爲汝擇一良匹。(이모가 수고스럽게 너를 위하여 좋은 배우자를 택해줄 것이다.)(《요재지이·영녕》)

我一姐適秦氏、良確。(나의 누이 하나가 진씨에게 시집간 것은 확실하 다.)(《요재지이·영녕》)

而女殊密秘、不肯道一語。(여자는 비밀을 지키려고 한마디도 말하려 하 지 않았다.) 《요재지이·영녕》)

細視、非女、則一枯木臥牆邊。(자세히 보니 여자가 아니라 마른 나무가 담장에 기대어 있는 것이었다.)(《요재지이·영녕》)

女逾年生一子。(여자는 해를 넘겨 아들 한 명을 낳았다.)(《요재지이·영 녕》)

이러한 예문들을 보면 소식 시의 후반부에서만 개체양사를 쓰고 그 외 에는 모두 쓰이지 않았다. 특히 《영녕》을 보면 개체양사를 쓰지 않은 예가 특별히 많이 보인다. 이는 구어체와 거리가 먼 문언문에서, 설령 청대의 문 언문 소설에서도 거의 쓰이지 않았음을 보여준다. 현대중국어에서는 개체 양사를 쓰지 않으면 안 된다. 남북조부터 개체양사를 반드시 써야 하는 분 위기가 형성되었으나, 주로 구어체를 위주로 발전하였으며, 문언문 영역까 지 반드시 사용하는 분위기가 형성된 것은 아니었다. 그러나 개체양사는 수량을 쉽게 표현할 수 있다는 장점이 있기 때문에 지속적인 발전을 이루어왔다. 개체양사의 장점은 다음과 같다.

첫째, 사물의 어떤 형식과 특징을 잘 나타낼 수가 있다. 예를 들면 부채의 수량은 '柄'으로, 벼루는 '面'으로, 대나무는 '竿'으로, 꽃은 '片'이나 '點'으로 나타낸 것 등이다.

둘째, 나타내려는 개체단위에 대해 명확하게 구분해낼 수가 있다. 예를 들면《영녕》에서의 "捻梅花一枝(매화꽃 한가지를 꺾어)와 "執杏花一朵, 俯首自簪(살구꽃 한송이 들고 머리 숙여 스스로 꽂는다.)"에서 '捻'은 한 가지[一枝]이지 한 송이[一朵]가 아니다. 그리고 '簪'은 한 송이[一朵]이지 몇 송이[幾朵]가 있는 것은 아니다. 각각의 양사가 없었다면 명확하게 구분되지 않았을 것이다. 표현상에서 반드시 개체양사가 있어야 하는 것은 아니었기 때문에 아주 이른 이 시기의 문언문에서 그 후대로 내려오면서 소식의 시《한간마십사필(韓幹馬十四匹)》에서처럼 개체양사가 쓰인 경우와 쓰이지 않은 두 가지 용법이 함께 쓰인 경우도 있는 것이다.

지금까지 주로 명량사의 유형에 대해 설명하였다. 다음은 주로 명량사와 수사, 명사와의 결합상황과 다른 용법에 대해 논의해보겠다.

명사와 수사의 결합에 있어서 수사는 "二馬並驅攢八蹄"처럼 명사 앞에 쓰일 수도 있고, "蘭, 春有黨數十"처럼 명사 뒤에 쓰일 수도 있다. 양사는 반드시 수사 뒤에 쓰여야 하며 수사와 결합하여서는 "一介庸才, 三竿兩竿之竹, 四十萬匹馬, 一片花飛"에서와 같이 명사 앞에 쓰일 수도 있고, "首三千餘級, 豹裘一領, 魚百許頭"에서와 같이 명사 뒤에 쓰일 수도 있다. 문언문에서는 수사와 수량사는 대체로 명사 뒤에 쓰여서 그 숫자를 강조함을 나타내었다. 이는《삼국지》에서 제갈량이 한 다음 말에서도 볼 수 있다.

"豫州[38]軍雖敗於長阪, 今戰士還者及關羽水軍精甲萬人, 劉琦合江夏戰士, 亦不下萬人.(예주목 유비의 군이 비록 장판에서 패했지만 현재 돌아온 전사와 관우의 수군 정병이 만 명, 유기가 강하에서 모집한 전사도 만 명 이상이다.)"

만약 수사가 '一'이라면 양사는 명사 앞에서 '一'을 생략할 수가 있다. 앞에서 예를 든《공양전》의 "匹馬隻輪無反者"에서는 '匹'와 '隻' 앞의 '一'이 생략된 것이다. 이 외에도《세설신어·방정 (世說新語·方正)》에서의 "尺布斗粟之謠, 常爲陛下恥之(한 척의 포와 한 말의 곡식에 대한 민요로 나는 늘 폐하를 대신해 부끄러움을 느꼈다.)"는 한문제(漢文帝) 시대의 민요 "一尺布, 尚可縫 ; 一斗粟, 尚可春 ; 兄弟二人不能相容(천 한 자로도 꿰맬 수 있고, 곡식 한 말도 찧을 수 있는데, 두 형제는 서로 용납하지 못하네.)"를 가리키는데,《세설신어·방정》에서는 '尺'과 '斗' 앞의 '一'이 생략된 것이다.《후적벽부(後赤壁賦)》의 "我有斗酒, 藏之久矣(나한테 술 한 말이 있는데 간직한 지 오래됐다.)"에서도 '斗' 앞의 '一'이 생략된 것이다. 그렇지만 현대중국어에서 '個人'과 같은 경우는 "找個人來.(사람 한 명 찾아오라.)"와 같은 문장에서는 '一'이 생략된 것이지만, "個人有些意見.(개인이 의견이 좀 있다.)"와 같은 문장은 '一'이 생략된 것이 아니다. 고대중국어에도 '個人'이라는 양사가 있었으나, 현대어에서의 양사와는 그 쓰임이 완전히 달랐다. 고대중국어에서는 '這個人(이사람)' 또는는 '那個人(저사람)'의 뜻으로 쓰였다. 예를 들면 주방언(周邦彥)의《서룡음(瑞龍吟)》이라는 사에 "黯凝佇[39]因念箇人癡小, 乍窺門戶.(우두커니 서서 아담한 그 사람이 문에서 힐끗 보는 것을 생각하네.)"에서의 '箇人'은 바

---

38   '豫州(예주)'는 유비(劉備)를 가리킨다.

39   '黯凝佇'는 외로이 우두커니 서서 오랫동안 움직이지 않음을 뜻한다.

로 '那個人(그 사람)'의 뜻으로 쓰인 것이다.

명량사는 단독으로 쓰일 수도 있으며 '每一(매 하나의, 각, 각각)'의 뜻을 나타낸다. 예를 들면,

鄭伯使卒出猳、行出犬雞、以詛射潁考叔者[40]。(정장공은 각 졸마다 수 돼지를 내게 하고, 각 항마다 개와 닭을 내게 하여 영고숙을 쏘아 죽인 자를 저주하게 하였다.)《좌전(左傳)·은공(隱公)11년》

勸民務農桑、令口[41]種一樹榆、百本薤[42]、五十本蔥、一畦韭；家二母彘[43]、五雞。(백성들에게 농사짓고, 뽕나무 가꾸는 일을 하도록 권유하고, 매 가구마다 느릅나무 한 그루, 염교 백 그루, 파 50그루, 부추 한 뙈기를 심도록 명하였으며, 집집마다 암돼지 두 마리, 닭 다섯 마리를 기르게 하였다.)《한서(漢書)·공수전(龔遂傳)》

凡所應有、無所不有；雖人有百手、手有百指、不能指其一端；人有百口、口有百舌、不能名其一處也。(있어야 할 것은 없는 것이 없다. 한 사람이 백 개의 손이 있다 해도, 한 개의 손이 백 개의 손가락이 있다 해도 한 끝을 가리킬 수 없으며, 한 사람이 백 개의 입이 있고 한 개의 입이 백 개의 혀가 있다 해도 한 곳을 이름 붙일 수 없다.)(임사환(林嗣環)《추성시자서(秋聲詩自序)》)

실용적인 관점에서 보면 수량의 이러한 표현 방법은 직설적이고 명확할 수 있다. 하지만 옛 시인들의 시구에서는 완전히 그러하지는 않다. 그들

---

40 '卒'은 백명을 가리키고, 行은 25명을 가리킨다.

41 '口'는 매 가구마다의 의미이다.

42 '薤(xiè, 해)'는 식물명으로 잎이 부추와 비슷하다.

43 '彘(zhì, 치)'는 돼지를 가리킨다.

은 비교적 우회적인 설명 방식을 쓰기도 한다. 우회적인 표현방법에는 보통 다음과 같은 두 가지가 있다. 그 중 하나는 배수, 분수 혹은 가감법이다. 예문을 보자.

鮐、鮆千斤、鮿千石、鮑[44]千鈞、棗栗千石者三之。(고등어, 풀반지 천 근, 잡어 천 석, 전복 천 균, 대추와 밤 삼천 석.)《사기(史記)·화식열전(貨殖列傳)》

種豆三畝、粟倍之。樹[45]梅花千、桃、杏居其半。芋一區、薤韭各百本。(콩 3무, 조는 그 배로 심고, 매화 꽃은 천 그루, 복숭아, 살구나무는 그 절반을 심었다. 토란은 한 구역을 심고, 염교와 부추는 각각 백 뿌리를 심었다.)(송렴(宋濂)《왕면전(王冕傳)》)

牛大小十一頭、槖駝三頭、驢如槖駝之數而加其一焉。(소는 크고 작은 것 11마리, 낙타는 3마리, 당나귀의 수는 낙타와 같은 마리 수에 한 마리 더 했다.)(한유(韓愈)《화기(畫記)》)

다른 한 가지는 어떤 동물의 머리, 뿔, 꼬리, 굽 등을 계산하는 근거로 삼았다. 예문을 보자.

馬蹄躈[46]千、牛千足、羊、彘千雙、僮[47]手指千。(말 발굽과 주둥이 천,

---

44 '鮐、鮆、鮿、鮑'는 물고기 이름이다.

45 '樹'는 여기서 동사이다.

46 [역주] 옛날에는 가축의 네 발과 항문(躈,《한서(漢書)》의 '噭'는 입을 가리킴.)을 합쳐 '蹄躈'이라 불러 한 마리를 나타냈다.

47 '僮'은 노예를 가리키는데 물건처럼 팔았다.

소 천 족, 양과 돼지 천 쌍, 노예 손가락 천 개[48].)(《사기·화식열전》)

　　江草秋窮似秋半, 十角吳牛放江岸。(강가에 풀 이미 없어지고 가을은 이미 반은 지난듯. 10각의 오소만 강가에 있다.)(육구몽(陸龜蒙)《오가(五歌)·방우(放牛)》)

위의 예문에서 '千石者三之'는 삼천석을 가리키고, '倍之'는 여섯 무를 가리킨다. '如橐駝之數而加其一'는 네 마리를 가리키고, '蹺'(《한서(漢書)》에서는 '噭'로 쓰임)는 주둥이를 가리킨다. '蹄躈千'는 이백 필을 뜻하며 '手指千'은 백 명을 뜻한다. 이러한 표현방법은 보편적이지는 않지만 옛 시인들은 시구에 이러한 변화를 줌으로서 딱딱함을 피하려 했는데 이 역시 수사법의 하나의 표현방법으로 무조건 옳지 않다고 할 수는 없다. 지금은 '蹄, 角' 등과 같은 단어는 임시로 수를 계산하는 근거로만 쓸 수 있고, 양사로는 볼 수는 없다.

명량사는 시대와 지역에 따라 다르게 쓰였다. 예를 들면 고대에서 차에는 양사 '乘'을 썼고 그 후에는 '輛'을 쓴다. 그리고 신을 셀 때에도 고대에는 양사 '緉'을 썼지만 그 후에는 '雙'으로 바뀌었다.

2. 동량

현대중국어에서 동량사는 명량사보다 적다. 문언문에서 쓰인 동량사는 현대보다도 훨씬 적다. 동량을 표현하는 가장 자주 보이는 방법은 수사를

48　[역주] 이 말은 말 200필, 소 250마리, 돼지 1000마리, 양 1000, 노예 100명과 같은 말이다.

부사어로 사용하여 동사를 수식하여 제한하는 것이다. 예를 보자.

令尹子文三仕⁴⁹爲令尹、無喜色 ; 三已⁵⁰之、無慍色。(영윤 자문은 세 번이나 영윤이 되었지만 기뻐하는 기색이 없었고, 세 번이나 파면되었지만 원망하는 기색이 없었다.)《논어(論語)·공야장(公冶長)》

昔馬融三入東觀⁵¹、漢代稱榮 ; 張衡再典⁵²史官、晉朝稱美。(과거에 마융이 세 번이나 동관에 들어간 것을 한나라 사람들은 영광스러운 일로 여겼다. 장형이 두 차례 사관을 맡자 진나라의 찬미를 받았다.)(유지기(劉知幾) 《사통서(史通序)》)

烏得不能、但須其人一誠求耳。(왜 안 되겠습니까. 그 사람이 한 번 진솔하게 부탁만 하면 됩니다.)《요재지이·서운(瑞雲)》

濯之當愈、然須親出一謝醫人也。(이 물로 씻고 다 나았습니다. 하지만 직접 의사인 저에게 감사하게 하십시오.) 《요재지이·서운》

수사를 동사 뒤에서 쓰이게 하여 동사의 보어가 되게 하려면 양사도 함께 써야 한다. 아래와 같이 수사 뒤에 양사가 쓰이지 않은 예문은 극히 드물다.

〔聶嫈〕乃大呼"天"者三、卒於邑⁵³、悲哀而死〔聶〕政之旁。(〔섭앵은〕큰 소리로 "세상에!"를 여러 차례 외쳤다. 흐느껴 울다가 슬픔이 지나쳐서 〔섭〕

---

49 '仕'은 벼슬을 하다는 의미이다.

50 '已'는 파면되다는 의미다.

51 '東觀'은 한나라 때에 유학 대신들이 책을 쓰는 곳이다.

52 '典'은 맡다라는 의미이다.

53 '於(wū, 오)邑'은 흐느껴 우는 모습을 가리킨다.

정의 옆에서 죽었다.)(《사기(史記)·자객열전(刺客列傳)》)

위의 예에서 만약 멈춤 역할을 하는 '者'가 없다면 이 문장은 이루어지기 어렵다.

문언문에서 자주 쓰이는 동량사에는 '遍(徧), 回(迴), 過, 度' 등이 있다. 예를 보자.

人有從學者、〔董〕遇不肯教、而雲 : "必當先讀百遍." 言 : "讀書百遍、而義自見."(사람들이 그더러 가르쳐달라 하면 그는 가르치려 하지 않고 말하였다. "반드시 백 번을 읽으라", "백 번을 읽으면 자연스럽게 그 도리를 알게 될 것이다."라고 말하였다.)(《삼국지(三國志)·위지(魏志)·왕랑전주(王朗傳注)》에서 《위략(魏略)》을 인용한 부분)

庭前八月梨棗熟、一日上樹能千回.(뜰 앞에 8월의 배와 대추 익으면 하루에도 천 번이나 나무에 올라가 딸 수 있다.)(두보(杜甫) 《백우집행(百憂集行)》)

舊書不厭百回讀、熟讀深思子自知.(옛 서적 싫다 않고 백 번 읽으면 숙독하고 깊이 생각하면 그 뜻을 스스로 알게 된다.)(소식(蘇軾) 《송안돈수재실해서귀(送安惇秀才失解西歸)》시)

願書萬本誦萬過、口角流沫右手胝[54].(만 번 베껴 쓰고 만 번 외워서 내 입가에 거품이 흐르고 오른손은 부르튼다.)(이상은(李商隱) 《한비(韓碑)》시)

一日不思量、也攢眉千度.(하루라도 그를 생각하지 않으면 얼굴을 천 번 찡그린다.)(유영(柳永) 《주야악(晝夜樂)》사)

對瀟瀟暮雨灑江天、一番洗清秋.(세찬 저녁비가 하늘에서 강에 내리니

---

54 '胝'는 마찰로 인해 부르트다의 의미이다.

맑은 가을 한바탕 씻겨가네.) (유영《팔서감주(八聲甘州)》사)

뒤에서 든 예문 중 어떤 수량사는 문장의 부사어가 되고, 어떤 수량사는 문장의 보어가 된다. 발전의 추세를 놓고 보면 동량사가 쓰이지 않은 상황에서는 수사를 동사의 부사어로 보는 경우가 주를 이룬다. 동량사가 있게 되자 수량사는 점점 뒤로 이동하여 동사의 보어로 되어가는 추세다. 현대중국어에서 동량사는 동사 뒤에 위치하는 경우가 대부분이다.

'下, 頓, 場' 등 동량사는 대체로 남북조 시기에 이미 있었다. 그러나 문언문이나 시가에서는 아주 적게 나타났다. 특히 '下, 頓'은 더욱 드물게 나타났으며, 설령 나타났다 하더라도 그 용법이 현대중국어와 거의 비슷하므로 여기서 더 설명하지 않겠다. '看一眼, 砍一刀'와 같은 형식은 문언문에서도 잘 발견되지 않는다.

제3절 비교

사물의 성상(性狀)의 정도는 비교할 수가 있다. 비교의 차이에 따라 평비(平比), 차비(差比), 극비(極比) 등 세 가지로 나눌 수 있다. 평비는 같은 것으로 크기의 차이가 없다. 차비는 이것과 저것을 비교해볼 때 크거나 혹은 작은 상황을 가리키는 것이다. 극비는 제일 큰 것으로 다른 것들은 비교할 바가 안 됨을 가리킨다.

평비를 나타낼 때에는 '同, 齊, 如, 猶, 似, 若' 등 단어들을 쓴다. 예를 보자.

西北有高樓、上與浮雲齊。(서북에 높은 누각이 있는데, 누각 위는 뜬 구름과 나란히 한다.) 《고시십구수(古詩十九首)》

草綠衫同、花紅面似。(옷이 풀처럼 푸르고 얼굴이 꽃처럼 발갛다.)(유신(庾信)《행우산명(行雨山銘)》)

臣朔年二十二、長九尺三寸、目若懸珠、齒若編貝、勇若孟賁、捷若慶忌、廉若鮑叔、信若尾生。(신 삭은 22살로, 키는 구 척 삼 촌이고, 눈은 진주와 같고 이는 조개와 같으며, 용맹함은 맹분과 같고 민첩함은 경기와 같으며, 청렴함은 포숙과 같고, 믿음직함은 미생과 같습니다.)(《한서(漢書)·동방삭전(東方朔傳)》)

以齊王[55]、猶反掌也。(제나라를 가지고 왕업을 이루는 것은 손바닥을 뒤집는 것처럼 쉽다.)(《맹자(孟子)·공손추상(公孫丑上)》)

두 사물의 속성 가운데서 그 중 한 가지를 비교할 때 비교하려는 속성이 문장에 명확하게 나타날 때도 있고 나타나지 않을 경우도 있다. 두 번째 예문에서의 '綠'과 '紅'은 비교하려는 속성으로서 풀과 옷의 파란 정도를 비교하였고, 꽃과 얼굴의 붉은 정도를 비교하였다. 세 번째 예문에서의 '勇, 捷, 廉, 信'도 비교하려는 속성들이다. 이러한 예문들은 모두 비교하려는 속성들이 문장에 나타난 것이다. 첫 번째 예문과 네 번째 예문은 비교하려는 속성이 문장에 나타나지 않은 경우다. 문장에서는 비교하려는 속성이 나타나지는 않았지만, 문장의 내용으로 봐서는 "其高與浮雲齊", "猶反掌之易也"와 같다. 즉, '高'와 '易'가 비교하려는 속성인 것이다. 세 번째 예문에서의 "目若懸珠, 齒若編貝"은 비교하려는 속성이 '明'과 '白', '齊'인데

---

55 '以齊王'은 제나라에 기대어 왕업을 이룬다는 의미이다.

모두 문장에서 나타나지 않았다.

차비(差比)는 보다 낫다는 것을 나타내거나, 또는 보다 못하다는 것을 나타낸다. 표현하는 방법은 늘 계사 '於'와 그 목적어를 함께 써서 형용사의 보어가 된다. 예를 보자.

> 與人善言、暖於布帛、傷人之言、深[56]於矛戟。(남에게 하는 좋은 말은 옷보다 따뜻하고, 상처를 주는 말은 창으로 찌르는 것보다 더 잔혹하다.)《순자(荀子)·영욕(榮辱)》
>
> 或輕於鴻毛。(태산보다 무거울 수 있고, 깃털보다 가벼울 수 있다.) (사마천(司馬遷)《보임소경서(報任少卿書)》)

'於'를 쓰지 않고 '乎'를 쓴 문장도 있거나, '於'와 '乎'를 다 쓰지 않은 문장도 있다. 예를 보자.

> 飽食終日、無所用心、難矣哉! 不有博弈者乎! 爲之、猶賢乎已[57]。(하루 종일 배불리 먹기만 하고 아무 일도 하지 않는 것은 너무 어렵다! 바둑이 있지 않는가. 바둑을 두는 게 아무 것도 안하는 것보다는 낫다.) 《논어(論語)·양화(陽貨)》
>
> 退而讓頗、名重〔於〕太山。(물러나 염파에게 양보하니 그 명성이 태산보다 무겁다.) 《사기(史記)·염파인상여열전(廉頗藺相如列傳)》
>
> 趨人之急、甚〔於〕己私。(다른 사람의 급한 일을 도와주는 것이 자신의 사적인 일을 하는 것보다 낫다.)《사기·유협열전(遊俠列傳)》

---

56 '深'는 잔혹하다는 의미이다.

57 '猶賢乎已'은 안 하는 것보다 낫다는 뜻이다.

名高〔於〕北斗星辰上、身墮南州瘴海間。(명성은 북두칠성보다 높지만
몸은 좌천되어 남국 장해 사이에 있다.)(왕정규(王庭珪)《송호방형적신주(送
胡邦衡謫新州)》시》)

'보다 못하다'를 나타낼 때에는 '不如, 不若'을 비유하려는 두 사물 사이
에 쓴다. 예를 보자.

十室之邑、必有忠信如丘者焉 ; 不如丘之好學也。(열 집 고을에 반드시
나 같은 충신은 있어도 나만큼 배움을 좋아하는 사람은 없을 것이다.) (《논어
(論語)·공야장(公冶長)》)
曰 : "獨樂樂[58]與眾樂樂、孰樂[59]?"曰 : "不若與眾〔之樂〕。"((맹자)왈 :
"혼자 음악을 즐기는 것과 다른 사람과 함께 음악을 즐기는 것 중 어
느 것이 더 즐겁습니까?" (선왕)왈 : 다른 사람과 함께 즐기는 것보다
못하다.) (《맹자(孟子)·양혜왕하(梁惠王下)》)

"必有忠信如丘者焉(틀림없이 충성과 신의가 공구인 나와 같은 사람이 있을
것이다.)"는 평비(平比) 즉 같음을 나타내는 것이다. "不如丘之好學(내가 학
문을 좋아하는 것보다는 못할 것이다.)"는 차비(差比) 즉 보다 못하다는 것을
나타내는 것이다. 이와 같은 차비 형식은 문장에 비교되는 두 사물이 모두
나타난다. 다른 한가지 차비 형식은 정도를 나타내는 사물 자체만 나타나
고 비교되는 사물은 나타나지 않는다. 이러한 형식은 보다 낫다는 것의 수
식어로 표현된다. 단순히 다른 사물보다 뛰어남을 나타내는 단어로는 '甚,

58　'樂樂(yuèlè, 악락)'은 음악을 감상하여 즐겁다는 의미다.
59　'樂(lè, 락)'은 즐겁다는 의미다.

大, 良' 등이 있다. 예를 보자.

　　步樂召見、道陵將率[60]得士死力、上甚說(悅)。(보락은 임금에게 호출되어 뵙고서는 이릉이 병력을 이끌고 사력을 다했다고 말하니 한무제는 크게 기뻐했다.)《한서(漢書)·이릉전(李陵傳)》

　　咄! 少卿良苦。(어허! 소경은 수고하셨습니다.)《한서·이릉전》

　　二子大懼、皆起、立牀下。(두 사람은 몹시 두려워 모두 일어서서 침상 밑에 섰다.) (한유(韓愈)《석정연구시서(石鼎聯句詩序)》)

　　'더, 더욱'의 의미를 나타낼 때에는 '尤, 更, 愈, 彌, 益, 滋' 등을 쓴다. 예를 보자.

　　水遠、怎知流水外、卻是亂山尤遠。(물은 멀리, 흐르는 물 밖은 어떻게 알런지, 그렇지만 난잡한 산들은 더욱 멀리 있네.) (왕기손(王沂孫)《장정원(長亭怨)》사)

　　蟬噪林愈靜、鳥鳴山更幽。(매미 우니 숲은 더욱 고요하고, 새가 지저귀니 산은 더욱 적막하네.) (왕적(王籍)《입약야계(入若耶溪)》시)

　　退而修《詩》、《書》、《禮》、《樂》、弟子彌衆。(공자가 정치에서 물러나고《시》、《서》、《예》、《악》을 손보자 따르는 제자들이 더욱 많아졌다.) (《사기(史記)·공자세가(孔子世家)》)

　　自秦漢以來、作者益衆。(진한 이래로 작가들이 더욱 많아졌다.)(소식(蘇軾)《이씨산방장서기(李氏山房藏書記)》)

60　'將率'은 이끌다의 의미이다.

子不聞夫越之流人[61]乎?去國數日、見其所知[62]而喜；去國旬日、見其
所嘗見於國中者而喜；及期年[63]也、見似人者而喜矣。不亦去人滋久、
思人滋深乎? (방랑하는 사람들에 대해 들어보지 못했습니까? 나라를 떠난
지 며칠이 되면 익숙한 사람을 보고 기뻐합니다. 나라를 떠난 지 수십 일이
되면 자기 나라에서 만났던 사람을 보고도 기뻐합니다. 나라를 떠난 지 일년
이 되면 자기 아는 사람과 비슷한 사람을 보고도 기뻐합니다. 떠난 지 오래
될수록 그리워하는 마음이 깊어지는 것이 아니겠습니까?) (《장자(莊子)·서
무귀(徐無鬼)》)

현대중국어에서는 '尤, 更' 등 부사들이 모두 '더욱'의 뜻을 나타낸다.
하지만 이런 부사들도 차이점이 있으니, '尤, 更, 愈'는 무엇과 비교해서 더
욱 어떠하다는 의미를 나타내고, '甚, 大, 良'보다 비교의 의미가 더욱 강하
다. '彌, 益, 滋'는 '뿐만 아니라'의 의미를 나타내고, '彌眾, 益眾'는 '나날이
많아지다'의 의미를 나타낸다. '滋久, 滋深'은 '시간이 지날수록, 점점 깊어
지다'의 의미를 나타낸다. 이러한 수식어로 구성된 차비 형식은 사실상 두
가지 사물을 비교한 것이다. 예를 들면 '甚悅'은 '悅'과 비교하여 얻은 판단
이고, '愈靜'은 매미의 소리를 듣지 않은 것과 비교하여 얻은 판단이며, '益
眾'은 진한 이전에 비해 얻은 판단이다. 그러나 비교되는 다른 사물은 문장
에 나타나지 않았다.

극비(極比)는 '最, 至, 極' 등 부사로 비교되는 사물을 수식하는 방법이
다. 이러한 부사는 부사 자체가 유일무이하고, 모든 것을 능가한다는 뜻을

---

61   '流人'은 타지에서 떠도는 사람을 가리킨다.
62   '所知'는 익숙한 사람을 가리킨다.
63   '期年'은 만 일년을 가리킨다.

가지고 있다. 예를 보자.

　　東極大海、跨蓬壺、見最高仙山。(동쪽으로는 대해의 끝까지 가서, 봉래
산을 넘어, 가장 높은 선산을 본다.) (진홍(陳鴻)《장한가전(長恨歌傳)》)

　　大學之道、在明明德、在親民、在止⁶⁴於至善。(대학의 취지는 고상한
덕행을 고양하는 데 있고, 백성을 사랑하는 데 있으며, 최고 경지에 도달한
선량함에 그치는 데에 있다.) (《예기(禮記)·대학(大學)》)

　　山非極高水非深、無一直處方耐尋。(산이 가장 높지 않고 물이 깊지 않
지만, 바로 방문해서 있을 만한 곳 없네.) (황경인(黃景仁)《산갱(山鏗)》시)

　　다른 한 가지 형식은 '無, 莫'을 써서 본 사물과 비교되는 다른 사물을
부정하는 것인데, 비교되는 사물이 도달할 수 있는 경지를 부정하면서 본
사물의 유일무이한 최고를 나타내는 것이다. 예를 들면 :

　　敝邑所甚悅者、無大〔於〕大王。唯⁶⁵儀之所甚願爲臣者、亦無大〔於〕
大王。(우리 나라의 왕이 제일 좋아하는 사람은 대왕 이상인 분이 없고, 제가
신하가 되고 싶은 것도 대왕의 신하 되는 것 그 이상이 없습니다.) (《전국책
(戰國策)·진책(秦策)》)

　　察鄰國之政、無如寡人之用心者。(이웃 나라의 정사를 살펴보건대, 과인
처럼 마음을 쓰는 자가 없습니다.) (《맹자(孟子)·양혜왕상(梁惠王上)》)

　　禍莫憯⁶⁶於欲利、悲莫痛於傷心、行莫醜於辱先、而詬⁶⁷莫大於宮刑。

64　'止'는 도달한 다음에 고수하여 가지 않는다는 뜻이다.

65　'唯'는 발어사(發語詞)이다.

66　'憯'은 '慘'자와 동일하다.

67　'詬'는 치욕스럽다는 의미이다.

(그러므로 사사로운 이익을 탐하는 것보다 더 비참한 재앙은 없고, 마음의
상처를 받는 것보다 더 큰 슬픔은 없으며, 선조에게 수치심을 안겨주는 것만
큼 추악한 행위는 없고, 궁형보다 더 치욕스러운 것은 없다.) (사마천(司馬遷)
《보임소경서(報任少卿書)》)

救寒莫如重裘、止謗莫如自修。(추위를 이겨내는 데는 두꺼운 가죽옷이
제일이요, 스스로 학문을 닦고 덕행을 쌓는 것은 남의 비방을 그치게 하는
제일 좋은 방법이다.) 《삼국지(三國志)·위지(魏志)·왕창전(王昶傳)》)

"無大大王"은 대왕보다 더 좋아하는 사람은 없다는 뜻으로 대왕을 제
일 좋아하고 원한다는 뜻이다. "止謗莫如自修"은 남의 비방을 그치게 하는
제일 좋은 방법은 스스로 학문을 닦고 덕행을 쌓는 것이라는 뜻이다. 다른
예문들도 마찬가지로 '제일'의 의미를 나타낸다. 이러한 형식은 늘 평비나
차비의 형식 중 하나 포함하며, 또 차비 형식에서의 '不如, 不若'과 아주 비
슷하다. 그러므로 《마씨문통(馬氏文通)》에서는 이러한 형식을 차비의 형식
으로 잘못 해석을 하였는데 이는 옳지 않다. '不如'는 따라가지 못하고 조
금 차이가 난다는 뜻이다. '無如'는 그와 같은 것이 없다는 뜻으로 비교될
수 있는 모든 것을 부정하는 것이다. 후자는 분명 극비에 속해야 한다.

제13장

복문과 접속사

현대의 서면어에는 긴 단문들이 매우 많은데, 이것은 문장 안에 연합 성분과 수식 성분이 많기 때문이다. 고대중국어에는 긴 단문들은 적고, 복문으로 복잡한 내용을 나타내는 것이 일반적이다. 고대중국어에서 복문은 현대중국어와 마찬가지로 '의합법(意合法)'과 연결을 나타내는 단어로 문장을 이어준다. 의합법은 단문들을 의미의 내재적 관계에 따라 나열하는 형식이고, 연결을 나타내는 단어로는 접속사가 있는데 부사도 가끔 복문을 만들 때 사용된다. 복문에는 여러 가지 의미관계가 있지만, 현대중국어에서 이미 많이 분석이 되었고, 이를 고대중국어의 복문 분석에 적용시킬 수도 있다. 단지 주의해야 할 점은 고대와 현대에서 사용된 접속사가 꼭 일치하지는 않다는 점이다. 고대중국어의 복문의 내부관계에 대해서는 아주 세밀하게, 또 획일적으로 같게 분석할 수는 없지만, 문법학자들의 복문에 대한 분류 방법은 대체적으로 일치한다. 물론 일부 의견이 어긋나거나 일치하지 않은 부분도 있지만, 복문에 대한 기본 인식만 같다면 복문 구조에 대한 파악은 어렵지 않다. 그러므로 복문의 유형에 대해서는 그 구조가 비교적 간단한 문장을 기준으로 설명할 것이다. 그리고 접속사는 문장을 연결하는 데에도 쓰이지만, 꼭 문장을 연결하는 데에만 쓰이는 것은 아니다. 그러므로 접속사는 복문과 함께 서술할 수도 있고, 또 접속사 따로만 서술할 수도 있다. 특히 일부 복문에서의 접속사는 비교적 상세하게 서술할 필요가 있다. 이 장에서는 일부 접속사에 대해 따로 기술하였는데, 이는 복문의 분류보다도 더 중요한 내용이다.

제1절 복문 예시

1. 연합복문(聯合複句)

(1) 병렬문(並列句)

　　君子食無求飽、居無求安。(군자는 식사함에 배불리 먹기를 구하지 않고, 거주함에 편안함을 구하지 않는다.)《논어(論語)·학이(學而)》

　　故吾不害其長而已、非有能碩茂之也 ; 不抑耗其實而已、非有能蚤而蕃之也。(이처럼 저는 나무가 자람을 해치지 않을 뿐, 나무를 크고 무성하게 할 수는 없습니다. 그 열매를 억누르고 손상시키지 않을 뿐, 그 열매를 더욱 일찍 많이 열리게 할 수는 없습니다.)(유종원(柳宗元)《종수곽탁타전(種樹郭橐駝傳)》)

(2) 대조문(對比句)

　　矢人[1]唯恐不傷人[2]、函人[3]唯恐傷人。(화살을 만드는 사람은 오직 사람이

1　'矢人'은 화살을 만드는 사람이다.
2　'不傷人'은 만들어진 화살이 사람을 상하게 하지 못한다는 의미이다.
3　'函人'은 갑옷을 만드는 사람을 뜻한다.

상하지 않을까 걱정하고, 갑옷을 만드는 사람은 오직 사람이 상할까 걱정한다.)(《맹자(孟子)·공손추상(公孫丑上)》)

秦亦不以城予趙、趙亦終不予秦璧。(진나라도 성을 조나라에 주지 않았고, 조나라도 끝내 진나라에 화씨벽을 내주지 않았다.)(《사기(史記)·염파인상여열전(廉頗藺相如列傳)》)

(3) 점진문(遞進句)

公語之故、且告之悔。(장공은 그에게 까닭을 말하고, 아울러 그에게 후회한다는 것을 알렸다.)(《좌전(左傳)·은공(隱公)원년(元年)》)

非獨(聶)政能也、乃其姊亦烈女也。(섭정이 유능할 뿐만 아니라 그 누이 또한 열녀이다.)(《사기(史記)·자객열전(刺客列傳)》)

豈但祁嶽與鄭虔、筆跡遠過楊契丹[4]。(기악과 정건뿐만 아니라 그 필적이 양계단도 훨씬 초월하였다.)(두보(杜甫)《봉선유소부신화산수장가(奉先劉少府新畫山東障歌)》)

蔓草猶不可除、況君之寵弟乎? (덩굴풀도 무성하면 제거하기 어렵습니다. 하물며 임금님의 사랑하는 아우는 어떻겠습니까?) (《좌전(左傳)·은공(隱公)원년》)

"況君之寵弟乎"는 반어구로서 덩굴풀도 무성하면 베어내기가 쉽지 않은데 하물며 임금의 사랑하는 동생은 더 말할 게 있느냐의 뜻이다. 즉 만약 동생이 그 세력을 확장해나가면 제거하기가 더욱 어렵다는 뜻으로 후행절은 의미적으로 한층 더 깊어짐을 나타낸 것이다.

---

4   祁嶽、鄭虔、楊契丹은 모두 유명한 화가들이다.

(4) 연관문(連貫句)

秦王大喜、傳〔璧〕以示美人及左右、左右皆呼"萬歲!" (진나라 왕은 크게 기뻐하며 [화씨벽을] 비빈들과 측근들에게 돌려가며 보여 주었고, 측근들은 만세를 외쳤다.)《사기·염파인상여열전》

已而相如出、望見廉頗、相如引車避匿。(상여는 밖에 나와서 멀리서 염파가 보이면 수레를 이끌고 숨어 버렸다.)《사기·염파인상여열전》

侯生視公子色終不變、乃謝[5]客就車。(후생은 공자의 안색이 시종일관 변하지 않는 것을 보고, 손님과 인사하고 수레에 올랐다.)《사기(史記)·위공자열전(魏公子列傳)》

(5) 선택문(選擇句)

〔兵刃旣接、棄甲曳兵[6]而走[7]、〕或百步而後止、或五十步而後止。([병기와 칼날은 이미 부딪쳤는데, 갑옷을 버리고 병기를 끌면서 도망갑니다.] 혹자는 50보 후에 멈추었고, 혹자는 100보 후에 멈추었습니다.)《맹자(孟子)·양혜왕상(梁惠王上)》

〔且以季布之賢、而漢求之急如此、〕此不北走胡、即南走越耳。([더욱이 계포는 어진 사람이라 한나라가 이와 같이 급하게 그를 찾는다면] 북쪽의 흉노가 아니면 남쪽의 월나라로 도망갈 것입니다.)《사기·계포난포열전(季布欒布列傳)》

---

5   '謝'는 인사하다는 의미이다.
6   '兵'은 병기를 가리킨다.
7   '走'는 도망가다는 뜻이다.

2. 주종복문(偏正複句)

(1) 전환문(轉折句)

周勃厚重少文、然安劉氏者必勃也。(주발은 듬직하고 학문적 소양은 적
지만 유씨를 편안하게 할 수 있는 사람은 틀림없이 주발이다.)《사기·고조본
기(高祖本紀)》

今者薄暮、擧網得魚、巨口細鱗、狀如松江之鱸、顧安所得酒乎?(오
늘 저녁에 그물 들어 고기 잡았으니 큰 입과 가는 비늘 송강의 농어 같은데,
어디 술을 얻을 곳은 없습니까?)(소식(蘇軾)《후적벽부(後赤壁賦)》)

孺人不憂米鹽、乃勞苦若不謀夕[8]。(어머니께서는 쌀과 소금 걱정은 없으
셨지만, 오히려 저녁 끼니조차 해결하지 못할 것처럼 고생스럽게 일하셨다.)
(귀유광(歸有光)《선비사략(先妣事略)》)

(2) 인과문(因果句)

夫趙强而燕弱、而君倖於趙王[9]、故燕王欲結納於君。(조나라는 강하고
연나라는 약한데다가 당신은 조나라 왕에게 총애를 받았기 때문에 연나라
왕은 당신과 친구가 되고 싶어 합니다.)《사기·염파인상여열전》

以其境過清、不可久居、乃記之而去。(그 곳은 너무 처량하여 오랫동안
머물 수가 없어서 기록만 하고 자리를 떴다.)(유종원(柳宗元)《소석담기(小石
潭記)》)

打起黃鶯兒、莫教枝上啼 ; 啼時驚妾夢、不得到遼西。(꾀꼬리를 때려

---

8 "若不謀夕"는 아침에 저녁 끼니를 생각 못한다는 의미로, 생필품을 가리켜 말한 것이다.
9 "倖於趙王"은 조나라 왕의 총애를 받았다는 뜻이다.

쫓아주세요. 나뭇가지 위에서 울지 못하도록. 꾀꼬리 울면 내가 놀라 꿈에서 깨어 요서까지 가지 못하니깐요.)(김창서(金昌緒)《춘원(春怨)》시)

세 번째 예문에서 뒤의 두 구절은 앞의 두 구절의 원인을 보충하여 나타 낸다. 앞의 두 구절에서 "莫敎枝上啼"는 "打起黃鶯兒"의 목적을 나타낸다.

(3) 가설문(假設句)

人而無恒、不可以作巫醫。(사람이 한결 같은 마음이 없으면 무당도 의 원도 될 수 없다.)(《논어(論語)·자로(子路)》)

果能此道矣、雖愚必明、雖柔必強。(이 도에 능하게 되면 어리석어도 현명해질 것이며, 연약해도 강해질 것이다.)(《예기(禮記)·중용(中庸)》)

若遇公於洪波之中、玄山之間、鼓以鱗鬚、被以雲雨、將迫毅以死、 毅則以禽獸視之、亦何恨哉？ (만약 큰 파도 속이나 깊은 산 속에서 그대 를 만나 비늘과 수염로 두드리고 구름과 비를 입으면서 나를 죽음으로 압박 한다면, 나는 금수로 볼 것이니 또한 어떠한 원한이 있겠습니까?)(이조위(李 朝威)《유의전(柳毅傳)》)

(4) 조건문(條件句)

人有所不爲也、而後可以有爲。(사람은 하지 않는 것이 있어야 할 수 있 는 것도 있다.)(《맹자(孟子)·이루하(離婁下)》)

惟賢惟德、能服於人[10]。(오로지 어짊과 덕이 갖춘 사람만이 대중을 심복 시킬 수 있다.)(유비(劉備)《유소칙유선(遺詔敕劉禪)》)

---

10 "能服於人"은 사람을 심복시킬 수 있다는 뜻이다.

(5) 양보문(讓步句)

老僕雖棄、將軍雖貴、寧可以勢奪乎? (이 늙은 몸 비록 버림받았고 승
상은 비록 귀한 몸이지만, 그렇다고 어찌 권세로써 내 전답을 빼앗을 수가
있습니까.)(《사기·위기무안후열전(魏其武安侯列傳)》)

即饑寒毒熱不可忍、不去也。(가령 배고프거나 춥고 몹시 더워 참을 수
없어도 떠나려 하지 않습니다.)(종신(宗臣)《보류일장서(報劉一丈書)》)

(6) 취사문(取捨句)

禮、與其奢也、寧儉。(예는 사치스러운 것보다 검소한 것이 좋다.) (《논
어·팔일(八佾)》)

與吾得革車千乘也、不如聞行人燭過之一言。(천 대의 병거를 얻는 것보
다 행인촉과의 말 한마디 듣는 게 낫다.)(《여씨춘추(呂氏春秋)·귀직(貴直)》)

만약 의합법이 아니라면 접속사와 일부 부사는 단문 사이의 관계를 나
타내는 표지다. 그러므로 이러한 접속사들의 용법에 대하여 주의해야 한
다. 점진문의 선행절에서는 '不但, 不獨, 不特, 不徒, 非徒, 非獨, 匪特, 匪第,
匪惟, 豈但, 豈獨' 등이 쓰이고, 후행절에서는 '且, 又, 亦' 등이 쓰인다. 또
선행절의 '尙, 猶, 且', 후행절에 '況, 矧'이 쓰이는데, '矧'은 '況'의 의미이
다. 연관문에서는 '遂, 乃, 然後, 於是' 등이 후행절의 첫머리에 쓰인다. 선
택문에서는 단문마다 '或'을 쓰거나, 선행절에 '不'을 쓰고 후행절에 '即'
을 쓴다. 전환문에서는 후행절에 '然, 顧, 但, 第, 特' 등이 쓰인다. 여기에
서 '但, 第, 特'은 양보의 어조를 나타내는데 현대어의 '不過[그렇지만]'와

같다. 인과문에서는 원인을 나타내는 단문에는 '以'를 쓰고, 결과를 나타내는 단문에는 '故, 是以, 是故' 등을 쓴다. 가설문에서는 선행절에 '如, 若, 果, 使, 令, 假令, 假如, 設, 脫' 등을 쓰고, 후행절에 '則'을 쓴다. 조건문에서는 선행절에 '必, 惟'를 쓴다. 양보문에서는 선행절에 '雖'를 쓰고, 후행절에 '然, 猶'이나 '豈, 寧, 詎'를 쓴다. 또는 선행절에 '縱, 即, 即令'을 쓰고, 후행절에 '亦'을 쓰기도 한다. 취사문에서는 선행절에 '與其[11]'를 쓰고 후행절에 '不如, 不若, 豈若, 豈如, 孰若'을 쓰거나, 또는 선행절에 '寧'을 써서 '…지언정'의 의미를 나타내고 후행절은 '不, 豈'를 써서 '취하지 않음'을 나타낸다. 복문의 관계를 나타내는 이런 접속사를 잘 장악한다면, 대부분의 복문의 내부구조에 대해서도 쉽게 이해할 수가 있다.

제2절 접속사의 용법

다음은 몇 가지 접속사의 용법에 대해 알아보겠다. 접속사는 문장을 이어주기도 하지만 단어나 구를 이어주기도 하는데 여기서는 이 두 경우를 나누지 않고 같이 설명하기로 하겠다.

1. '而'와 '則'

'而'와 '則'은 그 용법이 복잡한 바, 백화문에서도 이와 같은 단어를 찾

---

11   《여씨춘추(呂氏春秋)》에 '與'자 한글자만 쓰였는데 이러한 예는 아주 드물다.

아보기 힘들다. '而'는 병렬, 승접(承接), 전접(轉接), 친탁(襯托), 가설 등의
용법으로 쓰인다. 병렬을 나타내는 문장을 보자.

> 飮且食兮壽而康。(먹고 마시며 장수하고 강녕하리라.)(한유(韓愈)《송리
> 원귀반곡서(送李願歸盤穀序)》)
> 他植者則不然、根拳而土易…… (다른 나무 심는 자들은 그렇게 하지
> 않습니다, 뿌리는 구부러지게 하고 흙은 바꾸며 ……) (유종원(柳宗元)《종수
> 곽탁타전(種樹郭橐駝傳)》)

승접은 두 가지 사건의 선후를 나타내는 것으로 뒤에 사건은 앞에 사건
이 있음으로 하여 존재하거나 일어남을 나타내기도 한다. 다음 예를 보자.

> 學而時習之。(배우고 때때로 익힌다.) 《논어·학이》
> 光弼用兵、謀定而後戰、能以少覆衆。(광필은 병사를 써서 싸울 때 먼
> 저 전략을 세운 후에 나가서 싸웠기 때문에 적은 수로 많은 수를 이길 수 있
> 었다.) 《신당서(新唐書)·이광필전(李光弼傳)》)

첫 번째 문장은 배운 후에 때때로 익히고 두 번째 문장에서는 계획을
한 후에 싸운 다는 뜻으로 두 가지 사건의 선후 관계를 나타내는 것이다.

> 玉在山而木潤、淵生珠而崖不枯。(산에 옥돌이 있으므로 초목에도 윤기
> 가 흐르고, 못에 진주가 있으므로 물가가 마르지 않는다.)《순자(荀子)·권학
> (勸學)》)

若防^{12}大川焉、潰、而所犯^{13}必大矣。(이는 마치 큰 강둑이 터지는것을 예방하는 것과 같으므로, 일단 강둑이 터지면 문제가 커지게 된다.)《국어(國語)·초어(楚語))》

……甚者爪其膚以驗其生枯、搖其本以觀其疏密、而木之性日以離矣。(……심지어 어떤 사람은 손톱으로 나무 껍질을 벗겨서 나무가 살았는지 시들었는지를 확인하기도 하고, 뿌리를 흔들어서 그 흙 사이가 엉성한지 빽빽한지를 살펴보고 하니, 나무의 천성이 나날이 멀어지게 됩니다.)《종수곽탁타전(種樹郭橐駝傳)》

위의 세 문장은 뒤의 사건은 앞의 사건으로 인해 일어난 것이다. 즉 초목에 윤기가 흐르는 것은 옥이 산에 있기 때문이고, 연못이 마르지 않은 것은 연못에 진주가 있기 때문이다. 문제가 커지게 되는 것은 강둑이 터지기 때문이고, 나무가 나날이 소멸되어 가는 것은 앞에서 서술한 나무에 대한 부당한 보호 때문이다.

전접은 두 가지 사건의 성질이 반대되거나 반대에 가까운 경우에 쓰인다. 예를 보자.

子溫而厲、威而不猛、恭而安。(공자는 온화하되 엄격하셨고, 위엄이 있으시되 사납지 않으셨고, 공손하시되 자연스러우셨다.)《논어·술이(述而)》

其妻問所與飲食者、則盡富貴也、而未嘗有顯者^{14}來。(아내는 남편에게 함께 밥 먹은 사람이 누구냐고 물으니, 남편은 모두가 부유하고 귀한 사람

---

12 '防'은 막는다는 뜻으로 여기서는 동사로 쓰였다.

13 '犯'은 파괴한다는 뜻이다.

14 '顯者'는 신분이 고귀한 사람을 가리킨다.

이라 했다. 그러나 아내는 그러한 고귀한 사람이 집에 온 것을 본 적이 없었다.)(《맹자·이루하(離婁下)》)

曾日月之幾何、而江山不可複識矣。(해와 달이 몇 번이나 바뀌었다고 이리도 강산을 알아볼 수 없단 말인가?)(소식(蘇軾)《후적벽부(後赤壁賦)》)

楚雖有富大之名、而實空虛；其卒雖多、然而輕走[15]易北[16]。(초나라가 비록 부강한 나라라고 소문이 나 있으나, 실제로는 공허한 나라이며, 비록 군사는 많으나 쉽게 도망가고 패한다.)(《사기·장의열전(張儀列傳)》)

위의 예문들에서 첫 번째 예문을 제외하고 나머지는 모두 '그러나, 그렇지만'의 의미를 나타낸다. 첫 번째 예문도 '그러나'의 의미를 나타내지만 다른 문장들에 비하여 역접의 의미가 좀 약하다. 두 번째, 세 번째 예문은 전절을 나타내는 복문이고, 네 번째 예문은 양보를 나타내는 복문으로 선행절에서는 어떤 사실 혹은 가능성을 승인하는 반면에 후행절에서는 앞에서 서술한 내용에 대해 대체로 부정하는 것으로 사실상 전화의 의미가 아주 강하다.

다음은 친탁을 나타내는 예문들을 보자.

左右曰：“秦西巴有罪於君[17]、今以爲子傅[18]、何也?”孟孫曰：“夫一麑

---

15 '輕走'는 도망가는 것을 대수롭지 않게 여긴다는 뜻이다.

16 '北(배)'는 패배한다는 뜻이다.

17 맹손이 새끼 사슴을 한마리를 사냥해 진서파에게 끌고 가게 하자 진서파는 어미 사슴이 뒤따라 오며 울자 새끼 사슴을 놓아주었다. 그러므로 "有罪於君"에서의 '君'은 맹손을 가리킨다.

18 "以爲子傅"이 구절은 맹손이 진서파에게 자기 아들의 스승이 되게 한 것을 가리킨다.

而不忍、又何況於人乎¹⁹?" (측근들 왈 : "진서파는 그대에게 죄가 있거늘 이제 와서 아들의 스승으로 삼는 것은 무엇 때문입니까?" 맹손 왈 : " 사슴 새끼 한 마리도 해를 입히지 못하는 사람이 하물며 사람한테야 오죽하겠습니까?)《회남자(淮南子)·인간(人間)》)

'而'는 '尙, 且, 猶'와 기능이 같다. 선행절에서는 진서파의 사슴에 대한 감정으로 후행절의 사람에 대한 감정을 뒷받침했다. 친탁의 방법은 작은 사실로 큰 사실을 뒷받침하고, 가벼운 내용으로 중요한 내용을 뒷받침한다. 일반적으로 선행절이 뒷받침 역할을 하고 후행절에서는 선행절보다 앞서나가는 내용을 서술한다.

다음을 '而'가 가설을 나타내는 경우다. 다음 예를 보자.

子産而死、誰其嗣之? (자산이 죽는다면 누가 그 뒤를 이을 것인가?)《좌전(左傳)·양공(襄公)30년》)

人而無恒、不可以作巫醫。(사람이 한결 같은 마음이 없으면 무당도 의원도 될 수가 없다.)《논어·자로(子路)》)

여기에서 '而'는 '만약, 가령'의 뜻이다.

이 외에 '而'는 부사어와 서술어를 잇는 역할도 한다. 예를 보자.

子路率爾而對。(자로는 경솔하게 대답했다.)《논어·선진(先進)》)

---

19 "以爲子傅"이 구절은 자기 아들의 잘못을 용납하지 않으면서 진심으로 아끼고 잘 가르칠 것이라는 뜻이다.

其陳(隙)²⁰也、則施施²¹而行、漫漫而遊。(틈이 나면 유유히 이곳 저곳
돌아다녔다.)(유종원(柳宗元)《시득서산연유기(始得西山宴遊記)》)

이와 같은 용법의 '而'는 어떤 구체적인 연결기능을 하는 것이 아니라,
어조상 좀 더 느긋하게 하는 역할만 할 뿐이다.

'則'은 주로 승접, 추소(推溯), 대조, 유거(類擧) 등의 용법으로 쓰인다. 승
접이란 사건의 선후관계를 나타내는 것으로 후행절의 사건은 선행절의 사
건이 있음으로 하여 성립되고 발생됨을 나타낸다. 여기에는 시간의 선후,
인과, 가설이나 조건적 결과 등이 있다. 예를 보자.

韓信使人間²²視、還報²³、則大喜。(한신은 사람을 시켜 엿보게 하고 와
서 보고를 하자 크게 기뻐했다.)(《사기·회음후열전(淮陰侯列傳)》)

予樂而如其言、則崇其臺、延其檻、行其泉之高者而墜之潭。(나는 그
의 말을 기쁘게 받아들여서 둔덕을 높이 올리고 난간을 확장하여 높은 곳의
시냇물이 못에 떨어지도록 하였다.)(유종원(柳宗元)《고무담기(鈷鉧潭記)》)

諸兒見家人泣、則隨之泣。(자식들은 식구들이 울자 따라서 울었다.)(귀
유광(歸有光)《선비사략(先妣事略)》)

王如知此、則無望民之多於鄰國也。(왕께서 이를 아신다면 이웃의 나라
보다 백성들이 많기를 바라지 마십시오.)(《맹자·양혜왕상(梁惠王上)》)

---

20 '陳'는 한가할 때를 가리킨다.

21 '施施'는 유유히, 느긋하게의 뜻이다.

22 '間'는 엿보다의 뜻이다.

23 여기에서 '還報'는 간첩이 한신에게 진여(陳餘)가 이좌거(李左車)의 계략을 받아들이지 않
았음을 보고했다는 것이다.

三十日不還、則請立太子以絕秦望[24]。(왕께서 만약 30일내에 돌아오지 못한다면 태자를 왕으로 삼아 진나라의 욕망을 끊겠습니다.)(《사기·염파인상여열전》)

其蒔也若子、其置也若棄、則其天者全而性得矣。(나무를 심을 때는 자식을 돌보듯이 하고, 심은 후에는 버린 것처럼 놓아두면 그 천성이 보전되고 그 본성이 얻어지는 것입니다. (유종원(柳宗元)《종수곽탁타전(種樹郭橐駝傳)》)

凡事豫則立、不豫則廢；言前定、則不跲[25]；事前定、則不困；行前定、則不疚[26]。(모든 일은 미리 준비하면 서고, 그렇지 않으면 패한다. 말을 할 때도 사전에 생각을 해 둬야 차질이 없다. 일은 미리 생각을 해 둬야 곤혹스럽지 않다. 행동이 있기 전에 준비가 있어야 탈이 없다.)(《예기(禮記)·중용(中庸)》)

첫 번째와 두 번째 예문은 시간 상의 선후관계를 나타낸다. 세 번째 예문은 인과관계를 나타내고, 네 번째와 다섯 번째 예문은 가설을 나타내며, 여섯 번째와 일곱 번째 예문은 조건을 나타낸다. '則'은 첫 번째와 두 번째 예문에서는 '乃, 於是'와 같고, 세 번째 예문에서는 '就'와 같다. 네 번째, 다섯 번째, 여섯 번째 예문에서는 '那麼'와 그 기능이 같고, 마지막 예문에서는 '就'로 해석할 수 있다. 즉 "凡是一件事情, 有了准備就能成功, 沒有准備就要敗壞(모든 일은 준비가 있으면 성공하고 준비가 없으면 실패한다.)"와 같은

---

24 만약 조나라 왕이 진국에 억류되어 돌아오지 못한다면 조나라는 태자가 대를 이어 국정을 책임지게 함으로써 진나라가 조나라를 협박하지 못하게 한다는 말이다.

25 '跲(jiá, 겁)'은 차질이 생기다는 의미이다.

26 '疚'는 탈이 나다는 뜻이다.

고대중국어 통론

해석이 된다. 이 문장은 사실상 "준비가 있어야 성공할 수 있다."는 뜻으로 논리성이 아주 강한 문장이다. 선행절의 조건과 후행절의 결과는 이미 필연적인 관계이다. 그러므로 이 문장에서의 '則'은 '就'로 해석가능한 것이다.

"玉在山而木潤"과 같은 문장에서도 '而'는 '則'으로 대체시킬 수 있다. 그러나 모든 문장에서의 '而'를 '則'으로 대체시킬 수 있는 것은 아니다. 예를 들면 "奪門而出"을 "奪門則出"로 바꿀 수는 없다. 위의 예문 중 네 번째와 다섯 번째 예문에서의 '則'은 '而'로 대체시킬 수 없다. '而, 則'은 비록 선후 관계를 나타내지만 가설이나 논리성이 강한 문장에서는 '而'를 쓸 수 없다. 문장 "凡事豫則立, 不豫則廢"를 비록 문장 "凡事豫而立, 不豫而廢"로 바꿀 수는 있지만, 후자는 "以豫而立, 以不豫而廢"(준비가 있으면 성공하고 준비가 없으면 실패한다.)의 의미를 나타낸 것으로 단지 성공과 실패의 원인을 서술하였다. 그러나 전자인 "凡事豫則立, 不豫則廢"는 반드시 준비가 있어야 성공할 수 있다는 표현으로 준비는 성공의 필연적인 조건이 되는 것이다. 이 두 문장의 초점 또한 다르다. 전자는 문장의 초점이 '則'에 있고. 후자는 문장의 초점이 '豫, 不豫'에 있다.

추소(推溯)(즉 '이미')의 뜻을 나타내는 '則'은 두 구절을 연결할 때 후행절에 '則'을 사용하여 후행절의 사건이 이미 발생하였음을 나타낸다. 후행절의 사건의 발생 시점은 선행절과 같거나 심지어 더 빠를 수 있으며, 대부분의 문장들에서 더 빠름을 나타낸다. 이때의 '則'은 문장에서 '원래 어떠하다'의 의미를 나타낸다. 예를 보자.

使子路反見之、至、則行矣。(자로로 하여금 다시 돌아가 만나보게 하였

는데, 자로가 도착해 보니 떠나버렸다.)《논어·미자(微子)》

其子趨而往視之、苗則槁矣。(그 아들이 달려가서 보니 싹이 말라 있었다.)《맹자·공손추상(公孫丑上)》

使使²⁷往之²⁸主人、荊卿則已駕²⁹而去³⁰榆次矣。(심부름꾼을 시켜 묵었던 주인집에 가보게 했더니, 형경은 이미 수레를 타고 유차를 떠났다.)《사기·자객열전(刺客列傳)》

'則'은 대조를 나타내기도 하는데 두 가지 사물의 다름을 나타내며, 비교되는 두 대상을 문장에 등장시키는 것이 일반적이다. 예를 보자.

故吾不害其長而已、非有能碩茂之也；不抑耗其實而已、非有能蚤而蕃之也。他植者則不然、根拳而土易、其培之也、若不過焉則不及。(그러므로 저는 나무가 자람을 방해하지 않을 뿐 그것을 크고 무성하게는 못합니다. 그저 열매를 해치지 않고 뿐이지 열매가 더 빨리, 더 많이 열리게 할 방법은 없습니다. 하지만 나무를 심는 다른 사람들은 그렇게 하지 않습니다. 뿌리는 굽게 하고, 흙은 바꿉니다. 흙을 덮어 돋우는 일도 지나치지 않으면 부족하게 합니다.)《종수곽탁타전(種樹郭橐駝傳)》

이 예문에서는 '나무를 심는 다른 사람'과 '나' 사이에 '則'을 써서 대조를 했다. 고서에는 비교되는 한쪽 대상만 문장에 나타나는 경우도 있다. 예를 보자.

---

27 '使使'는 심부름꾼을 보낸다는 뜻이다.

28 '之'는 도착하다의 뜻으로 쓰였다.

29 '駕'는 수레를 몰다의 의미다.

30 '去'는 떠나다의 의미다.

定[31]人之謂禮。楚一言而定三國、我一言而亡之。我則無禮、何以戰乎? (다른 사람을 안정시키는 것을 예라고 합니다. 초나라는 말 한 마디로 세 나라를 안정시키는데, 우리는 말 한 마디로 그들을 멸망하게 하려 합니다. 우리가 무례한 것이니 어떻게 싸울 수가 있겠습니까?)《좌전·희공(僖公)28년》

위 문장에서는 '우리의 무례함'만 나타냄으로써 대조되는 '초나라가 무례하지 않음'은 숨겨져 있는 것으로 이는 아주 경제적인 전달방법이다.

"則"은 양보의 형식으로 대조를 나타내기도 한다. 예를 보자.

其室則邇、其人甚遠。(그 집은 나와 가깝지만 그 집의 사람은 나와 멀다.)《시(詩)·정풍(鄭風)·동문지선(東門之墠)》

楚則失矣、而齊亦未爲得也。(초나라가 잘못이 있지만 제나라 역시 맞다고 할 수 없습니다.)(사마상여(司馬相如)《상림부(上林賦)》)

첫 번째 예문은 집과 사람을 대조했다. 즉 두 사람의 집은 비록 가깝지만 두 사람의 마음은 멀어져 있다는 것을 설명한다. 이 문장에서 '則'은 '비록 …… 지만'의 양보의 뜻을 나타내고 후행절에서는 이 문장의 본의를 드러냈다. 두 번째 예문에서의 '則'도 '비록 …… 지만'의 의미로, 첫 번째 문장과 다른 점이라면 서로 다른 점을 대조한 것이 아니라 서로 같은 점을 대조했다는 점이다. "善則善矣, 而未盡善也(좋기는 좋지만 제일 좋은 것은 아니다.)"와 같은 문장도 양보의 형식으로 대조를 나타낸 것이다.

---

31 '定'은 안정을 가리킨다.

'則'은 유거(類擧)를 나타내기도 한다. 이때의 '則'은 '…말하자면…곧 …'의 의미를 나타낸다. 예를 보자.

> 漢之得人、於玆爲盛。文學、則司馬遷、相如 ; 滑稽、則東方朔、枚皐 ; 應對、則嚴助、朱買臣……(한나라가 인재를 얻는 것이 이토록 대단했구나. 문학이라면 사마천과 상여요, 익살 재사라면 하면 동방삭과 매고요, 대처라면 엄조와 주매신이요.)《한서(漢書)·공손홍전(公孫弘傳)》

'文學, 滑稽, 應對' 등은 한 부류 사물들의 목표이다. '司馬遷' 등은 이 부류 중의 하나의 개체인 것이고, 개체는 이 부류에 속해있는 것이다. 그러므로 이러한 형식을 유거라고 칭하는 것이다.

다음은 '而, 則'에 '然'을 더하는 경우를 살펴보겠다. 먼저 예문을 보자.

> "鄒人與楚人戰、則王以爲孰勝?"曰 : "楚人勝。"曰 : "然則小固不可以敵大、寡固不可以敵衆、弱固不可以敵彊(强)。"("추나라 사람과 초나라 사람이 싸운다면 누가 이기겠습니까?"라고 맹자가 묻자 선왕이 "초나라가 이길 것입니다."라고 답하였다. 그러자 맹자가 "그렇다면 작은 나라는 큰 나라를 정말로 대적할 수 없고, 적은 사람은 많은 사람을 정말로 대적할 수 없으며, 약한 자는 강한 자를 정말로 대적할 수 없는 것입니다.")《맹자·양혜왕상(梁惠王上)》
>
> 三裏之城、七裏之郭[32]、環而攻之而不勝。夫環而攻之、必有得天時者矣、然而不勝者、是天時不如地利也。(3리 되는 성과 7리 되는 외곽을 공격하여도 이기지 못할 때가 있다. 성을 포위하고 공격할 때에는 꼭 하늘의

---

32 '郭'은 외성곽을 가리킨다.

때를 얻는다. 그런데도 이길 수 없는 것은 바로 하늘의 때가 지리의 유리함
보다 못하기 때문이다.)(《맹자·공손추하》)

이 두 문장에서 '然'은 '則'과 간격을 두어서 : "然, 則小固不可以敵
大……", "然, 而不勝者……"와 같이 읽어야 한다. 여기에서 '然'은 '이와 같
다면, 그러면'의 의미로 첫 번째 예문에서는 '이와 같다면'의 의미로, 두 번
째 예문에서는 '이미 이러하나'의 의미로 쓰였다. 첫 번째 예문에서 '然'의
작용은 앞에서 서술한 내용을 긍정하면서 뒤에 오는 문장에 '則'을 사용함
으로써 추측을 나타내는 것이다. '而'가 전환을 나타내는 것은 문언문에서
'然則, 然而'의 정상적인 사용방법이다. 하지만 사용 과정 중에 '然'의 의미
는 점점 약화되어 간다. 그러므로 《사기(史記)·장의열전(張儀列傳)》의 : "楚
有富大之名, 而實空虛 ; 其卒雖多, 然而輕走易北.(초나라는 그 명성은 크나 공
허한 것이며 군사는 많으나 움직임이 가볍고 쉽게 도망간다.)"에서 '然而'는 '而'
와 같은 것이고, '然而'는 또 '而'를 생략하여 '然'으로만 남아서 전환의 의
미를 나타내는 접속사로 쓰였다. 현대중국어에서 '然而'는 이미 단일한 접
속사로 쓰이고, '然則'도 하나의 단어처럼 승접을 나타내는 '그렇다면'의
의미로 쓰이게 되었다.

2. 因

문언문에서의 '因'은 현대중국어의 '因爲'와는 다르게 쓰였다. '因'은 본
래 동사로서 '의지하다, 의거하다'의 의미로 쓰였다.

爲高必因丘陵、爲下必因川澤。(높아지려면 반드시 언덕을 이용해야 하고, 낮아지려면 반드시 강과 못을 이용해야 한다.)(《맹자·이루상)》)

因利乘便、宰割天下、分裂河山。(유리한 형세를 이용하여 천하의 토지를 갈취하고 강산을 분열시켰다.)(가의(賈誼)《과진론(過秦論)》)

公等錄錄[33]、所謂因人成事者也。(그저 일행으로 따라와서 남의 힘에 의거하여 일을 해내는 사람들일 뿐이오.)(《사기·평원군우경열전(平原君虞卿列傳)》)

〔公孫鞅〕因孝公寵臣景監以求見孝公。(공손앙은 효공의 총애하는 신하인 경감을 통하여 효공을 뵙기를 청했다.)(《사기·상군열전(商君列傳)》)

위의 문장들에서 '因'의 의미가 똑같지는 않고 약간 차이가 있다. '因丘陵, 因川澤, 因利'에서는 '이용하다'의 의미로 쓰였고, '因人成事'는 '의거하다'의 의미로 쓰였으며, '因景監'은 '통하다'의 의미로 대체로 비슷하며, 품사는 모두 동사로 쓰였다. '因'의 주요 의미가 '의거하다'이기 때문에 원인의 의미를 도출해낼 수 있다. 예를 보자.

因前使絕國[34]功、封〔張〕騫博望侯。(전에 먼 나라로 사자로 갔던 공이 있기 때문에, [장]건을 박망후로 봉하였다.)(《사기·위장군표기열전(衛將軍驃騎列傳)》)

여기에서의 '因'은 현대중국어에서의 '因爲'와 의미적으로 거의 같지만, 구조적으로는 다르다. 현대중국어의 '因爲'는 단문을 연결할 때 접속사

---

33 '錄錄'은 그냥 따라가는 모양을 가리킨다.
34 '使絕國'은 먼 나라로 가다의 의미이다.

고대중국어 통론

로 쓰인다. 하지만 위 문장에서의 '因'의 뒤에는 명사구인 "前使絶國功"이 쓰였다. 실제적으로 '因'은 '由於(…로 인하여)'와 같은 것으로 전치사[介詞]로 쓰인 것이지 접속사는 아니다.

고대중국어에서 '因'은 접속사로도 쓰였지만, 그 용법은 현대중국어의 '因爲'와 달랐다. 고대중국어에서는 늘 후행절의 첫머리에 쓰여서 '그리하여'의 의미를 나타냈다. 예를 보자.

> 單父人呂公善沛令[35]、辟仇從之客[36]、因家焉。(선보 사람 여공이 패현의 현령과 인연이 있어 원수를 피해 그의 손님이 되어 머물다가, 그리하여 거기에서 가족을 이루게 되었다.)(《한서(漢書)·고제기(高帝紀)》)
>
> 宅邊有五柳樹、因以爲號焉。(집 주변에 다섯 그루 버들이 있어서 그 때문에 호로 삼았다.)(도잠(陶潛)《오류선생전(五柳先生傳)》)
>
> 賀以其問之異、因反詰之。(하생은 그가 이상하게 묻는다고 생각되어 왜 그렇게 말하냐고 되물었다.)(《요재지이(聊齋志異)·서운(瑞雲)》)

위 문장들에서 '因'이 나타내는 관계는 인과와 승접 사이에 있으며, 모두 '遂, 乃'와도 대체가 가능하다. 특히 세 번째 문장에는 인과관계가 전혀 없다. 그러므로 고대중국어의 '因'은 '因爲'와도 다르고, 현대중국어의 '所以'와도 완전히 같지는 않다. 그러므로 '因'의 쓰임을 잘 분별하여 그 의미를 이해해야 한다.

---

35 '善沛令'은 패현 현령과 인연이 있다는 뜻이다.

36 "辟仇從之客"에서의 '辟'는 '避'와 통한다.

3. '縱'과 '雖'

'縱'과 '雖'는 문장에서 양보를 나타내는 접속사로 쓰인다. 현대중국어에서 '縱'은 거의 쓰이지 않고 대신에 '即使, 就算'이 주로 쓰인다. '即使, 就算'과 '雖'는 명확한 의미 구분이 있다. 전자는 가설의 양보를 나타내고, 후자는 사실 승인의 양보를 나타낸다. 예를 보자.

> 理論雖然聽起來很高明、可是還沒有經過實踐的檢驗。(이론은 듣기에는 고명하지만, 아직 실천의 검증을 거치지 않았다.)
>
> 即使理論聽起來很高明、也未必能付之於實踐。(이론이 매우 고명하게 들린다고 해도, 반드시 실천에 옮길 수 있는 것은 아니다.)

첫 번째 문장은 이론이 고명하게 들린다는 사실을 인정했고, 두 번째 문장은 이론이 듣기에 고명하다는 것을 가상했을 뿐이며, 여기에는 "이론은 고명하다고 말할 수 없다"는 의미가 내재되어 있는 것이다.

문언문의 '縱'과 '即使, 就算'이 완전히 같을 때도 있다. 예를 보자.

> 縱我不往、子寧不嗣音[37]?(나는 비록 가지 못한다지만 그대는 어찌 소식 전하지 못하는가.)《시(詩)·정풍(鄭風)·자긍(子矜)》
>
> 縱江東父老憐而王我[38]、我何面目見之? (강동 어르신들과 마을 사람들이 나를 가엾이 여겨 왕으로 추대하더라도 내가 무슨 면목으로 뵙겠는가.)

---

37 '嗣音'은 소식을 가리킨다.

38 "王我"는 나를 왕으로 추대한다는 뜻이다.

(《사기·항우본기(項羽本紀)》)

　　章臺柳、章臺柳、昔日靑靑今在否? 縱使長條似舊垂、亦應攀折他人
手。(장대의 버드나무, 장대의 버드나무, 예전의 그 푸르름 지금도 여전한가.
긴 가지 예전처럼 드리운다 하더라도 다른 사람 손에 꺾였으리라.)(허요좌
(許堯佐)《유씨전(柳氏傳)》)

　　문언문에서의 '雖'는 현대중국어의 '雖'와 완전히 같지는 않다. 문언문
에서의 '雖'는 사실을 인정하는 양보를 나타내기도 하고, 가설의 양보를 나
타내기도 한다. 사실을 인정하는 양보의 예를 보자.

　　老僕雖棄、將軍雖貴、寧可以勢奪乎? (이 늙은 몸 비록 버림받았고 승
상은 비록 귀한 몸이지만, 그렇다고 어찌 권세를 가지고 내 전답을 빼앗을
수가 있습니까.)(《사기·위기무안후열전 (魏其武安侯列傳)》)
　　雖有五男兒、總不好紙筆[39]。(비록 아들놈이 다섯이나 되지만, 모두가 종
이와 붓은 싫어하는구나.)(도잠(陶潛)《책자(責子)》시)

　　첫 번째 예문에서의 늙은이(위기후(魏其侯)를 가리킴)는 버려지고, 승상
(무안후(武安侯)를 가리킴)은 한창 득세를 부리는 것과 도잠이 아들 다섯이
있는 것 이는 모두 사실로서 인정한 것이다. 가설을 나타내는 문장을 보자.

　　果能此道矣、雖愚必明、雖柔必彊(强)。(이 도에 능하게 되면 어리석어
도 현명해질 것이며, 연약해도 강해질 것이다.)(《예기·중용》)

39　'紙筆'은 글공부를 가리킨다.

君不聞大魚乎?網不能止、鉤不能牽；蕩[40]而失水、則螻蟻得意焉[41]。今夫齊、亦君之水也。君長有齊陰[42]、奚以薛爲[43]？失齊、雖隆[44]薛之城到於天、猶之無益也。(그대께서 큰 물고기에 대해 들어본 적 없습니까. 큰 고기는 그물에도 걸리지 않고, 낚시에도 낚이지 않습니다. 그러나 큰 고기가 물 밖으로 나오면, 땅강아지와 개미들도 마음대로 할 수 있습니다. 지금의 제나라도 그대의 물과 같습니다. 만약 그대께서 줄곧 제나라의 비호를 받는데 왜 설읍에 의지하십니까? 제나라를 잃으면 설읍의 성벽을 하늘만큼 높이 쌓아도 소용이 없을 것입니다.)(《전국책(戰國策)·제책(齊策)》)

孟子謂戴不勝曰："……有楚大夫於此、欲其子之齊語也、則使齊人傳諸、使楚人傳諸[45]?"曰："使齊人傳之。"曰："一齊人傳之、眾楚人咻[46]之、雖日撻而求其齊[47]也、不可得矣……"(맹자가 대불승에게 말하였다. "……만약 여기에 초나라 대부가 있는데 그 아들이 제나라 말을 배우기를 원한다면, 제나라 사람에게 가르치게 하겠습니까? 초나라 사람에게 가르치게 하겠습니까?" 그러자 대불승이 말하였다. "제나라 사람이 가르치게 하겠습니다." 그러자 맹자가 말하였다. "한 명의 제나라 사람이 그를 가르쳐도, 많은 초나라 사람이 곁에서 소란스럽게 군다면, 비록 날마다 회초리로 때리면서 제나라 말을 하도록 요구하더라도 될 수 없을 것입니다. ……")(《맹자·등문공하(滕文公下)》)

---

40 '蕩'은 옮긴다는 의미다.

41 '得意'는 큰 고기를 마음대로 제압하고 살을 먹을 수 있다는 말이다.

42 '陰'은 '蔭'과 같다. '有齊陰'은 제나라의 비호를 받는다는 의미이다.

43 "奚以薛爲"은 왜 설읍에 의지하느냐의 의미이다.

44 '隆'은 높인다는 뜻이다.

45 '傳諸'는 스승으로 삼다는 의미다.

46 '咻'는 소란스럽다는 의미이다.

47 '求其齊'는 그더러 제나라 말을 하도록 요구한다는 의미이다.

여기에서의 '雖'는 '설령 그렇다 하더라도'의 의미로 쓰인 것이다. 두 번째 예문에서 가설의 의미가 특히 두드러진다. 성벽은 당연히 하늘만큼 높을 수가 없는 것이기 때문에 이는 당연히 가설인 것이다.

제14장

성(聲)·운(韻)·조(調)

제1절 음변화와 성운학

어음변화는 언어의 변화 현상 가운데서 가장 복잡하고 뚜렷하다. 《시경(詩經)》에 수록된 왕조와 열국들의 시는 전후 오백 년이란 긴 시간에 걸쳐 동쪽의 제(齊)나라에서 서쪽의 진(秦)나라에 이른다. 《시경》의 시들은 일찍이 '아언(雅言)'으로의 정리를 거쳤기 때문에 운협(韻叶)은 대체로 일치한다. 하지만 춘추 전국 이래 전해지는 민요들은 용운의 분기가 상당히 있었다. 예를 들어 보자.

> 衆心成城、衆口鑠金。(민중의 마음은 성보와 같고 민중의 입은 금속도 녹이리라.)《국어(國語)·주어(周語)》
>
> 日已夕兮予心憂悲、月已馳兮何不渡爲、事寢¹急兮將奈何。(해는 이미 저물어 걱정스럽고 슬프다. 달은 이미 달리는데 어이하여 건너지 않는가? 일은 점점 급해지는데 어찌할 것인가?)《오월춘추(吳越春秋)》

이 두 시구에서의 압운은 《시(詩)》와 다르다. '城'과 '金', '悲'와 '爲',

---

1   '寢'은 '寖'과 같다. 점점이라는 뜻이다.

'何'는 모두 동일한 부(部)의 운이 아니어서 통협(通叶)이라고 할 수 없다. 그렇지만 이 두 민요에서는 협운을 사용하고 있다. 《초사(楚辭)》와 《시(詩)》는 시대상의 차이도 있지만 방언상의 차이도 있다. 《시》와 《초사》는 한(漢)나라 부(賦)와도 압운이 다르고, 한나라의 부는 또 당시(唐詩)와 압운이 달랐다. 송대(宋代) 사의 협운(叶韻)은 상황이 매우 복잡하다. 이처럼 작품들의 언어가 구어체에 가까워질수록 글자의 음의 차이도 나날이 커져갔다. 예를 보자.

芳徑、芹泥雨潤。愛貼地爭飛、競誇輕俊。紅樓歸晚、看足柳昏花暝。應自棲香正穩、便忘了天涯芳信。愁損翠黛雙蛾、日日畫欄獨憑。(꽃향기 나는 지름길, 미나리는 흙비에 젖었구나. (제비들이) 땅에 붙어 다투어 날며, 가볍고 준수한 모습 경쟁하는가? 홍루에 늦게 도착하니 어둠 속의 버들가지, 꽃그림자 충분히 보이누나. 향기롭고 안정된 거처에 있다 보니 하늘 끝 꽃 편지 잊고 있구나. 수심에 겨운 아씨 푸른 눈썹 찌푸리고 날마다 난간에 기대어 그림만 그리네.)(사달조(史達祖) 《쌍쌍연(雙雙燕)》사(詞))

이 절반의 사(詞)에서 '徑, 暝, 憑'가 한 부류이고, 운모는 -eng 또는 -ing이다. 다른 한 부류는 '潤, 俊, 穩, 信'으로 운모가 in 또는 en이다. 이 두 부류는 통협(通叶)이 되지 않지만 저자는 함께 사용하였다. 또 다른 예를 보자.

閱人多矣、誰得似長亭樹。樹若有情時、不會得青青如此。(떠나는 사람 많이 본 이는 정자 안의 나무이리라. 나무가 정이 있다면 이처럼 푸르지는 못하리.)(강기(姜夔) 《장정원만(長亭怨慢)》사)

이 사에서 '樹'와 '此'도 이운통협(異韻通叶)으로 이러한 현상들은 당, 송의 근체시에서는 허용되지 않는 것이었다.

고대에 통용되는 가차자들은 본래 그 음들이 같았기 때문에 서로 통용되고 가차가 되었으나, 그 후로 내려오면서 글자들 사이에 음들이 차이가 커지면서 가차 관계도 알아내기 어려워졌다. 예를 들면《서(書)·요전(堯典)》의 "光被四表"(사방에 널리 드러났다.)에서 '光'은 '橫'으로도 쓸 수 있었다. 왜냐하면 '光'과 '橫'은 모두 '廣'의 가차자이기 때문이다. 하지만 후에는 이들 글자들의 음에 차이가 생기면서 서로 구분하여 쓰였다. '於戲'는 '嗚呼'의 가차다. '遜遁'[2]은 '逡巡'의 가차다. 하지만 후에는 이들이 음들이 크게 변하면서 차이가 커졌다. 형성자도 마찬가지다. '江(강)'은 '工(공)'을 발음성분으로 하고, '悅(열)'은 '兌(태)'를 발음성분으로, '講(강)'은 '冓(구)'를 발음성분으로 하지만, 이 두 음들을 비교해보면 우리는 더 이상 편방(偏旁)에서 이들의 음들 사이의 관계를 알아내기가 쉽지 않다. 또 쌍성(雙聲), 첩운(疊韻)의 연어(謰語)들인 '委蛇', '差池', '孟浪', '文莫'[3] 등과 같은 단어들은 지금 읽으면 뚜렷한 음운적 관계가 없으면서 글자만을 살펴보고서는 뜻을 만들어내게 되기[望文生訓] 쉬워 본래 단어의 의미를 잃어버릴 수 있다. 어음의 이러한 복잡한 변화들은 문법, 단어, 의미의 변화보다 더욱 뚜렷하게 나타났으며, 어조사의 용법, 가차자, 형성자 등과 같은 일부 고대 문법, 어휘, 문자 상의 문제들은 반드시 어음 현상으로 해결해야 했다. 특히 고전문학 작품에 대한 이해와 감상은 어음상의 문제와 부딪치지 않을

---

2   《후한서(後漢書)·유림(儒林)·양륜전(楊倫傳)》참고.

3   '文莫'은 '黽勉'이다. '文'자의 고대음은 m으로 발성된다.

때가 없었다. 그러므로 고대중국어의 학습에서 어음을 소홀히 해서는 안 된다.

어음의 역사적 변천 법칙을 연구하는 학문을 '성운학(聲韻學)' 또는 '음운학(音韻學)'이라고 한다. 고음학(古音學)은 전통적인 성운학에서 중요한 내용 중의 하나다. 지금 우리가 배워야 할 것은 수당 이전의 고대음뿐만 아니라 당송(唐宋) 이후의 성운에도 주의를 돌려야 한다. 언어 현상에 주의를 돌려야 할 뿐만 아니라, 언어의 문학에서의 응용에도 주의를 돌려야 하며 현대음 발전과의 관계에도 주의를 돌려야 한다.

어음 변화의 규칙은 바로 성(聲)과 운(韻)의 체계다. 고대 중국어의 음운 체계를 연구함에 있어서 실제 음성 자료들은 없기 때문에 연구 자료로 삼을 수 있는 것은 오직 문헌에 있는 자료들뿐이다. 그 자료들은 다음과 같은 세 가지 부류가 있다. 하나는 고서 중에 있는 모든 어음 기록들이다. 가차, 훈고, 방언, 연어(讘語, 즉 연면사), 이문(異文), 운협(韻叶) 등에서 정리해낸 매 시대의 성운 현상들이다. 두 번째 자료들로는 자전과 운서들인데, 이는 이미 정리를 거친 자료들로서, 당시의 정리 방법들에 따라, 예를 들면 부수(部首)와 운류(韻類), 설해(說解), 형성(形聲), 편방(偏旁), 이형(異形)과 이독(異讀)이 기록된 사실로부터 그것들이 나타내는 음운 체계를 관찰한다. 세 번째는 삼대(三代) 이래의 협운(叶韻) 문자((주로《시경》,《초사》)에서 훗날의 부(賦), 시, 사(詞), 곡(曲)에 이르기까지의 대량의 작품들인데 우리는 이 작품들에서 운(韻)의 변화 과정을 정리해냄으로써, 이러한 운문(韻文)들에 대해 더욱 잘 감상을 하고, 시대에 따른 작품들의 특징을 이해하는 것이다. 왜냐하면 협운(叶韻) 현상들은 운서들에만 의지해서는 이해를 제대로 할 수 없는 경우가 많기 때문이다.

기존의 문헌자료들에서 성운학적으로 얻을 수 있는 주요 내용은 운협(韻叶), 형성(形聲), 가차(假借), 훈고(訓詁), 연어(謰語) 등 다섯 가지다.

운협은 주로 고대의 운문작품에서 그 연구자료를 얻는다. 예를 들면 《시·주남(周南)·관저(關雎)》와 같은 작품이다.

参差荇菜、左右采之、窈窕淑女、琴瑟友之。(들쭉날쭉 마름 풀을 이리 저리 딴다네 아름답고 현숙한 여인 금슬 연주하며 가까이 하네.)

또 《부이(芣苢)》와 같은 작품도 운협의 연구자료가 된다.

采采芣苢、薄言采之；采采芣苢、薄言有之。(캐세 캐세 부이 캐세, 캐세 캐세 부이 얻어보세.)

이 두 시 중에서 '采'는 '友, 有, 苢'와 협운(叶韻)을 이룬다. 이는 후대의 독음과는 다른 것이다. 선진시기의 많은 운문들에서도 찾아볼 수 있는데 이 글자들은 당시에는 운이 같았다. '有, 友'는 그 상고음에서 '采, 苢'와 동일한 운부(韻部)의 음이다.

또 다음과 같은 예문을 보자.

爰有寒泉、在浚之下；有子七人、母氏勞苦。(차가운 샘물이 있어 준마 을 아래쪽을 흐른다. 아들 일곱을 두시어 어머님은 고생하셨다.)《시·패풍(邶風)·개풍(凱風)》

古公亶父、來朝走馬、率西水滸、至於岐下、爰及姜女、聿來胥宇。(고공 단보 아침 일찍 말을 달려 물가 따라 서쪽으로 가서 기산 밑에 도착하

여 강씨녀를 처로 삼아 집을 짓고 살았다네.)《시·대아(大雅)·면(綿)》

'下'는 '苦, 父, 馬, 滸, 下, 女, 宇'와 운을 이룬다.
《초사·구가(九歌)·상군(湘君)》의 시구를 보자.

　　鳥次兮屋上、水周兮堂下。(새는 지붕 처마 위에서 살고 물은 화당 앞을
맴돈다.)《초사·구가(九歌)·상군(湘君)》

《초사·구가(九歌)·상부인(湘夫人)》의 시구도 보자.

　　裊裊兮秋風、洞庭波兮木葉下。(간들간들 가을 바람 불어와 동정호에 물
결 일고 나뭇잎이 떨어진다.)

　　이 시의 '下'는 '渚, 予, 浦, 女'와 운을 이룬다. '下'의 독음은 《초사》와
《시》에서는 일치하고 현대중국어의 표준음과는 그 음이 다르다. 하지만
오(吳)방언 구역의 어떤 지역 음과는 거의 비슷하다. '予'는 후대에 와서는
대명사 '我'의 역할을 할 때에는 평성으로 읽고, 동사 '與'의 역할을 할 대
에는 상성으로 읽는다. 그러나 《초사》에서 '予'는 대명사이면서도 상성으
로 읽는 것으로 보아, 이 두 독음이 고음에서 성조상의 구별이 없었다는 것
을 알 수 있다. 당대(唐代)의 시와 부는 운서들이 나누어 놓은 것을 잘 지켰
다.[4] 그러나 일부 노래에는 당시의 일부 음성의 실제적인 모습을 볼 수 있는

4　당(唐) 시기에 사용한 운서의 상황에 대해서는 현재 완전하게 살펴볼 수는 없다. 그렇지만
　　당 시기 운서의 학문은 성행하였다. 그리고 손면(孫愐)의 《당운서(唐韻序)》에서 말하였다.

기록들이 보존되어 있다. 백거이(白居易)의 《비파행(琵琶行)》이 그러하다.

今年歡笑複明年、秋月春風等閑度。弟走從軍阿姨死、暮去朝來顏色
故。門前冷落車馬稀、老大嫁作商人婦。(올해의 즐거운 웃음 내년에도 반
복되고 가을 달 봄바람에 한가하게 지냈네. 동생은 종군하고 이모는 죽었으
며 저녁은 가고 아침은 오고 얼굴색은 늙어가고. 문 앞은 쓸쓸하고 차와 말
도 드물고 나이 들어 시집가 상인의 아내 되었네.)

이 시에서 '婦'는 '度, 故'와 협운을 이룬다. 이는 당대의 통용되는 운서
와는 일치하지 않는 것이다. 백거이는 이 시에서 당시의 장안(長安)의 방언
을 썼을 가능성이 아주 크다.[5]

원곡(元曲)에 사용된 운은 당, 송 이래에 전통적으로 사용되던 운과는
다르다.

美乎周瑜妙術、悲夫關羽雲徂。(주유의 계책 훌륭하구나, 관우의 죽음
비통하구나.) (우집(虞集)《절계령(折桂令)》곡)

이 두 구절에서 '乎, 瑜, 術, 夫, 羽, 徂'는 모두 운이다. '術'은 고서의 운

"만약 그 조목을 세세히 나눈다면, 운부를 번잡하게 만들어 글을 짓는 데에 있어 귀찮게
할 뿐이다.(若細分其條目、則令韻部繁碎、徒拘桎於文辭耳。)" 여기에서 이 운서는 글을 짓거
나 할 때 운을 운용하기 위해서 작성된 것임을 알 수 있다.

5 당현종(唐玄宗) 때에 원연견(元延堅)이 《운영(韻英)》이라 책을 지었지만 이미 실전되었다.
혜림(慧琳)이 쓴 《일체경음의(一切經音義)》에서 인용한 자료에 의하면 백거이의 여기에서
의 용운은 《운영(韻英)》과 부합된다고 하였다. 혜림은 《운영(韻英)》은 장안음에 근거하였
다고 하였는데 이는 육법언(陸法言)의 《절운(切韻)》과는 다른 것이다.

서에는 입성이지만 여기서는 평성, 상성과 협운이다. 이것은 원곡에서는
운을 사용할 때 당시의 북방방언에 근거하여 입성의 대부분은 평, 상, 거성
으로 읽었기 때문이다. 이는 고대의 성조 체계와는 다르고 오히려 현대 표
준어의 어음과 연관이 있다.

대량의 운문 자료들에서 우리는 각 시대의 어음적 특징, 다른 시대의
각기 다른 문체에서의 운의 사용방법, 여러 가지 협운 현상들에 대해 알아
봤다. 이를 통해 우리는 각 시대의 각종 장르의 운문작품에 대해 더욱 깊이
감상할 수 있게 된다.

형성자 중에서 글자의 음의 변화로 말미암아 우리는 현대음에서 아래
의 글자들처럼 편방(偏旁)과 종성(從聲)의 관계를 이해하기가 어렵다.

> 江(강)은 工(공)성(聲)이다.
> 強(강)은 弘(홍)성이다.
> 宜(의)는 多(다, 치⁶)성이다.
> 等(등)은 寺(사)성이다.
> 續(속)은 賣(육)성, 茜(목)성이고, 茜(목)은 㐬(륙)성이고, 㐬(륙)은 六
> (륙)성이다.

여기에는 물론 형태의 변화로 말미암아 성방(聲旁) 관계를 보아내기 어
려운 것도 있지만, 주요한 것은 글자의 음의 변화로 인한 것이다. 형성자는
순간적으로 만들어진 것이 아니라, 매 세대마다 새로 만들어진 형성자가
있다. 이를테면《설문(說文)》의 다음 예이다.

---

6   [역주] '侈(치)', '移(이)' 등의 성부에 사용된 것을 근거로 붙인 것이다.

鬲、鼎屬。……, 䰜、漢令鬲,[7] 從瓦厤聲。(鬲은 鼎의 종류이다.……, 䰜은 한나라 때의 명령에 의해 만들어진 솥이다. 瓦가 구성성분이고 厤은 발음을 나타낸다.)

여기에서의 '鬲'과 '䰜'은 한 글자의 이문(異文)이다. 그러나 '䰜'은 한나라 때 새로 만든 형성자로서 이 글자의 구조를 볼 때, 한나라 때의 '鬲'과 '厤'은 와 그 음이 비슷하거나 같았다. 오늘날의 '砼'[8]자도 바로 '仝'과 '同'이 발음이 같기 때문에, 새로운 글자가 만들어질 수 있었던 것이다. 그렇지만 《설문》에서의 '仝'은 '全(전)'과 같다. 만약 《설문》에 의거하였다면 '仝'이 '砼'과 음이 다르기 때문에 이 글자의 소리부가 될 수 없는 것이다.

고서에는 가차자가 아주 많다. 가차자는 본래 '의성탁사(依聲托事)'[9]로 가차자와 본자는 그 발음이 같아야 한다. 그러나 글자의 음이 변화되면서 글자들 사이의 가차관계를 쉽사리 파악하지 못하게 되었다. 따라서 그 글자의 뜻을 잘 이해하지 못하거나 또는 오해하게 된다. 그러므로 고음의 규칙으로 가차나 통자의(通字義)를 밝히는 것은 아주 중요하다. 전대의 학자들은 고음학 연구에서 가차자를 고찰하는 데 아주 많은 노력을 쏟았으며, 그 성과 또한 크다.

예를 들면 《설문》의 "忍, 能也."에서 '能'자는 '참다'라는 뜻과는 아무런 관계가 없는 것 같지만 사실 '能'는 바로 '耐'자의 가차자이다. '耐'는 본래

---

7 [역주] 원서에서는 "漢令、鬲"으로 되어 있다. 다른 판본 및 문맥상 "漢令鬲"이 되어야 한다. 이를 따른다.

8 '砼(tóng, 동)'은 콘크리트를 의미한다.

9 제2장 제2절의 한자의 구조를 참고하기 바람.

'耏'자의 혹체(或體)로서 《설문》의 문장 "耐, 罪不至髠也."(耐는 죄가 삭발에 이르지 않았다.)에서 알 수 있듯이 '耏'는 본래 뜻은 수염을 잘라내는 가벼운 형벌이라는 뜻이다. 참다라는 뜻도 사실은 가차된 의미로 여러 번의 가차 과정을 거치면서 그 본의는 더욱 이해하기가 어려워졌다. 《예기(禮記)·예운(禮運)》의 "故聖人耐以天下爲一家, 中國爲一人者, 非意之也.(그러므로 성인은 천하를 한 가족으로, 나라를 한 사람으로 보면서 마음대로 할 수 있는 것이 아니다고 하였다.)"에서와 정현(鄭玄)의 주석에는 "耐, 古能字也.(耐는 고대에 能의 의미이다.)"에서 볼 수 있듯이 '耐'[10]는 바로 '能'의 소리를 따른 것이다. '能'와 '耐'가 통하기 때문에 두 글자는 서로 가차할 수 있었던 것이다. 두보의 《삼절구(三絕句)》"不如醉裏風吹盡, 可忍醒時雨打稀.(내 취했을 때 바람이 불어 다 떨어지게 하는 것이 낫거늘, 어찌 내가 깨어 비속에서 떨어지는 것을 참을 수 있으랴.)"에서의 '可忍'은 바로 '可耐'인 것이다. '能'와 '耐' 이 두 글자의 음의 교차 현상은 현대중국어의 일부 방언에서도 보존되어 있다.

《시경》을 보자.

> 遄臻於衛、不瑕有害。(급히 위나라에 달려간다면 어찌 해로움을 당하지 않으리.) 《시·패풍·천수(泉水)》
> 胡不萬年。(어찌 만년을 누리지 않으리.) 《시·조풍(曹風)·시구(鳲鳩)》
> 遐不謂矣。(어찌 알려주지 않으리.)《시·소아(小雅)·습상(隰桑)》,《예기(禮記)·표기(表記)》에서는 "瑕不謂矣"로 인용함.)

이 시구들에서 '不瑕'는 '遐不'와 같은 의미로 '어찌 …… 않으랴(何不,

---

10 [역주] 원문에서는 '熊'자로 되어 있는데 '耐'로 고쳤다.

豈不)'의 뜻이다. '瑕, 遐, 胡, 何' 등은 모두 음이 통하기 때문에 서로 간에 가차할 수 있었던 것이다. 가차자는 오로지 소리에 의거하여 그 뜻을 나타낸다. 《천수》에서의 '不瑕'에 대해 《모전(毛傳)》에서는 '遐'자와 서로 가차한 것은 알았지만, '遠也(멀다)'로 해석하였다. 이는 '遐'자를 본자(本字)로 잘못 인식한 오류에서 기인한 것으로 가차자의 의미를 잃은 것이다.

또 《장자(莊子)》를 보자.

> 是其言也、其名爲弔詭[11]。(이 같은 말은 조궤(괴상한 이야기)라 한다.) 《장자·제물론(齊物論)》
>
> 彼且蘄以諔詭幻怪之名聞。(그는 괴상한 것을 추구함으로 명성이 있었다.) 《장자·덕충부(德充符)》

위의 시구에서 '弔詭'는 '諔詭(숙궤)'와 같은데 고서에서는 '卓詭(탁궤)', '俶詭(숙궤)', '倬詭(탁궤)'라고도 쓰였다. 이처럼 여러 단어로 쓰인 것이 현대중국어의 독음으로는 이들 사이에 발음 상 거리가 먼 것 같지만, 고대에는 그 독음이 비슷하거나 같았기 때문에 서로 가차하여 쓰였던 것이다. 이런 현상은 후대의 문학 작품에서도 자주 보게 되는데, 후대의 작품 중에는 이전 시대의 작품을 답습한 것도 있고, 후에 새롭게 나타난 것도 있다.

> 馬上誰家白面郎、臨階下馬據人牀。(말 위의 호탕한 사내 누구인지. 계단 앞에서 말을 내리더니 앉았네.)(두보《소년행(少年行)》)

---

11 '弔詭'는 특이하고 범상치 않음을 가리킨다.

이 시에서 '白面'은 '薄媚'와 같은 의미로 '방탕하다, 호방하다'는 뜻이다. 이 두 단어는 글자의 형태는 다르지만 글자의 뜻은 통하는 연어(謰語)이다. 그러므로 글자의 형태를 보고 그 뜻을 해석해서는 안 된다.[12] '誰家'도 '什麼'와 같은 단어로 현대의 오(吳)방언에서의 '啥格'와 같다. 그러므로 글자의 본의를 가지고 그 단어의 뜻을 이해해서는 안 된다. 예를 보자.

一任他漦嗔惡。(그들이 악하다고 원망하였다.)(조장경(趙長卿)《염노교(念奴嬌)》사)

我讀書莫學浪兒門一輩。(나는 독서를 하면서 배우지 않아 풍류자들 같았다.)(《장협장원(張協狀元)》희문(戱文))

又不知你每生著何意。(너희들이 매번 화를 내는 것이 무슨 뜻인지 모르겠다.) (《착립신(錯立身)》희문)

이 시구들에서의 '漦, 門, 每'는 현대어에서 통용되고 있는 '們'자와 같다. 《통속편(通俗編)》(삼십삼(三十三))에는 "북송(北宋) 때에는 '漦'자를 빌려 썼고, 남송(南宋) 때에는 '門'을 썼으며, 원(元)대에는 '每'를 빌려 썼다."(北宋時先借漦字用之, 南宋別借爲門, 而元時則又借爲每.)라고 기록되어 있다. 지금이 글자들은 다 쓰이지 않고 있다.

이러한 가차자들의 글자와 뜻의 관계에서 매 시대의 어음상황을 살펴볼 수가 있으며 또 글자와 뜻의 관계로부터 이러한 글자, 연어(謰語)의 의미를 이해할 수 가 있다.

고대의 훈고방법은 음근의통(音近義通)의 원칙을 관철하고 있다. 의미

---

12 장리홍(蔣禮鴻)의 《돈황변문자의통석(敦煌變文字義通釋)》217쪽을 참고하기 바람.

적으로도 연관이 있고 음에서도 관련이 있는 단어들은 서로 훈석이 가능하였다. 《설문》에서도 이와 같이 해설하였다. "老, 考也(老는 考의 의미이다.) ; 考, 老也(考는 老의 의미이다.)", "天, 顚也.(天은 顚의 의미이다.)", "旁, 薄也.(旁은 薄의 의미이다.)" "裸, 灌, 祭也.(裸은 灌, 祭의 의미이다.)" 이러한 전주(轉注)"[13]자들은 초문(初文)은 후기자(後起字), 동의자(同義字), 가차자(假借字)와 모두 쌍성첩운(雙聲疊韻)의 관계로서 이는 '음훈(音訓)'의 방법이다. 음훈의 사용은 "羊, 祥也(羊은 祥의 의미이다.")", "龜, 舊也(龜는 舊의 의미이다.)" 등과 같은 음훈의 사용과 마찬가지로 어떤 것은 명확하지 않고 헷갈리는 경우도 있다. 한나라 때 유희(劉熙)의 《석명(釋名)》에서는 전 책이 모두 음훈의 방법을 사용했는데, 아무 상관이 없는 억지로 끌어다 붙인 단어들도 있다. 그러나 이러한 음훈의 방법은 고대 어음을 연구하는 데에 적지 않은 자료를 제공했다. 《석명》은 바로 훈고학에서의 용도보다 고음 탐구에서의 가치가 훨씬 크다. 또 다음과 같은 예문을 보자.

> 漢之廣矣、不可泳思 ; 江之永矣、不可方思.(한강은 넓어서 헤엄쳐 갈
> 수도 없어 속상하고 강수는 길어 뗏목으로 갈 수도 없네 근심이네.)《시·주
> 남(周南)·한광(漢廣)》

이 시에서 '廣, 泳, 永, 方'은 모두 운이다. 《설문》에서는 "永, 長也.(永은, 長의 의미이다.)"라고 하였는데 이는 《시경》의 시구 "江之永矣."에서 도출해낸 것이고, "羕, 水長也.(羕은 水長의 의미이다.)"은 《시경》의 "江之羕矣(강물

---

13   대진(戴震), 단옥재(段玉裁) 등은 "老、考也 ; 考、老也" 처럼 호훈이 가능한 글자를 '전주(轉注)'라고 하였다.

이 길다.)"에서 도출해낸 것인데, 이는 《한광(漢廣)》의 이문(異文)이다. 이러한 훈고와 인용문은 '永, 羕'이 두 글자가 본래부터 한 글자라는 것을 증명한다. '羕'은 '永'의 후기 형성자로 소리부 '羊'을 보탠 것이다. 이들은 모두 '長'자와 운이 같은데 후대의 독음은 '永'과 '羕' 두 개의 운으로 나누었다. 이러한 훈고 자료들은 고대의 자서들과 전주(傳注)에 많이 보존되어 있어 우리가 고대 음을 고찰하는 데 아주 중요한 근거가 된다.

연어(謰語)는 쌍성(雙聲)일 때도 있고, 첩운(疊韻)일 때도 있다. 그러나 어음의 변화로 인하여 '光景, 分別, 委蛇, 鹵莽, 狼狽' 등과 같은 연어들은 지금은 성운(聲韻)의 관계를 밝히기가 아주 어렵다. 어떤 경우에는 "의존호성(義存乎聲, 의미는 소리에 남아 있다.)"의 이치를 떠나 맹목적으로 문장을 해석하는 경우가 있는데, 이러면 단어의 진정한 뜻을 이해하기가 어렵다. 《장자(莊子)·소요유(逍遙遊)》의 "剖之以爲瓢, 則瓠落而無所容.(쪼개서 바가지를 만들었는데 담을 것이 없어서 쓸모가 없다.)"에서의 '瓠落'은 바로 '濩落'이고,[14] '廓落'이기도 하다.[15] 연어(謰語)의 성운 관계로 단어의 뜻을 이해하고, 이로부터 고대 음의 실제 상황과 고대 언어 현상을 고증하는 것은 고서와 고음을 밝히는 연구자들이 소홀히 할 수 없는 것이다.[16]

어음의 역사적 변화는 대량의 협운, 형성, 가차, 훈고, 연어 등의 자료들에서 귀납하고 정리할 수 있는데, 대체로 세 단계로 나눌 수가 있다. 첫 단계는 한(漢)나라 이전의 상고음 시기다. 이전의 음운학 학자들이 말하는

---

14 두보 《자경부봉선현영회오백자(自京赴奉先縣詠懷五百字)》: "居然成濩落、白首甘契闊。(쓸모 없게 되어 흰머리로 고생하기를 달갑게 여긴다.)"

15 《초사(楚辭)·구변(九辯)》: "廓落兮 羈旅而無友生。(쓸모 없는 나그네 벗조차 없다.)"

16 제3장, 제3절의 연어(謰語)를 참고 바람.

고대중국어 통론

'고음(古音)'은 보통 이 시기의 어음이나 자음(字音)을 가리킨다. 육조와 수당 시기는 중고음 시기이다. 즉 '운서(韻書)' 시기다. 송대의 운서와 전통 문학에서 사용되는 운은 바로 이 시기의 운을 이어받은 것이다. 전통적인 민간문학의 언어는 또 다음 시대를 개척했는데 바로 원대 이후의 근대음 시기인 것이다. 근대음은 또 북경어음을 기준으로 하는 현대 표준어로 이어지는 것이다. 각 시대마다 모두 대표적인 작품과 자서, 운서들이 있는데 그 중에는 방언을 기록한 자료들도 더러 있다. 하지만 방언적 성분이 상대적으로 많지 않아 한 시대의 음운체계를 혼란스럽게 하기에는 부족하다. 하지만 방언의 비교 연구로 인해 매 시대의 어음연구를 더욱 충실히 할 수 있었다.

제2절 반절(反切)

고대어음에 대한 추측은 일반적으로 서면기록으로 된 자료를 통해서 할 수 밖에 없기 때문에 고음에 대한 분석은 일반적으로는 곧 자음(字音)에 대한 분석이다. 자음에 대한 분석은 세 부분으로 구성되는데, 하나는 성(聲), 즉 한 음절의 성모부분이다. 또 하나는 운(韻)인데 음절의 운모로서 운두(韻頭), 운복(韻腹), 운미(韻尾) 등 세 부분이 포함된다. 또 하나는 조(調)로, 바로 음절을 읽을 때 나오는 성조이다. 예를 보자.

莊 : z h ── u ── a ── n g 음평(陰平)

　　| 　(韻頭)　(韻腹)　(韻尾)　|

성(聲)　　　　운(韻)　　　　조(調)

　　이러한 자음 분석은 언어의 자연 현상 중에 이미 일찍부터 있었던 것이다. 《설문》의 내용을 예로 들어 보자. "聿, 吳謂之不律(聿(율)을 오나라에서는 不律(불률)이라 한다.)", "筆, 秦謂之筆.(筆(필)을 진나라에서는 筆(필)이라 한다.)" 여기에서의 '不律'은 '筆'의 독음을 나누어 쪼갠 것이다. "壺, 昆吾, 圜(圓)器 也.(壺(호)를 昆吾(곤오)라고 하는데, 둥근 용기라는 의미이다.)"에서의 '昆吾'도 '壺'의 독음을 나누어 쪼갠 것이다.《이아(爾雅)·석초(釋草)》에서 "茨, 蒺藜. (茨(자)는 蒺藜(질려)라고 한다.)"에서의 '蒺藜'도 '茨'의 독음을 나누어 쪼갠 것이다. 한 글자를 언어에서 두 음절로 읽는 것을 고대에서는 '완독(緩讀)' 이라고 하였다. '완독'에는 하나의 원칙이 있다. 바로 첫 번째 글자의 음은 본 글자의 성모와 같거나 비슷해야 하고, 두 번째 글자의 음은 본 글자의 운모와 같거나 비슷해야 했으며 성조도 같아야 했다. 이것이 바로 언어 중에서의 자연 분석이다. 이러한 '완독' 현상을 글자의 음의 분석에 이용하고 의식적으로 이러한 방법으로 글자의 음을 인식하는 것이 후에 나타난 '반절(反切)'이다.

　　한나라 사람들의 '음훈(音訓)'의 방법은 자음(字音)과 관련이 있는 글자로 훈고를 하였다. 여기에는 동음자, 쌍성자, 첩운자 등 세 가지가 있다. 쌍성이나 첩운의 음훈을 분석할 때 반드시 그 글자의 성과 운을 분석해야 하며, 때로는 성조도 고려해야 한다. 유희의 《석명(釋名)》은 음훈의 자서로서 이 책의 《석천(釋天)》에는 다음과 같은 두 가지 설명이 있다.

　　　　　　　　　　　　　　　　　　　　　고대중국어 통론

天 : 豫、司、兗、冀[17]以舌腹言之、天、顯也、在上高顯也。青、徐以舌頭言之、天、坦也、坦然高遠也。(天에 대해 예, 사, 연, 기 등 지역의 사람들은 설면음으로 읽었다. 天은 顯의 의미이다. 높이 나타나있다는 뜻이다. 청, 서 등 지역의 사람들은 설두음으로 읽었다. 天은 坦의 의미이다. 평탄하게 높고 멀다는 뜻이다.)

風 : 兗、豫、司、冀橫口合脣言之、風、氾也、其氣博氾而動物也。青、徐言風跋口開脣推氣言之、風、放也、氣放散也。(風에 대해 연, 예, 사, 기 등 지역의 사람들은 입술을 옆으로 닫아서 읽었다. 風은 氾의 의미이다. 기가 넘치고 물건이 움직인다는 의미이다. 청, 서 등 지역 사람들은 風을 평평하게 입을 벌리고 숨을 내보내며 읽는다. 風은 放의 의미이다. 기를 발산한다는 뜻이다.)

그는 방언 중의 같지 않은 성모 발음 현상으로 '天'의 음을 해석하였고, 방언 중의 같지 않은 운모 발음 현상으로 '風'의 음을 해석하였다. 유희는 아주 정확하게 '天'과 '風'이 방언의 독음 가운데서의 성모와 운모의 구조를 분석해냈다. 방언 중의 '天―顯'과 '天―坦'의 쌍성관계를 인식하였고, '風―氾'과 '風―放'의 첩운 관계도 인식하였다. 뿐만 아니라 성모의 다른 발음부위, 운모의 다른 입술 모양, 개합뿐만 아니라 '氾―an, 放―ang'과 같은 비음현상의 차이점도 묘사해냈다. 이러한 자음에 대한 분석과 이용은 그 당시에는 아주 중요한 발견이라고 할 수 있으며, 그 당시에 "반절"이라는 주음 방법이 출현하였음을 말해준다. 이는 성운학과 훈고학에서 더 나아가 발전한 하나의 면모로서, 그 영향은 단지 문자 주음에만 있는 것

---

17 '豫、司、兗、冀'은 고대 지명으로 지금의 하남, 하북, 산동 북쪽의 일대를 가리킨다. '青、徐'도 고대 지명으로 지금의 산동 동남쪽과 강소 북부 일대를 가리킨다.

이 아니다.

'반절' 방법이 통용되기 전에 한나라 사람들이 자서(字書)와 전주(傳注)에서 가장 많이 사용한 방법은 '독약(讀若)'이다.(즉 '독여(讀如)', '독위(讀爲)', '독여모동(讀與某同)', '독약모동(讀若某同)' 등과 같은 형태로 쓰였다.) 또 어떤 사람은 '느리게[緩氣], 급하게[急氣]'(고유(高誘)¹⁸⁾또는 '길게[長言], 짧게[短言]'(하휴(何休)¹⁹⁾와 같이 표시하였는데 이도 '독(讀)'의 또 한가지 방법이다. '讀'은 중국어에서 두 가지 뜻을 가지고 있다. 하나는 글자의 음을 읽는다는 것이고, 또 하나는 글자의 뜻을 해석한다는 것이다. 《설문》에 "辛, 讀若愆"(辛은 愆(건)과 같이 읽는다.)는 것은 '辛'과 '愆'의 발음이 같음을 설명하면서, 또한 '辛'과 '愆'의 의미가 서로 통한다는 것을 설명한다. 또 "嫑, 讀若《詩》'摽有梅'(嫑는 《시경》에서의 '摽有梅'(의 '摽')처럼 읽는다.)"라고 하였는데 이는 '嫑, 摽' 이 두 글자가 음도 같고, '摽'는 '嫑'의 가차자임을 설명한다.('摽'의 본의는 공격하다이다.) "夏, 讀若隱(夏은 隱처럼 읽는다.)"에서도 '夏'자가 '隱(隱)'의 본자이고, '隱'은 가차자이며 이 두 글자의 음도 같다는 것을 알 수 있다. 현재 보이는 중국어(예를 들어 《설문》)의 '독약'에서 본다면, 어떠한 것은 전문적으로 음을 풀이한 것이고, 어떠한 것은 글자의 의미가 통함을 설명하는 것이지만 이미 고찰하여 알 수 없는 것이고, 어떠한 것은

18　고유(高誘)는 동한 사람이다. 《여씨춘추(呂氏春秋)》와 《회남자(淮南子)》를 주석하였다. 《회남자(淮南子)·원도(原道)》에서는 다음과 같이 주석하였다. "蛟、讀人情性交易之交、緩氣言乃得耳。(蛟는 "人情性交易"에서의 交처럼 읽는다. 느리게 말해야 얻을 수 있다.)" 또 《지형(地形)》의 주석에서는 "旄、讀近綢繆之繆、急氣言乃得之。('旄'는 綢繆에서의 '繆'와 음이 가깝다. 빠르게 말해야 얻을 수 있다.)"

19　하휴(何休), 동한 사람이다. 《춘추공양전해고(春秋公羊傳解詁)》를 지었다. '長言、短言'은 《공양전(公羊傳)·장공(莊公)28년》주석을 참고하기 바람.

　고대중국어 통론

독음이 전혀 같지 않으면서 전문적으로 의미를 풀이하거나 다른 글자 또는 오자를 고치는 것이기도 하다. 이러한 사실들은 당시 '독약'이 용도가 넓고 내용이 복잡하였으며, 이러한 주음 방법이 엄밀하지 못하였고 사용함에 있어서도 매우 불편하였다는 것을 나타낸다. 오늘날에 봐서도 의문 나는 점이 매우 많다.

이 외에도 '직음(直音)'의 방법이 있다. 즉 동일한 음을 가진 글자로 직접 주음을 하는 것이다. 이 방법은《설문》에서 두 번만 보인다.

公、從八、從厶、音司。(公(공)은 八(팔)과 厶(사)를 구성요소로 한다. (그 중에서 厶(사)의) 발음은 司(사)이다.)

䰝, 籀文齋、從鬶省、音檮。(䰝은 주문 齋(재)로, 鬶의 생략된 형태를 구성요소로 한다. (그 중에서 鬶의) 발음은 檮(도)이다.)

이 두 '직음'은《설문》에 원래부터 있었던 것이 아니라 후세 사람들이 추가한 것일 수 있다. 왜냐하면《설문》에는 편방 밑에 주음을 한 예는 거의 없으며, '중문(重文)' 밑에 주음을 한 예도 없기 때문이다. 그러므로 이 '직음'이라는 방법은 아마도 한나라 사람들이 쓰던 방법이 아닐 수도 있다. 자음의 변화가 아주 크고 또 매 글자마다 그 동음자가 있는 것은 아니므로 이러한 방법은 제한성이 크고 정확성도 매우 낮다.

'반절'은 한나라 말기에 고적의 주음(注音) 상의 수요, 그리고 인도의 불교 경전 번역과 인도 어음 분석 방법의 수입(輸入)으로 나타났다. 지금 볼 수 있는 한나라 사람들의 반절은 응소(應劭)의《한서(漢書)》에서 가장 일찍 나타났다. 응소의 "반절"은 안사고(顔師古)의《한서·지리지(地理志)》의 주석에서 두 번 인용되었다. 그러므로 '반절'이 한나라 말기에 이미 응용되기 시작하였음을 알 수가 있다. 위진(魏晉)시기에 이르러서는 '음의(音義)'와 '운서(韻書)'에서 반절의 주음 방법이 크게 유행하였다.

'반'과 '절'은 사실 같은 것이다.[20] 그러므로 반절의 응용에서 '모모반(某某反)'이라고도 할 수 있고, '모모절(某某切)'이라고도 할 수 있다. 당대(唐代) 이전에는 '반절'이라는 용어가 나타나지 않았다. 후세로 내려오면서 '반'과 '절'이 하나의 합쳐서 '반절'이라 쓰였다.[21] 어떤 사람들은 '반'과 '절'을 나누어 각각 정의를 내렸는데 사실 이는 맞지 않다.

'반절'의 방법은 두 개의 글자로 한 글자의 성모, 운모, 성조를 나타내는 것이다. 즉 앞에 쓰인 글자(이를 반절상자(反切上字)라 한다.)의 성모를 취하고, 뒤에 쓰인 글자(이를 반절하자(反切下字)라고 한다.)에서 운모와 성조를 취한 다음, 이 두 음을 조합해서 한 글자의 음을 나타내는 것이다. 따라서 반절상자와 반절로 나타내고자 하는 글자는 쌍성(雙聲)이고, 반절하자와 반절로 나타내고자 하는 글자는 첩운(疊韻)이다. 예를 들어 구체적으로 살펴 보자.

> 步　　薄故切(步는 薄故의 반절음이다.)
> 　　步、薄——쌍성
> 　　步、故——첩운, 거성

20　《안씨가훈(顏氏家訓) · 음사(音辭)》에는 "서선민(徐仙民) 《모시음(毛詩音)》에 "反'驟'爲'在邁'"가 있고, 《좌전음(左傳音)》에 "切'椽'爲'徒緣'"이 있는데 이로써 "反"과 "切"은 같은 것임을 알 수가 있다.

21　'反切'이란 단어는 송대의 위료옹(魏了翁)의 《사우아언(師友雅言)》에서 가장 일찍 나타났다.

위의 예문에서 볼 수 있듯이 앞에 쓰인 글자에서는 성모만 취하고, 운모와 성조를 고려하지 않는다. 마찬가지로 뒤에 쓰인 글자에서는 운모와 성조만 취하고 성모를 상관하지 않는다. 또 다른 반절의 예를 보자.

光　　古皇切(光은 古皇의 반절음이다.)

이 반절 표기에서 '古'는 '姑, 公, 岡……' 등 글자로도 대체할 수 있는데, 이는 이 글자들이 모두 성모가 동일하기 때문이다. 마찬가지로 '皇'도 운모가 같은 '旁, 幫, 荒' 등 글자들로 대체할 수 있는데, 이는 이 글자들이 모두 동일한 운모이기 때문이다.

$$
光\left\{
\begin{array}{l}
古\,k\text{—}(u) \\[3em]
皇()\text{—}u\,a\,\eta
\end{array}
\right\}\ k\text{—}u\,a\,\eta(guang)
$$

위의 같은 반절 방법에서 다음과 같은 것을 알 수 있다.

　　반절상자에서 성조는 상관하지 않는다.(光、 평성; 古、 상성)
　　반절하자에서 청탁은 상관하지 않는다.(光、 청음 ; 皇、 탁음)

반절의 주음 방법은 한대 말기와 육조 시기의 사람들의 주해, 음의(音義), 자서들에 많이 쓰였는데, 수당, 송대의 운서(육법언(陸法言)의 《절운(切韻)》, 손면(孫愐)의 《당운(唐韻)》, 진팽년(陳彭年)의 《광운(廣韻)》, 정도(丁度)의 《집운(集韻)》에서는 대대적으로 쓰였다. 현재 우리는 중고음을 연구함에 있어서 반드시 반절 방법을 중시해야 하며, 특히 《광운》의 반절 자료들을 눈여겨봐야 한다. 후대의 많은 자서와 자전들에서도 반절의 주음 방법을 사용하였다. 반절은 중국 언어학의 역사에서 획기적인 발명이 아닐 수 없다. 우리가 고서를 읽고 고대의 언어를 연구함에 있어서, 자서, 운서, 자전을 이용할 때 반드시 반절의 주음 방법을 확실하게 알고 이해해야 한다.

그러나 반절의 주음 방법은 매우 불편한 점이 있다. 《광운》을 실례로 든다면 반절 분석법에 의거하여 한 글자의 음을 읽자면 많은 어려움이 따랐다. 중고음과 현대음의 차이는 둘째치고라도[22] 반절의 방법을 놓고 보더라도 많은 불편함이 따랐다. 예를 보자.

旦　得按切 (旦은 得按의 반절음이다.)
舉　俱羽切 (舉는 俱羽의 반절음이다.)

이 두 글자는 그나마 반절의 방법으로 "旦"와 "舉"를 직접 읽을 수가 있다. 그러나 다음 글자는 그 발음을 읽기가 쉽지가 않다.

航　胡郎切(航은 胡郎의 반절음이다.)
怪　古壞切(怪는 古壞의 반절음이다.)

이 두 글자를 보면 앞에 쓰인 글자의 종성과 뒤에 쓰인 글자의 성모의

22　《중국어문》1962년 8-9기에 실린 인환시엔(殷煥先)의 《반절석례(反切釋例)》를 참고할 수 있다.

방해로 직접 '航, 怪' 이 두 글자의 음을 읽어내기가 쉽지 않다. 반드시 먼저 '胡郎', '古壞' 이 두 글자의 성모와 운모 및 성조를 먼저 분석해내야 반절음을 알아낼 수 있는 것이다. 또 다음의 예를 보자.

> 刊　古寒切(刊은 古寒의 반절음이다.)
> 心　息林切(心은 息林의 반절음이다.)

'刊'과 '心'은 음평성이지만 '寒'과 '林'은 양평성이다. 우리는 반드시 '古'와 '息'의 발성음이 양평성조를 가질 수가 없다는 것을 미리 알아야 혼란이 생기지 않는 것이다.[23] 다음 글자를 보자.

> 子　即裏切(子는 即裏의 반절음이다.)
> 利　力至切(利는 力至의 반절음이다.)

이 두 글자에서 반절되는 두 운모는 모두 본자와 같지 않는 듯하다.[24] 이러한 성모와 운모의 복잡한 조합과 변화때문에 음을 반절할 때에 많은 혼란과 오류가 생기는 것이다.

이렇게 반절되는 글자 자체가 성모와 운모의 영향을 받고, 또 성모의

23　[역주] 이는 성모를 나타내고자 쓰인 '古'와 '息'가 나타내고자 하는 음, 병음으로 표기하자면 'gu', 'xi' 등이 양평성(陽平聲), 즉 현대중국어의 2성으로 쓰이는 글자가 없음을 말한 것이다.

24　[역주] 본자 '子'(병음 : zi)의 반절하자 '裏'(병음 : li)는 발음상으로는 각각 [ɯ](한국어 표기 '으'), [i](한국어 표기 '이')로 본자의 발음을 반절하자가 반영하지 못하는 것으로 볼 수 있다. 반대로 본자 '利'(병음 : li)의 반절하자 '至'(병음 : zhi) 또한 동일한 대비가 가능하다.

청탁음의 영향, 성조의 음양변화의 장애, 운모 자체가 가지고 있는 특징의 장애 등으로 말미암아 우리는 반절의 방법으로 글자의 음을 읽는 것 자체로 적지 않은 어려움이 있다. 여기에 고음과 현대음의 차이까지 있어서 더욱 어려운 것이다.

그러므로 반절은 방법적으로 볼 때 반드시 개조를 해야 했었다. 명, 청 시대의 일부 성운학 학자들은 적지 않은 시도를 하였는데 예를 들면 다음과 같다.

先　《광운》: 蘇前切(蘇前의 반절음이다.)
　　반뢰(潘耒)《유음(類音)》: 薛煙切(薛煙의 반절음이다.)
　　《음운천미(音韻闡微)》: 息煙切(息煙의 반절음이다.)

'先'자에 대해 반절할 때에 《유음》과 《음운천미》에서는 성모가 없는, 음평조의 '煙'자로 《광운》에서의 '前'을 대체하고, 입성인 '薛, 息'자로 평성의 '蘇'자를 대체함으로써 '薛煙'를 빨리 읽는 것으로 '先'자의 음을 쉽게 낼 수가 있었다. 이러한 개량은 일정한 음을 읽는 데에 편리하지만 어려움도 있다. 반절하자로 쓰일 수 있는, 성모가 없는 글자가 그리 많지는 않았기 때문이다. 《유음》의 예를 보자.

中　竹硈切(竹硈의 반절음이다.)
　　(硈, 《집운》: 于宮切(于宮의 반절음이다.))

'中'과 같은 이처럼 쉬운 글자의 음을 해석하기 위해 반절에서 '硈'과 같은 어려운 글자를 썼다는 것은 반절하자로 쓰일 수 있는 글자가 확실히 많지 않았음을 것을 설명한다. 그러므로 음을 해석함에 있어서 "반절"의 방법은 그 자체는 정밀하고 과학적이었지만, 사용상에서는 어려움이 따랐고, 또 그 어려움은 반절 자체로는 개선할 수가 없었던 것이다. 게다가 반절이 사용한 운서, 자서 등 책들도 각자의 체계와 특징이 있고, 반절 해석에 사용된 글자도 다르며, 반절상자와 반절하자의 성모와 운모 체계도 달라서 반절의 체계를 운운하기가 미묘하고 복잡할 수밖에 없었다.

현대음의 분석에 있어서 한어병음자모라는 간편한 방법이 있기 때문에, 더 이상 반절은 필요하지 않게 되었다. 그리고 한자가 아닌 이런 자모 표음 방법을 사용해야만이 자음 표기에서의 허다한 장애를 제거하고 정확히 밝힐 수가 있는 것이다. 그러나 고대의 자음을 연구하기 위하여, 또 고서를 읽을 때 고대 자서와 운서를 정확하게 사용하기 위해서는 반절 방법에 대해 이해하고 숙지해야 하는 것이다.

제3절 성조

성조는 음의 길이와 높낮이를 말한다. 고대에 자음(字音) 성조의 조치(調値, 음높이 값)는 오늘날 고증할 방법이 없다. 우리가 볼 수 있는 것은 고대의 문학작품, 반절, 운서들에서의 성조 종류뿐이다. 성조의 명칭으로는 제(齊), 량(梁) 시기로부터 전해 내려온 '평(平), 상(上), 거(去), 입(入)' 등 사성(四聲)이다.

'사성'이 정해지기 이전에는 자음(字音)의 성조에 대해 일정한 명칭이 없었다. 어떤 사람은 '궁상각치우(宮商角徵羽)'라는 오음을 빌려 이름을 붙이기도 했는데 오늘날 고증하기 어렵다. 하휴(何休)는 '伐'은 길이의 장단구분이 있다고 하였는데, 아마도 성조 상의 구분을 말하는 것일 수 있다. 결국 평성이 길고 상성, 거성, 입성이 짧은지, 아니면 거성이 길고 입성이 짧은 지에 대해서는 여러 가지 주장이 있지만, 현재 판단할 방법이 없다. '사성'의 변별은 반절의 유행, 문학에서 성률의 형성 및 인도 불교의 '성명(聲明)'의 학문[25]이 전해 들어오면서 생긴 것이다. '사성'은 처음에는 문학이론에 쓰였지만, 후에는 운서에도 쓰이면서 유행되었다. 《원화운보(元和韻譜)》에는 다음과 같은 설명이 있다.

平聲哀而安 上聲厲而擧(평성은 애잔하지만 편안하고 상성은 엄숙하다 끌어올린다.)

去聲淸而遠 入聲直而促[26](거성은 맑다가 떨어뜨리고, 입성은 곧고 급하다.)

이 네 구절은 '평상거입'의 명칭 또는 사성의 어조 상황만 서술한 것으로 사성이 구체적으로 어떻게 변별되는지에 대해서는 알 수가 없다. 지금 우리가 매 글자의 음을 읽으면 그 성조는 고대와는 물론 다르고 또 각 지역의 방언 차이도 크겠지만, 매 글자가 소속된 성조류는 일반적으로 같다.

---

25 인도 불교 중의 '경론(經論)'에서, 범어의 '성세(聲勢)、체문(體文)'(즉 운(韻)과 성(聲))에 대한 해석이 있는데 이를 '성명'이라고 한다.

26 [역주] 이 설명에서 마지막 글자는 설명하는 성조에 해당하는 자를 배치한 것이다. '安'은 평성, '擧'는 상성, '促'는 입성이다. 따라서 '遠'은 본래 상성이지만, 거성으로 읽고 '멀리하다, 떨어뜨리다'로 풀이해야 한다.

다음 글자를 보자.

顚、田　평성, 현대음과 같다.
典　　　상성, 현대음과 같다.
甸　　　거성, 현대음과 같다.

이러한 글자들이 물론 각 방언에서 읽히는 어조 형식은 다르지만, 속해 있는 성조류는 아주 비슷하다. 고대의 성조를 말할 때 우리는 성조류 즉 평상거입만 말할 뿐, 성조의 조치는 얘기하지 않는다.

'사성'의 문학에서의 운용은 두 부류로 나눌 수가 있다. 하나는 평성류이고, 다른 하나는 상거입성류이다. 이는 사성 학설로 일찍부터 있었던 것 같다. 쿠카이(空海)의 《문경비부론(文鏡秘府論)》에서는 심약(沈約)의 '팔병(八病)' 설에 대해 덧붙여 설명하였다.

〔平頭〕上句第一字與下句第一字同平聲不爲病、同上去入一字即病。
([평두] 앞 구절의 첫 글자와 뒤 구절의 두 번째 글자가 모두 평성인 것은 되지만, 모두 상, 거, 입성인 것은 안 된다.)

'상거입' 삼성을 '측성(仄聲)'이라고 한다. 평측(平仄)이라는 명칭은 당대(唐代)에 생겼다. 은번(殷璠)의 《하악영령집서(河嶽英靈集序)》에는 다음과 같은 기록이 있다.

"或五字並側(同仄)、或十字俱平、而逸駕終存。"(다섯 글자가 모두 측성이거나 열 글자가 모두 평성이지만 출중함 끝내 남았다.)

이는 비록 '평측'에 대해 명칭상으로 거론된 가장 이른 자료이지만, 사실 육조의 시가에서는 이미 평측 협조(叶調)의 용법이 사용되었다.

葉低知露密、崖斷識雲重。(잎은 낮아야 이슬이 많은 줄 알고, 절벽은 가파로워야 구름이 첩첩한 걸 안다.)(사조(謝朓))

蟬噪林逾靜、鳥鳴山更幽。(매미소리 시끄러우니 숲은 더욱 조용하고 새가 지저대니 산은 더욱 고요하다.) (왕적(王籍))

樹動懸冰落、枝高出手寒。(나무가 흔들리자 매달린 얼음은 떨어지고, 나뭇가지가 높아 내미는 손은 차갑구나.)(유신(庾信))

위의 시구들에서 볼 수 있는 바와 같이 음률이 짝을 이루는 현상은 당대에 와서는 이미 그 규모를 갖췄고, 평측의 사용도 이미 일찍 출현하였다. 평측이라는 명칭도 당대 이전에 이미 있었을지도 모르지만, 고증할 만한 문헌이 없다.

고대 시가에서 성조의 사용은 시대와 장르에 따라 변화하였다.

한대 이전의 시가에서는 협운(叶韻)에서 매우 엄격한 사성 구분이 있었는데, 이에 대해서는 다시 논의할 것이다.

한위육조(漢魏六朝) 시기에 와서는 협운이 사성으로 나뉘는데 문장에 나오는 글자는 일반적으로 성조나 격률이 없다.

제량(齊梁)시기 이후로부터 '평상거입(平上去入)'이란 명칭을 가지게 되었고, '평측(平仄)'으로 분류하게 되었다. 용운(用韵)을 사성으로 나눴으며, 문장에 쓰인 글자의 성조도 점차 평측을 중시했다. 당대에 이르러서는 '율시(律詩)'의 형식이 완전하게 성립되었는데, 용운은 보통 평성이고, 문장에

고대중국어 통론

쓰인 글자는 평측(平仄)과 대장(對仗)을 사용하였다. 당조 이후의 시가에서 고시는 여전히 한위(漢魏)시기 이후의 체제를 유지하고, 율시는 당조의 시가법칙을 기준으로 하였다.

당, 오대, 송나라 시기의 사에서 용운은 일반적으로 평성을 한 부류로, 상성을 한 부류로, 입성을 한 부류로 한다. 문장에서 글자의 음은 보통 평측을 지키거나, 또는 엄격하게 상성, 거성, 입성의 쓰임을 지키기도 하였다. 심지어 어떤 글자는 발성의 청탁(淸濁)마저 엄격하게 지키기도 하였다.

발성의 청, 탁은 본래는 일종의 음향 현상이었다. 예를 들면 '天'은 청음이고 '田'은 탁음이지만 이 두 글자는 모두 평성이다. 그러나 발성의 청탁 또한 성조도 변화에 영향을 미쳤다. 그러므로 사성은 청탁의 영향으로 두 부류로 나뉘게 된다.

平聲 : 刀　逃　　　　上聲 : 島　稻
去聲 : 到　導　　　　入聲 : 篤　讀

이러한 분화는 송, 원시기 이후의 북방음 중 일부 발성의 탁음이 소실됨으로 인해 성조의 구별만 남게 되었다. 그리고 입성이 차츰 소실되면서 현대음의 '음양상거(陰陽上去)'의 사성으로 변한 것이다. 오(吳)방언과 같은 일부 방언에서는 청탁체계가 아직도 보존되어 있다. 이러한 변화는 문학작품에서의 성조의 사용에서도 나타났다. 원대 이후의 시, 사(詞)에서는 여전히 전대의 규정을 따르고 있지만, 곡(曲)에서는 대부분의 입성이 평성, 상성, 거성으로 나뉘고 또 음과 양으로 구분된다. 음양의 구분은 일반적으로 옛날부터 있던 발성의 청음과 탁음의 구별로 판별하였다. 이건 바로 우

집(虞集)이 《중원음운서(中原音韻序)》에서 말한 "소리의 청탁으로 성조의
음양을 정한다.(以聲之淸濁, 定調之陰陽)" [27]이다.

성조의 역사적 변화로부터 볼 때 문학작품의 운협과 자성(字聲)의 각도
에서는 육조 이전의 고체시, 당대 율시(근체시)와 송대의 사, 원대의 곡 등
세 부류로 나눌 수가 있다. 명대 이후에는 시가 장르에서 새로운 변화가 없
었기 때문에 모두 현대시가 출현할 때까지 전대의 규칙을 줄곧 견지하였다.

성조의 운용은 문학작품에서뿐만 아니라 글자의 의미 변별에서도 그
역할을 하였다. 상고음에서는 한 글자에 여러 가지 뜻이 있는 경우 성조에
서 꼭 차이가 있는 것은 아니었다. 예를 보자.

予我	贈予,	生長	長短
郡縣	縣(懸)掛	下降	降服

위의 단어들에서는 지금과 같이 성조의 차이가 없었다. 한대의 훈고학
과 육조의 음의(音義)학이 성행하게 되자, 성조로 글자의 뜻을 구분하는 데
점차 중시하기 시작하였지만 확실하진 않았다. 《안씨가훈(顏氏家訓)·음사
(音辭)》에 다음과 같은 구절이 있다.

　夫物體自有精粗、精粗謂之好惡；人心有所去取、去取謂之好惡(原
注：上呼號、下烏故反)。此音見於葛洪、徐邈。而河北學士讀《尚書》云
"好(原注：呼號反)生惡(原注：於穀反)殺"、是爲一論物體、一就人情、殊

27　《중원음운(中原音韻)》에서 음양에 대해 논의하면서 "荒자는 음에 속하고 黃자는 양에 속
　　한다."라고 하였다. 이는 현대 북방음과 완전히 일치한 것이다.

不通矣。(사물은 정교한 것과 거친 것이 있는데 이를 好惡이라고 한다. 사람의 마음도 버릴 것과 취할 것이 있는데 이를 好惡이라고 한다.(원주 : 앞 글자는 呼號의 반절이고, 뒷 글자은 烏故의 반절이다.) 이 음은 갈홍과 서막에서 보인다. 그러나 황하 이북의 학사들은 《상서》를 읽을 때 "好(원 주석 : 呼號反)生惡(원 주석 : 於穀反)殺"라고 읽었다. 하나는 물체 자체를 말하고 다른 하나는 사람의 정감을 말한다. 양자는 실로 서로 통할 수 없다.)

안씨는 황하 이북의 학사들이 '好'를 거성으로 읽는 것은 맞고, '惡'를 입성으로 읽어 '物體精粗' 할 때의 '惡' 음으로 읽는 것은 옳지 않다고 추측하였다. 이는 사실 당시에 성조의 판별로 글자의 의미를 판별하는 방법은 아직 확정되지 않았음을 증명한다.

그러나 성조로 자의(字義)를 분별해 내는 것은 고대중국어의 단음절 어휘의 발전현상이다. 자의에서 발전이 있기 때문에 자음(字音)-성조도 따라서 변화가 있다. 예를 들면 '行'자는 《시경》에서는 '筐, 鏜, 涼, 狂' 등 글자와 협운(叶韻)이며, 서른 두 곳의 운에서 모두 평성으로 읽는다. 그러나 《광운(廣韻)》에서는 '行'에 다음과 같은 네 가지 음이 있다.

(1) 평성, '庚'운, "行步也(行步[걷다]의 의미이다.)"
(2) 평성, '唐'운, "伍也、列也(伍[대오]의 의미이다. 列[열]의 의미이다.)"
(3) 거성, '映'운, "景跡、又事也、言也(景跡[그림자, 자취] 또는 事[일]의 의미이다. 言[말]의 의미이다.)"
(4) 거성, '宕'운, "次第也(次第[순서]의 의미이다.)"

위에서의 '行'의 네 가지 음은 각자 서로 다른 뜻을 가지고 있으며, 모두 본의에서 확장된 의미를 나타낸다. 뜻의 확장에 따라 음의 분화도 따라서 일어나는 것을 알 수가 있다. 이 네 가지 독음 가운데서 두 음은 고금 운부의 변화이고, 두 음은 성조가 분화된 것이다. 이러한 성조의 분화는 의미의 분화에 대해 일정한 역할을 한 것이다. 예를 들면 《시(詩)》에 : "高山仰止, 景行行止.(높은 산 바라보며 큰 길을 가네.[숭고한 품덕을 가리킨다.])"[28] 라는 시구가 있는데 육덕명(陸德明)의 《경전석문(經典釋文)》에서는 첫 번째 '行'을 거성으로 독음하고, 두 번째 '行'자는 음을 표기하지 않았는데, 이는 당연히 본래의 평성인 것이다. 그렇다면 《시(詩)》에서 '行'이 운으로 쓰인 서른 여 곳에서는 모두 평성으로 읽는데 이곳에서만 '行'을 거성으로 읽어야 하는 이유는 뭘까. 이것은 바로 성조의 의미 분별 역할 때문이다. '景行'에서의 '行'은 덕행이란 뜻으로 명사이다. 그러나 '行止'에서의 '行'은 실행한다는 뜻으로 동사인 것이다.[29]

이러한 성조의 의미 분별 역할은 육조, 당대의 경전에서 매우 유행하였는데, 어떤 것은 너무 잡다하여 발음하기 혼란스러울 정도였다.

> 上 : 居高定體曰上、時亮切(황제를 上이라 한다. 時亮切이다.(거성))
>
> 　　自下而昇曰上、時掌切(밑에서 올라가는 것을 上이라 한다. 時掌切이다.(상성))
>
> 下 : 居卑定體曰下、胡賈切(신하를 下라고 한다. 胡賈切이다.(상성))
>
> 　　自上而降曰下、胡嫁切(위에서 내려오는 것을 下라고 한다. 胡嫁切

28　[역주] 《시(詩) · 소아(小雅) · 거할(車舝)》의 구절이다.

29　'行止'에서의 '止'는 어조사이다.

이다.(거성))

'居高定體'는 황제를 가리키고 '居卑定體'는 신하를 가리키는데 모두 명사이다. '上'과 '下'의 성조를 변화시켜 명사를 나타냄으로서 상승, 하강 어조를 나타내는 동사 '上'과 '下'와는 구별시킨 것이다. 그러나 이러한 분별 방법은 꼭 고대어음의 실제상황에 부합하는 것은 아니었다.《초사(楚辭)·구가(九歌)》의 "洞庭波兮木葉下(동정호에 파도 일고 나뭇잎 떨어지네.)", "流澌紛兮將來下(녹는 얼음조각 흘려 내려온다)" 이 두 시구에서 '下'자는 모두 동사로서 모두 상성자(上聲字) 협운을 이루며 거성으로 읽지 않는다. 이는 "羅生兮堂下(당 아래에서 가득 자라네.)", "雲容容兮而在下(구름 뭉게뭉게 아래에 있네.)" 등 문장들에서의 방위사로 쓰인 '下'자와 같은 상성조(上聲調)이다. 성조의 정의는 훈고와 어음 발전에는 일정한 역할을 하였다. 예를 들면 "長, 好, 惡, 傳, 分, 觀, 難" 등과 같은 글자는 현대 중국어에서 음과 뜻이 모두 분화되어 혼란을 일으키지 않는다. 그러나 선진(先秦) 시기의 고서를 읽는 데는 꼭 도움이 되는 것은 아니다.

주소가(注疏家)들은 한 글자를 본음 본성조로 읽는 것은 '독여자(讀如字)'라고 하였고, 다른음과 다른 성조로 읽는 것은 '파독(破讀)'이라고 하였다. 예를 들면 '爲'자를 평성으로 읽으면 '여자(如字)'이고, 거성으로 읽을 때는 '파독(破讀)'이 되는 것이다. 어떤 때는 '점발(點發)'로 표시를 한다.

이런 성조로 의미를 분별하는 현상은 한편으로는 현대어음의 계승으로 전형화되었고, 다른 한편으로는 관습적인 사용으로 말미암아 도태되었다. '思'와 '過'는 본래 평성과 거성 두 독음으로 규정되어 있지만, 당(唐) 이래로 시인들은 협율과 협운을 할 때 보통 의미상의 구별을 하지 않았다. 예를 보자.

魚龍寂寞秋江冷、故國平居有所思。(어룡은 조용하고 추강은 차가운데 고향에서 평화롭게 살던 때가 그립구나.) (두보《추흥(秋興)》시)

이 시구에서 '思'는 평성으로 읽는데 글자의 의미에 맞는 것이다. 그러나 다음 시구를 보자.

英雄今古恨、父老歲時思。(영웅은 지금과 옛날의 한스러움을 갖지만, 촌로들은 세월의 근심만 갖는다.)(육유(陸游)《녹두관과방사원묘(鹿頭關過龐士元廟))》시)

이 시구에서 '思'는 명사로서 거성으로 읽어야 하나 여전히 평성 협운으로 쓰였다.

幽居地僻經過少。(사는 곳 적막하고 길 궁벽하니 오는 사람 적구나.)(두보《유객(有客)》시)

이 시구에서 '過'는 본래 음으로 글자의 뜻과도 맞는 것이다. 그러나 다음 시구를 보자.

窗間有螢過、枕上見星流。(창가에 개똥벌레 지나가고 베개 위에서 유성이 보이네.)(육유《하야기좌(夏夜起坐)》시)

고대중국어 통론

이 시구에서의 '過'는 그 뜻이 두보의 시와 같지만 거성으로 읽는다. 거성의 '過'는 과실, 초과의 의미로 여기에서의 '過'의 의미와 부합되지 않는다.

이로부터 옛사람들도 이런 구별을 상세하게 따지려 하지 않았다는 것을 알 수 있다. 현대음에서 예전의 많은 자질구레한 구별들은 더 이상 사용되지 않는다. 오늘날 우리는 더 이상 '除夕'의 '除'를 거성으로 읽지 않고, '新聞'에서의 '聞'을 거성으로 읽지 않는다. 그리고 '思慮'와 '憂慮', '親戚'과 '親愛'도 모두 같은 성조로 읽는다.

무엇 때문에 이의이조(異義異調)를 현대어음에서는 구별하지 않아도 되는가? 이는 이의이조가 단음절 어휘에서 나름대로 단어 의미 발전에 적응했기 때문이다. 이러한 단음절 어휘 중 어떤 것들은 지금도 여전히 쓰고 있는 것들이 있다. 예를 들면 '長, 量, 喪, 傳'과 같은 글자들은 그 뜻과 성조를 분별하여 쓰는데 잘못 읽어서는 안 된다. 그러나 현대어에서 다음절(주로는 쌍음절) 단어들이 대량으로 발전하면서 성조의 뜻을 분별하는 역할이 점차 뚜렷하지 않게 되었다. 예를 들면 '治'자는 타동사로 쓰일 때는 평성이고, 자동사나 명사로 쓰일 때는 거성이다. 그러나 오늘날 '治病', '治學', '治水' 등과 같은 단어들에서 '治'를 모두 거성으로 읽어도 이 단어들의 뜻을 알아듣지 못하는 것은 아니다. 그러므로 사람들은 더 이상 습관적으로 평성으로 읽지 않는다. '騎兵'에서의 '騎'는 거성으로 읽어야 하나, 지금은 일반적으로 평성으로 읽는다는 것을 사람들은 다 알고 있다. 그러나 고서를 읽을 때는 거성으로 읽어야 한다. 예를 들면 "尚餘二十八騎(아직 28필이 남았다.)"《사기·항우본기(項羽本紀)》와 같은 구절에서는 '騎'를 거성으로 읽어야 하고 평성으로 읽으면 틀리게 읽었다고 할 것이다. '平反'에서의 '反'

은 평성으로 읽어야 하나 오늘날 일반적으로 상성으로 읽는다는 것을 사람들은 다 알고 있다. 그러나 고서를 읽을 때는 평성으로 읽어야 하고, 상성으로 읽으면 역시 틀렸다고 할 것이다. 예를 들면 '杜周治之, 獄無反者(두주가 다스리자, 옥사에서 잘못되는 일이 줄었다.)'《한서(漢書)·식화지(食貨志)》에서 '反'은 평성으로 읽어야 하며, 만약 상성으로 읽으면 시구에서 반역의 의미로 잘못 해석되어 원문에서의 뜻을 이탈하게 되는 것이다. '調和'와 '曲調', '愛好'와 '好壞'에서 '調', '好'가 성조가 다름은 현대어음에서 이미 정형화되어 있어, 다른 글자로 간주하고 있으며 틀리게 읽는 일은 더욱 없다.

고대음에서 '평, 상, 거 입'의 성조를 인식하는 방법은 하나는 현대어음의 성조와의 비교에서 대응관계나 예외적인 변화를 찾아내는 것이다. 다른 하나는 방언음에서 찾아내는 것인데(예를 들면 '東, 董, 凍, 篤', '皇, 榥, 況, 霍' 등과 같은 글자들의 음) 우선은 각 성조에 대해 익숙히 한 다음, 서로 다른 성조들을 찾아내어 유추를 하는 것이다.(예를 들면 다음과 같다 : '東, 分, 江, 支, 師'는 같은 성조로 모두 평성이다. '凍, 去, 個, 向, 正'도 같은 성조로 모두 거성이다.) 성조를 분별하고 유추를 할 때 입성 변화와 일부 개별 음들의 변화에 주의해야 한다. 평, 측성과 사성의 운자는 시와 사 작품을 많이 읽고 숙독하고(오늘날 어떤 사람들은 고체시, 율체시, 사를 쓸 때 흔히 평측을 틀리는데 이를 근거로 삼아서는 안 된다.), 또 어음지식의 판별을 더하면 그 이유를 어렵지 않게 이해할 것이며, 어음지식도 더욱 공고히 할 수 있을 것이다.

고금 성조 대조표

고(古) 평측	평		측						
고(古) 사성	평		상		거		입		
현대음	음	양	상	(거)	거		(음, 양, 상, 거)		
현대 오(吳)방언	청 평	탁 평	차 청탁 상	탁 상	청 거	탁 거	청 입	탁 입	
예자	東	同	島老	稻	太	大	百拍	白	陌

제15장

운서와 등운

제1절 성모류와 운모류 및 자모와 운섭

현재 우리가 볼 수 있는 송대(宋代) 운서의 반절은 매우 정밀한 한편, 분산적이고 세분화되어 있다.《광운(廣韻)》에는 3,815개의 절음(切音)이 있고,《집운(集韻)》에는 4,473개의 절음이 있다. 사실 한 지방, 한 사람의 어음에서는 이렇게 많은 발음변화가 생길 수 없다.《광운》을 놓고 보더라도 3,000여개의 반절 가운데 성모를 대표하는 반절상자는 466개이고, 운모를 대표하는 반절하자는 1,196개나 된다. 반절용자가 비록 이렇게 많다고는 하지만, 사실 같은 글자들이 많고, 또 많은 경우 단지 세밀하게 구별만 했을 뿐이라서, 반절을 정리하고 연구할 때에서 반드시 개괄하여 분류를 할 수 있어야 한다. 개괄한 결과로 보면 원래 반절용자들은 아주 산만하다.《광운》을 예로 들면 여기에는 466개의 반절상자가 있는데 분류를 하면 사실 40여종 밖에 되지 않는다. 반절하자도 1,196개나 있지만, 분류를 한다면 300종밖에 되지 않으며, 여기에 평, 상, 거, 입 사성까지 고려한다면 백 가지 유형에 불과하다.

청대(清代)의 진례(陳澧)와 근대의 황간(黃侃)이 정리한 연구 결과에 의하면,《광운》의 성모 유형은 41가지이다. 이는 실제로 사용되는 성모는 41

자로 충분하다는 말이다.[1] 진례가 정리한 《광운》의 운모 유형은 311가지다.[2]

진례, 황간 등의 반절용자 정리 방법을 적용하여 《집운(集韻)》을 정리하면 4,473개의 절음 상하자가 40개의 성모류, 315개의 운모류로 정리된다. 이전의 학자들이 정리한 운서 반절의 결과들은 약간의 차이점도 있었으나, 정리함에 있어서 다 비슷한 방법들을 썼고, 정리하여 얻어낸 성모류와 운모류의 수효도 대체로 비슷하였다. 성모류와 운모류의 숫자들로부터 우리는 한편으로는 고대의 사람들이 어음분석에 있어서 아주 정밀하였다는 것을 알 수 있고, 또 한편으로는 반절 용자들이 너무 복잡하여 많은 혼란을 가져다 주었다는 것을 볼 수 있다. 예를 들어 보자.

무성무기 설근음의 발음에 대해 《광운》에서는 '古, 公, 過, 各, 格, 兼, 姑, 佳, 詭, 居, 擧, 九, 俱, 紀, 幾, 規, 吉'등 무려 17개나 되는 글자로 반절상자를 대표하였는데, 사실 이들은 하나의 성모류로, '見'(한어 병음의 g, j 두 음을 포함함.) 한 글자만으로도 대표할 수 있는 것이다.

이처럼 하나의 단음으로 한 부류의 발음을 대표하는 방법은 일찍이 당나라 때에 이미 창조되고 사용되었다. 당나라 때에는 인도의 성운법 유입과 반절 방법의 계시를 통해 일련의 개조를 거친 후에 '36자모'를 만들었는데 이를 '36뉴(紐)'라고도 한다. 이 36자모는 당나라 말기의 승려 수온(守溫)이 만든 것이라 전해진다.

---

1   진례의 《절운고(切韻考)》(동숙총서(東塾叢書)), 황간의 《음론(音論)》을 참고 바람.

2   진례의 《절운고》(동숙총서)를 참고 바람.

36자모는 다음과 같다.[3]

아음(설근음)	見、溪、群、疑
설두음(설첨음)	端、透、定、泥
설상음(설면음)	知、徹、澄、娘
중순음(쌍순음)	幫、滂、並、明
경순음(순치음)	非、敷、奉、微
치두음(설첨음)	精、清、從、心、邪
정치음(설면전)	照、穿、牀、審、禪
후음(설근음)	影、喻、曉、匣
반설음(변음)	來
반치음(설면전)	日

　이 36자모는 대체적으로 중국 중고시기의 성모음(위의 대표음 중 '喻'는 사실상 모음으로 영성모이다.)이다. 이는 《광운》에서의 반절상자와 비교해 볼 때 '莊, 初, 船, 山, 於' 등 다섯 글자가 더 많은데, '照, 穿, 牀, 審, 喻' 등 다섯 글자에서 분리되어 나온 것이다.

　36자모를 현대음과 비교해보면 탁성모('群, 定, 澄, 並, 奉, 從, 邪, 牀, 禪, 匣')만 방언에 남아 있을 뿐, 어떤 음(예컨대 설근음)은 분화되었고, 어떤 음(예컨대 설면음)은 병합되었다.

　36자모의 제정은 중국 음운사에서 하나의 획기적인 창조로서 어음 분석과 자모 제정 사업에 있어서 후세들에게 커다란 계발을 주었다. 근대의 '주음자모'와 우리가 현재 사용하고 있는 한어병음 자모는 방법론적으로

3　《절운지장도(切韻指掌圖)》를 참고.

볼 때 수온의 36자모를 다소 계승한 것이다.

《광운》에서의 운모에 대한 분석은 더욱 세밀하고 복잡한 바, 1,000여개의 반절하자를 315개로 귀납하였는데 이는 한 층 더 귀납할 수도 있다. 예를 보자.

朕 佳 蟹 隘 懈 蛙 絓 媧 賣 卦

위의 반절하자 10개는 다음과 같은 두 가지 부류로 나눌 수가 있다.

朕 佳 蟹 隘 懈--가 한 부류이고,
蛙 絓 媧 賣 卦--가 한 부류이다.(운두 u가 있다.)

여기에는 평, 상, 거 등 세 개의 성조가 있어서 이 반절하자는 또 6개의 부류로 나눌 수가 있다. 《광운》에서는 이 6개 부류를 다음과 같은 3개의 운부로 나누었다.

《광운》에서는 300 여 종류의 운모에 대해 어떤 부는 한 종류의 운을, 어떤 부는 두 종류의 운을, 또 어떤 부는 세, 네 종류의 운을 합쳐서 평, 상, 거, 입 등 네 성조의 206개 운부를 만들었다. 이 206개의 운부는 송대부터

청대에 이르기까지 거듭 병합되어 옛 시인들이 사용하던 시운인 106부의 《패문운(佩文韻)》이 되었다. 한 운부의 글자는 운모 부분의 주요 음소와 기본적으로 같다.

성조가 다르지만 운모의 유형이 비슷한 많은 운부들은 다시 귀납할 수 있다. 이처럼 유형이 같은 큰 부류를 '운섭(韻攝)'이라고 한다. 운섭은 간단한 방법으로 복잡한 것을 대신할 수 있다.《광운》을 예를 들어 보자 :

侵、覃、談、鹽、添、咸、銜、嚴、凡、寢、感、敢、
琰、忝、豏、檻、儼、範、沁、勘、闞、豔、㮇、陷、
鑒、釅、梵、緝、合、盍、葉、帖、洽、狎、業、乏

위에서의 36개 운부는 고대음에서는 운미가 모두 합순(合脣)[4]으로, 모두 동일한 운부에 속하며, 하나의 운섭 '咸'으로 표시할 수가 있는 것이다. 운섭을 나누는 방법은 다양한데 16섭으로 나누는 학자들이 있는가, 하면 13섭으로 나누는 학자들도 있다. 그리고 북방음의 운모 체계에 따라 12섭으로 나누는 학자들도 있다. 이러한 '운섭'으로 운모를 나누는 방법은 두 가지 용도가 있다. 하나는 운부 간의 관계를 설명할 수가 있고, 다른 하나는 실제 어음의 변화를 관통하여 방언들 사이의 대응관계를 인식할 수가 있다. 그러므로 운섭은 근대음 분석과 방언조사, 그리고 자모 제정 등 면에서 큰 역할을 하였다. '주음자모'와 현재 통용되고 있는 중국어 병음 자모는

---

4   [역주] 즉 -m 또는 -p 운미이다.

'운섭'의 방법과 성과를 상당 부분 계승하였다.[5]

제2절 등호

위 절에서 예로 든《광운》에서의 '佳'자의 두 가지 운모 유형을 구분하는 기준은 무엇인가? 왜 또 하나의 운부로 합쳐질 수 있는 것인가? 원래 '佳'의 운모의 주요 음소는 같은 두 부류에 속한다. 운모의 두 부류란 운두에 'u'가 있느냐 없느냐에 따라 나뉜다. 운두에 'u'가 없으면 입술을 벌리고, 운두에 'u'가 있으면 입술을 닫는다. 운모의 이 두 부류는 바로 '개구(開口)', '합구(合口)'의 구별인 것이다.

운모의 앞부분인 운두의 입술 모양으로 분류하면 개구호(開口呼), 합구호(合口呼), 제치호(齊齒呼), 촬순호(撮脣呼) 등 네 가지 서로 다른 '호(呼)'가 있는데, 이를 우리는 보통 '개제합촬(開齊合撮)'이라고 한다. 예를 들면 '恩, 因, 溫, 醞' 이 네 글자는 '호(呼)'가 다른 것이다. '개(開)'와 '제(齊)'가 한 부류이고, '합(合)'과 '촬(撮)'이 같은 부류로 이것이 바로 '개합(開合)'의 사호(四呼)이다. 사람들은 사호를 사등(四等)이라고도 한다. 이것이 바로 운모를

---

5   《자모절자요법(字母切字要法)》《강희자전》권수(卷首)) 12섭과 한어병음 자모대조표 :

褉	迦	歌	結	該	傀	高	鈎	干	根	岡	庚
e i u ü	a	o e üe	ie	ai	i ei	ao	ou	an	en	an g	en g on g

고대중국어 통론

입술모양으로 분류한 등호설(等呼說)이다. 이러한 등호설은 명대부터 아주 성행하였는데, '주음자모'에서의 '개모(介母)'(一, ㄨ, ㄩ)와 한어병음 자모 중에서의 운두(i, u, ü)는 바로 현대의 북방음에 근거하여 사호의 학설을 계승하여 제정한 것이다.

이러한 등호설이 나타나기 이전에 송, 원시기의 언어학자들은 분등(分等)하는 방법이 따로 있었다. 개구(開口)와 합구(合口)도 나눌 뿐만 아니라, 또 개구와 합구를 또 사등(四等)으로 나눈다. 이러한 분류방법은 입술모양과 주요 모음의 '홍세(洪細)' 정도에 따라 나눈 것이다.[6] '홍세'의 정도 차이는 '개제합촬'과도 관련이 있는 것이다. 개구음과 합구음은 '홍(洪)'음이고, 제치음과 촬순음은 '세(細)'음이다.

이러한 홍세의 구분은 운서들의 운부의 개합을 설명하는 주요한 근거가 된다. 예를 들면 《광운》에서의 '冬部(동부)'와 '鍾部(종부)'는 모두 합구이며, '冬'은 일등음, 홍음이고, '鍾'은 삼사등음, 세음이다. '豪, 肴, 宵, 蕭'의 사부는 모두 개구로, '豪'는 홍음이고 일등음이다, '肴'는 이등음으로 '豪'에 비해 덜 우렁차다. '宵'는 삼등으로 세음이고. '蕭'는 사등으로 '宵'에 비해 그 음이 더욱 가늘다. 운모의 이러한 분류방법은 방언의 복잡한 변화현상으로 설명하는 데도 쓰였다. 예를 들면 '官'과 '關'은 북방 방언과 남방 방언에서 서로 다른 변화가 있었다. 이 두 글자는 모두 합구음이기는 하지만, '官'은 일등음으로 음이 우렁차며, '關'은 이등음으로 '官'에 비해 가늘다. 이처럼 어음의 변화는 아주 세밀하였는데 이러한 개합사등(開合四等)

---

6   [역주] 여기서 '홍(洪)'은 그 음이 우렁차다라는 의미고, '세(細)'는 그 음이 가늘다는 의미다.

학설은 중고 시기의 운서들의 반절음을 분석하는 데는 유용하지만, 근대 북방음 체계에서는 적용하기 어렵다. 명청 이후부터는 '개제합촬(開齊合撮)'이 등호학설을 대체하였다. 하지만 중고시기의 운서들의 반절과 현대 방언들의 대등관계를 연구할 때에는 송원 시기의 개합사등설은 아주 유용한 것이다.[7]

명청등운(明淸等韻)	송원등운(宋元等韻)		
개구(開口)	개(開)	일등(一等)	홍(洪)
		이등(二等)	차홍(次洪)
제치(齊齒)		삼등(三等)	세(細)
		사등(四等)	최세(最細)
합구(合口)	합(合)	일등(一等)	홍(洪)
		이등(二等)	차홍(次洪)
촬순(撮脣)		삼등(三等)	세(細)
		사등(四等)	최세(最細)

제3절 운서와 등운도

수나라의 육법언(陸法言)은 《절운(切韻)》 서문에서 말하였다. "문장을 이해하는 방식을 넓히고자 한다면 청탁에 모두 통할 수 있어야 하는 것에 서부터 시작하고, 음을 잘 알고자 한다면 경중이 다름이 있다는 것을 알아

---

7   중국과학원언어연구소에서 편찬한 〈방언조사자표〉를 참조하기 바람.

야만 한다. (欲廣文路, 自可淸濁皆通, 若賞知音, 則須輕重有異.)" 그 뜻은 운서는 두 가지 용도가 있는데 하나는 문학작품에서의 용도이고, 다른 하나는 어음연구에서의 용도라는 것이다. 전자는 운부의 폭을 요구하고, 후자는 운부의 정밀도를 요구하는데 과거의 운서들도 이 두 가지를 벗어나지 않았다.

육법언의 《절운》이 나오기 전에는 위(魏)나라 이등(李登)의 《성류(聲類)》, 진(晉)나라 여정(呂靜)의 《운집(韻集)》 등 운서가 있었으나, 지금은 실전되어 찾아볼 수가 없다. 현재 볼 수 있는 《절운》도 현재는 잔권(殘卷)과 증자(增字)하거나 보결(補缺)한 판본만 있지, 원본은 이미 고증할 수 없다.[8] 현재 우리가 볼 수 있는 것은 《절운》과 손면(孫愐)의 《당운(唐韻)》을 증보하여 개편한 송나라의 운서 —《광운(廣韻)》과 《집운(集韻)》뿐이다.

《광운》과 《집운》의 체계는 동일하여, 모두 평, 상, 거, 입 등 사성으로 나뉘고(그 중 평성 운부는 많아서 상, 하권으로 나뉜다. 상평과 하평은 음운 구별에서 의미가 없다.) 모두 206부이다. 매부마다 첫 글자는 부명(예 : 一東, 二冬)이고 모두 반절의 방법으로 주음을 하였다.(예 : 東, 德紅切) 그러나 《집운》의 글자수는 많이 증가되었고, 반절 방법도 다소 개선되었다.

이 두 운서는 당시에 작시(作詩)의 협운(協韻)에 사용된 것이 아니다. 이 두 운서는 운부가 아주 좁아 어떤 운부는 몇 자 밖에 안 되어(예를 들면 상성 42 拯에는 6자밖에 없다.) 작시의 협운에는 적합하지 않았다. 작시의 편의를 위하여 여러 부를 '통용(同用)'한 예도 있다. 후에 시험의 수요에 부응하기 위해 운서의 '동용(同用), 통용(通用)'을 병합하여 《예부운략(禮部韻略)》을 발표했다. 후에도 병합을 거듭하여 송대의 《예부운략(禮部韻略)》부터 청대

---

8   《광운廣韻》의 권수(卷首)를 참조 바람.

의 《패문운(佩文韻)》에 이르러서는 후에 통행된 106부의 시운이 되었다. 그
용도는 《광운》, 《집운》과 많이 달랐다. 그렇지만 모두 《절운》계 운서들이
다. 당, 송, 근대에 이르기까지 고체시를 쓰는 사람들은 거의 모두 같은 운
을 썼다. 이는 모두 체계가 같은 운서들을 사용했기 때문이다. 사실 매 시
대의 실제 어음은 차이가 없을 수 없다.

원대의 잡곡(雜曲), 산곡(散曲)은 모두 북방음을 따랐다. 용운(用韻)도 반
드시 문학장르의 감정, 형식, 음악상의 특징에 부합해야 했다. 당시 주덕청
(周德清)은 곡의 용운을 위하여 《중원음운(中原音韻)》이란 운서를 만들었다.
이 책에서는 운을 19부로 정하여 평성은 음양으로 나누고, 입성은 평성, 상
성, 거성으로 나누었다. 이는 현대의 북경 어음과 아주 비슷하다. 《중원음
운》에서의 입술을 오무리는 운은 현대의 민(閩), 광(廣)방언과 대체적으로
같으나, 현대 북경음에서는 이미 소실되었다. 이로부터 우리는 북방음이
원대에서 현대에 이르기까지 커다란 변화가 있었음을 알 수 있다.

사(詞)의 용운은 또 시, 곡과는 많이 다르다. 사운(詞韻)의 출현은 《중원
음운》 이후부터이다.[9] 실제로 송대 이후의 사가들은 통용되는 사운 같은
게 없었기에, 어떤 사가들은 향토방언에 의거하고 어떤 사가들은 시운을
넓혀서 상거성을 조화시키면서 사의 음악적 특색을 살렸다. 당시 몇몇 사
람들이 사운과 관련된 책을 몇 권 제정했지만 채택되지는 않았다. 청나라
과재작(戈載作)의 《사림정운(詞林正韻)》은 사의 음리(音理)와 운부, 사의 절
주, 전 작품들의 용운을 실제적으로 귀납, 연구한 것으로서 비교적 적합한

---

9   청나라 때 어떠한 사람들(예를 들면 여악(厲鶚))은 《녹비헌사림운석(菉斐軒詞林韻釋)》은 송
    나라 때의 사운(詞韻)으로 여기지만, 실제로 《녹비헌(菉斐軒)》은 명나라 때의 책이다. 그리
    고 사운을 위하여 지은 것이 아니다.

사운이 되었으며, 이는 근대 사가들에게 사용되었다.

명, 청 두 시대에는 북방음이 통용했으므로 북방음에 근거하여 제정한 운서가 있어야 할 것이다. 명대의 《홍무정운(洪武正韻)》은 '관운(官韻)'인데 중원의 '아음(雅音)'으로 옛 운서들을 대체하려 했으나, 옛날 운서들에 대해 철저하게 개혁하는 방식으로 하지는 못하였다. 왜냐하면 북방음에 대한 조사연구가 치밀하지 못하여 아주 난삽한 운서가 되었기 때문이다. 따라서 음운학의 연구사에서 크게 중시를 받지 못했다. 청나라 초기의 《음운천미(音韻闡微)》는 조정에서 집필한 관서로서, 운서의 형식면으로나 반절의 방법상에서나 모두 크게 개혁을 하였다. 체계적으로는 당나라와 송나라의 '등운도(等韻圖)' 형식을 계승하여 찾는 데에 편리하였고, 반절에서는 상하자를 규정하여 직접 음을 알아내게 하였다. 이는 훗날 개량된 "주음자모(注音字母)"에 대해 아주 큰 영향을 미쳤다. 《홍무정운》은 시험을 볼 때 협운(協韻)서로 규정된 적도 있지만, 실제적으로는 적용되지 않았다.(문사들은 여전히 송대 이래의 운서들을 사용하였다.). 《음운천미》는 비교적 정밀한 운서다.

등운(等韻)의 방법으로 제정한 '운도(韻圖)'는 방법상의 변화 때문에 송원 시기 운도와 명청 시기 운도로 나눌 수가 있다. 송원 시기의 운도는 《절운지장도(切韻指掌圖)》(사마광[司馬光]의 작품으로 전해지나 믿을 바가 못 된다.), 《운경(韻鏡)》, 《칠음략(七音略)》(송(宋)·정초(鄭樵)), 《경사정음절운지남(經史正音切韻指南)》(원(元)·유감(劉鑒))이 대표적이다. 모두 자모를 경(經)으로 하고 운섭을 위(緯)로 하여 개, 합 8등으로 나누었다. 이러한 운도들은 모두 등운의 방법으로 운서와 반절을 해석하였다. 명, 청 이래에는 《자휘(字彙)·운법횡직도(韻法橫直圖)》(명(明)·매응조(梅膺祚)), 《운략이통(韻略易通)》

(명(明)·남정수(藍廷秀)), 《유음(類音)》(청(淸)·반뢰(潘耒)) 등이 대표적이다. 이들은 모두 실제음에 근거하여 자모와 운섭을 정하고, "개제합촬" 사호로 표시하였다. 우리가 운서들의 반절과 중고음을 연구할 때 송원 시기의 운도들은 아주 중요한 사료적 가치가 있다. 현대 어음의 원류(源流)를 연구하자면 명청 시기의 운도는 홀시할 수가 없다.

현대어음과 현대시가의 운서에 대해 시험적으로 편찬한 사람들도 있지만, 기록만 했을 뿐이지 정리했다고는 볼 수 없다. 표준어의 보급과 현대 중국어의 규범화의 호소 하에 정밀하고 유용한 현대판 운서가 나타날 것이다.

제16장

고음

제1절 상고음과 중고음

중국 어음의 역사적 발전은 매우 복잡한 바, 종적인 시대변화뿐만 아니라, 매 시대마다 방언의 변화도 있기 때문에, 횡적인 변화 또한 다양하다. 언어학자들은 고음을 고증하고 어음변화의 역사적 규칙과 매 시대의 어음체계를 찾아내기 위하여 많은 노력을 해 왔다. 물론 많은 성과를 거두었지만, 아직도 해결하지 못한 문제점들이 매우 많다. 어음 발전의 역사적 구분역시 해결하지 못한 문제 중 하나이다. 이 책에서는 지금까지 통용되어 온다음과 같은 세 단계로 어음의 발전 역사를 나누고자 한다.

(1) 상고음 시기. 이 시기는 《시(詩)》, 《초사(楚辭)》와 한(漢)나라 이전 시기의 자서들을 주요한 연구근거로 삼는다.

(2) 중고음 시기. 이 시기는 수, 당, 송나라의 운서와 등운도를 연구 자료로 삼는다. 이 시기는 육조까지 포함시키는데 육조시기 문학작품의 용운(用韻)도 참고한다.

(3) 근대음 시기. 이 시기는 송, 원, 명나라 이래의 북방방언 시기로서, 이 시기의 어음은 현대 북방 방언과 연관시킬 수 있고, 현대의 어음체계에

도 귀속시킬 수 있다.

이러한 분류방법은 대략적인 것으로 정밀하지 못하다. 예를 들면 한나라의 운문은 육조의 운문과 관계가 밀접하지만, 자서, 전주, 훈고 등은 또 상고음과 연관되어 있다. 당송 시기 운서에서의 용운은 이 시기의 시가, 사, 곡들에서의 용운과 또 다르다. 게다가 상고음과 중고음의 연구에 있어서 학자들은 흔히 대표성을 띤 자료들만 규범의 표준으로 삼고, 일부 방언 현상들은 예외로 취급을 하는데, 이 또한 전면성이 결여된 연구이다. 이러한 많은 문제점들은 개별적으로 논의할 수밖에 없다.

청나라 사람들은 고음을 연구할 때에 주로 고전의 훈고에 기여하는 것을 중점으로 삼았기 때문에 고음은 일반적으로 상고음을 가리킨다. 이 책에서도 마찬가지로 고음은 상고음을 지칭한다.

우리가 오늘날 고음을 연구하는 것은 훈고에서의 용도 외에도 문학작품 감상에서도 유용하다. 예를 보자.

> 帝高陽之苗裔兮、朕皇考曰伯庸。攝提貞於孟陬兮、惟庚寅吾以降。
> 紛吾既有此內美兮、又重之以修能[1]、扈江離與辟芷兮、紉秋蘭以爲佩。
> (고양 임금의 자손이며 나의 아버지는 백용이라 한다. 인년 맹춘월 경인일에
> 나는 태어났다. 하늘은 나에게 훌륭한 성품을 주었고 나는 부단히 모습을 닦
> 았다. 강리 지초를 몸에 걸치고 추란을 꿰어서 몸에 걸었다.)《초사(楚辭)·
> 이소(離騷)》)

---

1   [역주] 아래의 설명 등과 《한어대사전(漢語大詞典)》등을 참조하면 이 글자는 tài(한국음 태)
     로 읽고, 용모, 모습의 의미로 풀어야 한다. 해석은 이에 근거하였다.

이 두 시구에서 '庸, 降', '能, 佩'는 압운이 되는 것이다. 그러나 이를 현대음으로 읽으면, 압운을 이룬다는 것을 전혀 볼 수가 없다. 중고 시기의 운서들에서도 지금과는 운부가 다른 것이다. 그러므로 우리는 현대음으로 이 시구를 읊는다면《이소》의 운률을 이해를 못하게 되며, 따라서 이 시를 제대로 감상을 할 수가 없게 된다. 사실상 상고음에서 '庸, 降'은 압운이 되는 것이다.《맹자·등문공하(滕文公下)》의 : "洚水警予. 洚水者, 洪水也.(강수가 나를 경계한다. 강수라는 것은 곧 홍수이다.")에서 '洚'과 '洪'은 같은 음과 뜻이 같은 글자이다. 맹자는 그 때 당시 통용되는 '洪水'로 고서에서의 '洚水'를 해석하려 했던 것이다. 여기에서의 '洪—洚' 사이의 관계는 '庸—降' 사이의 관계와 같은 것으로, 우리는 '庸—降'이 동운상협(同韻相叶)임을 알 수가 있다.《이소》의 운을 이해하면《시》의 운도 쉽게 이해를 할 수가 있다.

子之豐兮、俟我乎巷兮、悔予不送兮。(너의 풍모여, 항구서 나를 기다렸
었지, 따르지 않은 걸 후회하는구나.)《정풍(鄭風)·풍(豐)》》

이 시구에서 '豐, 巷, 送'도 협운이다.

君子至止、福祿攸同 ; 君子萬年、保其家邦。(군자가 이르시니 복록이
함께 하네. 군자가 만 년동안 집안과 나라를 보전하리.)《대아(大雅)·첨피락
의(瞻彼洛矣)》》

'同, 邦'도 협운을 이루는 것이다. '能'의 형성자로 '態'가 있다.[2] 이는 '仍, 孕'[3]의 성방(聲旁)이 '乃'인 것과 마찬가지인 것이다. '佩—能'의 자음(字音)관계는 '能, 態', '乃, 仍, 孕'의 자음관계와 같은 것이다. 그러므로 우리는 '能, 佩'가 고음에서는 동운상협이었음을 알 수 있다. 고음의 연구에 《이소》에서의 '庸'과 '降', '能'과 '佩'가 협운이 된다는 것을 고증하는 것은 《이소》의 운율과 체제를 이해하는 데 큰 도움이 된다. 이는 문학적 기능이기도 하다.

《예기(禮記)·예운(禮運)》의 "故聖人耐[4]以天下爲一家, 以中國爲一人者, 非意之也.(그러므로 성인은 천하를 가지고 한 집안처럼 여길 수 있고, 온 천하를 한 사람처럼 여길 수 있는 것은 사사롭게 억측한 것이 아니다.)"에서 '耐'는 바로 '能'로 '能, 耐'는 모두 가차자이다. '能'의 가차의미는 많이 쓰이나 '耐'는 그렇지 않다. 그러므로 옛 사람들은 '耐'가 '能'를 가차한 줄로 알고 있다. '能, 耐'는 서로 호용되는 것도 바로 이 두 글자의 음독이 본래 통하였기 때문이다. 이는 또한 《이소》에서의 '能, 佩'가 협운이라는 사실을 고증하기도 한다. 이는 훈고학에서의 기능이다.

《시(詩)·소아(小雅)·상체(常棣)》에 "每有良朋, 烝也無戎.(매번 좋은 친구 있어도 정말 도와주는 친구는 없다.)"라는 시구가 있다. 《모씨전(毛氏傳)》에 "烝,

---

2　《설문》에서는 "態、從心、從能(態는 心과 能이 구성 요소이다.)"라고 했고, 단옥재 주석에서는 "能亦聲(能은 발음 요소이기도 하다)"라고 하였다. 사실 "能"은 소리부이다.

3　'孕'에 대해 《설문》에서는 "從乃(乃가 구성 요소이다.)"라고 했지만 단옥재는 "乃聲(乃는 발음 요소이다.)"라고 하였다. 《설문》원문에 오자(誤字)가 있는 것이다. 현재는 단옥재의 설을 따르고 있다.

4　[역주] 아래의 설명 등과 《한어대사전(漢語大詞典)》 등을 참조하면 이 글자는 'néng'(한국음 능)으로 읽어야 한다.

塡也.(烝은 塡의 의미이다.)"라는 훈고학적인 해석은 이해하기가 어렵다. 정현(鄭玄)은 전(箋)에서《모씨전》의 이러한 해석에 대해 다음과 같이 설명하였다. "고대음에서 塡, 眞, 塵은 그 음이 같다."《설문》에서도 말하였다. '塡'과 '眞'은 동음으로 모두 '塞也'(막다)의 의미이다.' 이는 음에 대한 설명일 뿐 그 의미는 '烝'과 관련이 없다. 그러나 '塡, 眞'은 '塵'과 고음이 같고 또 '塵'은 '久(오래다)'의 의미를 갖고 있기 때문에 '塡'은 여기에서 '塵'의 가차자일 것이다. "烝, 塡也"는 가차의를 훈고로 삼은 것이며, '烝'은 바로 '塵'의 가차자이다. 정현(鄭玄)은 이 글자의 의미를 발견하고,《모씨전》의 훈고를 해석하였는데, 바로 이 글자들의 동음 관계를 빌어 해석한 것이다. 뿐만 아니라 정현은 이 몇 글자들의 음에 대해 당시의 독음은 분별이 되지만, 고대음에서는 '塡, 眞'이 두 글자가 같았을 뿐만 아니라 '塵'도 같았다고 설명하였다. '塵, 塡' 두 글자의 음의 관계로부터 우리는 춘추시기의 '田完'도 '陳完'이라고 하였다는 것을 추론할 수가 있다.《사기(史記)·전경중완세가(田敬仲完世家)》에는 : "陳完者, 陳厲公佗之子也.(진완은 진여공 타의 아들이다.)"라는 구절이 있다.《장자(莊子)·덕충부(德充符)》의 '諔詭'는 바로《제물론(齊物論)》의 '吊詭'이다. '塵, 陳, 諔' 이러한 글자와 '塡, 田, 吊'과의 관계로부터 우리는 고음의 발음에서의 변화규칙들을 볼 수 있다. 우리는 고음이 후대의 독음과는 다르다는 것을 반드시 숙지해야 하며, 이들 사이의 변화규칙을 장악해야만, 고서 자훈의 가차관계를 이해할 수 있고, 고서들을 정확하게 읽을 수 있다.

중고음을 연구하는 것에도 두 가지 용도가 있다. 하나는 음운방법에서 운서의 반절을 정리하여, 오늘날의 한자들의 음을 규범화시키는 근거와 참고로 삼는 것이다. 다른 하나는 중고음에서 성모, 운모, 성조 등 자음(字

音)의 분석방법을 알아내어, 우리가 방언을 조사하고 어음대응관계를 연구하는 수단으로 삼는 것이다. 문학작품의 연구와 감상에 있어서도 중고시기의 운서와 실제 어음을 통해 그 때 당시의 시와 사의 운율을 이해하고, 오늘날 우리가 문학에서의 예술형식을 구축하는 데 참고할 수 있다.

중고음에 대한 연구에서 운서, 등운은 이미 정리된 자료로 그 자체가 완전한 체계를 갖추었기 때문에, 고증을 해야 하고 비교와 유추의 단계를 거쳐야 하는 고음과는 많이 구별된다. 우리가 해야 할 일은 어떻게 과학적인 어음분석방법을 사용하여 해석하고 인식하며 받아들이고 운용함을 더하는 것이다. 그렇지만 여기에는 현재 완전히 해결되지 않은 문제들도 많다. 예를 들면 《절운》,《광운》에서의 반절과 실제 어음과의 근거 관계 문제, 운서의 반절과 방언과의 관계 문제, 이들과 문학작품에서의 용운의 관계 문제, 성모와 운모, 등호의 음가 문제 등은 아직도 공인된 결론이 없으며 언어과학적인 방법으로 더욱 연구하고 검토해야 한다. 중고음에 대한 이러한 문제들을 연구함에 있어서 운용되는 방법은 또 고음의 연구방법과 같이 해서도 안 된다.

상고음에 대한 연구는 청나라 이래로 학자들에 의해 적지 않은 연구가 이루어 졌으며, 그 연구방법도 과학적이고 도출해낸 결론도 아주 체계적이다. 상고음에 대한 연구의 방법론적인 근거는 《광운》으로부터 시작하여 거슬러 올라가서, 중고시기의 운부와 성모로 고음의 분합을 추리해내는 것이다. 자료상의 근거는 훈고, 가차, 형성, 운협, 자서, 방언 등이다. 고염무(顧炎武)의 《당운정(唐韻正)》,《시본음(詩本音)》, 대진(戴震)의 《성류표(聲類表)》,《성운고(聲韻考)》, 단옥재(段玉裁)의 《육서음운표(六書音均表)》, 공광삼(孔廣森)의 《시성류(詩聲類)》, 왕념손(王念孫)의 《시경군경초사운보(詩經群

經楚辭韻譜)》, 강유고(江有誥)의《시경운독(詩經韻讀)》, 《당운사성정(唐韻四聲
正)》, 하흔(夏炘)의《시고운표이십이부집설(詩古韻表二十二部集說)》, 전대흔
(錢大昕)의《십가재양신록(十駕齋養新錄)》과《잠연당답문(潛硏堂答問)》등 자
료에서의 고성모와 관련된 내용은 다 중요한 연구에 있어서 자료적 근거
가 되는 것이다. 근대의 고음학자 장병린(章炳麟), 황간(黃侃)은 상고음의 운
류와 성모를 고증하는 데에 아주 중요한 공헌을 한 학자들이다.

　여기에서 소개할 상고음의 운부는 하흔의 "이십이부(二十二部)"[5]와 장
병린의 "이십이뉴(二十一紐)"[6]를 기준으로 한다. 다른 학자들의 성과의 득
실에 대해서는 여기에서는 따로 논의를 하지 않겠다.

제2절 고운류(古韻類)

　한대(漢代)의 훈고학자들은 이미 고금의 어음변화 상황을 인식하였다.
정현 전(箋)《모시(毛詩)》에서는 "古音不, 柎同(不와 柎은 고음이 같았다.)",
"古聲塡, 寴, 塵同(고대의 塡, 寴, 塵은 발음이 같았다.)"라고 하였다. 유희(劉熙)
의《석명(釋名)》에서는 "車, 古者曰車, 聲如居 ; 今曰車, 聲近舍 (車는 옛날 사람들
은 車(거)라고 하였고 그 소리는 居와 같다. 지금의 車(차)는 그 소리가 舍에 가깝
다.)"라고 설명하고 있다. 이러한 설명이 비록 고음의 실제음을 정확하게
서술하지는 못하였지만, 고금의 음이 서로 다르다는 것을 인식했다는 것

5　하흔의《시고운표이십이부집설(詩古韻表二十二部集說)》을 참고. 음운총서본(音韻叢書本).

6　장병린의《국고논형(國故論衡)》권상(卷上)《뉴목표(紐目表)》,《고쌍성설(古雙聲說)》, 장씨총
　서본(章氏叢書本) 참고.

에 주목해야 한다. 고금음의 차이를 인식했기 때문에 한대의 학자들은 어음현상으로 가차를 해석하였고 형성(形聲)을 분석하였으며 고대의 언어문자를 이해하고 고서를 읽을 수가 있었던 것이다.

수, 당 시기의 고서를 읽는 학자들은 한대의 성과를 보수적으로 이어받아 고서들에서의 일부 어음현상에 대해 역사적인 해석을 가하지 않고, 당시의 운서 내용으로 고서들의 내용을 살펴보았다. 그들은 어음이 변화한다는 사실을 이해하고 인지하지 못하였기 때문에 고서들에서 나타난 일부후대의 실제 어음과 부합되지 않는 현상들을 이해할 수 없었다. 그들은 여러 가지 불합리한 방법으로 고서들을 이해하려 하였다.

그 중 하나는 주관적으로 글자를 고치는 것이다. 당현종(唐玄宗)은《상서(尚書)·홍범(洪範)》을 읽고서 "無偏無頗, 遵王之義(편벽되거나 기울어짐이 없이 왕의 의를 따라야 한다.)"에서의 '頗, 義'가 당시의 어음현상으로는 운이 달라서 협운을 이루지 못한다고 생각하고, 명령을 내려 '頗'자를 '陂'로 고치도록 하였다. '陂, 義'는 당시의 음독으로는 운을 이루기 때문이다. 이처럼 글자를 고치는 방법은 아주 맹목적이고 불합리적이었다. '陂'자와 '頗'자는 본래 한 글자로서 음과 뜻이 모두 같다.《시(詩)·진풍(陳風)·택피(澤陂)》"彼澤之陂, 有蒲有荷(저 연못 가에는 부들과 연꽃이 있네.)"에서의 '陂'는 '何, 爲, 沱'와 운을 이룬다. 이로부터 우리는 '陂'는 본래 '頗'와 동운으로, 만약 '頗'가 '義'와 운을 이루지 못한다면, 어찌 '陂'와 운을 이룰 수 있겠는가? 그러므로 글자를 고친다 하여 문제를 해결할 수 있는 것은 아니었다. 사실 '頗'와 '義'는 고음에서는 본래 동부(同部)로서 '義'에서 소리를 얻는 '儀'자를《시경》에서 찾아볼 수가 있다. 예를 보자.

泛彼柏舟、在彼中河、髧彼兩髦、實維我儀、之死矢靡它。(저기 떠있
는 백주, 강 가운데 있네. 늘어진 저 두 갈래 머리, 진실로 내 짝, 죽어도 마음
변치 않으리.) 《용풍(鄘風)·백주(柏舟)》

　其告維何、籩豆靜嘉、朋友攸攝、攝以威儀。(무슨 말을 할 지 제물도
깨끗하고 훌륭하네. 벗들 제사 돕는데 위엄과 예의가 있네.) 《대아(大雅)·기
취(既醉)》

　이러한 예문들은 아주 많은 바, 이로부터 우리는 '義'의 고음이 '娥'와
같다는 것을 고증할 수가 있으며, 글자를 고칠 필요가 전혀 없었다. 당대에
이르러서는 '陂, 儀', '坡, 娥' 등 글자들은 독음에서 분화가 생겨서, 당시의
운서에서는 각기 '戈, 支' 두 부에 속한다. 따라서 당시의 독음으로 고서를
읽으면 맞지 않은 것이다.

　고서를 읽는 또 다른 방법은 소위 '협구(叶句)'라는 것이다. 육덕명(陸德
明)은 《경전석문(經典釋文)·모시음의(毛詩音義)》《패풍(邶風)·연연(燕燕)》"遠
送於南(먼 남쪽까지 전송하네.)"의 '南'자 아래에 북주(北周)의 심중(沈重)《모
시음(毛詩音)》의 설명인 "南, 叶句, 宜乃林反.(南자는 협구로 '乃林反'으로 읽어
야 한다.)"을 인용하였다. 그 의미는 이 '南'자가 이 시에서는 '音, 心'자와 운
을 이룬다는 것이다. 하지만 육조 이래로는 더 이상 '音, 心'자와 운이 같지
않았다. 그러므로 반드시 '乃林反'으로 고쳐 읽어야 비로소 운을 이룬다는
것이다. 이 '협구' 방법은 송대에 아주 성행하였다. 주희(朱熹)의 《시집전(詩
集傳)》에서는 대량으로 '협음(叶音)'을 사용했다. 예를 보자.

　坎坎伐檀(叶徒沿反[협음으로 徒沿의 반절음이다.])兮,
　置之河之幹(叶居焉反[협음으로 居焉의 반절음이다.])兮,

河水淸且漣(音連[음이 連(련)이다.])猗。

(박달나무 베어 강가에 놓으니 강물은 맑고 물결 이네.) 《위풍(魏風)·벌단
(伐檀)》)

山有栲(叶去九反[협음으로 去九의 반절음이다.])

隰有杻(女九反[女九의 반절음이다.]),

子有廷內、弗灑弗埽(叶蘇後反[협음으로 蘇後의 반절음이다.]),

子有鍾鼓、弗鼓弗考(叶去九反[협음으로 去九의 반절음이다.]),

宛其死矣、他人是保(叶補苟反[협음으로 補苟의 반절음이다.])

(산에는 붉나무 있고 진펄에는 감탕나무 있네. 그대에게 정원, 방 있어도
물 뿌리지 않고 쓸지 않아, 그대에게 종, 북 있어도 치지도 않고 두드리지도
않아, 죽으면 다른 사람이 차지하리.) 《당풍(唐風)·산유추(山有樞)》)

이러한 시구들은 주희가 당시의 독음이 운을 이루지 못한다고 생각하
여 '叶'으로 이들의 운이 통하게 하려 했다. 심지어는 한 글자가 한 수의 시
에서 두 개의 독음이 나타나기도 하였다. 예를 보자.

彼茁者葭(音加[음이 加이다.]),

壹發五豝(百加反[百加의 반절음이다.]),

於嗟乎騶虞(叶音牙[협음으로 발음은 牙이다.])。

彼茁者蓬,

壹發五豵(子公反[子公의 반절음이다.]),

於嗟乎騶虞(叶五紅反[협음으로 五紅의 반절음이다.])。

(저 무성한 갈대밭에서 한 발에 다섯 암퇘지 잡았네, 아, 훌륭한 사냥꾼이
여.)《소남(召南)·추우(騶虞)》)

하나의 '虞'자에 대해 '音牙'로 독음되기 하고, 또 '五紅反'으로 독음되기도 하였다. 이는 고대 자음의 실제에도 부합되지 않았다. 《시경》의 용운 논리성에 억지로 맞춰놓은 것이다. 이와 같은 방법은 《소남(召南)·행로(行露)》에서도 마찬가지로 나타났다. 시구 "誰謂女無家(누가 말하더냐, 여자에게 집이 없다고)"에서의 '家'는 본래 운이 아니었다. 그러나 주희는 이를 운각이라고 하였다. 그러나 '家'는 '角, 屋, 獄, 足'과도 운을 이루고 또 '[牙], 墉, 訟, 從'과도 운을 이루니 맞지 않다고 생각되어, '家'를 '音穀'으로 독음하기도 하고 또 '各空反'으로 독음하기도 한다고 하면서도, '牙'자는 반드시 '五紅反'으로 읽어야 한다고 했다. 이치상으로 볼 때 사람들이 믿고 따르기 어렵도록 하였다. 이 방법은 바로 고금음(古今音)을 분별하지 못하여 생긴 것으로 지금의 발음으로 옛날 음을 해석하려 한 것이니 당연히 설득력이 모자랐던 것이다.

또 다른 방법은 심중의 '협구'설을 비판한 것인데, 바로 육덕명이 《경전석문》에서 말한 '고인운완(古人韻緩)'이다. 육덕명은 《패풍·연연》의 '遠送於南'에 대해 "今謂古人韻緩, 不煩改字.(지금 사람들은 옛날 사람들이 운을 넓게 사용한다고 하면서 글자 고치는 것을 번잡하게 여기지 않았다.)"라고 하였는데 여기에서 말한 '改字'는 심중의 협구설을 가리키는 것이다. '韻緩'의 의미는 옛날 사람들이 운을 넓게 썼다는 말이다. '南'자가 비록 '音, 心'자와 같은 운부는 아니지만, 옛 사람들이 운을 넓게 사용했기 때문에, 설령 운부가 다르다고 하여도 운을 이룰 수가 있었다고 하였다. 이 설법은 비록 당시의 운서와 운부에 대해 조절을 하였지만, 여전히 고음의 실제와는 부합되지 않았다. 사실 '南'자의 음은 바로 '乃林反'으로, '협구'를 쓸 필요도 없었고, 또 운을 넓히지 않아도 되었기 때문이다. '南'자는 본래 '心, 音'자와 같은 운이었던 것이다. '南'자는 《시》의 《패풍(邶風)·개풍(凱風)》, 《진풍(陳風)·주림(株林)》, 《소아(小雅)·고종(鼓鍾)》, 《대아(大雅)·권아(卷阿)》, 《노송(魯頌)·반수(泮水)》에서 모두 '心, 音, 欽, 琴, 林' 등 글자들과 운을 이룬다. 따라서 우리는 이들로부터 '南'자의 고음을 고증해낼 수가 있는 것이다. 《초사(楚辭)·초혼(招魂)》의 "湛湛江水兮上有楓, 目極千裏兮傷春心, 魂兮歸來哀江南 (출렁이는 강가엔 단풍나무 있고 천리 밖 보이는 건 상심한 봄 마음, 혼이 돌아오면 강남은 슬프다네.)"에서의 '南'자는 '楓, 心'자와 운을 이루는 것으로 《시》의 운과 일치한 것이다. 이상에서의 세 가지 방법들은 모두 고음의 실제와 부합되지 않았다. 송나라의 주희 시대에 이르러서야 사람들은 고음의 체계에 대해 연구하기 시작하였고, 명대에는 고음에 대한 치밀한 정리 방법을 갖게 되었고, 청대에 와서는 고음에 대한 연구성과가 볼 만 하고, 특히 고운부의 정리에 있어서 그 성과가 뛰어났다.

명, 청 시기의 학자들은 고음의 운부를 연구 함에 있어서 《시》와 《초사》를 주요 자료로 삼고, 귀납, 유추, 분별 등의 방법으로 일반적인 현상과 개별적인 현상을 구분해내어 운부에 대해 귀납하였다. 《시·소아·북산(北山)》을 예로 들어 보자.

> 陟彼北山、言采其杞。偕偕士子、朝夕從事。王事靡盬、憂我父母。
> 溥天之下、莫非王土 ; 率土之濱、莫非王臣。大夫不均、我從事獨
> 賢。
>
> (북산에 올라 구기자를 따네. 건장한 사나이 밤낮으로 일하네. 나라 일 끝 없으니 부모님이 걱정이네. 드넓은 하늘 아래 왕의 땅 아닌 곳 없고, 바다 끝 까지 이르는 땅에 왕의 신하 아닌 사람 없네. 대부들은 불공정하여 오직 나 만 착하게 일하는구나.)

이 두 시구에서는 다음과 같은 상황을 볼 수 있다.

(1) '母'는 '杞、子、事'와 협운(叶韻)이 되는데 이는 후대의 운과는
다른 것이다. 《시》에는 '母'자를 운각으로 한 시구들이 아주 많이 나
타난다. 《정풍(鄭風)·장중자(將仲子)》에서는 '子、裏、杞、母' 등 글자
가 운이고, 《소아(小雅)·사모(四牡)》에서는 '止、杞、母' 등 글자가 운
이다. 《소아(小雅)·소변(小弁)》에서는 '梓、止、母、裏、在' 등이 운이
다. 《대아(大雅)·형작(泂酌)》에서는 '饎、子、母' 등이 운이고, 《노송
(魯頌)·비궁(閟宮)》에서는 '喜、母、士、有、祉、齒' 등 글자들이 운
이다. 대량의 자료들에서 볼 수 있듯이 '母'자의 고음은 후대와는 달
랐으며, '母'자와 협운이 되는 위의 글자들은 모두 '母'자와 동일한 운
부라는 것을 알 수 있다.
(2) '下'는 '土'와 협운을 이룬다. 《시》에서 '下'는 '女、處、苦、
股、羽、野、宇、戶、鼠' 등과 운을 이루고, 《초사》에서 '下'는 '渚、
予、禦、佇、妬、女、浦、與、雨、所、舞' 등과 운을 이룬다. 《역
경》에서 '下'는 '斧、土、與、女、普、輔、處、旅、故、虎、睹' 등과
운을 이룬다. 《예기》에서 '下'는 '戶、俎、鼓、鰕、祖、所、祜、旅、
武、語、古' 등과 운을 이룬다. 이상의 많은 자료들에서 고증하다시
피 '下'의 고음은 후대의 음과는 달랐다는 것을 알 수 있다.
(3) '賢'은 '濱、臣、均'과 운을 이룬다. 《시》와 다른 고서들에서
'賢'은 '人、真、陳、薪、身、民、賓' 등과 운을 이룬다. 이 글자들은
또 '天、填、田、顛、千、堅、年' 등과 협운, 가차, 형성, 편방 등 여
러 가지 관계가 있다. 이로부터 우리는 이 글자들이 고음에서 같은
운부에 속한다는 것을 알 수 있다.

이상의 실례들로부터 우리는 대체적으로 다음과 같은 상황을 종합해

낼 수 있다.

(1) 상고 시기의 협운, 가차, 형성, 훈고, 연면사 등등의 사실들과 중고 시기의 운서인《광운》의 운부와 비교해보면《광운》의 어떤 운부는 고음에서 완전히 병합이 가능하며, 또 어떤 운부는 몇 개 부류로 나누어 부분적으로 병합이 가능하다는 것이다.

(2) 상고의 협운, 가차, 형성, 훈고, 연면사 등 사실로부터 우리는 고음의 체계를 귀납해낼 수가 있다. 특히 협운은 고음 체계 귀납의 중요한 자료가 된다.

옛 고음학자들은 이런 방법으로 고음에 대해 연구를 해왔다. 그들은 《시경》의 협운 상황을 위주로 고음에 대해 심도 있는 고증을 해 왔으며, 후대의 어음체계에 대해서도 연구와 검토를 가하였다. 청나라의 고염무(顧炎武), 강영(江永)으로부터 근대의 장병린(章炳麟), 황간(黃侃)에 이르기까지 고음의 운부에 대한 연구는 나날이 정밀해졌다. 오늘날 우리는 이들의 연구방법을 빌려 발음학(發音學)과 방언자료, 어음비교의 자료들에서 연구를 한 단계 더 깊게 할 수 있을 뿐만 아니라, 옛 고음학자들이 미진했던 분야에 대해서도 보충연구를 할 수 있다. 근래에 새로 제정한 고음 운부도 여러 가지가 있으나, 대체적으로는 여전히 청대 학자들이 연구한 운부의 목록에 더 상세한 분합을 가한 것이다.

현재 우리가 쓰고 있는 운부는 청나라 때 하흔(夏炘)의 22부이다. 하흔은 송나라 때의 정상(鄭庠), 청조의 고염무, 강영, 단옥재(段玉裁), 대진(戴震), 그리고 강유고(江有誥)의 학설을 종합하여 22부를 제정하였다. 이는 왕녑손과 강유고의 21부 운부와 비교해 볼 때 약간의 차이점만 있을 뿐이다. 하흔의 22부설은 비교적 간단하고 편리하다. 하흔은 《시》의 운을 주요 자료로 하고, 형성자 편방을 보조자료로 하여 22부운을 만들었다. 이는 역대의 학자들이 사용해온 자료들이기도 하다. 22부의 목록은 다음과 같다.[7]

之부 幽부 宵부 侯부 魚부 歌부 支부 脂부
至부 祭부 元부 文부 真부 耕부 陽부 東부
中부 蒸부 侵부 談부 葉부 緝부

22부는 3류로 나눌 수가 있다. 하흔의 22부 목록 중 '之'로부터 '祭'까지의 10부는 '음성(陰聲)'이다. 즉 운미에 비음(‑n, ‑ng, ‑m)이 없다. 그 중에서 '至, 祭'는 거성, 입성운만 있고, 평성, 상성운은 없다. '元'에서 '談'까지의 10부는 모두 '양성(陽聲)'으로서 운미에 비음이 있다. 그 중 '元, 文, 真'이 운미가 '‑n'인 같은 유이고, '耕, 陽, 東, 中, 蒸'이 운미가 '‑ng'인 같은 유이다. '侵, 談'은 운미가 '‑m'인 같은 유이다. '葉, 緝'은 '입성'으로 이 두 부는 평, 상, 거성이 없다. '입성'운도 운미가 있는데 운의 구조적으로 볼 때 '양성'운과 같지만, 어음발전 상황으로 볼 때는 또 "음성"운과 밀접한 연관이 있다. 그러므로 역대의 음운학자들 중 입성을 음성에 귀속시킨 학자가 있는가 하면, 입성을 양성에 귀속시킨 학자도 있다. 또 입성을 음성과 양성에 모두 귀속시킨 학자도 있다. 고운에서 '葉, 緝'은 독립적으로 사용된 입성운이다.

---

7   하흔의 《시고운표22부집설(詩古韻表二十二部集說)》 권하(卷下)를 참고.

하흔의 '22부'로 《북산(北山)》의 운을 분석해보자.

杞、子、事、母——는 "之부"에 속한다.

下、土——는 "魚부"에 속한다.

濱、臣、均、賢——는 "真부"에 속한다.

하흔의 22부는 형성, 훈고, 가차에서도 모두 통한다. 《설문》을 예로 들어 보자. "馬, 武也(馬는 武의 의미이다.)"에서 이 두 글자는 모두 '魚部'에 속한다. '頗'에서는 '皮'는 소리부이고, '義'에서는 '我'가 소리부이다. '奇'자는 '可'가 소리부이다. 이 글자들은 모두 '歌部'에 속한다. 즉 '皮, 奇'는 고음에서 모두 '歌'운으로 독음하는데, 후대의 음과는 다른 것이다. 《맹자(孟子)·이루상(離婁上)》의 "爲淵敺魚, 爲叢敺爵(雀)(못을 위하여 고기를 내몰고, 숲을 위해 참새를 내몰다.)"에서의 '敺'는 '驅'와 통한다. '區, 驅, 敺' 등 글자들의 고음은 모두 '侯부'이다. 만약 분화된 후대의 음으로 이 글자들을 읽는다면, 이들의 가차 관계를 파악할 수가 없게 된다. 《시(詩)·주남(周南)·한광(漢廣)》의 "江之永矣(강물은 길다.)"는 《설문》에서는 "江之羕矣"로 나타났다. 《소아(小雅)·상체(常棣)》의 "況也永歎(하물며 긴 탄식만 한다.)"는 육덕명(陸德明)의 《경전석문(經典釋文)》에서는 "況, 本作兄(況은 어느 판본에서는 兄으로 되어 있다.)"라고 하였다. '永, 羕'과 '兄, 況'이 서로 이문으로 쓰일 수 있었던 것은 이 글자들이 고음에서 모두 '陽부'에 속해있기 때문이다.

《광운》의 운목(韻目)과 비교해 볼 때 고음 22부는 사성 외에 운목에서 분합이 있었다. 예를 들면 '歌부'는 《광운》 중의 '歌, 戈'운과 '支'운의 일부, '麻'운의 절반을 포함하고 있다. 습관상의 편의를 위하여 고운의 대부분은

《광운》의 운목을 빌려 쓴 것인데 포함된 내용은 다소 다르다.

고대의 어음도 후대의 어음과 마찬가지로 그 변화가 아주 복잡하다. 우리가 고증하고 귀납하는 데 쓰인 자료들은 비록 규범적인 자료들이기는 하지만, 여전히 적지 않은 상황들이 고음의 규칙으로는 설명할 수가 없다. 이는 예외로 취급할 수밖에 없다. 하지만 그 예외도 한번이 아닌 여러 번 나타난다면 우리는 규칙을 세워서 개괄을 해야 한다. 예를 들면 《시(詩)·소아(小雅)·거공(車攻)》의 "弓矢旣調, 射夫旣同.(궁과 화살을 모두 조절했고 활 쏘는 장부도 모두 모였다.)"에서 '同'과 '調'는 협운일 수도 있고, 협운이 아닐 수도 있다. 그러나 《이소(離騷)》의 시구 "求榘矱之所同(법도가 같은 사람을 찾으라 하네)"과 "摯咎繇(皋陶)而能調(지와 구요[고요라고도 함] 잘 조화되네.)"에서 '同'과 '調'는 반드시 협운이다. 그렇다면 '同'과 '調'는 어째서 운이 같다고 할 수 있을까? '22부'의 상용부로는 이를 설명할 수가 없고, 그냥 우연한 협운 현상이라고 할 수 밖에 없다. 그러나 이러한 우연한 현상들이 더 나타난다면 우리는 《이소》의 운을 이해할 수 있을 뿐만 아니라, 《시·소아·거공》에서도 용운을 사용했다는 것을 증명할 수가 있으며, 고운부에 대해서도 새로운 정리를 해야 할 것이다.

제3절 고성류(古聲類)

'36자모(三十六字母)'는 대체적으로 중고음의 성모를 대표할 수 있다. 그러나 이로 고음을 해석하기에는 부합되지 않은 부분이 있다.

《시·소아·상체》에 대해 정현(鄭玄)의 전(箋)에서는 "古聲不, 柎同.(고대 소리에서 不과 柎는 발음이 같았다.)"라고 하였다. 그는 또 "古聲塡, 賨, 塵同.(고대 소리에서 塡, 賨, 塵은 발음이 같았다.)"라고 하였다. 이 글자들의 "고대 발음이 같다"라는 말은 운모와 성모 두 방면의 관계를 모두 말하는 것이다. 현재 우리는 '不, 柎'는 고운 22부에서 모두 '魚부'에 속하며, '塡, 賨, 塵'는 고운에서 모두 '眞부'에 속한다는 것을 고증할 수 있다. 이들의 발음 상황을 '36자모'로 설명하면 다음과 같다.

> 不——幫紐、重脣音.(방뉴, 중순음이다.)
> 柎——非紐、輕脣音.(비뉴, 경순음이다.)

다 같은 순음이지만 경, 중 정도가 다른 것이다.

> 塡、賨——定紐、舌頭音.(정뉴, 설두음이다.)
> 塵——澄紐、舌上音.(징뉴, 설상음이다.)

다 같은 설음이지만 설두음과 설상음이 다른 것이다. 경순음과 중순음, 설두음과 설상음의 구별은 중고와 근대의 음에서는 아주 분명하였다. 그러나 정현은 이들에 대해 "발음이 같다."라고 하였다. 《광운》의 반절에도 이러한 현상들이 있다. 《광운》에서의 반절은 수, 당조의 《절운》을 계승한 것이다. 그 중의 일부를 예로 들어 보자.

> 眉 武悲切(眉는 武悲의 반절음이다.)
> 頻 符眞切(頻은 符眞의 반절음이다.)

貯 丁呂切(貯는 丁呂의 반절음이다.)

이 반절자들은 현대음과는 다르다. 송대의 《광운》 시기에 반절은 이미 당시의 음과 부합되지 않았다. 따라서 《광운》에서는 이러한 반절에 대해 많은 수정을 가하였다. 예를 들면 '眉'자는 그의 반절상자 '武'와 함께 순음류에 속하고, 경순, 중순의 차이만 있다. '貯'자는 그의 반절상자 '丁'자와 같은 설음류에 속하고, 설상, 설두의 차이만 있다. 이러한 같은 유에 속하면서 성모가 다른 반절은 '유격(類隔)'이라 하였고, 성모가 같은 반절로 고친 것을 "음화(音和)"라고 하였다. 예를 보자.

眉 音和切 '目悲'。(眉는 음화로 반절하면 '目悲'이다.)
頻 音和切 '步真'。(頻는 음화로 반절하면 '步真'이다.)
貯 音和切 '知呂'。(貯는 음화로 반절하면 '知呂'이다.)

'眉, 目', '頻, 步', '貯, 知'는 모두 성모가 같다. 이렇게 하고 나서 반절은 같은 성모가 될 수 있었다. 이러한 반절자들은 《광운》에서 수정된 후 《집운》에 대해서도 수정이 되었으며, 이러한 '유격'을 모두 '음화'로 고쳤다.

그렇지만 이는 정현 전에서 말한 '고성(古聲)'과 같은 한나라 이전의 고음현상을 설명하는 데에 사용할 수 없었으니, 이는 '유격, 음화'의 문제가 아니다. 어째서 '유격' 현상이 나타날 수 있었는지에 대해 연구할 필요가 있다.

고음을 연구하는 학자들은 우선 《시》와 《초사》의 운독(韻讀) 문제를 접하게 되므로 고운부의 연구에는 많은 시간과 공을 들였다. 하지만 고성류

(古聲類)에 대한 연구는 고운부에 비해서는 연구가 미흡한 편이다. '유격'에 대한 문제도 등운학자들이 주목만 했을 뿐, 이를 이용하여 고음류 문제를 해결하려고 하지는 않았다. 청대에 이르러서야 전대흔(錢大昕)에 의해 대량의 자료와 '36자모'를 이용해 고성류의 문제들이 연구되기 시작하였다. 전대흔은《고무경순음(古無輕脣音)》과《설음유격지설불가신(舌音類隔之說不可信)》이 두 문장을 발표하여 '36자모'중의 '非, 敷, 奉, 微'는 '幫, 滂, 並, 明'에 귀속시켜야 하고, '知, 徹, 澄'은 '端, 透, 定'에 귀속시켜야 한다고 주장하였다.[8] 이 주장으로 인해 정현의 '不, 柎'는 같은 성모, '瑱, 塵'은 같은 성모라는 주장과《광운》에서의 '유격' 등 문제는 해결을 얻은 셈이다. 후에 장병린도 전대흔의 학설을 받아들여 "娘과 日 두 성모는 泥 성모로 합쳐진다."라고 주장하였다.[9] 이로써 고성모의 체계는 기본적으로 형성되었다. 이에 근대 학자들의 '照'계 성모와 '喻'계 성모에 대한 보충적인 연구가 더해지면서 고성모에 대한 문제 대부분이 해답을 얻은 셈이다.

전대흔은 100여개가 넘는 예문을 들어 고대에는 경순음과 설상음이 없다는 것을 고증하였다. 예를 보자.

《역(易)·계사(繫辭)》: "服牛乘馬(소를 부리며 말을 탄다.)"《설문》에서는 "犕牛乘馬(소를 몰고 말을 탄다.)"로 인용함.

《서(書)·우공(禹貢)》: "大野既豬(대야(大野) 지역에 물이 괴였다.)"《사기(史記)·하본기(夏本紀)》에서는 "大野既都(대야 지역에 물이 모였다.)"로 되어 있음.

---

8   전대흔의《십가재양신록(十駕齋養新錄)》권5,《잠연당답문(潛硏堂答問)》권 12 참고.
9   《국고논형(國故論衡)》권상 참고.

이는 이문(異文)으로 고증을 한 예이다.

> 《예기(禮記)·사의(射義)》: "賈軍之將(패배한 장수)" 이에 대한 정현
> (鄭玄) 주(注) : "賈讀爲償、覆敗也(賈는 償의 의미로 읽는다. 覆敗[패배하
> 다]는 뜻이다.)"
> 《주례(周禮)·소사도(小司徒)》: "四邱爲甸(4구를 전으로 한다.)" 이에
> 대한 정현 주 : "甸之言乘也(甸이란 말은 乘[승]의 의미를 말한 것이다.)"

이는 훈고로 고증을 한 것이다.

> 《설문》: '魴'、或作 '鰟'('魴'은 '鰟'이라고도 한다.)
> '咥、鼞'皆從 '至'聲('咥、鼞'는 모두 '至' 소리를 따른다.)

이는 형성, 편방으로 고증을 한 것이다.

> 《예기(禮記)·제의(祭義)》에서는 : "勿勿諸其欲其饗之也(부지런히 제
> 사음식을 신령들이 와서 먹게 하다.)"라고 하였고, 정현의 주석에서는 :
> "勿勿、猶勉勉也(勿勿은 勉勉과 같은 의미이다.)"
> 《문선(文選)·권승(枚乘)〈칠발(七發)〉》: "逾岸出追(언덕을 넘고 기슭을
> 나간다.)" 이선(李善) 주석 : "追、古堆字(追는 고대 堆자이다.)"

이는 가차로 고증을 한 것이다. 이 외에도 전대흔은 '密勿—蠠沒', '追
琢—雕琢' 등과 같은 쌍성 단어로 순음과 설음은 오로지 한가지였다는 것
을 증명하였다. 이러한 증거는 모두 믿을만한 자료들이다.

장병린은 기존 학자들의 학설과 연구성과를 종합하여 뉴(紐) 목록을 정하고 고성모를 21성모류로 나열하였다.

후음(喉音) : 見 溪 群 疑
아음(牙音) : 曉 匣 影(喻)
설음(舌音) : 端(知) 透(徹) 定(澄) 泥(娘日) 來
치음(齒音) : 照(精) 穿(清) 牀(從) 審(心) 禪(邪)
순음(脣音) : 幫(非) 滂(敷) 並(奉) 明(微)

고성모가 현대의 성모와 다르다는 것을 이해하는 것은 고서들의 이문, 가차, 훈고, 형성 문제들을 해결하는 데 아주 유용하다. 고성모에 대한 지식을 갖추면 우리는 《논어》에서의 '申棖'이 《사기》에서의 '申棠'이라는 것을 쉽게 알아낼 수가 있으며, 《상서》에서의 '汶山'과 《사기》에서의 '岷山'은 하나의 산을 지칭한다는 것도 어렵지 않게 보아낼 수가 있다. 아울러 현대 방언들 사이의 상호 대응관계도 고성모의 발음으로부터 많은 계발을 얻을 수가 있다.[10]

제4절 고성조

상고음의 성조는 전반 고음학 연구에 있어서 가장 논쟁이 많은 분야이

---

10   전대흔(錢大昕)의 저서 《성류(聲類)》에는 고성모와 관련된 자료들이 아주 많다.

다. 우리는 상고음의 실제 성조에 대해 알아낼 바가 없고, 실제적인 가치와 수요도 없다. 여기에서 논의하고자 하는 문제는 성조의 유형이다. 성조의 유형은 '평상거입' 사성으로 구분한 제량(齊梁) 이래의 자료들로부터 연구가 될 것이다. 여기에서는 청음(즉 유음[幽音])과 탁음(즉 향음[響音])이 성조에 대해 영향을 미친 것에 대해서는 취급하지 않는다. 300여년의 성조의 연구사에 있어서 고음 성조의 유형에 대해서는 많은 학설들이 있다.

(1) 고음은 사성이 일관된다.(사성은 서로 통용할 수 있으므로 사성으로 나누지 않는다.) ─고염무

(2) 고음에는 평상, 상성, 입성만 있고 거성은 없다. ─ 단옥재

(3) 고음에는 평상류와 거성류가 있다. ─ 장병린

(4) 고음에는 평성, 입성만 있고 거성, 상성은 없다. ─ 황간

이러한 학설 중에 고염무의 학설은 대진(戴震), 전대흔(錢大昕) 등 많은 학자들이 따랐다. 황간(黃侃)의 학설은 표면적으로 볼 때 단옥재와 장병린의 학설에서 발전되어 온 것처럼 보이나 사실은 아니다. 황간이 말한 것은 사실상 운미에 대한 구분 즉 운의 구조상의 구분일 뿐 성조상의 구분은 아니다. 그러므로 성조의 구분에 있어서 황간의 주장은 사실 고염무의 '사성일관'설과 같은 것이다. 위에서 나열한 성조 상의 여러 가지 학설들은 두 가지로 귀납할 수가 있다. 하나는 단옥재, 장병린의 주장처럼 고대에 성조의 구분이 있었다는 것이다. 다른 하나는 고염무, 황간의 주장처럼 고대음에는 성조상의 구분이 없는 '사성일관'설인 것이다. 이외에도 운미가 있는 양성과 입성자가 한 부류라고 주장하면서 성조를 사성으로 나누지 않는

것과, 운미가 없는 음성자를 한 부류로 하고 사성으로 나누는 견해도 있다. 이는 왕국유(王國維)의 학설인데 이 주장은 영향력이 아주 작다.

왕념손(王念孫)과 강유고(江有誥)는 고염무의 학설에 대해 수정을 하였다. 그들의 주장은 다음과 같다.

(5) 고대에도 사성이 있었으나 고대의 사성은 구체적인 글자의 음에서 후대와는 달랐다. — 왕념손, 강유고

왕념손과 강유고의 이 주장은 비교적 설득력이 있다.

이 책에서는 고대 성조의 문제를 토론 할 때 강유고의《당운사성정(唐韻四聲正)》을 주요 자료 근거로 삼을 것이다.

예전에는 성조의 문제를 토론할 때 '사성' 성조로 고서의 자음들을 읽을 때 후대의 성조와는 부합되지 않는 경우를 많이 발견하였다. 그러므로 상고음은 사성의 구분이 없다고 여기고 임의로 글자를 읽고 협운을 하였다. 예를 보자.

適子之館兮、還、予授子之粲兮。(그대 관청으로 나가는군요. 돌아오면 밥 지어 드리지요.) 《시·정풍(鄭風)·치의(緇衣)》

'館'은 후대에서는 사성 성조 중 상성으로 읽지만, 여기에서는 거성 '粲'과 운을 이루었다.

揚之水、不流束薪。終鮮兄弟、維予二人。無信人之言、人言不信。

(양지수 흐르지만 묶어놓은 나뭇단 떠내려 보내지 못하네. 결국 형제가 적어오직 나와 둘뿐이네. 다른 사람의 말 믿지 말라. 다른 사람의 말은 믿을 수 없다.) 《시·정풍(鄭風)·양지수(揚之水)》

'信'자는 후대의 사성에서 거성이지만, 여기에서는 평성인 '薪, 人'자와 운을 이루었다.

帝子降兮北渚、目渺渺兮愁予。嫋嫋兮秋風、洞庭波兮木叶下。(상부인 북쪽 물가에 내려왔네. 눈이 아찔하여 근심에 차네. 가을 바람 솔솔 불고, 동정호 물결 일고 나뭇잎 떨어지네.) 《초사(楚辭)·구가(九歌)·상부인(湘夫人)》

'予'는 후대에 두 가지 음으로 읽힌다. '予我[나]'에서의 '予'는 평성이고, '贈予[주다]'에서의 '予'는 상성이다. 이 시구에서 '予'는 '予我'의 의미로 평성이나 상성인 '渚, 下'와 운을 이루었다. 위의 구절로 볼 때 다른 성조로도 협운을 이룬다면, 고대에는 사성의 구분이 없었다 할 수 있을 것이다.

사실 이러한 판단은 섣부른 것이다. 고음의 성모와 운모만 후대와 달랐을 뿐만 아니라 성조도 같지 않았다. 예를 들면 '館'자는 후대의 운서에 상성으로도 수록되어 있고 거성으로도 수록되어 있다. 현대음에서는 이 글자의 거성 독법은 이미 사라졌지만, 상고음에서는 거성으로 읽었다. 이 글자의 독음은 상고, 중고를 거쳐 현대에 이르기까지 변화가 있었던 것이다. '信'자는《시》에서 모두 평성과 운을 이룬다.

《패풍(邶風)·격고(擊鼓)》: '洵、信'

《용풍(鄘風)·체동(蝃蝀)》: '人、姻、信、命'('命'자는《시》에서 모두 평성이다.《당풍(唐風)·양지수(揚之水)》,《소아(小雅)·채숙(采菽)》,《대아(大雅)·가악(假樂)》,《권아(卷阿)》,《강한(江漢)》에서도 마찬가지로 평성이다.)

《소아(小雅)·우무정(雨無正)》: '天、信、臻、身'

《소아(小雅)·항백(巷伯)》: '翩、人、信'

위의 운각(韻脚)들은 고운에서 모두 진부(真部)로 평성으로 읽었다. 이 외에도《역(易)·계사상(繫辭上)》에서 "往者屈也, 來者信也 ; 屈信相感而利生焉.(가는 것은 굽힘이고 오는 것은 폄이다. 굽힘과 폄이 서로 감응하여 이로움이 생기는 것이다.)"에서 '屈信'은 바로 '屈伸'이다. 협운과 가차의 사실로부터 우리는 '信'자가 고음에서는 평성으로만 독음되었으며, 후대에 와서 거성으로 변화되었다는 것을 알 수가 있다. '予'는《시》에서 모두 상성과 운을 이룬다.

《빈풍(豳風)·치효(鴟鴞)》: '雨、土、戶、予'

《소아·정월(正月)》: '雨、輔、予'

《소아·곡풍(穀風)》: '雨、女、予'

《소아·사월(四月)》: '夏、暑、予'

《소아·채숙(采菽)》: '股、下、紓、予'

《소아·운한(雲漢)》: '沮、所、顧、助、祖、予'('顧'는《시》에서 상성으로 독음된다. 예를 들면《위풍(魏風)·석서(碩鼠)》에서 '鼠、黍、女、顧、女、土、土、所'는 모두 상성자이다. 그러므로《진풍(陳風)·묘문(墓門)》에서 운을 이루는 '顧、予'는 모두 상성인 것이다.)

고대중국어 통론

많은 시구들에서 볼 수 있는 바와 같이 '予'는 상고시기에 오직 상성으로만 독음되었고, 자의(字義)에서 평성과 상성으로 구분되어 독음된 것은 중고 시기 이후의 일이다.

이 외에도 고대와 현대의 성조가 다른 글자들은 많았다. '慶'은 후대에는 거성으로 읽지만, 고음에서는 평성 '陽'운으로 읽었다. 《역(易)·곤문언(坤文言)》의 예문을 들어보자. "積善之家, 必有餘慶 ; 積不善之家, 必有餘殃.(선을 쌓은 집안에는 반드시 남는 경사가 있고, 선하지 않음을 쌓은 집안에는 반드시 남는 재앙이 있다.)"에서 '慶'은 '殃'과 운을 이룬다. '正'은 후대에는 평성, 거성 두 성조로 독음되는데, 오직 "正月"에서만 평성으로 독음된다. 그렇지만 고음에서는 모두 평성으로 독음한다. '正'은 《시·제풍(齊風)·의차(猗嗟)》에서는 '名, 淸, 成, 甥'과 운을 이루고, 《소아·절남산(節南山)》에서는 '寧, 平'과 운을 이루며, 《대아·운한(雲漢)》에서는 '星, 贏, 成, 寧'과 운을 이룬다. 《주례(周禮)·하관(夏官)·제자(諸子)》의 "以軍法治之, 司馬弗正(군법으로 다스리고 사마는 부세를 안 받았다.)에 대해 정현은 "雖有軍事, 不賦之.(군사의 일이 있어도 부세를 안 낸다.)"라고 주를 달았는데, 여기서 '正'은 '征賦'의 가차자로 평성으로 독음되는 것이다. 협운과 가차의 사실들이 증명하듯이 '正'은 고대에 오로지 평성으로만 읽었다. 그러므로 후대에 전해지는 진시황의 이름이 '政'이므로 '正月'을 평성으로 고쳐서 읽었다는 설명은 신뢰할 수가 없는 것이다.[11]

'館', '信', '予'……이러한 글자들의 성조가 상고시기와 후대가 다르기

---

11 《사기·진시황본기》에서 장수절(張守節)은 다음과 같이 해석하였다. "始皇以正月旦生於趙、因爲'政', 後以始皇諱故音征.(시황은 정월 첫날에 趙나라에서 태어났다. (이름이) '政'이기 때문에, 이후에 시황제의 피휘 때문에 음을 '征'(즉 평성)으로 하였다.)"

에 협운이라는 사실도 고음의 성조와 맞지 않는다. 그러므로 '사성일관'설을 말할 필요가 없다. 그러므로 '사성일관'설은 고음의 분합을 이해하지 못하고, '고인운완(古人韻緩)'이라고 여겨온 것처럼 고음의 실제 상황과 부합되지 않는 것이다. 그리고 상고시기 운문의 사성 협운은 후대의 독음과 같은 경우가 많다.

《시·주남(周南)·관저(關雎)》제5장의 운을 보자.

(1) 鳩、洲、逑 — 모두 평성이다.
(2) 流、求 — 모두 평성이다.
(3) 得、服、側 — 모두 입성이다.
(4) 采、友 — 모두 상성이다.
(5) 芼、樂 — 모두 거성이다.[12]

위에서 볼 수 있듯이 사성을 아주 명확하게 나누었다. 《시》, 《초사》와 같은 운문들에서 이와 같은 현상들이 주로 나타났다.

고운 22부에서 어떤 부는 평성, 상성만 있고, 어떤 부는 거성, 입성만 있으며, 어떤 부는 입성만 있다. 이 역시 사성이 명확하였음을 말한다.

이러한 사실들을 근거로 강유고 등은 고대에는 사성이 있다고 주장하면서 고대의 구체적인 자음의 성조는 후대와 다른 것들이 있으며, 후대의

---

12 '樂'은 《시경》에서 거성과 입성 두 가지 성조로 읽었다. 예들 들면 《정월(正月)》, 《억(抑)》, 《한혁(韓奕)》, 《남유가어(南有嘉魚)》에서는 모두 거성자과 협운이고, 《진유(溱洧)》, 《양지수(揚之水)》, 《신풍(晨風)》에서는 모두 입성자와 협운이 된다. [역주] 원서에서는 '芼'자를 '筆'자로 표기하였다. 오자로, 이에 고친다."

성조 유형으로 고음을 대해서는 안 된다고 주장하였던 것이다. 하흔(夏炘)
은 다음과 같이 말하였다.

> 三百篇中、平自韻平、仄自韻仄、劃然不紊。其不合者、古人所讀之
> 四聲有與今人不同也。江君《唐韻四聲正》一書考據最爲明確。《시경》 중
> 에서 평성운은 본래부터 평성운이고 측성운은 본래부터 측성운으로, 명확하
> 고 혼란스럽지 않았다. 맞지 않는 것은 고인들이 읽었던 사성이 지금 사람들
> 이 읽는 것과는 다르기 때문이다. 강유고의 《당운사성정》에서 고증한 근거
> 가 가장 명확하다. (《고운표집설철언(古韻表集說綴言)》)

《당운사성정》에서 강유고는 상고음과 후대의 음이 같지 않은 예들을
적지 않게 들었다. 예를 보자. '享, 頸, 纇'는 고대에는 평성으로 읽었으나
후대에는 상성으로 읽었다. '訟, 化, 震, 患'도 고대에는 평성으로 읽었으나
후대에는 거성으로 읽었다. '偕'자도 고대에는 상성으로 읽었지만 후대에
는 평성으로 읽었다. '狩'자도 고대에는 상성으로 읽었지만, 후대에는 거
성으로 읽었다고 하였다. 이러한 주장들은 설득력이 있어 사람들이 받아
들이기 쉽다. 이러한 사실은 중고음에서 현대음으로 발전하는 과정에서도
쉽게 발견할 수가 있다. 예를 보자. '境, 幸, 負, 下, 範' 등 글자들은 중고 시
기 운서에서는 상성이었으나, 지금은 거성으로 읽는다. '佐, 訪, 譴, 屢, 緯'
등 글자들은 중고 시기 운서에서는 거성이었으나, 현재는 상성이다. 사성
성조에 대한 고금의 차이는 성모와 운모가 고금이 다르듯 어음발전 과정
중의 필연적인 현상이다.

　오늘날 우리는 고음의 음가에 대해서 그 실제음을 판단해 낼 수가 없

다. 우리가 고운모, 고성모, 고성조들을 연구함으로써 얻고자 하는 것은 고음에 대한 하나의 체계이다. 우리는 이 고음의 체계를 통하여 고대의 많은 어음현상들에 대해여 해석을 할 수가 있고, 고서를 읽을 수가 있으며, 언어 발전의 역사적 현상들에 대해 이해를 할 수가 있다. 고음을 연구한다는 것은 '고음'으로 고서들을 읽기 위함이 아니며 이 또한 불가능한 일이다. 우리는 고대 북방의 '아언(雅言)'으로 《시경》을 읽을 수가 없으며, 또한 고대 남방의 초나라 방언으로 《초사(楚辭)》를 읽을 수도 없다. 근대의 적지 않은 학자들은 고음 '의측(擬測)' 연구를 해 왔고, 이러한 연구가 물론 고음 체계에 대한 인식과 언어의 역사적 발전을 이해하는 데 적지 않은 도움을 주었다. 하지만 이러한 연구는 고음의 실제 음에 추측하고 알아내기 위한 목적이 아니며, 또한 고음의 실제음을 알아내는 것은 사실상 불가능한 일이다. 이에 대해 장병린도 다음과 같이 말하였다.

今之言韻者、亦故而已矣、惡其鑿也。(오늘날 운을 연구하는 사람들은 고대 자료에 근거해야지 주관적인 판단을 해서는 안 된다.)《국고논형(國故論衡)》권상, 《음이론(音理論)》

여기서 '故'라고 하는 것은 고대의 자료에 근거하여 고음의 체계를 귀납해내고, 고음의 전반 상황에 대해 이해를 한다는 것이다. 이는 바로 오늘날 우리가 할 수 있는 일이다. '鑿'은 주관에 근거하여 판단을 한다는 것인데, 이는 과학적 정신에 부합되지 않는 것이다.

제17장

운율

제1절 운각과 대장

운문(韻文)은 노동 생활의 절주에 맞추어 만들어진 것으로 아주 일찍 나타났다. 구두의 민요 형식으로 본래 언어 중의 '자연의 소리[天籟]'인 것이다. 창작작품으로 우리가 기록으로 볼 수 있는 것은 《서(書)·익직(益稷)》이다.

元首明哉、股肱良哉、庶事康哉。元首叢脞哉、股肱惰哉、萬事墮哉
(임금님이 영명하네. 고굉지신이 훌륭하네. 모든 일이 평안하네. 임금님이 번잡하네. 고굉지신이 나태하네. 만사가 잘못되네.)

이는 제순(帝舜) 시기의 시가 창작품으로, 가장 오래된 기록으로 볼 수 있다. 전해져 내려온 것으로는 제요(帝堯) 시기의 《격양가(擊壤歌)》이다.

日出而作、日入而息、鑿井而飲、耕田而食、帝力於我何有哉。[1] (해

---

1   황보밀(皇甫謐)의 《제왕세기(帝王世紀)》 참조.

뜨면 일하고, 해 지면 쉬고, 우물 파서 물 마시고, 농사 져서 밥 먹으니, 임금
의 힘이 나에게 무슨 소용이 있으리오.)

다음은 제순 시기의 《남풍가(南風歌)》를 보자.

　　南風之薰兮、可以解吾民之慍兮；南風之時兮、可以阜吾民之財兮。[2]
　　(남풍이 솔솔 부는구나, 우리 백성들의 화를 풀어주리라. 남풍이 때맞추어
　　부는구나, 우리 백성의 재산을 불려주리라.)

이 민요들은 모두 진(晉)대의 서적들에서 나타난 것으로, 다 믿을 수는
없다. 《남풍가》에서 '慍'과 '薰'이 협운인데, 사실 고운(古韻)에서 '문부(文
部)'의 평성, 거성은 통협(通協)이 안 된다.[3] 이는 위작을 했음이 분명한 흔
적이다.

　고대에는 산문 작품에도 확실한 리듬이 있고 운협(韻協)과 대우(對偶)
가 많이 나타났다. 《역(易)》에는 원래부터 많은 민요들이 포함되어 있었고,
《노자(老子)》는 거의 전부가 운문(韻文)으로 씌어졌음은 더 말할 필요도 없
다. 기술과 의론의 성격을 띤 산문에도 늘 운문과 대우가 나타났다.

　　故絶聖棄知、大盜乃止；擿玉毀珠、小盜不起；焚符破璽、而民樸
　　鄙；掊鬥折衡、而民不爭。(그러므로 성스러움과 지혜를 단절시켜야 큰 도
　　둑이 그칠 것이고, 옥을 버리고 구슬을 부수어야 작은 도둑이 일어나지 않을

2　《공자가어(孔子家語)》 참조. 이는 진(晉) 대 사람이 만든 위작이다.
3　《시(詩)·대아(大雅)·면(綿)》에서 '慍、間'의 운부는 모두 거성이다. 《부예(鳧鷖)》,《운한(雲
　漢)》에서는 '熏'이 모두 평성운으로 '慍'과 '薰'은 성조 분별이 아주 확실하였다.

　　　　　　　　　　　　　　　　　　　　고대중국어 통론

것이며, 부호를 불사르고 옥새를 깨 버려야 백성은 순박해 질 것이고, 됫박을 부수고 저울대를 끊어 버려야 백성은 싸우지 않을 것이다.) 《장자(莊子)·거협(胠篋)》

市南子曰：君無形倨、無留居、以爲君車。⋯⋯少君之費、寡君之欲、雖無糧而乃足。(시남의료가 말하였다. "임금님께선 얼굴의 거만함을 없애고 머물 곳을 없애는 것을 임금님의 수레로 삼으십시오. ⋯⋯ 임금님의 소비를 줄이고 욕망을 줄이면 비록 식량이 없어도 풍족한 것입니다." 《장자·산목(山木)》

憍泄者、人之殃也；恭儉者、偋五兵也。雖有戈矛之刺、不如恭儉之利也。(교만하고 깔보는 것은 사람의 재앙이며, 공손하고 겸손한 자는 다섯 병기도 막을 수 있다. 비록 창이 날카롭다 해도 공손함과 겸손함의 날카로움보다 못할 것이다.) 《순자(荀子)·영욕(榮辱)》

若夫招近募選隆勢詐尚功利之兵、則勝不勝無常、代翕代張、代存代亡、相爲雌雄耳矣。(만약 모집해온 군사들이 권모술수를 중히 여기고 공리를 숭배한다면 승패는 무상하다. 쇠락할 수도 있고 흥할 수도 있으며, 존재할 수도 있고 멸망할 수도 있다. 서로 강약이 있을 뿐이다.) 《순자(荀子)·의병(議兵)》

후대에 와서도 어떤 산문가들은 운율을 즐겨씀으로써 리듬감을 더했다. 한유(韓愈)와 유종원(柳宗元)이 바로 그러하다.

入者主之、出者奴之；入者附之、出者汙之。(속한 사람은 주인으로 받들고 벗어난 사람은 노예로 취급하였다. 속한 사람은 달라붙고 벗어난 사람은 더럽게 여겼다.) (한유《원도(原道)》)

勿動勿慮、去不複顧。其蒔也若子、其置也若棄。(움직이지도 말고 걱정하지 말고 떠나면 다시 돌아와서 돌보지 말아야 합니다. 심을 때는 자식

돌보듯 하고, 심은 후에는 버리듯이 내버려둬야 합니다. (유종원(柳宗元)《종
수곽탁타전(種樹郭橐駝傳)》)

고전문학의 발전 역사에서 이러한 운각(韻脚)과 대장(對仗)의 형식은 한
(漢) 나라로부터 육조(六朝)에 이르기까지의 '부(賦)'와 당(唐)대에 형성된
'율시(律詩)'('근체시')에 모두 완벽하게 활용되었다. 활용이 잘 되면 작품의
사상내용 표현에 큰 도움이 되지만, 제대로 활용되지 못하면 형식적인 껍
데기에 불과하여 옛사람들이 말한 '팔대지쇠(八代之衰)[4]'는 바로 이 형식적
인 것을 가리키는 것이다.

한나라의 부는《시》,《초사》를 계승하여 형성된 하나의 독립적인 운문
체이다. 이러한 새로운 형식의 탄생은 한나라 때의 생산과 문화 등 각 분야
의 발전을 충분히 반영하는 것이다. 육조 시대에 이르러서는 서정적인 소
부(小賦)와 변체문(騈體文)이 나타났다. 변체문은 대장만 있고 운이 없는 문
장이다. 그 후에 또 '산부(散賦)'가 형성되었는데 이는 운만 있고 대장은
중시하지 않은 산문이다. 이러한 것들은 모두 한나라 부의 방계라 할 수
있다.

율시의 형성 배경에는 사회적 요인 외에도 오언시(五言詩)와 칠언시(七
言詩)의 성숙, 부와 대장의 기교, 운서와 사성 등 문학과 언어적 요인도 있
다. 율시에서 운각과 대우는 모두 다양한 격률(格律)의 제한을 받는다. 당,
송의 시인들은 격률의 창조와 운용에 있어서 매우 높은 성과를 거두었다.
후세의 율시 작가들은 모두 당, 송 시기의 작법을 계승하여 배웠다. 따라서

---

4   [역주] 소식(蘇軾)의《조주한문공비(潮州韓文公廟碑)》에 나오는 말로, 한유(韓愈) 이전 동한
    (東漢)부터 수(隋)까지 변려문(騈儷文)이 성행했던 것을 가리킨다.

운서도 음성을 기록하고 분석하는 도구로부터 작시 압운의 표준으로 되었다. 송대 이후로부터 청대에 이르기까지 시를 지을 때 모두 하나의 고정된 체계를 가진 운에 근거하여 운을 썼고 거의 변화가 없었다. 따라서 실제음과도 점점 멀어졌다.[5] 운과 율에 대한 제한으로 말미암아 시인들이 시가를 지을 때 특수한 언어풍격을 형성하였다. 이는 어휘 의미와 문법의 발전에도 일정한 영향을 미쳤다. 예를 보자.

> 紺園澄夕霽、碧殿下秋陰。(감색 원림에는 비 갠 뒤의 석양 맑고. 푸른 전각 아래엔 가을 음기 드리운다.) (심전기(沈佺期)《유소림사(遊少林寺、소림사를 거닐다)》)
>
> 薜蘿山徑入、荷芰水亭開。(벽라 있는 산속으로 들어가니 연꽃이 수정에 피어었네.) (두심언(杜審言)《하일과정칠산재(夏日過鄭七山齋、여름날 정칠의 산중 거처를 지나가다)》)
>
> 久拚野鶴如雙鬢、遮莫鄰雞下五更。(귀밑 머리 학처럼 된 것도 내버려 두었는데, 이웃 닭이 오경을 알리는 것 아랑곳하랴.) (두보《월하부절구(月下賦絕句)》)

이러한 시구들에서의 어휘 용법은 구어체에서 쓰이는 것들이 아니다. 두보의 시구를 본다면 앞 절이 본래는 귀밑 머리가 학처럼 희다는 말이다. 그렇지만 여섯 번째 글자는 반드시 평성을 써야 한다. 그리고 '五更'과의 대우를 고려하여 '野鶴'과 '雙鬢'의 위치를 바꿔서 쓴 것이다. 이를 통해 시

5　송대에 시험을 볼 때 사용한 용운의 근거 자료는 조정에서 반포한 《예부운략(禮部韻略)》이고, 청대에는 관제(官制)《패문운(佩文韻)》이다. 《패문운》은 《예부운략》에 근거하여 제정한 것이다. 후대로 내려오면서 시를 지을 때의 용운은 모두 《패문운》을 근거로 삼은 것이다.

구의 묘미를 높인 것이다. 한편으로는 운률의 요구에 부합되게 하면서 다른 한편으로 언어 규칙을 운용함에 있어서 변화는 시키되, 왜곡 위반은 하지 않아야 제대로 이해하고 감상할 수 있는 시의 언어가 될 수 있다.

제2절 고체시 운례(韻例)

고체시는 그 편장의 장단이 일정하지 않다. 고체시는 매 행의 글자수가 사언, 오언, 칠언 이외에도 또 삼언, 오언, 칠언이 섞인 잡언(雜言)시도 있다. 사언시는 《시》를 계승한 것으로 후대에 와서는 명(銘), 송(頌)에 많이 쓰였다. 잡언시는 민요나, 악부, 노래에 많이 쓰였다. 그러나 고체시에서 가장 유행되었던 것은 오언시와 칠언시이다.

오언, 칠언 고체시에서 절한(節限)은 대부분 두 번째 글자, 혹은 네 번째 글자, 여섯 번째 글자에 있다. 예를 보자.

結廬/在人境、而無/車馬/喧。問君/何能/爾、心遠/地自偏。(인간세상에 농막집 지었는데 시끄러운 마차 소리 없네. 그대에게 묻노니 어찌 그럴 수 있는가? 마음이 멀어지니 땅은 저절로 외지게 되네.) (도잠(陶潛) 《음주(飲酒)》)

中興/諸將/收山東、捷書/夜報/清畫/同。(나라를 중흥시킨 여러 장수들이 산동을 수복하니 승전보가 밤낮으로 전해졌네.) (두보(杜甫) 《세병마(洗兵馬)》)

위의 시구에서 볼 수 있듯이 고체시는 구절 중간에 성조의 제한도 없고, 평측(平仄)도 마음대로 배합하여 사용할 수 있었다. 두보의《봉선현영회(奉先縣詠懷)》의 "天衢陰崢嶸(장안의 거리 음산하고 추위 혹독한데)", "憂端齊終南(근심은 종남산처럼 쌓이고)"와 같이 5개 평성(平聲)을 연이어 사용한 시가 있는가 하면, 두보의《옥화궁(玉華宮)》의 "況乃粉黛假 (하물며 분첩과 거짓 눈썹 먹이라니)", "故物獨石馬(옛 것은 홀로 있는 석마 뿐이네.)"와 같이 5개 측성(仄聲)을 연이어 쓴 시도 있다. 그렇지만 시 전체의 평측의 조율은 여전히 시의 음악성에 있어서 중요한 조건이다. 당, 송 시대에 율시 형식이 발전한 후로 고시의 작가들은 성조의 배합에 있어서 종종 율시의 절주를 일부러 피함으로써 고체시의 성율(聲律)의 자유로운 특색을 나타냈다.

고체시의 협운(協韻) 형식에는 일운도저(一韻到底)[6]와 전운(轉韻) 두 가지가 있다. 운각에서도 축구운(逐句韻)과 격구운(隔句韻) 두 가지가 있다. 두보의 시 중《신안리(新安吏)》,《신혼별(新婚別)》,《수로별(垂老別)》,《무가별(無家別)》 등은 일운도저 형식이고,《석호리(石壕吏)》,《동관리(潼關吏)》 등은 전운 형식이다.《석호리》와《동관리》는 전운의 형식이 또 다르다.《석호리》는 네 구절이 같은 운이고 전체 시에서 여섯 번 운을 바꾸었다.《동관리》는 첫 두 구절이 같은 운이고 그 다음 구절에서 전운을 한 후 끝까지 모두 같은 운이다. 장편시《자경부봉선현영회(自京赴奉先縣詠懷)》의 오백자,《북정(北征)》 칠백자는 모두 일운도저의 형식이다. 한유(韓愈)의《남산시(南山詩)》도 102개의 운각(韻脚)을 썼지만 운부가 넓지 않은 '宥'('候, 幼')자를 썼다.

고시의 전운이 규칙적인지, 불규칙적인지는 시 내용의 의미 전환과 연관이 있는 것이다. 고사(古辭, [역주] 악부시를 가리킨다.)《음마장성굴행(飮馬

---

6   [역주] 한 시에서 하나의 운으로 끝까지 사용함을 나타내는 말이다.

長城窟行)》은 전운이 빈번하였고 불규칙적이었다.

> 青青河畔草、綿綿思遠道。——기운(起韻) ;
>
> 遠道不可思、宿昔夢見之。——전운(轉韻) 1 ;
>
> 夢見在我傍、忽覺在他鄕。——전운 2 ;
>
> 他鄕各異縣、展轉不可見。——전운 3 ;
>
> 枯桑知天風、海水知天寒。
>
> 入門各自媚、誰肯相爲言。——전운 4 ;
>
> 客從遠方來、遺我雙鯉魚。
>
> 呼童烹鯉魚、中有尺素書。
>
> 長跪讀素書、書中竟何如。——전운 5 ;
>
> 上有加餐食、下有長相憶。——전운 6。
>
> (푸르디 푸른 강가의 풀, 먼 길 떠난 님 생각나게 하네.
>
> 멀리 있어 생각할 수 없는데, 어젯밤 꿈에서 그대를 보았네.
>
> 꿈속에서는 내 곁에 있었으나, 홀연 깨어보니 그대는 타향에 있네.
>
> 타향은 각각 다른 곳이니 여기저기 돌아다녀 만날 수 없네.
>
> 시들은 뽕나무도 하늘의 바람을 느끼고 바닷물도 추위를 아네.
>
> 사람들은 집에 돌아가면 제각기 자기 좋은 일만 하지,
>
> 그 누가 다른 사람의 소식을 전해 주려 하겠는가.
>
> 먼 곳에서 나그네 와 두 마리 잉어를 주었네.
>
> 아이를 시켜 잉어 삶으려는데 가운데에 소박한 편지가 있네.
>
> 공손히 무릎 꿇고 편지를 읽는데, 뭐라고 써 있는가?
>
> 위에는 밥을 잘 먹으라 하고 밑에는 오래 그리워한다 하였네.)

시의 앞부분 절반 내용은 매구절마다 용운이 되고 두 구절마다 전운이 되며 절주도 빠르다. 하지만 "枯桑知天風"부터는 대우(對偶)구가 흥하면서

어기(語氣)가 갑자기 느려진다. 마지막 두 구절은 입성으로 급히 끝을 맺었다. 이 사는 전운과 시 내용 변화가 잘 맞물린다.

전운을 하는 고시는 보통 끝말의 두 구절에서 급하게 운을 바꾸고 끝맺는데 오언시와 칠언시에서 이러한 형식을 자주 볼 수 있다. 두보의 《동곡칠가(同谷七歌)》에서는 일곱 수가 모두 이러한 전운법을 사용하였다.

규칙적인 전운을 한 시는 내용 상에서도 규칙적으로 분단을 하였다. 예를 보자.

漢帝寵阿嬌、貯之黃金屋。
咳唾落九天、隨風生珠玉。
寵極愛還歇、妒深情卻疏。
長門一步地、不肯暫迴車。
雨落不上天、水覆難再收。
君情與妾意、各自東西流。
昔日芙蓉花、今成斷根草。
以色事他人、能得幾時好?(이백《첩박명(妾薄命)》)
(한무제는 아교를 총애하여 황금 궁궐에 모셔 두었네.
공중으로 떨어지는 침방울도 바람 따라 구슬로 변했었네.
임금의 총애가 지극하여 사랑은 그치고 질투가 깊어지니 정이 도리어 멀어졌네.
장문이 한 걸음 거리 땅이건만 잠시도 수레 돌리려 하지 않았다네.
비는 내리면 하늘로 올라가지 못하고 물은 쏟으면 주어 담기 어렵다네.
그대의 정과 소첩의 마음은 제각각 동서로 흘러가 버렸네.
예전엔 부용꽃이었는데 지금은 뿌리 끊어진 풀이 되었네.
아름다운 자태로 다른 사람 섬기니 그 사랑 얼마나 갈 수 있으리.)

이백의《첩박명》은 네 구절마다 한 운을 썼는데, 시의 뜻도 네 구절로 한 단락의 의미를 나타낸다. 물론 시의 형식이 시의 내용을 제한하지는 못한다. 두보의《석호리》같은 시는 네 구절마다 전운은 하였지만, 시의 내용적으로는 규칙적인 분단이 아니다.

격구운(隔句韻)은 가장 쉽게 볼 수 있는 형식으로《첩박명》처럼 보통 첫 구절에서는 운을 넣지 않는데,《석호리》처럼 첫 구절에 운을 넣은 시도 많다.

축구운(逐句韻)은 보통은 칠언 고시에 쓰인다. 한무제 시기의《백량대(柏梁臺)》는 칠언시의 대표작으로, 축구용운(逐句用韻)일뿐만 아니라 일운도저(一韻到底)하였다. 어떤 칠언시는 축구용운 시구들 가운데에 용운을 하지 않는 몇 구절을 쓰기도 한다. 두보의《애왕손(哀王孫)》,《여인행(麗人行)》이 그러하다. 칠언 고시의 축구용운은 몇 구절마다 전운을 하는 경우도 있는데, 이러한 형식은 후세에 오면서 적게 쓰였으며, 전체 시에서 한 운을 끝까지 넣은 경우는 전혀 없었다. 칠언시에서 축구 전운에서 두 구절마다 전운을 하는 경우를 예로 들어 보자.

江東湖北行畫圖、鄂州南樓天下無。高明廣深勢抱合、表裏江山來畫閣。雪筵披襟夏簟寒、胸吞雲夢何足言。庾公風流冷似鐵、誰其繼之方公悅.(강동과 호북 풍경 화폭 같고 악주의 남루는 천하 제일이다. 높고 밝고 광할하고 지세는 기복이 굽이굽이 마치 산수 속에 화각이 있는 듯하다. 눈꽃은 옷자락 타고 날리고 대나무 자리에서는 한기가 스며 나온다. 마음은 구름 삼키는 꿈 꾸는 듯 무슨 말 필요하리. 유공의 풍류 쇠처럼 차가웠는데 누가 그 일을 이어받고 즐거워하리.) (황정견(黃庭堅)《남루장구정공열(南樓長句呈公悅)》)

고대중국어 통론

세 구절마다 전운을 하는 경우도 있다. 예를 보자.

君不見走馬川〔行〕⁷、雪海邊、平沙莽莽黃入天。輪臺九月風夜吼、

一川碎石大如鬥、隨風滿地石亂走。匈奴草黃馬正肥、

金山西見煙塵飛、漢家大將西出師。將軍金甲夜不脫、

半夜軍行戈相撥、風頭如刀面如割。馬毛帶雪汗氣蒸、

花連錢旋作冰、幕中草檄硯水凝。虜騎聞之心膽懾、

料知短兵不敢接、車師西門佇獻捷。(잠참(岑參)《주마천행(走馬川行)》)

(그대는 보지 못했는가, 주마천이 눈 바닷가로 흐르는 것을. 망망한 모래
벌이 하늘가로 맞닿은 것을. 윤대 9월밤 밤새 광풍이 노호하고, 주마천의 깨
진 돌 되만큼 크구나. 바람따라 돌덩이들 사처로 굴러다닌다. 흉노군 누런
풀 먹여 말은 마침 살지고, 금산 서쪽에 연기와 먼지 날리네. 당나라 대장은
서쪽으로 원정을 나섰네. 장군은 밤에도 갑옷을 벗지 않고, 한밤에 행군하여
창이 서로 부딪치네. 살을 에이는 듯한 찬바람은 얼굴을 스친다. 말 털은 눈
꽃 엉고도 땀기가 솟는다. 오화 장식구에는 얼음이 돌고 있고 군막 안에서
격문을 기초하니 벼룻물도 언다. 오랑캐는 출전 말만 듣고도 간담이 서늘해
서, 백병전을 하지 못할 것이며 거사 서문에서 승전보를 기다리네.)

송나라 시인들의 칠언시도 이러한 체제를 계승하였다. 세 구절마다 전
운을 취하는 형식은 진(秦)나라의 이사(李斯) 각석(刻石)에 이미 사용되었
다. 그러나 이는 사언 송찬(頌讚)이다. 당나라 원결(元結)의《중흥송(中興
頌)》도 이러한 형식을 모방하였지만, 칠언 고시와는 관련이 있다고 말할
수 없다.

---

7   '行'은 연자(衍字)이다. 이 구절에서는 '川、邊、天'이 운이다.

고체시의 용운은 비교적 넓었는 바, 평성운을 썼는가 하면 상성, 거성, 입성운도 썼다. 성조가 같고 서로 비슷한 운이라면 통용하기도 하였다. 예를 들면《팽어행(彭衙行)》에서 두보는 '真, 文, 元, 寒, 刪, 先' 등과 같이 비슷한 운부를 사용했고,《봉선영회(奉先詠懷)》에서도 '質, 物, 月, 曷, 黠, 屑' 등과 같이 비슷한 운부를 썼다. 하지만 운을 선택함에 있어서 아주 엄격한 시들도 있다. 예를 들면《교릉시(橋陵詩)》의 30운에서 두보는 모두 '青'부를 썼고,《예장행(豫章行)》의 11운에서는 모두 '刪'만 썼다. 이러한 현상들 중 어떤 것은 우연적일 수 있고, 어떤 현상은 당나라 고시 용운 제도와도 관련이 있을 수도 있지만, 보통 고시운에서는 이러한 제한이 없었다. 육조 이전의 고시, 운서가 나타나기 전에는 운부를 논의할 필요가 없다. 단지 이 시기의 언어상황을 나타내는 자료들을 이해하는 데 도움을 주기 위해서는 당시의 자료들에서 당시의 운류 체계를 정리하는 것이 필요하다.[8]

제3절 격률의 형성과 근체시

제(齊), 양(梁) 시대에 '사성(四聲)'설이 유행하면서 '팔병(八病)'의 시법 이론이 형성되었다. 이를 주장하는 대표적인 인물로는 주옹(周顒)과 심약(沈約)이다. 이들은 '평, 상, 거, 입'이라는 명칭으로 한 때 빌려서 썼던 오음의 명칭인 '궁(宮), 상(商), 각(角), 치(徵), 우(羽)'를 대체했다. 따라서 글자의

---

8   《육사룡집(陸士龍集)》,《여형평원서(與兄平原書)》에서는 "李氏云、雪與列韻(이씨는 雪과 列이 운을 이룬다고 말하였다.)" 여기서 '李氏'란《성류(聲類)》를 지은 이등(李登)을 말하는 것이다. 이로부터 진나라 시인들은 이미 운서에 근거하여 용운을 검사했음을 알 수 있다.

성조에 전문적인 명칭이 생기게 된 것이다. 그리고 시를 지을 때 성모, 운모, 성조에서 8가지 피해야 할 규칙을 정했는데, 이를 '팔병'이라고 한다. '팔병'은 '평두(平頭), 상미(上尾), 봉요(蜂腰), 학슬(鶴膝), 대운(大韻), 소운(小韻), 정뉴(正紐), 방뉴(旁紐)'을 가리킨다.[9] 소리의 조화를 위해서 피해야 한다는 이 8가지 규칙은 당시에 이미 반대하는 사람들이 있었다. 대표적인 사람으로는 종영(鍾嶸)인데 그는 《시품(詩品)》에서 말하였다. "平上去入, 僕病未能 ; 蜂腰鶴膝, 俚俗已具(평상거입에 대해서는 지키지 못하는 것을 나는 나쁘다고 생각하지만, 봉요와 학슬의 흠에 대해서는 민간에 이미 다 퍼져 있다.") 고시의 작품에는 계율(戒律)에 어긋나는 구절들이 엄청 많았다. 하지만 이들이 시적 미에 나쁜 영향을 미쳤다고는 할 수 없다. 그러므로 '팔병'설은 오언 고시가 성행하던 당시에 그다지 큰 역할을 하지 못하였다. 그러나 이러한 학설의 출현에는 객관적이고 내재적인 원인이 존재하는 바, 그 원인은 바로 그 당시가 오언시의 전환시기로 '팔병'설은 당시 일부 작가들의 애호와 취향을 반영하기도 하고, 또 '근체시' 격률의 시대를 연 것이기도 하다.

　당나라 사람들은 격률이 있는 시를 '근체시'라고 하였는데 이는 이러한 격률이 육조 말에 흥행하기 시작하여 당나라 때에 이르러 완성되었기 때문이다. 육조 시대에는 비록 격률시 규칙들이 제대로 갖추어지지 못했지

9　심약의 《사성보(四聲譜)》는 이미 실전되었고, '팔병'의 명목(名目)은 일본 쿠카이(空海)의 《문경비부론(文鏡秘府論)》에서 인용한 것이다. '평두' : 오언시의 두 구절에서 첫 글자들이 같은 성조일 수 없다. '상미' : 두 구절의 끝 글자들은 같은 성조일 수 없다. '봉요' : 한 구절에서 제2자와 제5자는 함께 상, 거, 입성이 될 수 없다. '학슬' : 제1구와 제3구의 끝 글자는 같은 성조일 수 없다. '대운' : 두 구절에서 제9자는 운각과 운이 같은 글자를 쓸 수 없다. '소운' : 두 구절에서 운이 같은 글자는 중복될 수 없다. '방뉴' : 한 구절 내에 쌍성자를 쓸 수 없다. '정뉴' : 한 구절 안에서 동음이면서 성조가 다른 글자를 쓸 수 없다. 쿠카이는 당나라로 유학 온 일본인으로 중국의 고서를 적지 않게 옮겨 적었다.

만, 격률이 엄밀한 시작품은 이미 나타났다. 유신(庾信)의 《기서릉(寄徐陵)》
이 바로 그러하다.

故人倘思我、及此平生時。莫待山陽路、空聞吹笛悲。

(오랜 친구, 아직 내가 그리우면 내가 살아 있을 때 이곳에 오시게.

내가 죽을 때까지 기다리지 말게. 문득 슬픈 피리소리 들으면 슬픔이 생길
테니.)

왕신례(王申禮)의 《부득암혈무결구(賦得巖穴無結構)》도 마찬가지다.

巖間無結構、殼處極幽尋。葉落秋巢迥、雲生石路深。

早梅香野徑、清漳響邱琴。枉有棲遲客、留連芳杜心。

(바위 속에서 사니 집 구조도 없고 그윽한 깊은 골짜기 찾아가네.

나뭇잎 떨어지니 아득히 가을 새 둥지 보이네. 구름 이니 돌길 깊숙하네.

이른 매화꽃 향기 들길에 넘치고 맑은 계곡물소리 언덕 위의 거문고소리
같네.

오직 여기 거처하는 굼뜬 객만이 팔배 나무 향에 끌려 떠나기 어렵네.)

이 두 시는 모두 당나라 이전 시대의 작품들이지만 성률, 대장에 있어
서 완벽하게 근체시의 요구에 부합된다. 율시는 육조 시대에 이미 잉태 및
발육이 성숙하였고, 당나라 때에 와서는 자연스럽게 형성되었다.

'근체시'는 곧 '율시'이며 '격률시'이다. 격률시를 글자수로 나눈다면,
오언시, 칠언시가 있으며 간혹 육언시도 있다. 구절수로 나눈다면 4구절인
'절구(絕句)', 8구절인 '율시(律詩)', 8구절 이상의 '배율(排律)'이 있다. '율시'

는 격률 시의 총칭이기도 하고, 또 오/칠언 팔구(八句)의 형태만을 가리키기도 한다.

근체시의 특징은 평측성의 안배에 일정한 표준이 있다는 것이다. 한 수의 시는 하나의 운만 쓰는데, 일반적으로 모두 평성운이며, 간혹 측운(仄韻)을 쓰기도 한다. 오언 절구는 보통 측운을 쓰는 경우가 비교적 많다. 운부에 대한 제한도 비교적 엄격한데, 일반적으로 마음대로 통용하지 않는다. 율시와 배율도 기운(起韻)과 결운(結韻) 4구절을 제외하고 모두 대장을 요구하며, 이러한 규정들은 간혹 조건을 가지고 깨기도 한다. 규칙적인 인운(鄰韻)을 통용하기도 하고, 어떤 시인들은 의식적으로 '별조(別調)'를 만들어내기도 한다. 절구에도 대구가 있지만, 율시는 시 내용의 요구로 어느 경우에는 3, 4구절이 대장을 하지 않을 수도 있으며 전체 시에 대장이 보이지 않을 경우도 있다. 평측의 변환에 있어서는 어느 경우에는 '요(拗)'와 '구(救)'가 있는 '요체(拗體)'일수도 있고, 그 규칙이 완전히 지켜지지 않을 때도 있다. 하지만 성률, 대장의 변화가 어떠하든 근체시는 고시와는 다르게 사람들에게 정연한 리듬감을 느끼게 한다. 근체시에서 느낄 수 있는 리듬감은 고시에는 없는데, 이는 근체시와 고시의 가장 뚜렷한 차이점이다. 이 리듬감의 주요 요인은 바로 성률과 대장이다.

근체시에서 평측 성조보(聲調譜)는 다음과 같다.(오언, 칠언 절구는 율시 절반으로, 중첩하면 율시가 된다.)

① 평평측측평평측(측평평), 측측평평측측평,
　　측측평평평측측, 평평측측측평평.
② 측측평평평측측(측측평), 평평측측측평평,

평평측측평평측, 측측평평측측평.

③ 평평평측측(측측평), 측측측평평,

　　측측평평측, 평평측측평.

④ 측측평평측(측측평), 평평측측평,

　　평평평측측, 측측측평평.

　첫 구절에 운이 들어가기도 하고, 안 들어가기도 하지만 운이 들어가는 쪽이 많다. 배율도 오언과 칠언으로 구분하는데 오언이 많은 편이다. 구절 격식도 오언, 칠언 율시와 같다. 그렇지만 대장을 이루는 구절이 훨씬 많아 많게는 10연이 나타날 수도 있다. 우리가 자주 볼 수 있는 시 작품들로는 다음과 같은 것이 있다. 오언 절구의 예로는 왕지환(王之渙)의 《등관작루(登鸛雀樓)》, 칠언 절구의 예로 이백의 《조발백제성(早發白帝城)》, 오언 율시의 예로는 두보의 《등악양루(登岳陽樓)》, 칠언 율시의 예로는 두보의 《추흥팔수(秋興八首)》 등이다. 오언 배율은 당나라 때에 시험을 보는 시체(詩體)이기 때문에 12구 6운이 보통인데 후에는 16구 8운으로 바뀌었다. 하지만 이 체계의 시는 좋은 작품이 많지 않다. 두보의 《풍질주중복침서회삼십육운(風疾舟中伏枕書懷三十六韻)》은 장률(長律)시이다. 한유(韓愈)와 맹교(孟郊)가 지은 "연구(聯句)"도 몇 수가 있는데, 모두 배율이다. 두보의 《청명(淸明)》 2수는 칠언 배율이고, 백거이(白居易)와 원진(元稹)의 시집에도 배율이 몇 수 있다.

　어떤 시는 내용의 필요로 격률의 구속을 받지 않을 때가 있으며, 어떤 시는 일부러 격률의 규칙을 깨고 평측을 따르지 않는 '요체(拗體)'가 되기도 한다. '요체' 중 일부는 정격으로, '요(拗)'가 있어 '구(救)'하는 것이고, 일

　　　　　　　　　　　　　　　　　　　　　고대중국어 통론

부는 변화하여 나타난 것으로 찾아낼 규칙이 없다.

'구(救)' 한 시로 두보의《영회고적(詠懷古跡)》을 예로 들 수가 있다.

庾信平生最蕭瑟、暮年詩賦動江關。(유신의 일생은 제일 고달프고 쓸쓸
했지만 만년의 시, 부는 강관을 뒤흔들었다.)

千載琵琶作胡語、分明怨恨曲中論。(천 년 동안 비파소리 메아리쳤는데
분명 원한을 곡으로 하소연한 것이다.)

이 시구에서 '最蕭瑟', '作胡語'는 모두 요조(拗調)이다. '蕭'와 '胡'는 평
성인데 측성의 위치에 쓰였기 때문이다. 따라서 측성 '最', '作'으로 '구'한
것이다.

두보의《고안(孤雁)》을 보자.

孤雁不飮啄、飛鳴聲念群。
(외로운 기러기 마시지도 먹지도 못하네.
무리를 생각하여 날면서 우네.)

백거이의《부득고원초송별(賦得古原草送別)》을 보자.

野火燒不盡、春風吹又生。
(들 불도 다 태우지는 못하네.
봄바람 불면 다시 돋아나네.)

위의 두 시구에서 '飮, 不'은 측성으로 평성이 쓰여야 하는 위치에 쓰였

다. 그러므로 다음 구절의 '聲, 吹'가 '구'했다. 이러한 '요구(拗救)'의 형식은 가장 쉽게 볼 수 있는 형식이다. 이외에 규칙을 찾아낼 수 없는 '요구'도 있다. 황정견(黃庭堅)의 《화유경숙월보삼첩(和遊景叔月報三捷)》이 그러하다.

漢家飛將用廟謀、複我匹夫匹婦仇。
真成折棰禽胡月、不是黃榆牧馬秋。
幄中已斷匈奴臂、軍前可飲月氏頭。
願見呼韓朝渭上、諸將不用萬户侯。
(비장군 이광은 모략을 써서 흉노 물리치고 우리 나라 백성 위해 복수를
했네.
　진정으로 흉노족을 꺾긴 했지만, 가을에 말 길러 침략하는 것을 막지는 못
했네.
　장막 안에서 흉노족 팔을 부러뜨릴 계획 다 세웠고,
　군장막 앞에서 월지의 머리에 술을 마실 정도로 기세가 높네.
　서하가 우리에게 조공을 바치는 항복을 하길 바라며,
　장군들은 만호후의 벼슬 따위는 원하지 않는다네.)

이러한 시들은 기(氣)가 율(律)을 넘어선다. 이후 송시를 연구하는 사람 중에서 어떤 사람들은 이러한 형식을 함부로 모방하여 시의 격률을 깨는 데 그러한 시들은 물론 좋은 시가 아니다. 또 어떤 사람들은 제멋대로 "요구"의 규칙을 찾아내려 하는데 이 또한 무모한 행동이다. 율시의 형식은 본래 시의 내용을 표현하기 위한 것이지 시의 내용을 제한하기 위한 것이 아니다. 그러므로 어떨 경우에는 시의 내용을 표현하기 위해 형식에 얽매이지 않기도 하는데 이는 당연한 것이다. 음절의 리듬 조화는 고시나 근체

시를 막론하고 모두 지켜야 하며 평측만 중시해야 하는 것은 아니다.

제4절 사율(詞律)과 사운(詞韻)

사조(詞調)의 기원은 일정하지 않다. 어떤 것은 근체시에서 발전하였고, 어떤 사는 군대에서 부른 노래가 그 기원이다. 또 어떤 사는 외국에서 전해 들어온 악곡이기도 하다. 어떤 것은 노래에 맞추어 창작된 것이 전하다가 정격(定格)이 된 것이다. 사는 기원이 다양하므로 사율(詞律)과 사운(詞韻)의 형식도 아주 복잡하다. 송대(宋代)의 사인(詞人)들이 대량으로 사를 창작하면서 사의 형식은 통일이 되었고, 또 큰 발전도 가져왔다. 예를 들면 "단조(單調)"와 일사다운(一詞多韻), 교차협운(交叉協韻)의 형식이 당(唐), 오대(五代)의 소령(小令)에서는 많았으나, 송나라 때에 와서는 적어졌고, 장조만사(長調慢詞)가 대량으로 출현하였다. 이 중에는 옛 곡을 고쳐서 새롭게 만든 사도 많고, 또 송나라 사가들이 새로 창작한 사도 많다.

사는 '장단구(長短句)'라고 칭하기도 한다. 이는 바로 사의 구절 형식이 근체시의 특징과 다름을 나타내는 것이다. 사의 장단은 악부, 고시와는 또 다르다. 왜냐하면 사에는 엄격한 자조(字調)와 성률(聲律)이 있기 때문이다. 사에는 단조(單調), 쌍조(雙調)가 있고 삼첩(三疊), 사첩(四疊) 형식도 있다. 쌍조라는 것은 보통 사를 두 번 중복하는 것을 말한다. 그러므로 쌍조인 사는 상편(上片) 과 하편(下片)이 완전히 같다. 하지만 '환두(換頭)'('과변(過變)', '과편(過片)'이라고도 하는데 하편에서 사의 운이 시작되는 곳을 지칭하는 말이다.)하는 사도 있고(《만강홍(滿江紅)》이 그러하다.), 또 상편과 하편이 완전히 다른 경우도 있다(《동선가(洞仙歌)》가 그러하다.). 이러한 상황은 모두 노래할 때 음악의 변화에 따른 것이다. 사에서 성조는 보통 근체시와 같아 대개는 일정한 사보(詞譜)가 있다. 평자(平字)는 평성(平聲)을 넣고, 측자(仄字)는 측성(仄聲)을 넣는다. 근체시의 리듬과 가장 비슷하다. 《자고천(鷓鴣天)》을 예로 들어 보자.

(상편) 측측평평측측평, 평평측측측평평, 평평측측평평측, 측측평평측측평.

(하편) 평측측, 측평평, 평평측측측평평, 평평측측평평측, 측측평평측측평.

상편의 3구와 4구를 보면 율시와 같다. 보통은 대우(對偶) 문장을 쓴다. 하편에서 두 개의 삼자구(三字句)는 '환두'인데 음절변화를 한 것이다. 그러므로 이 사의 성조는 칠언 율시, 또는 절구 두 수와 거의 같다. 이러한 사는 사실상 근체시가 악보에 맞춰 지어진 것이다. 사의 평측은 위치가 고정되어 있으며, 잘 변하지 않는다. 단지 당, 송 시대의 사가 가사로 쓰이는 경우 노래의 편의를 위하여 평측이 변화하는 경우도 있으나, 후대로 내려오면서 그 노래가 더 이상 전해지지 않고, 가사로만 남는 경우도 있어 평측을 마음대로 변화시키지 못하였다. 사의 평측 성보(聲譜)는 기억하기가 쉽지 않다. 하지만 전인들의 명작들을 숙독하고, 자구(字句)에 따라 악보를 인지한다면 그리 어려울 것도 없다. 사는 보통 평측만 중요시하지만, 어떤 경우에는 상성과 거성, 입성의 구분을 따지기도 하며, 심지어 음평(청성(清聲))과 양평(탁성(濁聲))까지 분별하기도 한다. 안수(晏殊)의 《청상원(清商怨)》을

고대중국어 통론

예로 들어 살펴보자.

雁過南樓、行人回淚眼。夢未成歸、梅花聞塞管。
(기러기 남루를 지나자 행인이 눈물 흘리며 돌아오네.
꿈에서 아직 돌아오지 않았는데 매화가 국경 밖 관악기의 슬픈 소리 듣
네.)

이 두 시구의 마지막 글자는 모두 '거성, 상성'으로 이는 분명 의도적인
배정이었을 것이다. 주방언(周邦彦)도 음율을 아주 중시하였는데 그의 시
《만정방(滿庭芳)》을 예로 들어보자.

人靜烏鳶自樂、憔悴江南倦客。
(인가는 조용하고 까마귀 혼자 즐거운데 초췌한 강남 나그네여.)

이 시는 상편과 하편에서 모두 '거입'성을 썼는데 이러한 상황은 주방
언의 사에서 많이 나타난다. 장염(張炎)은 《사원(詞源)》에서 다음과 같이 말
하였다.

아버지(張樞, 장염의 부친임)의 《서학선(瑞鶴仙)》에서는 "粉蝶兒
撲定花心不去(분홍 나비 꽃에 날아와 떠나질 않네.)"라는 구절이 있다. 이
구절은 악보에 따르면 글자들이 다 조화를 이루는데, 단지 '撲'자는
협음이 좀 되지 않았다. 결국 '守'자로 고쳐쓰자 협음이 되었다. ……
또 《석화춘기조》를 지으면서 '瑣窗深'라 하였는데, '深'자는 협음이
되지 않아 '幽'자로 고쳤는데, 여전히 협음되지 않아서, 다시 '明'자로

고치니 비로소 협음이 되었다.

(先人(張樞、張炎之父)曾賦《瑞鶴仙》一詞、有云"粉蝶兒撲定花心不去"、按
之歌譜、聲字皆協、惟"撲"字稍不協。遂改爲"守"字、乃協。……又作《惜花
春起早》[10]云"瑣窗深"、深字音不協、改爲幽字又不協、再改爲明字、歌之始協)

여기에서 '撲'과 '守'는 각기 입성과 상성이고, '深, 幽'와 '明'은 각기 음
평과 양평이다. '深, 幽'와 '明'은 글자의 뜻이 완전히 상반되지만, 작가는
양평과 음평의 미세한 차이점을 구별하기 위하여, 자의의 모순도 막론하
고 글자를 고쳤는데, 이는 당시에 음률을 얼마나 중시했는가를 알 수가 있
다. 하지만 이러한 현상은 모두 노래 가사를 만들기 위해 나타난 것이다.
지금은 이 악보에 따라 노래를 부르지 않기 때문에, 이러한 차이점을 이해
할 필요가 당연히 없다. 그러므로 우리는 사를 읽을 때 평측 사보만 따르면
된다. 그렇지만 사가들이 사율의 운용에 있어서 이처럼 공을 들였다는 것
을 안다면 사의 아름다움을 감상할 때 도움이 된다.

사의 용운에는 일운(一韻)도 있고 전운(轉韻)도 있다. 예를 보자.

小山重疊金明滅(운)、鬢雲欲度香腮雪(협)、懶起畫娥眉(전운)、弄妝
梳洗遲(협)。
照花前後鏡(전운)、花面交相映(협)、新貼繡羅襦(전운)、雙雙金鷓鴣
(협)。
(병풍의 겹쳐진 작은 산들 금빛으로 빛난다.
구름 같은 귀밑머리 향기로운 흰 뺨을 눈처럼 스치려 하네.

---

10   [역주] 본문에서는 " "로 표시하였으나, 사의 제목으로《 》로 표기하였다.

무심히 눈썹을 그리네. 화장을 마치고 천천히 머리를 빗네.

머리 뒤에 꽂은 거울에 비춰 보니얼굴이 꽃과 서로 어울리네

새로 지은 비단저고리에 쌍쌍이 금빛 자고새들.) (온정균(溫庭筠)

《보살만(菩薩蠻)》)

月落星沈(운갑)、樓上美人春睡(운을)、綠雲傾、金枕膩(협을)、畫屏
深(협갑)。子規啼破相思夢(운병)、曙色東方才動(협병)。柳煙輕、花露
重(협병)、思難任(협갑)。

(달이 지고 별빛은 어둡네. 위층의 미인 봄기운에 꾸벅 조네. 머리카락 구
름처럼 드리웠고 금빛 베게 부드럽네. 병풍 그림 짙고 두견새 울음소리 그리
움의 꿈 깨뜨리네. 동녘의 새벽빛은 이제 밝았네. 버들가지 흩날리고 꽃송이
의 이슬 짙네. 그리운 마음 견디기 힘드네.) (위장(韋莊)《주천자(酒泉子)》)

사 전편에 하나의 운을 넣는 것이 대부분이고, 특히 훗날의 장조(長調)
는 일운이 상용 격식이다. 사 한 편의 용운은 혹 평성을 쓰거나, 혹 측성
을 쓰거나, 혹 입성을 제한하거나 하는데 여기에는 모두 일정한 규칙이 있
다. 또 일조(一調)에 평운, 측운 양체(兩體)가 있는 경우도 있다. 《만강홍(滿
江紅)》은 보통은 입성운을 쓰지만, 강기(姜夔), 오문영(吳文英)은 모두 평성
운의 《만강홍》을 지었다. 《억진아(憶秦娥)》는 입성운을 일반적으로 쓰지만,
하주(賀鑄), 진관(秦觀)은 모두 평성운의 《억진아》를 지었다. 《영우락(永遇
樂)》도 측성운을 쓰는 것이 일반적이지만, 진윤평(陳允平)은 평성운의 《영
우락》을 썼다. 어떤 사조는 측성을 쓰되 반드시 입성운을 제한하기도 한
다. 《삼부악(三部樂)》, 《우림령(雨霖鈴)》, 《낭도사만(浪淘沙慢)》, 《예상중서제

일(霓裳中序第一)》[11]이 그러하다. 그러므로 우리는 사를 읽을 때 이러한 특징들에 대해 주의해야 한다.

사운에서 상성과 거성을 쓸 때, 상성과 거성은 일반적으로 통협(通叶)이 된다. 예를 보자.

> 燕雁無心、太湖西畔隨雲去(거성)。數峰淸苦(상성)、商略黃昏雨(상
> 성)、第四橋邊、擬共天隨住(거성)。今何許(상성)、憑欄懷古(상성)、殘
> 柳參差舞(상성). (강기(姜夔)《점강순(點絳唇)》)
>
> (기러기 여유작작 태호 서쪽에서 구름 따라 날아다닌다. 몇몇 산봉우리들
> 소슬하니 황혼의 비 올 것 같네. 제4교 옆에서 천수자(天隨子、당나라 때 시
> 인 육구몽(陸龜蒙)을 가리킨다.)와 같이 살고 싶은데 지금 이 같은 사람 어디
> 에 있을까. 홀로 난간에 기대어 천고를 기리네. 남은 버드나무 들쑥날쑥 춤
> 추네.)

옛 작가들의 작품에서 오로지 상성, 혹은 거성만을 쓴 경우는 우연이라고 볼 수 밖에 없으며 정해진 격식은 아니다.

이 외에도 특수한 협운법(協韻法)이 있는데 황정견(黃庭堅)의 "복당독목교체(福唐獨木橋體)"가 그 중 하나인데, 한 수의 사를 하나의 글자로 협운을 하는 방식으로 짓는다. 신기질(辛棄疾)의 사에는 일종의 '사어운(些語韻)'이라는 것이 있는데 구절 끝에 '些'자를 씀으로써 윗글자와 협운을 이루는데 '장미운(長尾韻)'이라고도 한다. 이러한 형식들은 모두 사운의 변체

---

11 청나라 과제(戈載)의 《사림정운(詞林正韻)》에서는 입성의 38조로 제한하여 실었다. 그 중
    에서 12조는 평성은 쓸 수 있지만, 상성과 거성은 쓰지 못한다.

이다.

　사운(詞韻)은 송나라 사람들이 음악의 가사를 위해 종종 방언음으로 운을 넣기도 하였다. 후대의 사학가들은 기존의 운서들을 참작하고 송나라 작가들의 용운의 실제를 참조하여 사운을 편찬하였다. 그 중에서 가장 널리 알려진 대표적인 저서로는 청나라 과재(戈載)의 《사림정운(詞林正韻)》이다. 《사림정운》은 《광운》의 운부에 근거하여 사운을 19부로 나누었다. 그 중에서 평성, 상성, 거성이 도합 14부이고 입성이 5부인데 시운에 비해 넓었다.

　사의 운율은 음악의 율동과 연관이 있기 때문에 명목(名目), 부호(符號)에 대해서는 오늘날 이미 학자들의 의해 고증해냈지만 해석이 안 되는 내용들도 많다. 여기서 더 상세하게 논의하지는 않겠다.

제5절 곡률과 곡운

　곡(曲)은 남곡(南曲)과 북곡(北曲)으로 나뉜다. 이 양자의 구별은 음악상의 형식과 악보 형식에 있다. 이는 예술의 풍격에도 영향을 받는데 여기에서는 이를 논의하지 않겠다. 명대(明代)의 전기(傳奇)는 매 곡마다 음악상 독립성이 있는데, 그 형식이 원대(元代)의 투수(套數)나 잡극처럼 고정적이지 않다. 악보에 맞추어 전사(塡詞)를 하면서 송사(宋詞)와 원곡(元曲)의 특징을 함께 계승하였다. 이러한 것에 대해서는 여기에서는 상세하게 논의하지 않겠다. 이 절에서는 원곡을 위주로 말할 것이다.

　원곡은 일반적으로 소령(小令), 투수(套數), 잡극(雜劇) 이 세 종류로 나뉘는데, 소령은 한 수에 하나의 곡패(曲牌)만 있는 단단(單段) 산곡(散曲)을 가리킨다. 투수는 같은 궁조(宮調)의 산곡을 가리킨다. 소령과 투수는 일반적으로 읊고 부를 수 있는 가극이지만, 부르지 못하는 경우도 종종 있다. 잡극은 규정된 몇 수의 투수들로 구성된 가극을 말한다. 잡극에는 곡 외에도 곡 줄거리의 필요 때문에 '과백(科白)'도 있다.[12] 잡극의 투수(套數)는 보통 4조(組)로 '사절(四折)'이라 한다. '사절'에 한 단락을 더하기도 하는데 이를 '설자(楔子)'라 한다.

원곡의 운율은 다음과 같은 몇 가지 특징을 가지고 있다.

(1) 구수는 일정한 제한이 있지만 글자수에는 제한이 없어서 내용 상의 필요와 음악이 허락되면 글자수를 보태거나 뺄 수 있다. 어느 때에는 구수를 더하거나 뺄 수도 있다.

(2) 입성은 평성, 상성, 거성으로 흩어졌다. 평측성은 전사(塡詞)시에 어떨 경우에는 혼용하여 쓰일 수가 있는가 하면, 어떨 경우에는 엄격하게 상성과 거성을 구분한다.

(3) 투수의 곡패(曲牌) 구성에는 일정한 배합 순서가 있는데, 원곡 전 편에서 동일한 궁조(宮調)를 쓰며 한 가지 운을 시작부터 끝까지 쓴다.

(4) 잡극의 매 절(折)이 하나의 투수인데 곡을 부르는 사람은 오직 한 사람뿐이고(보통은 주인공이 부른다.), 다른 배우들은 과백(科白)만 표현할 뿐 부르지는 않는다.

이상의 특징에 대해 설명을 덧붙이면 다음과 같다.

---

12 과백(科白)은 동작과 도백(道白)을 말한다.

고대중국어 통론

구와 자수의 증감에 대해 '친자(襯字)', '감자(減字)'('투성(偷聲)'이라고도 하는데 소리만 있고 글자수는 없는 것을 가리킴.)라고 한다. '친자'의 주요 예로 왕실보(王實甫)《서상기(西廂記)》에서의 제일본(第一本) 제이절(第二折)의 한 단락인《석류화(石榴花)》를 들 수 있다.

(大師)一一問行藏、(小生)仔細訴衷腸。自來西洛是吾鄉、宦遊四方、寄居咸陽。(先人拜)禮部尙書多名望、五旬上因病身亡、平生正直無偏向、(止留下)四海一空囊。

(대사가) 일일이 상황을 묻자 (장생이) 자세히 설명하였다. 그는 고향이 서락이고 사방을 돌아다녔고 지금은 함양에 기거하고 있다. (부친은) 예부 상서로 지내다가 쉰을 갓 넘겼을 때 세상을 떠났다고 한다. 평생을 정직하고 편파적이지 않았다고 한다. 현재는 가세가 기울어 빈 가죽 자루만 (남았다.)

이러한 '친자'들은 없어서는 안 되는 내용이다. 어떤 사람들은 '친자'는 중요하지 않은 허자(虛字)라고 하는데 이는 믿을 바가 못 된다. '친자'는 음악 절주에서는 덜 중요하지만, 내용상으로는 없어서는 안 될 부분이다. 위의 곡문에서 '친자'는 주어가 되기도 하고 서술어가 되기도 하는데 중요하지 않다고 보면 안 된다.

'감자'의 예로 관한경(關漢卿)의《쌍조신수령(雙調新水令)》이 있다.

玉驄絲鞚金鞍、繫垂楊小庭深院。□□明媚景、□□豔陽天、急管繁弦、(東)樓上恣歡宴。(청총마 금안 말굴레 매었고 작고 깊은 정원에 버들가지 드리웠네 아름다운 경치 화창한 봄날, 급박한 관악기 소리와 복잡한 현악기 소리, 동루에는 신나는 연회 열었네.)

증자(增字) 현상은 어떨 경우에는 구절 단위로 또는 단락단위로 많이 나타나는데, 증자에 따라 창법상에서 변화를 주지 않을 수가 없다. 따라서 이를 또 다른 구성의 곡으로 보는데 이럴 경우에는 '친자'라고 볼 수가 없다.《서상기》의 제3본 제1절의 한 단락인《후정화(後庭花)》를 보자.

(我只道拂)花箋打稿兒、(元來他染)霜毫不勾思。(先寫下)幾句寒溫序、(後隨著)五言八句詩。不移時、(把)花箋錦字、(疊做個)同心方勝兒。(忒風流忒敬思、忒聰明忒浪子、雖然是假意兒、小可的難到此。)

(나는 단지 화전지로 원고를 쓰는 줄 알았는데, 알고 보니 그는 조금도 구상하지 않았다. 먼저 몇 마디 인사말을 쓰고, 그 뒤에 오언 팔구 시문을 붙였다. 잠시 후에, 이 화전을 좋은 글자와 함께 마음 심 모양으로 접었다. 너무 풍류스럽고 너무 소탈하고 너무 총명하고 너무 방탕하다. 비록 거짓된 마음이었지만 그래도 실로 얻기 어려운 것이었다.)

끝부분의 4구절은《후정화》의 격식에는 없는 내용이다.

어떤 곡패(曲牌)에는 의미가 있는 정해진 글자가 있다. 예를 들면 곡패《일반아(一半兒)》중의 '一半兒'와 같은 경우다. 또 의미가 없는 글자도 있다. 곡패《도도령(叨叨令)》중의 '兀的……也麽哥'와 같은 글자들은 곡에서 의미가 없다. 곡패《천하락(天下樂)》중의 '也波'도 마찬가지로 의미가 없는 글자다. 이러한 글자들은 비록 곡에서 의미가 없다고는 하지만, 곡을 부를 때 리듬을 붙이기에 곡의 한 격식으로 자리잡았으며, 이를 일반적인 '친자'로 보아서는 안 된다.

원곡에서는 북방음('중원음')을 쓰고 있기 때문에 입성이 없고, 음성, 양성, 거성, 상성만 쓰는데 대체적으로 현대 북방어음과 같다. 입성은 평성, 상성, 거성 등 삼성으로 나뉘어 발음된다. 주덕청(周德清)의《중원음운(中原音韻)》에는 다음과 같은 규정이 있다.

발성(發聲)이 청성(清聲)인 입성자(見、溪、端、透、知、徹、幫、滂、非、敷、清、心、照、穿、審、影、曉)──는 상성으로 읽는다.

발성(發聲)이 차탁(次濁)인 입성자(疑、泥、娘、明、微、喻、來、日)──는 거성으로 읽는다.

발성(發聲)이 전탁(全濁)인 입성자(群、定、澄、並、奉、從、邪、牀、禪、匣)──는 평성(양평성)으로 읽는다.

이는 현대중국어의 북방 어음과 남방 방언의 성조와 비교해보면 완전히 같지는 않다. 예를 들면 원대의 음운 중에서 입성을 상성으로 발음하는 글자가 가장 많았고, 음평으로 발음하는 글자는 없었다. 현대 어음에서는 입성을 상성으로 발음하는 현상은 대대적으로 감소된 반면, 상용자 가운데서 음평으로 발음하는 현상은 대대적으로 증가하였다. 원곡에서는 구절에서 평측만 논의하고, 협운은 사성 통압(通押)할 수 있다. 관한경(關漢卿)의 잡극《노제랑(魯齋郎)》중의《사괴옥(四塊玉)》을 예로 들어 보자.

將一杯醇糯酒十分的吃(入作上) 更怕我酒後疏狂失了便宜(陽平)。扭回身剛咽的口長籲氣(去)、我乞求得醉似泥(陽平)、喚不歸(陰平)。我則圖別離時不記得(入作上)。

(향기로운 술 한잔 마음껏 즐기며 마시는데 술을 마신 후 실수할까 두렵

다. 몸을 돌려 안도의 긴 숨을 내쉬었다. 나는 엉망진창 취하도록 자신에게 애원했지만, 그 사람을 부르지는 못했다. 나는 이별의 순간을 기억하지 못하기를 바랐다.)

어떤 부분에서는 상성과 거성 사용이 아주 엄격하였다. 이 엄격한 규정은 일반적으로 곡패의 마지막 구에 온다. 《경의화(慶宣和)》는 마지막 구에서 '거상(去上)' 운을 사용해야 하고, 《산파양(山坡羊)》의 마지막 구는 '평거평(平去平)' 운이어야 하고, 《취부귀(醉扶歸)》, 《단정호(端正好)》, 《보보교(步步嬌)》의 마지막 구에서는 '측측평평거(仄仄平平去)'를 쓰도록 규정되어 있다. 이러한 규정들은 《중원음운(中原音韻)》에서의 '작사십법(作詞十法)'에 나와 있다. 그러나 원나라 사람들의 작품은 이러한 규정들을 완전히 따른 것은 아니었다. 그 이유는 원곡들의 당시의 창법과 관련이 있을 것이다. 물론 현재는 당시 원곡의 창법에 대해 알 길이 없다. 곡은 마지막 구에서 첩자(疊字)와 연어(謰語)를 제외하고는 일반적으로 두 글자 이상의 거성자나 상성자는 쓰지 않는데, 이는 전사(填詞)나 도곡(度曲, 작곡)을 위해서뿐만 아니라, 언어의 자연스러움을 따르기 때문이다. 만약 두 글자의 상성자나 거성자를 마지막 구에 넣으면, 곡이 막히면서 순통하지 않게 된다. 이렇게 되면 곡은 부르거나 읽거나를 막론하고 모두 부자연스럽다. 현대 어음에서도 이러한 상황에 부딪치면 마찬가지로 곡이 변하게 된다.

곡운(曲韻)은 사운(詞韻)과 마찬가지로 조보(調譜)에서 정해진 격식이 있다. 곡의 리듬에서 돈좌(頓挫)를 강조하기 위한 '단주(短柱)'라고 하는 구중운(句中韻)이 있는데, 이는 두 글자 중 일돈(一頓), 일협(一協)이다. 왕실보(王實甫)《서상기(西廂記)》의 제일본(第一本) 제3절(第三折)의 "(我)忽聽, 一聲, 猛

驚", 제5본 제4절의 '自古, 相女, 配夫'이 그러하다. 소령(小令)에도 곡 전체가 '단주운'을 쓴 경우도 있다. 송나라 때의 사에서도 이러한 '단주운' 형식이 없었던 것은 아니다. 오문영(吳文英)《삼주미(三姝媚)》의 '啼痕, 酒痕, 無限. 當年, 夢緣, 能短'은 상하편에서 동일하게 '단주운'이 쓰였는데, 이는 의식적으로 그렇게 했음을 볼 수 있다. 하지만 이는 우연적인 현상이다. 왜냐하면 '단주'의 운례(韻例)는 원곡에서야 성립이 되었기 때문이다.

투수(套數)에서 같은 소조의 곡패(曲牌)에는 일정한 배합 순서가 있는데, 동일한 궁조(宮調)를 쓰고, 중간에 전운을 하지 않는다. 음악상의 이러한 이유로 잡극의 매절(每折) 즉 하나의 투수는 한 사람만이 부른다. 이러한 형식은 후에 명나라 때의 전기(傳奇)에서 완전이 타파되었다. 이는 또 '남희(南戲)'의 전통 창법과도 관련이 있는 것이다. 이러한 현상들과 궁조(宮調), 곡패(曲牌) 등에 대해서는 여기서 더 상세하게 논의하지 않겠다.

제18장

고전문학 작품의 수사법

고전 문학 작품의 수사법은 풍부하다. 하지만 아직 이에 대한 체계적이고 상세한 총화는 없다. 고전 문학의 예술성을 감상하고 고대의 작가들이 언어 문자로 어떻게 문학의 표현 효과를 거두었는지를 이해하기 위해서는 자주 사용하는 수사법에 대해 개괄적으로 소개할 필요가 있다. 수사법을 소개한 책들에서는 대체적으로 수사법을 소극적인 수사법과 적극적인 수사법으로 나눈다. 적극적인 수사법은 또 여러 가지 수사법으로 나눈 후 이런 수사법을 좀 더 큰 부류로 귀납한다. 이 장에서는 적극적인 수사법 논의에 국한된다. 기존의 수사법 관련 저서들에서는 수사법의 분류에 대한 일정한 규칙을 찾아내기가 아주 어렵다. 이 장에서는 대체적으로 천왕다오(陳望道)의 《수사학발범(修辭學發凡)》에 근거하여 수사법을 문맥[意境]과 자료에 관련된 것, 문장의 구조와 관련된 것, 성운과 관련된 것 등 세 가지로 나누어 서술하고자 한다. 그러나 이 세 가지 분류는 대체적인 분류에 불과한 바, 이들 사이에는 엄격한 경계선이 없다. 문장의 구조와 관련된 수사법이라 하여 성운과 문맥 자료와는 무관하다고는 볼 수 없다. 여기에서 서술하고자 하는 내용에는 기존의 수사법 관련 저서에는 없는 것도 있다. 왜냐하면 어떠한 '수사격'이라도 고대 사람들의 풍부한 수사법을 다 포함시키기에는 부족하기 때문이다. 고전문학에서나 현대문학 작품 또는 언어사용에서 별로 차이가 없는 수사법들에 대해서는 이 장에서 상세하게 논의하지 않겠다.

제1절 문맥, 자료와 관련된 수사법

1. 비유와 기탁(寄托)

비유는 자주 쓰이는 수사 방법 중 하나다. 그러므로 여기서 상세하게 다룰 필요가 없다. 여기서 중점적으로 다룰 비유법은 고대사람들이 많이 사용하는 중첩하여 비유하는 방법인데, 바로 많은 비유를 중첩하여 하나의 사물을 형용하는 것이다. 이러한 비유법은 사물의 특징을 형상적으로 상세하게 묘사할 수 있을 뿐만 아니라, 문장의 표현이 유창하고 여유가 있고 궁색하고 빈약해 보이지 않는다. 예를 보자.

其形也、翩若驚鴻、婉若遊龍、榮曜秋菊、華茂春松 ; 彷彿兮若輕
雲之蔽月、飄颻兮若流風之迴雪 ; 遠而望之、皎如太陽昇朝霞 ; 迫而察
之、灼[1]若芙蕖出淥波.(그 모습은 나풀거리는 모습이 놀란 기러기 같고, 노
니는 용처럼 아름답다. 가을국화처럼 빛나고 봄 소나무처럼 화사하다. 보일
듯 말 듯 엷은 구름이 달을 가린 듯하고 한들한들 모습은 바람에 휘날리는
눈송이 같다. 멀리 바라보면 밝고 희기가 아침 노을에 떠오르는 태양 같고
가까이서 보면 해맑은 모습이 마치도 푸른 물결 위에 피어 오르는 연꽃 같

---

1   '灼'은 해맑은 모습을 가리킨다.

다.) (조식(曹植)《낙신부(洛神賦)》)

長洪[2]斗[3]落生跳波、輕舟南下如投梭、水師[4]絕叫鳧雁起、亂石一線爭
磋磨。有如兔走鷹隼[5]落、駿馬下注[6]千丈坡、斷弦離柱[7]箭脫手、飛電過
隙珠翻荷。(긴 물줄기 갑자기 떨어져 물방울을 튀기는데 던져진 북처럼 남
쪽으로 내려가는 가벼운 조각배, 뱃사공의 고함에 물오리와 기러기가 푸드
덕 달아난다. 구불구불 한 줄로 늘어선 바윗돌은 누가 더 뾰족한가 내기를
한다. 토끼가 뛰어가는 것을 매가 덮치듯, 천 길의 내리막에 준마가 달려가
듯, 끊어진 거문고 줄 튕겨나가듯, 팽팽한 시위에서 화살이 날아가듯, 조그만
틈으로 번개가 번뜩이듯, 물방울이 연잎에 굴러가듯.) (소식(蘇軾)《백보홍
(百步洪)》시)

이 두 단락의 시는 각각 미인과 급한 물결 속의 작은 배를 묘사한 것이
다. 전자는 각각 다른 사물들로 낙신(洛神)의 몸매, 풍모, 얼굴을 묘사하여
독자들로 하여금 유연하고 고상하며 수려하고 부귀한 여성 형상을 느끼게
한다. 후자는 신속하고 격렬하게 움직이는 사물들로 배가 급류에 의하여
격렬하게 떠밀리는 정경을 아주 생동하고 훌륭하게 묘사하여 독자들의 마
음을 단단히 사로잡고 긴장을 늦출 수 없게 하였다. 단순히 한두 사물의 비
유만으로는 이처럼 생동한 효과를 거둘 수 없다.

비슷한 비유 방법의 예로 한유(韓愈)의《송석처사서(送石處士序)》를 보자.

---

2 '洪'은 폭포를 가리킨다.

3 '斗'는 '陡'와 통하는데 갑자기의 의미이다.

4 '수사(水師)'는 배를 모는 사람을 가리킨다.

5 '隼(sǔn, 준)'은 야생 매를 가리킨다.

6 '注'는 '注射'에서의 '注'와 의미가 같다. 뛰어오르다의 의미다.

7 '柱'는 거문고에서 현을 놓는 작은 기둥을 가리킨다.

與之語道理、辨古今事當否、論人高下、事後當成敗、若河決下流而東注、若駟馬駕輕車就熟路、而王良、造父[8]爲之先後也、若燭照數計而龜卜也。(그와 함께 도리를 이야기하고 고금의 일에 대해 합당한지 아니한지를 분별하여 말하고, 인품의 높고 낮음이나 사후 일의 성패를 논하니, 마치 강물 둑이 터져 동으로 흘러내리는 것 같고, 네 마리 말이 익숙한 길을 달리는데 왕량이나 조보가 앞서거니 뒷서거니 하는 것 같으며, 마치 촛불을 밝혀놓고 수를 헤아리고 거북점을 치는 것 같습니다.)

이 시문에서는 대구가 뒤섞인 형식으로 비유법을 연속으로 세번이나 사용하였다. 음조가 낭랑하고 절주가 빠르고 유창하다. 석처사(석홍(石洪))의 현명하고 능숙한 일 처리 태도에 대해 아주 풍부하게 묘사해 냈다.

이 외에도 소식의 《문여가비백찬(文與可飛白贊)》에서 비백서(飛白書)[9]에 대한 미묘한 아름다움, 요내(姚鼐)의 《복로혈비서(復魯絜非書)》에서의 문장의 강렬함과 부드러움을 표현할 때 모두 이러한 중첩의 비유법을 사용하였다. 요내의 문장에 대해서는 뒤에서 더 논술할 것이다.

비유하는 사물만 나타내고 '如, 猶' 등과 같은 비유를 표현하는 단어와 비유되는 사물을 나타내지는 않지만 비유 의미가 문장 속에 있는 수사법을 차유(借喩)라고 한다. 차유는 사람과 사물을 비유할 때 전문적으로 쓰이는데 은회(隱晦)적이다. 중국 문학의 비평사에서는 '비흥(比興)' 또는 '기탁(寄托)'이라고 하는데 고대 작가들이 늘 사용하던 일종의 수사 표현법이다.

사물로서 사람을 비유하는 방법은 대체적으로 가장 흔히 쓰이는 기탁

---

8   王良과 造父는 고대에 말을 잘 모는 사람이다.

9   [역주] 비백서는 '초전(草篆)'이라고도 하는데, 고대 서예에서 아주 독특한 글자체이다. 이 서예는 동한(東漢) 시대의 유명한 문학가이면서 서예가인 채옹(蔡邕)이 발명하였다.

법으로 '탁물(托物)'이라고도 한다. 《시경(詩經)》의 《석서(碩鼠)》, 《대동(大東)》 등에서는 이러한 수사법을 썼지만 많이 보이지는 않는다. 굴원의 작품에서는 기탁법이 많이 사용되었다. 왕일(王逸)은 《이소서(離騷序)》에서 다음과 같이 말하였다. "《이소》의 문장은 《시》를 따라 흥을 취한다. 유사한 사물을 끌어와 비유를 하였다. 좋은 새나 향초로 충직한 사람을 비유하고, 악독한 짐승이나 더러운 물건으로 헐뜯는 사람을 비유했다. 수려하고 아름다운 미인으로 군왕과 짝을 짓고 복비와 일녀로 어진 신하를 비유하고, 교룡과 봉황으로 군자를 비유하고 흩날리는 구름으로 소인을 비유했다. 《離騷》之文, 依《詩》取興, 引類譬喻. 故善鳥香草, 以配忠貞 ; 惡禽臭物, 以比讒佞 ; 靈修美人, 以媲[10]於君 ; 宓妃佚女, 以譬賢臣 ; 虯龍鸞鳳, 以托君子 ; 飄風雲霓, 以爲小人.)" 이는 《이소》에서 많은 탁물을 빌어서 비유를 했음을 알 수 있다. 《초사》에서 탁물의 가장 대표적인 작품으로는 《귤송(橘頌)》인데 이는 중국에서 최초의 영물시(詠物詩) 중 하나로서 영물시 역사의 시조라고 할 수 있다. 이 시에서 굴원(屈原)은 귤나무를 빌어 자신의 지조는 결백하고 확고하며 영원히 변하지 않는다는 것을 나타낸 것이다. 이때로부터 많은 고전 문학가들이 이런 표현수법의 전통을 이어받았다.

시인 두보는 매, 비둘기, 말 등 동물을 소재로 천하를 평정하고 공을 세우고자 하는 그의 염원을 표현하였다. 백거이의 시는 직언을 즐겼지만 신악부(新樂府) 《아구검(鴉九劍)》에서는 사물을 빌어 비유의 뜻을 나타냈다. 고대 문학에서 이와 비슷한 표현형식의 작품으로 유종원 (柳宗元)의 《삼계(三戒)》, 《부판전(蝜蝂傳)》이 아주 대표적이다. 남송이 멸망한 후 《악부보제

---

10 '媲'는 의미가 '配', 즉 짝과 같다.

(樂府補題)》라고 하는 사집(詞集)에서는 당시의 유민(遺民)들이 용연향(龍涎香), 백련(白蓮) 선(蟬), 순(蓴), 해(蟹) 등 5개 제목으로 고국에 대한 애틋한 그리움을 비유하였다. 이러한 단어들은 물론 의기소침한 '망국지음(亡國之音)'이기는 하지만, 굴원 이래의 전통적인 기탁법을 쓴 것이다. 두보와 백거이의 시 두수를 더 보자.

致此自僻遠、又非珠玉裝。如何有奇怪、每夜吐光芒。虎氣必騰上、龍身寧久藏! 風塵苦未已、持汝奉明王。(여기까지 오는 데에 궁벽하고 먼 곳에서 왔고, 또한 좋은 보석 등으로 치장하지도 않았는데. 어쩌면 이렇게 기괴하여 매일 밤 강렬한 빛을 뿜어내네. 호랑이의 기운은 반드시 올라탄 것 같아 용의 몸이라도 어찌 오랫동안 감추어 둘 수 있는지! 세상의 괴로움 마치지도 못하고, 그대를 지녀서 명왕의 뜻을 받드네.) (두보《번검(蕃劍)》)

歐冶子[11]死千年後、精靈闇[12]授張鴉九。鴉九鑄劍吳山中、天與日時神借功。金鐵騰精火翻焰、踴躍求爲鎭鋣劍。劍成未試十餘年、有客持金買一觀。誰知閉匣[13]長思用、三尺青蛇不肯蟠。客有心、劍無口、客代劍言告鴉九 : "君勿矜[14]我玉可切、君勿誇我鐘可刜[15]。不如持我決浮雲、無令漫漫蔽白日、爲君使無私之光及萬物、蟄蟲昭蘇[16]萌草出。(구야자가 죽은 지 천년 후, 칼 만드는 신비로운 정령이 어둠 속에서 장아구에게 전해졌네. 장아구가 오나라 산 속에서 검을 만들 때, 하늘이 때를 내려주

11　'歐冶子'는 고대에 검을 만드는 명인을 가리킨다.

12　'闇'은 '暗'과 같다.

13　'閉匣'은 '검갑(劍匣)'안에 갇혀 있다는 말이다.

14　'矜'은 과장하여 말한다는 의미이다.

15　'刜'은 깎아낸다는 의미이다.

16　'蟄蟲昭蘇'는 겨울에 흙 속에 잠자고 있던 동물들이 깨어난다는 의미이다.

고 신이 힘을 빌려주었네. 쇳물이 강렬한 불꽃 속에서 끓어 오르고 뛰어오르면서 전설의 막야검이 되기를 바랬네. 검이 만들어지고 쓰지 않은지 10여 년, 어떤 손님이 돈을 가지고 사려고 한 번 보았네. 검갑에 갇혀 쓰일 것을 오랫동안 생각하고 있음을 누가 알았겠는가. 세 척의 푸른 뱀은 또아리 틀려고 하질 않네. 손님은 검에 대한 마음이 있지만 검은 입이 없어. 손님이 검을 대신하여 장아구에게 말하였네. "그대는 내가 옥을 자를 수 있다고 과장하지 말고, 그대는 내가 종 따위 깎아낼 수 있다고 허풍떨지 마세요. 나를 가지고 뜬구름을 가르고, 하얀 해를 완전히 가려버리지 않도록 하겠습니다. 그대를 위해 사사롭지 않은 빛으로 만물에 미치고, 겨울잠 자던 벌레가 새롭게 깨어나고 풀 싹이 나도록 하겠습니다.") (백거이《아구검(鴉九劍)》)

두보의 시는 소수민족으로부터 얻은 검에 대해 묘사하였다. 글자 그대로 해석하자면 이 검은 모양으로 보나 장식으로 보나 결코 명검이 아니다. 하지만 이 검은 신기한 기운을 가진 검으로, 그 날카로움을 드러내고 있다. 때문에 시인은 이를 현명한 왕에게 바쳐 화근을 제거하고 평화를 되찾기를 희망했다. 이렇게 보면 별 볼일 없는 평범한 검이지만 혼란의 정국과 연관 짓는다면 큰 의미가 있는 것이다. 그러나 두보의 진짜 뜻은 검을 말하고자 하는 것이 아니라 사람을 말하고자 하는 것이다. 검에 비유된 사람은 편벽한 민간에서 와서 왕공 어른들의 높은 상식과 명성도 없고 관직 하나 얻을 수 없다. 하지만 이들은 남다른 재능과 포부를 품고 있으며 헛되이 일생을 보내려 하지 않았다. 혼란으로 가득한 사회에서는 바로 이런 사람들이 와서 평정해야 한다. 그러므로 시인은 이러한 사람을 명왕에게 추천하고 싶었던 것이다. '번검(蕃劍)'은 국가와 국민을 위하여 뭔가 해 보려 하지만, 뜻만 있고 이루지는 못하는 사람들의 화신이라고 말할 수 있다. 두보

자신의 운명도 이 사람들과 마찬가지인 것이다. 이렇게 이야기하더라도 전혀 억지스럽지 않고 깊은 뜻을 나타낸다. 백거이의 시에서도 비유하는 사물이 검인데 나타내고자 하는 뜻은 두보와는 다르다. 《아구검(鴉九劍)》은 백거이 신악부의 마지막으로 두 번째 시이고, 마지막 시는 《채시관(采詩官)》이다. 《구아검》의 소서(小序)에서는 "思決壅也.(막힌 것을 뚫고자 생각하였다.)"라고 하였는데 여기서 '옹(壅)'은 사회의 암흑한 면을 비유한 것이다. 시에서는 저 멀리 해를 가리는 뜬구름을 반드시 걷어내야 이 세상이 광명을 볼 수 있고 만물이 생기를 되찾을 수 있다고 하면서, 검이 바로 그 뜬구름을 걷어내는 날카로운 무기라고 하였다. 백거이의 검은 그의 신악부로, 이 시가 《채시관》 앞에 놓인 것도 바로 독자들에게 그의 신악부의 전투적 역할과 임무를 선언한 것이다.

탁물(托物)이 있은 이후 《이소(離騷)》에서는 늘 여자로 자신을 비유하였음을 볼 수 있다. 예를 들면 "眾女嫉余之蛾眉兮, 謠諑謂余以善淫.(뭇 여성들이 내 아름다움을 질투하네. 내가 음탕함을 좋아한다고 비방하네.)"과 같은 문장들이다. 후의 시인, 사인들로 자주 그렇게 하였다. 북송 시인 진사도(陳師道)는 어릴 시절 증공(曾鞏)[17]의 중시를 받았다. 증공이 죽은 후 소식은 그를 자신의 문하에 받아들이려 했지만, 진사도는 증공이 자신을 알아준 것을 저버릴 수 없다고 하면서 유명한 시 《첩박명(妾薄命)》을 지었다.

主家十二樓、一身當三千[18]。古來妾薄命、事主不盡年。……忍著主

---

17 [역주] 증공(曾鞏) : 북송의 문학가이면서 사학가, 정치가이다. 당송 8대가 중 한 사람으로 '남풍선생(南豐先生)'이라 한다.

18 '一身當三千'은 백거이의 《장한가(長恨歌)》에 나온다. : "後宮佳麗三千人、三千寵愛在一

628   고대중국어 통론

衣裳、爲人作春妍！(주인 집 12루에서 3000명의 총애를 나 혼자 받았네. 예로부터 팔자 기구해서 주인을 내 평생 섬기지 못했네. …… 어찌 주인이 주신 옷 입고 남을 위해 꾸밀 수 있겠는가!)

남송 사인 신기질(辛棄疾)은 부패하고 비열한 관료계급의 배척을 받아 정치적으로 뜻을 이루지 못했고, 금(金)의 군사를 물리치고 잃었던 땅을 수복하려는 이상을 실현할 수 없었다. 그는 자신을 한무제(漢武帝)에 의하여 장문궁(長門宮)에 버려진 진(陳)황후에 비유하면서 분노를 토로하였다.

長門事、准擬佳期又誤、蛾眉曾有人妬。千金縱買相如賦、脉脉此情誰訴？君莫舞、君不見玉環飛燕皆塵土？閑愁最苦、休去倚危欄、斜陽正在、煙柳斷腸處。(장문의 일은 적절한 시기를 놓쳤구나. 너무 아름다워 질투를 받았구나. 천금으로 상여의 부를 샀건만 이 절절한 심정을 누구에게 토로하리. 간신들아, 아직 득의양양하여 즐거워하지 말아라. 너희는 양옥환과 조비연이 진토가 된 걸 모르느냐? 가장 힘들고 답답한 일이로다. 등루 난간에 기대어 바라보니 곧 저물어들 석양이 안개에 가린 버드나무 슬픈 곳을 비추누나.) 《무어아(摸魚兒)·순희 기해년에 호북에서 호남으로 수로를 통해 이동하면서 같은 벼슬인 왕정이 소산정에 술을 두었기에 이 때문에 부를 지었다. (淳熙己亥、自湖北漕移湖南、同官王正之置酒小山亭、爲賦)》

봉건사회에서는 신하의 지위가 대체로 처첩과 비슷하였고, 부부와 남녀 사이에는 또 감정적인 다툼이 발생하기 쉬웠으므로, 고대의 문인들은 자신의 처지를 남녀 사이의 정으로 숨겨서 비유하기를 즐겼다. 사물로 사

___

身(후궁 3,000명 미인들의 총애를 나 혼자 받았네)"

람을 비유하거나 여성으로 자신을 비유하는 것 외에 중국의 시와 사에는 '유선(遊仙)'이라는 비유체가 있었는데 신선의 일로 사람의 일을 비유하는 것으로 여기에서는 더 언급하지 않겠다.

기탁은 사실상 일종의 비유이다. 그러나 일반적인 비유는 비교하는 사물을 명확하게 말할수록 좋지만, 기탁은 의식적으로 모호하게 표현한다. 그것은 대체로 당시의 환경이 직설을 허용하지 않거나, 또는 독자들의 깊은 사색을 불러일으켜 문장의 감화력을 높이려는 데 그 이유가 있을 것이다. 기탁법은 표현을 잘 하지 못하면 수수께끼처럼 되어 버린다. 하지만 훌륭한 기탁법은 우리들로 하여금 표현이 아주 완곡하고 함의가 심오하다는 것을 느끼게 할 수 있다. 따라서 고대 문인들의 작품을 제대로 감상하려면 당시의 사회, 정치적 배경 그리고 작가가 처한 환경으로부터 이와는 관련이 없을 듯한 사물, 사건들을 이해해야 하며, 그 속에 숨은 작가의 진정한 의도를 찾아내야 한다. 얼렁뚱땅 대충 작품의 의미를 이해하고, 숨겨진 뜻을 마음대로 꾸미는 현상은 우리가 고대 작품들을 읽을 때 반드시 피해야 할 것이다.

덧붙여 설명할 것은 고대 문장에는 기탁과 비슷한 가탁영사(假托影射)라는 방식이 있다는 것이다. 이러한 방식은 《장자(莊子)》에서 비롯되었는데 《지북유(知北遊)》를 예로 들어보자. : "知北遊於玄水之上, ……. 而適遭無爲謂焉.(지(知)가 북녘 현수가에서 노닐다가 …… 우연히 무위위(無爲謂)를 만났다.)" 이 구절에서는 두 인명과 지명 하나를 설정하였다. '知'는 스스로 지식이 있다고 생각하는 사람을 나타내고, '無爲謂'는 자연에 따르며 마음대로 주장하지 않는 멍청이를 나타낸다. '玄水'는 깊고 심오하여 분명치 않은 경지를 나타낸다. 후대에 한나라 때의 사부가(辭賦家) 사마상여(司馬

相如)의《자허부(子虛賦)》에서는 자허(子虛)와 오유(烏有)선생 그리고 무(亡(無)) 이 세 사람의 대화내용을 다루었는데, 이 세 사람은 모두 허구의 인물이며 실제로는 이런 인물들이 존재하지 않는다. 그 후로 내려오면서 문인들의 작품에서는 자주 가탁(假托) 즉 허구의 인물들이 나타났다. 예를 들면 당나라 때의 한유(韓愈)《모영전(毛穎傳)》에서의 모영, 우승유(牛僧孺)의《현괴록(玄怪錄)》에서의 원무유(元無有) 등 인물들로, 전자는 붓을 가리키고 후자는 앞에서 언급한 '오유선생'과 같다. 청나라 때의《홍루몽》에서 가정(賈政)의 문객들로 첨광(詹光), 복세인(卜世仁)이 있는데 '첨광'은 중국어에서 '점광(沾光)'과 비슷한 발음으로 '남의 신세를 지는 사람'임을 암시하고, '복세인'은 중국어의 '不是人'과 발음이 비슷한데 '인간 같지도 않은 사람'임을 암시한 것이다. 장사전(蔣士銓)의《홍설루구종곡(紅雪樓九種曲)》에서의 두 극본《일편석(一片石)》과《제이비(第二碑)》의 인물 설천목(薛天目)은 사실 장씨 자신을 가리키는 것이다. 장서전의 호가 소생(苕生)인데 소수(苕水)의 발원지인 천목산(天目山)으로 그의 호를 암시한 것이다. 아울러 "薛"자와 "蔣"자는 그 형태도 비슷하다.《유림외사(儒林外史)》에는 이러한 예가 너무 많은데 일일이 열거하지는 않겠다. 하지만 이러한 가설의 명칭들에는 문인들의 유희지필(遊戲之筆)로 깊은 의미가 없는 경우도 많아 독자들이 작품들을 읽을 때 이 점을 숙지해야 한다.

2. 모진(摹真)

고전문학에서 일부 작품에는 그림을 주제로 하는 작품이 있다. 그림 속의 인물이나 사물을 진정으로 묘사하는 것으로 묘사된 인물이나 사물에 동작 행위나 심리 활동을 부여하고 있다. 이와 같은 그림 속의 사물은 마치 생동감 넘치게 살아 있는 듯하여 부르면 나올 듯하다. 두보의 많은 제화시 (題畫詩)는 모두 이러한 수법을 썼다. 예를 들어 보자.

堂上不合生楓樹、怪底江山起煙霧?聞君掃卻赤縣圖、乘興遣畫滄洲趣。……得非玄圃裂、無乃瀟湘翻[19]? 悄然坐我天姥下[20]、耳邊已似聞淸猿。(당청 위에 어찌 단풍나무가 자랄 수 있으며 강산에 어찌 연무가 피어날까? 듣자하니 그대 일필휘지로 적현도를 그렸고 그 흥을 몰아 창주의 흥취를 그리게 하였네. ……현포의 땅을 그대로 찢어온 것이 아닐까, 진정 소강강이 뒤집어진 것이 아닐까. 초연히 나를 천모산 아래에 앉히니 귓가에는 이미 원숭이의 맑은 소리가 들리어라.) 《봉선유광부신화산수장가(奉先劉光府新畫山水障歌)》

先帝禦馬玉花驄、畫工如山貌不同[21]。是日牽來赤墀下、迥立閶闔[22]生長風。詔謂將軍拂絹素[23]、意匠慘淡[24]經營中。斯須九重眞龍出[25]、一洗萬古凡馬空。玉花卻在禦榻上、榻上庭前屹相同。(선제인 현종이 타던 애마 옥화총은 수많은 화가들이 원래 모습처럼 못 그렸다. 이날 궁전의 붉은 계단 아래로 몰고 와서 궁문 앞에 우뚝 세우자 그 위풍이 더했다. 흰비단 펼

---

19 '玄圃'는 곤륜산의 제2층이라는 전설이 있다. 현포와 소상은 모두 유명한 풍경구로서 이 두 구절은 유소부가 현도, 소상구를 그림에 집어 넣었음을 나타내는 것이다.

20 '天姥'는 천대산 봉우리 이름이다.

21 '如山'은 화가들이 아주 많아 모양이 다르고 그린 그림도 같지 않다는 의미이다.

22 '迥立閶闔'은 특별히 높은 문 앞에 우뚝 섰다는 말이다.

23 '絹素'는 고대 사람들이 그림을 그릴 때 쓰이는 비단을 가리킨다.

24 '意匠慘淡'은 화가가 예술 구상을 고심한다는 말이다.

25 '斯須'는 '須臾'로 잠깐이라는 말이다. '九重'은 황궁 안을 가리키고, '眞龍'은 대단히 빼어난 말을 가리킨다.

치고 장군에게 그리게 하자 붓을 들어 침묵 속에서 한참 구상하였다. 갑자기
궁궐 안에 진짜 준마 나타나, 수만 말들을 평범하게 만들었다. 어탑 위에는
그림 속 옥화총 늠름한 위세 떨치며 뜰 앞의 실제 옥화총과 마주보고 섰다.)
《단청인증조장군(丹青引贈曹將軍)》》

　《산수장가》는 시의 서두에서 당청 위에 어떻게 단풍나무가 자랄 수 있
으며 강산 위에 어찌 연기와 안개가 있을 수 있느냐를 질문하며 이 불합리
한 장면이 그림에서는 단풍나무며 강산이 너무나 생동하게 그려져 있어서
작가로 하여금 무아지경에 빠지게 하여 그림 속의 풍경이 진짜인지 가짜
인지 분별하기 어렵게 한다. "聞君掃卻赤縣圖, 乘興遣畫滄洲趣" 이 구절은
이 그림이 유소부(劉少府)가 그린 그림임을 명확하게 나타낸다. "悄然坐我
天姥下, 耳邊已似聞清猿" 이 구절은 시인조차 그림의 경지에 빠져 진산진
수(真山真水)일뿐만 아니라, 산속의 원숭이 울음소리까지 들리니 그림의 생
동감이 이미 사람들을 매료시킬만한 경지에 이르렀음을 알 수가 있다.《단
청인(丹青引)》에서는 그림 속의 말과 진짜 말을 비교하면서 우선은 '진룡
(真龍)'(그림 속의 말)이 궁궐에 나타나자 만고(萬古) 즉 고대에서 현재까지,
현재에서 미래의 무릇 말이란 말은 모두 무색할 지경이라는 것을 표현했
다. 아울러 말이 설 자리가 아닌 어탑에 우뚝 솟아 붉은 마룻바닥 밑의 진
짜 말과 그 위세를 비긴다고 하였다. 시에서는 '相向'과 '屹'이라는 단어들
을 써서 그림 속의 말과 진짜 말이 자태와 명성을 서로 양보하려 하지 않
는다는 시인의 심리를 잘 그려냈다. 이 얼마나 웅위롭고 기이하면서도 독
특한 묘사법인가! 이 두 편의 시에서는 '生, 起, 坐, 聞'과 '出, 向' 등 동사들
이 모진(摹真)의 효과를 톡톡히 담당하였다. 물론 '屹'과 같은 형용사도 생

동감을 부여하는 데 묘한 작용을 하였다. 또 소식(蘇軾)의 《문여가고목찬
(文與可枯木贊)》을 예로 들 수 있다.

怪木在廷(庭)、枯柯北走、窮猿投壁、驚雀入牖。居者浦氏、畫者文
叟、贊者蘇子、觀者如流[26]。(괴이한 나무 뜰에 있고, 마른 가지들 도망가는
듯하네. 궁지에 몰린 원숭이 벽으로 뛰어들고, 놀란 참새 벽으로 들어가려고
하네. 사는 사람은 포씨이고, 그린 사람은 문씨 노인이고, 이에 대해 찬(贊)하
는 사람은 소식이라네. 이를 보려고 하는 사람은 흐르는 물처럼 끊임 없네.)

이 시에서는 단지 네 구절만으로 문여가가 그린 고목에 대해 생동하고
도 진실하게 묘사해냈다. '走'자 뒤의 두 구절에서 도망갈 곳 없는 원숭이
와 겁에 질린 참새들이 모두 집안으로 들어왔다는 내용은 이들이 그림을
진짜 고목으로 여기고 피신하러 들어왔음을 나타낸다. 이러한 묘사법은
두보 시에서의 "悄然坐我天姥下, 耳邊已似聞淸猿" 구절과 같은 구상에 속
하나, 한걸음 높은 경지로 나아갔다. 두보의 시는 단지 인간의 감각을 묘사
해내는 데 그쳤지만, 소식의 시는 동물의 감각으로 그림의 아름다움을 나
타낸 것이다. 물론 이는 허구에 불과하지만 말이다.

소설에도 이런 묘사법이 있다. 《홍루몽》 제41회에 류할머니가 이홍원
에 취해 들어와 판벽에 걸린 그림에 머리를 부딪쳤고, 또 거울에 나타난 한
노파를 보고 사돈으로 오인하였는데, 이는 모두 사람들을 황홀한 경지로
이끈다. 이러한 묘사법은 수사법 중의 비의(比擬)법과 약간 비슷하지만, 비
의법은 사물로 사람을 의인화하거나 사람이나 사물을 비유하지만, 여기에

---

26 '如流'는 강물이 쉬지 않고 끊임없이 흐르는 것과 같다는 의미이다.

고대중국어 통론

서는 가짜로 진짜를 묘사하는 것으로 현재는 이 수사법에 대한 명칭이 없어서 우선 '모진'이라고 불러둔다.

3. 용사(用詞)와 대어(代語)

문학작품에서의 표현력은 사용되는 단어의 적절성 여부에 따라 결정된다. 예로부터 많은 명문들은 모두 그 문장들 중의 한 두 개의 뛰어난 글자나 단어로 이름을 날린 것이다. 대체적으로 아름다운 문장을 만들려면 동사와 형용사의 사용에 가장 큰 주의를 기울여야 하며, 허사의 사용도 소홀히 해서는 안 된다. 옛 사람들은 이 면에서 우리들에게 많은 본보기를 보여주었다. 예를 보자.

一更山吐月、玉塔[27]臥微瀾、正似西湖上、湧金門外看、冰輪橫海闊、香霧入樓寒。停鞭且莫上、照我一杯殘[28]。(일경에 산이 달을 토해내니 옥탑이 잔잔한 수면에 드러눕네. 마치 서호와 같아 용금문을 보는 듯. 명월은 너른 바다를 가로지르고 향기로운 안개가 누각으로 스며들며 차가운 기운이 도네. 더 떠오르지 못하게 채찍질 멈추어라. 내가 술 한 잔 할 때 달빛 비추게.) (소식《강월(江月)》시)

이 시는 소동파가 혜주(惠州)의 합강루(合江樓)에 올라 지은 시이다. 이 시에서의 '橫, 入' 등은 특별히 주목할 만한 글자들로 달이 남해 바다를 가

---

27 '玉塔'은 수면위의 달빛을 가리킨다.
28 '殘'은 잔류하다의 의미이다.

로 지르고 와서 '闊'자와 대응될 뿐만 아니라 달에 대한 묘사도 아주 활동적이다. "停鞭且莫上, 照我一杯殘" 이 구절에서는 소동파가 남은 술 한 잔을 천천히 마실 수 있도록 월신(月神)에게 수레를 타지 말 것과 채찍으로 달수레를 모는 말을 때리지 말 것을 당부하는 내용이다. 앞 구절에서는 '橫'자로 움직이는 달을 묘사하였기 때문에 끝 구절의 남아 있는 달은 근거가 있는 것이다. 달밤의 향기로운 안개는 본래 차가운 기운으로 원래는 건물 안팎이 따로 없지만 이러한 기운을 느끼는 사람은 누각 속의 소동파뿐이다. 그러므로 '入'자를 쓴 것이다. 자세하게 퇴고하여 이 두 글자, 즉 '橫'과 '入'자는 바꾸기 힘들도록 사용되었다. 또 '山吐月'에서의 '吐'자는 어두컴컴한 곳에서 달이 나타나는 모습을 아주 재치 있게 잘 묘사하였다. 하지만 '吐月'은 "四更山吐月(깊은 밤 산을 달을 토해내고)"과 같이 원래 두보 시에서도 나타난 적 있고, 한유의 시에서도 "蟲鳴室幽幽, 月吐窓迥迥(벌레가 우니 방안이 고요하고, 달이 뜨니 창이 환하네)."와 같이 나타난 바 있다. 그러므로 이는 소동파가 처음으로 창작한 것은 아니다. 그렇지만 "玉塔臥微瀾"에서의 '臥'자 또한 소동파가 쓴 훌륭한 단어다. '臥'자는 독자들에게 달 그림자가 잔잔히 물결치는 호수 위에 조용히 누워있는 모습을 아주 형상적으로 표현해 냈다. 또 다음 예를 보자.

葉上初陽乾宿雨、水面清圓、一一風荷擧。(아침 햇살 연꽃 잎에 밤사이 내린 비 말리네. 물위의 연꽃 청초하고 둥그네, 송이송이 연꽃 바람에 바람 맞아 고개 드네.) (주방언(周邦彦)《소막차(蘇幕遮)》사)

風老鶯雛、雨肥梅子、午陰嘉樹清圓。地卑山近、衣潤費爐煙。(바람은 새끼 꾀꼬리를 키우고 비는 매실을 살찌우며 정오의 그늘 속에 나무는 맑고 둥글게 자라네. 땅은 낮아 산과 가까워, 옷은 젖어 화로 불을 낭비하네.)

(주방언《만정방(滿庭芳)》사)

　　앞의《소막차》에서는 아침 햇살에 연꽃 잎 위의 밤사이 내렸던 빗방울이 마르고, 밤비로 처졌던 연꽃과 연꽃잎은 흔연히 고개를 들더니 미풍 속에서 흐느적거리는 정경을 묘사하면서, '舉'자를 사용하여 연꽃의 유연하면서도 아름다운 자태를 잘 표현해냈다.《만정방》에서는 지세가 낮고 습하기 때문에 옷이 쉽게 눅눅해져 향로에 옷을 말려야 하는 정경이다. 여기서 '費'자는 옷을 말리고 또 말리는 상황을 나타내는데 낮은 지세와 습한 옷은 떨어질 수 없는 상황임을 묘사해 냈다.

　　위에서 지적한 동사들은 모두 시의 전체 내용 또는 한 구절에서 핵심적인 역할을 하는 단어들이다. 이 외에도 "乾宿雨"에서의 '乾', "風老鶯雛, 雨肥梅子"에서의 '老'와 '肥'는 모두 문법적으로는 치동(致動) 용법으로서 이러한 쓰임은 문장으로 하여금 간결하게 하는데, 고대 작품에서 흔히 사용하는 수법이다.

　　형용사의 적절한 사용은 사물의 상태와 기운을 섬세하고 진실하게 표현하는 데 아주 중요하다. 청나라 초기의 탄사(彈詞)소설[29]《천우화(天雨花)》에서 나오는 인물 좌유명(左維明)의 딸 좌의정(左儀貞)이 부친의 편지를 몰래 고치다가 들켰다. 좌유명은 벌로 좌의정더러 당시(唐詩) "梨花院落溶溶月, 柳絮池塘淡淡風(배꽃 핀 마당에는 달빛이 교교하고, 버들 솜 날리는 연못에는 바람이 잔잔하네)"에서 '溶溶, 淡淡'을 다른 더 훌륭한 단어로 바꾸라고

29　[역주] 탄사소설 또는 탄사(彈詞)는 중국의 전통 곡예로서 설창(說唱) 문학형식이다. 송대에 시작되어 청나라 때에 매우 번성하였다.

하면서 바꾸어서 더욱 훌륭한 시가 된다면 벌을 면한다고 하였다. 그러나 좌의정은 고치지 못하였다. 이 두 구절은 송나라 사람 안수(晏殊)의 시로, 당시(唐詩)라고 한 것은 잘못이다. 그렇지만 이러한 일은 옛날 사람들이 글자를 선정하는 노력이 지극했음을 설명하는 것으로, 보기에는 평범해 보여도 매우 중요한 글자임을 알 수 있다. 또 다른 예를 살펴보자.

生生燕語明如剪、嚦嚦鶯歌溜的圓。(쟁쟁한 제비 지저귐 가위소리 같고, 낭랑한 꾀꼬리 노래 구성지네.) (탕현조(湯顯祖)《모란정(牡丹亭)·경몽(驚夢)》)

'生生'과 '明'은 모두 제비의 맑고 깨끗함을 형용하였다. '生生'은 '늙다'의 반대어이고 '明'은 '모호하다'의 반대어이다. '圓'자로서 꾀꼬리의 구성진 노래 소리를 묘사했고 '溜'자로 꾀꼬리의 민첩함을 나타냈다. '圓'자의 반대어는 '뻣뻣하다'이고, '溜'자의 반대어는 '조잡하다'이다. 작가는 사를 지을 때 이러한 단어들을 정밀하게 사용하였다. '溜'자는 문장에서 동사인데 그 성격은 형용사와 비슷하다. '如剪'도 비록 형용사는 아니지만 아주 적절하게 비유에 사용되었다. 마치도 제비가 잘 드는 가위를 쓰듯이 깔끔하고 매끈하며 '生生, 明'은 아주 조화를 잘 이룬다.

앞에서 말한 바와 같이 허사는 문장을 구성함에 있어서 없어서는 안 될 요소이다. 산문에서는 허사를 많이 사용하고, 운문에서는 문장의 격식의 제한으로 말미암아 일반적으로 적게 사용하지만, 운문에서 허사를 사용하지 않아도 된다는 말은 아니다. 허사를 적절하게 사용하면 산문이나 운문을 막론하고, 모두 언어의 표현 효과를 높일 수 있다. 예를 보자.

고대중국어 통론

吾年未四十、而視茫茫、而髮蒼蒼、而齒牙動搖。念諸父[30]與諸兄皆康強而早世[31]、如吾這衰者、其能久存乎(내 나이 아직 마흔이 안 되었건만 시력은 흐릿하고 머리카락 하얗고 이는 흔들거리네. 친척 형제들 모두 건강하였으나 일찍이 이 세상 떠났는데, 나처럼 쇠잔한 사람이 얼마나 더 오래 살까?) (한유《제십이랑문(祭十二郎文)》)

간결한 것을 주장하는 사람들은 뒤의 두 '而'자는 삭제를 할 것이다. 그러나 고문가인 한유는 굳이 이 두 '而'자를 썼다. 그 이유는 이 두 '而'자는 축적관계를 나타내는 기호로서 쓰이면서 모든 늙는 징조가 모두 잇달아 찾아온다는 것을 강조하여 다음 구절인 "其能久存乎"의 의미 표현에 대해 조건을 마련한 것이다. 또 다른 예문을 보자.

今宵剩把銀釭[32]照、猶恐相逢是夢中。(오늘 밤 비로소 은등불 들고 비춰 보고 오히려 꿈속에서 만난 것일까 봐 두렵네.) (안기도(晏幾道)《자고천(鷓鴣天)》사)

更能消幾番風雨、匆匆春又歸去? 惜春長怕花開早、何況落紅無數? (비비람을 얼마나 더 견뎌내리, 총총 떠나는 봄은 언제 다시 오리. 봄을 아끼는 나는 꽃이 일찍 필까 두려운데 하물며 떨어진 꽃은 얼마인지?) (신기질(辛棄疾)《모어아(摸魚兒)》사)

《자고천》에서 '爲恐'이라 하지 않고, '猶恐'이라 한 것은 예전에는 늘 꿈

---

30 '諸父'는 백부, 숙부를 가리킨다.
31 '早世'는 일찍 돌아갔다는 의미이다.
32 '釭'은 '燈'과 같다.

속에서만 만나서 깨어나면 허무했다. 그래서 이번에 비록 진짜 상봉하였지만 예전처럼 허무할까 두려웠던 것이다. "剩把銀釭照"에서는 꿈일까 두려워 비추고 또 비춘다는 것을 표현한 것이다. '猶'자와 '剩'자로 상봉했을 때의 놀라움과 기쁨, 그리고 망연자실한 심리를 몽땅 나타낸 것이다. 신기질의 사에서는 앞 두 구절은 봄은 원래 왔다가 가야 함이 마땅하며, 비바람이 없어도 봄을 만류할 수는 없는데, 하물며 지금 '幾番' 즉 연거푸 비바람이 몰아치니 어찌 봄이 견뎌낼 수 있겠는가 하는 내용을 나타낸 것이다. 진정작(陳廷焯)의 《백우재사화(白雨齋詞話)》에서는 "更能消三字, 是從千回萬轉後倒折出來, 真是有力如虎.(更能消 세 글자는 수천만 번 뒤집고 꺾은 뒤에 나온 것이니, 진실로 호랑이와 같이 힘이 있다.)"라고 하였지만 사실 이 세 글자 중 가장 중요한 역할을 한 글자는 바로 '更'자 뿐이다.

동사, 형용사, 허사는 문장에서 가장 중요한 역할을 한다. 명사는 일반적으로 크게 중요하지 않지만 그래도 알맞게 선택해서 써야 한다. 다음은 대어(代語)에 대해 약간의 설명을 할 것이다.

문장에서 이 단어를 쓸 수 있음에도 쓰지 않고, 의미가 같거나 비슷한 단어나 단어결합으로 대체를 하는 경우가 있는데, 이를 '대어(代語)' 또는 '역자(易字)'라고 한다. 대어를 사용하는 목적은 중복을 피하고 성률(聲律)상의 요구에 부응하기 위함이다. 아울러 익숙한 것을 피하고 새 것을 추구하며 의미를 더욱 깊이 있게 표현하기 위해서이다. 예를 보자.

夫以武侯之賢、寧靡籌其不可也? (무후의 현명함이라면 어찌 그것이 안 될 것임을 헤아리지 못했겠는가?) (손초(孫樵) 《각무후비음(刻武侯碑陰)》)

고대중국어 통론

'靡'는 '不'의 대어이다. 이 글자를 쓴 것은 뒷부분과의 중복을 피하기 위해서이다. 여기에서 '靡'자 외에 '微'자도 쓸 수가 있는데 의미적으로는 다를 게 없다. 또 다음 예문을 보자.

　　昔好杯中物、今爲松下塵。(지난날엔 술잔 속의 물건 좋아하더니 오늘날
　　엔 소나무 밑 흙이 되었구나.) (이백《대주억하감(對酒憶賀監)》시)
　　群山萬壑赴荊門、生長明妃尚有村。(천산만악 지나 형문에 달려가니 왕
　　소군이 나서 자란 마음 아직도 남아있네.) (두보《영회고적(詠懷古跡)》시)

위의 이백의 시에서 '杯中物'는 '酒'의 대어이다. 이 시구에서는 성률의 요구에 따라 세 글자 단어를 써야 아래의 "松下塵"과 대응이 되기 때문이다. 두보의 시에서 '千山萬壑'라고 하지 않고 탁음인 '群'자로 청음인 '千'을 고쳐 쓴 것은 향음(響音)으로 유음(幽音)을 대체하여 이 시구의 소리가 더욱 낭랑하게 하기 위함이다.

특히 익숙한 것을 피하고 새로운 것을 나타내기 위한 것이나, 또는 의미를 더욱 심오하게 나타내기 위해 사용하는 대어에 대해서는 특히 주의해야 한다. 이는 대어의 역할 중 가장 중요한 것이다. 예를 보자.

　　泠然紫霞賞[33]、果得錦囊術[34]。雲間吟瓊簫、石上弄寶瑟。(가뿐히 올라
　　가 자주빛 노을 구경하니 과연 비단 주머니에 신선 도술 얻은 듯. 구름 사이
　　는 옥통소 불도록 하고 바위 위는 귀한 비파 타도록 하네.)(이백《등아미산

33　'泠然'은 가뿐하다는 의미다. '紫霞賞'은 자주빛 노을을 구경한다는 말이다.
34　'錦囊術'은 신선 도술이라는 말이다.

《登峨眉山》시)

　　大臣聞而薦之、天子以爲諫議大夫。人皆以爲華、陽子不色喜。(대신이 듣고 추천하차 황제는 그를 간의대부로 명하였다. 사람들은 모두 영화로 여겼으나 양자는 기뻐하는 기색이 없었다.) (한유《쟁신론(爭臣[35]論)》)

　'吹' 대신에 '吟'을 쓰고, '榮'을 쓰지 않고 '華'를 쓴 이유는 '吹, 榮'자가 너무나 익숙한 글자들이기 때문이다. 두보《여인행(麗人行)》의 "簫管哀吟感鬼神(통소 부니 그 소리가 애절하여 귀신마저 감동하고)"에서 '吟'은 통소를 부는 동작이고, 이백의 '吟'자는 치동용법(致動用法)으로 변하여 문법에서 전환의 의미가 더해졌다.《장자(莊子)·전자방(田子方)》에서 말하였다. "肩吾問於孫叔敖曰 : '子三爲令尹而不榮華, 三去之而無憂色……' (견오가 손숙오에게 물었다. '선생님은 세 번이나 영윤이 되셨으나 영화로 여기지 않았고, 세 번이나 그 자리에서 물러날 때도 근심하는 빛이 없었습니다.……')", 한유 문장에서의 '華'자는 바로《장자》에서 온 것이다. 또 예문을 보자.

　　熊咆龍吟殷巖泉、栗深林兮驚層巓。(곰이 포효하고 용이 울고 바위틈 물소리 진동하니 깊은 숲 떨게 하고 층층 산봉우리 놀래키는구나.) (이백《몽유천모음유별(夢遊天姥吟留別)》)
　　白浪如山那可渡、狂風愁殺峭帆人。(산더미 같은 흰 파도 어찌 건널까. 강물 위의 광풍 뱃사공 시름겹게 하네.) (이백《횡강사(橫江詞)》)
　　攜朋挈儔、去故就新、駕塵彍風、與電爭先。(친구들 이끌고 옛 곳 떠나 새 곳으로 가오. 먼지 일으키며 차를 몰고 바람 타고 배를 몰아 번개와 앞다

<hr />

35　'爭臣'에서의 '爭'은 '諍'와 같다. 쟁신은 '간관(諫官)'과 같다.

투어 가오.) (한유《송궁문(送窮文)》)

　曩[36]蟠南陽時、人不與仲、毅伍[37]。(예전에 제갈량이 남양에 은거할 때 다른 사람들은 관중과 악의에 비견했던 것을 인정하지 않았다.) (손초《각무 후비음》)

'殷巖泉'은 소리가 바위틈 샘물을 진동시킨다는 것을 의미한다. 여기에서는《시(詩)·소남(召南)·은기뢰(殷其雷)》의 "殷其雷, 在南山之陽"에서의 '殷'자로, 이 글자는《경전석문(經典釋文)》에서 발음이 '隱'이라 하여, 어렴풋하다는 의미를 나타낸 것이다. '殷巖泉'는 진동소리 외의 은은한 여성(餘聲)이 끊임없이 들려옴을 나타냈다. 이로써 독자들의 소리에 대한 감각을 더욱 불러일으켰다. '峭帆人'은 뱃사공을 가리키지만 '峭帆'을 씀으로써 뱃사공이 돛으로 바람을 이용하는 행위를 더욱 돌출시킨 것이다. 뱃사공은 원래 바람을 이용하여 배를 모는 것으로 돛에 습관된 뱃사공마저 애타하는데 이는 풍랑의 영향이 얼마나 모진가를 알 수가 있다. 그리고 '峭'의 의미는 높다라는 의미로 '峭帆'은 높게 걸린 돛을 묘사한 것으로 '掛帆'보다도 훨씬 형상적이다.《송궁문》에서는 "駕塵彏風, 與電爭先"라고 표현함으로써 가난뱅이가 빨리 떠나기를 희망하는 것을 나타냈다. 이럴 경우 보통은 '追風'이란 표현을 쓰나 한유는 '彏風'이라고 표현을 하였다. 궁을 떠난 화살의 속도는 당연히 바람의 속도를 초과한다. 따라서 한유의 '彏'자는

36　'曩'은 예전이라는 말이다.

37　"人不與仲、毅伍"라는 구절은 제갈량(諸葛亮)이 스스로를 관중(管仲)과 악의(樂毅)에 비교하였는데, 당시 사람들은 그러한 부분을 인정하지 않았음을 말한다. '與'라는 것은 허락한다는 의미이다.

'追'자보다 훨씬 설득력이 강하다.

'蟠南陽'은 제갈량이 남양에 은거하면서 문밖을 나오지 않는 상황을 묘사한 것인데 당시에 서서(徐庶)는 제갈량을 와룡(臥龍)이라고 하였다. 그러므로 여기서는 '蟠'자를 썼다. 이는 용이 출몰하지 않을 경우에는 똬리를 틀고 있기 때문이다. 또한 용은 변화무쌍한 신적인 동물이다. 그러므로 큰일을 도모하는 사람인 제갈량이야말로 '蟠'자에 어울리는 것이다. 일반 은거자들은 이 글자에 어울리지 않는다.

대어의 사용에 대해서는 역대로 찬반의 두 가지 다른 견해가 있다. 송나라 심의부(沈義父)는《악부지미(樂府指迷)》에서 다음과 같이 말하였다.

시구를 다듬어 말하는 것이 제일 중요하다. 이를테면 복숭아를 말할 때 직접 '桃'라고 하지 않고, 반드시 '紅雨、劉郞' 등 단어를 쓴다. 버드나무도 직설적으로 '柳'라고 하지 않고, 반드시 '章臺、灞岸'이라고 해야 한다. 또한 전고 사용에 있어서, "銀鉤空滿"(은 갈고리 허공에 가득하네.)은 바로 글자를 적었음을 나타낸다. 다시 '書字'라 할 필요 없다. "玉筯³⁸雙垂"(옥젓가락 같은 눈물이 흐른다.)처럼 눈물을 '淚'라 하지 않았고, "綠雲³⁹繚繞"(푸른 구름 같은 머리카락 돌돌 말려있네.)에서처럼 머리카락이라고 드러내지 않았다. "困便湘竹⁴⁰(노곤함은 돗자리에

38　전하는 말에 의하면 위문제(魏文帝) 조비(曹丕)의 견후(甄后)는 얼굴이 희어서 흘러내리는 눈물이 옥젓가락 같았다 한다.《육첩(六帖)》을 참고하기 바람.

39　두목지(杜牧之)의《아방궁부(阿房宮賦)》에 다음과 같은 문장이 나온다. : "綠雲擾擾、梳曉鬟也.(삼단 같은 검은 머리 곱게 빗어 일찍부터 단장하네.)"

40　"困便湘竹"은 주방언(周邦彦)《법곡헌선음(法曲獻仙音)》사 : "倦脫綸(guān, 관)巾、困便湘竹、桐陰半侵朱戶."(지루함은 관건을 벗는 것으로 버리고, 피곤함은 돗자리에서 편히 쉬네. 오동 그늘은 붉은 문을 반쯤 넘어왔네.) '便(piān, 편)'은 ~에서 편안하다는 의미로, 적당하다는 의미

편히 쉬네.)라 하면, 분명히 돗자리이지 다시 밝힐 필요가 없다."(鍊句
下語、最是緊要。如說桃、不可直說破桃、須用"紅雨、劉郎"等字；說柳不可
直說破柳、須用"章臺、灞岸"等字。又用事、如曰"銀鉤空滿"、便是書字了、
不必更說書字；"玉筋雙垂"、便是淚了、不必更說淚；如"綠雲繚繞"、隱然髻
髮；"困便湘竹"、分明是簞、正不必分曉。)

이러한 견해에 반대하는 사람들은 다음과 같이 말하였다.

그는 (심의부를 가리킴) 비속함을 피하려다 군더더기 사조를 만드는
줄 모른다. 확정적인 논리라고 말할 수 없다.(其意欲避鄙俗、而不知轉成
涂飾[41]、亦非確論。) 《사고전서총목제요(四庫全書總目提要)》)

사에서는 대체자를 쓰지 말아야 한다. 미성(美成)[42] 의 "桂華(花)流
瓦" 이 구절은 경지가 매우 절묘하다. 하지만 애석하게도 "桂華"라는
두 글자로 달을 대체하였다. 몽창(夢窗)[43] 이래로 대체자를 많이 썼는
데, 뜻이 부족하지 않으면서 언어도 묘하지 않은 것이다. 뜻이 충분
하면 이를 대신할 겨를이 없고, 절묘한 말일수록 대신할 필요가 없
다……심백시(沈伯時)[44] 《악부지미(樂府指迷)》 …… 만약 대체자를 쓰
지 않을 것만 두려워한다면, 고금의 모든 책들에서 또 사(詞)에서도
어찌 안일하게 쓰일 수 있었겠는가? 《제요(提要)》에게 조롱당할 만하

이다. '湘竹'은 대나무 껍질을 엮어서 만든 평상 돗자리다.

41 '涂飾'은 전고나 성구가 쌓여 있음을 가리킨다.

42 미성 《해어화》, 미성은 주방언의 자이다. 그의 사 《해어화·원소(元宵)》에서의 "桂華流
瓦、纖雲散、耿耿素娥欲下。"에서 '耿耿'은 빛이 나는 밝은 모습을 가리키고 '素娥'는 전
설 속의 선녀를 가리킨다.

43 몽창은 남송 사가 오문영(吳文英)의 호이다. 그의 사집으로 《몽창사고(夢窗四稿)》가 있다.

44 백시(伯時)는 심의부(沈義父)의 자이다.

다.(왕국유(王國維)《인간사화(人間詞話)》)

이 두 견해는 모두 단편적인 부분에서 실수하고 있다. 언어의 아름다움은 본래 소박하고 자연적인 면이 있는가 하면, 또 정교하게 다듬어져 함축적이고 완곡한 면도 있다. '대어'를 잘 사용하면 언어의 아름다움을 만들어낼 수 있다. 시를 예로 들어 보자. 두보의 시《번검(蕃劍)》의 "虎氣必騰上, 龍身寧久藏(호랑이는 반드시 기세등등하고 용은 몸을 오래 숨길 수 있다.)?"에서는 '虎氣, 龍身'을 써서 보검의 정신과 기질을 나타냈다. 대어를 쓰지 않았다면 어찌 이 시구를 이토록 생동하게 묘사해낼 수 있었겠는가? 사를 예로 들어 보자. 이청조(李清照)의 사는 유창하고 명쾌하기로 정평이 나 있다. 그의 사《봉황루상억취소(鳳凰樓上憶吹簫)》의 "念武陵人遠, 煙鎖秦樓(무릉인인 남편께서 멀리 있음을 생각하면, 안개 속에서 진루같은 우리 집 잠기겠지.)"에서 만약 '武陵人'과 '秦樓'이란 대어를 쓰지 않았다면 어찌 남편과 나의 처소를 이처럼 완곡하면서도 자연스럽게 나타낼 수 있었겠는가. 주방언(周邦彦)의 사《해어화(解語花)》에 대해 근대인 채숭(蔡嵩)은《악부지미전석(樂府指迷箋釋)》에서 "《해어화》의 '桂華流瓦(달빛이 기와에 흐른다.)' 이 구절은 단순히 이 한 구절만 보아서는 그 의미를 보아낼 수 없으나, 다음 구절인 '纖雲散, 耿耿素娥欲下(가는 구름 흩어지고 눈부신 미인이 내려선다.)'와 함께 살펴본다면 그 아름다움을 볼 수 있다."라고 하였다. 이는 주방언의 이 세 구절에서 달은 인격화하여 훨훨 내려오는 상아로 묘사하였는데, 이 세 구절은 아주 절묘한 조화를 이루며 대어를 사용하는 것이 전혀 어색하지 않음을 설명한다. 우리는 대어 사용을 반대하는 의견에 대해서도 깊이 생각해봐야 한다. 만약 심의부의 주장을 무조건적으로 받아들여서 대어를 남용한다면 필연적으로 언어가 장황하고, 진부하게 되는데 이러한 점은 반대하여야 한다. 다시 말하면 단어를 사용함에 있어서는 반드시 분수에 맞아야 한다. 정교하면서 기괴하지 않고 자연스러우면서 거칠지 않게 단어를 사용해야 한다.

제2절 문장 구조와 관련된 수사법

1. 배우(排偶)

음절의 구조로 놓고 볼 때 중국어의 단어는 일반적으로 단음절 단어와 이음절 단어가 많다. 또 이음절 단어들도 단음절 단어를 기초로 (즉 단음절 단어가 형태소) 하여 구성된 것이다. 그러므로 단음절과 이음절 단어들을 자유롭게 결합하여 균형잡힌 문장들을 만들어낼 수 있다. 다른 한편으로는 사람들의 사유도 늘 한 사물로부터 그 사물과 같거나 상반되는 사물을 연상하게 하는데 이는 중국어의 문구에서 배우(排偶)를 형성하는 데 유리한 조건을 마련해 주고 있다. '天, 地', '上, 下', '東, 西', '父, 子', '夫, 婦'와 같이 같은 구조를 가지고 의미적으로 서로 대응되거나, 상반되는 언어 단위를 '偶(우)'라고 하는데 '對(대)', '對偶(대우)'라고 하기도 한다. 구조적으로 같고 의미적으로 유사한 언어 단위를 통틀어 '排(배)' 또는 '排比(배비)'라고 한다. "季孫行父禿, 晉郤克眇, 衛孫良夫跛, 曹公子手僂[45](계손 행보는 대

---

45 '手'는 조공자의 이름이다. '僂'는 굽은 등을 가리킨다.

머리이고, 진의 극극은 애꾸이고, 위의 손량부는 절름발이고, 조공자 수는 곱사등
이다.)"《곡량전(穀梁傳)·성공(成公) 원년》)은 배비를 이루는 문장이다. 배비를
이루는 문장들은 단 두 개의 문장으로 이루어질 수도 있는데, 이럴 경우는
같은 위치에서 같은 글자로 대응된다. 예를 들면 "或紅如丹砂, 或黑如點漆
(어떤 것은 단사처럼 붉고, 어떤 것은 옻칠한 것처럼 검다.)"(두보《북정(北征)》)과
같은 경우이다. 배우의 응용범위는 아주 넓은데 운문과 산문에도 모두 이
와 같은 형식이 있다. 이러한 형식이 보편적으로 사용되는 이유는 문맥에
서 서로 잘 어울리고, 의미적으로도 고립되지 않는다. 그리고 형식과 운율
면에서도 정연하고 균형이 잡히며, 성조도 리듬이 있어 부르기 쉽고 기억
하기도 쉽기 때문이다. 대체적으로 운문, 특히 근체시에서는 격률이 정해
져 있기 때문에 대우를 사용하기에 적합하다. 그러므로 이 절에서는 배우
를 설명할 때 그 예문들은 주로 운문에서 발췌를 할 것이며, 특히 시를 주
자료로 삼을 것이다. 산문은 문장의 기세가 호방한 것을 요구하기 때문에
두 개 이상의 문구로 구성된 배구(排句)가 운문보다는 많다. 그러나 배비(排
比)는 단어의 선택이나 문장의 구조적 측면에서 정밀성에 대한 요구는 대
우(對偶)보다 높지 않다. 그러므로 이 절에서는 배비보다 대우를 더 많이
설명할 것이다.

우선 배비를 살펴보자.

배비의 구성 단위 즉 글자수와 문장의 장단에 대한 요구는 대우보다 엄
격하지 않다. 대우는 보통 같은 글자를 사용하지 않으나(간혹 '之, 而'와 같은
허사들은 중복할 수 있다.) 배비를 이루는 문장에는 반복되는 글자들이 많다.
이는 글자 사용 측면에서 대우보다 자유롭다는 것이다. 배비에는 두 가지
형식이 있는데 하나는 병렬 형식이고 다른 하나는 빈주(賓主) 형식이다. 병

렬 형식은 다음과 같다.

江南可采蓮、蓮葉何田田、魚戲蓮葉間。魚戲蓮葉東、魚戲蓮葉西、
魚戲蓮葉南、魚戲蓮葉北。(강남에서 연 밥을 딸 수 있다. 연 잎이 어찌 저
리 무성할까? 물고기 연 잎 사이에서 노니네. 물고기 연 잎 동쪽에서 노닐고,
물고기는 연 잎 서쪽에서 노닐고, 물고기는 연 잎 남쪽에서 노닐고, 물고기
는 연 잎 북쪽에서 노니네.) (고악부(古樂府)《강남(江南)》)

是以別方不定、別理千名、有別必怨、有怨必盈、使人意奪神駭、心
折骨驚。雖淵雲[46]之墨妙、嚴樂[47]之筆精、金閨之諸彦、蘭臺[48]之群英、
賦有凌雲之稱[49]、辯有雕龍之聲[50]、誰能摹暫離之狀、寫永訣之情者乎！
(그러므로 이별하는 사람마다 다르고 이별하는 이유도 천 가지이다. 이별이
있으면 원망이 있기 마련이고 원망이 있으면 마음에 가득 차기 마련이어서
사람으로 하여금 정신이 혼란스럽게 하여 심리적 육체적으로 고통을 받게
한다. 비록 자연과 자운의 글솜씨 뛰어나고 엄안과 서락의 필력 또한 정교하
며, 금마문의 많은 선비들과 난대 위에 문인들 수없이 많은바, (사마상여의)
사부는 능운이라는 미칭이 있었고, (추석의) 언변은 조룡이란 명성이 있었
다. 한들 누가 이별 순간의 광경을 묘사할 수 있으며 영원한 이별의 정을 적

---

46 '淵雲'은 왕포(王襃)의 자 자연(子淵)과 양웅(揚雄)의 자 자운(子雲)을 가리킨다.

47 '嚴樂'은 엄안(嚴安)과 서락(徐樂)을 가리킨다.

48 금규(金閨)와 난대(蘭臺)는 한대 문인 유학자들이 저술을 하던 곳이다.

49 '凌雲'은 사마상여가 지은 《대인부(大人賦)》를 가리키는데 한무제(漢武帝)가 읽고 "둥실둥
실구름이 피어오르는 기상이 있다(飄飄有凌雲之氣)"라 칭찬하였다. 《사기》본전을 참고.

50 '雕龍'은 전국시기 제나라 직하(稷下)지방에 많은 학자들이 모여 변론을 하고 학술을 할
때, 그 중에는 추연(鄒衍), 추석(鄒奭)이라는 두 사람이 있었다. 이 두 사람 문장에 대해 사
람들은 "談天衍、雕龍奭(하늘에 대해 이야기하는 추연, 용을 새겨 넣는 추석)"이라고 하였다.
雕龍은 언사의 수식이 정교하다는 것을 가리킨다. 《사기·맹자순경열전(孟子荀卿列傳)》을
참고.

을 수 있단 말인가!) (강엄(江淹) 《한부(恨賦)》)

위의 예에서 "別方不定, 別理千名", "有別必怨, 有怨必盈"은 배비를 이루는 문장들인데 밑점을 찍은 부분은 배비 단위이다. 이러한 배비의 구성 단위는 서로 간에 병렬의 관계이며, 수식이나 주차(主次) 관계는 아니다. 이러한 배비의 문장들은 주로 문장의 의미를 과장하여 나타내기 위함이다. 예를 들면 각종 이별의 복잡한 심정은 묘사해내기 어려우며, 유명한 문학가들도 어찌할 도리가 없다는 것을 과장하여 나타낼 때, 만약 "雖淵雲墨妙, 猶難摹暫離之狀, 寫永訣之情者也"라고만 한다면 문장의 호소력이 약하다. 지금처럼 세 쌍의 배구를 사용함으로써 사람들로 하여금 수많은 문인들이나 수많은 재능 있는 언변가들을 막론하고 모두 이별 장면은 표현하기 어렵다는 것을 느끼게 하며, 문장의 감화력도 대폭 높인 것이다. '어희(魚戲)' 관련 네 구절은 연 잎 사이를 자유롭게 노니는 물고기들의 생기 넘치는 장면을 묘사한 것인데, 동서남북 사처에 그들의 자취가 있음을 나타낸다. 동시에 여기저기 물고기들을 따라 감상하는 관광객들의 기쁜 심정도 설명해준다. 만약 단지 "魚戲於蓮葉之東西南北" 이 한마디로 물고기들의 놀이를 적었더라면 이 '어희'는 그 생동감이 훨씬 뒤떨어졌을 것이며, 이처럼 만족스러운 묘사가 나오지 못했을 것이다. 다음은 빈주(賓主) 형식을 보자.

故木受繩⁵¹則直、金就礪⁵²則利、君子博學而日參省⁵³乎己、則知(智)明而行無過矣。故不登高山、不知天之高也；不臨深谿、不知地之厚也；不聞先王之遺言、不知學問之大也。(그러므로 나무는 먹줄을 받아야 곧아지고 쇠는 숫돌로 갈아야 날카로워진다. 군자도 널리 배우고 매일 자신을 살피면 곧 밝게 알게 되어 행동에 잘못이 없을 것이다. 그러므로 높은 산에 올라보지 않으면 하늘이 얼마나 높은지를 알지 못하며, 깊은 계곡에 임해보지 않고서는 땅이 얼마나 두터운지를 알지 못하며, 선왕의 남기신 말씀을 들어보지 않으면 학문이 얼마나 넓은 지를 알지 못한다.) 《순자(荀子)·권학(勸學)》》

夫大木爲杗⁵⁴、細木爲桷⁵⁵、欂櫨侏儒⁵⁶、椳闑扂楔⁵⁷、各得其宜、施以成室者、匠氏之工也；玉札丹砂、赤箭青芝、牛溲馬勃⁵⁸、敗鼓之皮、俱收並蓄、待用無遺⁵⁹者、醫師之良也；登明選公⁶⁰、雜進巧拙⁶¹、

---

51 '受繩'은 목공이 검은 끈으로 구부러진 나무에 곧게 한 줄로 놓고 끈 따라 나무를 켠다는 말이다.

52 '金'은 병기를 말한다. 병기가 날카로워지려면 숫돌에 갈아야 한다.

53 '參'은 '三'과 통한다. '三省' 여러 번 검사를 한다는 말이다.

54 '杗'은 대들보를 가리킨다.

55 '桷'은 서까래를 가리킨다.

56 '欂櫨'는 기둥 머리에 대들보를 받치는 말뚝을 가리킨다. '侏儒'는 대들보 위의 짧은 기둥을 가리킨다.

57 '椳'는 문지도리를 가리키고. '闑'은 문지방을 가리키는데 문 가운데서 문을 받치는 나무 토막이다. 扂(diǎn, 점)은 문빗장을 말하고 '楔'은 문설주를 말하는데 문 양쪽의 나무로서 문을 보호하는 역할을 한다.

58 이 단어들은 모두 약 이름이다.

59 '無遺'는 완벽하여 빠지는 것이 없다는 말이다.

60 '登明選公'은 명철하고 공정한 선비를 선발, 선용한다는 말이다.

61 '雜進巧拙'은 능력있는 자와 아둔한 자를 모두 등용한다는 말이다.

紆餘爲姸[62]、卓犖爲傑[63]、校短量長、惟器是適[64]者、宰相之方[65]也。(무릇 큰 나무는 대들보가 되고 작은 가는 나무는 서까래가 된다. 박로, 주유 문지도리, 문지방, 문빗장, 문설주 등을 각기 역할에 맞게 집을 이루는 것은 목공이 할 일이다. 옥찰, 단사, 적전, 청지나 우수마발(약초)과 찢어진 북의 가죽을 모두 거두어 저축해 놓고 그 쓰임을 기다려 버림이 없게 하는 것은 의사의 현명함이다. 등용이 공명하고 선발이 공정하며, 총명한 자와 아둔한 자를 뒤섞어 관직에 나아가게 하고, 재능이 풍부하여 여유작작한 자를 훌륭하다고 하고, 탁월한 자를 준걸이라 하는데 장단점을 비교하고 헤아려, 단지 역량에 적합하도록 임명하는 것은 재상의 도리이다.) (한유(韓愈)《진학해(進學解)》)

枯藤老樹昏鴉、小橋流水人家、古道西風瘦馬。夕陽西下、斷腸人在天涯！(마른 등나무 고목 위의 해 황혼의 까마귀, 작은 다리, 흐르는 물가에 인가 하나. 옛길에 서풍 그리고 여윈 말, 석양은 서산에 지고 고독한 나그네만 먼 하늘가서 유랑하고 있네.) (마치원(馬致遠)《천정사(天淨沙)》)

《순자》의 문장에는 두 쌍의 배우(排偶)구가 있다. 앞 두 구절은 비유의 의미를 나타내는 종속절이고, 뒤의 한 구절은 본의를 나타내는 주절이다. 《진학해》는 세 쌍의 배구(排句)로 구성되었는데, 집 짓는 데 알맞은 재료를 쓰는 것은 목공의 일이고, 광물, 식물, 북의 가죽 등을 가지고 유용하게 하는 것은 의사의 일이며, 인재를 올바르게 등용하는 것은 재상의 도리라고

---

62 '紆餘爲姸'은 행위가 여유있고 풍채가 있다는 말이다.

63 '卓犖爲傑'은 기개가 높고 탁월한 자를 가리킨다.

64 '校短量長'은 이러한 사람들의 장단점을 고려하여 그들의 적성에 맞는 일자리에 종사하게 한다는 말이다.

65 '方'은 '術'이라고도 한다.

하면서 목공과 의사로 재상을 비유한 것이다. 이 두 예문은 모두 주객의 형식으로 비유를 하는 방법인데, 사람들의 연상을 끌어내면서 문장의 설득력을 높였다. 마치원의 《천정사》에 대해 어떤 사람들은 앞 세 구절에 대해 명사들로 이루어진 병렬구로 아무런 규칙이 없다고 생각하는데 이는 옳지 않다. 이 소령(小令)의 주요 의미는 마지막 구절인 "斷腸人在天涯"에 있다. 여윈 말을 타고 있는 있는 사람은 바로 이 고독한 나그네로 앞 세 구절은 바로 이 고독한 경지를 나타내고 있는 것이다. 옛길의 서풍 속에서 메마른 말을 탄 모습으로부터 여정 중의 황량함과 고독감을 충분히 상상할 수 있다. 까마귀는 메마른 등나무에 의지하고, 작은 다리가 걸쳐 있는 흐르는 물가에는 인가가 있으니 이는 고달프게 길을 걷지 않아도 되는, 편안히 사는 주민과 마른 말 위의 길손과 딱 대비되는 것이다. 이 세 구절의 중 앞의 두 구절은 종속절로서 뒤 구의 주절과 잘 어울렸다. 이는 빈주 형식의 또 다른 하나의 방법이다.

다시 대구 즉 대우(對偶)에 대해 논의해보자.

왕리(王力)는 다음과 같이 말하였다. "중국 고대의 문학에는 변우(駢偶)라고 하는 문장 구성 방식이 있었다. 이 변우 구성 방식으로부터 '대련문학(對聯文學)'이 탄생하였다. 이것이 소위 대대자(對對子)라는 것이다. 대대자의 방법은 명사 대 명사, 형용사 대 형용사, 동사 대 동사, 허사 대 허사이다. 정연하게 맞춰지는 것은 단위명사[66] 대 단위명사 수사 대 수사, 부동사(副動詞)[67] 대 부동사, 접속사, 전치사 대 접속사, 전치사, 어기사 대 어기

66　단위명사(單位名詞)는 양사(量詞)를 가리킨다.
67　부동사(副動詞)는 여기서 '把, 被' 이 두 단어를 가리킨다.

사이다. 가장 정연하게 맞춰지는 것은 천문 대 천문, 지리 대 지리, 형태 대 형태, 동물 대 동물, 식물 대 식물 등등이다."《語文學習》1952년 4월호에 실린 《漢語的詞類(중국어의 품사)》). 이러한 설명은 언어구조 측면에서 대우의 기본 방법을 설명한 것이다. 즉 두 개의 언어 단위가 하나의 대우를 이루고, 이 두 언어 단위는 품사나 의미적으로나 대응이 되는 것이다. 그러나 왕리는 단지 대우의 기본방법에 대해서 언급했을 뿐이다. 사실 문장 의미의 교묘함과 억양의 자연스러움을 나타내기 위하여 역대의 작가들은 명사 대명사, 형용사 대 형용사, 동사 대 동사, 허사 대 허사 등과 같은 고정적인 틀에 구애되지 않았다. 두 문장이 대체적으로 어울리면 대우를 이루는 것이다. 물론 형식적으로 정연함도 좋은 문장의 표준이 될 수도 있지만, 정연한 대구를 이룬다 하여 꼭 훌륭한 대우인 것은 아니다.

《문심조룡(文心雕龍)·여사(麗辭)》에서는 대우에 대해 다음과 같이 설명하였다. "반대(反對)는 표현력이 높고, 정대(正對)는 표현력이 낮다. ······ 중선(仲宣)은《등루(登樓)》[68]에서 '종의는 포로가 되어 갇혀서도 초나라 음악을 연주했고, 장석은 높은 지위에 올라서도 월나라 노래를 읊었다.'[69]라고 하였는데 이는 반대의 사례이다. 맹양(孟陽)은《칠애(七哀)》[70]에서 '한나라

---

68 중선(仲宣)은 왕찬(王粲)의 자로서 건안칠자(建安七子)의 한 사람이다. 한나라 말기에 호북(湖北)성으로 피난하였다. 그의 대표작으로《등루부(登樓賦)》가 있는데 고향을 그리는 의미가 담겨 있다.

69 종의(鍾儀)는 초나라 영공(伶工)이었는데 진나라 포로가 되어서도 초나라 음악을 연주했다.《좌전(左傳)·성공(成公)9년》참고하라. 장석(莊舃)은 전국 시기 월나라 사람으로 초나라에서 현관을 하였는데 병 중에도 고국의 땅을 그리워했고 말할 때의 억양도 월나라 억양 그대로였다.《사기·장의열전(張儀列傳)》을 참고하라.

70 맹양(孟陽)은 진나라의 문학가 장재(張載)의 자이다.《칠애(七哀)》는 시 제목인데 조식(曹植)과 왕찬(王粲)도 모두《칠애시(七哀詩)》를 지었다.

고조는 분유의 땅을 그리워하고, 광무제는 백수의 땅을 그리워한다.'라고 했는데 이는 정대의 예이다."(反對爲優, 正對爲劣……仲宣《登樓》云 : '鍾儀幽而 楚奏, 莊舃顯而越吟.' 此反對之類也. 孟陽《七哀》云 : '漢祖想枌楡, 光武思白水.' 此正 對之類也.)

여기에서 든 반대의 예문 중 '幽'자와 '顯'자는 그 의미가 상반되는 것으로 '幽'는 포로가 되었음을 의미하고, '顯'은 높은 지위에 올랐음을 의미한다. 의미가 상반되는 두 문장으로 대우의 내용을 풍부히 했다. 그러므로 "反對爲優"이라고 했던 것이다. 정대의 예문을 보면 내용이 모두 고향을 그리는 내용으로서 '思'가 곧 '想'이고, '想'이 곧 '思'인 것이다. 한조(漢祖)와 광무(光武)는 모두 황제로서 분유(枌楡)와 백수(白水)는 이 두 황제의 각자의 고향이다. 내용적으로 볼 때 이 두 구절은 별다른 차이가 없이 거의 같은 것이다. 비슷하거나 또는 같은 류의 사물로서 대우구를 이루었는데 이것이 바로 대우법에서 정대이다. 시인들은 이를 '합장(合掌)'이라고 하는데, 이는 사실 대우에서는 금하는 것이다. 그렇다면 대우에서 천문 대 천문, 지리 대 지리, 형체 대 형체 …… 등등의 방법은 정연하기는 하지만, 문장 표현력에서의 공이 큰 것은 아니다. 예를 더 들어 변별해보자.

> 葉似楊梅烝霧雨、花如盧橘傲風霜。(잎은 양매가 안개 비에 찌는 듯하고, 꽃은 노귤이 풍상에서 강하게 이겨내는 듯하다.) (소식 《차운류도무구밀지려지(次韻劉燾撫句蜜漬荔支)》시)
>
> 竹簟暑風招我老、玉堂花蕊爲誰春[71]?(대나무 돗자리와 무더운 바람 나

---

71 '玉堂'은 송나라 때 한림원(翰林院)을 가리키는 명칭이다. 학사들을 위해 지어놓은 관서이다. 구양수(歐陽修)의 《내제집서(內制集序)》에서 : "嗚呼! 余且老矣、方買田淮穎之間。若

를 늙어가라 하는데 옥당의 꽃들은 누구를 위해 봄을 맞이 하는가.) (소식
《옥당재화(玉堂栽花), 주정유유시(周正孺有詩), 차운(次韻)》시)

十年簿領催衰白、一笑江山發醉紅[72]。(10년 관직에 몸은 쇠잔해지고 머
리는 세었고, 한번 강산에 웃자 취하여 붉은 빛을 내네.) (소식 《차운림자중
산산정견기(次韻林子中蒜山亭見寄)》시)

첫 번째 시에서 '似'는 바로 '如'이다. 다른 두 시구도 마찬가지로 이들
은 모두 정대(正對)이다. 두 번째 시구에서 '竹簟暑風'는 벼슬을 그만두고
귀향한 후의 담담한 생활을 가리키고 '玉堂花蕊'는 사치스러운 관직생활
을 가리킨다. 이 시구의 의미는 오래지 않아 벼슬을 그만두고 늙어가겠다
는 뜻이다. 세 번째 시에서 첫 번째 구절은 임자중(林子中)이 벼슬을 하여
노쇠해졌다고 하면서 그 다음 시구에서는 강산에 대한 기쁨에 도취되었음
을 나타내면서 그가 몸은 비록 쇠잔해졌지만 마음만은 늙지 않았음을 나
타낸다. 이 두 시구는 모두 반대(反對)의 좋은 예문들로 모두 앞 뒤 구절이
상반되는 의미를 나타내면서 조화를 이루는데 필법이 교묘하다.

시에서 두 구절의 역할이 한 구절의 역할과 같은 정대는 우리는 반드시
피해야 한다. 그러나 반대만 좋고 정대는 다 나쁘다는 것은 아니다. 어떤
대구는 앞, 뒤 구절의 의미가 상반되지 않지만 중복되지도 않고, 아주 적절

夫涼竹簟之暑風、曝茅簷之冬日、睡餘支枕、念昔平生仕宦出處、顧瞻玉堂、如在天上(오
호라, 나는 또한 늙었는지라 곧 회수와 영주 사이에 전답을 구매하였다. 대자리 위에서 더운 바람을
식히고 처마 밑에서 겨울 햇볕을 쬐네. 잠에서 깨어 베개를 고이고 예전에 평생 사환의 출처를 생각
하고, 옥당을 뒤돌아봄이 마치 하늘에 있는 듯하다.)" 라는 구절이 있는데 소식은 여기에서 玉
堂이란 명칭을 취한 것이다.

72 '十年簿領'에서의 '簿領'은 관부에서 문서 부적을 가리킨다. '衰白'은 몸이 쇠잔하고 머리
가 세었다는 말이다. '發醉紅'은 술에 취해 얼굴이 빨개졌다는 의미다.

고대중국어 통론

하게 예술적 경지를 잘 나타냈는데, 이런 경우는 아주 좋은 대구라고 할 수가 있다.

> 春蠶到死絲方盡、蠟炬成灰淚始乾。(봄누에는 죽어서야 실 뽑기를 그치고 촛불은 재가 되어서야 눈물이 마른다.) (이상은(李商隱)《무제(無題)》시)
> 暮雨自歸山悄悄、秋河不動夜慨慨。(저물녘 비 내리고 산속은 고요한데 가을 강물 흐르고 밤 정적 적막하네.) (이상은《초관(楚宮)》시)
> 含風鴨綠[73]鱗鱗起、弄日鵝黃[74]嫋嫋垂。(바람 머금은 푸른 강물 출렁출렁 물결치고, 햇살에 취한 여린 버들가지 간들간들 드리웠구나.) (왕안석(王安石)《남포(南浦)》시)
> 千林風雨鶯求友、萬裏雲天雁斷行。(망망 수림 비바람 속의 꾀꼬리 울음소리는 친구를 부르고, 끝없이 펼쳐진 창공에 먹구름 드리우고 기러기 한 마지 뒤처졌네.) (황정견(黃庭堅)《선양별원명용상자운(宜陽別元明[75]用觴字韻》시)

종합하자면 대우에서의 두 구절은 서로 비슷하면서도 너무 같지는 말아야 하며 각자 개성이 있어야 한다. 앞뒤 구절의 의미도 너무 가까워서 중복되는 것은 피해야 독자들의 싫증을 피할 수 있다. 평론가들이 정대보다 반대가 더욱 표현력이 좋다고 하는 것은 모두 이러한 이유 때문이다. 문학가들은 대우 형식을 새롭게 변화시키기 위하여 일찍이 몇 가지 대우 방법을 고안해냈는데 다음과 같다.

---

73 '鴨綠'은 오리 머리처럼 푸른 물결을 가리킨다.
74 '鵝黃'은 여린 버들가지를 말한다.
75 '元明'은 황정견의 형을 가리킨다.

그 중 하나는 유수대(流水對)이다. 대우문에서는 위의 문장과 아래 문장이 일맥상통한다. 두 문구는 문법적으로도 한 문장이어서 독자들이 읽으면 대구 문장이라고 생각되지 않고 하나의 문장이라고 생각되는데, 사실은 글자마다 대응된다. 이를 유수대라 한다. 시인들이 말한 "以單行之神, 運排偶之體(한 줄의 신령스러움으로 배우의 형태를 운용한다.)"(황준헌(黃遵憲)《인경려시초자서(人境廬詩鈔自序)》)도 바로 이러한 방법이다. (여기서 주의해야 할 것은 두 구가 문법적으로 한 문장이라는 말과 앞에서 말한 정대 두 구가 한 문장과 같다와는 구별이 된다는 점이다. 두 구가 문법상에서 하나의 문장이 된다는 것은 대우를 이루는 두 구가 하나의 완전한 문장으로 구성된다는 것이다. 두 구가 하나의 문장과 같다는 것은 대우에서 두 구가 중복적으로 사용되거나 또는 거의 차이가 없다는 뜻이다.) 예를 보자.

一別臨平山上塔、五年雲夢澤南州[76].(임평산의 탑을 떠나 운몽택 남주로 온 지 오 년이 되었다.) (소식《차운항인비유보(次韻杭人斐維甫)》시)

　　誰謂石渠劉校尉[77]、來依絳帳馬荊州[78]?(석거각의 유교위가 강장을 쳐놓은 마형주에게 와서 의지하고 있다고 누가 말하는가? (황정견《차운마형

---

76 '雲夢澤南州'는 지금의 후베이성(湖北省) 황저우(黃州)를 가리키는데 옛 운몽택(雲夢澤)의 남쪽에 있다.

77 '石渠劉校尉'는 한나라 때 유향(劉向)은 중루(中壘) 교위(校尉)였는데 나라의 책을 보관하는 곳인 석거각에서 교서를 하였다. 황정견도 일찍이 저작랑(著作郞) 교위였었는데 신분이 유향과 비슷하여 여기서 비교를 한 것이다.

78 '絳帳馬荊州'는, 형주의 태수 마감(馬瑊)을 가리킨다. 동한의 학자 마융(馬融)에 대해서는 다음과 같은 기록이 있다. "施絳紗帳、前授生徒、後列女樂(붉은 비단 장막을 쳐 놓고 학생들을 가르쳤는데 장막 뒤에서는 여악들이 연주를 했다.)"(《후한서(後漢書)》본전 참고.) 마감은 마융과 성이 같으므로 이 전고를 사용하여 마감을 가리킨 것이다.

주(次韻馬荊州)》시)

　소식의 시에서는 자신이 항주를 떠나 황주로 온지 이미 오 년이 되었음을 나타낸다. 임평(臨平)은 항주 부근에 있다. 소식은 임평산의 탑에 대한 인상이 아주 깊었다. 소식은 사《남향자(南鄉子)·송술고(送述古)》에서도 임평산에 대해 다음과 같이 말하였다. "誰似臨平山上塔, 亭亭, 迎客西來送客行.(누가 임평산의 탑이랑 닮았는가. 우뚝 솟아 서쪽에서 오는 손님 맞아주고 가는 손님 바래주는구나.)" 황정견의 시는 그가 좌천되어 검주(黔州)에서 형주(荊州)로 간 후 지은 시이다. 시구절에서 생각지도 못하게 자신이 형주 태수 마감에게 의지하게 되었음을 말하여 다행이라는 의미를 가지고 있다. 이 두 시에서는 시구의 의미가 앞 뒤 두 구절에 관통되어 있다. 육유(陸遊)의 시《서감(書感)》에서는 "豈知鶴髮殘年叟, 猶讀蠅頭細字書?(백발의 늙은이가 파리 대가리만한 가는 글씨를 읽을 줄은 어찌 알았을까?)"라고 하였는데 그 문법 쓰임이 황정견의 시와 같다.

　다른 하나는 차대(蹉對)이다. 차대는 대우를 이루는 앞 뒤 문장에서 서로 대응하는 글자의 위치를 다르게 한다는 것이다. 치대의 전형적인 예로는 이군옥(李群玉)의 시《동정상병가희소음희증(同鄭相並歌姬小飲戲贈)》을 들 수가 있다. 이 시에서의 "裙拖六幅湘江水, 鬢聳巫山一段雲.(치마는 여섯 폭 상강수에 끄는 것 같고 귀밑머리는 무산의 한 폭 구름에 솟은 듯하네.)"는 바로 차대를 이루는 대우 문장이다. 다음 시도 마찬가지로 차대를 이룬다.

　春殘葉密花枝少、睡起茶多酒盞疏。(봄이 남아 잎이 무성하지만 꽃 가지는 적고, 자다 일어나니 차는 많은데 술잔은 성기네.) (왕안석(王安石)《만추

《晚春)》시)

왕안석의 시에서는 의미적으로 서로 대응되는 '密'자와 '疏'자 그리고
'多'자와 '少'자를 같은 위치에 두지 않고 서로 엇갈리는 위치에 두었는데
이것이 바로 소위 차대라는 것이다. 이군옥의 시에서도 마찬가지로 '六幅'
은 '一段'과 대응되고, '湘江'은 '巫山'과 대응되는데, 같은 위치에 두지 않
고 엇갈리게 하였다. 이렇게 하는 이유는 하나는 격률의 제한 때문이다. 이
군옥의 '鬢聳巫山一段雲' 이 구절의 평측은 '측측평평측측평'이다. 만약 의
미적으로 뒤의 구절과 대응시키려면 이 구절은 마땅히 '一段巫山'이라고
되어야 하나 이렇게 되면 평측이 조화를 이루지 못한다. 차대의 또 다른 이
유로는 의도적으로 시구를 정교하게 표현하려는 데 있다. 예를 들면 '葉密'
은 의미상 '葉茂, 葉盛'라고도 표현할 수 있는데 '密'자로 '疏'와 대응시킨
것은 시구를 정미하게 다듬었다는 것을 나타낸다.

또 다른 하나는 차대(借對)이다. 차대는 대우를 이루는 두 문장에서 대
응되는 위치에 쌍관어(雙關語)로 대응을 시키는 경우다. 예를 보자.

> 竹葉於人既無分、菊花從此不須開。죽엽청주는 나와 인연이 없으
> 니 국화꽃도 다시 필 필요가 없구나. (두보《구일(九日)》시)
> 驥子春猶隔[79]、鶯歌暖正繁。기자는 봄이 되었어도 멀리 있고 꾀꼬
> 리는 화창한 날씨에 자주 울어대네. (두보《억유자(憶幼子)》시)
> 白地誰留住、青山自不歸。공연히 누구한테 붙들리었느냐, 청산은
> 스스로 돌아오지 않는구나. (백거이《기산승(寄山僧)》)

---

79 '驥子'는 두보의 작은 아들의 자이다. '隔'은 옆에 있지 않다는 뜻이다.

고대중국어 통론

每苦交遊尋五柳、最嫌屍祝擾庚桑[80]。교유 때 오류를 찾는 것이 가
장 고통스럽고 시축 때 경상을 시끄럽게 하는 것이 가장 싫다. (왕안
석《차운주서중원(次韻酬徐仲元)》시)

　첫 번째 예문에서는 '竹葉'과 '菊花'는 글자로 볼 때는 모두 식물이다.
그러나 여기서는 '竹葉'은 죽엽청(竹葉靑)으로 일종의 술의 명칭이다. '竹
葉'은 여기서 쌍관의(雙關義)로서 '菊花'와 대응되는 것이다. 두 번째 예문
에서 '騣'와 '鶯'은 모두 동물 이름이고 '子'와 '歌'는 대응되지 않는다. 그러
나 여기서는 '歌'가 '哥'의 협음(諧音) 쌍관의이다. 그러므로 '騣子'와 '鶯歌'
는 글자상으로는 대응을 이루는 것이다. 사실'騣子'는 하나의 명사이고 '鶯
歌'는 단어결합임에도 불구하고 서로 대구를 이룰 수 있는 것은 바로 쌍관
때문이다. 세 번째 예문에서 '白地'는 의미가 '平白地(공연히)'(즉 아무런 이
유 없이라는 뜻)로 전반 문장의 의미는 "공연히 누구한테 붙들리었느냐, 너
혼자 좋은 청산을 두고 돌아오지 않는 거냐."이다. '白地'는 허사이고 '靑
山'은 실사로 구성된 단어결합으로서 서로 대응을 이루지 못하지만, 글자
상으로 볼 때는 '白'은 '靑'과 '地'는 '山'과 아주 정연하게 대응을 이룬다.
네 번째 예문에서 인명 대 인명으로 대응을 시켰지만 사실 여기에는 곡절
이 있다. 송나라 시인 섭몽득(葉夢得)은《석림시화(石林詩話)》에서 "어떤 사

80　'五柳'는 도잠(陶潛)인 오류선생을 가리킨다. '庚桑'은《장자·경상초(庚桑楚)》에서 나오는
　인물로 경상초를 가리킨다. 경상초는 외루(畏壘)산에 가서 삼 년을 거주하였는데 그곳에
　풍년이 들었다. 그러자 백성들은 '시이축지(尸而祝之)'라고 하면서 경상초를 임금으로 모
　시어 그에게 종묘 제사의 예를 세우려고 했다. '尸'는 종묘에서 대표로 제사를 받는 선조
　이다. '祝'은 빌다, 기도하다의 뜻이다. '五柳'와 '庚桑'은 모두 왕안석 자신을 가리킨다. 이
　시구의 뜻은 사람들이 자신을 찾아 주의하고 소란을 피울까봐 가장 걱정된다는 말이다.

람들은 왕안석이 '五柳, 庚桑' 등 단어를 쓰는 것은 적대(的對)[81]를 좋아하기 때문이라고 한다. 이에 대해 공은 웃으며 '君但知柳對桑爲的, 然庚亦是數(군들은 柳와 桑만 대응되는 줄 아는 데 사실은 庚도 숫자이다'라고 한다. 庚은 십간 중의 하나다.[82]."라고 하였다. 이로부터 우리는 왕안석이 대장을 사용함에 있어서 얼마나 섬세하였는가를 알 수가 있다.

차대의 이러한 방법은 보통 본래 대응이 안 되는 단어들을 교묘하게 짝을 이루게 할 때 쓰인다. 당나라의 두보, 이백, 맹호연 등 시인들도 이러한 수사법을 쓴 적이 있으며, 당나라 말기에 이르러서는 고정된 격식이 되어 더욱 섬세하게 표현되었다. 위에서 든 예문들은 모두 정교하면서도 자연스럽게 이루어져 좋은 문장이 되는데 방해가 되지 않는다.

대우법 중 또 한 종류로는 당구대(當句對)이다. 당구대는 한 구절 내부에 대응을 이루는 단어가 있음을 말한다. '당구'라는 말은 해당 구절이라는 의미다. 전형적인 예로는 다음과 같은 시들이다.

一山門作兩山門、兩寺原從一寺分。東澗水流西澗水、南山雲起北山雲。前臺花發後臺見、上界鐘聲下界聞。遙想吾師行道處、天香桂子落紛紛。(한 산의 문은 두 산의 문으로 변하고 두 절은 원래 한 절에서 분리된 것이다. 동쪽 골짜기의 물은 흘러 서쪽 골짜기의 물이 되고, 남쪽 산의 구름은 북쪽 산의 구름과 겹쳤다. 전대에 핀 꽃 후대에서도 볼 수 있고, 천상의 종소리 인간 세상에서도 들리고, 내 스승이 가신 곳 아득히 생각해보니 향기

---

81 '的對'에서의 '的'은 정교하고 적절하다는 말이다.
82 십간(十干), 갑, 을, 병, 정, ……등을 십간이라고 한다. 고대 사람들은 십간으로 서수(序數)를 나타냈다.

고대중국어 통론

가득한 계수나무 열매 우수수 떨어지는 곳일 것이다.) (백거이(白居易)《건주 천축사(虔州天竺寺)》시(詩), 소식(蘇軾)《천축사(天竺寺)》시의 서문에서 볼 수 있다.)

密邇平陽[83]接上蘭[84]、秦樓鴛瓦漢宮盤[85]。池光不定花光亂、日氣初涵露氣乾。但覺遊蜂繞舞蝶、豈知孤鳳憶離鸞。三星[86]自轉三山[87]遠、紫府紫[88]程遙碧落寬。(평양과 상란은 아주 가까이 있고, 진루 위 원앙 기와에 한 궁의 이슬반이 있네. 옥지의 불빛과 활짝 핀 꽃 사람 눈을 어지럽히고, 해가 뜨면 햇볕에 이슬이 말라버리네. 꿀벌 날아다니고 나비 춤추는데 외로운 봉 황이 떠나가는 난새를 그리는 심정을 누가 알까? 삼성이 자전해 날이 밝으 면 여인은 멀리 삼산으로 떠나고, 남자는 자부선궁으로 돌아가니 푸른 하늘 끝이 없어 만날 수 없어라.) (이상은(李商隱)《당구유대(當句有對)》시)

流鶯飄蕩複參差、渡陌臨流不自持。巧囀豈能無本意、良辰未必有佳期[89]。風朝露夜陰裏、萬戶千門開閉時。曾苦傷春不忍聽、鳳城何處有花枝? (떠도는 꾀꼬리 들쭉날쭉 날아다니다 논두렁 지나고 운명이 어찌 될

83　'平陽'은 한나라 평양후(平陽侯)인 조수(曹壽)의 집을 가리킨다. 한무제의 누이 신양장공주 (信陽長公主)가 조수에게 시집을 갔다. 청나라 사람 풍호(馮浩)는 이 시가 집을 나가 여도사 가 되는 공주를 풍자하였다고 보았다. 따라서 평양후의 집에 비유한 것이다.

84　'上蘭'은 한나라 때 상림원(上林苑) 중의 궁관(宮觀) 이름이다.

85　'盤'과 관련하여, 한무제는 동으로 소반 모양의 '盤'을 만들어 하늘의 이슬을 받으려 했다. 한무제는 그 이슬을 마시고 신선이 되기를 바랐다. 이를 '金人承露盤'이라고 한다.

86　'三星'은 《시·당풍(唐風)·주무(綢繆)》에는 "綢繆束薪、三星在天、今夕何夕? 見此良人。 (칭칭 얽혀 꽁꽁 묶을 적에 삼성이 하늘에 떠 있노라. 오늘 밤은 어떤 밤일까? 아, 님을 다시 만났노 라.) 이는 남녀가 부부의 연을 맺는 시로 여기에서는 비교하고자 사용한 것이다. 이 시에 서의 '三星'은 '參星'과 같다.

87　고대전설에 동해에 방장(方丈), 봉래(蓬萊), 영주(瀛洲) 등 삼대 선산이 있었다고 한다.

88　'紫府'는 고대전설에 청구자부궁(青丘紫府宮)란 궁이 있었는데 천상의 선녀들이 노닐던 곳 이다.

89　'佳期'는 아름다운 정해진 기간을 말한다.

줄 모르네. 묘한 지저귐 속에 어찌 속 뜻이 없을까, 때는 좋아도 꼭 아름다운 정해진 기간이 있는 것은 아니라네, 바람 부는 아침, 이슬 내린 밤, 흐리고 갠 날에도 수천만 집 모든 대문 열릴 때도 닫힐 때도 언제나 떠돈다네. 봄에 마음 상하여 차마 듣지 못하니 봉성 어느 곳에 내가 앉을 꽃 가지 있을까?) (이상은 《유앵(流鶯)》시)

위의 시들에서 첫 번째 시와 세 번째 시에서는 마지막 구절을 제외한 나머지 여섯 구절은 모두 당구유대이다. 두 번째 시는 시 여덟 구절이 모두 당구유대이다. 세 번째 시에서는 '風朝'와 '露夜', '萬戶'와 '千門'은 쌍자 대응을 이루고, '陰'과 '晴', '開'와 '閉'는 단자 대응을 이루었는데, 대구 변화에 능한 시인의 필체를 보여준다. 후대의 시인들도 이러한 대구법을 많이 사용해 썼지만, 대부분이 한 구절이나 두 구절에서나 썼을 뿐 구절마다 쓰지는 않았는다. 이는 당연히 장황하게 늘어놓은 것을 피하기 위해서였다. 황정견(黃庭堅)의 시 《자파릉략평강, 임상, 무일불우(自巴陵略平江, 臨湘, 無日不雨, 파릉에서 평강, 임상에 갔다. 비가 오지 않은 날이 없었다.)》에서의 두 번째 구절인 "野水自添田水滿, 晴鳩卻喚雨鳩歸(야수가 전수를 스스로 보태니 청구가 오히려 우구 불러 돌아가네.)"가 바로 그러하다. 또 소식(蘇軾)의 시 《과영락(過永樂), 문장로이졸(文長老已卒)》에서도 마찬가지다. "三過門間老病死, 一彈指頃去來今.(여러 차례 문 사이를 지나면서 노, 병, 사를 겪었고, 손가락 한 번 튕길 시간에 과거, 현재, 미래이네.)"에서 '老, 病, 死'와 '去, 來, 今'은 당구의 '對'가 당구의 '排'로 발전했다는 것을 알 수 있다. 이는 또 새로운 격식이다.

또 하나는 격구대(隔句對)인데 선대(扇對)라고 하기도 한다. 즉 시에서

고대중국어 통론

첫 번째 구절과 세 번째 구절이 대구가 되고, 두 번째 구절과 네 번째 구절이 대구가 되는 것이다. 이러한 격식은 《시(詩)·소아(小雅)·채미(采薇)》에서 시작되었다.

昔我往矣、楊柳依依；今我來思、雨雪霏霏。(옛날 내가 떠날 때는 버들 가지 늘어졌었는데, 지금 다시 돌아봐 보니 눈비만 흩날리네.)

후대에 당나라 시인 정곡(鄭谷)은 시《장지로군, 려차수주, 우배오원외 적거어차, 화구처량, 인기이수(將之瀘郡, 旅次遂州, 遇裴晤員外謫居於此, 話舊淒 涼, 因寄二首, 장차 노군을 가다가 수주에서 머물렀다. 배오 원외랑이 여기에서 폄 적해 있는 것을 만나서 옛날의 처량했던 시절을 이야기하였다. 이 때문에 시 두 수 를 지었다.)》에서의 두 번째 시에는 다음과 같은 시구가 있다.

昔年共照松溪影、松折溪荒僧已無；今日重思錦城事、雪鋪花謝夢何 殊? 이전에 소나무 계곡 그림자를 함께 보았는데, 소나무 꺾이고 계 곡은 황폐해져 스님 이미 없어졌네. 오늘 금성에서의 일을 거듭 생각 해보면 눈이 길에 깔리고 꽃이 지는 것과 꿈이 어떻게 다르겠는가?

이 시구는 그 격식이 《채미(采薇)》와 완전히 같다. 어떤 작가들은 '昔, 今'의 대비를 버렸는데 이로서 격구대는 새로운 면모를 가지게 되었다. 예 를 보자.

得罪台州去、時危棄碩儒[90]。移官蓬閣[91]後、穀貴歿潛夫[92]。(죄를 얻어 태주로 가니, 때가 위태로워 뛰어난 유학자 정건을 버리네. 봉각으로 소원명을 이동시킨 후, 곡식이 비싸 잠부와 같은 인재를 죽이네.)(두보(杜甫)《곡대주정사호소소감(哭台州鄭司户蘇少監)》시)

邂逅[93]陪車馬、尋芳謝朓洲[94] ; 凄涼望鄉國、得句仲宣樓。(만나서 수레와 말을 나란히 하고서, 사조의 주로 방문하였네. 처량하니 고향을 굽어 보다 중선루에서 시구를 얻었네.) (소식(蘇軾)《용전운재화허조봉(用前韻再和許朝奉)》시)

이상에서 말한 것은 대우법의 여러 가지 격식들이다. 대우법은 원래 정연하고 균형적인 형식으로 구조 상의 조화로움과 음절 상의 미적 감각을 얻어내기 위함이다. 그러나 대우법에서 지나치게 정연함을 추구한다면 시의 운에 영향을 주어 시가 도식화될 수도 있다. 이전 사람들이 창조한 대우법의 각종 격식들은 잘 활용하지 못하다면 가식적이고 군더더기 등 폐단이 나타날 수 있다. 그러므로 대구에서 잘 대응이 되느냐 안 되느냐 하는 문제는 여전히 시의 내용과 작품의 문맥부터 힘을 쏟아야 한다. 형식은 어디까지나 시 창작에 있어서 보조적인 수단에 불과할 뿐 결정적인 역할을

---

90 '碩儒'는 '鄭虔'을 가리킨다. 당시에 폄관되어 태주사호(台州司户)로 갔다.

91 '蓬閣'은 '秘書監'을 뜻하는데 여기서는 비서소감인 소원명(蘇源明)을 가리킨다.

92 '潛夫'：《후한서(後漢書)·왕부전(王符傳)》에서는 왕부(王符)가 일찌감치 벼슬을 포기하고 은거하여 저술하였다고 했다. 그것이 바로 《잠부론(潛夫論)》이다. 여기서는 소원명이 벼슬길에 뜻을 이루지 못하고 죽었다는 뜻이다.

93 '邂逅'는 우연히 만나다의 의미이다.

94 '謝朓洲'라는 것은 사조(謝朓) 시 《회고인(懷故人)》에 다음과 같은 구절이 있다. "芳洲有杜若、可以贈佳期。(방주에 두약 풀이 있어 좋은 때에 줄 수 있다.)" 즉 소식의 시가 나온 곳을 가리킨다.

하지 않는다.

2. 회환(回環)

회환은 구절과 구절 사이 혹은 장과 장 사이에 부분적으로 중첩되는 형식을 말한다. 즉 구절이나 장의 마지막 부분이 구절이나 장의 첫머리와 중첩인 경우다. 이런 중첩 현상은 마치 몇 개의 구절이나 장이 연속해서 연결고리를 이어 가는 것처럼 언어구조가 아주 치밀하여 특수한 표현 효과를 얻을 수 있다.

도리를 설명하는 문장을 놓고 말하면 사리를 층층이 심도 있게 말하여 독자의 사상을 아주 자연스럽게 일정한 결론으로 인도를 하는 것이다. 그러므로 독자들이 전혀 갑작스럽다고 생각하지 않도록 한다. 이러한 방식으로 도리를 설명하는 엄밀성을 증가시킨다. 예를 보자.

> 古之欲明[95]明德[96]於天下者、先治其國 ; 欲治其國者、先齊其家 ; 欲齊其家者、先修其身 ; 欲修其身者、先正其心 ; 欲正其心者、先誠其意 ; 欲誠其意者、先致其知 ; 致知在格物[97]。物格而後知至、知至而後意誠、意誠而後心正、心正而後身修、身修而後家齊、家齊而後國治、國治而後天下平。(옛날에 밝은 덕을 천하에 밝히고자 하는 자는 먼저 그 나라를 다스리고, 그 나라를 다스리고자 하는 자는 먼저 그 집안을 가지런히

---

95 '明'은 더욱 발전시킨다는 의미이다.
96 '明德'은 밝고 커다란 덕을 의미한다.
97 '格物'은 연구와 같은 의미로 사물을 인식하는 도리를 가리킨다.

하고, 그 집안을 가지런히 하고자 하는 자는 먼저 그 몸을 수양하고, 그 몸을 수양하고자 하는 자는 먼저 그 마음을 바르게 하고, 그 마음으로 바르게 하고자 하는 자는 먼저 그 뜻을 다하고, 그 뜻을 다하고자 하는 자는 먼저 그 앎에 도달하니, 그 앎에 도달함은 사물의 이치를 인식함에 있다. 사물의 이치를 인식한 된 뒤에 앎에 이르게 되고 앎에 이르게 되면 뜻이 성실해지고, 뜻이 성실해진 뒤에 마음이 바르게 되고, 마음이 바르게 된 뒤에 몸이 수양되고, 몸이 수양된 뒤에 집안이 가지런해지고, 집안이 가지런해진 뒤에 나라가 다스려지고, 나라가 다스려진 뒤에 천하가 평정된다.) 《《예기(禮記)·대학(大學)》》

昔者、紂爲象箸[98]、而箕子怖。以爲：“象箸必不加於土鉶[99]、必將犀玉之杯；象箸玉杯必不羹菽藿[100]、則必旄[101]、象、豹胎；旄、象、豹胎必不短褐[102]而食於茅屋之下、則〔必〕錦衣九重、廣室高臺；吾畏其卒[103]、故怖其始。”居五年、紂爲肉圃、設炮烙〔格[104]〕, 登糟丘、臨酒池、紂遂以亡。(옛날에 주왕이 상아 젓가락을 만들자, 기자가 걱정을 하였다. "상아 젓가락은 도자기 그릇에서 사용할 수 없고 반드시 코뿔소 컵이나 옥으로 만든 그릇을 써야 될 것이다. 상아 젓가락과 옥그릇을 절대로 콩잎으로 끓인 국물을 먹는데 사용될 수 없고, 반드시 털이 긴 소나 코끼리 고기나 어린 표범 고기를 먹어야 한다. 그런 고기 먹을 때는 해진 짧은 옷을 입거나 초가지붕 아래에서 먹을 수 없고 반드시 비단옷을 겹겹이 입고서 고대광실

---

98 '象箸'는 상아로 만든 젓가락이다.

99 '加'는 '用'이라고 말하는 것과 유사한 것이다. 토형(土鉶)은 흙으로 만든 식기를 말한다.

100 '羹菽藿'은 콩잎을 삶은 국을 말한다.

101 '旄'는 '氂'와 통하는데 '氂牛'를 가리킨다.

102 '褐'은 '毛布襖' 즉 짐승의 털가죽으로 안을 댄 옷을 가리킨다.

103 '卒'은 결국을 나타낸다.

104 '炮格'은 고기를 굽는 동으로 만든 용기를 말한다.

에서 살아야 될 것이다. 나는 그런 생활의 끝이 두렵다. 그러므로 상아 젓가락의 시작을 두려워한 것이다." 5년이 지나서 주왕은 고기를 늘어놓고 포락으로 동산을 만들어 올라가고 술로 연못을 만들어 놀았다. 주왕은 결국 멸망하였다.) 《한비자(韓非子)·유로(喩老)》

서정적인 문장에 대해 말한다면 이런 형식은 일창삼탄(一唱三歎, 한 번 노래하여 여러 차례 감탄하게 함)의 효과를 얻을 수 있다. 또 완곡적으로 깊은 감정을 연이어 나타낼 수 있다. 조식(曹植)의 《증백마왕표(贈白馬王彪)》에서는 문장의 머리와 꼬리가 중복되어 쓰인 범례이다. 다음 예도 마찬가지다.

他、他、他傷心辭漢主、我、我、我攜手上河梁。他銉從入窮荒、我鑾輿返咸陽。返咸陽、過宮牆；過宮牆、繞迴廊；繞迴廊、近椒房；近椒房、月昏黃；月昏黃、夜生涼；夜生涼、泣寒螿[105]；泣寒螿、綠紗窗；綠紗窗、不思量？呀！不思量除是鐵心腸、鐵心腸也愁淚滴千行。(그, 그, 그녀는 마음 아프게 임금에게 인사하고, 나, 나, 나는 손을 잡고 황하다리 위로 오르네. 그녀는 호위를 받으며 황망한 곳으로 들어가고, 나는 수레에 타고서 함양으로 돌아오네. 함양에 돌아와 궁 담벼락을 지나가네. 궁담벼락을 지나서, 회랑을 돌아가네. 회랑을 돌아서, 초방궁에 가까이 가네. 초방궁에 가까이 가자, 달이 지네. 달이 지니, 밤이 차갑게 나오네. 밤이 차갑게 나오니, 귀뚜라미 슬피 우네. 귀뚜라미 슬피 우니, 푸른 색 비단으로 장식된 창. 푸른 색 비단으로 장식된 창으로 생각나지 않는데? 아! 생각나지 않는 마음은 쇠로 된 심장을 가지고 있는 것일 뿐이지. 그렇지만 쇠로 된 심장임에도 쓸쓸한 눈물 천리 길을 적시는구나.) (마치원(馬致遠)《한궁추(漢宮秋)》

---

105 '螿'은 귀뚜라미를 뜻한다.

제3절)

憑做出百種淒涼、淒涼只在、花冷月閑庭院。紅樓翠幕、可有人聽、
聽也可曾腸斷? (백 가지 종류의 처량한 소리를 내고 있는 것에 의거하지만,
처량함은 꽃과 차가운 달빛과 한가한 뜰 뿐이네. 붉은 누각에 비단 장막, 사
람들이 듣는다면 듣고서 일찍이 단장이 끊어지겠지?) (황주이(況周頤)《소무
만(蘇武慢)·한야문각(寒夜聞角)》사(詞))

첫 예문은 반복을 계속하고 두 번째 예문은 언어가 완곡하고 곡절적이
다. 이러한 형식들은 모두 완곡적으로 원망스러운 정서를 나타내는 데 적
합하며 단도직입적으로 명쾌한 어조를 나타내는 데는 적합하지 않다.

3. 착종(錯綜)과 도치(倒裝)

착종과 도치는 일반적인 것을 뒤집어 변하는 것을 취하는 수사법 중의
하나다. 착종은 같은 글자, 정연한 문장을 변화시켜서 형식이 풍부해지도
록 한다. 도치는 일반 어순을 변화시켜 말의 기운의 강렬함을 추구한다. 이
두 수사법의 총체적인 목적은 평범함에서 벗어나 문필이 변화무쌍하도록
하는 데 있다. 착종은 혼란하고 조리가 없는 게 아니라 정연함의 기초 위에
서 변화를 줘서 나름대로의 정밀한 구조를 갖는다. 도치 또한 마음대로 언
어조직의 규칙과 논리성을 파괴해서는 안 된다. 이 두 수사법은 언어 규칙
을 준수하는 범위 내에서 수사적 효과를 얻고자 하는 것이다.

천왕다오(陳望道)의《수사학발법(修辭學發凡)》에서는 착종을 네 가지로
분류하였다. 첫 번째 방법은 글자를 바꾸는 것이다. 즉 중복을 피하기 위하

고대중국어 통론

여 같은 글자를 다른 글자로 바꾸는 것이다. 예를 보자.

> 清尊美酒[106]斗十千、玉盤珍羞[107]值萬錢。(황금 술통의 좋은 술은 한 잔
> 이 만 냥 가치이고, 옥쟁반의 진귀한 안주는 만 전 값을 한다.) (이백《행로난
> (行路難)》)

이러한 예문들은 더 이상 설명을 할 필요가 없다.

두 번째는 어순을 교차하는 것이다. 대우법에서의 차대(蹉對)도 교차의
수법이기는 하지만 대구(對句) 내에서 이루어진다. 이 외에도 배비(排比)와
중복된 문장에서도 교차가 있을 수 있다. 예를 보자.

> 孟子見梁惠王、王曰："叟、不遠千里而來、亦將有以利吾國乎?"孟
> 子對曰："王何必曰利、亦有仁義而已矣。……王亦曰仁義而已矣、何
> 必曰利！"(맹자가 양혜왕을 알현하니 왕이 말하였다. "노인께서 불원천리
> 하고 이곳까지 왔으니 장차 내 나라에 어떤 이로움이 있겠습니까?" 맹자가
> 대답했다. "왕께서는 하필이면 이로움만 말씀하십니까? 오직 인과 의만 있
> 을 뿐입니다. …… 왕께서는 단지 인과 의를 말씀하시면 됩니다. 어찌하여
> 이로움만 말씀하려 하십니까.") (《맹자(孟子)·양혜왕상(梁惠王上)》)

이 예문은 중복의 교차이다. 교차의 목적은 옛 것을 버리고 새로운 수
법을 추구하려는 데 있지만, 어떤 문장들은 어순의 변화가 문체의 요구 때
문이기도 하다. 맹자의 문장이 바로 그러하다. 양혜왕이 말한 것은 이로움

---

106 [역주] 다른 판본에는 '金樽清酒'라 되어 있다.
107 '珍羞'는 진귀한 안주를 가리킨다.

이다. 맹자는 서두에서 상대방인 양혜왕의 생각을 반대하면서 자신의 주장을 펴기 위해 '何必曰利'라고 먼저 꺼냈다. 맹자는 자신이 이런 주장을 펴는 까닭을 충분히 설명한 다음에 자신의 주장을 긍정해도 되겠다 싶은 시점에서는 자연적으로 '仁義而已矣'를 먼저 서술하고, '何必曰利'는 그 뒤에 붙였는데 이는 아주 적절한 것이다.

세 번째는 문장의 길이를 늘리거나 줄이는 것(신축(伸縮))이다. 즉 배비의 문장을 길게 늘이거나 또는 축소하는 것을 가리키는데 문장이 들쭉날쭉하면서 멋이 있다.

自諸子而降、其爲文無弗有偏者。其得於陽與剛之美者、則其文如霆、如電、如長風之出谷、如崇山峻崖、如決大川、如奔騏驥 ; 其光也、如杲日、如火、如金、鏐[108]、鐵 ; 其於人也、如憑高視遠、如君而朝萬眾、如鼓萬勇士而戰之。(제자백가 이후로는 문장을 짓는 데에 편벽되지 않은 자가 없었다. 그 중에서 양의 기운과 강직함의 아름다움을 얻은 것은 그 문장이 우레와 같고, 번개와 같고, 계곡에서 불어 오는 강풍 같고, 높은 산 험준한 언덕 같으며, 세차게 흐르는 강물 같고, 천리마가 내달리는 것 같다. 그 빛은 밝은 태양과 같고, 불과 같고, 금, 빛나는 쇠, 강한 쇠와 같다. 그것이 사람에게 있어서는 높은 곳에 의지하여 멀리 바라보는 것과 같고 임금이 만백성을 만나는 것과 같고, 용사들을 고무하여 전쟁하는 것과 같다.) (요내(姚鼐)《복로혈비서(復魯絜非書)》)

이 문단은 중첩의 방법으로 문장의 양의 기운과 강직한 기운의 아름다

---

108 '鏐(유, ｌｉ úｕ)'는 좋은 색을 가진 쇠를 가리킨다.

움을 나타냈다. 형식상에서는 배비(排比)의 착종에 근거한 것이지만, 배비를 이루게 한 것은 몇 개의 '如'자를 사용해서이다. 작가는 '如'자를 씀에 있어서 단순하게 나란히 열거한 것이 아니라 3조로 나누었다. 1조는 '如'자를 썼지만 2조, 3조에서는 '其光也', '其於人也'를 씀으로써 분류를 하여 비유를 하였는데 이것이 바로 착종이다. 열거한 비유 중에서 2조는 물질의 상태 중 모두 정태(靜態)를, 3조에서는 사람의 동태(動態)를 묘사한 것인데 이 역시 다른 측면에서의 착종이다. 구절의 장단에 있어서도 3조는 먼저 짧은 문장을 쓰고 다음에 긴 문장을 썼는가 하면 2조는 양쪽 문장이 길고 가운데 문장이 짧다. 길기도 하고 짧기도 하면서 들쭉날쭉하다. 사용된 단어 결합들도 형식상에서 변화가 다양한 바 별별 형식들이 다 있다. 이러한 착종의 방법으로 문장 구조의 변화무쌍을 나타내는 수사법의 효과에 이르는 것으로, 위에서 제시한 요내의 문장이 착종의 전형적인 예문이라고 할 수가 있다.[109] 당연히 여기에서 언급한 것은 신축의 문제만은 아니지만, 신축의 문제에 대해서 말하여도 이것이 또한 가장 좋은 예이다.

산문은 문장의 구조가 자유롭고 신축이 가능하다. 하지만 시는 구절이 정연하고 형식상의 규칙이 있다. 사와 곡은 원래 길기도 하고 짧기도 하여 신축성을 운운할 여지가 없다. 하지만 사인(詞人) 주방언(周邦彦)은 일종의 신축 방법을 사용한 적이 있다. 이 방법은 두 구절이 대구를 이룰 때 앞 절에 머릿구를 덧붙이거나 뒷 절에 꼬리구를 덧붙이는 것이다. 예를 보자.

---

109 한유(韓愈)《화기(畫記)》도 착종 수사법의 명편이다.

彭澤[110]歸來、左右琴書自樂、松菊相依。(도잠이 귀향한 후 좌우에 비파
와 책을 두고 스스로 즐겼고 소나무와 국화가 서로 의지하였다.) (《서평악(西
平樂)》)

始信得庾信愁多、江淹恨極須賦。(유신이 왜 그렇게 근심이 많았는지
강엄이 왜 한이 극에 달아 부를 지을 수밖에 없는지 알겠다.) (《연청도(宴清
都)》)

夜闃[111]無人到、隔窗寒雨、向壁孤燈弄餘照。(밤은 고요하고 인적 없게
만들어, 창문을 사이에 두고 차가운 비가 내리는데, 벽 쪽으로 외로운 등불
이 남은 불빛으로 흔들리네.) (《조매방(早梅芳)》)

이러한 격식은 주방언의 독창적인 수법으로 다른 사인들은 거의 이용
한 적이 없다.

네 번째로는 문장의 형식을 변화시키는 것이다. 즉 서술문과 의문문,
감탄문을 혼용하여 사용하거나, 또는 긍정문과 부정문을 같이 사용하는
방법이다. 또는 같은 문장 형식의 배구에서 한두 구절의 다른 문장 형식을
삽입해 넣은 경우이다. 예를 보자.

昔公生不誅孟明[112]、豈有死之日而忍用其良[113]?(이전에 진목공이 살아
있을 때에도 맹명을 죽이지 않았는데 어찌하여 죽어서 훌륭한 신하 셋을 순
장할 수 있겠습니까?) (소식 《봉상팔관(鳳翔八觀)·진목공묘(秦穆公墓)》시)

---

110 도잠(陶潛)은 일찍이 팽택(彭澤)의 현령(縣令)으로 있던 적이 있다. 그래서 후대 사람들은
'彭澤'을 사용하여 도잠을 가리켰다.

111 '闃(qù, 격)'은 고요하다는 뜻이다.

112 '孟明'은 진목공 때의 군대의 장군이다.

113 진목공이 죽은 후 세 양신(良臣)을 순장하였다. 《시·진풍(秦風)·황조(黃鳥)》 참고.

老夫人轉關兒沒定奪[114]、啞謎兒怎猜破? 黑閣落甜話兒將人和[115]、請將著人[116]不快活。(어머니 마음은 굴대여서 종잡을 수 없네. 그 꿍꿍이 속을 어찌 알까! 엉큼하게 감언이설로 꼬드기더니만, 사람 불러 놓고 불쾌하게 하는구나.) 《서상기(西廂記)》제2본제3절(第二本第三折))

見安排著車兒馬兒、不由上熬熬煎煎的氣。有甚麼心情花兒靨[117]、打扮的嬌嬌滴滴的媚? 准備著被兒枕兒、則(只)索[118]昏昏沈沈的睡。從今後衫兒袖兒、都搵做重重疊疊的淚。兀的[119]不悶殺人也麼哥[120]、兀的不悶殺人也麼哥? 久已後書兒信兒、索與我恓恓惶惶的寄。(수레와 말 떠날 채비를 하는 걸 보니, 나도 모르게 부글부글 화가 나더라. 무슨 맘으로 꽃 달고 보조개 그려, 곱디곱게 치장한단 말이더냐! 이불이랑 베개랑 준비하여, 흐리멍덩 잠이나 잘 수밖에. 이제부터 적삼이랑 소매랑, 닥지닥지 눈물을 닦게 되리. 괴로워라. 죽도록 괴로워라! 훗날 편지랑 소식이랑, 빨리빨리 부쳐나 주오.) 《서상기(西廂記)》제4본제3절(第四本第三折))

첫 번째 예문은 진목공이 살아 있을 때도 맹명을 죽이지 않았을 뿐만 아니라 죽어서도 훌륭한 신하 셋을 차마 순장시키지 못했을 것임을 나타낸다. 두 번째 예문은 네 구절이 모두 서술문이다. 하지만 '豈有', '怎'을 써서 서술문을 의문문으로 바꾸었다. 세 번째 문장에서도 "有甚麼心情……"

---

114 '轉關兒'는 기관, 수단을 가리킨다. '沒定奪'은 추측하기 어렵다는 의미이다.

115 '和'는 거성으로 속이다, 기만하다는 의미이다.

116 '著人'은 사람들로 하여금 이라는 의미이다.

117 '兒靨'은 고대 부녀들이 얼굴에 붙이는 장식품이다.

118 '則索'은 단지, 오직의 의미이다. '索與我'에서의 '索'도 오직으로 이해하면 된다.

119 '兀的'은 '這'라고 하는 것과 같다.

120 '也麼哥'는 구절 끝의 여성(餘聲)으로 의미가 없다.

와 같이 서술문을 의문문으로 바꾸었는데 '兀的不……'와 같이 중첩자 가운데 비 중첩자를 삽입해 넣음으로써 이 단락의 격식에 새로움을 한층 더하였다.

도치법에는 편법(篇法) 도치와 어구(語句) 도치 두 가지가 있다. 전자는 단락의 도치를 말하고, 후자는 한 문장 내에서의 도치를 가리킨다. 한 문장 내의 도치는 원래 어순대로 환원할 수 있다. 그러나 단락의 도치는 원래부터 정해진 순서가 없으므로, 환원 여부의 문제가 존재하지 않는다. 편법 도치의 예를 들면 다음과 같다.

童稚情親四十年、中間消息兩茫然。更爲後會知何地? 忽漫相逢是別筵！不分¹²¹桃花紅勝錦、生憎柳絮白於綿。劍南春色還無賴、觸忤愁人到酒邊。(어릴 때 친했던 친구 40년, 중간에 소식 끊어져 서로 아득했네. 어디서 다시 만날지 어찌 알랴. 만나자마자 이별의 술자리라니! 비단보다 예쁜 복숭아꽃 화가 나서 견딜 수 없고, 솜보다 흰 버들개지도 증오스럽네. 검남의 봄빛 무료하고 걱정 많은 사람들 술 옆으로 가게 하네.) (두보《송로육시어입조(送路六侍御入朝)》시)

楚天千裏清秋、水隨天去秋無際。遙岑遠目、獻愁供恨、玉簪螺髻¹²²。落日樓頭、斷鴻聲裏、江南遊子。把吳鉤¹²³看了、欄杆拍遍、無人會¹²⁴、登臨意。(초나라 하늘 천리까지 푸른 가을, 강물은 하늘 따라 흘러가니 가을은 끝이 없네. 아득한 봉우리 멀리서 바라보니 수심과 원망을 주는

---

121 '不分'은 '不忿'으로, 화가 나서 견딜 수 없다는 뜻이다.

122 '目'은 바라보다의 이미다. 이 구절은 멀리서 옥비녀 트레머리 같은 산봉우리를 바라보니 모두 나한테 근심거리를 제공하는 것 같다는 의미이다.

123 '吳鉤'는 검의 이름이다.

124 '會'는 이해하다는 의미이다.

고대중국어 통론

봉우리, 옥비녀, 트레머리 같은 모양이네. 석양 지는 누각 머리, 무리 잃은 기러기 울음 속에서 떠도는 강남 나그네, 오(吳)나라의 칼을 보고 난간을 두드리니 누구도 높은 곳 오른 감회를 모를 것이라네.) (신기질(辛棄疾) 《수룡음(水龍吟)·등건강상심정(登建康賞心亭)》사)

두보 시의 전반부의 사건의 경과 절차를 보자. 작가와 육시어는 어린 시절부터 친분을 맺었다. 후에는 헤어져서 서로 소식을 몰랐는데 지금 우연히 만났다. 그러나 짧은 만남의 시간은 곧 이별의 시간이었다. 그리고 이별하면 또 언제 어디서 만날지 기약이 없다. 하지만 작가는 이러한 사건의 순서대로 시를 짓지 않았다. 그는 장래의 만남 즉 '後會'를 앞에서 표현하였다. 이는 작가가 육시어와의 장래의 만남의 아득함과 막연함에 대해 깊은 감명을 보여준다. '情親四十年'이 구절에서는 작가가 이미 세월이 흘러 늙었다는 것을 알 수 있으며, 이 긴 세월 동안 서로 소식이 없이 지내다가, 지금 만나 또 이별을 해야 하는 것은 모두 작가로 하여금 앞으로 다시 만나기가 어렵다는 것을 의미한다. 이는 작가로 하여금 '後會'에 대해 특별히 중시를 할 수 밖에 없는 이유이다. 그러므로 이 시에서 '後會'를 지금의 만남과 이별의 앞에서 제기를 한 것은 당연한 것이고, 작가의 필력의 선회는 독자들에게 강렬한 감화력을 선사했다. 신기질의 상심정에 오른 사를 보면 마땅히 먼저 누각을 오른 사람이 있고, 그 다음에 누각에서 멀리 바라보는 정경이 나와야 한다. 그러나 이 사의 첫 두 구절은 멀리 바라보는 정경이 먼저 펼쳐진다. 세 번째 구절에서 '遠目', '落日樓頭' 등이 나온 후에야 누대에 올라 멀리 바라보는 사람이 등장한다. 신기질의 이 사에서는 첫머리에 홀연히 "千裏淸秋, 秋無際"와 같이 멀리 바라보는 정경을 묘사함으로써 이 사가 호방하고 기세가 넘치도록 하였다. 만약 이 사를 일반적인 순서대로 '사람-바라봄-보이는 정경'의 순서대로 서술했더라면 이러한 호방한 기세가 약화되어, 사의 전반적인 구조도 평범하고 느려지게 되는 것이다.

어구 도치는 한 구절의 구성 성분들 간의 위치이동을 가리키는 것으로, 여기에는 문법적으로 정해진 순서 즉 대명사와 목적어는 부정문과 의문문에서 반드시 서술어 앞에 와야 한다 등등은 제외된다. 이러한 도치의 예들은 많지는 않지만, 사람들의 주의를 불러일으키며, 그 장단점에 대해서는 여러 가지 다른 견해들이 있다. 어구 도치에는 동목(動目) 관계가 도치된 것도 있고, 주빈(主賓) 관계가 도치된 것도 있다. 예를 보자.

樹入牀頭、花來鏡裏、草綠衫同、花紅面似。(나뭇가지 침대머리에 들어오니 꽃이 거울에 비치네, 초록은 두루마기 같고 꽃들은 붉은 얼굴 같네.)
(유신(庾信)《행우산명(行雨山銘)》)

여기에서 '衫同, 面似'은 '同衫, 似面'의 순서가 바뀐 것으로 동목 관계가 도치된 것이다. 이로써 '似'와 '裏'가 협운(叶韻)을 이루게 하였다. 도치된 것은 단지 두 글자뿐으로 억지스럽지 않고 구조상에서도 새로운 느낌을 준다. 다음 예문을 보자.

久拚野鶴如雙鬢、遮莫[125]鄰雞下五更。(귀밑머리 학처럼 희게 된 것도 버려둔 지 오래인데, 이웃 닭이 오경에 운들 무슨 상관 있으랴.) (두보《월하부절구(月下賦絕句)》시)

---

125 '遮莫'은 상관없다는 의미이다.

監(爁)電[126]似身呈忿怒、血盆如口震雄威。(몸은 마치 번쩍이는 번개와 같이 분노를 드러내고, 입에서는 피를 담는 그릇처럼 위엄을 떨친다.) (돈황 (敦煌) 변문(變文)《유마힐경강경문(維摩詰經講經文)》)

이는 "雙鬢如野鶴", "身似爁電, 口如血盆"가 도치된 것으로 주빈 관계가 바뀐 것이다. 두보의 시를 보면 '野鶴'과 '鄰雞', '雙鬢'과 '五更'이 대응되는 것인데 만약 앞 구절에서 통상의 순서대로 한다면 뒤의 구절과 대응을 이루지 못한다. 이러한 도치는 이동의 거리가 비교적 큰 것으로 억지스러운 감이 없지 않아서, 부득이한 경우가 아니라면 쉽사리 사용해서는 안 된다. 그러나 '如'나 '似'는 모두 평비(平比)로서 앞 뒤의 순서가 도치되어도 사리에 위배되지 않으며 언어 규칙의 왜곡이라고 할 수 없다. 이 외에도 두보의 시《추흥(秋興)》제8수에서의 3, 4 구절은 늘 찬성과 반대의 초점이 맞추어졌다. 이 시는 다음과 같다.

昆吾禦宿自逶迤、紫閣峰陰入渼陂[127]。香稻啄餘鸚鵡粒、碧梧棲老鳳凰枝。佳人拾翠春相問[128]、仙侶同舟晚更移[129]。彩筆昔曾干氣象[130]、白

---

126 '爁電'은 번쩍이는 번개를 가리킨다.

127 '昆吾'와 '禦宿'은 지명이다. '紫閣峰'은 산봉우리 이름인데 모두 장안성 남쪽에 있다. '渼陂'는 자각봉 북쪽에 있는 큰 호수이다.

128 '佳人'은 같이 놀던 기녀들을 말한다. '問'은 선물하다는 의미로 여기서는 깃털을 주워 서로에게 준다는 말이다. "拾翠"는 조식(曹植)의《낙신부(洛神賦)》에서 나온다. "或採明珠、或拾翠羽。(혹 명주를 줍고, 혹 비취새 깃털을 줍고.)"

129 이 구절은 두보가 잠참(岑參) 형제들과 미피호를 노닐던 정경을 가리킨다.《미피행(渼陂行)》에도 이런 기록이 있다. 移는 배를 옮겨탄다는 말로 이 구절은 자신이 예전에 함께 놀던 정경을 추억하는 장면이다.

130 이 구절에서 '氣象'은 산수의 좋은 경치를 가리킨다. 일찍이 시를 지을 당시의 기상을 두

頭吟望若低垂[131]。(곤오와 어숙으로 가는 길 구불구불, 자각봉 미파에 비꼈네. 앵무새 쪼아먹을 벼이삭 여유 있고 봉황새 늙을 때까지 살 벽오동 나뭇가지 충분하네. 가인들은 비취새 깃털 주워 서로 봄 안부를 묻고, 선려와 함께 배를 타고 해질녘 자리 옮겨 다시 논다네. 옛적에 뛰어난 필채 대단했는데 백발 되어 읊조리며 바라보다 괴로워 고개 숙이네.)

이 두 시구가 "鸚鵡啄餘香稻粒, 鳳凰棲老碧梧枝"가 도치된 문장임은 역대로 공인된 사실이다. 이 두 도치 문장에 대해 칭찬하는 사람들은 신기롭다고 하고, 나무라는 사람들은 통하지 않는다고 한다. 두보의 창작태도는 늘 엄밀하였다. 두보가 이 두 문장에서 어순을 바꾼 이유가 만약 내용을 더 잘 표현하려고 한 것이 아니고, 단지 새로운 것을 추구하기 위해서라면, 문리에 좀 통하는 사람들은 가식적이라면서 문맥이 통하지 않고 문자 놀이라고 했을 것이다. 그러나 이러한 평가는 두보와 같은 대가한테는 적당하지 않다. 여기에서 우리는 두 가지 점에 주의를 기울여야 한다. 하나는 의미 전달에 주의해서 이 두 구절을 살펴봐야 한다. 만약 어순을 바꾸지 않고 "鸚鵡啄餘香稻粒, 鳳凰棲老碧梧枝"라고 표현한다면 이 두 구절은 '鸚鵡'와 '鳳凰'에 표현의 초점이 놓이게 되고, 두보의 시에서처럼 어순을 바꾸면 '香稻'와 '碧梧'가 중심이 되는 것이다. 즉 도치 전후의 문장은 착안점이 다른 것이다. "香稻啄餘鸚鵡粒, 碧梧棲老鳳凰枝" 이 두 구절의 의미는 앵무새들이 먹고 남은 벼 이삭이 아직도 많고, 벽오동에도 봉황들이 깃들어 늙

보가 스스로 말한 것이다. 왜냐하면 그때는 필력이 대단하여 그 기상이 마치 그 필력의 위협을 받은 것 같다. 그러므로 '干'이라고 했는데 이는 침범하다의 의미를 나타낸다.

131 이 구절에서는 시기적으로 두보가 《추흥(秋興)》을 지을 때인데 사천 성도에서 유랑할 때이다.

어갈 수 있는 가지들이 충분하다는 것을 나타낸다. "鳳凰非梧桐不棲, 非練實不食.(봉황은 오동이 아니면 깃들지 않고, 대나무 열매가 아니면 먹지 않는다.)"이라고 통상적으로 표현해 왔기 때문에 여기에서의 '老'자는 봉황에 대해 말한 것이지 벽오동에 대해 말한 것이 아니라는 것은 누구나 알 수 있다. 이 도치 문장은 환경의 아름다움을 잘 드러내어 새들마저 편안하게 생활할 수 있다는 것을 나타낸다. 만약 도치 문장을 쓰지 않고 "鸚鵡啄餘, 鳳凰棲老"라고 표현을 한다면, 환경을 중점적으로 나타내려는 작가의 뜻이 뚜렷하지 않게 된다. 이 두 구절에서는 눈앞에 보이는 정경을 말하는 것이다. 즉 벼 이삭을 보고 앵무새가 실컷 먹고도 여유가 있고, 벽오동을 보고 봉황이 평생 살수 있겠다는 생각을 한 것이다. 만약 도치법을 쓰지 않고 "鳳凰棲老碧梧枝"라고 묘사를 한다면, 벽오동이 늙어간다는 것인데 작가가 잠깐 소풍하러 온 시각에 어떻게 벽오동이 늙어가는 것을 볼 수 있단 말인가. 그러므로 두보의 시 "鸚鵡啄餘香稻粒, 鳳凰棲老碧梧枝"는 어순이 잘못 전도된 것이 아니라, 이렇게 표현함으로써 색다른 의미를 표현하려는 작가의 의도적인 구상의 결과인 것이다.

다음에 주의를 기울여야 하는 점은 형식적인 측면이다. 만약 '鸚鵡啄餘'라고 표현한다면 3, 4, 5, 6구에서 '鸚鵡—啄—粒 ; 鳳凰—棲—枝 ; 佳人—拾—翠 ; 仙侶—移—〔舟〕'와 같이 모두 '주어 - 서술어 - 목적어' 형식으로 시작이 모두 똑같은 구조가 된다. 율시에서 만약 이처럼 동일한 구조의 반복에서 중간에 변화를 주지 않는다면 이는 결코 훌륭한 작품이라고 할 수가 없다. 이로부터 볼 때 우리는 원작에서 도치법을 쓴 시인의 의도를 파악할 수 있다. 이 두 구절은 결코 통하지 않는 도치가 아니라 도치를 쓰지 않은 '鸚鵡啄餘'보다 그 표현효과가 훨씬 뛰어난 것이다.

도치법의 또 하나의 형식으로는 대칭되는 언어 구조를 서로 교환하는 것이다. 예를 보자.

或有孤臣危涕、孽子¹³²墜心、遷客海上、流戍¹³³隴陰。(고립무원 신하 눈물 흘리고 불효한 서출 가슴 아프고 귀양살이 바다 위에 있고 국경 지키는 사람 농음에 있네.) (강엄(江淹)《한부(恨賦)》)

有別必怨、有怨必盈、使人意奪神奪、心折骨驚。(이별이 있으면 필히 원망이 있고, 원망이 있으면 필히 가슴에 가득 차서 의지를 혼란스럽게 하고 정신을 빼앗기게 하며 심장이 부러지고 골격이 놀라게 하네.) (강엄(江淹)《별부(別賦)》)

이선(李善)이 주석한 《문선(文選)》에서는 강엄의 시구에서의 '孤臣'에 대해 다음과 같은 주석을 하였다. "然心當云'危', 涕當云'墜', 江氏愛奇, 故互文以見義,(心은 '危'라고 말하고 涕는 '墜'라고 말해야 한다. 강씨는 기이한 것을 좋아해서 일부러 문장을 바꾸어서 의미를 나타냈다.)"라고 하였다. "心折骨驚"에 대해서는 이선은 어순이 도치된 문장이라고 하였다. 그러면서 이 문장이 본래는 "孤臣墜涕, 孽子危心", "心驚骨折"라고 표현되어야 한다면서 작가가 기묘한 것을 좋아해서 일부러 순서를 바꾸어 놓았다고 하였다. 만약 글자를 도치한 이유가 단지 기이함을 나타내기 위해서라면 이러한 글쓰기는 고명하다고 할 수가 없다. 그러나 도치를 한 작가의 의도는 따로 있는 듯하다. '墜心'은 문자 그대로 심장이 떨어지다라는 뜻으로 버려진 서자의

---

132 '孽子'는 본처가 낳지 않은 아들을 가리킨다.
133 '流戍(s hù, 수)'는 국경을 지키기 위해 파견되는 것을 가리킨다.

슬픔과 고통이 심장을 잃어버린 것과 같다는 것을 형용한 것이다. '危'는 떨어질 듯 말 듯 매달려 있는 물건을 형용하면서 '危涕'는 눈물이 너무 많아서 끊임없이 흐르는 것을 표현한 것이다. 만약 '危'자 대신 '墜'자를 썼다면 중간에 간격이 있고 멈추게 되는 것이다. 따라서 이 도치된 문장을 원래 어순대로 환원할 필요가 없다. 도치된 문장 "心折骨驚"도 원래 정상적인 어순보다 의미적으로 한층 더 심화된 것이다. 심장도 그 고통이 지나치면 끊어질 수 있는 것으로 만약 어순을 바꾸지 않는다면 '驚(경)'자 하나만으로는 표현하고자 하는 의미를 다 담을 수 없다. '骨(골)'은 감각이 없는 물건인데 이 시에서는 심장과 정신이 놀란 정도가 아니라, 감각이 없는 골격까지 놀랐다고 표현함으로써 그 정도를 가히 상상할 수가 있다. 여기서는 상상을 초월하는 비통함과 경황함을 표현한 것으로 도치라고 굳이 말하지 않아도 된다.

위에서 말한 것은 도치가 흔히 다른 조건의 제한으로 하는 어쩔 수 없이 쓰이거나, 또는 구조가 달라서 도치된 것 같지만 사실 이러한 경우들은 도치라고 할 수 없다. 만약 필요 없는데도 불구하고 의도적으로 문법과 논리상의 어순을 바꾸기 위한 것이라면 굳이 도치법을 사용할 필요가 없다. 도치의 사용에 있어서 우리는 도치 사용을 제창하기 보다는 신중을 기하는 것이 바람직하다.

문장 구조는 형식의 문제이며 배우(排偶), 회환(回環), 착종, 도치는 모두 형식이다. 반드시 기억해야 할 것은 형식은 내용 표현의 가능성을 제공할 뿐, 내용이 없다면 그 어떤 형식이든 아름다운 작품을 구성할 수 없다는 것이다. 수사는 단지 사용 가능한 형식만 제공할 뿐, 그 내용이 건전하고 아름다운가에 대한 문제는 언어에서 감당할 수 있는 과제가 아니다. 다음 절에 언급할 성운에 관련된 수사법도 역시 그러하다.

제3절 성운과 관련된 수사법

17장의 운율과 관련된 내용에서 우리는 이미 시, 사, 곡의 협운과 용자(用字)의 성조 문제에 대해 언급하였는데, 주로 문학작품에서 운율과 성조의 조화는 문학작품의 기본 요구임에 대해 설명하였고, 운율과 성조가 어떻게 해야 조화를 이룰 수 있는가에 대해 언급하였다. 어떻게 하면 언어문자의 운율미를 한층 더 발휘시킬 수 있는가에 대해서는 좀 더 보충설명이 필요하다. 음율의 도리는 아주 미묘하기 때문에 이 절에서는 이해하기 쉬운 일부 내용만 서술하여 문학 작품의 감상에 약간의 도움을 주고자 한다. 음율에 대한 상세한 분석과 설명은 여기서는 할 수도 없고 할 필요도 없다.

1. 용운(用韻)

용운에서는 단복(單複), 구중운(句中韻), 협운(叶韻)자의 성조 등 문제에 주의를 기울여야 한다. 이른 바 단복이란 두 가지 의미가 섞여 있다. 하나는 단구운(單句韻)인가 아니면 쌍구운(雙句韻)인가이고, 다른 하나는 협운 글자가 중복이냐 아니면 서로 다른 것인가이다. 시에서는 언제나 쌍으로 된 문장으로 협운을 이룬다. 율시와 절구가 그러하거니와 대부분의 고시도 역시 그러하다. 그러나 고시에서는 홀수로 된 문장에서도 협운을 이루는, 변화된 격식도 있다. 잠참(岑參)의 《주마천행(走馬川行)》은 삼구일운(三

句一韻)이다. 이러한 격식은 두보의 일부 작품에서도 사용되었다

自斷此生休問天[134]、杜曲[135]幸有桑麻田。故將移住南山邊、短衣匹馬
隨李廣、看射猛虎終殘年[136]。(내 현실과 인연 끊고 하늘에도 묻지 않으리.
두곡에는 다행히도 뽕밭과 삼밭이 있으니 남산 곁에 옮겨 살리. 짧은 옷 입
고 말 타고 이광처럼 살리. 맹호를 쏘는 것을 보며 여생을 마치리.) (두보《곡
강(曲江)3장, 장5구》)

荊南芮公得將軍、亦如角鷹下翔雲。惡鳥飛飛啄金屋、安得爾輩開[137]
其群? 驅出六合梟鸞分[138]！(형남 예공이 장군을 얻었으니, 또한 매가 구름
에서 내려온 것 같네. 나쁜 새가 날아들어 금빛 지붕을 쪼고 있으니, 어찌 너
희들이 그 무리를 흩어낼 수 있겠는가? 온 세계의 모든 새를 몰아 나쁜 새와
좋은 새를 구분해야지.) (두보《왕병마사이각응(王兵馬使二角鷹)》)

첫번 째 시는 5구로 되어 있다. 만약 절구 또는 일반적인 고체시의 작법

---

134 이 구절은 본인이 다시는 정치적으로 더 이상 뜻을 얻지 않을것이라고 단정했다. 그러므
로 하늘에 물어볼 필요가 없다고 한 것이다. 굴원(屈原)《천문(天問)》을 거꾸로 사용한 것
이다.

135 '杜曲'은 지명이다. 옛 섬서성 장안현 남쪽에 있다.

136 이 구절은 이광이 파직된 후 남산에 살면서 호랑이를 잡으며 소일하였다. 어느날 밤에 술
을 마시고 귀가를 하다가 패릉정(霸陵亭)을 지나게 되었는데 정장(亭長)은 그를 지나가지
못하게 하였다. 그러자 곁에 있던 하인이 "故李將軍(예전의 이장군이다.)"라고 하였다. 그러
자 정장(亭長)이 "현임 장군도 야행하면 안 되거늘 하물며 전임 장군임에야?(今將軍尚不得
夜行、何乃故也)" 라고 하였다. 그러므로 '故將'이라는 말은 여기서 실의를 나타낸다. 여기
서 '殘年'은 두보의 여생을 말한다.

137 '開'는 쫓아내다는 의미다.

138 '六合'은 상하사방, 즉 우주를 가리킨다. '梟'는 악한 새를, '鸞'은 착한 새를 가리키는데 여
기서는 횡포하고 사나운 사람을 제거하고 선량한 백성을 평안하게 한다는 뜻이다.

에 따르면 세 번째 구절은 없어야 하고 두 구절씩 협운해야 한다. 두 번째 시에서 앞 네 구절은 두 구절씩 협운이 된다. 그러나 끝에 와서 "驅出六合 梟鸞分" 이 한 구절이 더 나타났는데 자체의 협으로 하나의 운을 이룬다. 이 두 편의 시에는 모두 단독적인 협운이 있는 구절이 있다. 첫 번째 시에는 가운데 위치해 있고, 두 번째 시에는 시의 마지막에 있는데, 이 두 시는 모두 쌍수구절의 협운법을 타파한 것이다. 대체적으로 말하면 쌍구협운(雙句叶韻)은 평온하고 상쾌한 느낌을 주나, 단구협운(單句叶韻)은 운율이 갑자기 꺾이고 세찬 느낌을 준다. 《곡강》에서는 감정기복이 심하다. 한편으로는 자신이 진로에 희망도 없음을 단정하고, 두곡에 은거하여 살아가고 싶은 감정을 표현하면서, 또 다른 한편으로는 이렇게 의기 소침하면서 좌절하여 살아가는 것을 달가워하지 않아 맹호를 쏘는 것을 보는 것에 자신의 웅대한 포부를 기탁하는 의미를 나타냈다. 이 두 의미 가운데에 "故將移住 南山邊 (고로 남산 곁에 옮겨 살리.)" 이 구절을 삽입하여 음절의 운율이 갑작스럽고 고르지 않은 느낌을 주는데, 이것이 바로 돈좌(頓挫) 즉 갑자기 꺾인다는 것이다. 《이각응(二角鷹)》에는 두보가 무리를 지어 날뛰는 '악조(惡鳥)'들을 맹금들이 몰아 내기를 희망하면서, 몰아낼 뿐만 아니라 아예 우주에서 사라지기를 바란다는 의미가 담겨 있다. 마지막에는 단구협운을 덧붙여서 작가의 날카로운 필력을 보여주면서 결단성 있고 단호한 억양을 나타내었다. 그런데다가 윗 구절 끝에 연속 세 개의 평성을 썼는데 이는 성조의 정감을 더욱 북돋우었다. 총체적으로 단구협운은 범상치 않은 감정을 표현하는 협운법이다.

　시에서는 고시에서의 특별한 경우를 제외하고는 같은 글자로 두 차례의 압운을 할 수 없다. 그러나 사곡에서는 그렇지 않은 바 많은 곡들에서 하나의 운으로 연속하여 압운을 하거나, 하나의 압운이 여러 차례 반복하여 나타난다. 이러한 작법은 완곡하거나 심오한 감정을 나타낼 때 많이 쓰였다. 예를 보자.

> 花自飄零水自流、一種[139]相思、兩處閑愁。此情無計可消除、才下眉頭、卻上心頭。(꽃잎은 나풀거리고 강물은 저절로 흐르네. 같은 그리움 두 곳의 근심. 이 정 풀길 없어 눈썹 내리까니 그리움 다시 솟네.) (이청조(李淸照)《일전매(一剪梅)》사)

> 自約賞花人、別後總風流雲散。水遠、怎知流水外、卻是亂山尤遠? (같이 꽃 감상하자던 사람은 이별 후 바람처럼 구름처럼 사라졌네. 강물은 머나니 흐르는 강물 밖은 아득한 난잡한 산들임을 어찌 알리오.) (왕기손(王沂孫)《장정원(長亭怨)·중과중암고원(重過中庵故園)》사)

> 少年不識愁滋味、愛上層樓、愛上層樓、爲賦新詞強說愁。而今識得愁滋味、欲說還休、欲說還休、卻道天涼好個秋。(어린 시절 근심의 맛 몰라 누각에 즐겨 올라, 누각에 즐겨 올라, 새 사를 짓느라 억지로 근심스러운 척 했네, 이제 근심의 맛을 알고 나니 말하려고 해도 나오지 않네 말하려고 해도 나오지 않네, 가을 날씨 상쾌하다고 딴소리만 하네.) (신기질(辛棄疾)《추노아(醜奴兒)》사)

신기질의 《채상자(采桑子[140])》는 상, 하편에서 지난날과 현재를 대조하면서 모두 중복된 압운의 구절을 썼다. 운율 면에서 표현되는 그 의미가 심오하다. 《추노아》 즉 《채상자》처럼 꼭 상, 하편 가운데에 중복된 구절을 써

---

139 '一種'은 여기서 같다는 말이다.

140 [역자주] 《채상자(采桑子)》는 사패명(詞牌名)으로 '추노아(醜奴兒)'라고도 한다.

야 하는 것은 아니다. 어떤 사조는 상, 하편의 끝부분에 중복된 문장이 쓰인다. 예를 들면《동파인(東坡引)》에서는 상편의 끝부분에 "雁行吹字斷, 雁行吹字斷! (기러기 행렬 끊어졌네, 기러기 행렬 끊어졌네!)", 하편의 끝부분에 "羅衣寬一半, 羅衣寬一半! (비단옷 반이나 넓어졌네, 비단옷 반이나 넓어졌네!)" 라고 중복된 구절을 썼다. 대부분이 완곡적이고 심오한 감정을 나타낸다.

문장의 끝 글자가 압운을 이루는 경우 외에도 '구중운(句中韻)'이 있는데 이는 구 가운데에 협운하는 글자가 쓰이는 것이다. 이런 운례는《시경(詩經)》에서 가장 일찍 나타났다.

 日之夕矣、羊牛下來。(날은 저물고 양과 소들도 내려오네.)《왕풍(王風)·군자우역(君子于役)》

 日居月諸、胡迭而微。(해와 달이어, 어이하여 바뀌고 이지러지는가?)
《패풍(邶風)·백주(柏舟)》

사와 곡에서는 구중운이 더 많이 사용되었다. 다음 사에서의 구중운은 우연히 일치한 것이 아니라 작가가 의도적으로 창조해낸 격조(格調)이다.

 琅然清圓(圓)誰彈?響空山無言[141]。(낭랑하고 청아한 그 소리 누가 타느냐? 빈 산에 메아리치고 화답이 없네.) (소식(蘇軾)《취옹조(醉翁操)》사)

기호 "▲" 표시가 앞에 있는 글자들은 문장 속에 숨은 구중운들이다. 문장에서 적당한 곳에 용운을 하면 문장으로 하여금 음조가 낭랑하여 이

---

141 비파 소리로 빈 산에 울려퍼지는 낭랑하고 맑은 샘물의 소리를 묘사했다.

듬의 미감을 높여준다. 소식의 《취옹조》에서는 두 글자마다 하나의 운을 썼는데 읽을 때 번음촉절(繁音促節) 하여 마치 쟁소리, 종소리 같다. 후세로 내려오면서 원곡에서 단주운(短柱韻)이 형성되었다. 제17장 '운율'에서 이미 단주운의 예를 들었지만 여기서 다시 한번 단주운의 예를 든다.

鸞輿三顧茅廬, 漢祚難扶, 日暮桑榆[142]。深渡南瀘, 長驅西蜀, 力拒東吳, 美乎周瑜妙術, 悲夫關羽雲殂[143]。天數盈虛, 造物乘除[144]、問汝何如? 笑賦歸歟。(유비는 세 번이나 초가집을 찾아갔다. 한나라는 이미 버티기 어려운 상황으로 마치 서쪽 하늘에 걸려 있는 태양 같았다. 남쪽으로 원정을 하였고 군대를 거느리고 서촉을 평정하였고 전력을 다해 동오를 막아냈다. 주유의 계책보다 교묘하다. 관우의 죽음 비통하다. 인간세상사 하늘이 결정하고 조물주가 좌우한다. 어떻게 할거냐고? 일찍이 은거를 하는 편이 나을 것이네.) (우집(虞集) 《절계령(折桂令)》곡)

이 소령(小令)은 북쪽의 곡으로 입성자는 입평, 상, 거성으로 읽으며, 평성과 측성은 통협(通叶)한다. 예컨대 '輿, 廬'는 평성으로 읽고 '顧'는 거성으로 읽으며 일운협(一韻叶)이다. 매 두 글자마다 하나의 운이다. 용운에 있어서 《절계령》은 단주운의 전형적인 예이다.

협운자(叶韻字)의 성조도 주의해야 하는 점이 있는데, 그 중에서 비교적 뚜렷한 것은 입성자의 운용이다. 대체적으로 평성은 넓고 평온하며 입성은 짧고 힘있다. 그러므로 입성운은 격분하고 처량하며 한 맺힌 감정을 표

---

142 '桑榆'는 태양이 서쪽으로 기울어 뽕나무와 느릅나무 위에 걸려 있을 때를 말한다.

143 '殂'는 죽다의 의미다.

144 '乘除'는 이것을 파괴하면 저것을 이롭게 하고, 저것을 해치면 이것을 이롭게 한다는 뜻이다.

현하는 데 적합하며, 평온하고 우아한 어조를 표현하는 데는 적합하지 않다. 전하는 바에 의하면 악비(岳飛)가 쓴《만강홍(滿江紅)》은 바로 입성자로 협운을 하였는데, 만약 강기(姜夔)와 오문영(吳文英) 등 사람들처럼 평운으로 고친다면, 그 격분된 감정을 나타내지 못했을 것이다. 이청조(李淸照)의《성성만(聲聲慢)》도 입성운을 사용했는데 표현된 감정이 슬프고 우울하다. 또 다른 예를 보자.

凄惻, 恨堆積。漸別浦縈回、津堠[145]岑寂, 斜陽冉冉春無極。念月榭攜手、露橋聞笛 ; 沉思前事、似夢裏、淚暗滴。(처량하다, 한이 쌓이고 쌓였구나. 이별의 강가 굽이굽이, 나루터 망루 적막하도다. 석양은 뉘엿뉘엿 지고 봄기운은 짙어가는구나. 달빛 그윽한 밤에 잡았던 손 그리워라. 이슬맺한 다리에서 들었던 피리 소리, 지난 일 생각에 깊이 잠겨 꿈만 같아 남몰래 눈물이 흐르네.) (주방언(周邦彦)《난릉왕(蘭陵王)》사)

羅帶光消紋衾疊[146]、連環解[147]、舊香頓歇, 怨歌永、瓊壺敲盡缺[148]。恨春去不與人期、弄夜色、空餘滿地梨花雪。(비단 띠 빛을 바래고 비단 이부자리 포개져 있네. 옥고리 깨어지고 옛 향기 홀연 사라졌네. 원망의 노래 길어져 옥 주전자 이가 다 빠졌구나. 기약 없이 떠나간 봄 원망스럽네. 밤빛은 짙고 눈처럼 흰 배꽃만 가득 남았네.) (주방언《낭도사만(浪淘沙慢)》사)

---

145 '津堠'는 강 입구에 있는, 보초를 서는 정보(亭堡)를 말한다.

146 '紋衾疊'은, 비단 이부자리가 개어져 있다는 의미로 사랑하는 이는 이미 가버려서 다시는 펼 필요가 없다는 것을 나타낸다.

147 '連環解'는 사랑하는 이와 헤어졌음을 뜻한다.

148 긴 노래로 원망의 감정을 토로하고, 노래 부를 때 옥주전자를 두드리며 박자를 쳤는데, 감정이 격양되어 어느새 주전자 이가 빠졌다는 의미다.

이 두 수의 사는 모두 이별과 원한의 감정을 표현한 것으로 앞의 사는 함축적이고, 뒤의 사는 비교적 자유분방하다.[149] 작법은 다르지만 입성운으로 감정을 전달하는 것은 동일하다.

2. 쌍성첩운자와 중언의 운용

두 글자가 중첩된 것을 중언(重言)이라고 한다. 쌍성첩운(雙聲疊韻)과 중언은 성모가 같거나 또는 운모가 같고, 또는 성모와 운모가 모두 같은데, 이를 적당히 문장 속에 활용하면, 언어의 음절미를 증가시킬 수 있다. 이는 이미 《시경(詩經)》에서 많이 나타났는데 아주 절묘하게 사용되었다. 예를 보자.

角枕粲兮、錦衾爛兮。(각침은 찬란하고 비단이불은 화려하네.) 《당풍 (唐風)·갈생(葛生)》

不敢暴虎[150]、不敢馮河[151]。(맨손으로는 호랑이를 잡지 못하고 걸어서는 강을 건널 수 없다네.) 《소아(小雅)·소민(小旻)》

顒顒卬卬[152]、如圭如璋。(존엄스러움이 옥규와 같고 옥구슬 같네.) 《대 아(大雅)·권아(卷阿)》

---

149 진정작(陳廷焯)은 《백우재사화(白雨齋詞話)》에서 《낭도사만》을 다음과 같이 평가하였다. "蓄勢在後、驟雨飄風、不可遏抑。歌至曲終、覺萬匯哀鳴、天地變色。(함축된 기세는 뒤에 있다. 폭풍우가 휘몰아쳐 억누를 길 없다. 노래는 곡이 끝날 때까지 천 만개 어휘가 구슬프게 울부짖고 온 천지가 색이 변한다.)" 비록 좀 과장되기는 하였지만 이 시구의 정서를 잘 나타내었다.

150 '暴虎'는 맨손으로 범을 잡는다는 의미다.

151 '馮(píng, 풍)河'는 맨몸 즉 걸어서 강을 건넌다는 뜻이다.

152 '顒顒卬卬'은 존엄한 모양을 가리킨다.

위의 예문에서 첫 번째 예문의 '錦衾'은 첩운이고, '粲'과 '爛'은 협운이다. 절묘한 것은 '角'과 '錦'은 쌍성이라는 것이다. '枕'과 '衾'은 첩운이다. 두 번째 예문에서 '暴'와 '馮', '虎'와 '河'는 모두 쌍성자이다. 예문 3에서의 '顚顚印印' 네 글자는 모두 의모(疑母)에 속하고, 또 중언이며 쌍성도 겸하고 있다. 《시경》에서의 이러한 예문들은 자연적인 것일 수도 있는데, 육조 이후부터는 쌍성첩운을 이용하는 것이 작가들의 의식적인 활동으로 되었다. 가장 흔히 볼 수 있는 것은 대우(對偶)에서 서로 대응되는 위치에 쌍성첩운자를 쓴다는 것이다. 예를 들어 보자.

倉皇已就長途往、邂逅[153]無端出餞遲。((정공은) 황망하게 먼 길 떠나버렸고 우연히 만나 전송할 새도 없었네.) (두보 《송정십팔건폄태주사호(送鄭十八虔貶台州司户)》시)

料峭春寒中酒、交加曉夢啼鶯。(쌀쌀한 봄기운 속에서 술을 마시고 꾀꼬리 울음소리에 꿈속에서 깨는구나.) (오문영(吳文英) 《풍입송(風入松)》사)

위의 두보의 시에서 '倉皇, 料峭'는 첩운이고, '邂逅, 交加'는 쌍성이다. 이러한 쌍성첩운자는 모두 연면자(連綿字)들로 분별하기 쉬우나, 연면자가 아닌 쌍성첩운, 특히 작가가 의도적으로 한 부분은 자세히 분별해야 음조의 아름다움을 음미할 수 있다. 예를 들어 보자.

卑枝低結子、接葉暗巢鶯。(낮은 가지에는 열매가 늘어지고 잎 사이엔 꾀꼬리 몰래 둥지 틀었네.) (두보 《배정광문유하장군산림(陪鄭廣文遊何將軍

---

153 '邂逅'는 여기서 우연히 만났다는 것을 뜻한다.

고대중국어 통론

山林))》시)

　雲移雉尾開宮扇、日繞龍鱗識聖顔。(구름이 이동하듯 치미로 궁선을 열고 햇살이 용포를 비춰 용안을 알아보았네.) (두보 《추흥(秋興)》시)

　위의 시에서 첫 번째 시구의 '卑枝, 接葉'은 첩운 대 첩운이다. 두 번째 시구에는 쌍성첩운자가 더욱 많다. '雲移'는 유모(喩母) 쌍성이고, '開宮'은 계모(溪母)와 견모(見母)의 악음(顎音) 쌍성이다. '日繞'는 일모(日母) 쌍성이고 '識聖'은 심모(審母) 쌍성이다. '雉尾'는 첩운이고, '扇'과 '顔'은 또 격구(隔句) 첩운이다. 14글자가 모두 쌍성첩운으로 조화되어 있다. 이는 결코 우연한 현상이 아니다. 송나라의 사인 강기(姜夔)의 《상월(湘月)》에서의 "暝入西山, 漸喚我, 一葉夷猶乘興(어둠은 서산으로 들어가, 점점 나를 부르네. 한 척 배에 느긋하게 쉬는 듯 올라타고.)"의 '一葉夷猶'는 영모유모(影母喩母)의 쌍성자이고, '乘興'은 첩운이다. 이 역시 쌍성첩운을 이용한 변화에 능한 예이다.

　음절의 아름다움 외에도 쌍성첩운과 중언의 이용은 회영모성(繪影摹聲)의 역할을 한다. 원곡에서 늘 쌍성첩운과 중언(반수 이상은 결합하여 사용)으로 일종의 분위기와 소리를 모사하는데, 성운의 연쇄적인 반복으로 언어의 감화력을 높여 마치 독자로 하여금 이러한 분위기에 빠져 직접 소리를 듣는 듯한 느낌을 준다. 예를 보자.

　我只見黑黯黯天涯雲布、更那堪濕淋淋傾盆驟雨。早是那窄窄狹狹溝溝塹塹路崎嶇、知奔向何方所? 猶喜的消消灑灑斷斷續續出出律律忽忽嚕嚕陰雲開處、我只見霍霍閃閃電光星炷。怎禁那蕭蕭瑟瑟風、點點滴

滴雨、送來的高高下下凹凹凸凸一搭模糊、早做了撲撲簌簌濕濕淥淥疏
林人物、倒與他妝就了一幅昏昏慘慘瀟湘水墨圖。(나는 어두컴컴한 하늘
에 구름이 퍼져 있다 와르르 맹렬하게 쏟아지는 소낙비를 어떻게 감당할지
바라만 보았다. 저 좁디좁은 도랑 같은 길 구불거리는데, 어디로 흘러가야
할지 알겠는가? 다행히도 말끔말끔 끊어졌다 붙었다 나왔다 들어가는 어두
운 구름 개어, 나는 번쩍번쩍 번개 빛과 별 빛만을 보았다. 어찌 저 서늘하게
부는 바람과 뚝뚝 떨어지는 비를 그치고 위위아래아래 들쭉날쭉한 한 무더
기 모호한 것들을 보내고 펄럭펄럭 뚝뚝거리는 성긴 숲의 인물들을 일찍 만
나, 그대와 어둑어둑한 상강의 수묵화를 꾸며낼 것인가?) 《화랑단(貨郎旦)》
제4절)

　　則(只)被這吸裏忽剌的朔風兒那裏好篤簌簌避、又被這失留屑曆的雪
片兒偏向我密蒙蒙墜、將這領希留合剌的布衫兒扯得來亂紛紛碎、將這
雙乞量曲律的肐膝兒罰他去直僵僵跪、兀的不凍殺人也麼哥！兀的不凍
殺人也麼哥！越惹他必丟匹搭的響罵兒這一場撲騰騰氣。(이러한 빨아들
이는 찌르는듯한 삭풍에서 후다닥 피하고, 또 두툼한 눈에 내가 실수로 빠
져들어, 거기에서 부드득 베옷을 잡고자 했으나 후두둑 뜯어져 버려서 구걸
할 때 굽히는 무릎을 그에게 죄진 듯이 나아가 바로 무릎 꿇고서는, 저기 얼
어 죽으면 안 되는 사람이 누구의 형이오! 저기 얼어 죽으면 안 되는 사람이
누구의 형이오! 그가 감추려 하자 떨어지는 소리가 욕하듯이 한 바탕 올라왔
다.) (무명씨《살구권부(殺狗勸夫)》제2절)

　　위의 두 작품에서의 쌍성첩운과 중언의 결합은 아주 다양하다. 일일이
다 설명할 수는 없지만, 한 가지 짚고 넘어갈 것은《살구권부》에서의 '失留
屑曆' 등은 격자쌍성(隔字雙聲)으로 '失, 屑'이 쌍성, '留, 曆'이 쌍성인데, 위
에서 실점과 허점으로 표시를 하였다. 쌍성첩운과 중언으로 분위기를 모

　　　　　　　　　　　　　　　　　　　고대중국어 통론

사한 것은 북송 이청조의 사 《성성만(聲聲慢)》에서 이미 의도적으로 시작
되어 원곡에 이르러서는 성숙된 수준에 이르렀다.

3. 절주

문학작품의 언어는 반드시 절주(節奏)가 있어야 한다. 절주란 규칙적인
쉼과 연결이다. 시, 사, 곡 등은 절주감이 아주 강한 문학형식이다. 대부분
의 언어에는 모두 자연적으로 절주가 있는데 고대의 산문은 바로 이런 자
연적인 절주에 가까웠다. 예를 들어 보자.

> 志士 / 不忘 / 在溝壑、勇士 / 不忘 / 喪其元[154]。(지사는 골짜기에 버려
> 지는 것을 두려워하지 않고, 용사는 머리를 잃는 것을 무서워하지 않는다.)
> 《맹자·등문공하(滕文公下)》
> 干越夷貉[155] / 之子、生而 / 同聲[156]、長而 / 異俗者、教 / 使然也。(간,
> 월, 이, 맥의 아이들은 태어날 때는 우리들의 아이들과 같은 소리를 내는데
> 커서 습관이 달라지는 것은, 가르침이 그렇게 되게 한 것이다.) 《순자·권학
> (勸學)》

자연 형태의 절주를 조절하면 산문에서의 절주가 되는 것이다. 시, 사,

---

154 이 두 구절은 지사는 의미 없게 사는 것이 아니라 언제 죽든지 관속이 아니라 골짜기에
   버려질 준비를 하고 있으며, 용사는 죽음을 두려워하지 않고 수시로 목숨을 내놓을 준비
   가 되어 있다는 뜻이다. 여기서 '元'은 머리를 가리킨다.
155 '干越夷貉'은 고대 남방과 동북방의 소수민족을 가리킨다.
156 '生而同聲'은 태어날 때 우는 소리는 다 같은 것으로 사람은 본래는 성격 상의 차이가 없
   다는 의미이다.

곡에서 고문 중의 명(銘), 송(頌) 등 체제에 이르기까지 모두 자연적인 절주에 가공을 더하여 조절을 한 것이다. 자연적인 절주와 가공된 절주를 비교해보면 전자는 낭송하기 좋고, 후자는 노래하기 좋다. 운문을 놓고 말하면 시의 어구들은 정연하고 절주가 균일하고, 사와 곡은 길고 짧은 어구가 다 있어 절주가 균일하면서도 어긋날 때가 있어서, 운용할 때 더욱 유창하고 자유스러운 느낌을 준다.

정연하고 균형적인 어구의 절주를 놓고 볼 때 중국 문학사에서 가장 일찍 볼 수 있는 것은 《시경》의 4언구이다. 4언구에 협운을 더하면 적어도 300편은 쉽게 낭송하고 노래도 할 수 있다. 그러나 4언구 형식은 두 글자마다 쉼을 해야 해서 그 절주가 비교적 딱딱하다. 그러므로 5언구, 7언구가 형성된 다음에는 4언시의 형식은 고문학자들에게만 이용되었을 뿐, 더 이상 노래할 수 있는 운문 형식으로는 이용되지 못했다. 5언구의 시는 그 절주감이 4언시보다 변화가 많고, 7언시는 절주감이 더욱 후련해졌을 뿐만 아니라, 글자수도 많아져 더욱 많은 의미를 담을 수 있게 되었다. 따라서 5언시와 7언시는 한위(漢魏) 시대 이래의 고시와 근체시의 정해진 격식이 되었다. 이 격식이 정해지자 시의 구수와 글자수의 짝수, 홀수, 장단도 확정되었다. 7언 고체시에 일부 '잡언'- 3언 혹은 4언, 5언-등이 섞여있다 하더라도, 이는 7언시의 주요 구성원이 아니다. 이에 대해서는 더 토론할 필요가 없다.

문장이 짧으면 절주가 빨라지고, 문장이 길면 절주가 여유로워진다. 하지만 너무 길어도 절주가 느려져서 질질 끄는 느낌이 있으므로, 작가는 잘 선택해야 한다. 어떤 작가는 '시'와 고문에서 3언구를 쓰는데, 절주가 너무 짧고 급하여 보통 울적한 감정을 표현하는 데는 적합하지만, 명쾌한 감정을 표현하는 데는 적합하지 않다. 예를 들어 보자.

女阿細、黔潘氏、嫁琅琊、夫甚貴、事夫良、頗識字。夫遠戍[157]、出
居庸、居庸關、莽萬重、行倉皇、不可挈。托弱小、友朋職、我婦何、
割屋宅[158]。細有釵、直(値)十金、何貸之、糴米鹽、久不償、慚以怵、
細甚俠、無德色。望夫臺、細徘徊、涼風厲、夫不來、細悲吟、淚霏
霏。子先殔[159]、辰以奄[160]、莫殆之、莫襚之[161]、報釵德、銘瘞之[162]。
居庸關、天之西、夫不歸、塚萋萋[163]。槥[164]無漆、愧釵德、樹之棗[165]、
心甚赤。(여성 아세는 검 지방의 반씨이다. 낭야로 시집갔는데, 남편이 매
우 귀하여 남편을 잘 모시고 글자를 제법 배웠다. 남편이 멀리 국경을 지키
러 거용으로 나갔다. 거용관에 여러 사람들이 도망 와서 허둥지둥 와서 이끌
수 없었다. 약하고 어린 사람들은 맡기고, 여럿 사람들이 도와 짊어지고 온
여인들은 집을 나누어 살도록 하였다. 아세에게 비녀가 있었는데 가치가 십
금(十金)이었다. 그것을 맡기고 돈을 빌려 쌀과 소금을 샀다. 오랫동안 갚지
못해서 부끄러워하였다. 아세는 매우 의협심이 있어 덕을 베풀었다는 낯빛
을 하지 않았다. 남편을 그리워하면서 망부대에서 아세는 배회하였는데, 차
가운 바람이 심하였다. 남편이 돌아오지 않자 아세는 슬피 울고 눈물이 주르

---

157 '戍(shù)'는 군인이 되어 국경을 방어하고자 나가는 것이다.

158 '割屋宅'은 집을 나누어 그녀들이 살도록 하였다.

159 '殔(sì)'는 관 나무를 구덩이 속에 잠시 넣어 두는 것이다.

160 '辰以奄'은 시간이 오랫동안 떨어져 있음을 말한다.

161 '殆'은 옥과 쌀을 죽은 사람 입 속에 넣는 것을 말한다. '襚'는 수의이다.

162 '銘瘞之'는 그녀에게 묘비명을 써주고 그녀를 잘 안장함을 가리킨다.

163 '塚萋萋'는 무덤에 풀이 가득 자람을 말한다.

164 '槥(huì)'는 작은 관이다.

165 '樹之棗'는 무덤 위에 대추나무를 심었다는 말이다.

륵 흘렸다. 그녀가 먼저 죽어 오랫동안 반함도 못하고 수의도 못 입혔는데, 비녀의 은덕을 갚고자 묘비명을 써주고 안장하였다. 거용관은 천하의 서쪽으로 남편은 돌아오지 않고 무덤에는 풀이 가득 자랐다. 작은 관에는 옻칠을 하지 않아 비녀의 은덕에 부끄러웠다. 무덤에 대추나무를 심었으니, 마음 또한 대추처럼 붉도다.)(공자진(龔自珍)《반아세갈(潘阿細碣)》)

사와 곡은 구절이 긴 것도 있고 짧은 것도 있어 언제나 상이하삼(上二下三)인 오언시나 또는 언제나 상사하삼(上四下三)인 7언시와는 달리 절주가 균일한 가운데서도 들쭉날쭉할 때가 있다. 절주는 문장 길이와 밀접한 연관이 있는데, 문장 길이가 비교적 긴 경우도 있다. 원극《화랑단(貨郎旦)》은 긴 문장의 전형적인 예이다. 그러나 우리는 다음과 같은 몇 가지에 주의를 기울여야 한다. 첫째, 이 문장들은 모두 3글자 혹은 4글자로 이루어진 절한(節限)으로 구성된다. 예를 보자.

我只見 / 黑黯黯 / 天涯雲布、更那堪 / 濕淋淋 / 傾盆驟雨。早是那 / 窄窄狹狹 / 溝溝塹塹 / 路崎嶇、知奔向 / 何方所?(나는 어두컴컴한 하늘에 구름이 퍼져 있다 와르르 맹렬하게 쏟아지는 소낙비를 어떻게 감당할지 바라만 보았다. 저 좁디좁은 도랑 같은 길 구불거리는데, 어디로 흘러가야 할지 알겠는가?)

둘째, 이런 문장들이 각자 독립된 문장들이라면 음절의 아름다움을 표현하지 못한다. 이들은 반드시 잘 조화를 이루어 정연함 속에 착락(錯落)이 있고 착락 속에 정연함이 있어야, 리듬이 있는 듣기 좋은 절주가 구성되게 된다. 위의 예를 보면 첫 번째 구절과 두 번째 구절은 글자수가 3,3,4자

고대중국어 통론

로 구성되고 세 번째 구절과 네 번째 구절은 모두 글자수가 3자로 구성이

되었으나, 세 번째 구절에 4,4자를 삽입하였다. 사에는 글자수가 많은 경우

에는 8자도 있고 9자, 10자도 있다. 글자수가 8자인 사는《목란화만(木蘭花

慢)》을 예로 들 수가 있다.

"鄕心日行萬里、幸此身生入玉門關"(상편),

"鈞天紫城何處? 問瑤池八駿幾時還?"(하편)

(고향을 그리워하는 마음 하루에 만 리를 가는데, 다행히도 이 몸은 살아

서 옥문관을 들어가는구나.하늘 중심의 보랏빛 성은 어디에 있는지요? 곤륜

산 요지의 여덟 준마는 언제 돌아오는지요? (송(宋) 진모(陳某)작, 제목 :《송

진석천남환(送陳石泉南還)》).

9자인 사는《낭도사(浪淘沙)》를 예로 들 수가 있다.

"小樓昨夜又東風、故國不堪回首月明中"(상편),

"問君能有幾多愁、恰似一江春水向東流"(하편)

(작은 누각엔 어제 밤에 동풍이 불었건만, 내 나라는 이미 달빛 속에 다시

돌아올 수 없다네. 묻노니 그대 근심 얼마나 되는가? 동쪽으로 쉼없이 흘러

가는 봄 강물 같다네.) (이욱[李煜]),

글자수가 10자인 사는《모어아(摸魚兒)》를 예로 들 수 있다.

"春且住、見說道天涯芳草無歸路"(상편)

"君莫舞、君不見玉環飛燕皆塵土！"(하편)

(봄아, 멈추어라. 방초가 하늘 끝까지 자라 너가 돌아올 곳이 없다는 것을 듣지 못했느냐. 당신들아, 춤을 추지 말거라, 옥환과 비연이 제명에 죽기 못한 것을 보지 못했느냐.), (신기질[辛棄疾])

이 문장들은 모두 35, 27, 37로 절을 나누고 동시에 상, 하편이 서로 대응이 된다. 그러므로 전 편 사의 내용이 착락 속에서도 균형감을 잃지 않고 음절을 구성했으며, 원곡의 길이와도 대체적으로 비슷하다. 그러나 원곡은 경우에 따라 박력 있고 시원스러운 것을 요구할 때가 있는데 이런 경우에는 더욱 길어진다.

고문가들은 허사의 운용에 주의를 기울여 절주로 하여금 더욱 원활하고 뚜렷하게 하였다. 구양수(歐陽修)가 한기(韓琦)를 위해 지은《주금당기(晝錦堂記)》의 초고 서두는 "仕宦至將相, 富貴歸故鄉, 此人情之所榮, 而今昔之所同也. (벼슬길에 나아가 장군이 되고 재상이 되어, 부귀를 안고 고향에 돌아오는 것을 인정상 명예로 생각하는 것은 예나 지금이나 같다.) "라고 되어 있었다. 그러나 최종 원고에는 "至將相, 歸故鄉"의 앞에 '而'자를 덧붙여 "至將相, 歸故鄉"가 더욱 뚜렷하게 되었고, '至, 歸'는 읽을 때 반드시 무겁게 읽고, 음절의 성량을 높여야 한다.

소식(蘇軾)의《조주한문공묘비(潮州韓文公廟碑)》는 서두에서 "匹夫而爲百世師, 一言而爲天下法(일반 사람이 백세의 스승이 되기도 하고 말 한마디가 천하의 법도가 되기도 한다.)……"에서도 두 개의 '而'자를 이용해서 절주가 뚜렷하도록 하였고, '匹夫, 一言'을 더욱 돌출시켰다. 진홍(陳鴻)의《장한가전(長恨歌傳)》는 "每至春之日, 冬之夜, 池蓮夏開, 宮槐秋落, 梨園子弟, 玉琯發音, 聞《霓裳羽衣》一聲, 則天顏不怡, 左右逴欷.(봄날, 겨울밤, 여름날의 연꽃이 만발하고 가을의 회화나무 떨어진다. 예인들 연기 보고 악기 연주 소리 들으며 특히나 《예상우의》를 들으면 현종은 마음이 울적하여 시종들도 탄식을 금치 못했다.)"와 같이 춘, 하, 추, 동 네 구절에서 착종(錯綜)의 수법을 써서 앞에서는 짧고 뒤에서는 긴 문장을 썼는데 아주 합리적으로 구성을 하였다. 그러나 만약 두 "之"자가 없다면 앞 구절의 절주가 너무 촉박하다. 이상의 예문들로부터 볼 때 일부 허사의 이용은 문장의 음절과 아주 밀접한 연관이 있는 것이다.

마지막으로 절주와 의미의 관계를 살펴보자. 절조는 언어의 규칙적인 휴지와 이어짐이다. 문장에는 작은 휴지와 큰 휴지가 있는데 가장 큰 휴지는 하나의 문장이다. 일반적으로 절주와 의미는 언어상에서 일치한다. 예를 보자.

穿花 / 蛺蝶 / / 深深見、點水 / 蜻蜓 / / 款款飛。(꽃 사이 깊숙이 호랑나비 보이고 잠자리 강물 위에 점 찍으며 유유히 나네.) (두보《곡강(曲江)》시)

이 시구는 매 하나의 음절마다 하나의 의미단위이다. 이렇기 때문에 언어를 쉽게 이해할 수 있는 것이다. 그러나 운문에서의 절주는 거의 정해진 격식이 있어서 의미에 완전히 적응하는 것이 쉽지 않다. 일부 작가들은 의도적으로 의미와 절주 사이의 모순을 조성하여 특수한 언어 풍격을 만들어내기도 한다. 다음 예를 보자.

永夜角聲悲自語、中天月色好誰看? (긴 밤 나팔소리 슬픔을 절로 말하

는 듯, 저 하늘의 달빛 좋다만 누가 함께 감상하리.) (두보《숙부(宿府)》시)

白菡萏香初過雨、紅蜻蜓弱不禁風.(비 온 뒤의 연꽃 향기 은은하고 고
추잠자리 약해 바람에 날릴 듯.) (육유(陸游)《유월십사일야분몽범지능, 이지
기, 우연지동집강정, 제공청여부시기강호지락(六月十四日夜分夢范至能、李
知幾、尤延之同集江亭、諸公請予賦詩記江湖之樂, 6월 14일 밤에 범지능과
이지기, 우연지와 함께 강의 정자에 모여서 여러 사람들이 나에게 시를 지어
서 강호의 즐거움을 기록할 것을 청하는 꿈을 꾸었다.)》시)

절한(節限)을 놓고 볼 때는 마땅히 "永夜角聲 / 悲自語, 中天月色 / 好誰
看", "白菡 / 萏香, 紅蜻 / 蜓弱"이라고 해야 한다. 그러나 의미로 놓고 볼
때에는 "永夜角聲悲, 中天月色好", "白菡萏, 紅蜻蜓"이라고 해야 한다. 전자
는 비장하고 고르지 않은 풍격을 표현하고, 후자는 대범한 정서를 나타낸
다. 또 사조《심원춘(沁園春)》의 서두 세 구절의 절한은 다음과 같다.

斗酒 / 彘肩、風雨 / 渡江、豈不 / 快哉！(한말 술에 돼지다리, 비바람
무릅쓰고 강을 건너니 이 얼마나 통쾌한가!) (유과(劉過))

그러나 유극장(劉克莊)의 사는 다음과 같다.

何處相逢、登寶釵樓、訪銅雀臺。(어디에서 만나리, 보채루에 올라 동작
대를 방문했네.)《몽방부약(夢方孚若)》》

"寶釵樓, 銅雀臺"가 각각의 의미 단위로 이 문장의 어조는 거만해 보인
다. 이러한 문장들을 시를 연구하는 사람들은 요구(拗句)라고 하는데 요구

고대중국어 통론

는 늘 일종의 특수한 풍격으로 정서를 나타낸다.

언어에서 가장 큰 휴지는 문장이다. 이는 문법상의 문장을 놓고 말한 것이다. 그러나 일반적인 사람들과 문인들이 말하는 문장은 사실 이보다 작은 휴지 단위를 말한다. 예를 들면 "豈意石渠劉校尉, 來依絳帳馬荊州"은 문법적으로 볼 때는 하나의 문장이다. 그러나 시를 짓는 사람들이나 보통 사람들은 이를 두 개의 문장으로 본다. 수사법을 논하는 사람들은 성률 구두(句讀)와 의미(논리) 구두를 구분한다. 사나 시에서 가끔 성률 구두만 인지할 수 있고, 의미 구두는 무엇인지 단정할 수 없는 경우가 있다. 신기질(辛棄疾)《추노아(醜奴兒)》의 "愛上層樓, 愛上層樓 (누각에 즐겨 올라, 누각에 즐겨 올라.)", "欲說還休, 欲說還休 (말하려고 해도 나오지 않네, 말하려고 해도 나오지 않네.)"에서 반복된 뒤의 문장은 앞 문장에 속하는지 뒤 문장에 속하는지 단정짓기 어렵다. 어떤 작가들은 일부러 의미구두와 성률 구두를 섞어놓아 특수한 풍격을 표현하기도 하는데, 이 역시 절주와 의미의 관계이기도 하다. 예를 보자.

南山之下、汧渭[166]之間、想見開元天寶年：八坊分屯隘秦川[167]、四十萬匹如雲煙。騅、駓、騧、駱、驪、騮、騥、白魚、赤兔、騂、皇、騽[168]、龍顱鳳頸獰且妍、奇姿逸德隱駑頑[169]。(남산 밑의 견수와 위수 사이에서 개원 천보 연간의 일들을 생각해보네. 팔방 양마장에 진천이 비좁다

---

166 '汧、渭'는 섬서(陝西)성의 두 강이름이다.

167 '八坊'은 당나라 때에 8개의 양을 기르던 구역을 말한다. 진천(秦川)은 섬서성 지명이다. '隘'는 말은 많고 땅은 좁다는 의미다.

168 '騅、駓' 등은 각종 말이름이다. '騽'은 '韓'과 음이 같다.

169 '逸德'은 뛰어난 재덕을 가리킨다. '隱駑頑'은 둔하고 고집스러운 말을 볼 수 없다는 말이다.

네, 사십만 마리 말들 구름처럼 모여들었네. 추, 비, 인, 락, 려, 류, 원, 백어,
적토, 성, 황, 한 등, 색깔도 다르고 모양도 다른 말들이 모두 모였네. 용머리
같고 봉황 목 같은 게 사납고도 준수하네. 자태가 기이하고 덕이 있고 둔하
고 완고한 말은 볼 수가 없네.) (소식《서한간목마도(書韓幹牧馬圖)》시)

　　男兒不能忍窮守家弄、乃使風霜雨雪饑渴凍、勞僬憂愁疾病痛、一一
盡入老親夢。(사내 자식이 참고 견디면서 집안을 잘 지킬 수 없어 바람, 서
리, 비, 눈, 굶주리고 목마르고 얼고, 피곤하고 나태하고 근심하고 걱정되고
아프고 괴로운 것들로 하여금 일일이 부모님 꿈에 나타나게 하였다.)(강식
(江湜)《용암주제석취후부장구(龍巖州除夕醉後賦長句、용암주에서 섣달 그
믐에 취한 후 장구를 지었다.)》)

　　위의 시에서 밑점을 찍은 부분은 마땅히 두 개 혹은 적어도 한 개 이상
의 논리적(의미나 문법적으로) 문장이어야 한다. 그러나 소식의 시를 보면
밑점 찍은 부분은 단지 "龍顱鳳頸獰且妍, 奇姿逸德隱駑頑"의 주어일 뿐이
다. 강식의 시에서도 밑점 찍은 부분은 '使'와 '入' 사이의 겸어(兼語)일 뿐
이다. 이는 대대적으로 성률구두의 수용량이 좁아진 듯한 느낌을 주어 갑
작스러운 언어 격조를 조성하는 것이다. 소식의 음조는 당당하고 기세가
호방하다. 강식의 시는 음절이 긴장감이 있고(측성운을 이용한 것과도 이와
관련이 있다.), 의미가 통절하다. 이 두 시는 각자의 품격과 경지가 있지만
두 시인이 성률과 의미 사이의 일치성을 타파한 것으로 표현 효과를 얻은
면에서는 같다.

제19장

목록학 상식

제1절 목록학

고대중국어를 배우는 데 있어서 목록학 상식은 '외곽지식'이다. 고대중국어를 배우고자 한다면 고서를 접하지 않으면 안 된다. 고서를 읽는 것은 고대 중국어를 학습하는 목적 중의 하나이기도 하다. 고서에 관한 지식을 알면 고대중국어를 배우는 데 도움이 되고, 더 나아가 고서를 읽는 데에도 도움이 된다.

목록학이란 무엇인가? 목록학은 서적의 편집(編輯), 제요(提要), 분류(分類), 교리(校理) 및 관련 서적의 편제(編制), 체례(體例)에 관한 학문이다. 중국의 목록학은 서한(西漢) 성제(成帝), 애제(哀帝) 때 유향(劉向), 유흠(劉歆) 부자가 확립한 것이다. 《한서(漢書)·예문지(藝文志)》(《한지(漢志)》라고 약칭함.) 에서는 다음과 같이 서술하였다.

성제 때에 이르러 서적들이 분산되고, 유실되는 것들이 많아서 황제는 알자 진농에게 천하에 흩어져있는 책들을 구하게 하였다. 광록대부 유향에게는 경전, 제자, 시부를 교정하게 하였다.……매 한 권의 교감이 끝날 때마다 유향은 이 책들에 대해 목록을 편성하고, 요점들을 모아 적어서 황제께 바쳤다. (至成帝時、以書頗散亡、使謁者陳農 求遺書於天下、詔光祿大夫劉向校經傳、諸子、詩賦……每一書已、向輒條[1]其 篇目、撮其指意[2]、錄而奏之。)

여기서 말하는 '條其篇目(조기편목)'은 목록을 편성하는 것이고, '撮其指 意(촬기지의)'는 요점을 정리한 것을 말한다. '錄(록)'은 적는다는 것을 가리 킨다. 주어진 책의 편목(篇目)과 제요를 쓰는 것은 목록학의 기본 작업으로 서 이를 합하여 말한 것이 목록이다. 목록은 위에서 말한 '每一書已……'와 같이 책 한 권의 목록도 있고, 또 많은 책들의 목록도 있다. 목록학의 대상 은 많은 책들의 목록으로 설령 책 한 권에 대한 목록이라 할지라도 그 속 에 포함되는 것이다. 많은 책들의 목록이 있어도 이들을 일정한 방법에 따 라 분류를 해 두어야 독자들이 쉽게 참고할 수 있다. 따라서 고서들에 대해 서 학자들은 편목, 분류, 제요를 한 동시에 편록(編錄)한 책에 대해 정리를 하였다. 서적을 정리할 때에는 체례(體禮)에 영향을 미치게 된다. 아울러 서 적에 대한 편목, 분류, 제요, 그리고 서적을 정리하는 체례와 방법에 대한 학문이 바로 목록학이다. 우리는 목록학의 지식과 목록으로 어떤 책이 읽 기가 쉬운지를 알 수 있으며, 독서를 해 나가는 단서에 대해서도 알 수 있 다.

---

1   '條'는 조목별로 배열한다는 의미다.
2   '撮'은 총괄한다는 뜻이고, '指意'는 요점이라는 의미다.

제2절 칠략(七略)과 사부(四部)

　　중국 목록학 발전사에 있어서 주로 두 가지 분류 방법이 있다. 즉 칠략(七略)과 사부(四部)이다.

　　한(漢)나라 성제(成帝) 시기에 많은 도서들에 대해 정리와 목록 편찬을 하였다. 유향이 '경전, 제자(諸子), 시부(詩賦)'를 교감하였고, 병교위(兵校尉) 임굉(任宏)은 병서를 교감하였으며, 태사령(太史令) 윤함(尹咸)은 수술(數術)[3]을 교감하였다. 시의(侍醫) 이주국(李柱國)은 방기(方技)[4]를 교감하였다. 후에 유향이 죽자 애제(哀帝)는 유흠(劉歆)에게 유향이 하던 일을 계승하여 "여러 책을 총괄하고 그에 대한《칠략》을 바치도록 하였다.(總群書而奏其《七略》)" 유향은 매 한 부의 책들에 대해 각 편마다 교정하고 요점을 정리하는 작업에 중점을 두었다. 유흠은 모든 서적들을 분류를 하고 목록을 작성하였다.《칠략(七略)》은 집략(輯略), 육예략(六藝略), 제자략(諸子略), 시부략(詩賦略), 병서략(兵書略), 술수략(術數略), 방기략(方技略) 등 7개 부분으로 나뉜다. 유향이 각 서적들에 대해 개요를 적고서 이를 서록(敍錄)이라 하였고, 서록들을 모아서 하나의 책으로 묶은 것이《별록(別錄)》[5]으로 현재

3　'數術'은 음양오행으로 점술을 보는 것을 말한다.

4　'方技'는 처방 의술을 가리킨다.

5　양(梁)나라 완효서(阮孝緒)의 《칠록서(七錄序)》에는 다음과 같이 기록되어 있다. "옛날 유향이 책을 교정하여 일록서를 만들었다. 요지를 논하고 잘못을 변별하여서 교서가 끝난 후에 황제께 바쳤는데 모두 본서에 실려있다. 당시에는 또 따로 모은 많은 기록들이 있었는데 이를《별록》이라고 하였다. 오늘날의《별록》은 바로 이것을 말하는 것이다."(昔劉向校書、輒爲一錄、論其指歸、辨其訛(誤)謬、隨竟(校書完畢)奏上、皆載在本書。時又別集衆錄、謂之《別錄》, 即今之《別錄》是也。) 당나라 석도선 (釋道宣)의《광홍명집(廣弘明集)》권3) 이에 의거하면,《별록》은 양나라 때에는 있었다.

는 소실되고 개별적인 서록만 남아 있다. 예를 들면《전국책(戰國策)》의 서록은 현재도 남아 있다. 하지만《별록》의 전모는 현재로서는 알 길이 없다. 《칠략》의 원본은 이미 존재하지 않는다. 하지만 반고(班固)는《칠략》의 중요한 내용을《한서(漢書)·예문지(藝文志)》에 수록하였다. 그러므로 우리는 이《한지》가《칠략》의 발췌본이라고도 할 수 있다.

《칠략》에서의 집략(輯略)은《칠략》을 편집한 범례(凡例)인데,《한지》는 그것을 보존하지 않았다. 육예에서 방기까지의 육략에 대해서는 유향과 임굉, 윤함, 이주국이 분담했던 내용에 따라 분류하였음을 엿볼 수 있다. 현재《한지》의 분류내용에 대해 요점을 추려 간략하게 설명하면 다음과 같다.

(1) 육예략에 수록된 서적들은 유교경전과 이를 해설한 책들이다. 즉《한지》에서 말한 '경(經)' 과 '전(傳)'이다. 육예략은《역(易)》,《서(書)》,《시(詩)》,《악(樂)》,《예(禮)》,《춘추(春秋)》,《논어(論語)》,《효경(孝經)》, 소학(小學) 등 아홉 가지 유형으로 나뉜다. 그 중에서《논어》와《효경》은 공자의 제자들이 공자의 언행을 기술한 책이고,《역》에서《춘추》까지는 중앙과 제후의 국전관(國專官)들이 장악한 관서들로서, 후에 공자가 수정한 전적(典籍)들과는 다르다. 소학은 언어문자의 책으로서 옛 사람들은 이를 경서를 통독하는 열쇠로 여겨서[6] 이를 제일 뒤에 놓았다. 여기서 주의해야 할 점은 고대의 역사 서적들은 따로 분류를 하지 않았다는 점이다.《칠략》과

---

6 허신(許慎)의《설문해자서(說文解字敍)》에는 다음과 같은 기록이 있다. "모든 문자라는 것은 '經', '藝'를 기본으로 하고 왕도의 정치를 출발점으로 한다." (蓋文字者、經藝之本、王政之始。) '經'이란 '經傳'에서의 '經'이다. '藝'는 '六藝'에서의 '藝'이다. 허신의 말은 바로 이러한 관점을 대표하고 있다.

《한지》에서 역사 서적들은 육예락의 《춘추》에 수록되어 있다. 그 이유는 《춘추》는 원래 고대의 관사기록서였고, 《춘추》를 해석한 《좌씨전》은 비록 '경'에 속하지만, 사실상 일찍부터 사서로 독립하였다. 《한지》에 저록(著錄)[7] 되어있는 것으로는 《국어(國語)》 21 편, 《전국책(戰國策)》 33 편, 《초한춘추(楚漢春秋)》 9편, (한나라 초기 육가(陸賈) 저), 《태사공(太史公)》 130 편 (즉 사마천 《사기》) 등이 있는데 모두 역사 저서이다.

(2) 제자략에 저록된 서적들은 모두 선진에서 한대에 이르기까지의 사상가, 정론가들의 학술저서이며, 소수가 민간 전설과 유문일사(遺聞逸事)를 기록한 것들이다. 《한지》에서는 제자(諸子)들의 책을 10가로 나누었는데, 이 학설과 저서들은 모두 고대정부의 관수(官守)로부터 나온 것이라고 여겼다.

유가 학파는 대개 사도 관리에서 나왔다.(儒家者流、蓋出於司徒之官) ;

도가 학파는 대개 사관에서 나왔다.(道家者流、蓋出於史官) ;

음양가 학파는 대개 희화 관리에서 나왔다.(陰陽家者流、蓋出於羲和之官[8]) ;

법가 학파는 대개 이관에서 나왔다.(法家者流、蓋出於理官[9]) ;

명가 학파는 대개 예관에서 나왔다.(名家者流、蓋出於禮官) ;

---

7 '著錄'은 목록에 기재되어 있는 것을 말한다.

8 '羲和'는 고대에서 천문 역법을 관장하는 관리다. 《서(書)·요전(堯典)》에서 말하였다. "너희 희씨와 화씨는 1년의 주기를 366일로 하고, 윤달을 가지고 4계절의 때를 정하여 1년을 완성하도록 하라. (汝羲暨和、朞三百有六旬有六日、以閏月定四時、成歲。)"

9 '理官'은 형벌을 관장하는 관리이다.

묵가 학파는 대개 종묘를 지키는 관리에서 나왔다.(墨家者流、蓋出
於淸廟之守[10]) ;

종횡가 학파는 대개 행인 관리에서 나왔다.(縱橫家者流、蓋出於行人
之官[11]) ;

잡가 학파는 대개 의관에서 나왔다. (雜家者流、蓋出於議官) ;

농가 학파는 농직을 관장하던 관리에서 나왔다. (農家者流、蓋出於農
稷之官[12]) ;

소설가 학파는 대개 패관에서 나왔다. (小說家者流、蓋出於稗官[13]).

고대의 학술지식이 지배계급에 의해 독점되어 민간에는 보급되지 않
고, 또 각종 학술이 정부의 관리에 의해 생산되었다고 하는 것은 일리가 없
는 것은 아니지만, 어느 한 학파가 어떤 관직에 의해 생산되었다고 확정
을 짓는다는 것은 사실에 부합되지 않는다. 그러나 《한지》의 이 설명 방식
은 전해진 지 오래되어 이미 선진시기 학술 유파를 논하는 일반적인 상식
으로 되었다. 그 중에서 두 가지는 여기서 소개할 필요가 있다. 첫째, "구류
십가(九流十家)"이다. 《한지》에서는 "제자 10가 중에 볼만 한 것은 9가 뿐이
다.(諸子十家, 其可觀者, 九家而已。)"라고 하였는데 소설가는 제외시킨 것이다.

---

10 '淸廟之守'는 종묘를 관리하는 관리를 가리킨다. 종묘는 숙연청정(肅然淸靜)을 취하므로
    '淸廟'라고 한 것이다.

11 '行人'은 외국에 사신가는 관리를 말한다.

12 '農稷, 稷'은 일종의 농작물로서 고대에서는 오곡 중의 가장 중요한 농작물이다. 농직은
    오곡의 경작을 관리하는 관리를 가리킨다.

13 '稗官'에 대해 《한서》 여순(如淳) 주(注)에서 말하였다. "작은 것을 패라고 하는데 가담항설
    즉 세상 사람들 속에서 떠도는 작은 이야기들을 가리킨다. 왕은 민간의 풍속이나 정사를
    살피기 위해 패관을 설치하고 기록하게 하였다."(細米爲稗、街談巷說、其細碎之言也。王者
    欲知閭巷風俗、故立稗官、使稱說之。)

《한지》에서 "유가자류(儒家者流), 도가자류(道家者流) ……" 등과 같이 서술을 하였기 때문에 후대에서는 '구류(九流)'로 선진시기의 학술과 후에 계승된 9개 유파를 가리킨다. 공자진(龔自珍)은 아들에게 알려준 시에서 "오경을 밥 먹듯이 익숙하게 하되, 늙은이들이 구류를 마시는 것처럼 하지는 말라. (五經爛熟家常飯, 莫似而翁歠(啜)九流!)"《기해잡시(己亥雜詩)》)라고 하였는데, 이는 '9류'로 육예의 '오경'을 대조시킨 것이다. 여기에서는 '오경'은 육경에서《악경(樂經)》을 제외한 것이다. 둘째, 여기에서 말하는 소위 소설가라는 것은 현재의 소설과는 다른, 산발적이고 체계가 없는 단편적인 기록을 말하는 것이다. 노신(魯迅)은《한지》에 수록된, 반고가 주석한 15종의 소설가의 책들에 대해 다음과 같이 논평하였다. "반고의 주석에 따르면, 여러 책들은 대개 옛날 사람을 사칭하여 지은 것이거나 옛날 사건을 기록한 것이다. 다른 사람에게 의탁한 것은 제자 백가의 이야기인 듯하지만 천박하고, 사건을 기록한 것은 역사처럼 보이지만 매우 사실에 부합하지 않는다.(據班固注, 則諸書大抵或托古人[14], 或記古事 ; 托人者似子而淺薄, 記事者似史而悠謬[15]者也.)" 후에 목록학자들은 이들은 든 지식이 얕고 자질구레하며, 황당무계하다고 여기면서 달리 분류할 방법이 없다고 여기고 이것들을 모두 소설이라고 칭하였다. 소설의 의미는 송대에 이르러 이야기성을 띤 책을 소설이라고 하는 변환이 일어났다. 그럼에도 불구하고 일부 필기 작품

---

14 '托古人'은 고대 사람을 사칭하여 저서를 한 것을 말한다.《한지(漢志)》의 기록에는 다음과 같은 내용이 있다. "《천을》3편에 대해 반고의 주석 : "천을은 탕을 가리킨다. 사실은 은나라 때가 아니다. 모두 사칭한 것이다.《天乙》三篇。"班固自注 : "天乙謂湯。其實非殷時、皆依托也。")

15 '悠謬'는 매우 사실에 부합하지 않는다는 말이다.

은 후대에서도 여전히 '소설'이라는 명칭을 사용하였다. 명나라 호응린(胡應麟)의 《소실산방필총(少室山房筆叢)》, 이일화(李日華)의 《육연재필기(六研齋筆記)》 등 필기책은 《명사(明史)·예문지(藝文志)》에는 여전히 제자소설류에 수록되어 있다. 그러나 동시에 이야기 구성이 지금의 소설에 근접한 작품들도 사람들로부터 "패관(稗官)" 또는 "패관가언(稗官家言)"이라고 불렸다. 근대인 왕피장(汪辟疆)은 《당인소설(唐人小說)》의 자서(自序)에서 "당패 중 좋은 편을 여기에 거칠게 모아 놓았다. (唐稗嘉篇, 贏(粗)萃於此.)"라고 하였는데, 당대의 전기소설들을 "당패(唐稗)"로 부른 것도 그 하나의 예이다. 이는 또한 《한지》의 목록학에서 늘 볼 수 있는 상용어이다.

(3) 시부략에 저록된 것은 문학작품이다. 문인들에게는 문집이 있는데 동한 이후에 시작되었으므로 여기에서는 문집을 수록하지 않았다. 굴원(屈原), 송옥(宋玉), 경차(景差) 등 문인들의 작품은 후대의 부체(賦體)의 유래가 되는 작품으로, 《한지》에서는 《굴원부》, 《송옥부》, 《경차부》라고 불렸는데 후에 《초사(楚辭)》라는 명칭이 생기면서 자연적으로 한 부류가 되었다.

위진 이후 목록을 분류하는 방법에는 다소 변화가 일어났다. 당나라 사람들이 만든 《수서(隋書)·경적지(經籍志)》에 이르러서는 '사부(四部)'의 분류법을 확립하였다. 명청시기에 이르기까지 이 '사부'의 분류방법은 목록학자들에게 줄곧 사용되었다. '사부'란 경(經), 사(史), 자(子), 집(集)을 가리킨다. 위진 시기의 순욱(荀勗)이 편찬한 《중경신부(中經新簿)》에서는 갑부(甲部), 을부(乙部), 병부(丙部), 정부(丁部)를 목록이름으로 하였기 때문에 후대에 와서는 경, 사, 자, 집을 갑부, 을부, 병부, 정부라고 칭하기도 하였다.(《수서·경적지》에서의 사부의 내용, 순서는 《중경신부》의 갑부, 을부, 병부, 정부의 내용과 완전히 같지는 않다.)

사부와 칠략을 비교해보면 다음과 같다. 사부에서의 경부는 칠략에서의 육예략에 해당한다. 사부(史部)는 사부(四部)에서 새로 특별히 설립된 부류로 칠략에서는 육예략의 《춘추(春秋)》류에 수록되었었다. 그러나 한진(漢晉) 이후부터 사부(史部)의 저서들이 크게 늘어나면서, 《춘추》류에서는 도저히 수납할 수 없는 정도에 이르렀고, 독립적인 한 부류로 세울 필요성이 절실해졌다. 자부(子部)는 칠략의 제자, 병서, 수술, 병기 등 사략이 포함된다. 사부에서의 집부(集部)는 칠략의 사부략에 해당되는데 내용이 더 확대되었다.

청나라 건륭(乾隆) 연간에 통치계급들은 한족 선비들과 사상에 대해 통제를 위해 《사고전서(四庫全書)》를 편찬하였다. 이 편찬 작업은 한편으로는 중국 고대 문화에 대한 훼손이었고, 다른 한편으로는 방대한 도서들을 모아서 정리하였다는 점에서 긍정적인 역할도 하였다. 《사고전서》가 모두 편찬된 후 사고(四庫)의 관신 기윤(紀昀) 등은 《사고전서총목제요(四庫全書總目提要)》를 만들었는데, 약칭이 《사고제요(四庫提要)》 또는 《제요(提要)》이다. 《제요》는 사부별로 배열하였고, 매 부마다 총 서술이 있고 분류를 하였다. 분류한 매 유형에 대해서도 서술을 덧붙여서 모든 서적들이 제요가 있고, 책의 내용에 대해서도 조리있게 요지를 정리하고 평론을 가하였다. 《사고전서총목제요》는 독서와 학문연구의 참고서로 삼을 수 있으며, 근대에 나온 비교적 완벽한 목록서이다. 《제요》의 분류를 열거하면 다음과 같다.

경부 (經部) 10류 :
《역(易)》류 ; 《서(書)》류, 《시(詩)》류, 《예(禮)》류, 《춘추(春秋)》류, 《효

경(孝經)》류, 오경총의(五經總義)류, 사서(四書)류, 《약(樂)》류, 소학(小學)류.

사부(史部)15류 :

정사(正史)류, 편년(編年)류, 기사본말(紀事本末)류, 별사(別史)류, 잡사(雜史)류, 소령주의(詔令奏議)류, 전기(傳記)류, 사초(史鈔)류, 재기(載記)류, 시령(時令)류, 지리(地理)류, 직관(職官)류, 정사(政書)류, 목록(目錄)류, 사평(史評)류.

자부(子部) 14류 :

유가(儒家)류, 병가(兵家)류, 법가(法家)류, 농가(農家)류, 의가(醫家)류, 천문산법(天文算法)류, 산술(術數)류, 예술(藝術)류, 보록(譜錄)류, 잡가(雜家)류, 유서(類書)류, 소설가(小說家)류, 석가(釋家)류, 도가(道家)류.

집부(集部) 5류 :

《초사(楚辭)》류, 별집(別集)류, 총집(總集)류, 시문평(詩文評)류, 사곡(詞曲)류.

상술한 사부 44류의 내용에 대해서 일일이 다 해석할 수는 없고, 다만 사부(史部)의 정사, 편년, 기사본말과 집부의 별집과 총집략에 대해서만 간단히 소개하려 한다.

(1) 사부(史部)의 정사(正史)는 기전체(紀傳體)로 된 사서이다. 이러한 사서의 체제는 사마천의 《사기(史記)》에서 확립되었다. 정사에는 25부가 있는데 다음과 같다.

《사기》 : 한나라 사마천(司馬遷) 저, 유송(劉宋)시기 배인(裴駰)《집해(集解)》, 당나라 사마정(司馬貞)의 《색은(索隱)》, 장수절(張守節)《정의

(正義)》

　《한서(漢書)》: 한나라 반고(班固) 저, 당나라 안사고(顔師古) 주석.

　《후한서(後漢書)》: 유송(劉宋)시기 범엽(范曄) 저, 당나라 장회태자
(章懷太子) 이현(李賢) 주석.

　《삼국지(三國志)》: 진(晉)나라 진수(陳壽) 저, 유송 시기 배송지(裵松
之) 주석.

　《진서(晉書)》: 당나라 방현령(房玄齡) 등 저.

　《송서(宋書)》: 양(梁)나라 심약(沈約) 저.

　《남제서(南齊書)》: 양나라 소자현(蕭子顯) 저.

　《양서(梁書)》: 당나라 요사렴(姚思廉) 저.

　《진서(陳書)》: 당나라 요사렴 저.

　《위서(魏書)》: 북제(北齊)의 위수(魏收) 저.

　《북제서(北齊書)》: 당나라 이백약(李百藥) 저.

　《주서(周書)》: 당나라 영호덕분(令狐德棻) 등 저.

　《수서(隋書)》: 당나라 위징(魏徵) 등 저.

　《남사(南史)》: 당나라 이연수(李延壽) 저.

　《북사(北史)》: 당나라 이연수 저.

　《구당서(舊唐書)》: 오대(五代) 유후(劉昫) 등 저.

　《신당서(新唐書)》: 송(宋)나라 구양수(歐陽修), 송기(宋祁) 등 저.

　《구오대사(舊五代史)》: 송나라 설거정(薛居正) 등 저.

　《신오대사(新五代史)》: 송나라 구양수 저.

　《송사(宋史)》: 원(元)나라 탁극탁(托克托) 등 저.

　《요사(遼史)》: 원나라 탁극탁 등 저.

　《금사(金史)》: 원나라 탁극탁 등 저.

　《원사(元史)》: 명(明)나라 송렴(宋濂) 등 저.

　《신원사(新元史)》: 중화민국 가소민(柯劭忞) 저.

《명사(明史)》: 청나라 왕홍서(王鴻緒) 등 저.

이 사서들의 내용은 대체로 다음과 같다. 매 제왕들의 연대를 강요(綱要) 식으로 국가 대사를 기록하여 책 전체의 대강으로 삼고, 이를 '본기(本紀)' 또는 '기(紀)'라 하였다. 역사적으로 특출하거나 또는 관련이 있는 인물에 대해 전기를 '열전(列傳)' 또는 '전(傳)'이라 하였다. 한 사람에 대해 하나의 전기를 쓰기도 하고 또 몇 사람의 전기를 합쳐서 하나의 전기를 만들기도 하였는데 이를 '합전(合傳)'이라고 한다. 또 형제자손, 요속(僚屬), 관련이 있는 인물을 누군가의 전기 뒤, 혹은 전기 안에 붙이는 것을 '부견(附見)'이라고 한다. 또 《유림전(儒林傳)》이나 《유협전(遊俠傳)》처럼 한 부류의 사람들을 집합하여 기술한 책도 있다. 전장(典章)제도, 정치, 경제, 사회, 문화, 천문지리 등에 관한 내용의 요점을 간명하게 제시한 것을 '書' 또는 '志'라고 하거나, 또는 '考'[16]라고 하기도 하였다. 인물, 연대, 봉작(封爵) 등을 표의 형식으로 사람들이 총괄적인 개념을 얻게끔 일목요연하게 배열한 것을 '표(表)'라고 하였다. 《사기》에는 또 대대로 전해 내려오는 제후 대신들의 사적을 적은 '세가(世家)'도 있는데, 후대에는 《신오대사(新五代史)》에만 '세가'가 있고, 다른 정사들에서는 모두 '전(傳)'에 병합시켰다. 이러한 체제에 따라 쓰여진 사서를 '기전표지체(紀傳表志體)' 또는 '기전체(紀傳體)'라고 하는데 정부의 명령으로 책정된 것은 '정사(正史)'에 들어간다.

이십오사에서 이십이부는 한 조대의 사적을 기술한 단대사(斷代史)이

---

16 《사기》에서는 '書'라고 하였고, 《한지》에서는 '志'라고 하였으며, 《신오대사》에서는 '考'라
고 하였다.

이다. 《사기》, 《남사》, 《북사》는 몇 개 조대의 사적을 함께 기록한 통사(通史)이다. 《사기》는 황제(黃帝)로부터 한무제(漢武帝)까지의 일들을 기록하였고, 《남사》는 남조의 송(宋), 제(齊), 양(梁), 진(陳) 등 네 조대의 사적들을 기록하였다. 《북사》는 북조의 북위(北魏), 서위(西魏), 북제(北齊), 북주(北周)의 일들을 기록하고 있다. 같은 기전체라도 사건들이 일어난 시대에 따라 또 구별된다. 그리고 이러한 사서들 중에서 어떤 것은 기(紀)와 전(傳)만 있고 표(表)와 지(志)는 없다.

(2) 편년일체(編年一體)는 역사상 큰 사건들을 연도에 따라 기록한 것이다. 이 편년체는 《춘추(春秋)》와 《좌씨전(左氏傳)》에서 시작되었는데, 이미 다 경부(經部)에 귀속되었다. 후대의 편년체 사서로는 후한 시기 순열(荀悅)의 《한기(漢紀)》가 가장 이른 것이다. 《후한서(後漢書)》에서는 "황제는 전적을 좋아하는데 늘 반고의 《한서》를 참고하였고, 문장이 복잡하고 기억하기 어려운 것은 《좌씨전》체를 따르도록 명령하여 《한기》 30편으로 하였다. …… 상세하게 적혀있고, 논변이 많고 훌륭하다.([獻]帝好典籍, 常以班固《漢書》, 文繁難省[17], 乃令悅依《左氏傳》體, 爲《漢紀》三十篇……辭約事詳, 論辨多美.)"라고 기록하고 있다.

후대에 와서 진(晉)나라 원굉(袁宏)의 《후한기(後漢紀)》, 진나라 간보(干寶)의 《진기(晉紀)》(이미 실전) 등 편년체 사서들이 나왔다. 중국 사학사에서 가장 규모가 큰 편년체 역사서는 송나라 사마광(宋司馬)의 《자치통감(資治通鑑)》이다. 《자치통감》을 편찬하게 된 동기는 다음과 같다.

---

17   省(xǐng)은 기억하다는 의미이다.

사마천, 반고 이래 사적들이 많아져서 일반인들도 다 읽기 불편한데 하물며 군왕은 날마다 많고 복잡한 정무들을 처리해야 하는데 무슨 여가가 있어 다 읽겠습니까? 신은 늘 이 점을 고려하였습니다. 잡담을 정리, 삭제하고 그 중의 정수를 추출하여 국가의 흥망성쇠와 백성의 애환과 관련되고, 선을 법으로 하고, 악을 금하는 자료를 수집하려는 포부를 가지고, 편년사를 편찬하려 하였습니다. 이렇게 함으로써 선후 순서를 조리있게 하고, 내용의 편폭을 명확히 하며, 번잡한 것을 간소하게 하려 하였습니다. 단 개인의 힘이 약하기 때문에 이 일에 착수할 수가 없었습니다.(每患遷、固以來[18]、文字繁多、自布衣之士、讀之不遍、況於人主、日有萬機[19]、何暇周覽[20]?臣常不自揆[21]、欲刪削冗長、舉撮機要、專取關國家興衰、繫生民休戚[22]、善可爲法、惡可爲戒者、爲編年一書、使先後有倫[23]、精粗不雜。私家力薄、無由可成。(《진자치통감표(進資治通鑑表)》))

사마광의 이러한 의도는 송영조(宋英宗)의 지지를 받아 영조(英祖) 치평(治平) 3년(1066년)에 정식으로 편찬되기 시작하였다. 사마광의 편찬을 도운 사람들로는 유반(劉攽)(자 공보(貢父)), 유서(劉恕)(자 도원(道原)), 범조우(范祖禹)(자 순보(淳甫)) 등으로 모두 그 세대 학자들이었다. 전후 19년이라는

---

18 '遷、固以來'은 사마천과 반고의 《사기》, 《한서》류의 기전체로 된 다양한 정사(正史)를 가리킨다.

19 '萬機'는 많고 복잡하다의 의미이다.

20 '周覽'은 두루 읽는다의 의미이다.

21 '揆'는 고려하다, 가늠하다의 의미이다.

22 '休戚'은 행복과 근심을 가리킨다.

23 '倫'은 조리가 있다의 의미다

고대중국어 통론

시간을 들여 신종(神宗) 원풍(元豊) 7년(1084)에 완성하였다. 이 책에서는 전국시대로부터 시작하여 오대(五代)에 이르기까지의 총 1, 362년간의 역사를 294권으로 편찬하였다. 그리고 사적들을 간략하게 열거하여 찾아보기 쉽게《목록(目錄)》을 지었고, 또 많은 책을 참고하여 그 같고 다른 점을 평가하여 잘못된 것은 버리고 옳은 것은 취하여《고이(考異)》30권(《진표(進表)》)을 만들었다. 근거한 자료로는 역대의 정사(正史) 이외에도 잡사의 여러책들 322종이다.《한기》나《후한기》처럼 한 조대만 기록한 것보다 그 규모가 훨씬 거대하다. 비록 황제한테 보이기 위한 것이고, 입장이나 관점상에서 문제가 없다고 할 수는 없지만, 역대의 큰 사건들은 모두 그 요지가 기록되어 있는 것만큼, 중국의 역사에서 불멸의 중요한 서적임에는 말할 것 없다. 원나라 호삼성(胡三省)(자 신지(身之))의 주석이 있어 제도 연혁과 지리에 대해서 상세하게 서술하였다. 따라서 이 책은《자치통감》을 읽을 때에 필요한 참고서이다.《자치통감》이 편찬된 이후 속편으로 나온 책들도 많이 있다. 그 중에서 청나라 필원(畢沅)이 주필을 맡은《속자치통감》(송, 원대의 사적을 기록)이 가장 유명하다.

(3) 기사본말체(紀事本末體)는 남송의 원추(袁樞)(자 기중(機仲))의《통감기사본말(通鑑紀事本末)》에서 시작되었다. 기전체의 사서들은 인물을 중심으로 기록했다. 그러나 동일한 사건에는 늘 많은 사람들이 연관이 되어 있어서 인물의 전기와 중복되는 현상을 초래했다. 편년사체는 역사 사실을 년, 월, 일의 순서로 기록하는 방식이어서 중복되는 현상은 없지만 일년 내에는 많은 일들이 일어나고, 하나의 사건은 또 여러 해를 거치게 되어 한 사건의 시말을 알려면 또 나름대로의 불편함이 따르는데《좌전》부터《자치통감》에 이르기까지 모두 이러하다. 그러므로 사마광은《통감목록》을

만들어 사적들은 검색하기 쉽게 하였지만 《통감목록》은 검색, 색인만 할 수 있어서 《자치통감》을 읽기에는 여전히 불편하였다. 원추는 《통감》을 239개 사목(事目)으로 분류하여(예를 들면 "이림보전정(李林甫專政)", "안사지란(安史之亂)") 매 사건의 시말과 전모를 정확하게 알아보기 쉽게 하였다. 원추의 이 사목은 기전체와 편년체 외에 사서의 새로운 체제를 창조하였다. 후에 이 체제를 모방하여 편찬된 서적으로는 청나라 고사기(高士奇)의 《좌전기사본말(左傳紀事本末)》, 명나라 진방첨(陳邦瞻)의 《송사기사본말(宋史紀事本末)》, 《원사기사본말(元史紀事本末)》, 청나라 곡응태(谷應泰)의 《명사기사본말(明史紀事本末)》 등이 있다. 원추의 책까지 합쳐서 《구종기사본말(九種紀事本末)》이라고 한다.

(4) 선진시기에는 정치학술 견해를 발표한 제자(諸子)들과 사학가들의 문장 외에도 굴원(屈原) 등 사람들의 《초사(楚辭)》도 있다. 그렇지만 전문적으로 문채가 뛰어난 작품은 매우 적으며, 전문적으로 문채가 뛰어난 작가도 극히 드물다. 당시의 저작들은 육예략, 제자략, 시부략과 같이 약(略)에 귀속시키고 문집이라 할 것이 없었다. 양한 시기부터 문장들은 점차 화려해지기 시작하여 전문적인 문인이 나타나기 시작하였다. 동한에서 삼국시기에 이르기까지 문인들이 쓴 시(詩), 부(賦), 비(碑), 잠(箴), 송(頌), 뢰(誄)등 각 체제 작품들의 편수는 《후한서》와 《삼국지》에 기록되어 있는데 이 때부터 후대에 문집이라고 하는 내용이 있게 되었다. '집(集)'이라는 명칭도 이 시기 또는 조금 더 뒤에 나타난 것이다.[24] 그 후로부터 전문적인 저작은

24　《수서(隋書)·경적지(經籍志)》에서는 "별집이란 명칭은 대개 동한시기에 생긴 것이다.(別集之名、蓋漢東京(即東漢)之所創也)"라고 하였다. 청나라 장학성(章學誠)의 《문사통의(文史通義)·문집(文集)》에서는 '集'이란 명칭이 진대(晉代)에 생겼다고 하였다.

아니지만 약간의 시문들을 집록(輯錄)한 것을 '집'이라고 하였다. '집'은 시집과 문집으로 구분되거나 또는 이를 합쳐서 시문집이라고도 한다. 한 작가의 작품을 집록한 것을 별집(別集)이라고 하고, 여러 작가들의 시문을 한 책으로 집록한 것을 총집(總集)이라고 한다. 별집에는 《사선성시집(謝宣城詩集)》(사조(謝朓)), 《백씨장경집(白氏長慶集)》(백거이(白居易)), 《구양문충공전집(歐陽文忠公全集)》(구양수(歐陽修)), 《원풍류고(元豐類稿)》(증공(曾鞏)) 등이 있는데 여기서 더 설명하지 않겠다. 총집에는 여러 다양한 종류가 있다. 대략적으로 설명하자면 여러 시대의 각 장르를 종합 편록한 양나라 소명(昭明) 태자 소통(蕭統)의 《문선(文選)》이 있다. 한 장르의 작품만 실은 송나라 곽무천(郭茂倩)의 《악부시집(樂府詩集)》, 명나라 왕지견(王志堅)의 《사육법해(四六法海)》 등도 있다. 또 송나라 여조겸(呂祖謙)의 《송문감(宋文鑑)》처럼 한 시대의 문장만 편록한 것도 있다. 그리고 한 지역의 문장만 편록한 것도 있는데 청나라 나여회(羅汝懷)의 《호남문징(湖南文徵)》이 그러하다. 그리고 고대 문인들의 작품을 골라 수록하여 자신의 문학적 주장을 표현하는 경우로 청나라 왕사진(王士禛)[25]의 《당현삼매집(唐賢三昧集)》에서는 성당(盛唐) 시기 시인의 작품을 모아 그의 "신운설(神韻說)"의 시학 견해를 드러냈다. 같은 학파, 또는 같은 부류 사람들의 작품들을 편록한 경우도 있다. 예를 들면 송나라의 양억(楊億), 유균(劉筠) 등의 《서곤수창집(西崑酬唱集)》, 청나라의 원매(袁枚)의 《수원여제자시선(隨園女弟子詩選)》 등이 있다. 같은 종류의 한가지 제재(題材)의 작품을 집록한 것도 있다. 명나라 모진(毛晉)의 《삼가궁사(三家宮詞)》(당나라의 왕건(王建), 오대 시기의 화예부인(花蕊夫人), 송

---

25   [역주] 이는 본명(本名)이고, 왕사정(王士禎)으로 더 유명하다.

나라의 왕규(王珪), 청나라 여악(厲鶚), 조신(趙信) 등이 쓴 《남송잡사시(南宋雜事詩)》가 있다. 편집(編集)의 목적은 다양하다. 문헌을 보존하기 위한 것도 있고, 문장의 취지를 나타내기 위한 것도 있으며, 감상하기 위한 것, 또는 허세를 부리기 위한 것 등이 있으나 이에 대해서는 상세하게 설명하지 않겠다.

제3절 주소(注疏)와 전주(箋注)

1. 주소(注疏)

여기에서 설명하고자 하는 주소(注疏)는 유가 경전을 해석한 저작만을 가리켜서 설명할 것이다.

공자가 육경(六經)을 정리한 이후로 공자 문하(門下) 학자들 사이에서 서로 전해지면서 육경을 해석한 작품들이 나타났다. 가장 대표적인 서적은 《춘추》라는 경에 대해 해석한 《공양전(公羊傳)》, 《곡량전(穀梁傳)》이다. (《좌씨전》은 독립적인 역사서로서 《춘추》를 해석하기 위한 것은 아니라고 주장하는 사람들도 있다.) 이 외에도 《예기》 중의 《관의(冠義)》, 《혼의(昏義)》, 《향음주의(鄕飮酒義)》, 《사의(射義)》, 《연의(燕義)》, 《빙의(聘義)》 등 편은 모두 《의례(儀禮)》(한인(漢人)들은 이를 《예경(禮經)》이라 하였다.) 중의 《사관례(士冠禮)》, 《사혼례(士昏禮)》, 《향음주례(鄕飮酒禮)》, 《대사례(大射禮)》, 《연례(燕禮)》, 《빙례(聘禮)》를 해석한 책들이다. 《역경(易經)》에서의 《계사(繫辭)》 상하편은 《사기(史記)·태사공자서(太史公自序)》에서는 《역대전(易大傳)》이라

고대중국어 통론

고 불리우는 것으로, 역시《역경》을 해석한 작품이다. 종합하자면 한대(漢代) 이전에 이미 경전을 해석한 많은 서적들이 있었다. 한대에 이르러서는 유가들이 경전을 정리, 연구하면서 이러한 경전을 해석한 저서들도 경서로 올렸다. 따라서《역(易)》,《서(書)》,《시(詩)》,《주례(周禮)》,《의례(儀禮)》,《예기(禮記)》,《춘추좌씨전(春秋左氏傳)》,《춘추공양전(春秋公羊傳)》,《춘추곡량전(春秋穀梁傳)》등도 모두 경서에 귀속시켰다.

　　한대 이후 경서를 해석한 어떤 저작은 '전(傳)'이라고도 칭한다. 예를 들면 모장(毛萇)의《모시고훈전(毛詩故訓傳)》(《모전》이라고 약칭)과 같은 경우이다. 또 정현(鄭玄)의《모시전(毛詩箋)》처럼 '전(箋)'이라고도 칭하였다. 이외에도 경서를 해석한 저작들을 보면 범녕(范寧)의《춘추곡량전집해(春秋穀梁傳集解)》처럼 '해(解)'라고 한 경우도 있고, 또 하휴(何休)의《춘추공양경전해고(春秋公羊經傳解詁)처럼 '해고(解詁)'라고 한 경우도 있다. 또 '주(注)'라고도 하였는데, 정현(鄭玄)의《주례주(周禮注)》,《의례주(儀禮注)》,《예기주(禮記注)》가 '주'라고 하였다. 이 삼자를 총칭하여《삼례주(三禮注)》라고 한다. 그리고 '장구(章句)'라고 칭한 경우도 있다. 이상의 모든 호칭들을 '주(注)'라고 총칭할 수 있다. 이러한 다른 명칭들에 대해 현재는 그 차이점을 상세하게 연구할 수 없으므로 여기서는 더 언급하지 않겠다. 대체적으로 한나라 유교 경전에 대한 해석은 다음과 같은 내용을 포함한다. 첫째, 글자의 뜻을 해석하였다. 이것은 소위 훈고(訓詁)로, 이를 '고훈(詁訓), 고훈(故訓)'이라고도 한다. 둘째, 경전의 뜻을 추론하였다. 이것은 바로 '전(傳)'의 한 부분이다. 왜냐하면 여기에서의 '전'은 경전의 뜻을 전수하는 것이기 때문이다. 셋째,《모전(毛傳)》처럼 매 편의 머리말에 주요 내용을 개괄한 요지를 붙였다. 필기 조건의 제한 때문인지, 한나라 사람들의 주해는 일반적으로 간단하면서도 개괄적이어서 첫눈에 이해하기가 어렵다. 청나라 진례(陳澧)의 《동숙독서기(東塾讀書記)》 권6에서 《모전》에 대해 다음과 같이 논하였다.

> 《재삼(載芟)》편 : "載[26]獲濟濟(풍요롭게 곡식 거두어.)"에 대해 전에서는 '濟濟'는 어렵다의 의미이다."라고 하였다. 언뜻 읽으면 그 뜻을 이해하기 어렵다. 정현의 전에서는 "어렵다의 의미는 이삭들이 무성하여 들어가기 어렵다는 의미이다."라고 해석하였다. 후에 그 의미가 명확해졌는데, 벼이삭이 굵고 빽빽하여 수확하는 사람들이 그 속으로 들어가기 어렵다는 뜻이다. 이는 풍년이 들어 사람들이 즐거워한다는 뜻이다. 풍년 든 정경을 묘사한 이 구절은 사람들로 하여금 이해하여 웃어서 턱이 벌어진다.(《載芟》篇 : "載獲濟濟." 傳云 : "濟濟, 難也." 乍讀之, 幾不可解. 讀鄭箋云 : "難者, 穗衆難進也"、而後明其意, 謂禾穗粗大稠密, 獲者難入於其中. 此形容豐年景象, 令人解頤[27] 矣.)

위에서 제시한 예문처럼 경전에 덧붙인 주해의 뜻이 명확하지 않았기 때문에 고증이 필요했다. 그러므로 육조 이후에 '의소(義疏)'의 학문이 생겼다. 이는 주해의 간략한 해석을 미봉하기 위한 것이었다. 《수서(隋書)·경적지(經籍志)》에서는 많은 경적들은 모두 의소 작품이 있다고 하였다. 예를 들면 《역(易)》에는 진(陳)나라 주홍정(周弘正)의 《주역의소》가 있고, 《예기(禮記)》에는 양(梁)나라 황간(皇侃)의 《예기의소》가 있으며, 《좌전(左傳)》에는 수(隋)나라 유현(劉炫)의 《춘추좌씨전술의(春秋左氏傳述義)》가 있다. 당태

---

26 '載'는 발어사(發語詞)로 의미가 없다.
27 '解頤'는 깨닫는 바가 있어 입을 벌리고 웃는 것을 말한다.

종(太宗), 고종(高宗) 연간에 공영달(孔穎達) 등에게 명령하여 이전의 의소서들에 근거해 오경의소 170권을 만들게 하였다. 이것이 바로《오경정의(五經正義)》로, 여기에는《역(易)》,《서(書)》,《시(詩)》,《예기(禮記)》,《좌전(左傳)》등이 포함되어 있다. 고종 영휘(永徽) 연간에 가공언(賈公彥)이 또《주례(周禮)》,《의례(儀禮)》의 의소를 썼다. 그 후에《공양전》과《곡량전》에 대해 쓴 의소가 생겼다. 송대에 와서는《효경》,《논어》,《이아》,《맹자》에 대한 의소를 더하였다.《맹자》는 본래 제자학파 중 유가의 책이었다. 한유(韓愈)가《맹자》를 "醇乎醇者也.(순수한 곳에서도 순수한 책이다.)라고 평가를 한 후에야 송나라에서는《맹자》를 경전으로 승격시켰다. 명대에 이르러 "십삼경(十三經)"이란 명칭이 확립하였다. 십삼경에 대해 송대에 이르러서 모두 의소가 있었다. 그 총 명칭이《십삼경주소(十三經注疏)》이고 그 목록은 다음과 같다.

(1)《주역주소(周易注疏)》
위나라 왕필(王弼)과 진나라 한강백(韓康伯)의 주(注)에 당나라
공영달(孔穎達)의 정의(正義)이다.
(2)《상서주소(尚書注疏)》
한나라 공안국(孔安國)의 전(傳[28])에 공영달의 정의이다.
(3)《모시주소(毛詩注疏)》
한나라 모형(毛亨)과 모장(毛萇)의 전(傳), 정현(鄭玄)의 전(箋)에
공영달의 정의이다.

---

28 공안국(孔安國)의《상서전(尚書傳)》과《상서(尚書)》중 일부 본문은 위진(魏晉) 시기 사람의
위작(僞作)이지만 옛 제목에 따라 여기서도 고치지 않았다.

(4) 《주례주소(周禮注疏)》

한나라 정현의 주에 당나라 가공언(賈公彥)의 소이다.

(5) 《의례주소(儀禮注疏)》

한나라 정현의 주에 가공언의 소이다.

(6) 《예기주소(禮記注疏)》

한나라 정현의 주에 당나라 공영달의 정의이다.

(7) 《춘추좌씨전주소(春秋左傳注疏)》

진나라 두예(杜預)의 집해(集解)에 공영달의 정의이다.

(8) 《춘추공양전주소(春秋公羊傳注疏)》

한나라 하휴(何休)의 해고(解詁)에 당나라 서언(徐彥)의 소이다.

(9) 《춘추곡량전주소(春秋穀梁傳注疏)》

진나라의 범녕(范寧)의 집해에 당나라 양사훈(楊士勳)의 소이다.

(10) 《논어주소(論語注疏)》

위나라 하안(何晏)의 집해에 송나라 형병(邢昺)의 소이다.

(11) 《효경주소(孝經注疏)》

당현종(唐玄宗)의 주에 송나라 형병의 소이다.

(12) 《이아주소(爾雅注疏)》

진나라 곽박(郭璞)의 주에 송나라 형병의 소이다.

(13) 《맹자주소(孟子注疏)》

한나라 조기(趙岐)의 주에 송나라 손석(孫奭)의 소[29]이다.

한나라 이후의 주와 소는 모두 단독으로 책이 되고 경서 아래에 붙이지
않았다. 남송 시기에 이르러서야 주소를 경 속에 붙이게 되었다. 육조 시기

---

29 손석의 《맹자소》에 대해 주희(朱熹)는 복건 소무(邵武) 지방의 한 선비의 위찬(僞撰)이라고
하지만 여기서는 여전히 손석인 이름을 붙였다.

에는 의소 외에 '음의지학(音義之學)'이 있었다. '음의지학'은 경서와 주해에서 어려운 글자에 대해 주음을 단 것이다. 당나라의 육덕명(陸德明)은 이러한 자료들을 정리하여 《경전석문(經典釋文)》 30권을 만들었다. 송나라 사람들은 주소를 경전에 붙일 때에 육덕명의 이 석문을 주해와 의소 사이에 삽입시켰다. 지금 유행하고 있는 《십삼경주소》는 바로 경, 주해, 석문, 소를 하나로 묶은 책이다. 경, 주, 석문, 소가 편성된 상황에 대해 《좌전》 희공(僖公) 26년 한 조를 예로 들어 보자.

> 夏、齊孝公伐我北鄙、衛人伐齊、洮之盟故也。公使展
> 喜犒師。勞齊師。○犒苦報反、勞 疏 注勞齊師。○正義曰：犒者、以酒食餉
> 也。勞、力報反、下文同。 饋軍師之名也。服虔云："以師枯槁、
> 故饋之飲食。"勞苦謂之勞也。《魯
> 語》云："使展喜以膏沐犒師。"[30]

위에서 큰 글자는 경문이고 네모꼴 뒤의 내용은 소문(疏文)이다. 경문과 소문 사이의 작은 글씨로 된 두 행은 주석과 석문이다. 그 중 동그라미 앞에 내용은 주석이고 뒤에 내용은 《석문》이 경문의 '犒'자와 주문의 '勞'자에 대해 음을 설명한 것이다. 소문에서 동그라미 앞의 "注勞齊師"이 네 글자는 제시된 글로서 아래에 소를 달 내용이 바로 주문에서의 "勞齊師"라는 것을 뜻한다. 공영달의 오경소(五經疏)에서는 소문의 시작부분을 "正義曰"이라고 하였다. 《논어》,《맹자》,《효경》의 소도 모두 "正義曰"이라고 하였다. 《주례》,《의례》,《곡량전》,《이아》의 소는 첫머리에 "釋曰"이라 하였고,

---

30 　네모꼴 안의 글자는 원전에는 검은 색 바탕에 흰 글자이다. 문장 내의 문장부호는 편찬하는 사람이 추가한 것이다.

《공양전》에서는 '解云'이라고 하였다. 사실 이들은 모두 같은 의미의 말이다.

한나라와 당나라의 많은 유학자(儒學者)는 사법(師法)을 중요하게 여기고, 그 뜻을 해석하는 데 근거를 내세웠다. 어떤 설명 방법은 역사적 진실에 근접하였고, 훈고도 비교적 상세하게 하였다. 이러한 점은 한당대 주소의 우수한 점이다. 하지만 사법을 중시하다 보니 보수적인 면에 치우쳤고, 주석에서 잘못 해석한 것이 있어도 소를 짓는 사람들은 억지로 통하게 하였다. 이를 '소불파주(疏不破注)'라고 한다. 또한 설명하는 글이 번잡하게 많아서 경의 의미를 풀이하는 데에 있어 단도직입적이지 못하고 평범하기 그지 없다. 송나라 이학(理學)의 많은 유학자들은 이렇게 하면 경서의 정확한 뜻을 밝히기 어렵다고 하면서 자신들이 새로운 주해를 창작하였다. 예를 들면 정이(程頤)의《역전(易傳)》, 주희(朱熹)의《주역본의(周易本義)》,《시집전(詩集傳)》,《사서집주(四書集注)》,《의례경전통해(儀禮經傳通解)》, 채침(蔡沈)의《서집전(書集傳)》 등이 있다. 송나라 유학자들은 자신들의 견해를 충분히 발휘하여 한 글자, 한 문장의 훈고에 구속되지 않고, 옛 학설을 과감하게 타파하고 경서의 정수를 밝혀내고자 노력하였는데, 이는 낡은 주소에 비해 들어맞는 부분이 많았다. 그러나 다른 한 편으로는 문자의 훈고에 대해 너무 거칠게 해석을 하였으며, 해석이 틀린 부분도 있고, 용감하게 낡은 것을 타파하다 보니 주관적이고 편파적인 내용을 피할 수가 없었다. 총체적으로 한나라와 당나라의 주소(注疏)와 송나라 사람들의 신주(新注)는 서로 장단점이 있어 경서를 연구할 때 모두 참고할 수 있지만, 반드시 비판적으로 계승해야 한다.

청나라의 경학은 '한학(漢學)'을 표방하고 송나라 때의 경학은 공소(空疏)하다고 하면서 한나라 유학자들의 문자훈고와 전장(典章)제도의 구설

(舊說)로 경서들을 해석할 것을 주장하였다. 아울러 훈고와 해석 근거를 찾는 면에서 많은 노력을 기울였고, 그 성과 또한 대단하다. 그러나 너무 번잡하다는 단점도 드러냈다. 그들은 스스로 당나라와 송나라를 초월했다고 생각하지만, 송나라와 비교해 봤을 때 그 장단점이 한나라, 당나라와 송나라를 비교했을 때처럼 비슷하게 나타났다. 그러나 고증 면에서는 청나라의 한학은 당송시기의 유학자들보다 훨씬 정밀하다고 할 수 있다. 청나라 사람들이 해석한 경전 가운데서 후세 사람들은 그 중 몇 권을 골라서 "청십삼경주소(淸十三經注疏)"를 만들었는데 그 중에서 유명한 주소로는 손성연(孫星衍)의 《상서금고문주소(尙書今古文注疏)》, 손이양(孫詒讓)의 《주례정의(周禮正義)》, 호배휘(胡培翬)의 《의례정의(儀禮正義)》, 유보남(劉寶楠)의 《논어정의(論語正義)》, 초순(焦循)의 《맹자정의(孟子正義)》, 학의행(郝懿行)의 《이아의소(爾雅義疏)》 등이다. 이 서적들은 모두 그 내용의 폭이 넓고 주밀하였다. 특히 《주례정의》는 청나라의 "한학(漢學)"을 대표할 수 있는 최고의 성과이다.

2. 전주(箋注)

'주소(注疏)'는 유가 경전을 주해한 것만을 가리키는 것이고, 유가경전 외의 책에 대해 주해한 것을 우리는 전주(箋注)라고 한다. 예를 들면 형률학(刑律學)의 《당률소의(唐律疏議)》, 약전학(藥典學)의 《본초강목(本草綱目)》, 문자훈고학의 《설문해자주(說文解字注)》, 《방언전소(方言箋疏)》 등이 이에 속한다. 이들은 모두 전문 지식 영역에 속하므로, 여기서는 취급하지 않고 문학과 자사(子史) 책들의 전주에 대해서만 간단히 취급하려 한다.

선진(先秦) 시기에는 제자서(諸子書)에 대해 이미 선배학자의 해석 또는 스승의 해설에 대해 해석하거나 전술(傳述)한 작품이 있다. 예를 들면《한비자(韓非子)》에는《해로(解老)》,《유로(喩老)》두 편이 있는데 이는 법가의 견해를 가지고 노자(老子)의 서적을 해석한 책이다.《관자(管子)》에는《형세(形勢)》,《입정(立政)》,《판법(版法)》…… 등 편이 있고, 또《형세해(形勢解)》,《입정구패해(立政九敗解)》,《판법해(版法解)》…… 등 편이 있다.《형세》《구패》는《입정》편의 한 장임) 등에 대한 해석은,[31] 분명히 관자 학설을 배운 사람들이 첨가한 것이다. 그러나 이러한 작품들은 뜻 해석을 위주로 하고 순수한 문자의 훈고는 아니다. 그러므로 종래로 이러한 해석들을 후세의 주해들과 동일하게 취급하지 않았다. 만약 이러한 작품들을 주해로 보지 않으면, 사(史), 자(子), 집(集)부에 대한 주석의 시작은 후한시기가 되는 것이며, 경서의 주석보다 후에 나온 것이다. 저록(著錄)에 보이는 것들로 복건

---

31 제자서들 중에는 을편으로 갑편을 해석한 경우가 있다. 예를 들어 그 상황을 보자.
《관자·형세》의 "山高而不崩、則祈羊至矣；淵深而不涸、則沈玉極矣 …… (산이 높아서 붕괴되지 않으면 양을 바쳐 제사를 지낸다. 연못이 깊어 마르지 않으면 옥구슬을 바쳐 제사를 드린다.) ……"에 대해서《형세해》에서는 다음과 같이 해석하였다. "山者、物之高者也。惠者、主之高行也；慈者、父母之高行也；忠者、臣之高行也；孝者、子婦之高行也。故山高而不崩、則祈羊至；主惠而不解(懈)、則民奉養；父母慈而不解、則子婦順；臣下忠而不解、則爵祿至；子婦孝而不解、則美名附。故節高而不解、則所欲得矣、解則不得。故曰：'山高而不崩、則祈羊至矣。'"("산은 사물 가운데서 높은 것이다. 惠는 군주의 숭고한 행위이다. 慈는 부모의 숭고한 행위이다. 忠은 신하의 숭고한 행위이다. 孝는 아들과 며느리의 숭고한 행위이다. 그러므로 산이 높아서 붕괴되지 않으면 양을 바치는 것이다. 군주가 은혜 베풀기를 게을리하지 않으면 백성들이 받들어 모신다. 부모가 사랑 베풀기를 게을리하지 않으면 아들 며느리의 효가 따른다. 신하가 충성을 게을리하지 않으면 작위와 봉록이 찾아온다. 아들 며느리가 효도를 게을리하지 않으면 아름다운 명성이 따른다. 그러므로 숭고하고 게을리하지 않으면 얻고자 하는 바를 가질 수 있다. 게을리하게 되면 얻을 수 없다. 그러므로 '산이 높고 붕괴되지 않으면 양을 바치는 제사를 지낸다고 한다.'")("淵深而不涸、則沈玉極矣"에 대한 해석은 생략하겠다.)

(服虔)과 응소(應劭)가 《한서(漢書)》에 쓴 '음의(音義)', 고유(高誘)의 《여씨춘추주(呂氏春秋注)》, 《회남자주(淮南子注)》, 왕일(王逸)의 《초사장구(楚辭章句)》 등은 모두 후한 시기의 산물이다.

후한 시기에서 삼국, 육조 시기에 이르기까지 경학뿐만 아니라 현학(玄學)도 대대적인 발전을 이루어왔다. 《노자(老子)》, 《장자(莊子)》와 같은 책들이 경전 저작으로 존중받았다. 따라서 이러한 경전들에 대한 주해도 아주 많다. 지금까지 전해지는 가장 유명한 것으로는 위나라 왕필(王弼)의 《노자주(老子注)》와 진나라 곽상(郭象)의 《장자주(莊子注)》, 진나라 장담(張湛)의 《열자주(列子注)》이다.

사학(史學)도 이 시기에 발전하였는데, 가장 관심을 받았고 주석의 대상이 되었던 사서는 역시 《한서(漢書)》였다. 이 외에도 유송(劉宋) 시기의 배송지(裵松之)가 주석한 《삼국지》는 별사, 잡사, 전기 등의 많은 자료를 인용하여 역사적 사실을 변증하고 또 다른 전설들을 기록하고, 누락된 것은 보충을 하여, 주석문이 본문의 세 배나 되고 자료가 아주 풍부하여 주목할 만한 사서 주해서이다. 한나라 상흠(桑欽)의 《수경(水經)》은 북위(北魏)의 역도원(酈道元)이 주를 달았다. 그 자료적 근거가 《삼국지주》 못지 않게 아주 풍부하여, 후에 중국의 물길을 다루는 아주 중요한 참고서가 되었다.

문학면에서는 집부(集部)가 이 시기에 이르러서야 형성되고 발전되기 시작하였다. 그러나 '경국대업(經國大業)'을 위한 문장이라는 점에서 볼 때 집부는 경서나 사서보다 훨씬 중요하지 않았고, 문집이나 시집에 대해 전문적으로 주해를 하는 일도 아주 드물었다.

당나라 때에는 경서의 주석에서 높은 성과를 냈을 뿐만 아니라 사, 자, 집부의 주석에서도 약간의 중요한 공헌을 하였다. 《사기》와 《한서》는 모두 선인들이 한 주해를 총괄한 저작이 있다. 사마정(司馬貞)의 《색은(索隱)》과 장수절(張守節)의 《정의(正義)》 그리고 유송 시기 배인(裴駰)의 《집해(集解)》는 모두 《사기》를 읽는 지침서이다. 《한서》에는 안사고(顔師古)의 주해가 있다. 이는 복건(服虔)과 응소(應劭) 이래의 주석 사업을 총결한 것이다. 《후한서(後漢書)》에는 장회태자(章懷太子) 이현(李賢)이 조직한 유신(儒臣) 장대안(張大安) 등 사람들이 한 주석이 있다.[32] 이러한 주석들은 후에 삼사(三史)를 읽는 중요한 참고서가 되었다. 자서(子書)의 주해서로는 윤지장(尹知章)(구제(舊題)에는 방현령(房玄齡)으로 되어 있다.)이 주해한 《관자(管子)》, 양경(楊倞)이 주해한 《순자(荀子)》가 있다. 양경의 주해가 윤지장의 주해보다 고명(高明)하다. 그러나 윤지장의 주해도 《관자》를 읽을 때에 소홀히 여겨서는 안 된다.

양나라 소명(昭明)태자 소통(蕭統)이 편찬한 《문선(文選)》은 선진시기로부터 양나라에 이르까지의 대표적인 시문을 엮은 책이다. 이 책은 후세 사람들의 문학창작에 아주 큰 영향을 미쳤다. 당나라 대시인 두보도 "熟精文選理(문선의 이치를 잘 파악하는 것)"가 문학수양 요구 중의 하나라고 하였다. 두보와 한유도 모두 《문선》을 아주 열심히 학습하였다. 소통이 《문선》을 편집한 이후에 일부 사람들이 주석을 하였는데, 그 중 수나라 조헌(曹憲)은 "선학(選學)"의 전문가이다. 하지만 조헌의 책들은 모두 실전되어 전해지지 않는다. 당나라의 이선(李善)은 조헌의 학문을 이어받아 오늘까지 전해지고 있는 《문선주》를 썼다. 여기에 인용된 자료들은 1,600~1,700종

---

32 《수당(隋書) · 경적지(經籍志)》에는 위(魏) 나라 유방(劉芳)의 《후한서음(後漢書音)》, 진장경(陳臧競)의 《범한음훈(范漢音訓)》, 수나라 소해(蕭該)의 《범한음(范漢音)》 등 주해서들이 있는데 오늘에는 전하지 않는다. 장회태자 주(注)에서 채용되었을 가능성이 있다.

이 넘어 박식함을 알 수가 있다. 후대의 독자들은《문선》을 읽을 뿐만 아니라 인용한 자료들로 훈고를 연구하거나[33] 문헌을 정리하는 참고서로 삼았는데 이는 저서와 주해서의 범위를 훨씬 초과하였다. 그러나 당나라 때 이선의 주해가 번잡함이 심하다고 하면서 불만을 가진 사람들도 있는데 그들은 이선의 주석에 대해 "釋事不釋義(사건만 해석하고 뜻은 해석하지 않았다.)"라고 비판하였다. 현종(玄宗) 개원(開元) 연간에 여연조(呂延祚)는 여연제(呂延濟), 유량(劉良), 장선(張銑), 여향(呂向), 이주한(李周翰) 등 5명과《문선》에 주해를 하였다. 이것이 이른바 "오신주(五臣注)"로, 이선의 주해를 포괄하려고 하였다. 실제로 번잡한 것이 물론 이선 주해의 단점이기는 하지만, 전고의 출처를 밝혀내고 문장의 뜻도 자연스레 탐색될 수 있어 이선의 주해가 사건만 해석하고 뜻은 해석하지 않았다고는 할 수 없다. 반면에 오신의 주해는 너무 빈약하고 심지어 아무런 의미가 없는 주석도 있다. 예를 들어보자. 반고의《서도부(西都賦)》에는 "許少施巧, 秦成力折, 捎僄狡[34], 扼猛噬, 脫角挫脰[35], 徒搏獨殺.(허소는 묘략이 있고 진성은 힘이 세다. 날렵하고 교활한 짐승을 잡아 끌고 사나운 짐승을 억눌러서 뿔을 뽑아내고 목을 잘라냈다. 맨손으로 쳐서 죽였다.)"라는 내용이 있다. 이는 사냥을 하는 장면에 대한 묘사이다. 이에 대한 이선과 오신들의 비교해보자. 이선의 주에서는 "許少秦成未詳(허소와 진성은 미상이다.)"라고 하였는데, 이는 "모르는 것은 모른다"의 태도이다. 오신의 주에서는 "昔人之捷人壯士, 搏殺猛獸.(옛날 날랜 사람과 힘

---

33 청나라 설전균(薛傳均)의《문선고자통소증(文選古字通疏證)》은 이선의 주 "某與某古字通"과 같은 구절에 대해 소(疏)를 작성하여 해석을 하였다.

34 '捎(jī)'는 발을 잡아끌다의 의미이다. '僄狡'는 날렵하고 교활한 야수를 가리킨다.

35 '脰'는 목을 가리킨다.

센 사람이 맹수를 쳐서 죽였다.)"라고 하였다. 오신의 주는 마치 어린애의 말처럼 아무런 의미가 없는 것이다. 당나라 이래 평론가들은 오신들의 주해가 이선의 주해보다 못하다고 평가하였는데 이는 아주 공정한 평가이다.

당나라 이후 일부 대가들과 명가들의 별집에도 주석서들이 생겼다. 송나라 때 두보의 시집에는 천 권이 넘는 주석 책이 있고, 한유의 《창려선생집(昌黎先生集)》도 이에 대한 주석본이 오백 권이나 된다. 우리는 주해서들의 잡다함을 짐작할 수가 있다. 그러나 송나라 때의 일부 명가의 시집은 같은 조대의 사람이 주해를 달아서 시대적으로 동떨어지지 않고, 주해를 단 사람도 작품에 대해 깊이 있는 연구를 했으므로, 그 주해도 간명하고 요령 있게 하였다. 이러한 주해서들로는 임연과 사용(史容)의 《산곡시주(山谷詩注)》, 임연의 《후산시집주(後山詩集注)》, 이벽(李壁)의 《왕형문공시집주(王荊文公詩集注)》[36] 등이 있다. 청나라 때 주석 사업이 성세를 이루었는데, 유명한 시문집들의 주해서들이 많은 바, 흔히 볼 수 있는 주해서들을 열거하면 다음과 같다.

《두공부집전주(杜工部集箋注)》: 전겸익(錢謙益) 주, 줄여서 전전(錢箋)이라 한다. 속칭으로는 전주두시(錢注杜詩)라 한다.

《두소릉집상주(杜少陵集詳注)》: 구조오(仇兆鼇)주, 줄여서 《두시상주(杜詩詳注)》라 한다.

《두시경전(杜詩鏡銓)》: 양륜(楊倫)

《이태백집주(李太白集注)》: 왕기(王琦)

《이장길가시회해(李長吉歌詩匯解)》: 이하(李賀) 저, 왕기(王琦) 주

---

36   《산곡시주(山谷詩注)》 이하 세 책은 각각 황정견, 진사도, 왕안석 시집의 주(注)이다.

《왕우승집전주(王右丞集箋注)》: 왕유(王維) 저, 조전성(趙殿成) 주

《옥계생시상주(玉谿生詩詳注)》: 이상은(李商隱) 저, 풍호(馮浩) 주

《창려선생시집주(昌黎先生詩集注)》: 고사립(顧嗣立) 주

《소문충공시편주집성(蘇文忠公詩編注集成)》: 왕문고(王文誥) 주

《절묘호사전(絕妙好詞箋)》: 주밀(周密) 편, 여악(厲鶚), 사위인(查爲仁) 전(箋)

이러한 주해서들은 그 명칭과 내용이 다 다르지만 총칭하여 '전주(箋注)'라고 한다.

'箋'이란 명칭은 정현(鄭玄)의 《모시전(毛詩箋)》에서 시작되었다. 이 '箋' 자는 지금의 '簽注, 簽記'(모두 설명을 덧붙인다는 뜻이다.)와 같은데, '注'의 의미와 크게 다르지 않다. 그러나 전주의 내용을 보면 아주 다양하다. 어떤 것은 글자의 뜻을 해석하고, 어떤 것은 전고(典故)의 출처를 밝혔다. 그리고 작품에서의 글자의 유래를 명확히 밝힌 전주가 있는가 하면, 시대적 배경, 저자의 경력, 작품의 사상 내용과 창작방법을 밝힌 전주도 있다. 이처럼 하나의 전주에 많은 내용이 포함되지만, 전주를 단 목적과 독자가 보고자 하는 부분이 다르기에 각각 다른 점이 있다. 두보의 시에 대한 몇 편의 전주서로 전주와 관련된 몇 가지 개념을 살펴보면 다음과 같다. '상주(詳注)'는 풍부함을 치중하면서 전고의 출처를 상세히 밝혔다. '전주(箋注)'는 정밀함을 치중하면서 역사 사실로 작품에 담긴 뜻을 해석하는 데 특별히 중점을 두었다. '경전(鏡銓)'은 간단명료함에 치중하면서 주석 외에도 작품의 단락을 분명히 나누고 작법을 제시하였는데 이는 초학자들을 위해 지름길을 제시한 것이다. 한 부의 전주서를 평가함에 있어서 단지 하나의 기준으

로 그 좋고 나쁨을 가름할 수 없다. 예를 들면 전전(錢箋)은 문자 전고의 주해가 완전하지 못하다는 것으로 비판한다면 이러한 점은 전에서 받아들일 수 없는 것이다. 그러나 어떤 전주든 반드시 정확하고 깊이 있어야 하며 간결해야 한다. 이러한 점에 대해 말하자면 이전의 작업들은 논의하지 못할 부분이 없다. 《두시상주(杜詩詳注)》와 같은 책은 17세기 이전 두시와 관련된 단론(短論)과 주석들을 풍부히 수집하여, 독자들에게 많은 편리를 제공하였다. 그렇지만 동시에 불필요한 인용문들도 너무 많아, 독자들로 하여금 싫증이 나게 하였다. 독자들이 난삽하다고 한 것도 이상하지 않다.[37] 이러한 점은 전주를 읽는 독자가 구별하여 선택할 수 밖에 없는 것이다.

과거에는 일부 서당들에서 동학들을 가르치는 일부 책들은 학식이 별로 없는 선생님이 주해를 했고, 이를 모방한 주석서들이 유행했지만 줄곧 학자들의 중시를 받지 못하였다. 간혹 이러한 책의 심오하지 않음을 좋아해서 그 책을 읽어보면, 이러한 주해들은 그럴 듯하지만 쓸모 없는 "지식"을 사람들에게 제시한다. 유행하는 《천가시(千家詩)》의 사방득(謝枋得)의 한 시에 대한 주(이 책 제목에는 낭야(瑯琊) 왕상(王相), 진승(晉升)이 주를 했다고 적혀 있다. 왕상이 어떠한 사람인지는 알지 못한다.)에서 그 예를 들고자 한다.

---

37 《빈지(賓至)》에서의 다음 두 구절을 보자면, "幽棲地僻經過少、老病人扶再拜難(고요한 이 곳 외져서 지나는 사람 드물고, 늙고 병든 이 몸 다시 절 하는 것이 어렵네.)" 이에 대해 《詳注》에서는 다음과 같이 네 곳이나 되는 출처를 밝혔다. [하손(何遜) 시]幽棲多暇豫(산 속에 숨어 살면 여유롭고 편하다.), [사숙원(謝叔原) 시] : 願言屢經過。(이리저리 다녀보고 싶다.), [송나라 종병(宗炳)] : (인용자 : 《남사(南史) · 은일전(隱逸傳)》에 있다.) 有疾、還江陵、日 : 老病俱至、名山恐難遍觀('觀'자에 대해, 《송서(宋書)》《南史》에서는 모두 '睹'로 되어 있다. 인용에서 잘못이 있었다.)(병이 있어 강릉으로 돌아오면서 말하였다. 늙음과 질병이 함께 이르니, 명산을 두루 보기 어려울까 두렵네.), [고시 농서행(隴西行)] : 卻略再拜跪(뒤로 물러나 두 번 절하며 무릎 꿇었네.)

738   고대중국어 통론

尋得桃源好避秦、桃紅又是一年春。花飛莫遣隨流水、怕有漁郎來問津。(진나라의 난리를 피하고자 도원을 찾고자 했는데, 복숭아 꽃 붉으니 또한 해의 봄이네. 꽃이 날린다고 해서 물따라 가게 하지 마세요. 어부가 와서 나루터 어딘지 물을까 두렵네.)(사방득(謝枋得)《경전암도화(慶全庵桃花)》시(詩))

王注：桃源、在常德府武陵縣。晉有漁人王道真、沿溪捕魚、見溪上流有桃花逐水而來、因逆流而上、尋至洞口。入見桑麻鷄犬、桃花相映；平生未歷、不知何境。問其土人、謂曰：“吾等先世避秦之亂、來此居住、不知幾何歲月、亦不知是何朝代、男耕女織、不與人世相通。君何爲至此？”道真辭歸、以告太守、使數十人往訪之、竟迷失其處。先生見桃花、而憶桃源之人避秦而隱、但見桃花開、始知一歲之春、無時日紀也。使我居之、當花飛時、不使之隨流入溪。恐有漁郎見之、來問津涯也。(왕주 : 도원은 상덕부 무릉현에 있다. 진(晉)나라 때 어부 왕도진이 개울을 따라 물고기를 잡다가 개울 상류에서 복숭아꽃잎이 물을 따라서 내려오는 것을 보았다. 따라서 물길을 거슬러 올라가니 동굴 입구를 찾았다. 들어가 보니 뽕나무, 삼, 닭, 개가 보이고 복숭아꽃이 서로 비추고 있었다. 평소에 가보지 못한 곳으로 어디쯤인지 알지 못하였다. 그 지역 사람에게 물어 보니 말하였다. "우리들은 이전 세대에서 진(秦)나라의 난리를 피하여 여기에 와서 머물렀으니 지금이 어느 때인지 알지 못하고 또한 어느 왕조 때인지 알지 못합니다. 남성은 밭 갈고 여성은 옷감 짜며 세상 사람들과는 소통하지 않습니다. 그대는 어째서 여기까지 오셨습니까?" 도진은 인사하고 돌아가서 태수에게 알렸다. 수십 인을 동원하여 그곳을 찾으려 하였으나 결국 헤매다 그 장소를 잊어버렸다. 이 시를 지은 사람은 복숭아 꽃을 보고서는 도원의 사람들이 진나라의 난리를 피하여서 숨어 있으면서 복숭아 꽃이 피었을 때를 보고서는 비로소 한 해의 봄이 시작되고 있음을 알지 때가 언제인지 기록하는 일은 없음을 기억하였다. 만약 내가 거기에 머문다면 꽃이 흩날리는 때가 되면 사람들로 하여금 물길을 따라서 개울에 들어가지 못하게 하고자 한다. 물고기 잡는 사람이 그것을 보면 나루터가 어디인지 물어볼까 두려워서이다.)

이 주에서 우선 '使我居之……'는 문장에 따라서 부연 설명한 것일 뿐 작가의 의도를 설명해내지 못하고 있다. 사방득은 송나라 말기 원나라에 항거하던 민족 지사로서, 송나라가 망한 후 원나라에서 여러 차례 그에게 벼슬을 살도록 요청하였지만, 끝내 끌려서 북쪽으로 간 후 북경(北京) 민충사(愍忠寺)에서 굶어 죽었다. 시에서 이야기하는 것은 바로 송나라가 망하고 벼슬을 하지 않고 은거하지만 깊이 하지 못한다는 것을 두려워한다는 의미이다. 주에서 풀어서 말하고 있는 것은 긁고 있지만 가려운 곳을 못 찾는 것이라 할 수 있다. 그 다음으로는 도원(桃源)의 고사는 도잠(陶潛)의 《도화원기(桃花源記)》에서 나온 것으로, 어부는 성명(姓名)이 없다. 도잠이 지었다고 전해지는 《수신후기(搜神後記)》에도 동일한 이야기가 실려 있지만 어부의 이름은 전혀 알려져 있지 않지만, 연유를 알 수 없는 주에서 다음과 같이 말하였다. "어부의 성은 황(黃)이고 이름은 도진(道真)이다.(漁人姓黃名道真.)" 주에서 여러 사람들이 알고 있는 《도화원기》를 인용하지 않고 다른 설명을 기술하고 있는 것도 이미 타당하지 않지만, '黃'을 '王'으로 오해하고 있는 것은 더욱 천박함을 드러낼 뿐이다. 따라서 이러한 주석은 전혀 이익이 없고 채용하기에 부족하다.

'전(箋)'과 '주(注)'는 원래의 의미가 다르지 않다. 그렇지만 어떤 사람들은 이 두 가지를 구분했다. 무릇 전고에 대한 해석은 주에 귀속시키고, 역사 사적, 이문(異聞), 평론 등 기타와 관련된 자료들은 전에 귀속시켰다. 예를 들면 여악(厲鶚), 사위인(査爲仁)의 《절묘호사전(絕妙好詞箋)》은 전의 내용만 있을 뿐 주의 내용은 없다. 이는 또한 사를 잘 아는 사람이 감상하여 지은 것으로 초학자들에게 보이기 위한 것은 아니다.

옛날 경적(經籍)의 주석서에는 '집해(集解)'라는 것이 있다. 예를 들면 하안(何晏)의 《논어집해》와 범녕(范寧)의 《춘추곡량전집해》가 있다. 《논어집해》는 한나라 공안국(孔安國), 포함(包咸), 주씨(周氏)(이름은 전해지지 않는다.), 마융(馬融), 정현(鄭玄), 위나라의 진군(陳群), 왕숙(王肅), 주생렬(周生烈) 등 여러 학자들의 견해에 하안 자신의 견해를 더하여 완성한 것이다. 후자는 부친인 범왕(范汪)의 업적을 이어받고 또 "이삼학사 및 많은 제자들과 함께 각자 아는 바를 기록하고 그 뜻을 말하게 하였다, …… 오늘 여러 학자들의 논설을 편찬하여 각기 성명을 쓰고 책을 이름을 《춘추곡량전집해》라고 한다.(二三學士及諸子弟, 各記所識, 並言其意……今撰諸子之言, 各記姓名, 名曰《春秋穀梁傳集解》)"라고 하였다. (이 책의 서문 내용임.)[38] 청나라 때에 와서 고증하고 교정을 하는 작업이 성행하였는데 학자들은 책을 읽고 각자 자신의 견해들을 피력하였다. 그리하여 어떤 사람들은 이러한 분산된 학자들의 견해를 담은 자료들을 모아서 사부(史部), 자부(子部) 서적들에 대하여 집해(集解), 집석(集釋)을 하였다. 사부에는 왕선겸(王先謙)의 《한서보주(漢書補注)》, 《후한서집해(後漢書集解)》가 있고, 자부에는 왕선겸(王先謙)의 《순자집해(荀子集解)》, 곽경번(郭慶藩)의 《장자집석(莊子集釋)》, 왕선신(王先愼)의 《한비자집해(韓非子集解)》 등이 있다. 《순자집해》는 당나라 양경(楊倞)의 주

---

38 범녕의 제자들은 이 집해에 범녕의 사촌동생 소(邵), 세 아들 태(泰), 옹(雍), 개(凱)도 있다고 하였다. 또 두예(杜預)가 주석한 《좌전》을 《춘추경전집해》라고 하는데, 《춘추(春秋)》의 경과 좌구명(左丘明)의 전(傳)을 합하여 해석한 것으로 이는 하안과 범녕의 '집해'와는 다르다.

석 외에도 청나라 학자 노문초(盧文弨), 왕중(汪中), 학의행(郝懿行), 왕념손(王念孫), 왕인지(王引之), 고광기(顧廣圻, 책에서는 고천리(顧千里)라고 하는데, 천리는 고광기의 자(字)이다.), 유대공(劉台拱), 진환(陳奐), 유월(俞樾) 등의 학설에 왕씨 자신의 견해까지 합쳐져서 이루어진 것이다. 다른 책들도 대체로 이와 마찬가지의 경우이다. 이러한 주해들은 독자들로 하여금 많은 사람들의 연구성과를 집해서 한 권을 통해 읽을 수 있으며, 또 선택하여 읽을 수도 있어서 대단히 편리하고 유익한 것이다.

사부서(四部書)의 연구와 주석에 대해서는 위에서 청나라까지만 언급하였다. 사실 전주에 대한 연구는 청나라 이후에도 계속되었지만 여기에서 일일이 늘여놓지 않겠다. 종합하자면 이 많은 주해를 단 책들은 우리가 고서를 연구하는 유산으로서 비판적으로 계승하면서 더 앞선 연구성과를 올려야 한다.

제4절 총서(叢書)와 유서(類書)

1. 총서(叢書)

한 부류 또는 여러 부류의 책들을 독자들이 읽기 쉽게 묶어 놓은 것을 총서라고 한다. 총서의 이로움은 그다지 유명하지 않고 쉽게 유전(流傳)이 되지 않은 책들을 보존하여 후대로 전할 수 있다는 데에 있다. 예를 들면 양나라 고야왕(顧野王)의 《옥편(玉篇)》은 청나라 광서(光緖) 이전까지 전해져 내려온 판본은 당나라 때에 손강(孫強)이 글자 수를 더하고 송나라의 진팽년(陳彭年)과 구용(丘雍) 등이 중수(重修)한 《대광익회옥편(大廣益會玉篇)》 판본이었다. 이 책의 글자수는 고씨의 원본보다 훨씬 많지만, 원본의 주석에서 인용한 고서를 거의 삭제를 하여 원본의 면모는 알아볼 수 없게 되었다. 광서(光緒) 연간에 주일공사 여서창(黎庶昌)이 일본에서 4권의 《옥편》 원본을 수집하여 《고일총서(古逸叢書)》에 넣어서 편찬하였다. 이로서 우리는 오랫동안 보지 못했던 《옥편》의 진면모를 볼 수 있게 되었다. 어떤 책들은 사람들에게 주목을 받지 못하여 전각(傳刻)을 아주 적게 하거나, 또 어떤 책들은 편폭이 너무 적어서 단독으로 각인(刻印)하기가 쉽지 않으며, 설령 각인하였다고 하더라도 쉽게 분실되었다. 그러므로 총서로 한데 모아서 각인을 하면 보존하기도 쉽고 후세로 전해지기도 쉽다. 그러므로 독자들이 읽고 싶은 책을 얻으려면 총서는 아주 좋은 서적 자원 중의 하나이다.

총서를 모아 찍을 때, 어떤 총서는 내용이 많고 어떠한 총서는 비교적 작다. 어떤 것은 편수가 많은 거작이거나 세세하게 작은 분량을 가지면서 들쭉날쭉하고 잡다하게 늘어 놓아서 포함하지 않는 것이 없는 것도 있고, 어떠한 총서는 분류가 된 것이 있는 등 그 상황이 매우 일정하지 않다. 분류해 놓은 것은 찾아보기도 쉽고 분량이 많고 내용이 잡다하더라도 재료의 풍부함 때문에 찾기에 편하다. 예를 들면 송나라의 좌규(左圭)가 엮은 《백천학해(百川學海)》, 청나라 전희조(錢熙祚)가 엮은 《지해(指海)》, 장해붕(張海鵬)이 엮은 《학진토원(學津討源)》, 포정박(鮑廷博)이 엮은 《지부족재총서(知不足齋叢書)》, 오숭요(伍崇曜)가 엮은 《월아당총서(粤雅堂叢書)》 등은 모두 권질이 많고 내용이 풍부하여 학자들이 자료를 얻는 데에 크게 도움을 준다. 그렇지만 수록되어 있는 책의 문류(門類)가 번잡하고 분류가 되어 있지 않아 찾아보는 데에 불편하다. 이러한 총서는 앞에서 언급한 각각의 부류를 수집해 놓은 총서이다. 이 외에도 총서는 인쇄의 목적이 다른 점으로 종류별로 나눌 수 있다. 전체 총서의 내용에 대해 말하자면 대체로 총류(總類)와 전류(專類) 두 가지로 나누어 좀 더 상세히 서술하면 다음과 같다.[39]

(1) 총류. 각종 서적들이 망라되어 전문적으로 분류를 할 수 없는 총서들이 여기에 속한다.

가. 거요(擧要). 각 분야의 중요한 서적들을 모은 총서로 독자들에게 기본적인 열독(閱讀) 자료를 제공한다. 예를 들면 중화서국에서 출판된《사부비요(四部備要)》, 상무인서관에서 출판된《국학기본총서(國學基本叢書)》가 여기에 속한다. 이 두 서적은 모두 "국학(國學)"의 각 분야의 중요한 책들을 모아서 묶은 총서로 전자가 후자보다 내용의 폭이 더 넓고 후자는 간략하다.

나. 잡찬(雜纂). 다른 부류의 잡다한 책들을 한데 묶은 총서를 가리킨다. 이러한 총서의 목적은 널리 채집하는 것에 있고 설명할 만한 부류가 없는 것이다. 앞에서 말한《백천학해》,《지부족재총서》가 여기에 속한다.《지부족재총서》의 제26집에 수록된 몇 가지 책들을 예로 들어 보자. 청나라 전조망(全祖望)의《독역별록(讀易別錄)》은 경학에 속하는 책이고 청나라 요제항(姚際恒)의《고금위서고(古今偽書考)》는 목록학에 속하는 책이다. 송나라 왕벽지(王闢之)의《승수연담록(澠水燕談錄)》은 필기이며 송나라 주밀(周密)의《초창사(草窗詞)》는 사집이다. 이로써 우리는 이 잡찬류 서적들의 내용

---

39 왕피장(汪辟疆)《목록학연구(目錄學硏究)》, 상무인서관(商務印書館) 1934년판, 104-120페이지를 참조하기 바람.

고대중국어 통론

이 얼마나 잡다한가를 알 수가 있다.

다. 경구(景舊). 고적 판본의 원래의 면모를 보존하기 위한 목적으로 편찬된 총서이다. 예를 들면 청나라 황비열(黃丕烈)의《사례거총서(士禮居叢書)》와 여서창(黎庶昌)의《고일총서(古逸叢書)》가 여기에 속하는데 대부분이 송원 시기의 책들이나 기타 고본들을 위주로 하였다.

라. 집일(輯佚). 이미 흩어져 없어진 책들을 각종 관련 자료들에서 찾아내어 다시 편집하여 묶은 책이다. 청나라 마국한(馬國翰)이 편찬한 것으로 되어 있는[40]《옥함산방집일서(玉函山房輯佚書)》가 이 부류에 속하는데 한나라부터 당나라까지 총 632종의 실종된 책을 모아서 편찬한, 규모가 아주 방대한 집일(輯佚) 총서이다.

(2) 전류(專類). 동 시대의 지역, 저자, 학술분야의 서적을 수집한 총서를 가리킨다.

가. 전대(專代). 한 시대 또는 몇 개 시대의 서적들을 수록한 총서가 이 부류에 속한다. 명나라 정영(程榮)의《한위총서(漢魏叢書)》가 이러한 종류로, 이 책에는 38종의 서적이 수록되어 있다. 그 후 판을 거듭하면서 계속 책들이 증가하여, 나중에는 96종의 서적이 수록되었다. 근대 말기의《청대학술총서(清代學術叢書)》도 전대 총서이다.

나. 전지(專地). 향방(鄉邦)의 문헌들을 보존하기 위하여 한 지역에 관련된 서적만 수록한 총서이다. 청나라 영가학파 손의언(孫衣言)이 정리한《영가총서(永嘉叢書)》, 오흥의 유승간(劉承干)이 정리한《오흥총서(吳興叢書)》가

---

40   이 총서는 원래《수서경적지고증(隋書經籍志考證)》의 작가 장종원(章宗源)이 편찬한 것이다.

여기에 속한다.

다. 전인(專人). 한 학자의 저서를 모은 책으로서 한 학자의 학술 전모를 볼 수가 있다. 청나라 학자 왕부지(王夫之)의 저서를 모은《선산유서(船山遺書)》, 단옥재(段玉裁)의 저서들을 묶은《경운루총서(經韻樓叢書)》, 근대 말기 장병린(章炳麟)의 저서들을 묶은《장씨총서(章氏叢書)》등이 여기에 속한다.

라. 전학(專學). 한 학술 분야의 책을 모아 이 분야의 연구자에게 자료를 제공한 총서이다. 경학 분야에는《십삼경주소(十三經注疏)》가 있고, 사학분야에는《이십오사(二十五史)》가 있다. 고대 성운학 분야 서적인 고염무(顧炎武)의《음학오서(音學五書)》《음론(音論)》,《역본음(易本音)》,《시본음(詩本音)》,《당운정(唐韻正)》,《고음표(古音表)》)도 이 종류에 속하는 총서이다. 이 분야의 총서는 특별히 중요하다. 왜냐하면 학자들이 "즉류구서(即類求書)" 즉 자신이 찾고자 하는 책을 유형별로 잘 나뉘어져 있는 이 총서에서 쉽게 구할 수 있기 때문이다. 전학 총서들의 예를 들어 보면 다음과 같다.

《고경해회함(古經解匯函)》: 청나라 종겸균(鍾謙鈞) 편, 한나라와 당나라의 유학자들이 경서를 해설한 책만 수록하였다.

《통지당경해(通志堂經解)》: 청나라 납란성덕(納蘭性德) 편, 송나라와 원나라 사람들이 경전을 주해한 책만 수록하였다.

《황청경해(皇清經解)》: 청나라 완원(阮元) 편, 청나라 사람들이 경전에 대해 해설한 책만 수록하였다.

《속황청경해》: 청나라 왕선겸(王先謙) 편. 완원의《황청경해》를 이어서 지은 총서이다.

《소학회함(小學匯函)》: 종겸균 편, 문자, 음운, 훈고에 관련된 책만 수록하였다.

《택존당오종(澤存堂五種)》: 청나라 장사준(張士俊) 편.《옥편》,《광
운》, 송나라 곽충서(郭忠恕)의《패휴(佩觿)》, 송나라 가창조(賈昌朝)의
《군경음변(群經音辨)》, 원나라 이문중(李文仲)의《문감(字鑒)》 등으로
이루어진 5종의 "소학(小學)"서이다.

《구통(九通)》: 청나라 무영전(武英殿)에서 당나라 두우(杜佑)의《통
전(通典)》, 송나라 정초(鄭樵)의《통지(通志)》, 원나라 마단림(馬端臨)의
《문헌통감(文獻通考)》 등 9가지 정서류(政書類)에 속하는 사서(史書)를
편찬한 총서이다.

《이십이자(二十二子)》: 청나라 때 절강관서국(浙江官書局)에서 편찬
한, 선진시기로부터 한대(漢代)까지의 자서(子書)이다.

《한위백삼명가집(漢魏百三名家集)》: 명나라 장부(張溥) 편, 육조 시
기의 문학가의 작품이 여기에 수록되어 있다.

《전상고진한삼국육조문(全上古秦漢三國六朝文)》: 청나라 엄가균(嚴
可均) 편.

《한삼국양진남북조시(漢三國兩晉南北朝詩)》: 근대인 정복보(丁福保) 편.

《전당문(全唐文)》: 청나라 가경(嘉慶) 연간에 칙편(敕編).

《전당시(全唐詩)》: 청나라 강희(康熙) 연간에 칙편.

《오조시별재(五朝詩別裁)》: 청나라 심덕잠(沈德潛), 장경성(張景星)
등이 편찬한 당, 송, 원, 명, 청조의 시선집이다.

《전송사(全宋詞)》: 근대인 당규장(唐圭璋) 편.

《강촌총서(彊村叢書)》: 청나라 주효장(朱孝臧)이 편찬한 당, 송, 금
원 작가들의 사이다.

《사인재소각사(四印齋所刻詞)》: 청나라 왕붕운(王鵬運)이 편찬한 당,
송, 금, 원시기 작가들의 사이다.

《원곡선(元曲選)》: 명나라 장무순(臧懋循)이 편찬한 원나라 사람들
의 잡극이다.

《패해(稗海)》: 명나라 상준(商濬)이 편찬한 전문 고대 소설을 수록
한 총서이다.

총서의 수량은 매우 많지만 위에서는 가장 흔히 볼 수 있는 책들만 열
거하였다. 신중국 이전 상무인서관에서는 《총서집성(叢書集成)》을 편찬하
였다. 여기에는 각종 총서 중의 중요한 서적이 수록되어 있다. 여기에 수록
된 책들은 어떤 것은 인쇄를 한 것도 있고, 어떤 것은 《고일총서》의 원본
《옥편영권(玉篇零卷)》처럼 원본을 영인한 것도 있다. 많은 책들이 합용된
총서 선집이다.

총서가 이처럼 방대한 이상 총서에서 자신이 원하는 책을 찾아내기란
쉬운 일이 아니다. 따라서 이전 사람들은 《회각서목(匯刻書目)》[41]과 같은 총
서 목록을 편찬하기도 하였다. 단지 많은 총서들의 명칭과 매 총서에 수록
된 책들의 제목만 베껴 넣었을 뿐이어서, 여전히 책을 검색하고 찾기에는
어려웠다. 신중국 이전 김보영(金步瀛)은 《총서자목색인(叢書子目索引)》이라
는 책을 편찬하였다. 이 책에는 필획에 따라 매부 서적들이 소속된 총서의
명칭을 일일이 표기를 하여 검색하기 편리하다. 그러나 여기에 수록된 책
들이 많지 않고, 수록되어 있는 책의 총서를 찾을 수 있을 뿐, 어떤 총서에
어떤 책들이 수록되어 있는가 하는 것은 여전히 알 수 없었다. 양가락(楊家
駱)의 《총서대사전》은 《자목색인》과 그 형식이 대체적으로 같지만 수록된
책이 좀 더 많다. 신중국 이후 상해도서관에서 《중국총서종록(中國叢書綜
錄)》3권을 편찬하였다. 제1권은 총서 목록을 분류하여 편집하였고, 제2권

---

41 《회각서목》은 청나라 고수(顧修)가 편찬하였다.

은 경, 사, 자, 집 분류에 따라 각 총서들에 수록된 책들을 편집하였고, 제3
권은 총서에 수록되어 있는 책들의 이름과 저자들을 쉽게 찾게 하기 위해
2, 797종의 총서를 수록하였다. 그 규모가 크고 체례가 조밀한 것이 이전
보다 뛰어나다. 이 책이 출판된 후, 부류, 저자, 자목(子目)으로 찾고자 하는
책을 찾을 수 있어 이전 총서의 목록서의 결함을 보충할 수 있다.

2. 유서(類書)

육조 이후 많은 유서들이 나타났다. 유서는 책을 읽고 글을 짓는 사람
들이 이전 시대의 몇 가지 문제에 대한 자료들을 대략적으로 알고 싶어 하
거나, 또는 전고(典故)의 출처를 찾는 데 편리하도록 하기 위하여 만든 것
이다.

유서란 처음에는 예사(隸事), 즉 고전을 인용하기 위해 분류하는 것을
가리켰다. 즉 고서 중의 자료들을 그 사목(事目)에 따라(예를 들면 천문, 지
리, 제왕, 직관(職官), 인사, 동식물 등 종류별로 여러 가지 세목으로 나열한 것) 종
류별로 나누어, 사람들이 관련 자료를 검색하기 쉽게 한 것이다. 육조 시기
유명한 유서로는 《황람(皇覽)》, 《수문어람(修文御覽)》 등이 있는데. 지금은
실전되어서 여기서 더 거론하지 않겠다. 수당 이래의 중요한 유서에 대해
서는 제4장에서 이미 어느 정도 언급된 바 있다. 이 시기 중요한 유서로는
당나라 우세남(虞世南)의 《북당서초(北堂書鈔)》, 구양순(歐陽詢)의 《예문유취
(藝文類聚)》, 서견(徐堅)의 《초학기(初學記)》, 백거이(白居易)와 송나라 공전(孔
傳)이 이어 보충한 《백공육첩(白孔六帖)》, 송나라 이방(李昉) 등이 만든 《태평
어람(太平御覽)》, 청나라 때 관(官)에서 편찬한 《연감류함(淵鑒類函)》 등이 있다.

이러한 유서들은 그 체례(體例)는 대동소이하고, 유목(類目)의 안배에 대해 말하자면 매우 종합적이다. 대체로 천문, 지리에서부터 초목, 벌레, 물고기 등에 이르기까지 포괄하지 않는 것이 없다. 각 부류의 면모를 보면 약간 다르다. 《예문유취》와 《태평어람》은 각 책에 있는 자료들만 베껴 쓰고, 간혹 자료들 사이에 원래 있는 주석문을 붙이기도 하였다. 《초학기》, 《육첩(六帖)》, 《연감류함》은 매 부류마다 세 가지 다른 내용이 있다. 첫 번째는 《예문유취》와 《태평어람》처럼 고서를 베껴 쓴 것이다. 두 번째는 사대(事對)이다. 사대는 두 개의 전고를 취하여, 한 쌍의 대구를 이룰 수 있는 두 글자, 또는 세 글자, 네 글자로 이루어진 표목(標目) 밑에 그 출처를 밝히는 것이다. 《초학기·천부(天部)·일제이(日第二)》에서의 "사대"를 예로 들면 다음과 같다.

> 建木 拒松――《呂氏春秋》曰 : "白人[42]之南、建木之下、日中無影、蓋天地之中也." 《山海經》曰 : "大荒之中有方山、上青松、名曰拒格之松、日月所出入."(건목 거송――《여씨춘추》왈 : "백민(白民) 나라의 남쪽에 건목 나무 아래는 해가 가운에 뜨면 그림자가 없다. 아마도 하늘과 땅의 가운데이기 때문일 것이다." 《산해경》 : "대황(大荒) 지방 안에 방산이 있고 그 위로 소나무가 있다. 그 이름을 저항하는 소나무라고 한다. 해와 달이 뜨고 들어가는 곳이다.")
>
> 貫白虹 夾赤鳥――《漢書》曰 : "鄒陽上書說梁孝王曰 : "昔荊軻慕燕丹之義、白虹貫日、太子畏之"《左傳》曰 : "哀公六年、楚有雲如眾赤鳥、

---

42 '白人'은 원래 '白民'이지만 당태종(唐太宗)의 휘(諱)인 '民'을 피하여 고쳤다.

夾日以飛。 ……"⁴³(관백홍 협적조——《한서》: "추양이 글을 올려 양효왕
을 설득하면서 말하였다. "옛날에 형가가 연나라 태자 단의 의기를 사모하
여, 백홍검으로 해를 꿰뚫었지만, 태자는 그를 두려워하였습니다."《좌전(左
傳)》: "애공 6년, 초나라에 여러 붉은 새가 해를 끼고서 나는 것처럼 구름이
있었다.……")

세 번째는 재문(載文)인데, 해당 일에 관련된 시, 부, 문장을 뽑아서 뒤
에 붙이는 것이다. 《초학기》의 체례를 보면 제1부분은 베껴 쓰고, 제2부분
은 사대로 독자들로 하여금 출처 자료들에 대한 지식을 풍부하게 할 수 있
고, 제3부분은 재문으로 작문의 모범 역할을 한다. 사대라는 형식은 후에
《사류부(事類賦)》와 《자사정화(子史精華)》, 《변자류편(騈字類編)》 등과 같은
유서로 확충되었다. 《사류부》는 송나라의 오숙(吳淑)이 편찬 한 것으로 변
부(騈賦)의 형식으로 예사를 분류하고 그 밑에 주해를 달아 출처를 밝혔다.
각각의 두 구의 부문(賦文)은 한 개의 사대 표목(標目)의 변형이다. 그렇지
만 이어 놓으면 문장이 되어 기억하기에 편리한 것이 그 특징이다. 이후 서
당에서의 《유학경림(幼學瓊林)》 또한 바로 이러한 형식의 말류(末流)이다.
《자사정화》와 《변자류편》도 모두 먼저 표목을 열거하고 뒤에 인용된 출처
를 밝혔는데 사목이 대구를 이루지 않았다. 《변자류편》의 표목은 두 글자
로만 되어 있다.

유서에는 종합적인 유서 외에 전문적인 유서가 있다. 송나라 왕응린(王
應麟)의 《성씨급취편(姓氏急就篇)》과 같은 성씨와 관련된 유서가 있는가 하

---

43   인용문은 원서에는 두 줄씩 겹쳐 쓴 주해인데, 옮겨 쓸 때 한 줄로 고치고 긴 선을 넣어서
      표기를 하였다.

면, 수나라 두대경(杜臺卿)의 《옥촉보전(玉燭寶典)》, 송나라 진원정(陳元靚)의 《세시광기(歲時廣記)》는 계절과 관련된 유서다. 또 식물과 관련된 유서도 있는데 명나라 왕상진(王象晉)의 《군방보(群芳譜)》와 청나라 증광(增廣)의 《광군방보(廣群芳譜)》가 여기에 속한다.

분류별로 사건을 편집한 것 외에도 옛날 사람들은 고서를 베껴 쓰면서 번잡한 것을 생략하여 열독하기 편리하게 하였다. 예를 들면 당나라 위징(魏徵)의 《군서치요(群書治要)》, 마총(馬總)의 《의림(意林)》 등이 그러하다. 이 두 책은 모두 선진 시기의 일부 제자백서의 요점을 정리한 책들로서 같은 종류의 책을 베낀 것이므로 유서로 볼 수 있다.

송나라 말엽 음시부(陰時夫)의 《운부군옥(韻府群玉)》부터 유서는 분운편사(分韻編事)의 새로운 체제를 창조하였다. 이 체제는 운목(韻目)에 따라 재료들을 분류한 것이다. 이 체제의 좋은 점은 편찬방법의 객관성과 검색의 편리성에 있다. 주목할 만한 유서로는 명나라 때에 편찬한 《영락대전(永樂大典)》과 청나라 때에 편찬한 《패문운부(佩文韻府)》가 있다. 이 두 책은 편집 방법이 다른데 《영락대전》은 사목(事目)이 첫 글자에 따라 각 운에 나열하였고, 《패문운부》는 사목의 끝 글자에 따라 각 운에 나열시켰다. 《영락대전》은 현재 이미 부분 실전되었지만, 여기에 쓰인 자료들이 워낙 풍부하여 잔존되어 있는 부분 만으로도 유서 중 매우 위대한 지위를 차지한다.

유서의 기능을 개괄적으로 말한다면 자료 검색의 편리성에 있다는 것이다. 사용자들은 유서에서 많은 자료들을 얻거나, 또는 유서에서 나타난 자료들을 통하여 찾고자 하는 자료들의 단서를 얻을 수 있어서, 전고를 많이 학습하는 데 도움이 된다. 이 외에도 유서는 산실된 고서에 대한 탐구에도 도움이 된다. 비록 산실되고 고서에 대한 전반 내용은 볼 수 없지만, 단편적으로 일부분 또는 대부분의 내용을 유서에서 볼 수가 있다. 예를 들면 《영락대전》은 흔히 고서 전편을 내용을 수록하였는데, 청나라 때《영락대전》에서 채집한 서적만 하여도 수백 종에 이른다. 송원 시기의 남희(南戱)를 연구하는 데 진귀한 자료인《소손도(小孫屠)》,《장협장원(張協狀元)》,《환문자제착립신(宦門子弟錯立身)》이 세 희문(戱文)도《영락대전》에 보존돼 있다. 송나라 이전의 유서들은 수록된 자료들이 비교적 이른 시기의 책들이므로, 모두 고서를 교감(校勘)하는 데 아주 중요한 근거 자료가 된다. 청대의 건가(乾嘉) 이래의 교감 학자들은 대부분《군서치요(群書治要)》,《초학기(初學記)》,《예문유취(藝文類聚)》,《백공륙첩(白孔六帖)》,《태평어람(太平御覽)》등 유서들을 교감 자료로 삼았다.

그러나 우리가 유서를 사용할 때 다음과 같은 점 또한 간과를 해서는 안 된다. 유서들에 수록되어 있는 자료 중 어떤 것은 원작에서 직접 가져온 것이 아니고 흔히 돌려가며 베낀 것이므로 여기에는 누락되고 모순되는 내용도 피할 수 없다. 명나라 사람들은 특히 고서, 고사를 위조하기 좋아했다. 그 시기 유서인 진인석(陳仁錫)의《잠확유서(潛確類書)》가 바로 그러한데 여기에 수록된 자료의 신뢰성은 많이 떨어진다. 송나라 이후의 유서들은《영락대전》을 제외하고는 자료의 색인용 정도로만 취급해야 한다. 송나라 이전의 유서들은 자료의 근거로 삼을 수 있지만 그래도 비판적으로 받아들여야 한다.

제5절 고서체제

옛 사람들이 책을 편찬하는 조건과 습관은 현대인과 많이 달랐다. 그러므로 고서의 체제도 지금과 많이 달랐다. 대다수의 고서들은 지금처럼 범례(凡例)를 명확히 제시하지 않았다. 고서의 체계를 모르고 고서를 읽다 보면 이해할 수 없는 경우가 종종 나타난다. 그러므로 이 절에서는 고서의 체제에 대해 간단하게 서술하여 고서를 읽는 독자들에게 도움을 주고자 한다.

1. 내외(內外)

옛 사람들은 책을 편찬할 때 흔히 학문적 취지가 담겨있거나, 강령성, 원칙성이 있으며 가장 핵심적인 뜻이 담겨있는 것을 내편(內篇)이라고 하였다. 그리고 내편을 보조하는 역할을 하는, 독자들이 그다지 중시하지 않아 체계적으로 이루어지지 않은 부분을 외편(外篇) 또는 잡편(雜篇)이라고 하였다. 오늘의《장자(莊子)》33편은 내편 7편, 외편 15편, 잡편 11편으로 구성되어 있다. 전 책의 서문인, 제일 마지막에 실려 있는《천자(天下)》편을 제외하고는 모두 이러한 표준으로 구분되었다. 외편은 내편의 보조역할을 하고, 비교적 체계적이라고 할 수가 있다. 잡편은 "서언(緒言)[44], 여론(餘論)"으로 단편적이고 체계적이지 못하다.《장자》외에도 저록에서 볼 수 있는 것들로는《회남내(淮南內)》21편,《회남외(淮南外)》33편이 있다. 안사고(顏

---

44 '緒言'에서의 '緒'는 실마리란 의미이다. 따라서 '緒言'은 실마리만 있고 뒤의 내용을 이끌어낸다는 말이다.《장자(莊子)·어부(漁父)》에서 나온 말이다.

고대중국어 통론

師古)는 "내편은 도를 논한 것이고, 외편은 잡설이다.(內篇論道, 外篇雜說.)"라고 하였다. 《회남내》 21편은 현존하는 《회남자(淮南子)》[45]이고, 이 21편의 《요략(要略)》에서 서술한 것을 보면, 내편인 정문 21편은 하나의 체계를 이루고 있다. 외편은 지금 전해지지 않고 있어 그 정체를 알 수가 없다. 진나라 갈홍(葛洪)의 저서 《포박자(抱朴子)》는 내편에서는 신선의 수련지사(修煉之事)를 논하고 있고, 외편에서는 인간지사(人間之事)를 말하고 있다. 갈홍 본인이 신선가로서 수련의 일을 인간의 일보다 중요한 일로 간주한 것이다. 당나라 때 사학가 유지기(劉知幾)가 지은 《사통(史通)》은 내편에는 사학의 원류와 저작 사서의 이론이 논술되어 있고, 외편에서 앞쪽에 나열한 《사관건치(史官建置)》, 《고금정사(古今正史)》는 역사를 서술한 것이고, 나머지 각 편들은 모두 일부 잡기(雜記) 같은 것들이다. 청나라 때의 사학가 장학성(章學誠)의 《문사통의(文史通義)》도 내외편으로 나뉘는데, 내편은 이론을 논의했고, 외편은 지방지(地方志)에 대한 약간의 체례들이 편록되어 있는데, 이는 장학성의 사학이론이 실천적인 문장으로 나타난 것이다[46]. 이상에서 예를 든 책들을 보면 고서에서 소위 내편이란 적어도 저자 자신이 저서의 강령과 요점이라고 인정하는 부분이며 독자들이 우선 주의를 기울여야 할 내용이다.

---

45 《淮南子》는 서한의 회남왕(淮南王)인 유안(劉安)과 그의 문객들이 집단적으로 편찬한 책이다.

46 여기에서는 통행본(通行本) 《문사통의(文史通義)》에 근거하여 말한 것이다.

2. 서설(序說)

한 학파나 또는 한 부의 저서, 작게는 한편의 문장에 모두 그 요점과 저작의 이유가 있으며, 그것을 제시하고 평론할 필요성이 있다. 이러한 내용은 작가 자신이 쓴 자서(自敍)일 수도 있고, 또 같은 학파의 학자들이 덧붙일 수도 있는데, 이것이 바로 한 저서 또는 한 문장의 서(序)이다. 고서의 서는 지금의 서문과는 달리 보통 책의 마지막에 위치해 있다. 《회남자》의 《요략(要略)》, 《사기(史記)》의 《태사공자서(太史公自序)》, 《한서(漢書)》의 《서전(敍傳)》, 허신(許慎)의 《설문해자서(說文解字敍)》, 양나라 유협(劉勰) 《문심조룡(文心雕龍)》의 《서지(序志)》는 모두 책의 끝부분에 놓여져 있어 확실히 알 수 있다. 《논어》의 마지막 편인 《요왈(堯曰)》, 《맹자》의 마지막 편인 《진심(盡心)》 마지막 장은 모두 편자들이 쓴 서문이다. 하지만 "서(序)"라는 명칭을 쓰지 않았기 때문에, 상세하게 보지 않고서는 서문인지 모른다. 《장자》의 마지막 편인 《천하》에서는 각 학파에 대해 평론하면서, 각 학파에서의 장자의 지위를 논술하였다. 《천하》편의 일부 내용을 보자.

> 芴漠無形、變化無常。死與生與、天地並與、神明往與? 芒乎何之、
> 忽乎何適? 萬物畢羅、莫足以歸。古之道術、有在於是者、莊周聞其
> 風而悅之。…… 其於本也、宏大而辟、深閎而肆、其於宗也、可謂稠
> 適、而上遂矣[47]。(적막하여 형태가 없으며 끊임없이 변화하여 일정한 모습

---

[47] 이 문장에서 '莫足以歸' 위의 내용은 '도술'의 광대한 정수를 얘기한 것으로서, 변화가 영활하다고 하였다. '其於本也' 아래의 내용은 장자의 학술이 이 도술에 어떻게 부합되는지를 찬양하였다. 문장의 뜻이 오묘하나, 여기서 반드시 알아야 할 필요는 없으므로, 상세하

이 없다. 죽음과 삶은 천지와 함께 하고 신명과 함께 변해간다. 황홀하게 어디로 향하며 아득하게 어디로 가는가? 만물은 모두 펼쳐져 있는데 돌아갈 곳이 없다. 옛날의 도술에는 여기에 해당되는 것이다. 장주가 그 가르침을 듣고 기뻐했으니 …… 그의 근본인 도에 있어서는 광대하고 트였으며, 그의 논술의 취지는 조화되고 적합하게 되어 있어 천의에 도달해 있다고 할 수 있다.)

여기에서 '장주(莊周)'를 '기(其)'라고 한 것은 장자 학파의 사람들이 장자의 학술에 대해 평가한 내용으로 우리는 이것이 같은 학파의 학자들이 《장자》라는 책에 대해 쓴 서문이라는 것을 알 수가 있다.

《사기·태사공자서(太史公自序)》와 《한서·서전(敘傳)》에서는 저자 자신의 세대, 학술 원류(源流), 저술동기, 경과, 체례를 총술한 동시에 매 편의 대체적인 내용에 대해서도 요약을 하였다. 《태사공자서》에서는 다음과 같이 서술하였다.

救人於戹[48]、振人不贍[49]、仁者有乎。不既信[50]、不倍言[51]、義者有取焉。作《遊俠列傳》第六十四.(사람을 곤궁에서 구하고 넉넉지 못한 사람을 구제함은 어진 사람의 미덕이고, 신의를 저버리지 않고 언약을 저버리지 않음은 의로운 자에서 취할 수 있다. '유협열전' 제64를 지었다.)

게 주석을 달지 않았다.

48 '戹'은 '厄'과 같다. 곤궁하다, 괴롭다는 의미이다.

49 '振人不贍'은 넉넉하지 못한 사람을 두루 구제함을 말한다.

50 '既'는 《설문》에서 "작은 창고이다.(小食也)"로 풀이하였다. '既信'은 말에 신용이 없다는 뜻이다.

51 '倍'는 '背'와 같다. '背言'은 말만하고 행동으로 지키지 않는다는 것을 뜻한다.

이는 매 편의 작은 서문이다. 《사기》, 《한서》에서 매 편의 작은 서문들은 모두 저자가 직접 써서 한 편에 모아서 수록한 것이다. 고대에도 어떤 학문에 종사하는 사람들이 작품의 각 편들에 쓴 서문들이 있었다. 전해지는 것으로는 공자가 쓴 《상서(尚書)》의 각 편의 서문들이다. 한나라 이전에 전해지는 것과 한나라 유학자들이 보탠 《모시(毛詩)》 각 편의 작은 서문들은 모두 이와 같은 것이다. 《상서서》와 《모시서》도 당시에는 단행본이었는데, 지금의 주소본(注疏本)에는 이미 각 편의 앞에 각각 수록되어 있다.

만약 한 부 또는 한 편의 저서의 창작 동기를 알려면, 저자의 자술(自述)을 보는 게 가장 좋고 다음은 저자와 같은 학파인 학자들의 논술을 봐야 한다. 예전에 전해지는 약간의 소개를 한 책들, 예들 들면 《모시서》와 같은 책들은 참고할 가치가 다소 있다. 따라서 고대 사람들의 서설의 체례도 알 필요가 있다.

3. 전이(傳異)와 속첨(續添)

고대의 글쓰기 조건은 제한을 받았으며, 서적의 전술(傳述)도 쉽게 분기가 이루어졌다. 많은 책들은 한 학파, 또는 전문지식을 갖춘 학자들에 의해 돌고 돌면서 후대에 전해진다. 전해지는 과정에 원 저자의 취지는 크게 주의를 기울이지 않고, 수시로 새로운 내용을 보태고는 하였다. 그러므로 후세 사람들이 선진 시기의 고서를 읽을 때에 늘 자료 감별 문제에 부딪치곤 하였다. 책의 내용 중에 어떤 부분이 거짓이고, 또 어떤 부분이 믿을 만한지를 담론하였으며, 어떤 사람은 책 중 일부 내용이 믿을 바가 못 된다 하여, 전체 내용을 부정하는 경우도 있었다. 이것은 후세 사람들이 고대 사람들은 한 사람의 저작권에 대해 지나치게 따지지 않았다는 것을 몰랐기 때문이다. 그러므로 고서를 감별하거나 이해를 하기 위해서는 이러한 분기(分歧)나 내용의 첨부 상황을 알아야 한다.

유월(俞樾)은 손이양(孫詒讓)의 《묵자간고(墨子閒詁)》를 위해 쓴 서문을 예로 들어 전술(傳述) 분기의 상황에 대해 대체로 알아보자.

> 墨子死、而墨分爲三、有相裏氏之墨、有相夫氏之墨、有鄧陵氏之墨[52]。今觀《尚賢》、《尚同》、《兼愛》、《非攻》、《節用》、《節葬》、《天志》、《明鬼》、《非樂》、《非命》皆分上中下三篇、字句小異、而大旨無殊。意者此乃 相裏、相夫、鄧陵三家相傳之本不同、後人合以成書、故一篇而有三乎。(묵자가 죽은 뒤 묵가는 상리씨의 묵, 상부씨의 묵, 등릉씨의 묵 등 세 파로 나위었다. 오늘날 《상현》, 《상동》, 《겸애》, 《비공》, 《절용》, 《절장》, 《천지》, 《명귀》, 《비약》, 《비명》은 모두 상, 중, 하 세 편으로 나뉘는데, 글자와 문장은 약간 다르나, 의미상에서는 크게 다르지 않다. 상리, 상부, 등릉 이 세 저자의 판본이 다르므로 후세사람들은 이들을 합본하여 하나로 만들었다. 그러므로 한 편에 세 가지 다른 내용이 있게 되었다.)

이러한 가정은 매우 일리가 있는 것이다. 마치 한 선생이 강의하고 몇몇 학생이 필기를 하면, 그 필기내용의 의미는 거의 같고, 단지 문장이 약간의 차이가 나는 것처럼, 고서에서도 이와 비슷한 상황인 것이다. 다른 한 가지 상황은 한 편의 문장 내에 전술이 다른 이문을 덧붙여 기록하는 것이다. 유월의 《고서의의거례(古書疑義擧例)》 권1을 예로 들어 보자.

---

52 묵가가 세 파로 나뉜다는 것은 《한비자(韓非子)·현학(顯學)》을 참고하기 바람.

凡著書者、博採異文、附之簡策、如《管子·法法篇》之"一曰"、《大匡篇》之"或曰"、皆爲管氏學者傳聞不同而並記之也。《韓非子》書如此者尤多、如(무릇 저서라는 것은 다른 곳의 문장을 널리 수록하여 간책에 덧붙였다. 예를 들면《관자·법법편》에서의 "一曰"은《대광편》에서는 "或曰"이라고 하였는데, 이는 모두 관씨 학자들의 전문이 다른 것을 병기한 것이다.《한비자》책에도 이러한 경우가 특별히 많다.)

이러한 상황은 실제적으로《묵자(墨子)》를 상, 중, 하로 나뉜 것과 다를 바 없다. 단지 전자는 상, 중, 하 편으로 나뉘었고, 후자는 나뉘지 않고 한 책 안에서 덧붙인 것이다.

속첨에는 대체적으로 편장(篇章)의 첨가와 자료의 덧붙임 이 두 가지가 있다. 우선 편장의 첨가를 예로 들어보자.《한비자(韓非子)·유도(有度)》에는 형(荆)(초[楚]), 제(齊), 연(燕), 위(魏) 등 4국의 멸망을 다루었는데, 4국이 진시황 23년에서 27년 사이에 멸망하였다는 서술이 있다. 그러나 한비자는 진시황 14년에 이미 진나라에 들어가 피살되었다. 그러므로 이 서술은 당연히 한비자가 쓴 것이 아니다. 이러한 상황에 대해 선인들은 위조를 가려내는 '변위(辨僞)' 작업을 많이 했다. 어떤 속첨 내용은 반드시 제거를 해야 한다. 그러나《유도》처럼 한비자 학파에 속하는 학자가 쓴 속첨이고, 또 한비자 학파의 설이라고 말 할 수 있는 속첨과 일부러 위작을 하려는 것과는 달리 취급해야 한다.

자료의 덧붙임 또는 부기(附記)는 정문(正文)에 혼입되어 있다. 예를 들면《사기(史記)》에 노자의 생평(生平)을 전술하는 다음과 같은 내용이 있다.

"於是老子迺(乃)著書上下篇、言道德之意 ; 而去、莫知其所終(이에 노자가 책 상, 하 두 편을 써서 도덕의 의미를 말하고 떠났다. 이후로 그의 행방을 아는 사람이 없었다.)

이 내용을 이어서 다음과 같은 단락이 있다.

或曰 : 老萊子、亦楚人也。著書十五篇、言道家之用、與孔子同時云。蓋老子百六十餘歲、或言二百餘歲、以其修道而養壽也。自孔子死之後百二十九年、而史記周太史儋見秦獻公、曰:"始秦與周合、而離。離五百歲、而複合。合七十歲、而霸王者出焉。"或曰儋即老子、或曰非也、世莫知其然否。老子、隱君子也。(어떤 사람이 말하기를, 노래자는 초나라 사람으로 저서가 15편 있는데, 도가의 역할을 논했으며 공자와는 같은 시대의 사람이다. 노자는 160살까지 살았다고 한다. 또 어떤 사람은 노자가 200살이 넘게 살았는데 이는 노자가 도를 닦았기 때문에 장수를 했다고 했다. 공자가 죽은 지 129년이 되는 해에 사기 주나라 태사담은 진나라의 헌공에게 다음과 같이 말하였다. "진나라는 처음에 주나라와 합쳐졌다가 500년이 지난 뒤 또 분리되었다. 분리된 지 70년이 지난 후에는 패자가 출현할 것이다." 어떤 사람들은 여기서 말한 태사담이 노자라고 하고 또 아니라고 하는 사람도 있다. 세상에서 어떤 사람도 어느 설이 맞는지 알 수 없다. 결론적으로 노자는 은군자라는 것이다.)

이 서술에 대해 여사면(呂思勉)은《장구론(章句論)》에서 위의 부기된 내용은 후세 사람들이 정문에다가 삽입시킨 것이라고 하면서 다음과 같이 서술하였다. '누군가 말하였다 : 老萊子'라고 운운한 것은 한 사람의 기록일 것이다. 왜냐하면 노래자와 노자는 모두 초나라 사람으로 따라서 여기에 덧붙여 기록한다. '蓋老子百六十餘歲'라고 운운한 것은 또 다른 사람의 기록으로 이 사람은 신선가의 설을 믿는 사람이다. 노자를 태사담이라고 한 것도 마찬가지 상황으로 의심된다. ('或曰 : 老萊子'云云, 蓋一人所記 ; 因老萊子與老子同爲楚人, 故附識之. '蓋老子百六十餘歲'云云, 又一人所記 ; 此人蓋信神仙家之說者. 疑老子即太史儋者亦然.[53]"). 여사면의 이 말에서 우리는 노자와 관련된 위의 부기가 노자전에 막 삽입되어 앞의 서술과도 완전히 모순되는 것이라는 것을 알 수가 있다. 이전의 사람들은 부기의 내용이 후에 덧붙여진 내용이라는 것을 몰랐기 때문에 노자에 대한 이해가 오리무중에 빠지곤 했다. 여씨가 이것을 밝혀내자, 노자에 대한 의혹을 해소할 수 있었고, 정문에 부기가 혼입되었음을 알게 되었다. 《산해경(山海經)·해외남경(海外南經)》에는 다음과 같은 구절이 있다. "有神人二八, 連臂爲帝司夜於此野. 在羽民東, 其爲小人頰赤肩. 盡十六人.(신인 16명이 있는데 서로 팔을 끼고 천제를 수호하기 위해 이 들에서 밤을 지켰다. 우민의 동쪽에 있다. 그곳 사람들은 모두 얼굴이 작고 붉은 어깨로 모두 16명이다.) 이 구절에서 '盡'는 '蓋'자의 오자일 것이다. 자형이 비슷해서 오자가 생긴 것이다. '蓋十六人'은 후세 사람들이 '二八'에 대해 주석한 것이다. 곽박(郭璞)은 주에서 말하였다. "이것은 후세 사람이 보탠 것으로 의심된다.(疑此後人所增益語耳.)" 이러한 첨가 내용은 사람들의 지식범위가 넓어져 기존의 내용에다가 새로운 재료를 보충할 필요성이 있다고 여기거나, 또는 시대가 다름에 따라 새로운 설명을 덧붙여야 했기 때문이다. 《산해경(山海經)》을 예로 들면 이 책은 선진 시기의 고서이다. 그러나 이 책에는 진한 시기에 설치된 장사(長沙), 영릉(零陵), 계양(桂

---

53   위 내용은 해당 책의 30-33페이지 상무판(商務版)을 참조하라.

陽), 제기(諸暨) 등 군현(郡縣) 명칭들이 나온다. 그러므로 이 책을 원본이라고 할 수가 없으며, 그렇다고 이 책이 한나라 사람들이 위작한 것이라고 말할 수도 없다. 서한 시기의 사유(史遊)가 쓴《급취편(急就篇)》은 동한 시기에 와서 어떤 사람이 두 장의 내용을 추가를 하였다. 이 중에는 동한의 광무제(光武帝)의 즉위 소재지인 호현(鄗縣)을 고읍(高邑)이라고 고쳤다. 이는 모두 시대가 달라졌기 때문에 첨가를 한 것이다.

결론적으로 전술(傳述)이 일치하지 않는 것과 자료의 속첨은 모두 고서를 읽으면서 부딪치게 되는 혼란스러운 일들로서 초학자들은 이를 감별해 내기 어렵다. 그러나 이러한 상황에 대해 알아야 할 필요는 있다.

4. 편권표제(篇卷標題)

고대 사람들은 책의 용량을 표시할 때 편(篇) 또는 권(卷)이라고 칭하였다. 편은 죽간을 엮어서 이어놓은 것에서 기원하였고, 권은 겸백(縑帛)을 말아서 두루마리 한 것에서 기원하였다. 편과 권이 다른 점은 편은 문장의 시작과 끝을 표준으로 삼지만, 권은 겸백의 장단에 의해 결정된다는 것이다. 그러므로 한 편은 바로 한 권이 될 수도 있고, 또 한 권은 몇 편이 될 수도 있으며, 또 한 편이 몇 권으로 나뉠 수도 있다.《사기》에는 모두 130편이 있는데 지금의 책자도 모두 130권이다. 따라서《사기》는 편과 권이 일치하는 것이다. 후대의 문집들은 대부분이 한 권에 여러 편이 포함되어 있다. 이는 권이 편보다 큰 것이다.《한서(漢書)》에는 모두 100편이 있는데, 권으로 나누면 120권이다.《고제기(高帝紀)》,《식화지(食貨志)》,《오행지(五行志)》,《왕망전(王莽傳)》등은 상, 하 두 권으로 나뉘거나, 상, 중, 하 세 권으로 나뉜다. 이는 모두 편이 권보다 큰 것이다. 《광운(廣韻)》은 상평, 하평, 상, 거, 입성 등 5권으로 나뉜다. 《한서(漢書)》의 예를 가지고 말한다면 평, 상, 거, 입 네 편이지만, 평성은 운목과 수록된 자수가 모두 기타 삼성보다 많기 때문에 평성을 다시 상, 하 두 권으로 나눈 것이다. 상평과 하평은 오직 권차의 구분만 있을 뿐, 내용 상의 차이는 없다.

한 편 내에서 또 문장의 의미에 따라 몇 개의 단락으로 나눌 수 있다. 그것을 장(章)이라고 부르거나 절이라고 부르며 또 편이라고 부르기도 한다. 이 때의 편은 작은 편을 말한다. 《예기(禮記)·악기(樂記)》 이 한 편에는 모두 11개의 단락이 있다. 이에 대해 공영달(孔穎達)의 소에서는 "이 11편은 한 편으로 합할 수 있다. 《악본(樂本)》, 《악론(樂論)》, 《악시(樂施)》, 《악언(樂言)》, 《악례(樂禮)》, 《악정(樂情)》, 《악화(樂化)》, 《악상(樂象)》, 《빈모가(賓牟賈)》, 《사을(師乙)》, 《위문후(魏文侯)》가 있다고 했다." 이 11편은 《악기》한 편을 놓고 말할 때 자연히 11장이라고 부를 수 있는 것이다. 그 외에도 《초사(楚辭)》의 《구장(九章)》, 《구가(九歌)》는 모두 몇 개의 작은 편이나, 장이 한 편을 이룬 것이다.

편장에는 제목이 있는데 이 제목은 의미를 담고 있는 것도 있고, 무의미한 것도 있다. 《예기(禮記)》의 《내칙(內則)》에서는 며느리가 부모님과 시부모님을 봉양하는 법칙을 적은 것이다. 공영달의 소에서 말하였다. "규문 안에서 행하는 의식이나 예절이 기록되어 있어 《내칙》이라 한다. (以閨門之內, 軌儀可則, 故曰《內則》)" 이는 의미가 있는 것이다. 《중니연거(仲尼燕居)》, 《공자한거(孔子閑居)》는 모두 이 편들의 첫머리에 나오는 구절로 제목을 단 것으로, 고대 사람들은 이를 "以初發語名篇(첫머리 발음으로 편을 작명했다.)"이라고 하였다. 이는 단지 한 편의 문장에 대해 표기를 하기 위한 것에 불과하다. 《시경》 300여편에서는 모두 문장의 첫머리로 제목을 달았으며, 《논어》와 《맹자》도 마찬가지다. 《장자》의 내편 제목은 의미가 있고, 외편과 잡편은 모두 문장의 첫머리를 취해서 제목을 달았다. 《순자》와 《한비자》는 매 편마다 제목에 의미가 담겨 있다. 각각 동일하지 않다.

책의 이름을 대제(大題)라 하였다. 옛 사람들은 습관적으로 대제를 편제(篇題) 아래에 두었다. 정현(鄭玄)의 《주례주(周禮注)》의 표제(標題)를 보면 첫 행은 "천관총재제일(天官塚宰第一)"이라는 구절이 나오는데 이는 편제이다. 두 번째 행은 "주례(周禮), 정씨 주(鄭氏注)"인데 이는 대제와 주석한 사람의 성씨이다. 후세 사람들은 이런 습관을 따르지 않으므로 지금은 논하지 않아도 된다.

편제와 장의 표제에서, 편제는 늘 글의 첫머리에 놓이고 소편(小篇)이나 장의 소제(小題)는 대부분 글의 끝에 놓인다. 《초사》의 《구가(九歌)》, 《구장(九章)》, 《칠간(七諫)》(동방삭(東方朔)), 《구회(九懷)》(왕포(王褒)), 《구탄(九歎)》(유향(劉向)), 《구사(九思)》(왕일(王逸)) 등 편은 모두 이러하다. 《순자》의 《부편(賦篇)》은 예(禮), 지(知, 智), 운(雲), 잠(蠶), 잠(箴, 針) 등 다섯 개의 작은 편으로 나뉜다. 이 다섯 편의 끝에는 모두 '禮, 知, 雲, 蠶, 箴' 등 다섯 글자가 있다. 제목임을 모르는 사람들은 이것을 군더더기 글자라고 여길 수도 있다. 《예기(禮記)·악기(樂記)》의 제11편(공영달의 소에서는 《사을(師乙)》이라 칭함) 첫머리는 "子贛(貢)見師乙而問焉(자공이 사을을 만나자 물었다.)"이고, 끝은 "子贛問樂(자공이 악에 대해 물었다)"이라고 되어 있다. 청나라 사람 손희단(孫希旦)의 《예기집해(禮記集解)》에서는 "끝말의 이 네 글자가 이 편의 제목이다. 고서의 편 제목은 모두 편말에 놓였는데 이 11편의 편 제목은 모두 그러하다. 선진 유학자들은 이 11편을 합하여 한 편으로 만들고, 매 편의 끝에 놓이는 편의 제목을 삭제를 하였으나, 오직 이 제목만 삭제되지 않고 아직까지 남아있다. "(此篇題之名. 古書篇題, 皆在篇末, 此十一篇蓋皆有之. 先儒合十一篇爲一篇, 而删去其每篇末篇題之名, 獨此失於删去, 故尚存耳.)고 하였다. 《자공문악》은 《사을》의 다른 편명으로 이 역시 작은 제목을 작은 편 혹은 장의 끝부분에 있는 실례(實例)이다. 진(晉)나라 문학가 육운(陸雲)은 《구민(九愍)》이란 문장을 썼는데, 이는 굴원의 《구장》을 모방한 것으로, 편 제목은 첫머리에 나오고, 장의 소제목은 매 장의 끝부분에 나온다. 그러나 송나라 때 《육사룡문집(陸士龍文集)》을 편찬할 때 이 방식을 몰라서 제일 마지막 장 끝에 있는 제목을 삭제하고, 제1장의 끝부분에 적혀있는 제목을 제2장의 제목으로 잘못 생각했다. 제2장 이하의 각 장도 마찬가지로 매 장의 끝부분에 있는 제목을 다음 장의 제목으로 잘못 생각했다. 제2장의 제목인 끝부분에 있는 《섭강(涉江)》을 편찬자들이 제3장의 제목으로 잘못 생각했기 때문에 제2장의 마지막 구절인 난사(亂辭) "念茲涉江, 懷故鄕兮(강 건너는 것을 생각하니 고향을 그리워하는구나.)"를 다음 장에 넣어야 한다고 여겼다. 이 구절은 제목 《섭강》을 제3장의 제목으로 옮김에 따라 제3장의 첫머리가 되었다. 하지만 우리는 사부(辭賦)에서의 난사는 보통은 한 편의 또는 한 장의 대의를 통틀어 이르는 말로서 여하를 막론하고 문장의 첫머리에 놓여서는 안 된다.[54] 이 편찬자는 바로 작은 제목은 제일 뒤에 놓인다는 원

---

54 《이소(離騷)》편의 끝부분에 있는 "난왈 : 그만두리, 나라에 사람 없고 나를 이해해 주는 사
    람도 없는데, 내 어찌 고도에 대한 그리움을 품으리! 이미 함께 아름다운 정치할 사람 없
    으니 나는 곧 팽함 있는 곳에 가리. (亂曰 : 已矣哉!國無人兮、莫我知兮、又何懷乎故都?既莫足
    與爲美政兮、吾將從彭咸之所居)" 이 부분이 바로 "난사(亂辭)"이다. 이 "亂"자에 대해서는 다
    른 해석들이 있지만, 지금까지 정론이 없으므로 상관하지 않아도 된다. 그러나 굴원 이후
    의 사부가들은 예외 없이 언제나 난사로 편장의 맺는 말을 지었다.

칙을 몰랐기 대문에 고서를 혼란스럽게 만들어 그 면모를 알아볼 수 없게 한 것이다. 그러므로 우리는 고서의 체제를 알아야 하는 것이다.

제20장

고서의의(古書疑義)

고서, 특히 선진 시기의 고서들은 단어 사용과 문장 조직, 수사법 사용 등 면에서 후대의 문장 작성법과 비교해 볼 때 독특한 특징이 있다. 고서의 특수성을 모른다면 읽을 때 이해에 있어 문제가 생기게 된다. 청나라 때 학자인 유월(俞樾)은 《고서의의거례(古書疑義擧例)》7권을 편찬하여, 독자들에게 고서를 읽는 바른 길을 가르쳐주었다. 근대 사람인 황간(黃侃)의 저서 《문심조룡차기(文心雕龍劄記)》에는 유월과 고염무(顧炎武), 왕념손(王念孫) 등의 저서를 《약론고서문구이례(約論古書文句異例)》라는 한 장으로 압축하였는데, 이로써 고서의의는 대체적으로 면모를 갖추게 되었다. 이 장에서는 황간의 문장을 예로 들어 설명하면서, 고서 구문을 이해하는 방법을 안내하겠다. 황간의 일부 고서의의에 대한 조목들은 이 책의 다른 장절들에서 조금씩 설명이 된 바 있는데, 이미 언급된 내용은 여기서 중복하지는 않겠다.

제1절 도문(倒文)

1. 문장 내에서 글자의 위치가 바뀐 것.

예문을 보자.

令尹子瑕言蹶由於楚子[1]、曰：“彼何罪? 諺所謂‘室於怒、市於色’者、楚之謂矣。……”(영윤 자하가 궐유를 위해 초자(초왕) 앞에서 말한다. “그에게 무슨 죄가 있습니까? 속담에 ‘집에서 화를 내고 밖에서 화풀이를 한다.’는 것은 우리 초나라를 두고 하는 말입니다……. ”) 《좌전(左傳)·소공(昭公) 19년》)

武王之伐殷也、革車三百兩、虎賁[2]三千人、王曰：“無畏、寧爾也、非敵百姓也。”〔殷人〕若崩厥角稽首。(무왕이 은나라를 정벌할 때 수레가 300량 있었고, 용사가 3,000명 있었다. 무왕이 말했다. “두려워 말라, 너희에게 위안을 해주려고 왔노라, 백성을 적으로 삼지는 않는다. ” (은나라 사람들은) 무너지듯 이마를 땅에 대고 머리를 조아렸다.)《맹자(孟子)·진심하(盡心下)》)

湯、武者、至天下之善禁令者也。(탕, 무는 천하에서 가장 금령을 잘 한다. 《순자(荀子)·정론(正論)》)

첫 번째 예문에서 궐유(蹶由)는 오나라 왕의 동생이고 초자는 초령왕(楚靈王)이다. 두예(杜預)는 주(注)에서 말하였다. “초령왕은 오왕한테 화가 나

---

1   ‘言蹶由於楚子’은 초령왕 앞에서 궐유를 위해 말한다는 의미이다.
2   ‘虎賁’은 용사를 가리킨다.

그 동생을 죽이려 하자 집안에서 난 화를 밖에서 화풀이하는 것과 같다고 말한 것이다. (言靈王怒吳子而執其弟, 猶人忿於室家而作色於市人.)" 이 문장이 바로 "怒於室, 色於市"의 도문임을 알 수가 있다. 두 번째 예문에서 "若崩厥角稽首"는 "厥角稽首若崩"의 도문이다. 세 번째 예문은 "天下之至善禁令者也"의 도문이다.

운을 맞추기 위해 글자의 위치를 바꾼 문장도 있다. 《시(詩)·제풍(齊風)·동방미명(東方未明)》의 제1장은 "東方未明, 顚倒衣裳(동방이 안 밝았는데 옷을 뒤바꾸어 입었네.)"이고, 제2장은 "東方未晞, 顚倒裳衣(동방이 안 밝았는데 옷을 뒤바꾸어 입었네.)"이다. 이는 제1장에서는 "明, 裳"이 협운(叶韻)을 이루고, 제2장에서는 "晞, 衣"이 협운을 이루기 때문이다. 고서에는 글자의 순서를 바꾸어 협운하였지만 다시 순서를 고치는 예들이 많이 나타난다. 《장자(莊子)·추수(秋水)》에서 말하였다. "無南無北, 奭然[3]四解, 淪[4]於不測 ; 無西無東, 始於玄冥[5], 反於大通[6]. (남쪽도 북쪽도 없이 사면팔방으로 해탈하여 짐작할 수 없는 심원한 경지에 빠지고, 동쪽도 서쪽도 없이 심오한 경지에서 시작하여 소통하는 큰 길로 돌아간다.)" 여기에서 '東'과 '通'은 협운을 이룬다. 그러므로 먼저 '西'자가 나오고 뒤에 '東'자가 나오는 것이다. 지금의 책들에는 '無東無西'로 변해 있지만, 습관적으로 '東西'라고 말하는 사람이 베낄 때 고친 것이다.

---

3   '奭然'은 '釋然'과 같은 말로서 해탈하는 모습을 나타낸다.
4   '淪'은 깊이 빠지다는 의미이다.
5   '玄冥'은 깊고 심오하다는 의미이다.
6   '大通'은 사통팔달하여 구속이 없다는 의미이다.

2. 문장의 위치가 바뀐 것.

예를 보자.

　　不如逃之、無使罪至、爲吳大伯[7]、不亦可乎! 猶有令名、與其及[8]也. (차라리 도망을 가서 죄를 이르게 함이 나을 것입니다. 훌륭한 명성이 있음이 죄에 미치는 것보다는 나으니 오태백처럼 되는 것 또한 좋지 않겠습니까?) 《좌전(左傳)·민공(閔公) 원년》

　　孔子少孤、不知其〔父之〕墓、殯於五父之衢、人之見之者、皆以爲葬也. 其愼也、蓋殯也、問於郰曼父[9]之母、然後得合葬於防[10]. (공자는 어려서 아버지를 여의어 아버지 묘를 알지 못했다. 오보의 거리에 빈을 마련하였다. 사람들이 그것을 보고서는 모두 장사한 것으로 알았던 것은 그것이 신(愼, 큰 끈으로 관을 끌어 빈소로 나아가는 것)이어서이다. 추만보의 어머니에게 물은 뒤에야 빈인 것을 알았다. 그제서야 공자는 부모를 방(防)에 합장할 수가 있었다.)《예기(禮記)·단궁상(檀弓上)》

　　첫 번째 예문은 진헌공(晉獻公)이 태자 신생(申生)을 폐위시키려 하자, 진나라 대신 사위(士蒍)가 태자를 위해 권유하는 말로서, 정상적인 어순은 "與其及也, 不如逃之, 無使罪至. 爲吳大伯, 猶有令名, 不亦可乎!"라고 되어

7　'吳大(tài)伯'은, 주태왕(周大(tài)王)의 적자(嫡子)로 주태왕이 왕위를 동생인 계력(季曆)에게 주려 하자 남방의 오나라 땅으로 도망을 갔다.

8　'及'은 화를 입는 것을 말한다.

9　'郰(zōu)曼父'는 인명이다.

10　'合葬於防'은 공자의 부친이 먼저 돌아가고 후 모친이 후에 돌아갔는데, 공자는 부친의 관을 빈에서 옮겨와 방(防)이라는 곳에 모친과 함께 합장하였다는 의미이다.

야 한다. 두 번째 예문은 역대로 해석이 명확하지 않다. 《고서의의거례》에는 고우(高郵)의 손호손(孫濩孫)이 지은 《단궁논문》에서는 다음과 같이 말하였다. "'蓋殯也, 問於鄹曼父之母'는 위치가 바뀐 문장이다. 빈(殯)은 얕고 장(葬)은 깊다. 공자의 아버지는 오보의 거리에 빈을 두었지만, 보는 이들은 모두 장으로 여겼다. 공자는 아버지의 묘소를 쉽사리 옮기지 못하였으니 그것이 신이기 때문이다. 추만부의 어머니한테 물어서야 비로소 아버지 묘소가 빈이고 장이 아니라는 것을 알았다. '問於鄹曼父之母, 蓋殯也'는 일부러 어순을 바꾸어 곡절이 있었음을 나타낸다." 이 문장이 순서가 바뀌었다는 것을 안다면, 그 의미를 쉽게 이해할 수 있다.

3. 순서가 바뀐 것.

예를 보자.

> 聲服[11]無通於百縣、則民行作[12]不顧、休居不聽。休居不聽、則氣不淫[13]；行作不顧、則意必壹。意壹而氣不淫、則草[14]必墾矣。(음란한 음악과 이상한 복장이 각 고을에 유행하지 못하게 한다. 그러면 농민들이 밖에서 노동할 때 돌아보지 않게 된다. 집에서 음란한 음악을 듣지 않으면 기가 음탕하고 게으르지 않게 된다. 밭에 나가 일을 할 때 돌아보지 않으면 그 마음

---

11 '聲服'은 음란한 음악과 이상한 복장을 가리킨다.

12 '行作'은 노동을 가리킨다.

13 '淫'은 음탕하고 게으르다는 것을 가리킨다.

14 '草'는 황무지를 가리킨다.

은 하나가 된다. 마음이 한결 같으면 의지가 산만하지 않으며 황무지를 개간
할 수 있다.) 《상군서(商君書)·간령(墾令)》

위의 문장을 보면 “休居不聽, 則氣不淫”은 “行作不顧, 則意必壹”의 뒤에
와야 한다. “意壹而氣不淫”도 어순이 “氣不淫而意壹”로 되어야 한다. 현재
이 두 문장의 순서가 뒤바뀌어 있다.

제2절 생략

제10장의 생략과 어순에서 이미 각종 생략의 유형에 대해 얘기했는데,
고서에는 다음과 같은 특수한 생략 형식 두 가지가 더 있다.

1. 위에서 나온 문장이 반복해서 나타날 때 생략함.

예를 보자.

〔秦〕威彊(强)乎湯、武、廣大乎舜、禹、然而憂患不可勝校[15]也、諰
諰然[16]常恐天下之一合而軋己[17]也。……曷謂威強乎湯、武? 湯、武也

---

15 ‘校’는 비교, 계산한다는 뜻이다.
16 ‘諰諰然’은 두려워하는 모습을 뜻한다.
17 ‘一合而軋己’는 하나로 연합하여 자기 자신을 난처하게 한다는 말이다.

者、乃能使說(悅)己者使[18]耳。今楚、父死焉、國舉焉[19]、負三王之廟[20]而辟(避)於陳蔡之間、視可司間[21]、案欲剢其脛而以蹈秦之腹[22]。然而秦使左案左、使右案右[23]、是乃使仇人役也。此所謂威強乎湯、武也。曷謂廣大乎舜、禹也？曰：古者百王之一天下臣諸侯也、未有過封內千里者也[24]。今秦、南乃有沙羡與俱、是乃江南也；北與胡貉爲鄰；西有巴、戎；東、在楚者乃界於齊……是地遍天下也。此所謂廣大乎舜、禹也[25]。威動海內、彊殆中國[26]、然而憂患不可勝校也、諰諰然常恐天下之一合而軋己也。[진의] 위세가 탕과 무를 능가하고 순이나 우보다 넓지만, 그러나 근심과 우환이 수두룩하고 제국들이 연합하여 자신을 공격할까봐 두려워합니다. …… 어떻게 탕, 무보다 강하다 하겠습니까? 탕과 무는 자신을 기쁘게 하는 사람으로 하여금 명령을 듣게 하는 사람입니다. 오늘날 초나라는 부친이 진나라에서 죽고 나라는 공격당했고 삼왕의 종묘를 등지고서 도망가 진과 채 사이에 피난 와서 기회를 엿보다가 뒤꿈치를 들고서 진나라의 배를 밟고자 합니다. 그러나 진나라는 좌측으로 가라면 좌측으로 가고, 우측으로 가라고 하

---

18 '使'는 일을 시키고 명령에 따르게 한다는 의미다.

19 '國舉'는 나라가 공격당했다는 의미다.

20 '負三王之廟'는 초나라 조상의 종묘를 등지고 떠난다는 것을 말하는 것이다. '三王'은 《이소(離騷)》에서의 '삼후(三后)'를 가리킨다. 대진(戴震)은 웅역(熊繹), 약오(若敖), 분모(棼冒)라고 보았다.

21 '視可司間'에서의 '司'는 '伺'와 통한다. 엿본다는 의미로 즉 틈을 노린다는 말이다.

22 "剢其脛而以蹈秦之腹"은 뒤꿈치를 들고서 진나라 배를 밟는다는 말로 이는 비유이다.

23 "使左案左、使右案右"에서의 '案'은 그 의미가 '則'과 같은 말로 "叫它左就左、叫它右就右와 같은 뜻으로 복종하지 않으면 안된다는 말이다.

24 "未有過封內千裏者也"는 도성 근처의 땅에서 천리를 넘지 않는다는 뜻이다.

25 "此所謂廣大乎舜、禹也"이 구절은 원래는 단락의 제일 끝에 잘못 놓였으나 여기서는 위치를 수정하였다.

26 '彊殆中國'은 너무 강하여 중원의 나라들이 위기를 느끼게 한다는 뜻이다.

면 우측으로 갑니다. 그것은 적들과 전쟁할 때에도 그렇습니다. 이것
이 바로 탕, 무보다 강하다는 것입니다. 순, 우보다 넓다는 것은 어째
서입니까? 옛날에 각국 제왕들이 천하를 통일한 후 신하와 제후들은
그 영토가 천리를 넘지 않았습니다. 지금의 진나라는 남쪽으로는 사
선(沙羨)과 그 주변 일대로 이곳은 장강 이남입니다. 북으로는 호맥과
인접해 있고 서로는 파, 융이 있으며, 동으로는 초나를 점유하고 진
나라와 인접해 있습니다. …… 이것이 바로 땅이 천하에 있다는 것으
로, 바로 순, 우보다 넓다는 것입니다. 천하에 위세를 부리고 중원의
각국들이 위기를 느끼게 합니다. 그러나 우환도 부지기수입니다. 각
제국들이 연합하여 자신을 공격할까봐 두려운 겁니다.)《순자(荀子)·
강국(彊國)》

이 단락은 첫머리는 "威強乎湯, 武, 廣大乎舜, 禹" 이 중심 문장을 두 갈
래로 나누어 설명하고, 마지막에 와서는 "威動海內, 強殆中國"만 말하고
'廣大'에 관련해서는 생략하였다. 이는 반복 열거된 번문(繁文)을 생략한
것이지 문자의 탈락이 아니다.

2. 소략(疏略)하기 때문에 생략함.

예를 들어보자.

沽酒市脯不食。(파는 술과 시장의 육포는 먹지 않았다.)《논어(論語)·향당
(鄉黨)》
以索牛馬皆百匹。(좋은 소 100마리와 말 100필로.)《좌전(左傳)·양공(襄
公) 2년》

고대중국어 통론

첫 번째 문장은 "沽酒不飲, 市脯不食"로 되어야 하고, 두 번째 문장은 "以索牛百頭, 馬百匹"로 되어야 하나 말하기 편하게 하기 위해 꼭 있어야 할 단어를 삭제하였다. 이러한 예는 1의 상황과는 다른 것으로 1에서는 앞에서 나온 문장이 뒤에서 다시 반복해서 나올 경우 생략한 경우고, 여기에서는 앞에서 나오지 않은 내용을 생략한 것이다.

제3절 복문(複文)

1. 의미가 같은 글자를 다시 사용한다.

예를 보자.

心猶豫而狐疑兮、欲自適而不可。(마음은 망설여지고 의심스러워져 스스로 가고 싶으나 갈 수 없네.)《이소(離騷)》

欲遠集而無所止兮、聊浮遊以逍遙。(멀리 가고 싶으나 머물 곳 없어 떠돌며 소요하네.)《이소》

覽相觀於四極[27]兮、周流乎天餘乃下。(사방을 끝까지 돌아보고 하늘을 한 바퀴 돌고 내려왔네.)《이소》

繕完葺牆、以待賓客。(담장을 수리하여 손님 접대하고자 한다.)《좌전·양공31년》

---

27 '四極'은 사방의 지극히 먼 곳을 말한다.

昔我先君桓公、與商人皆出自周[28]、庸次比耦[29]以艾殺[30]此地、斬之[31]
・ ・ ・
蓬蒿藜藋、而共處之。(옛날 우리의 선군인 환공은 상인과 함께 모두 주나
라에서 와서 함께 어깨를 나란히 하면서 잡초를 제거하고 황무지를 개간하
여 이 땅을 이루어 힘께 거처하였습니다.)《좌전·소공16년》

'猶豫'는 '狐疑'와 같고, '浮遊'는 '逍遙'와 같으며, '覽, 相, 觀'은 모두 보
다라는 의미다. '繕, 完, 葺'은 모두 수리하다는 의미이다. '庸, 次, 比'는 모
두 윤번으로 상대한다는 의미이다. '繕完葺'에서의 '完'은《맹자·만장상(萬
章上)》에서 "父母使舜完廩(순의 아버지가 순에게 곳간을 수리하게 하다.)"에서
의 '完'과 그 의미가 같다.《방언》권3에서는 "庸, 㣚, 比, 更, 迭, 代也."라고
하였는데 '次'와 '㣚'는 통용 되는 것이었다. '庸次比耦'는 윤번으로 경작한
다는 말이다. 세 번째 예문부터는 의미가 같은 세 글자를 연이어 쓴 경우인
데, 두 글자를 연이어 쓴 예문이 많은 것은 더 말할 것도 없다.

2. 의미가 같은 허자(虛字)를 다시 사용한다.

예를 보자.

一薰一蕕[32]、十年尚猶有臭。(하나의 향초와 하나의 악취 나는 풀을 같이
・ ・

---

28 '出自周'는 주에서 정으로 옮겨 왔다는 말이다.

29 '耦'에 대해, 고대에 두 사람이 나란히 경작하는 것을 '耦'라고 한다.

30 '艾殺'에서 '艾'는 '刈'와 통하는데 '艾殺'은 잡초를 제거하고 황무지를 개간한다는 말이다.

31 '斬之'는 '斬其'와 같다.

32 '薰'은 향내 나는 풀을 가리키고, '蕕'는 악취 풍기는 풀을 가리킨다.

놓으면, 10년이 지나도 악취만 남는다.)《좌전·희공(僖公) 4년》

人喜則斯陶³³。(마음이 즐거우면 나타내고 싶다.)《예기·단궁하(檀弓下)》

夫威彊(强)未足以殆鄰敵也、名聲未足以縣天下³⁴也、則是國未能獨立也、豈渠(詎)得免夫累乎? (위력으로는 이웃 적국의 위험을 초래하기에는 부족하고, 그 명성도 천하 사람들의 입에 오르내리기에는 어렵다. 그렇다면 이 나라는 천하에 우뚝 솟을 수 없는데 어찌 그 우환으로부터 벗어날 수 있겠는가?) 《순자·왕제(王制)》

3. 한 사람의 말 중에 '曰'자를 넣어서 말하는 내용을 강조한다.

예를 보자.

勝謂石乞³⁵曰: "王與二卿士³⁶、皆五百人當之³⁷、則可矣。" 乞曰: "不可得也³⁸。" 曰: "市南有熊宜僚者、若得之、可以當³⁹五百人矣。"(승은 석걸의 말을 듣고 말하였다 "왕과 두 대신이 모두 500명으로 감당하면 될 것이다." 그러자 걸이 말하였다. "이 500명을 구할 수 없다." 다시 말하였다. "시장 남쪽에 웅의료(熊宜僚)란 사람이 있는데 그를 얻으면 500명에 해당할 수 있을 것이다.)《좌전·애공(哀公)16년》

---

33 '陶'는 기쁜 마음이 나타내고자 하는 것을 말한다.

34 '縣天下'는 천하를 귀순시키다는 의미다.

35 '勝'은 백공(白公) 미승(羋勝)으로 초평왕(楚平王)의 손자이다. 석걸(石乞)은 미승의 동당으로 미승은 초나라에서 난을 일으키려 하였다.

36 '王與二卿士'는 초혜왕(楚惠王)과 자서(子西), 자기(子期) 두 집정 대신을 가리킨다.

37 '當之'는 그들을 대처한다는 말이다.

38 '不可得也'은 500명을 구할 수 없다는 의미이다.

39 '當'은 해당할 수 있다는 말이다.

陽虎欲見孔子、孔子不見。歸⁴⁰孔子豚、孔子時其亡⁴¹也而往拜之、

遇諸塗(途)。謂孔子曰："來、予與爾言。"曰："懷其寶而迷其邦⁴²、

可謂仁乎?"曰："不可。""好從事而亟失時⁴³、可謂知(智)乎?"曰："不

可。""日月逝矣、歲不我與⁴⁴。"孔子曰："諾、吾將仕矣。"(양호가 공자

를 만나고 싶어했으나 공자가 만나주지 않자 공자한테 삶은 돼지를 선사했

다. 공자는 양호가 없는 틈을 타서 찾아가 감사를 하고 돌아오는 도중에 공

자를 만났다. 양화가 공자한테 말하였다. "이리 오시오. 내가 당신에게 할말

이 있소." 말하였다. "가슴에 보물을 품고 있으면서 나라를 혼미하게 놓아둔

다면 이를 인이라 할 수 있겠소? 할 수 없지요. 큰 일 하기를 원하면서 늘 시

기를 놓친다면 지혜롭다고 할 수 있겠소? 할 수 없지요." "날이 가고 달이 가

서 세월은 우리를 기다려주지 않소." 공자가 말하였다. "예. 나는 장차 벼슬

을 할 것입니다. ")《논어·양화(陽貨)》

첫 번째 예문에서의 두 번째 '曰'자는 여전히 석걸이 말한 것이고 두 번

째 예문에서의 두 번째 '曰'도 여전히 양화가 말한 것이다. 이는 모두 한 사

람이 두 가지 일을 말할 때 '曰'자를 써서 새로운 화두를 꺼내는 것이다. 두

번째 예문에서의 제3, 제4의 '曰'은 모두 양화가 자문자답한 내용으로 양화

가 말한 '歲不我與'까지 공자는 줄곧 냉정하게 침묵을 하고 있다가, 양화의

---

40 '歸'는 선물한다는 말이다.

41 '亡'는 집에 없다는 의미이다.

42 '懷其寶而迷其邦'은 자신의 도덕 학문을 감추고 드러내지 않음으로써 국가로 하여금 혼
    란에 빠져 밝지 않게 한다는 의미이다.

43 '好從事而亟失時'는 큰 일을 하기를 희망하면서 계속 기회를 놓친다는 말이다.

44 '歲不我與'는 세월은 내가 지연하는 것을 원하지 않는다는 말이다. 여기에서 '我'는 양호
    가 공자를 대신하여 말한 가설의 설법이다.

말이 끝난 후에야 "諾, 我將仕矣"라고 차갑게 대답하였다. 양화의 자문자답과 공자의 말 한마디 하지 않는 모습은 아주 대조적으로 표현되었는데, 공자가 본인이 사귀기 싫어하는 사람을 어떻게 대한 것인가를 아주 뛰어나게 묘사했다.

제4절 변문(變文)

1. 호문견의(互文見義)

예를 보자.

> 國危則無樂君、國安則無憂民。(나라가 위험하면 임금한테는 안락함이 없고, 나라가 안정되면 백성한테는 걱정이 없다.)《순자·왕패(王霸)》
>
> 正直之道可以得利、則臣盡力以事主；正直之道不可以得安、則臣行私以干[45]上。(바른 길이 이익을 얻을 수 있다면 신하는 전력을 다해 군주를 섬길 것이며 바른 길이 안정을 얻을 수 없다면 신하는 사리사욕으로 군주를 해치게 될 것이다.)《한비자(韓非子)·간겁시신(奸劫弑臣)》

호문견의(互文見義)란 서로의 의미를 포괄한다는 말이다. 나라가 위험에 처하면 당연히 백성들한테도 안락함이 없을 것이며, 나라가 안정되어 백성한테 걱정거리가 없다면, 군주도 당연히 근심걱정이 없게 되는 것이

45　'干'은 부정당한 방법으로 얻는다는 뜻이다.

다. '군(君)'이 백성을 포함하고, '민(民)'이 군주를 포함하였는데, 이것이 바로 호문이다. 마찬가지로 '可以得利'는 '可以得安'을 포함하고, '不可以得安'도 '不可以得利'를 포함한다. 《순자》, 《한비자》를 교정하는 사람들은 이 도리를 몰라서 '憂民'은 마땅히 '憂君'으로, '得利'는 반드시 '得安'으로 수정해야 한다고 했는데 이는 잘못되었다.

2. 상하문이 뜻은 같고 글자가 다르다.

예문을 보자 :

不患無位、患所以立。(벼슬자리 없을까 걱정 말고 어떻게 자리를 잡을 것인지 걱정하라.)《논어(論語)·이인(里仁)》

將使紫燕駢衡、綠蚘(蛇)衛轂、纖驪接趾、秀騏齊亍[46]、覲王母於崑墟、要帝臺於宣嶽、跨中州之轍跡、窮神行之軌躅[47]. (자연과 나란히 달릴 수 있고, 녹사와 차바퀴를 호위할 수 있고, 섬려와 종적을 이을 수 있고, 수기와 종적을 나란히 할 수 있다. 왕모를 알현하러 곤허에 갈 수 있고, 제대를 만나러 선악에도 갈 수 있다. 중원을 날아 넘어 신천의 종적에 도달했다.)

---

46 '紫燕', '綠蚘', '纖驪', '秀騏'는 고대의 명마이다. '駢衡'은 나란히 차앞 횡목 밑에서 질주한다는 말이다. '轂'은 차바퀴 축을 말한다. 이 네 구절은 자백마가 고대의 명마들과 가히 아름다움을 비할 수 있다는 말이다.

47 '覲王母' 뒤 네 구절은 자백마가 아주 멀리까지 달려갈 수 있다는 말이다. '覲'은 알현한다는 말이다. '崑墟(곤륜산)'와 '宣嶽'은 모두 신선이 살던 전설상의 장소이다. '要(yāo)'는 만난다는 말이다. '帝臺'는 신선 이름이다. '跨中州之轍跡'은 마차의 종적이 중원을 초월한다는 말이다. '窮神行之軌'는 말의 달림이 어느새 종적을 감추어 그 민첩하고 신속함이 신선과 같아 이루 말할 수 없다는 의미다.

(안연년(顔延年)《자백마부(赭白馬賦)》)

첫 번째 예문에서의 '立'은 '位'자의 고문자로서 그 의미는 작위가 없을
까 봐 두려운 것이 아니라, 도덕 학문이 없을까 봐 두렵다는 뜻이다. 두 번
째 예문에서의 '宁'자도 '躇'자의 고문자로 발자취라는 의미이다. 이 예문
에서 고금자를 쓴 이유는 협운자의 중복을 피하기 위해서이다.

3. 삽입어

예문을 보자.

> 僕……以爲李陵素與士大夫[48]絕甘分少[49]、能得人死力、雖古之名將
> 不能過也。身雖陷敗、彼、觀其意、且欲得其當[50]而報於漢。(저는 ……
> 이릉은 평소에 군사들과 고락을 함께 하고, 그들이 사력을 다해 도움을 받
> 게 했으니, 옛 명장이라 하더라도 그보다 더 할 수는 없을 것이다. 비록 그가
> 몸은 패했으나 그 뜻을 보면 기회를 얻어 한나라에 보답하고자 했던 것입니
> 다.)(사마천(司馬遷)《보임소경서(報任少卿書)》)

'觀其意'는 "彼且欲得其當而報於漢"의 중간에 삽입된 말로서, 통상적으
로는 '觀其意, 彼且欲……'라고 되어야 하는데, 여기서는 삽입의 형식으로

---

48 '士大夫'에서 '士'는 군사를 가리키고 '大夫'는 장리(將吏)를 가리킨다.

49 '絕甘分少'는 맛있는 음식과 얼마 남지 않은 생활용품을 꺼내서 대중들에게 나누어 주었
    다는 말이다.

50 '當'은 기회를 얻는 것이 패한 공적보다 못하지 않다는 의미다.

억양 흐름이 곡절이 된 것이다. 《한서(漢書)·이릉전(李陵傳)》에서는 사마천이 이릉을 논한 것을 실으면서 "身雖陷敗, 然其所摧敗, 亦足暴於天下. 彼之〔所以〕不死, 宜欲得當以報漢也."라고 했는데 《한서(漢書)》를 참고하여 증명한다면 '彼'는 "欲得其當而報於漢"의 주어임을 알 수가 있다. 근대의 어떤 문학작품들이 선택한 주해를 보면 《보임소경서》에서의 '彼'는 위의 문장에 속한다고 여기고, '陷敗彼'는 흉노족에 의해 패한 것으로 생각하는데 이것은 잘못 된 것이다.

지은이 소개

쟝리훙(蔣禮鴻, 1916~1995)
중국의 저명한 언어학자, 돈황학자, 사전학자
저쟝(浙江)대학교 중문학과 교수

런밍싼(任銘善, 1912~1967)
중국의 유명한 언어문자학자
저쟝(浙江)대학교 중문학과 교수

옮긴이 소개

김성란(金成兰)
북경어언대학교 한국어학과 교수
상명대학교 국어국문학 문학박사

신원철
안양대학교 신학연구소 HK사업단 교수
서울대학교 중어중문학과 문학박사

감수자 소개

한용수
동국대학교 중어중문학과 교수
상하이사범대학교 중문학과 문학박사

고대중국어 통론
古漢語通論

초판1쇄 인쇄 2023년 5월 1일
초판1쇄 발행 2023년 6월 1일

지은이   쟝리훙蔣禮鴻 런밍싼任銘善
옮긴이   김성란金成兰 신원철
감수   한용수
펴낸이   이대현
편집   이태곤 권분옥 임애정 강윤경
디자인   안혜진 최선주 이경진
마케팅   박태훈

펴낸곳   도서출판 역락
출판등록   1999년 4월 19일 제303-2002-000014호
주소   서울시 서초구 동광로 46길 6-6 문창빌딩 2층 (우06589)
전화   02-3409-2060
팩스   02-3409-2059
홈페이지   www.youkrackbooks.com
이메일   youkrack@hanmail.net

ISBN 979-11-6742-437-2 93720